기본에서 응용까지
AutoCAD 2012
-건축·인테리어-

장월상 조희라 김경섭 김영수 양승룡 공저

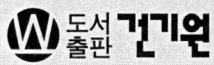

기본에서 응용까지
AutoCAD 2012 －건축·인테리어－

정가 | 25,000원

지은이 | 장월상, 조희라, 김경섭, 김영수, 양승룡
펴낸이 | 차승녀
펴낸곳 | 도서출판 건기원

2013년 1월 31일 제1판 제1인쇄발행
2015년 9월 15일 제1판 제2인쇄발행

주소 | 경기도 파주시 연다산길 244
전화 | (02)2662-1874~5
팩스 | (02)2665-8281
등록 | 제11-162호, 1998. 11. 24

· 건기원은 여러분을 책의 주인공으로 만들어 드리며 출판 윤리 강령을 준수합니다.
· 본서에 게재된 내용 일체의 무단복제·복사를 금하며 잘못된 책은 교환해 드립니다.

ISBN 978-89-5843-782-6　13560

머리말

AutoCAD를 익힌 후 강단에서 수년간 지도를 하였으나 늘 완성되지 않은 무언가를 느끼곤 하였습니다. 이에 지난 2000년도에 "건축·인테리어 라인에서 모델링까지 AutoCAD2000"이라는 교재를 편찬하고, 2004년도에 "단계별 예제로 익혀가는 AutoCAD2004"를 엮었습니다. 그 후 꾸준한 데이터의 보완을 통해 '필수 예제를 통한 단계별 학습 AutoCAD2006', '예제를 통한 자기주도적 학습 AutoCAD2008', '예제를 통한 창조적 학습 AutoCAD2010'을 내었으나 소프트웨어의 비약적인 업그레이드로 인해 새로운 버전의 'AutoCAD2012' 교재를 편찬하게 되었습니다.

이 책은 건축 인테리어 분야에서 꼭 필요한 다수의 예제를 수록하여 학습자 스스로가 단계적으로 실력을 연마할 수 있도록 구성되어 있습니다.

이 책의 구성을 살펴보면 다음과 같습니다.

Part 1은 AutoCAD에 대한 기초 사항을 설명하였고

Part 2는 AutoCAD에서 구현할 수 있는 다양한 건축·인테리어 분야의 2차원 도면들을 작성하는 방법과 이에 필요한 명령어들을 체계적으로 학습할 수 있도록 구성되어 있고

Part 3는 간단한 주택의 평면도와 입면도의 제작과정을 단계별로 상세하게 설명하고 있으며

Part 4는 3D Solid Modeling과 관련된 기본적인 명령어에 대한 해설과 간단한 테이블 모델링에서부터 주택의 3D Modeling에 이르기까지 다양한 예제들을 난이도에 따라 순차적으로 익히도록 하였습니다.

Part 5는 AutoCAD를 운영할 수 있는 기본 환경설정과 AutoCAD를 사용하면서 발생되는 문제점, 포토샵과의 연계방법 등을 수록하고 있습니다.

Part 6는 실무에서 사용되는 건물 각 부위의 다양한 기초 도면들과 실무에서 실제로 이뤄진

각 용도별로 다양한 프로젝트들을 수록하여 학습자들의 건축·인테리어 분야에 대한 실력을 향상할 수 있도록 하고 있습니다.

  책을 쓰면서 늘 제 자신을 되돌아 볼 수 있는 좋은 시간이 되었음을 인정합니다. 해결되지 않은 부분에 대한 미련과 더 많은 데이터를 수록하지 못한 아쉬움이 남아 있지만, 그럼에도 불구하고 집필을 마치고 보니 뿌듯한 마음과 더불어 더 큰 욕심이 생겨납니다.
  아울러 부족한 부분을 지속적으로 보완해서 더 나은 증보판을 만들어 갈 것을 약속드립니다.
  끝으로 책을 출간할 수 있도록 오랫동안 좋은 의견을 아낌없이 주신 도서출판 건기원의 모든 분들께 깊은 감사의 말씀을 드립니다.

2012년 05월
저자 일동

Contents

Part 1 AutoCAD 기초

제1장 AutoCAD 기초

1. CAD의 정의 및 이용효과 ···018
   - 1-1 CAD의 정의 ··018
   - 1-2 CAD의 장점 및 이용효과 ··019
2. AutoCAD 2012의 운영체제 및 시스템 요구사항 ·····································020
   - 2-1 운영체제(OS) ···020
   - 2-2 시스템 요구사항 ···020
3. AutoCAD 2012 화면구성과 도구막대 ···021
   - 3-1 AutoCAD 2012 화면구성 ···021
   - 3-2 AutoCAD 2010의 기능키 ··027
4. 파일 열기와 저장 ···030
   - 4-1 NEW(새 도면 시작) ···030
   - 4-2 OPEN(기존 도면 열기) ··031
   - 4-3 SAVE(저장하기) ··032

Part 2 2차원 기초

제1장 기본 도형 그리기

1. 화면 조정 명령어 ···036
   - 1-1 LIMITS(도면 한계 설정) ···036
   - 1-2 ZOOM(화면제어) ···037
   - 1-3 PAN(화면 이동) ···040
   - 1-4 REDRAW/REGEN(화면정리) ··041

2. 드로잉 명령어(1) ·· 043
　2-1 LINE(선) ·· 043
　2-2 OSNAP(점의 지정) ·· 045
　2-3 ERASE(지우기) ·· 048
　2-4 물체 선택/취소 방법 ·· 049
　2-5 UNDO(명령 취소) ·· 051
　2-6 REDO(명령 회복) ·· 051
　2-7 OOPS(명령 재생) ·· 051
　2-8 CIRCLE(원) ·· 051
　2-9 ARC(호) ··· 053
　2-10 ELLIPSE(타원) ·· 054
　2-11 RECTANGLE(사각형) ··· 055
3. 기본 도형 예제 ·· 057
　3-1 직선 도형 예제 ·· 057
　3-2 곡선 도형 예제 ·· 062

제2장 가구 그리기

1. 편집 명령어(1) ·· 067
　1-1 OFFSET(수평 간격 복사) ·· 067
　1-2 MOVE(이동) ·· 068
　1-3 COPY(복사) ·· 070
　1-4 MIRROR(대칭 복사) ··· 071
　1-5 ARRAY(배열) ·· 072
　1-6 ROTATE(회전) ·· 077
　1-7 STRETCH(신축 : 객체 늘리고 줄이기) ······················ 078
　1-8 SCALE(크기 변형) ··· 080
2. 편집 명령어(2) ·· 081
　2-1 TRIM(자르기) ··· 081
　2-2 EXTEND(연장하기) ·· 083
　2-3 FILLET(모깎기) ··· 085
　2-4 CHAMFER(모따기) ··· 086
　2-5 BREAK(절단) ·· 088

- 2-6 CHANGE(속성 변경) ··· 089
- 2-7 PROPERTIES(속성 변경 대화상자) ································ 090
- 2-8 GRIP(맞물림) ··· 091
- 2-9 DIVIDE(등분할) ·· 093
- 2-10 MEASURE(길이분할) ··· 093
- 2-11 LENGTHEN(길이 조정) ··· 094

3. 가구 그리기 ··· 095
   - 3-1 사각 테이블 예제 ··· 095
   - 3-2 타원형 테이블 예제 ·· 098
   - 3-3 침대 예제 ··· 104
   - 3-4 식탁 예제(1) ·· 108
   - 3-5 식탁 예제(2) ·· 112
   - 3-6 소파 예제 ··· 117

제3장 문자쓰기 및 도면양식 그리기

1. 드로잉 명령어(2) ··· 122
   - 1-1 XLINE(구성선, 무한선) ·· 122
   - 1-2 PLINE(폴리라인) ··· 123
   - 1-3 PEDIT(Pline 편집) ·· 125
   - 1-4 EXPLODE(Pline 분해) ·· 127
   - 1-5 DONUT(도넛 형태) ··· 128
   - 1-6 POINT(점) & DDPTYPE(포인트 스타일) ····················· 129
   - 1-7 TRACE(두께선) ··· 131
   - 1-8 POLYGON(다각형) ··· 132
   - 1-9 Revision Cloud(구름형 수정기호) ······························ 134
   - 1-10 Boundary(경계선) ··· 135
   - 1-11 Group(그룹으로 묶기) ·· 137

2. 문자 쓰기 ··· 138
   - 2-1 STYLE(문자 스타일 지정) ······································ 138
   - 2-2 DTEXT(동적문자쓰기) ··· 139
   - 2-3 MTEXT(문장쓰기) ·· 142
   - 2-4 QTEXT(문자 감추기) ·· 143

	2-5 문자 편집 ·· 144

3. 도면 양식 그리기 ·· 147
   3-1 A3 도면 양식 예제 ·· 147

제4장　창호 그리기

1. 문 그리기 ··· 153
   1-1 문 평면 예제 ·· 153
   1-2 문크기의 변형 ··· 157
   1-3 문 입면 예제 ·· 160
2. 창문 그리기 ··· 169
   2-1 창문 평면 예제 ··· 169
   2-2 창문 입면 예제 ··· 176

제5장　위생기구 & 주방기구 그리기

1. 위생기구 그리기 ·· 181
   1-1 욕조 예제 ··· 181
   1-2 세면기 예제 ·· 190
   1-3 양변기 예제 ·· 199
   1-4 화장실 설계 ·· 205
2. 주방기구 그리기 ·· 210
   2-1 냉장고 예제 ·· 210
   2-2 싱크대 예제 ·· 213
   2-3 주방 공간 설계 ··· 220

제6장　도면 기호 및 계단 그리기

1. 해치(HATCH) ··· 224
   1-1 HATCH(해치) ·· 224
   1-2 Gradient(그레디언트) ··· 226
   1-3 HATCHEDIT(해치 편집) ··· 227
   1-4 SOLID(다각형 속 채우기) ·· 228

2. 도면 기호 및 계단 그리기 예제 ···229
   2-1 절단표시 기호 예제 ··229
   2-2 계단 예제 ···235

제7장 기타 주요 기능

1. DIMENSION(치수) ···249
   1-1 Dimension Style(치수 스타일) ·······································249
   1-2 DIM(치수 기입하기) ··260
   1-3 DIM 편집하기 ···266
   1-4 신속치수 ···268
   1-5 치수도구모음을 이용한 치수 기입 ··································269
2. BLOCK(블록) ···270
   2-1 BLOCK ···270
   2-2 WBLOCK ··271
   2-3 INSERT(블록 삽입) ···272
3. LAYER(레이어) ···274
   3-1 LAYER(레이어 설정 대화상자) ······································274
   3-2 LAYER TOOLBAR(레이어 도구막대) ·······························278
   3-3 PROPERTIES TOOLBAR(특성 도구막대) ···························279
4. 정보 조회 명령어 ···280
   4-1 DIST(거리 측정) ···280
   4-2 AREA(면적 계산) ··280
   4-3 LIST(정보 조회) ···281
   4-4 ID Point(좌표점) ··282
   4-5 TIME(시간) ···282
   4-6 STATUS(현재 상태) ···283
   4-7 MULTIPLE(다중 반복명령) ··284

제8장 도면 출력하기

1. PLOT(도면 출력하기) ···285
   1-1 Plot 옵션 ···286

Part 3 | 2차원 도면 드로잉

제1장　평면도 드로잉

1. 작업 준비 ·· 295
   - 1-1 도면 양식 삽입 ·· 295
   - 1-2 레이어 설정 ·· 299
   - 1-3 DIMSCALE, LTSCALE 조정 ······································ 300
   - 1-4 파일 저장 ··· 300
2. 중심선 그리기 및 정리하기 ··· 301
   - 2-1 레이어 설정 ·· 301
   - 2-2 중심선 그리기 ··· 301
   - 2-3 중심선 정리하기 ··· 304
3. 벽선 그리기 및 정리하기 ·· 306
   - 3-1 벽선 그리기 ·· 306
   - 3-2 레이어 변경 ·· 306
   - 3-3 MLINE을 이용한 벽선 그리기 ··································· 306
   - 3-4 Offset을 이용한 벽선 그리기 ···································· 314
4. 창호 그리기 ··· 318
   - 4-1 레이어 설정 ·· 318
   - 4-2 창호가 삽입 될 위치의 벽체 수정 ····························· 318
   - 4-3 Block으로 설정한 창호 선택 및 삽입 ························· 318
   - 4-4 삽입한 창호 수정 ··· 319
5. 마감선 그리기 ·· 324
   - 5-1 벽선 Offset ··· 324
   - 5-2 레이어 변경 ·· 324
   - 5-3 마감선 모서리 정리하기 ·· 324
6. 가구 그리기 ··· 325
   - 6-1 레이어 설정 ·· 325
   - 6-2 블럭으로 설정한 가구, 위생기구, 주방기구 선택 및 삽입 ········· 325
   - 6-3 삽입한 블럭 수정 ··· 325

- 7. 재료 표시하기 ··················327
  - 7-1 레이어 설정 ··················327
  - 7-2 해치 그리기 ··················327
  - 7-3 레이어 켜기 ··················331
- 8. 치수 기입하기 ··················333
  - 8-1 DIMSTYLE 설정 ··················333
  - 8-2 OSNAP 설정 ··················336
  - 8-3 치수 기입하기 ··················336
- 9. 문자 쓰기 및 도면 부호 그리기 ··················339
  - 9-1 레이어 설정 ··················339
  - 9-2 Style 지정 ··················339
  - 9-3 문자 쓰기 ··················339
  - 9-4 실명 상자 그리기 ··················340
  - 9-5 문자 수정하기 ··················340
  - 9-6 재료명, 도면명, 표제란 기입 ··················341
- 10. 도면 출력 및 저장하기 ··················343
  - 10-1 출력할 장치 선택 ··················343
  - 10-2 선 굵기 지정 ··················344
  - 10-3 출력 방향 및 출력 범위 지정 ··················345
  - 10-4 출력 용지 및 단위 지정 ··················345
  - 10-5 출력 스케일, 원점 지정 ··················346
  - 10-6 화면상으로 출력 검토 ··················346
  - 10-7 도면 정리 및 저장 ··················347

제2장 입면도 드로잉

- 1. 작업 준비 ··················350
  - 1-1 도면 양식 삽입 ··················353
  - 1-2 DIMSCALE, LTSCALE 조정 ··················354
  - 1-3 파일 저장 ··················354
- 2. 평면도 파일 삽입 ··················355
- 3. 입면도 그리기 ··················357
  - 3-1 지반선(GL) 및 기준선 그리기 ··················357

3-2 지붕 및 외벽 그리기 ……………………………………… 358
3-3 계단 및 테라스 그리기 …………………………………… 359
3-4 창호 그리기 ………………………………………………… 361
3-5 천창 및 캐노피(Canopy) 그리기 ………………………… 362
3-6 해치 하기 …………………………………………………… 363
3-7 도면명 쓰기 ………………………………………………… 363
3-8 저장 하기 …………………………………………………… 364

제3장　천장도 드로잉

1. 작업 준비 ………………………………………………………… 371
2. 천장도 그리기 …………………………………………………… 375
   2-1 벽체 및 개구부 정리하기 ………………………………… 376
   2-2 커튼박스, 몰딩 그리기 …………………………………… 377
   2-3 천장면 요철 표현하기 …………………………………… 377
   2-4 조명 배치하기 …………………………………………… 378
   2-5 기타 설비 표현하기 ……………………………………… 378
   2-6 천장 레벨표시, 재료표시하기 …………………………… 379
   2-7 치수 기입하기 …………………………………………… 379
   2-8 범례표 만들기 …………………………………………… 380
   2-9 도면명, SCALE 기입하기 ……………………………… 381

Part 4　3차원 모델링

제1장　3D 화면구성

1. 화면 제어 ………………………………………………………… 384
   1-1 작업화면 전환 …………………………………………… 384
   1-2 VPORTS(화면분할) ……………………………………… 385
2. 관측시점 설정 …………………………………………………… 386
   2-1 VIEWPOINT(관측시점) ………………………………… 386

제2장　Solid Modeling 기본

1. 3D 기본 모델 그리기 ···391
    - 1-1　BOX(상자) ··391
    - 1-2　WEDGE(쐐기) ···392
    - 1-3　SPHERE(구) ··393
    - 1-4　CYLINDER(원기둥) ···394
    - 1-5　CONE(원뿔) ··396
    - 1-6　TORUS(튜브) ··397
2. 스위핑(Sweeping) 기법을 이용한 3D 모델 그리기 ·································398
    - 2-1　REGION(면처리) ···398
    - 2-2　EXTRUDE(돌출에 의한 솔리드 모델링) ··399
    - 2-3　REVOLVE(회전에 의한 솔리드 모델링) ··402
    - 2-4　SWEEP(휩쓸기에 의한 모델링) ···403
    - 2-5　POLY SOLID(다면체) ··404
    - 2-6　PRESS/PULL(신축에 의한 모델링) ···405
    - 2-7　THICKNESS(두께에 의한 모델링) ···406
3. 3D 모델 편집하기 ···407
    - 3-1　UNION(합집합) ···407
    - 3-2　SUBTRACT(차집합) ··408
    - 3-3　INTERSECT(교집합) ···408
    - 3-4　INTERFERE(교집합 만들기) ···409
    - 3-5　SLICE(Solid 자르기) ···410
4. 3D 표현기법 ··412
    - 4-1　HIDE(숨은선 처리) ··412
    - 4-2　Visual style(비쥬얼 스타일) ··412
    - 4-3　RENDER(재질 표현하기) ··416
5. UCS(사용자 좌표계) ···419
    - 5-1　UCS의 기본 설정 ··419
    - 5-2　UCS의 생성 ···422
    - 5-3　UCS 아이콘의 변형 ···422

제3장 3차원 모델링 예제

1. 테이블 모델링 ·· 424
2. 창문 모델링 ·· 429
3. 계단 모델링 ·· 437
4. 의자 모델링 ·· 444
5. 책상 모델링 ·· 452
6. 주택 모델링 ·· 460

Part 5 | 환경설정 및 활용

제1장 AutoCAD 환경 설정

1. OPTIONS(환경 설정) ·· 476
   - 1-1 Files(파일) ·· 476
   - 1-2 Display(화면설정) ··· 478
   - 1-3 Open and Save(파일 열기와 저장) ································ 482
   - 1-4 User Preferences(사용자 선택사항) ······························ 485
   - 1-5 Drafting(제도에 관한 설정) ·· 488
   - 1-6 Selection(객체 선택에 관한 설정) ·································· 490
2. AutoCAD상의 Cursor 크기 조절법 ·· 493
   - 2-1 Crosshair Size(십자커서 크기) ······································ 493
   - 2-2 Pickbox Size(선택박스 크기) ·· 495
   - 2-3 Aperture Size(조준창 크기) ·· 495
   - 2-4 Osnap Maker(오스냅 마커 크기) ··································· 496
3. Tool Palettes의 사용법 ·· 496
   - 3-1 Tool Palettes ··· 496
4. DesignCenter 사용법 ··· 501
   - 4-1 DesignCenter ·· 501
5. Layout 사용법 ·· 502
   - 5-1 Layout 사용법 ·· 502

제2장　도면의 크기와 선의 축척

1. 도면의 크기 ··· 514
2. 선의 용도 ··· 515
3. 선의 스케일 조정 ··· 515

제3장　AutoLISP

1. AutoLISP이란? ··· 517
2. AutoLISP 사용 규칙 ··· 518
   - 2-1　수(Numeric) ··· 518
   - 2-2　각도 ·· 518
   - 2-3　괄호 ·· 518
   - 2-4　주석(설명문) ·· 519
   - 2-5　변수와 상수 ··· 519
   - 2-6　대문자와 소문자 ·· 519
3. AutoLISP 명령어 ··· 520
4. LISP 사용하기 ··· 526
   - 4-1　Load 시키기 ··· 526
   - 4-2　LISP 사용하기 ··· 527

제4장　AutoCAD 단축키 만들기

1. 단축키 위치 및 생성 ··· 530
2. 단축키(Shortcut Key) ··· 532

제5장　이렇게 해결하세요

1. 자동저장 방법 ··· 538
2. Function key 사용 ··· 541
3. Trim에서 선이 이상하게 잘릴 경우 ··· 541
4. 해치에서 에러가 발생하는 경우와 대처방법 ······································ 542
5. 글꼴과 특수문자 입력 ··· 543
6. 글꼴이 깨져 나올 경우 ··· 546

제6장 AutoCAD에서 포토샵으로 파일변환

1. AutoCAD 파일을 EPS 파일로 저장하기 ······················· 548
    1-1 간단한 변환법 ·· 548
    1-2 정교한 변환법 ·· 550
2. Photoshop에서 EPS 파일 불러오기 ····························· 560
    2-1 Open 명령으로 불러오기 ·· 560

Part 6 | 부록

도면예제 ·· 564

Part 1

AutoCAD 기초

| 제1장 AutoCAD 기초

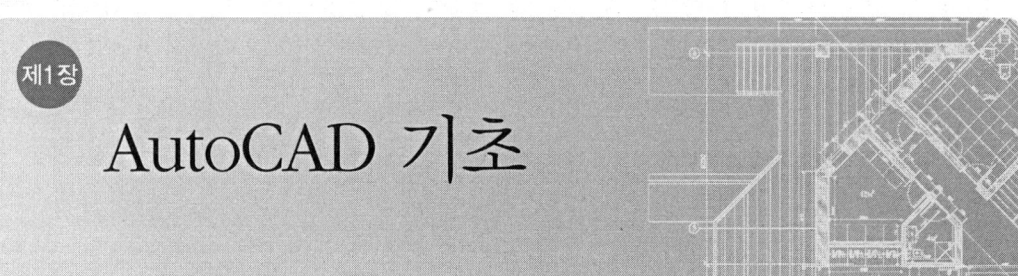

AutoCAD 기초

건축 및 인테리어 디자인과 관련된 많은 소프트웨어 중 가장 대표적인 드로잉 도구는 CAD라고 하는 도면 작성용 프로그램이며 Arris CAD, Uni-CAD, IntelliCAD, Pointline CAD 등 수많은 CAD 프로그램의 종류가 있다. 이러한 많은 CAD프로그램 중에서도 현재 실무에서 많은 점유율을 확보하고 있는 AutoCAD를 좀 더 비중 있게 공부할 필요가 있다. AutoCAD는 그동안 비약적인 발전을 거듭하고 있으며, 많은 Vertical Program(CADPower, Archioffice 등)과 Third Party Program(Autodesk Architectural Desktop 2012, AutoCAD Mechanical 2012, Autodesk MAP 3D 2012 등)이 각 분야의 현장에서 널리 사용되고 있는 실정이다. 따라서 이 책에서는 AutoCAD를 위주로 공부하기로 한다.

1 CAD의 정의 및 이용효과

1-1 CAD의 정의

CAD는 Computer Aided Design의 약자로서 건축분야에서는 CAAD(Computer Aided Architectural Design)라고 통칭되며 컴퓨터를 이용한 또는 컴퓨터의 도움을 받는 건축설계라고 정의할 수 있다.

CAD의 역사는 1960년대 초 모스크바의 프라우다지에 실린 "기계도 설계를 할 수 있는가?"로부터 출발하였다. 1963년 Steven Coons에 의하여 CAD의 기능이 발표되었고 MIT에서 Sketchpad system을 제작하여 설계자가 광펜을 이용하여 상호작용으로 Graphic을 조작하는 가능성을 제시하였다.

이 같은 이론적 배경으로 같은 해 Cambridge대학의 William Newman은 건축가가 공업화된 건설자재 시스템으로부터 부재를 선택하여 조립하는 시스템을 개발했으며 Timothy Johnson은 같은 해 Sketchpad를 3차원으로 발전시켰다.

1-2 CAD의 장점 및 이용효과

(1) CAD와 기존 수작업 방식의 차이점

CAD는 전통적인 건축설계 드로잉 방식에 근본적인 변화를 가져왔다. Design 도구로서의 CAD는 기존의 수작업 방식으로는 구현이 힘들었던 많은 기능들을 설계자에게 제공함으로써 설계자의 능력 확대를 가능하게 하고 있다. 제도용구를 이용한 기존의 수작업 방식과 CAD의 차이점은 다음과 같다.

① 도형 요소의 집합체를 기본으로 하는 작도 방식
② 수정의 용이성 및 설계의 지속성
③ 3차원 공간지향적 설계방식
④ 도형인식의 차이로 인한 작업방식의 차이 등

(2) CAD의 장점

CAD 시스템의 장점은 한번 작업한 자료를 수시로 이용할 수 있으며 단순 반복 작업을 피하고 더 나아가서 작업한 설계업무를 DATA BASE로 구축할 수 있다는 점이다. 특히 CAD 시스템의 활용은 건축, 건축산업에 있어서 3D를 이용한 프리젠테이션의 다양화, 활용화하는 경향으로 점차 많은 변화를 보이고 있다.

CAD System은 자체의 기능도 중요하지만 보다 효율적인 활용을 위해서는 운용방법, 운용기술 등의 문제에 대해서도 충분한 검토가 필요하다. CAD를 건축설계과정에 도입함으로써 얻을 수 있는 효과는 다음과 같다.

생산성 향상	• Data의 보관 및 관리 용이 • 복사, 편집, 수정이 용이 • 우수한 품질의 도면을 작성 • Database구축으로 방대한 양의 정보를 활용
표현적 효과	• 표현방법의 다양화 • 3차원적 표현 • 동영상 제작과 활용의 극대화
표 준 화	• Block 및 부분 상세도의 Library구축 • 자료를 공유하여 작업의 효율 극대화

2 AutoCAD 2012의 운영체제 및 시스템 요구사항

AutoCAD는 2004 버전 이후로 Windows XP에 최적화된 인터페이스로 각종 아이콘이 모두 새롭게 바뀌었다. AutoCAD 2012은 원활한 작동을 위하여 아래 사항들이 필요하다.

2-1 운영체제(OS)

Windows XP Home 및 Professional SP2 이상.

Microsoft® Windows Vista® SP1 이상

2-2 시스템 요구사항

32비트 버전의 시스템 요구사항은 다음과 같다.

① CPU – Intel® Pentium® 4 이상 또는 AMD Athlon Dual Core, 1.6GHz 이상

② RAM – 2GB 이상

③ HDD – 1GB 이상의 설치공간
④ DVD 또는 CD-ROM Drive
⑤ 128MB 이상의 Swap Disk 공간
⑥ 디스플레이 해상도 –1024x768 트루컬러 이상
⑦ 마우스, 트랙볼 또는 호환 좌표입력장치

3 AutoCAD 2012 화면구성과 도구막대

3-1 AutoCAD 2012 화면구성

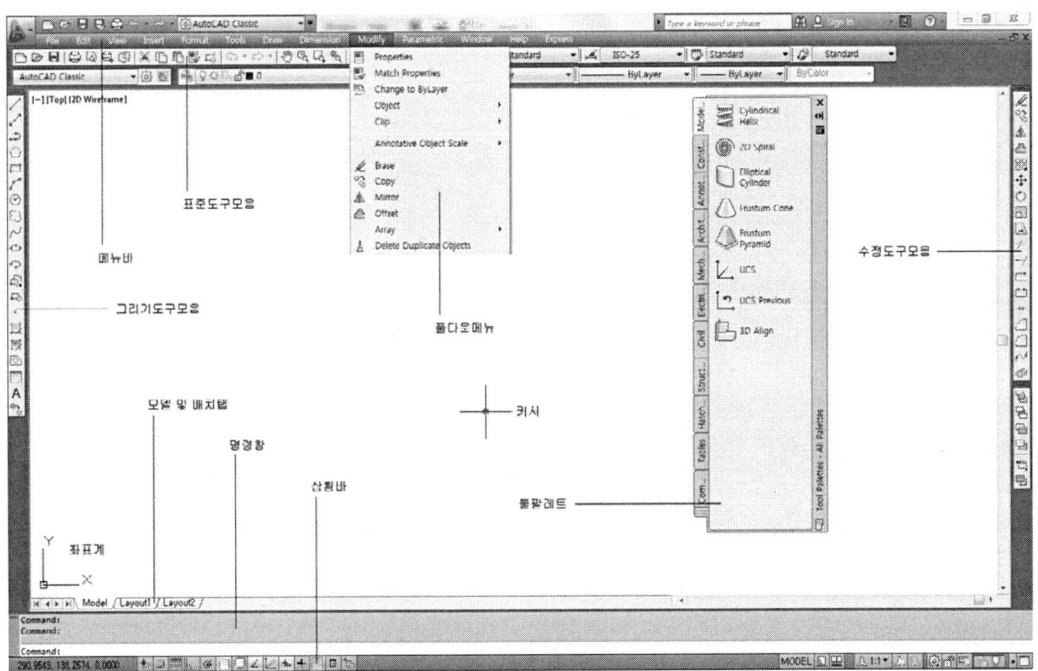

(1) 풀다운 메뉴(Pull Down Menu/Bar)

화면의 상단 부분에 위치하며 AutoCAD의 명령어를 분류하여 종류별로 모아놓은 영역이다. 메뉴나 대화상자에서 ▶ 표시가 있는 것은 Sub 메뉴가 있다는 것을 의미하며 "…" 표시는 대화상자가 실행됨을 의미한다.

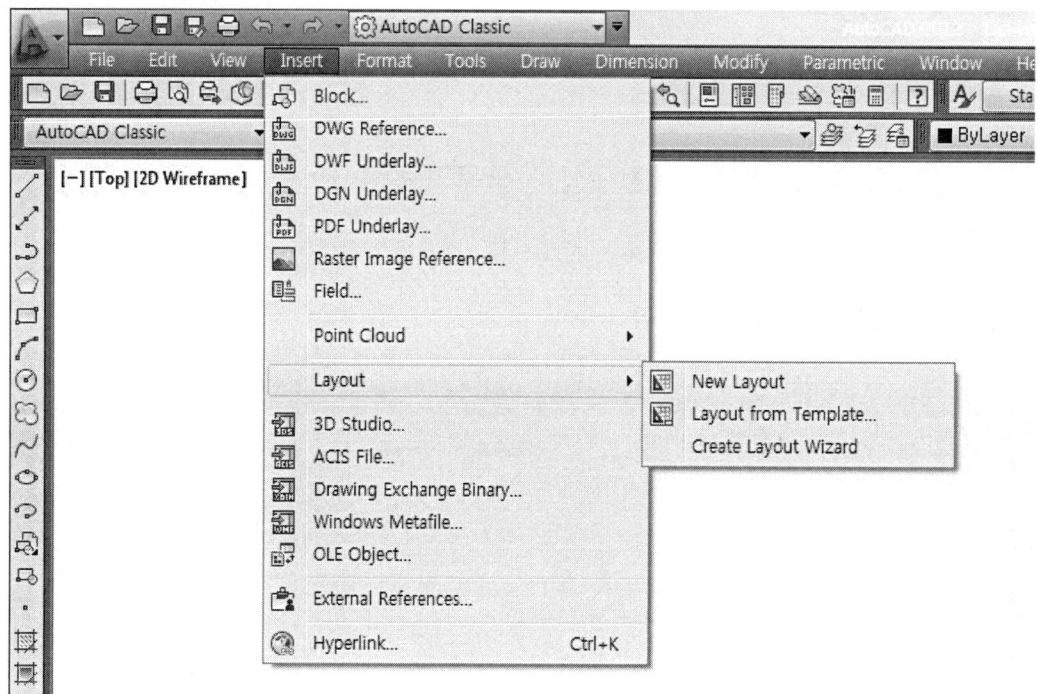

(2) 도구막대(Toolbar)

AutoCAD 명령어를 아이콘으로 만들어 종류별로 모아놓은 영역이다.

 도구막대(Toolbar)의 On, Off 방법

- Command : Toolbar ⏎
- Pull-Down Menu 막대에서 [View] → [Toolbars]버튼을 클릭하여 대화상자가 나타나면 해당 Toolbar 폴더에 명령어들을 드래그하여 배치한다.

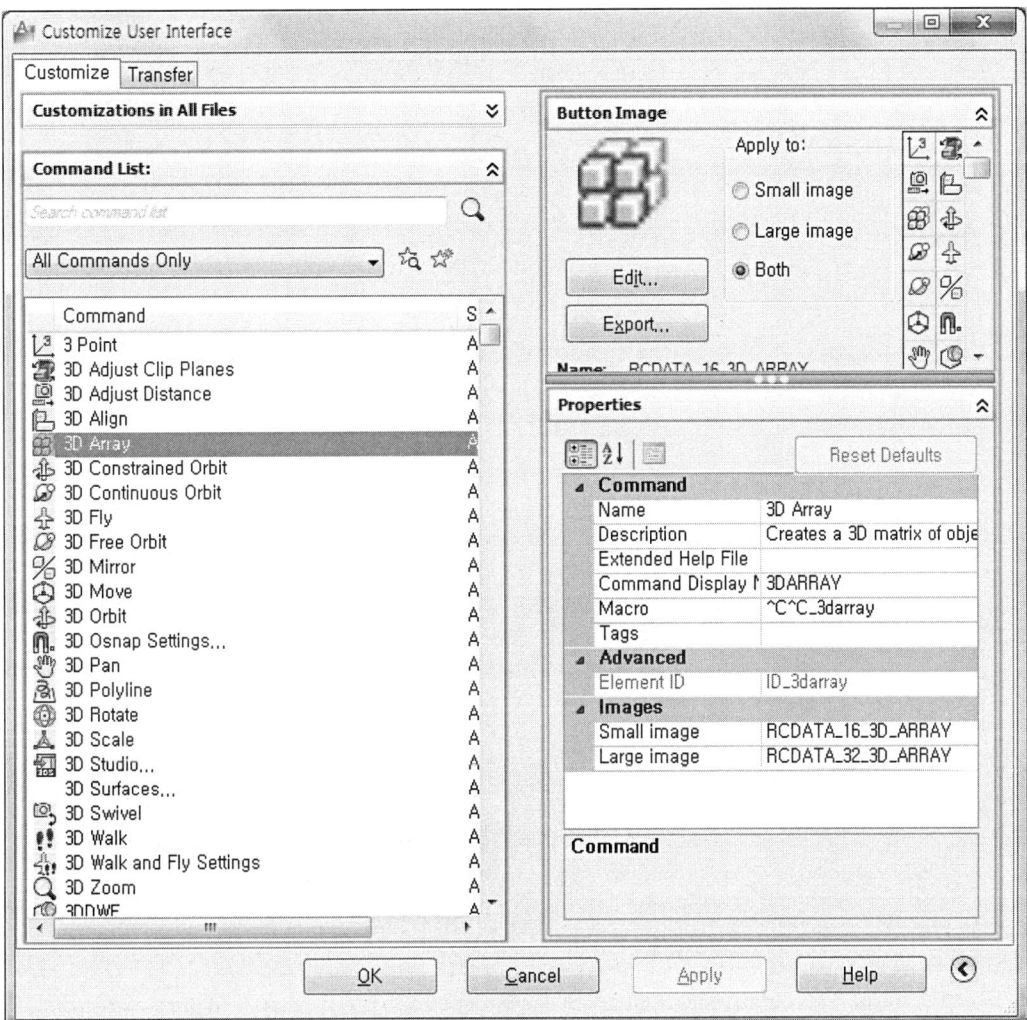

- 화면상의 Toolbar 영역에서 마우스 오른쪽 버튼을 클릭하여 [ACAD]를 선택한 후 해당 Toolbar를 선택하거나, Customize를 클릭해서 Toolbar 대화상자 좌측 사각형을 On/Off 하면 된다.

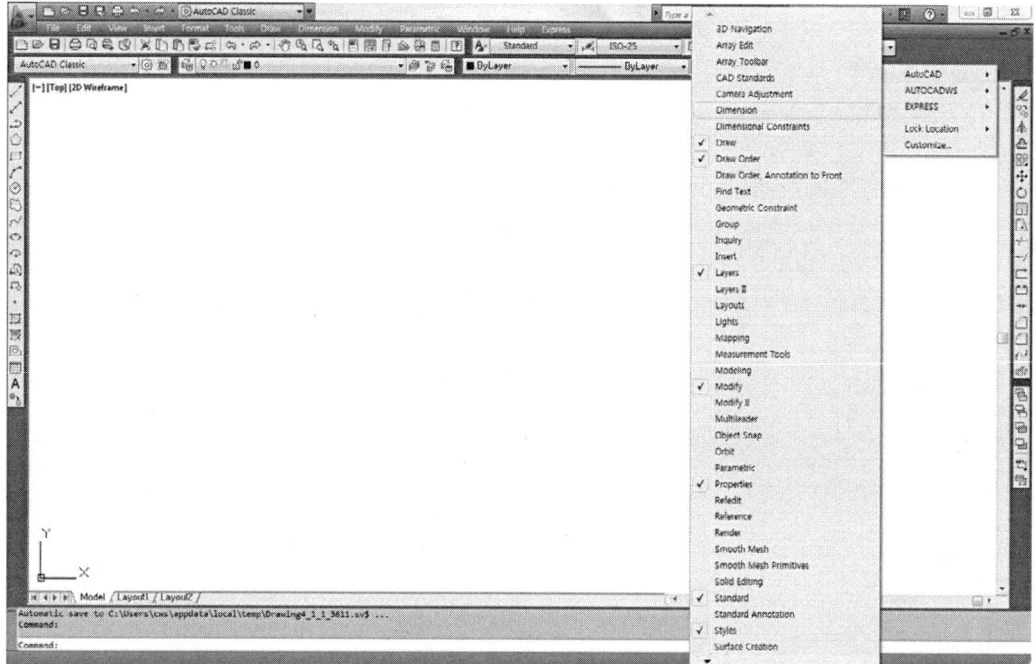

(3) 작업영역(Drawing Area)

중앙부에 위치하여 실제 도면이 그려지는 공간으로 도면 용지와 같다고 할 수 있다.

(4) 좌표계(Coordinate System)

도면의 X축, Y축, Z축 좌표를 나타낸다. UCS 명령으로 사용자 임의로 변환할 수 있다.

(5) 커서(Cursor)

도면을 그릴 때 마우스나 디지타이저의 움직임을 나타내주는 표시이다. 십자모양과 사각 박스 모양의 크기를 사용자 임의로 변환할 수 있다.

(6) 명령창(Command Prompt Area)

명령어를 입력하거나 실행 과정 메시지가 나오는 영역이다. 커맨드 영역 대화상자는 일반 적으로 화면의 하단에 위치하나 필요에 따라서 다른 위치로 이동시킬 수 있다. 이동시

Allow Docking을 클릭해 놓으면 화면의 어느 곳에든 대화상자를 고정시킬 수 있으며, Allow Docking을 설정하지 않으면 대화상자가 독립적으로 움직인다.

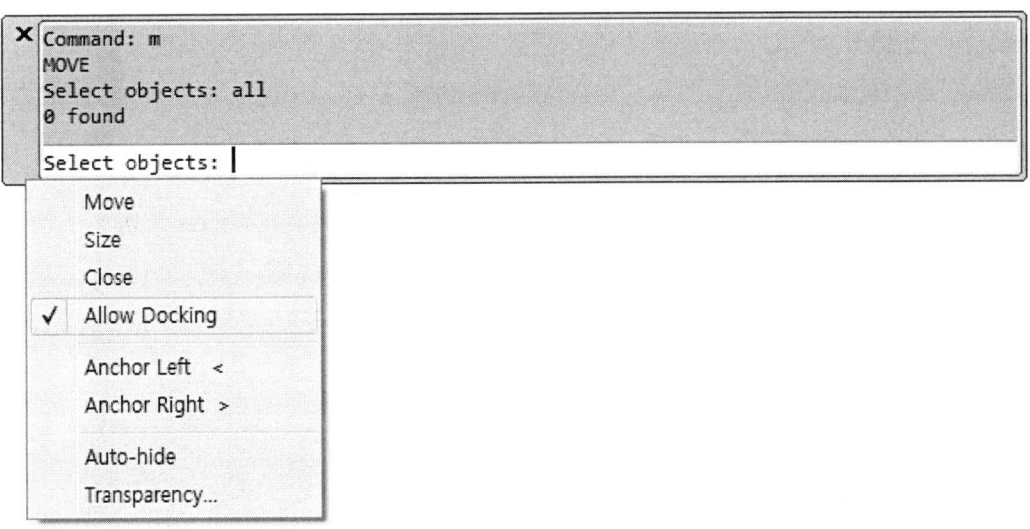

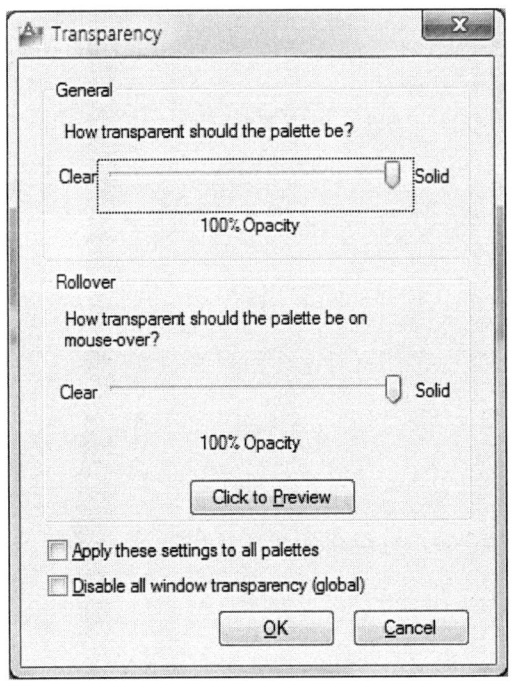

명령창은 독립적인 대화 상자로 변경되며, Transparency를 선택하면 투명도를 주어 작업 영역을 절약할 수 있다. 투명하게 변경된 명령창은 마우스가 가까이 가면 다시 진해지고, 더블클릭 하면 원래의 자리로 자동으로 이동한다.

(7) 상태선/상태막대(Status Line/Bar)

현재의 작업 상태(좌표값, Snap, Grid, Ortho, Osnap 등의 ON/OFF, Workspace switching 등)를 표시하고, 좌표 위치를 표시한다.

- (Infer Constraints) : 작성 또는 편집중인 객체와 객체스냅에 연관된 객체 또는 점 사이에 구속조건이 자동으로 적용된다. `Shift`+`Ctrl`+`I`
- (Snap Mode) : 주어진 스냅간격으로 그리드를 지정한다. `F9`
- (Grip Display) : 화면상에 일정한 간격으로 보조점을 표시한다. `F7`
- (Ortho Mode) : 커서를 수직과 수평으로만 움직이게 한다. `F8`
- (Polar Tracking) : 커서가 정해진 각도에 따라서만 이동하게 한다. `F10`
- (Object Snap) : 객체에서 끝점, 중심점, 교차점 등의 정확한 점을 지정하게 해주는 기능이다. `F3`
- (3D Object Snap) : 3D객체에서 면, 모서리, 정점을 선택한다. `F4`
- (Object Snap Tracking) : 객체의 한 점을 찾은 후 그 점을 기준으로 다음 점을 찾아가는 기능이다. `F11`
- (Allow/Disallow Dynamic UCS) : 동적UCS를 제어한다. `F6`
- (Dynamic Input) : 명령어 수행설명이 화면의 커서 주위에 보이게 한다. `F12`
- (Show/Hide Lineweight) : 화면상에서 지정된 선의 두께로 표시하게 한다.
- (Show/Hide Transparency) : 객체 및 도면층의 투명도 표시하게 한다.
- (Quick Properties) : 객체의 특성값(Properties) 중에서 기본특성값(General)만 보여주게 한다.
- (Selection Cycling) : 면, 모서리 및 정점을 필터링하고 선택한다. `Ctrl`+`W`

3-2 AutoCAD 2012의 기능키

상태선/상태막대에 나타나는 작업 상태 설정 기능(Drafting settings)을 사용하면 작업을 편리하고 신속하게 할 수 있다.

대화상자 실행방법은 "DS" 명령어를 입력하거나, Status Line/Bar 의 해당 기능키에서 마우스 오른쪽 버튼을 누르고, "Settings"을 실행시키면 된다.

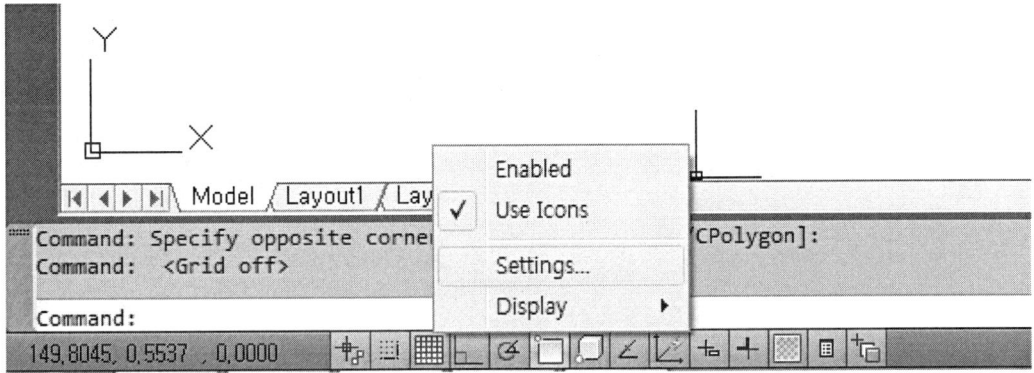

(1) Snap F9

마우스나 디지타이저의 커서를 스냅의 위치에서만 움직이게 한다.(F9 버튼으로 ON/OFF 변환)

- Snap On : 스냅 기능 사용/사용해제
- Snap X or Y spacing : X, Y 축의 스냅 간격 설정
- Equal X and Y spacing : X, Y 축의 스냅간격을 통일
- Polar spacing : 극좌표 스냅간격
- Grid snap : 격자형의 스냅유형
- Rectangular snap : 직사각형 스냅-XY 좌표 평면에 90도 각도로 스냅을 설정
- Isometric snap : 등각투영 스냅-XY 좌표 평면과 달리 등각 투상도 간격으로 스냅을 설정
- Polar snap : 극좌표 스냅

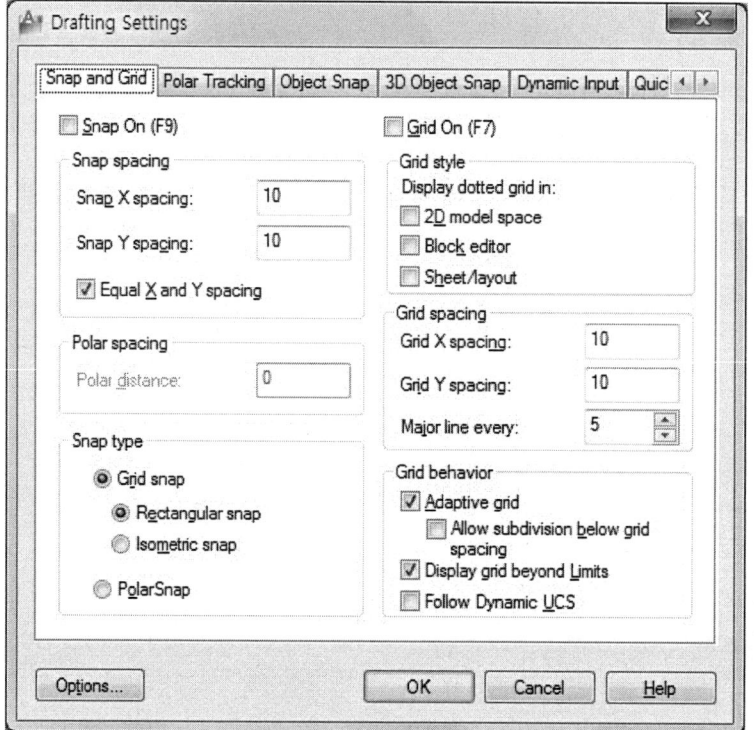

(2) Grid F7

화면에 그리드(격자)를 표시한다. (F7 버튼으로 ON/OFF 변환)

- Grid On : 도면 영역에 격자 표시/표시해제
- 2D model space : 2D모형공간에 대해 그리드 스타일을 점 그리드로 설정
- Block editor : 블록편집기에 대해 그리드 스타일을 점 그리드로 설정
- Sheet/layout : 시트 및 배치에 대해 그리드 스타일을 점 그리드로 설정
- Grids X or Y spacing : 격자의 X, Y 축 간격설정
- Major line every : 굵은선 사이의 거리 설정
- Adaptive grid : 가변 그리드는 줌이 축소되면 그리드의 밀도를 제한
- Allow subdivision below grid spacing : 그리드 간격 아래에 재분할 허용
- Display grid beyond Limits : Limits에 의한 도면영역 외에도 격자 표시
- Follow Dynamic UCS : 동적 UCS의 XY평면을 따르도록 그리드평면을 변경

(3) Ortho F8

커서를 중심으로 수직방향과 수평방향으로만 이동하게 설정한다.(F8 버튼으로 ON/OFF 변환)

(4) Polar F10

그리기와 수정명령어 실행시 정해진 각도만큼 자동으로 커서를 이동시킨다.(F10 버튼으로 ON/OFF 변환)

- Polar Tracking On : Polar 기능 사용/사용해제
- Increment angle : 각도의 증가값 지정
- Additional angle : 2개 이상의 증가값을 설정시 체크
- Tracking orthogonally only : 직교로만 추적
- Tracking using all polar angle settings : 전체 극좌표 각도설정을 사용하여 추적
- Polar angle measurement : 각도값의 절대값 또는 상대값을 지정
- Absolute : 절대값 지정
- Relative to last segment : 마지막 세그먼트에 상대값 지정

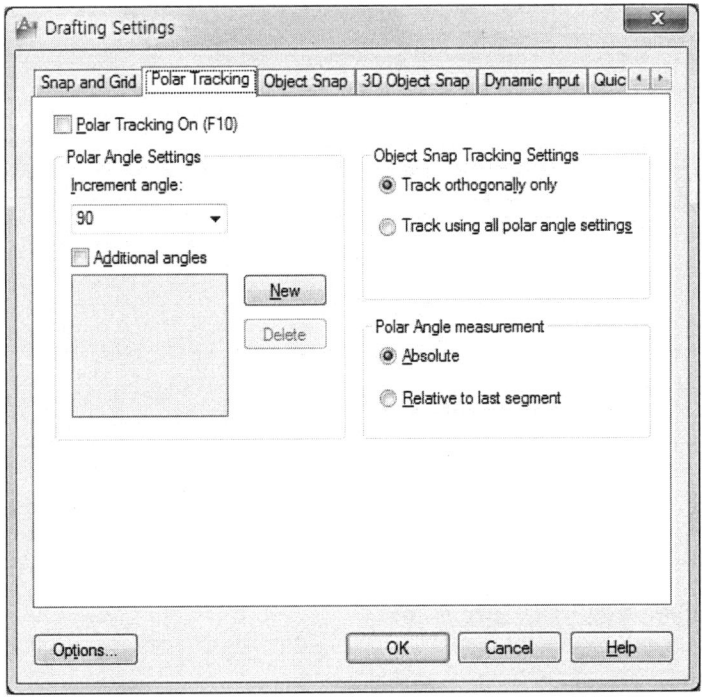

4 파일 열기와 저장

4-1 NEW(새 도면 시작)

```
Pull Down Menu : [File] → [New]                    단축키  Ctrl+N
```

```
Command : NEW ↵
```

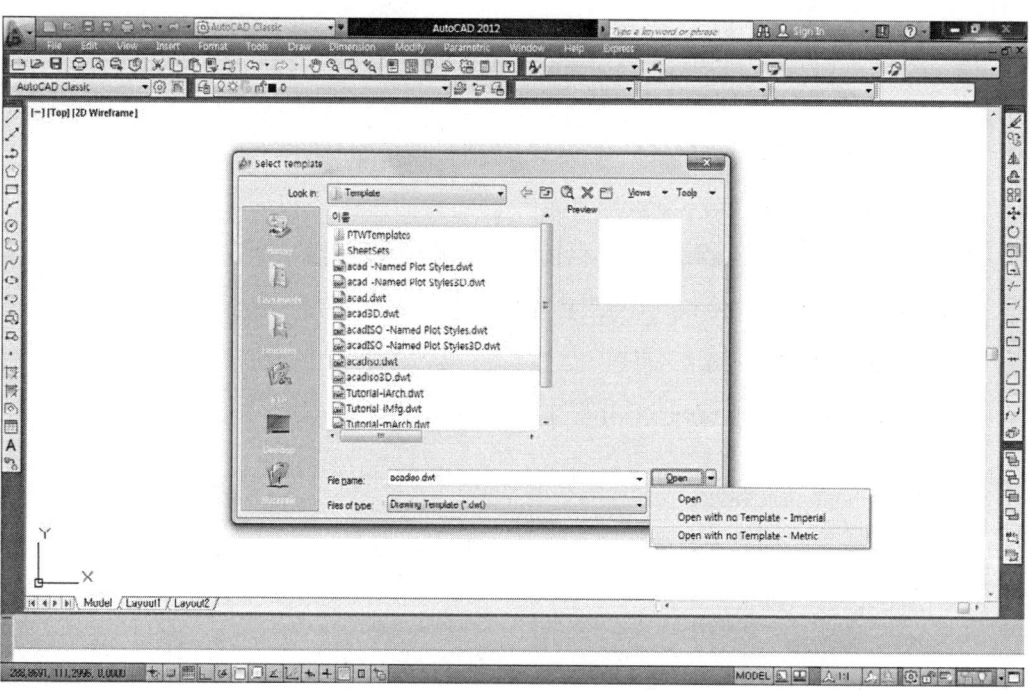

OPTION

- Select Template : 작업영역의 Layer, Dimension 스타일 등이 여러 가지 규격에 맞게 설정된 템플릿 도면으로 미리 만들어져 있어서 원하는 규격의 도면을 불러서 간편하게 사용할 수 있다. 기본으로 설정되어 있는 템플릿 파일은 'acad.dwt'로 영국식 도량형 단위인 인치를 기본 단위로 하고 있으며, 전체 작업영역은 [12inch(feet)×9inch(feet)]이다.

- Open 아이콘의 오른편 스피너(▼)를 클릭하면 하위 메뉴들이 보인다.
  → Open with no Template – Imperial : 영국식 단위로 기본 세팅이 된 도면 [12inch(feet)×9inch(feet)]을 만든다.
  → Open with no Template – Metric : 미터법을 기본 단위로 된 도면 [420mm× 297mm]을 만든다.

4-2 OPEN(기존 도면 열기)

Pull Down Menu : [File] → [Open]   단축키 Ctrl+O

Command : OPEN ↵

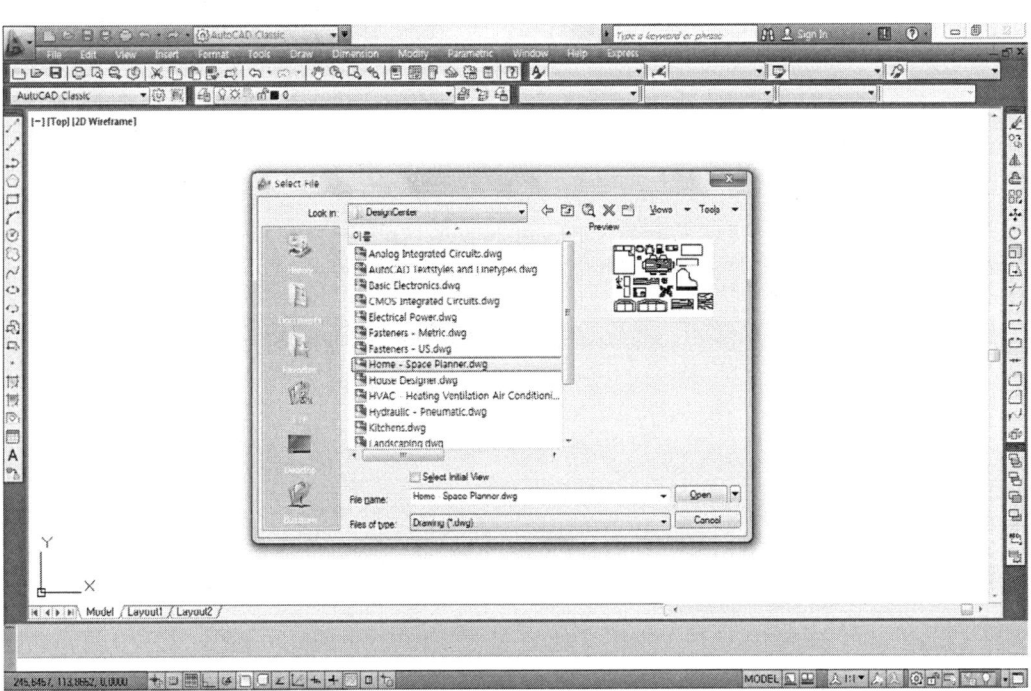

원하는 파일을 찾아서 클릭하거나 [File]상자에 원하는 파일명을 입력 후 Open 버튼을 클릭한다. 우측의 Preview 상자에 해당도면의 미리보기가 실행된다.

OPTION

- Look in : 현재위치 디렉토리(Directory)를 의미한다.
- Files name : 파일의 이름을 입력한다.
- Files of type : 파일의 형식을 설정한다. (*.dwg, *.dws, *.dxf, *.dwt)

4-3 SAVE(저장하기)

Pull Down Menu : [File] → [Save]   단축키 Ctrl+S

Command : SAVE ↵

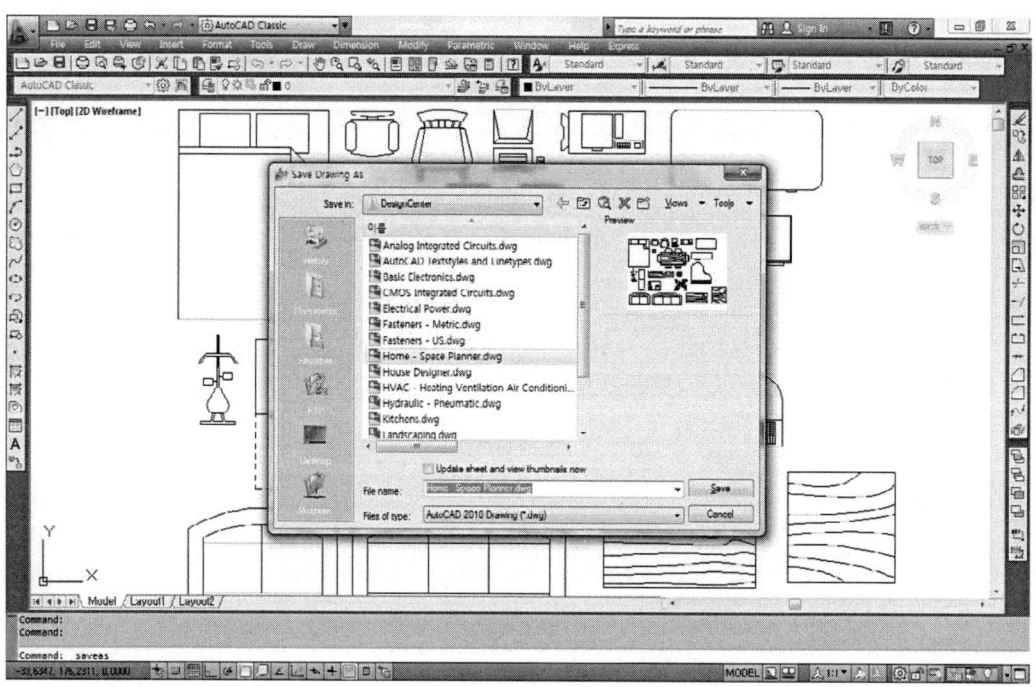

위와 같이 대화상자가 나타나면 마우스로 아래쪽에 있는 [File]상자를 클릭한 다음, 파일이름을 입력하고 Save 버튼을 클릭한다.

OPTION

- Files name : 파일의 이름을 입력한다.
- Files of type : 파일의 형식을 설정한다. (*.dwg, *.dws, *.dxf, *.dwt)

만약 작업한 도면을 저장하지 않고 프로그램을 종료시키면 다음과 같은 대화상자가 나타난다. 저장하고 싶으면 예(Y)를, 그렇지 않으면 아니오(N)를 클릭한다.

Part 2

2차원 기초

제1장 기본 도형 그리기
제2장 가구 그리기
제3장 문자쓰기 및 도면양식 그리기
제4장 창호 그리기
제5장 위생기구 & 주방기구 그리기
제6장 도면 기호 및 계단 그리기
제7장 기타 주요 기능
제8장 도면 출력하기

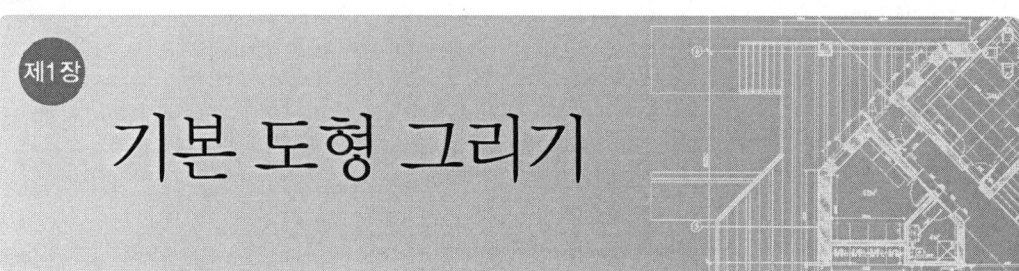

기본 도형 그리기

1 화면 조정 명령어

1-1 LIMITS(도면 한계 설정)

Limits 명령은 도면을 그리기 위한 한계 영역을 정해주는 명령어이다.

> Pull Down Menu : [Format] → [Drawing Limits]

> Command : LIMITS ↵
> Reset Model space limits :
> Specify lower left corner or [ON/OFF] ⟨0.0000,0.0000⟩ : ↵(좌측하단의 좌표)
> Specify upper right corner ⟨420.0000,297.0000⟩ : ↵(우측상단의 좌표)

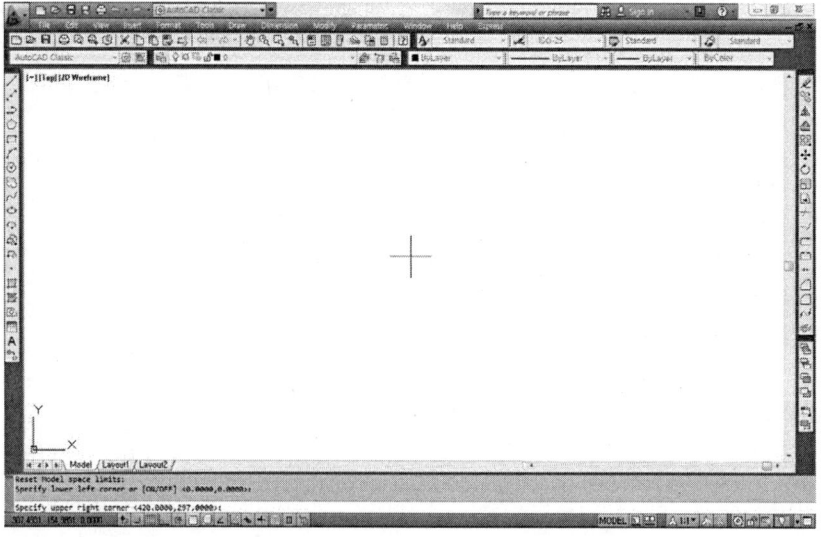

OPTION

Limits 명령에서 ON/OFF 옵션은 Limits 밖의 포인팅을 불가능/가능하게 하는 옵션이다.

- ON : 설정한 도면 크기 밖의 영역에서 도면을 그릴 수 없게 제한한다.
- OFF : 제한을 해제한다.
- Lower left corner : 설정할 도면의 왼쪽 아래 좌표값을 지정한다. (일반적으로 0, 0으로 설정한다.)
- Upper right corner : 설정할 도면의 오른쪽 위 좌표값을 지정한다. (그리고자 하는 도형보다 2~3배 큰 Limits를 주고 가로 : 세로의 비가 4 : 3 정도가 되도록 설정한다.)

1-2 ZOOM(화면제어)

Zoom 명령은 물체를 변화시키거나 도면을 확대 또는 축소하는 것이 아니라 단지 카메라의 줌(Zoom) 렌즈처럼 화면을 확대하거나 축소하여 물체를 자세히 보거나 전체적인 화면을 보는 명령어이다.

```
Pull Down Menu : [View] → [Zoom]                      단축키  Z

Command : ZOOM ↵
[All/Center/Dynamic/Extents/Previous/Scale/Window/Object] ⟨real time⟩ :
```

(1) ZOOM-A(All)

전체 화면을 보는 명령이며 화면에 물체가 없을 때는 Limits에 맞게 보여주고 화면에 물체가 있을 때는 물체를 포함한 화면을 보여준다.

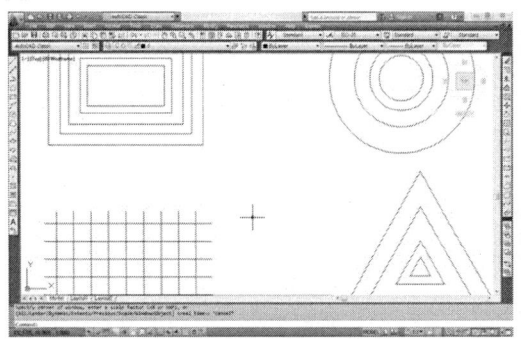
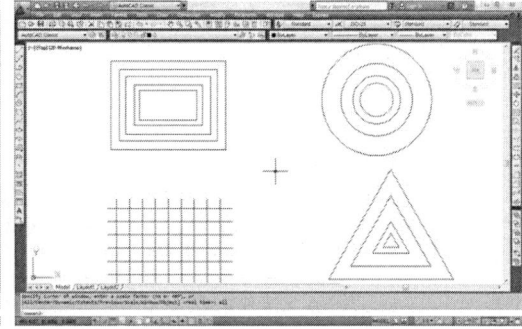

ZOOM All 실행 전 　　　　　　　　　ZOOM All 실행 후

(2) ZOOM-E(Extents)

물체에 대한 최대 화면을 보기 위한 명령이다. (가장 큰 화면)

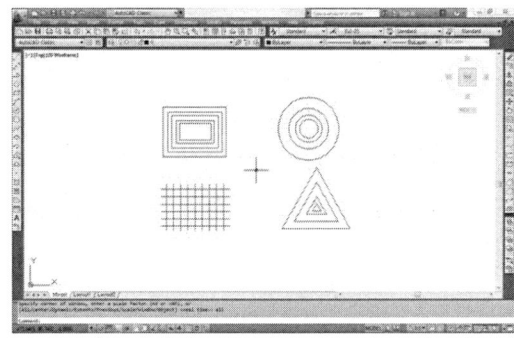
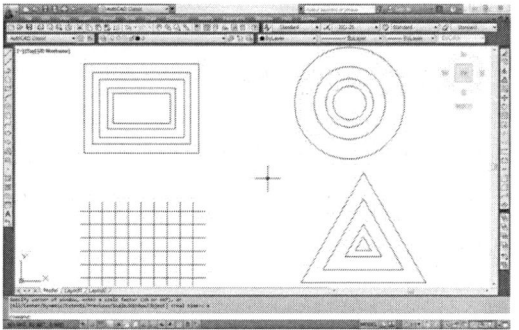

ZOOM Extents 실행 전 　　　　　　　　　ZOOM Extents 실행 후

(3) ZOOM-W(Window)

확대하고자 하는 영역을 사각박스에 포함시켜서 확대해서 작업하는 명령이다.

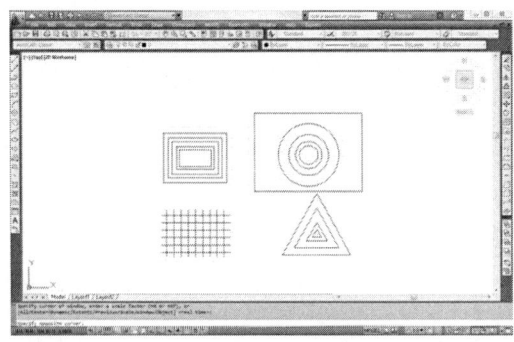
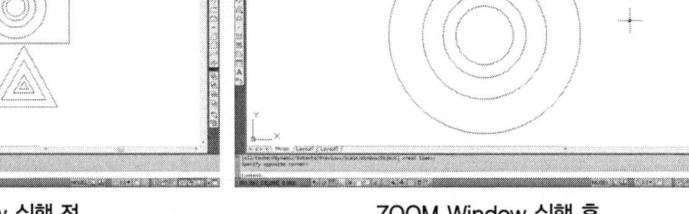

ZOOM Window 실행 전 　　　　　　　　　ZOOM Window 실행 후

(4) ZOOM-P(Previous)

바로 이전 화면으로 돌아간다.

(5) ZOOM-S(Scale)

현재 화면에 대한 상대적 비율을 나타내는 명령어로서 0.5X는 화면을 0.5배로 축소하는 것을 의미한다. 1이하의 숫자는 화면을 축소하며 1이상의 숫자는 화면을 확대하여 보여준다.

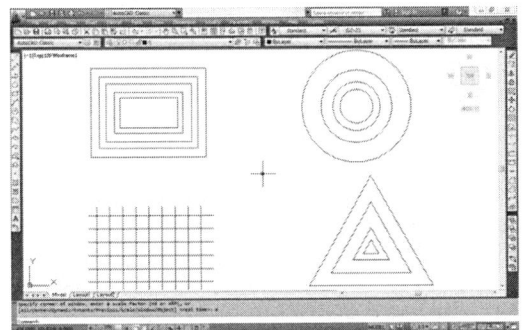 

ZOOM-S(0.5X) 실행 전   ZOOM-S(0.5X) 실행 후

OPTION

- Scale Factor : 입력한 숫자만큼의 절대적 비율(Zoom↵ A↵에 대한 비율)
- nX : 입력한 숫자만큼의 상대적 비율(현재화면에 대한 비율)
- nXP : 입력한 숫자만큼의 종이 영역 스케일 조정

ZOOM 명령의 기타 OPTION

- V(Vmax) : 물체에 대한 최소 화면 보기. 즉, 물체는 가장 작게 화면은 가장 넓게 보는 것이다.
- D(Dynamic) : 도면 전체 중 지정하는 임의의 부분을 본다. 동적뷰로서 도면이 복잡할 때 유리하나 최근에는 Pan이나 Aerial View를 주로 사용하는 추세이다.

- C(Center) : 화면의 중심과 폭을 입력하여 현재 화면을 설정한다.
- Zoom in : 화면확대(실시간 Zoom, 2X)
- Zoom out : 화면축소(실시간 Zoom, 0.5X)
  - 일반적으로 ZOOM 기능에서 가장 많이 쓰이는 옵션은 ZOOM-All, ZOOM-Window, ZOOM-Extends, ZOOM-Previous 등이다.
  - ZOOM-Real time은 ZOOM 옵션의 기본값으로 ⏎하면 마우스를 상하로 드래그(Drag)하여 화면을 연속적으로 ZOOM-In, ZOOM-Out할 수 있다.
  - Wheel Mouse를 사용하면 마우스 커서를 중심으로 Wheel을 이용해 쉽게 ZOOM-In, ZOOM-Out할 수 있다.

1-3 PAN(화면 이동)

Pan은 실시간 화면 이동 기능이다. Pan은 객체의 데이터 변화없이 화면을 이동하는 것으로 손으로 종이를 움직이는 것과 같은 원리로서 화면을 자유자재로 움직일 수 있다. 마지막에 ⏎ 대신 마우스 오른쪽 버튼을 클릭하면 다른 옵션을 사용 할 수 있다.

```
Pull Down Menu : [View] → [Pan]                    단축키  P
```

```
Command : PAN ⏎
Press Esc or Enter to exit, or right-click to activate pop-up menu.
손모양의 아이콘이 생긴다. 임의의 점을 클릭후 드래그하면 화면이 움직이며 원하는 화면을 설정한
후 마우스를 떼고 ⏎한다.
```

Pan 명령을 실행하는 더욱 간단한 방법으로 마우스 휠버튼을 누르고 있으면 Pan 기능을 수행할 수 있도록 마우스 커서가 변경된다.

1-4 REDRAW/REGEN(화면정리)

(1) REDRAW

Redraw는 도면 작성시 불필요한 잔상 또는 Erase할 때, Blip(십자모양 표시) 등으로 지저분해진 도면을 깨끗이 정리 해주며, 편집 등으로 인해 화면상에 일시적으로 보이지 않는 도면 요소를 다시 보여준다.

```
Pull Down Menu : [View] → [Redraw]          단축키  R

Command : REDRAW ↵
```

(2) REGEN

Regen은 Redraw와 같은 기능이나 Redraw와 다르게 모든 객체의 화면 좌표와 뷰(View) 해상도를 다시 계산하고 도면의 데이터베이스를 다시 색인하기 때문에 속도가 떨어진다.

```
Pull Down Menu : [View] → [Regen]           단축키  RE

Command : REGEN ↵
```

(3) PURGE(도면정보 정리)

사용하지 않은 도면의 정보를 지워 도면의 데이터를 줄이는 명령어이다.

```
Command : PURGE ↵                           단축키  PU
```

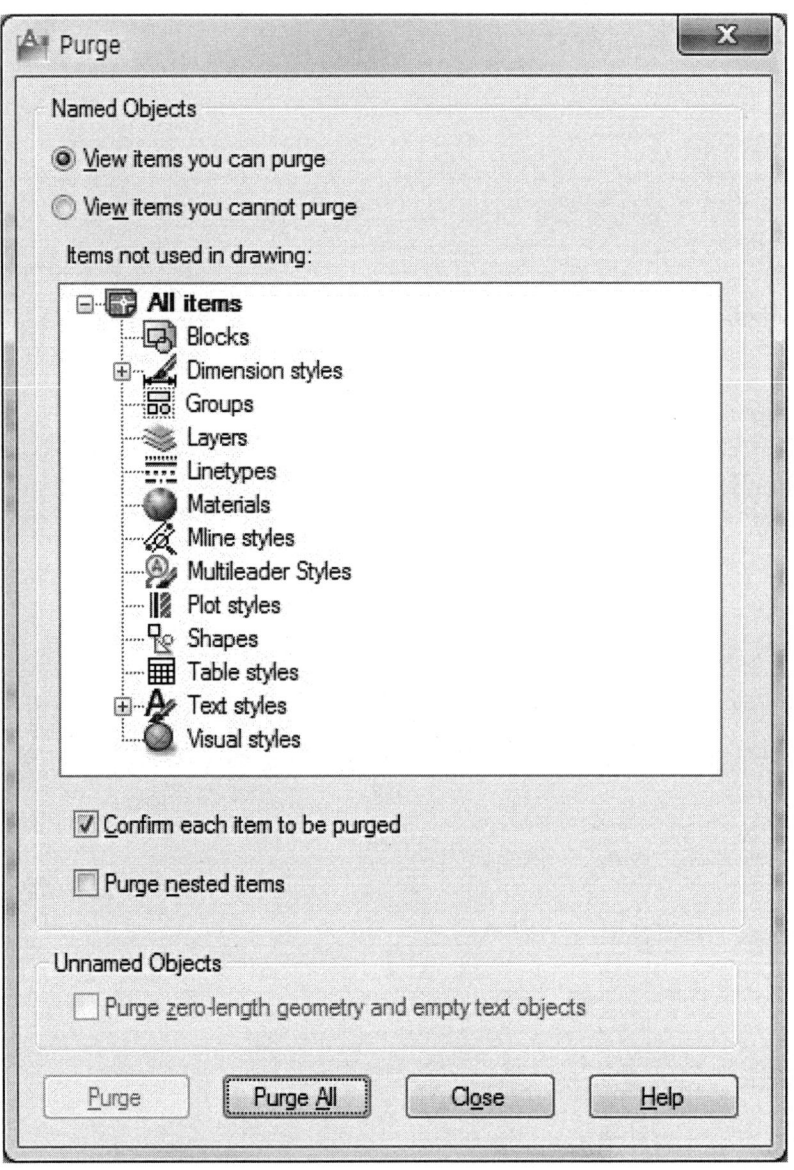

OPTION

- View items you can purge : Purge가 가능한 아이템을 보여준다.
- View items you cannot purge : Purge가 불가능한 아이템을 보여준다.
- Confirm each item to be purged : 각 항목별로 소거를 확인한다.
- Purge nested items : 내장된 항목도 소거한다.

2 드로잉 명령어(1)

2-1 LINE(선)

Pull Down Menu : [Draw] → [Line]   단축키 L

Command : LINE ↵
Specify first point : 화면에서 임의의 시작점을 클릭
Specify next point or [Undo] : @150<0 ↵
Specify next point or [Close/Undo] : @100<90 ↵
Specify next point or [Close/Undo] : @150<180 ↵
Specify next point or [Close/Undo] : C ↵

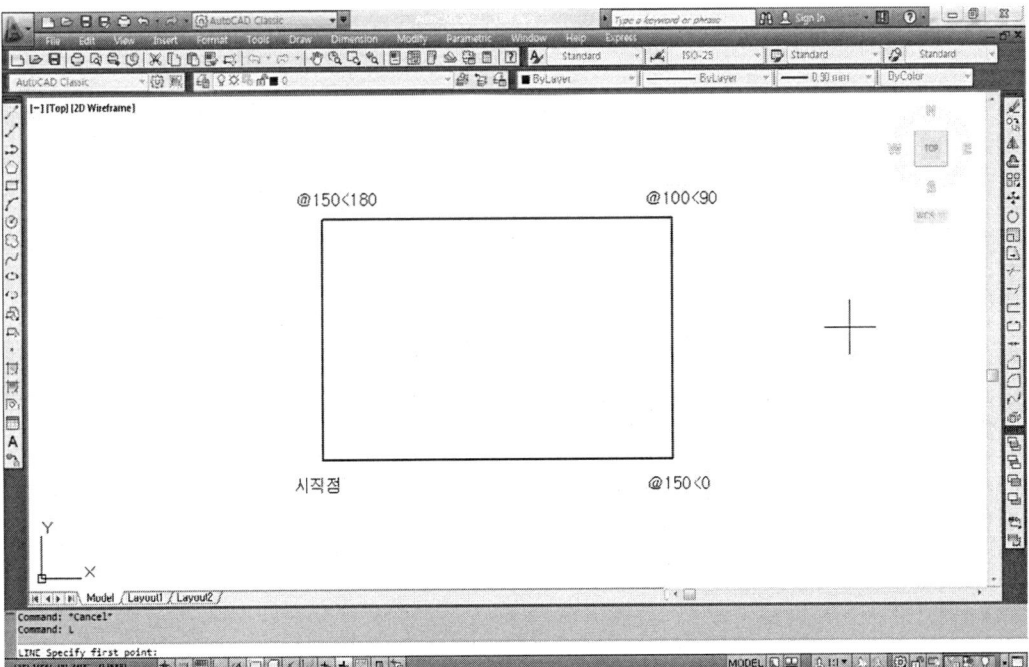

OPTION

- @ : 마지막 좌표(상대좌표값 입력 형식)에서 시작한다.
- U(Undo) : Specify next point or [Undo] 에서 "U"를 입력하면 최후에 그려진 선이 취소된다.
- C(Close) : Specify next point or [Close/Undo] 에서 "C"를 입력하면 처음 점과 연결된다.

(1) 좌표의 이해

좌표의 종류	입력 형태	설 명
절 대 좌 표	X, Y	원점(0, 0)을 기준으로 정확한 좌표 지정 (현재 좌표계를 기준으로 한 절대적인 점)
절대 극좌표	거리<각도	원점(0, 0)을 기준으로 거리와 각도 지정
상 대 좌 표	@X, Y	최종점에서 상대적인 좌표
상대 극좌표	@거리<각도	최종점으로부터의 거리와 각도 지정
거 리 좌 표	거리, 방향	키보드로 거리를 입력하고 마우스로 방향을 지정

- "@" : 상대적인 점을 의미하며 Shift + '2' 키를 누르면 된다.
- "〈" : 각도 표시로서 Shift + ',' 키를 누르면 된다.
- 상대 극좌표 : 시작하는 점을 기준으로 길이와 각도를 입력한다. @100〈45는 최종점으로부터 길이 100, 각도 45°(동쪽) 방향으로 떨어진 점을 의미한다.

(2) 각도의 이해

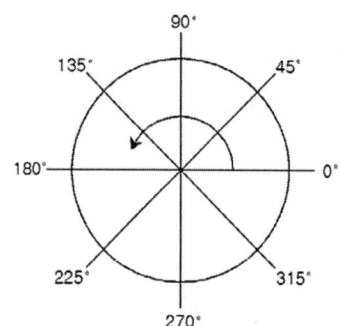

AutoCAD에서의 각도는 동쪽이 0° 이고, 반시계 방향으로 각도가 증가한다.
- 단위계, 각도의 기준점과 증가방향, 소수점 이하의 자릿수 등은 "UNITS(DDUNITS)" 명령으로 조절할 수 있다.

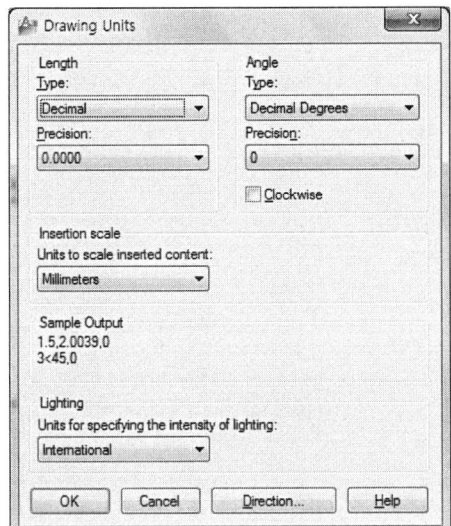
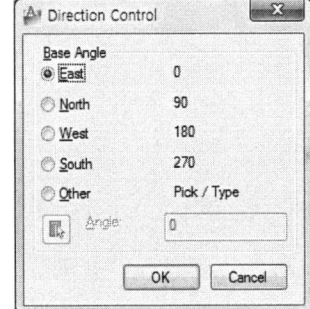

2-2 OSNAP(점의 지정)

Osnap 명령은 물체의 어떤 특정 지점을 정확하게 찾아가게 하는 명령어이며, 명령을 실행 중일 때에만 작동한다.

```
Pull Down Menu : [Tools] → [Drafting Settings]          단축키  DS
```

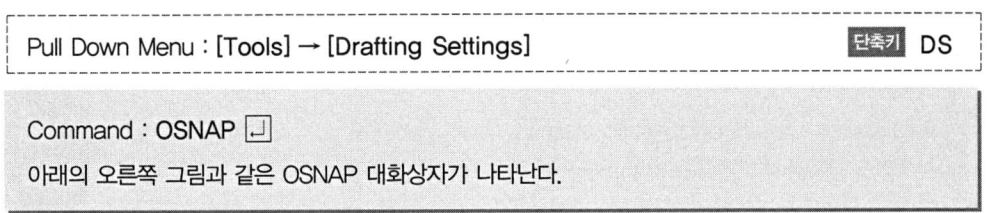

※ Shift 또는 Ctrl 키를 누른 상태에서 마우스 오른쪽 버튼을 누르면 아래 왼쪽 그림과 같은 메뉴가 나온다. 또는 화면 맨 아래의 상황바에서 Object snap을 선택하면 된다.

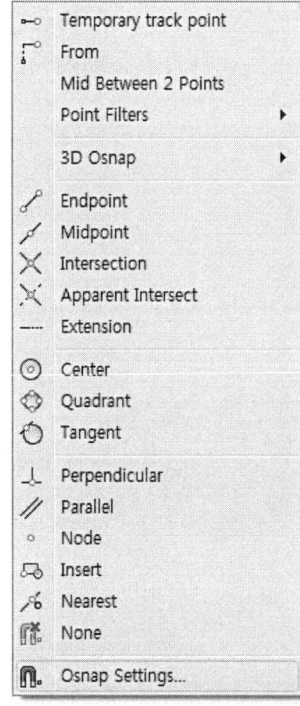
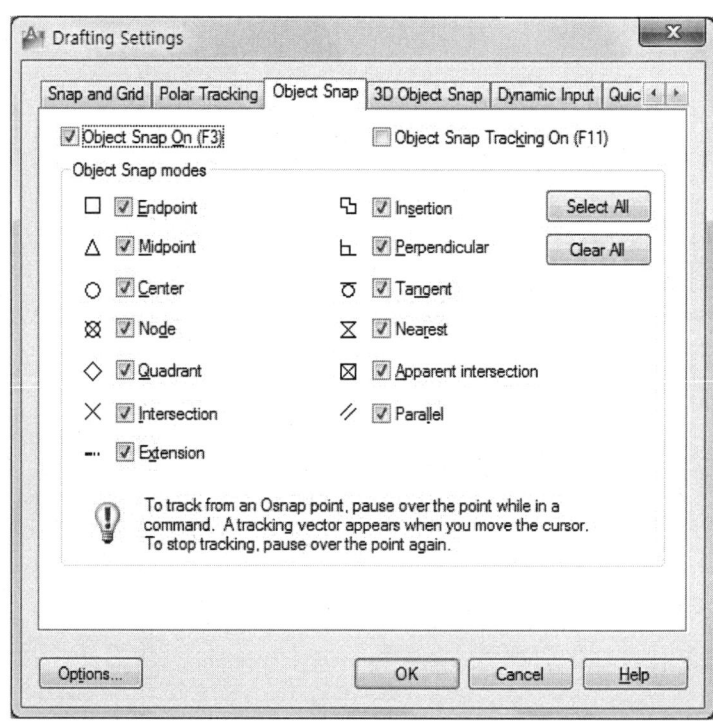

※ 상태막대의 Osnap 막대 위에 마우스 오른쪽 버튼을 누른 후 settings...를 선택하면 위와 같은 대화상자가 나타난다.

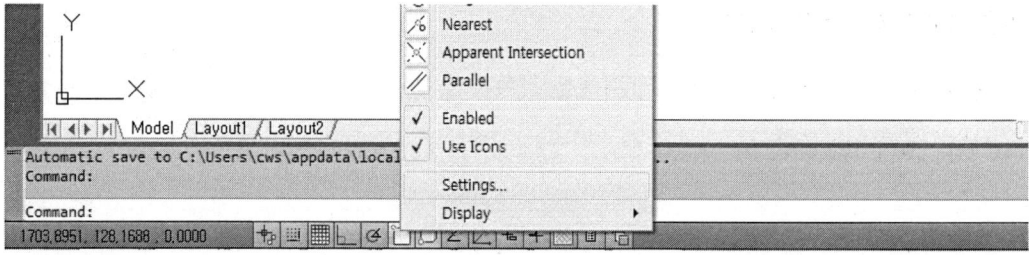

※ [Tools] → [Options] 를 선택하면 아래 대화상자가 나타난다. (또는 바탕화면에서 마우스 오른쪽 버튼을 클릭한 후 맨 아래쪽의 Options를 선택한다.) 여기서 Osnap의 Marker 크기와 색, Auto Tracking에 관한 사항들을 설정할 수 있다.

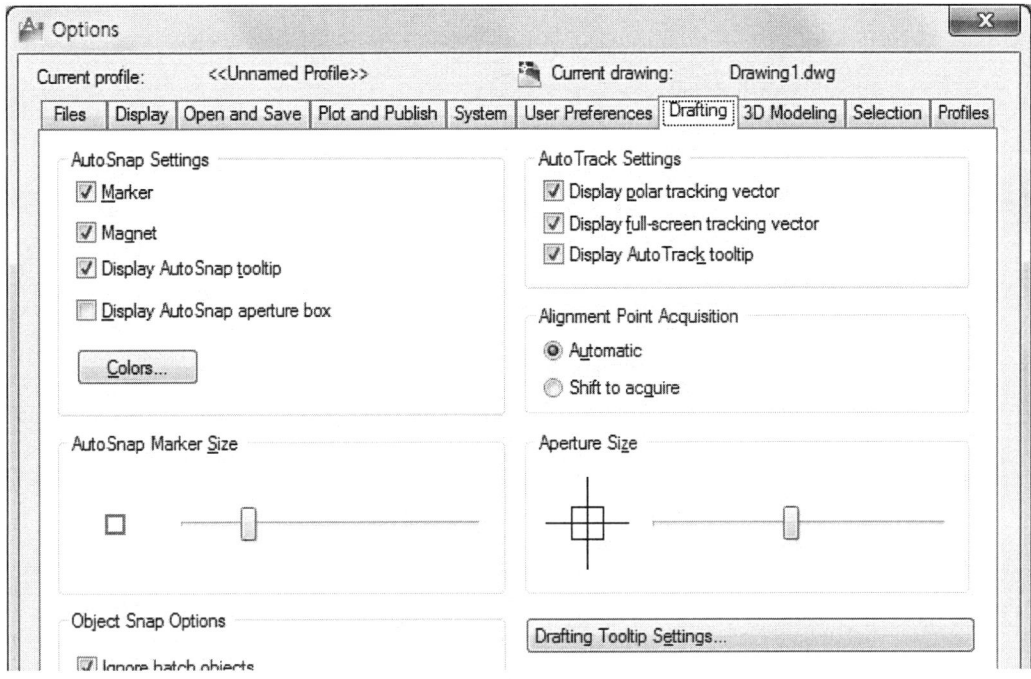

 OPTION

- ⊶ Tracking Point : 가상 궤도선을 이용한 추적점
- Snap FROm : 도형의 기준점과 옵셋에 의한 Snap점
- END point : 객체의 끝점
- MID point : 객체의 중간점
- INTersection : 두 객체의 교차점
- APPINT(apparent intersection) : 두 물체를 연장한 가상의 교차점
- Extension : 선이나 호의 연장점
- CENter : 원, 호의 중심점
- QUAdrant : 원, 호의 사분점(4분점 : 0°, 90°, 180°, 270°)

- ⌓ TANgent : 접점
- ⊥ PERpendicular : 객체의 수직점
- ∥ Parallel : 기존 객체의 평행선
- INsert : 블록, 문자 등의 삽입점
- ∘ NoDe : Point의 절점
- Nearest : 가장 가까운 근접점
- Snap to none : Osnap의 설정 해제
- Osnap Settings : Osnap의 설정

※ Osnap mode값을 직접 입력하여 실행하는 방법은 아래와 같다.

```
Command : LINE ↵
Specify first point : MID ↵ 선의 중간부분 클릭(선의 중간점을 잡는다)
Specify next point or [Undo] : END ↵ 반대측 꼭지점 클릭(선의 끝점을 잡는다)
```

2-3 ERASE(지우기)

도면에서 불필요한 객체를 지울 때 사용하는 명령어이다. 선택된 객체는 점선으로 변환된다.

```
Pull Down Menu : [Modify] → [Erase]                               단축키  E
```

```
Command : ERASE ↵
Select objects : 지울 객체 선택
Select objects : ↵

Command : REDRAW ↵ (화면 정리)
```

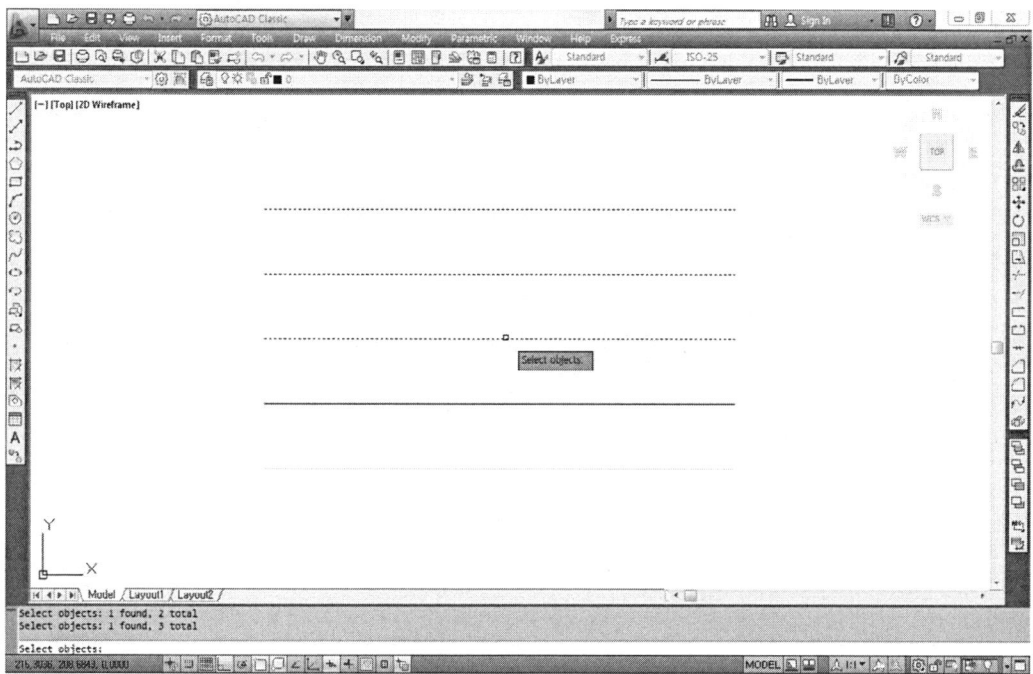

2-4 물체 선택/취소 방법

(1) 물체의 선택

수정명령어 실행시 물체 선택 옵션은 명령어 실행시 "Select Objects"라는 말 다음에 사용한다. Object를 선택하는 방법은 아래와 같이 다양하다. 도면의 상황에 따라 가장 효율적인 방법으로 선택하는 것이 중요하다.

- Object pointing : 물체를 Pick Box로 하나씩 선택하는 방법
- Multiple : 물체를 선택할 때 하나씩 선택하는 것이 아니라 원하는 만큼 여러 물체를 선택할 수 있어서 시간을 단축할 수 있다.
- Window : 선택영역에 완전히 포함된 물체만 선택된다. (왼쪽에서 오른쪽으로 선택-연한 하늘색으로 영역표시)
- Crossing : 선택영역에 완전히 포함되거나 일부만 걸쳐도 물체가 선택된다. (오른쪽에서 왼쪽으로 선택-연한 녹색으로 영역표시)

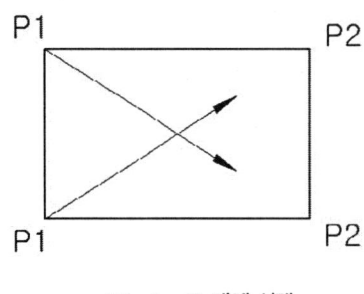

Window로 객체 선택

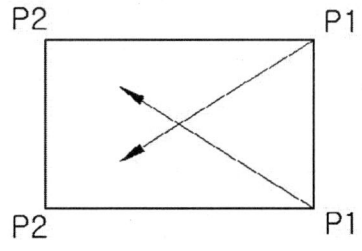

Crossing으로 객체 선택

- All : 화면에 그려진 모든 요소 선택
- Undo : 선택된 물체를 역순으로 취소
- Remove : 선택되었던 물체를 선택에서 제외
- Add : 물체를 추가하여 선택할 때
- Previous : 이전에 선택되었던 것을 다시 선택
- Last : 가장 마지막에 그려진 요소를 선택
- Fence : 울타리에 걸쳐 있는 모든 도면 요소를 선택
- Box : Window와 Crossing을 합친 기능. 옵션없이 왼쪽에서 오른쪽으로 박스를 만들면 W옵션이고 오른쪽에서 왼쪽으로 박스를 만들면 C옵션이다.
- AUto : 기본 선택 사항이며 BOX의 기능을 이용할 수 있다.
- SIngle : 어떤 물체를 한 번만 선택하고 명령이 실행 또는 종료된다.
- WPolygon : 다각형에 완전히 포함된 요소만 선택하나 다각형이 서로 교차해서는 안 된다.
- CPolygon : 다각형에 걸쳐지거나 포함된 요소를 선택하나 서로 교차해서는 안 된다.
- Group : 그룹별로 선택할 수 있다.

(2) 물체의 선택 취소

선택된 Object를 선택취소 하는 방법은 두 가지가 있다.

① 선택된 전체 Object를 한꺼번에 선택 취소할 때 : Esc 버튼을 클릭
② 선택된 Object 중에서 한 개의 Object를 선택 취소할 때 : Shift 버튼을 누른 상태에서 해당 Object를 클릭

2-5 UNDO(명령 취소)

Undo는 가장 최근에 수행한 명령을 취소시키는 명령이며 이때 취소되는 명령의 이름은 화면에 나타난다. Undo 명령은 반복수행하여 도면이 처음 상태가 될 때까지 한 단계씩 취소시켜 준다.

```
Pull Down Menu : [Edit] → [Undo]                          단축키  U
```

```
Command : UNDO ↵
```

2-6 REDO(명령 회복)

Redo는 Undo로 취소된 명령어를 다시 회복시켜주는 명령어이다.

```
Pull Down Menu : [Edit] → [Redo]
```

```
Command : REDO ↵
```

2-7 OOPS(명령 재생)

Erase나 다른 명령에 의하여 삭제된 요소를 다시 회복하는 명령어로서 단 한번의 재생만이 가능하다. 이 명령이 Undo와 다른 점은 명령을 취소하는 것이 아니라 지워진 요소만을 다시 재생시킨다는 것이다.

```
Command : OOPS ↵
```

2-8 CIRCLE(원)

반지름, 지름, 2점, 3점 또는 접선을 이용하여 원을 그릴 때 사용하는 명령어이다.

```
Pull Down Menu : [Draw] → [Circle]                    단축키  C

Command : CIRCLE ↵
Specify center point for circle or [3P/2P/Ttr(tan tan radius)] : 임의의 점 클릭(중심점 입력)
Specify radius of circle or [Diameter] : 50 ↵ (반지름 입력)
```

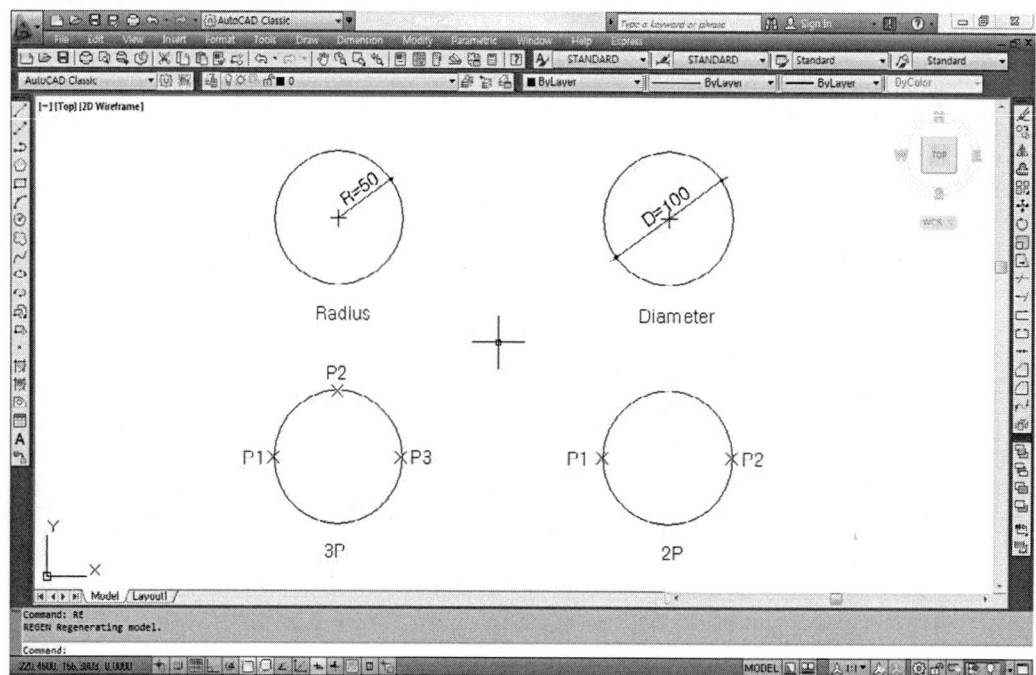

OPTION

- 3P : 3점을 지나는 원을 그린다.
- 2P : 2점을 지름으로 하는 원을 그린다.
- Ttr : 두 직선에 접하고 반지름이 r인 원을 그린다.
- Center point : 원의 중심점을 설정한다.
- Radius : 원의 반지름을 지정한다.
- Diameter : 원의 지름을 지정한다.

세 개의 선분에 접하는 원을 그릴 때는 [Draw] → [Circle] → [Tan Tan Tan] 옵션을 쓰면 편리하다.

2-9 ARC(호)

Pull Down Menu : [Draw] → [Arc]   단축키 A

Command : ARC ↵
Specify start point of arc or [Center] : P1점 클릭(시작점 입력)
Specify second point of arc or [Center/End] : P2점 클릭(중간점 입력)
Specify end point of arc : P3점 클릭(끝점 입력)

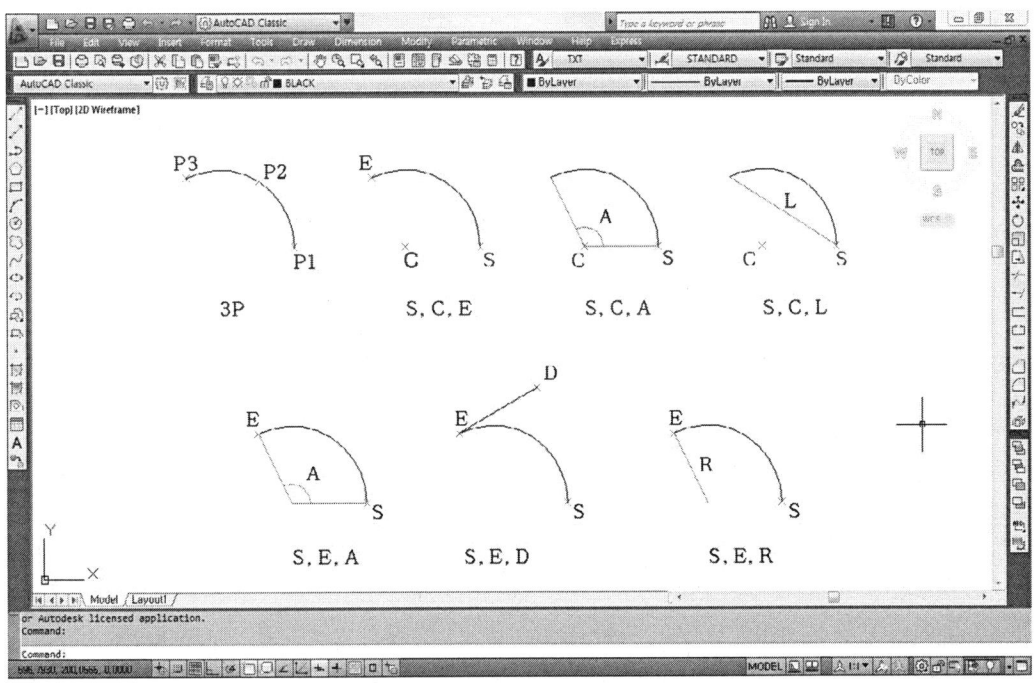

OPTION

- Start point : 호의 시작점을 지정한다.
- End : 호의 끝점을 지정한다.
- Center : 호의 중심점을 지정한다.
- Angle : 호의 내부각을 지정한다.
- chord Length : 현의 길이를 지정한다.

- Direction : 호 접선의 방향을 설정한다.
- Radius : 호의 반지름을 설정한다.

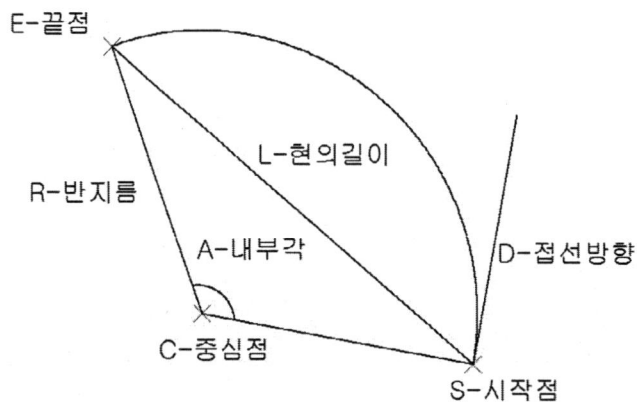

2-10 ELLIPSE(타원)

중심점이나 축을 지정하여 타원을 그릴 때 사용하는 명령어이다.

Pull Down Menu : [Draw] → [Ellipse]   단축키 EL

Command : ELLIPSE ↵
Specify axis endpoint of ellipse or [Arc/Center] : 시작점(P1) 클릭
Specify other endpoint of axis : @6<0 ↵ (축이 될 다른 점 P2)
Specify distance to other axis or [Rotation] : @1<90 ↵ (중심에서 다른 축까지의 점 P3)

제1장 기본 도형 그리기

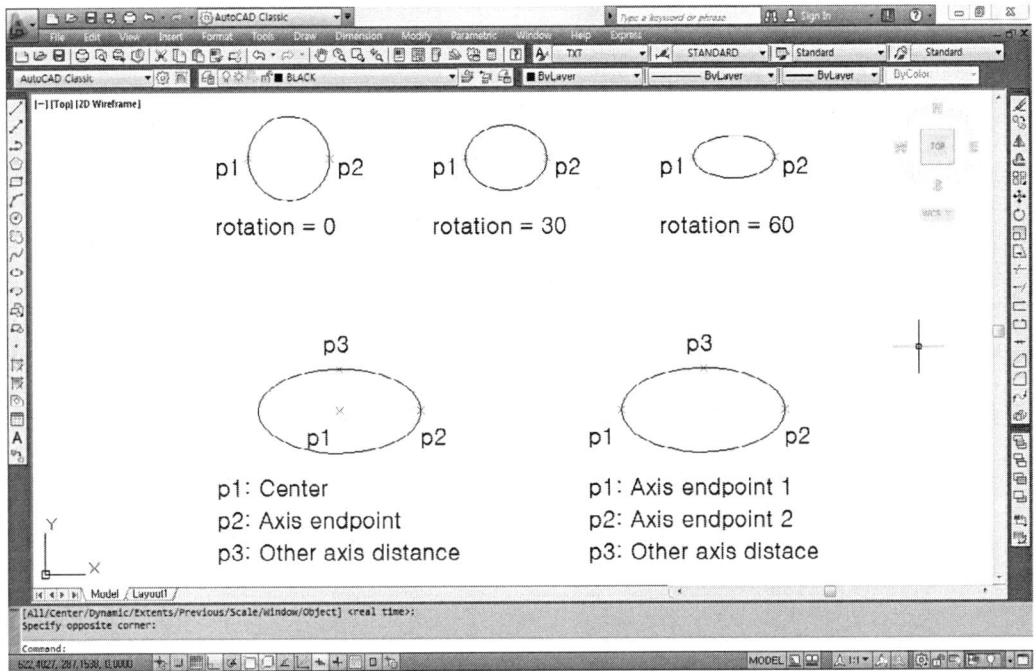

OPTION

- Axis Endpoint 1 : 타원의 지름이 될 첫번째 점을 지정한다.
- Center : 타원의 중심점을 지정한다.
- Axis Endpoint 2 : 타원의 지름이 될 두번째 점을 지정한다.
- Other Axis Distance : 타원의 중심점에서의 거리를 설정한다.

2-11 RECTANGLE(사각형)

Rectangle 명령은 사각형을 그릴 때 아주 편리한 명령어로서 직사각형 혹은 정사각형을 그릴 수 있다. 그린 선은 폴리라인으로 인식되므로 선을 일부분만 지우고 싶을 때는 Explode 명령을 이용해서 분해한 후에 편집해야 한다.

Pull Down Menu : [Draw] → [Rectangle]　　　　　　　　　　단축키　REC

Command : RECTANGLE ↵
Specify first corner point or [Chamfer/Elevation/Fillet/Thickness/Width] : 임의의 점 클릭
Specify other corner point : @150,100 ↵

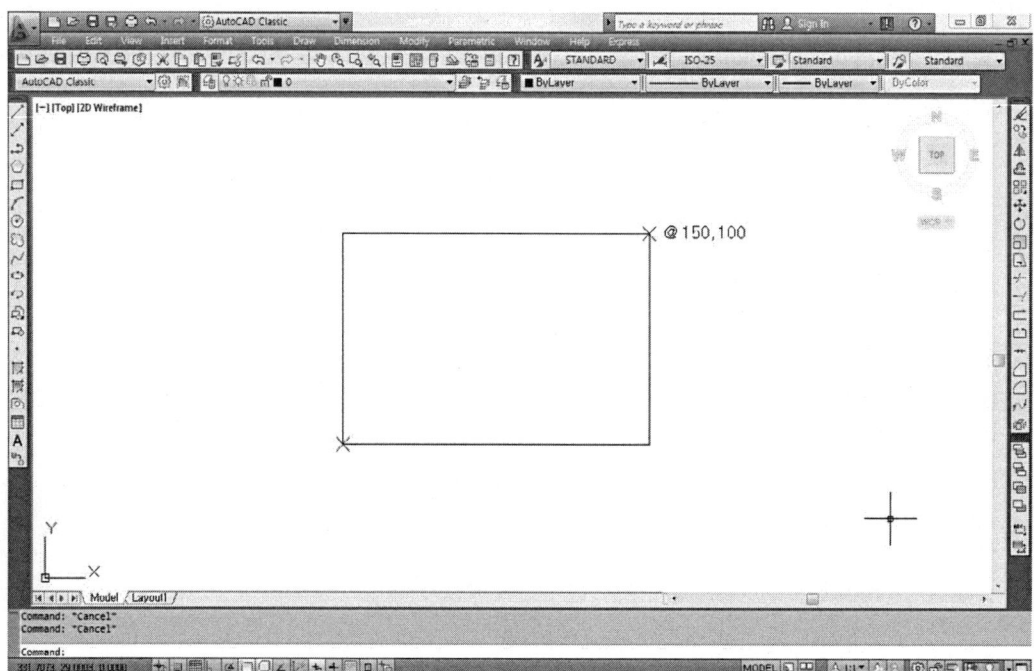

OPTION

- Chamfer : 사각형의 모서리를 직선으로 모따기한다.
- Elevation : 사각형을 Z축 방향으로 주어진 값만큼 높여서 그린다.
- Fillet : 사각형 모서리를 부드럽게 라운딩한다.
- Thickness : 사각형 선의 높이값을 설정한다.
- Width : 사각형 선의 두께값을 설정한다.

3 기본 도형 예제

3-1 직선 도형 예제

(1) 새로운 도면을 시작한다.

```
Command : NEW ↵
[Select template] → [Open]
```

(2) 작업 범위를 설정한다.

```
Command : LIMITS ↵
Specify lower left corner or [ON/OFF] <0.0000,0.0000> : ↵ (좌측 하단의 좌표)
Specify upper right corner <420.0000,297.0000> : ↵ (우측 상단의 좌표)

Command : ZOOM ↵
[All/Center/Dynamic/Extents/Previous/Scale/Window/Object] <real time> : A ↵
```

(3) 선 그리기(상대좌표값 이용)

```
Command : LINE ↵
Specify first point : 임의의 시작점(P1) 클릭
Specify next point or [Undo] : @25,0 ↵
Specify next point or [Undo] : @0,-25 ↵
Specify next point or [Undo] : @50,0 ↵
Specify next point or [Undo] : @0,-50 ↵
Specify next point or [Undo] : @25,0 ↵
```

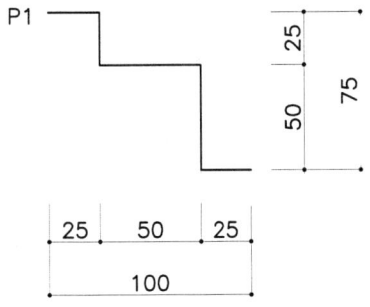

(4) 직사각형 그리기(상대극좌표값 이용)

```
Command : LINE ↵
Specify first point : 임의의 시작점(P1) 클릭
Specify next point or [Undo] : @150<0 ↵
Specify next point or [Undo] : @100<90 ↵
Specify next point or [Undo] : @150<180 ↵
Specify next point or [Undo] : C ↵
```

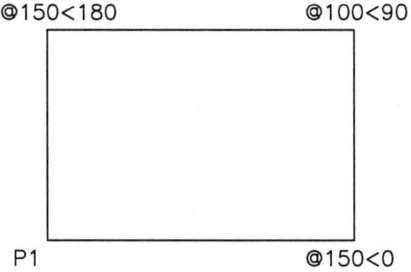

(5) 마름모 그리기(상대극좌표값 이용)

```
Command : LINE ↵
Specify first point : 임의의 시작점(P1) 클릭
Specify next point or [Undo] : @100<45 ↵
Specify next point or [Undo] : @100<135 ↵
Specify next point or [Undo] : @100<225 ↵
Specify next point or [Undo] : C ↵
```

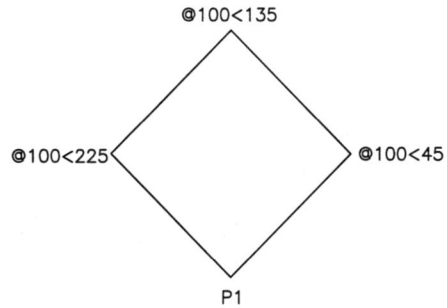

(6) 삼각형 그리기(상대극좌표값 이용)

```
Command : LINE ↵
Specify first point : 임의의 시작점(P1) 클릭
Specify next point or [Undo] : @100<0 ↵
Specify next point or [Undo] : @100<120 ↵
Specify next point or [Undo] : C ↵
```

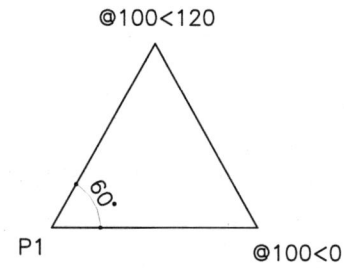

(7) ㄷ자 도형 그리기(상대좌표값 이용)

```
Command : LINE ↵
Specify first point : 임의의 시작점(P1) 클릭
Specify next point or [Undo] : @100,0 ↵
Specify next point or [Undo] : @0,25 ↵
Specify next point or [Undo] : @-75,0 ↵
Specify next point or [Undo] : @0,70 ↵
Specify next point or [Undo] : @75,0 ↵
Specify next point or [Undo] : @0,25 ↵
Specify next point or [Undo] : @-100,0 ↵
Specify next point or [Undo] : C ↵
```

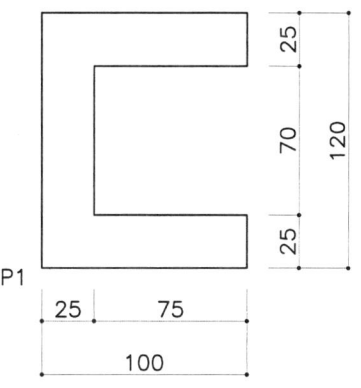

(8) E자 도형 그리기(상대좌표값 & 상대극좌표값 이용)

```
Command : LINE ↵
Specify first point : 임의의 시작점(P1) 클릭
Specify next point or [Undo] : @100,0 ↵
Specify next point or [Undo] : @0,25 ↵
Specify next point or [Undo] : @-70,0 ↵
Specify next point or [Undo] : @0,25 ↵
Specify next point or [Undo] : @70,0 ↵
Specify next point or [Undo] : @0,25 ↵
Specify next point or [Undo] : @70<180 ↵
Specify next point or [Undo] : @25<90 ↵
Specify next point or [Undo] : @70<0 ↵
Specify next point or [Undo] : @25<90 ↵
Specify next point or [Undo] : @100<180 ↵
Specify next point or [Undo] : C ↵
```

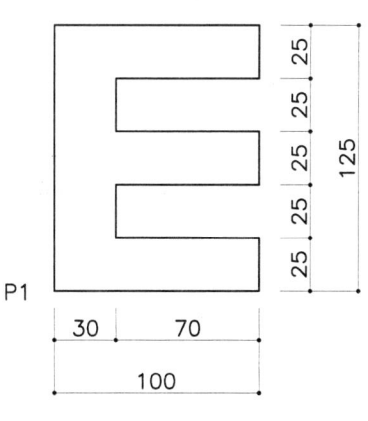

(9) +자 도형 그리기(상대좌표값 & 상대극좌표값 이용)

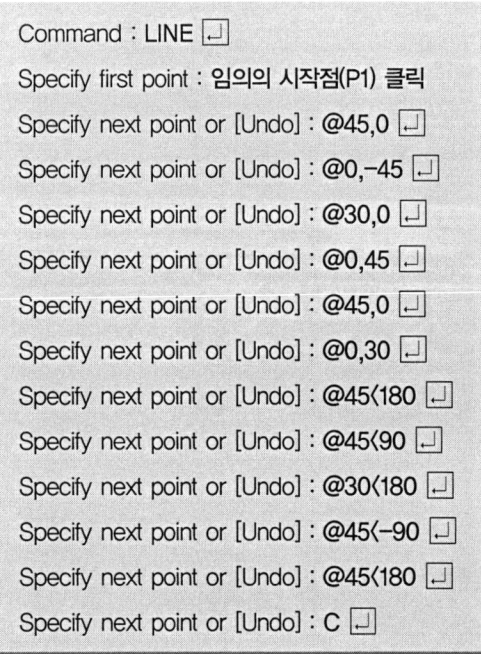
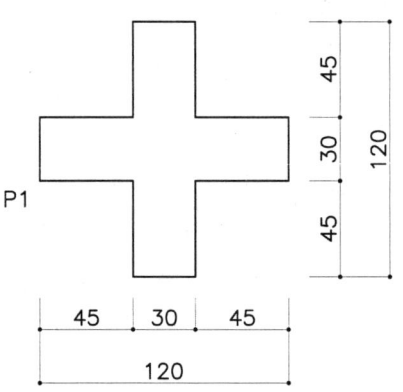

Command : LINE ↵
Specify first point : 임의의 시작점(P1) 클릭
Specify next point or [Undo] : @45,0 ↵
Specify next point or [Undo] : @0,-45 ↵
Specify next point or [Undo] : @30,0 ↵
Specify next point or [Undo] : @0,45 ↵
Specify next point or [Undo] : @45,0 ↵
Specify next point or [Undo] : @0,30 ↵
Specify next point or [Undo] : @45<180 ↵
Specify next point or [Undo] : @45<90 ↵
Specify next point or [Undo] : @30<180 ↵
Specify next point or [Undo] : @45<-90 ↵
Specify next point or [Undo] : @45<180 ↵
Specify next point or [Undo] : C ↵

(10) SAVE명령으로 저장한다.

Command : SAVE ↵
[파일 이름(N):] 직선도형.dwg
[저장]

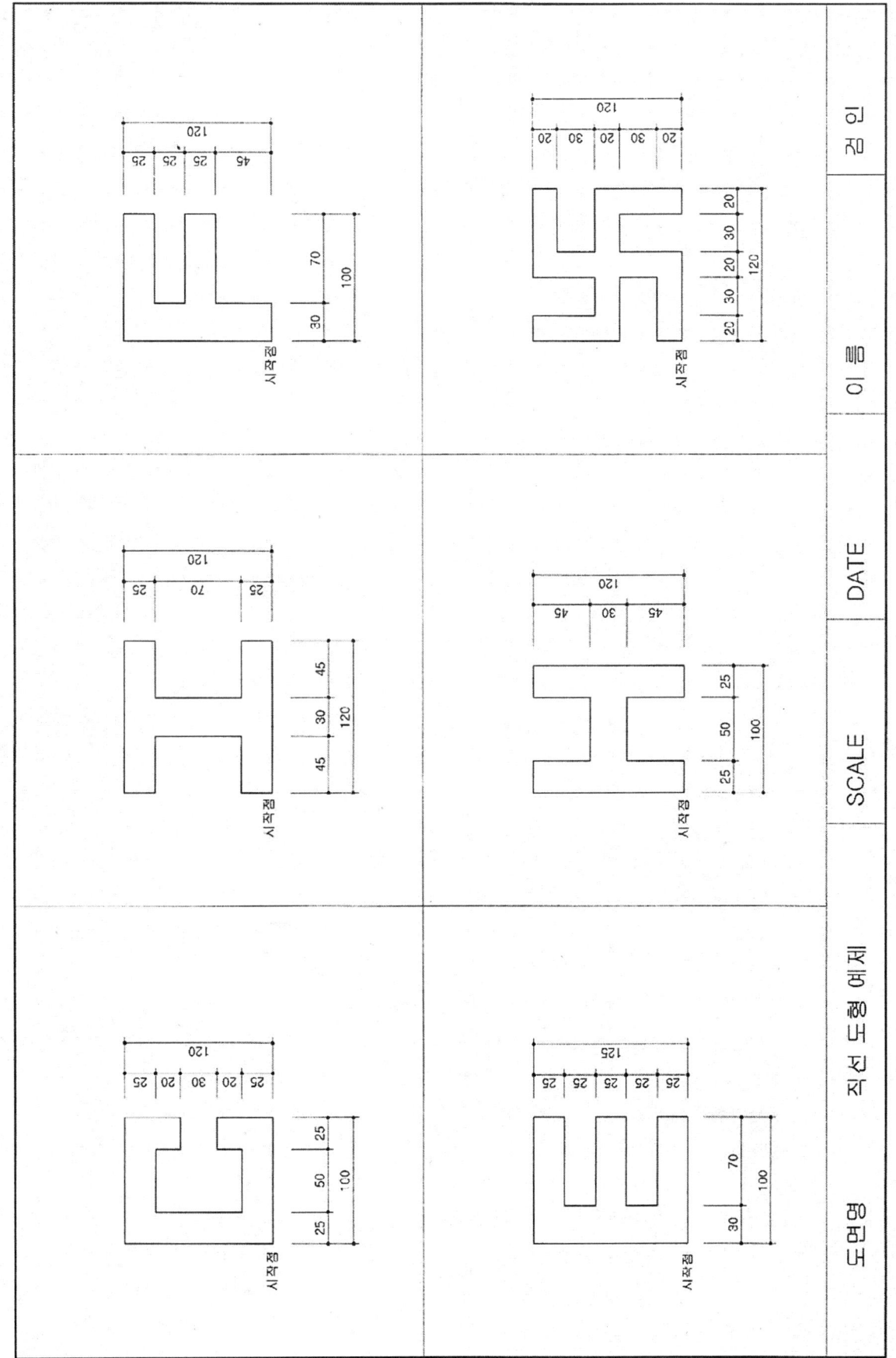

3-2 곡선 도형 예제

(1) 새로운 도면을 시작한다.

```
Command : NEW ↵
[Select template] → [Open]
```

(2) 작업 범위를 설정한다.

```
Command : LIMITS ↵
Specify lower left corner or [ON/OFF] <0.0000,0.0000> : ↵ (좌측 하단의 좌표)
Specify upper right corner <420.0000,297.0000> : ↵ (우측 상단의 좌표)

Command : ZOOM ↵
[All/Center/Dynamic/Extents/Previous/Scale/Window/Object] <real time> : A ↵
```

(3) 원 그리기

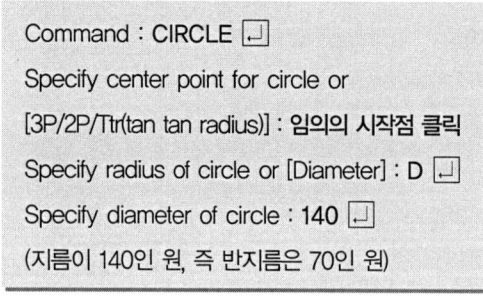
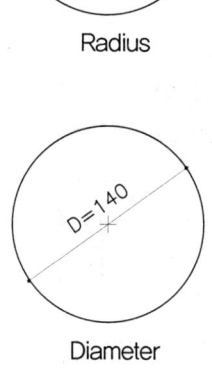

Command : CIRCLE ↵
Specify center point for circle or
[3P/2P/Ttr(tan tan radius)] : **임의의 시작점 클릭**
Specify radius of circle or [Diameter]
: 70 ↵ (반지름 R이 70인 원)

Radius

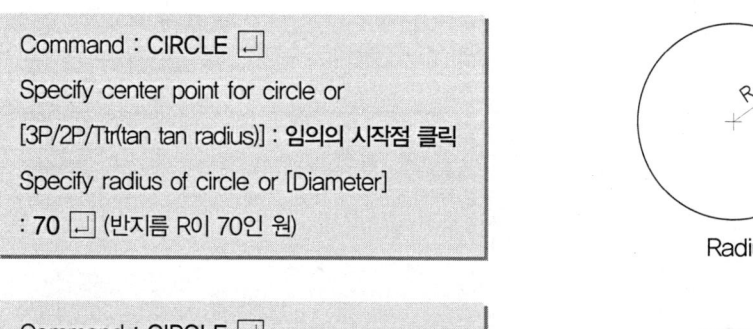

Command : CIRCLE ↵
Specify center point for circle or
[3P/2P/Ttr(tan tan radius)] : **임의의 시작점 클릭**
Specify radius of circle or [Diameter] : D ↵
Specify diameter of circle : 140 ↵
(지름이 140인 원, 즉 반지름은 70인 원)

Diameter

(4) 타원 그리기

Command : ELLIPSE ↵
Specify axis endpoint of ellipse or
[Arc/Center] : 임의의 시작점(P1) 클릭
Specify other endpoint of axis : @200<0 ↵
Specify distance to other axis or
[Rotation] : @50<90 ↵

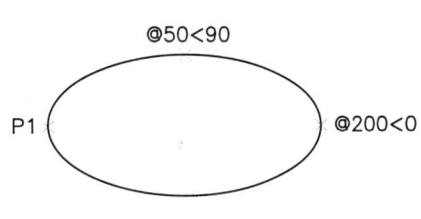

OPTION

- Axis endpoint of ellipse : 타원 주축의 시작점
- Arc : 타원모양의 호를 그릴 수 있는 옵션
- Center : 타원의 중심점
- Other endpoint of axis : 타원 주축의 끝점
- Distance to other axis : 타원 부축의 끝점(시작점은 주축의 중심점)

(5) 세 점을 지나는 호 그리기

Command : ARC ↵
Specify start point of arc or [Center] :
P1점 클릭
Specify second point of arc or [Center
/End] : P2점 클릭
Specify end point of arc : P3점 클릭

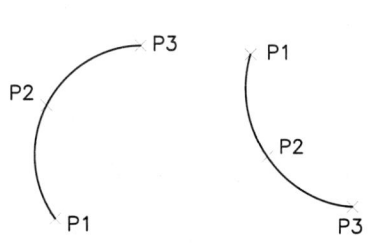

(6) 시작점, 끝점, 내부각을 이용한 호 그리기

```
Command : ARC ↵
Specify start point of arc or [Center] :
임의의 시작점(P1) 클릭
Specify second point of arc or [Center
/ENd] : E ↵
Specify end point of arc : @200<0 ↵
Specify center point of arc or [Angle
/Direction/Radius] : A ↵
Specify included angle : -180 ↵
```

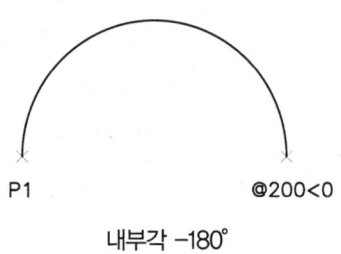

```
Command : ARC ↵
Specify start point of arc or [Center]
: P4(시작점) 클릭
Specify second point of arc or [Center
/ENd] : E ↵
Specify end point of arc : P5(끝점) 클릭
Specify center point of arc or [Angle
/Direction/Radius] : A ↵
Specify included angle : 90 ↵
```

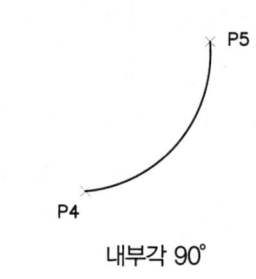

(7) 중심점, 시작점, 끝점을 이용한 호 그리기

```
Command : ARC ↵
Center/<Start point> : C ↵
Center : P6점(중심점) 클릭
Start point : P7점(시작점) 클릭
Angle/Length of chord/<End point> :
P8점(끝점) 클릭
```

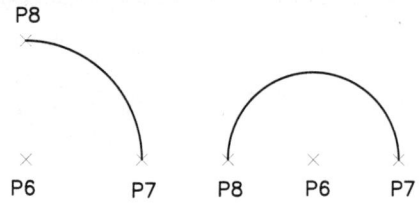

(8) SAVE명령으로 저장한다.

```
Command : SAVE ↵
[파일 이름(N) : ] 곡선도형.dwg
[저장]
```

■ 곡선도형 예제 ■

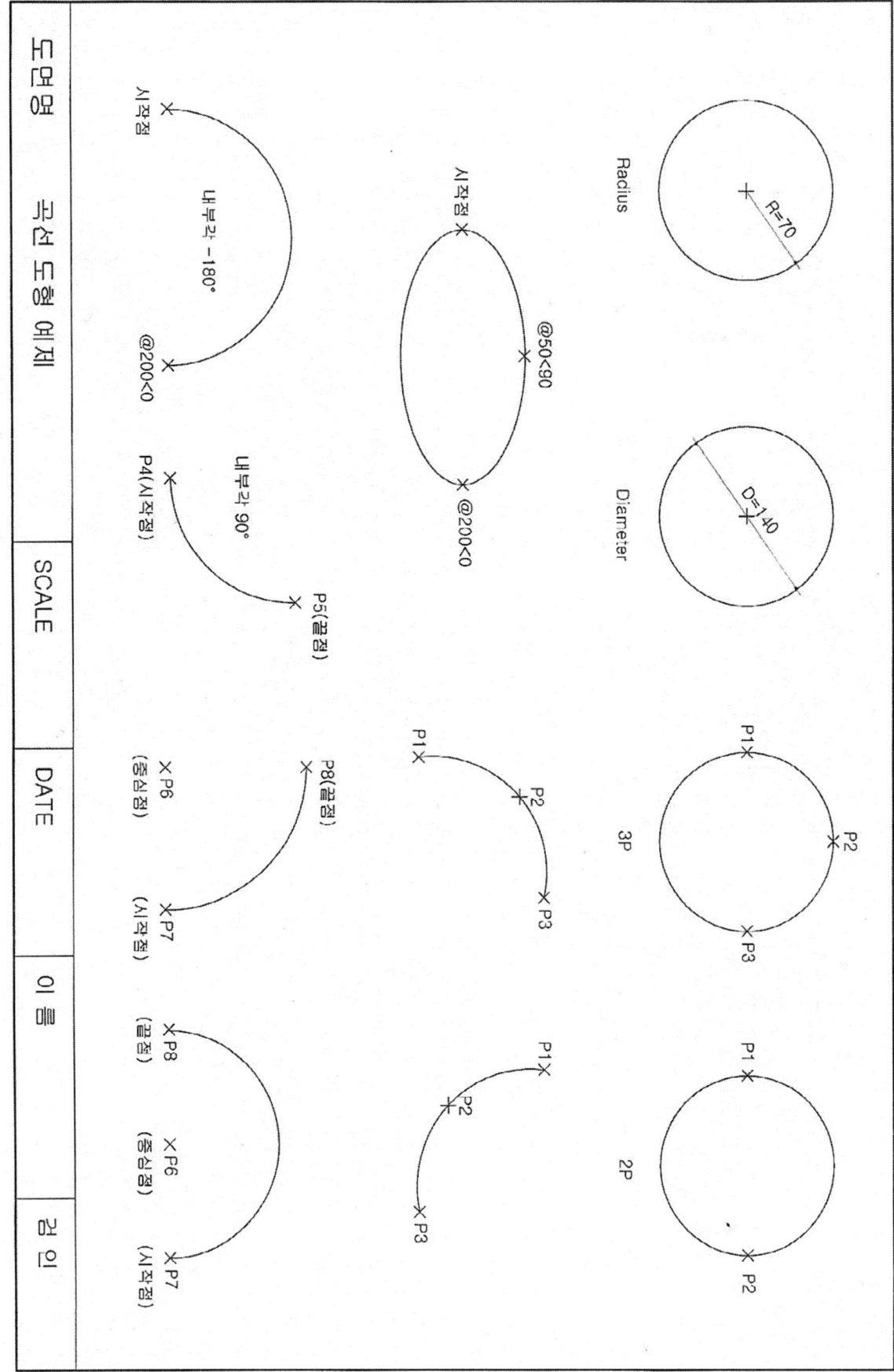

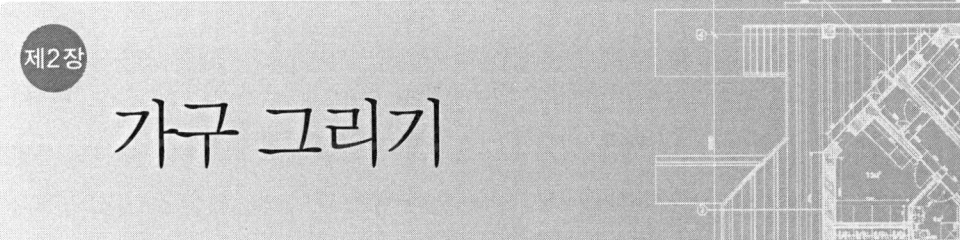

제2장 가구 그리기

1 편집 명령어(1)

1-1 OFFSET(수평 간격 복사)

Offset 명령은 하나의 객체로부터 사용자가 지정해준 거리에 맞게 물체를 복사하는 명령어이다. 직선은 평행한 선이 작성되나 폴리라인 원, 호 등은 크기가 변하게 된다.

Pull Down Menu : [Modify] → [Offset]   단축키 O

Command : OFFSET ↵
Specify offset distance or [Through/Erase/Layer] ⟨Through⟩ : 10 ↵ (복사할 간격)
Select object to offset or [Exit/Undo] ⟨Exit⟩ : 복사할 대상 선택
Specify point on side to offset or [Exit/Multiple/Undo] ⟨Exit⟩ : 복사할 방향 지정
Select object to offset or [Exit/Undo] ⟨Exit⟩ : ↵

Pull Down Menu : [Modify] → [Offset]

Command : OFFSET ↵
Specify offset distance or [Through/Erase/Layer] ⟨Through⟩ ⟨1.0000⟩ : T ↵
Select object to offset or [Exit/Undo] ⟨Exit⟩ : 복사할 대상 선택
Specify through point : 복사할 지점 지정
Select object to offset or [Exit/Undo] ⟨Exit⟩ : ↵

OPTION

- Through : 옵셋간격을 거리 대신에 객체가 통과하는 지점을 지정하여 설정한다.
- Erase : 옵셋을 한 후에 원본객체를 지울 것인지 여부를 결정한다.
- Layer : 옵셋으로 생성되는 객체의 레이어를 원본 레이어를 따를 것인지, 현재 설정된 레이어로 할 것인지를 결정한다.
- Multiple : 복사할 객체의 개수를 여러 개로 할 때 선택한다.
- Offset distance : 옵셋간격을 설정한다.
- Point on side to offset : 옵셋할 방향을 설정한다.
- Through point : 통과할 지점을 지정한다.

1-2 MOVE(이동)

Move 명령은 객체를 이동시키는 명령어로 두점 또는 숫자를 입력해서 그 변위만큼 물체가 이동한다.

Pull Down Menu : [Modify] → [Move]　　　　　　　　　　　　단축키　M

```
Command : MOVE ↵
Select objects : 이동할 객체 선택 ↵
Select objects : ↵
Specify base point or [Displacement] : 기준점 지정 또는 변위 지정
Specify second point or 〈use first point as displacement〉 : 이동점 또는 변위 지정
```

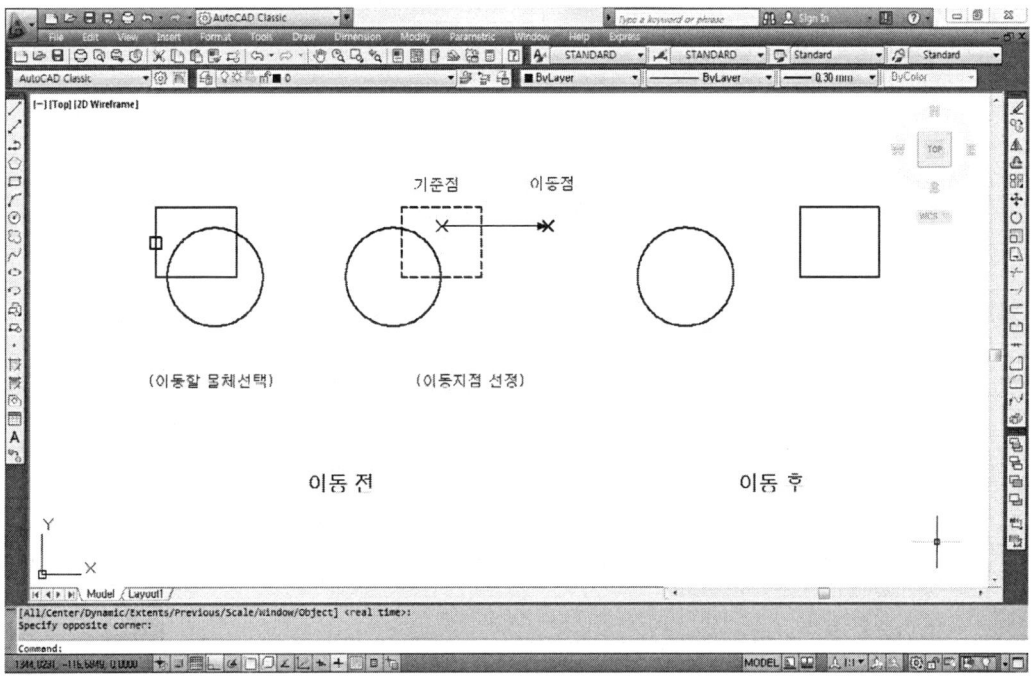

OPTION

- Base point : 이동할 기준점을 지정한다.
- displacement : 원점을 기준으로 주어진 변위만큼 이동한다.
- Second point of displacement : 기준점이 이동할 점을 지정한다.
- Use first point as displacement : 기준점을 기준으로 숫자로 변위를 지정한다.

1-3 COPY(복사)

하나 이상의 객체를 사용자가 원하는 위치에 복사하는 명령어이며 원본의 형태변화 없이 위치만 다르게 작성한다.

Pull Down Menu : [Modify] → [Copy]   단축키 CO/CP

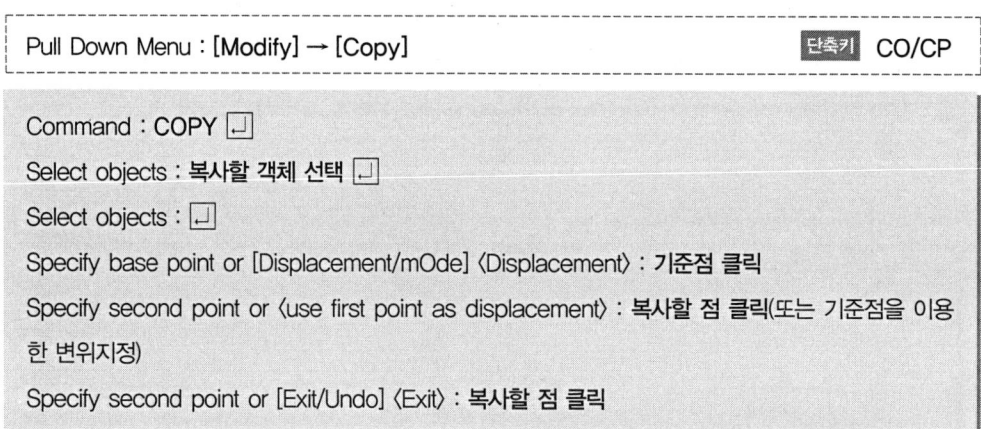

Command : COPY ↵
Select objects : 복사할 객체 선택 ↵
Select objects : ↵
Specify base point or [Displacement/mOde] ⟨Displacement⟩ : **기준점 클릭**
Specify second point or ⟨use first point as displacement⟩ : **복사할 점 클릭**(또는 기준점을 이용한 변위지정)
Specify second point or [Exit/Undo] ⟨Exit⟩ : **복사할 점 클릭**

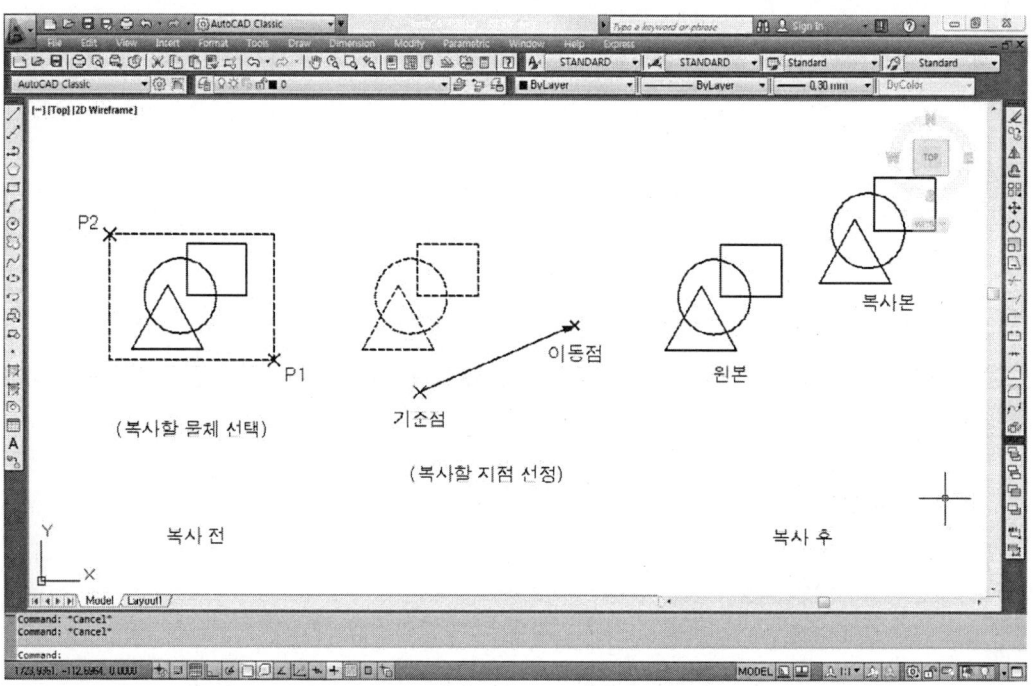

OPTION

- Base point : 이동할 기준점을 지정한다.
- displacement : 원점을 기준으로 주어진 변위만큼 이동한다.
- mOde : 객체의 복사 개수(한개/다수)를 지정한다.

1-4 MIRROR(대칭 복사)

선택한 객체를 두 점을 기준으로 지정된 축을 중심으로 선대칭 복사하는 명령어이며 복사한 원본을 삭제할 수도 있고 남겨둘 수도 있다.

```
Pull Down Menu : [Modify] → [Mirror]                         단축키  MI
```

```
Command : MIRROR ↵
Select objects : 복사할 대상 선택
Select objects : ↵
Specify first point of mirror line : 대칭선의 첫번째 점 클릭
Specify second point of mirror line : 대칭선의 두번째 점 클릭
Delete source objects? [Yes/No] <N> : ↵ (원본을 지울까요?)
```

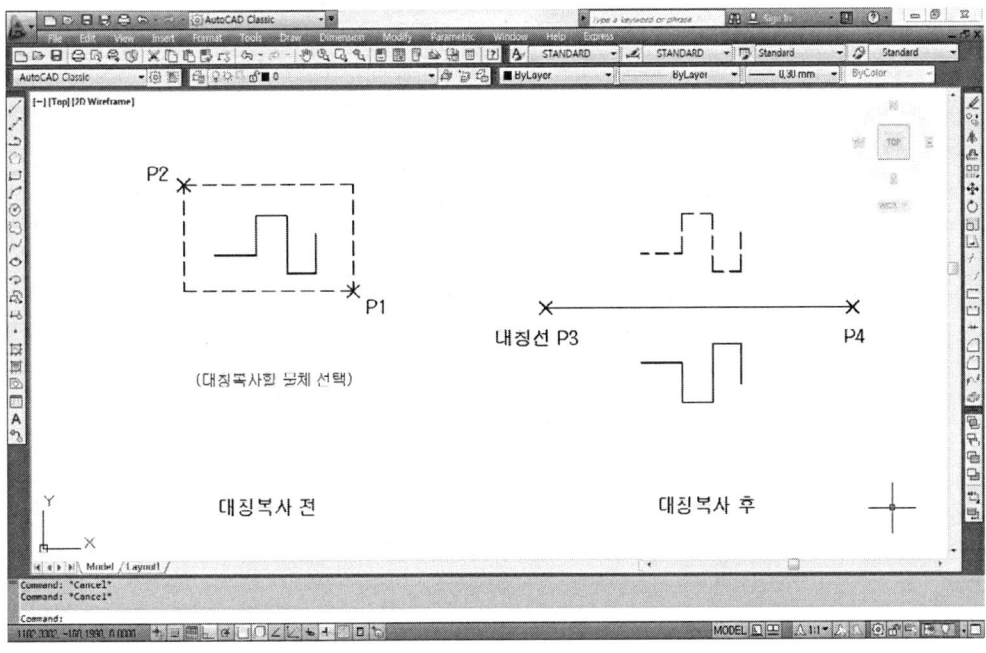

- 일반적으로 Mirror 명령을 실행할 때는 직교모드(Ortho F8)를 ON 시켜서 사용하면 편리하다.
- 문자가 뒤집히지 않게 대칭복사를 원할 경우는 [Mirrtext] ⏎ 하여 값을 "0"으로 설정한다.

1-5 ARRAY(배열)

객체를 일정한 간격의 사각형태(좌우배열)나 원형태(원형배열), 경로에 따른 형태(경로배열)로 복사하는 명령어로 같은 크기로 원하는 개수만큼 일정한 간격으로 복사할 수 있다.

(1) 직선 배열

열과 행의 개수와 객체들 간의 거리를 지정하여 복사하는 옵션이다.

```
Pull Down Menu : [Modify] → [Array]                          단축키  AR

Command : ARRAY ⏎
Select objects : 객체선택 ⏎
Select objects : ⏎
Enter array type [Rectangular/PAth/POlar] ⟨Rectangular⟩ : R ⏎
Type = Rectangular Associative = Yes
Specify opposite corner for number of items or [Base point/Angle/Count] ⟨Count⟩ : C ⏎
Enter number of rows or [Expression] ⟨4⟩ : 2 ⏎
Enter number of columns or [Expression] ⟨4⟩ : 3 ⏎
Specify opposite corner to space items or [Spacing] ⟨Spacing⟩ : S ⏎
Specify the distance between rows or [Expression] ⟨108.7642⟩ : 200 ⏎
Specify the distance between columns or [Expression] ⟨125.5901⟩ : 150 ⏎
Press Enter to accept or [ASsociative/Base point/Rows/Columns/Levels/eXit] ⟨eXit⟩ : ⏎
```

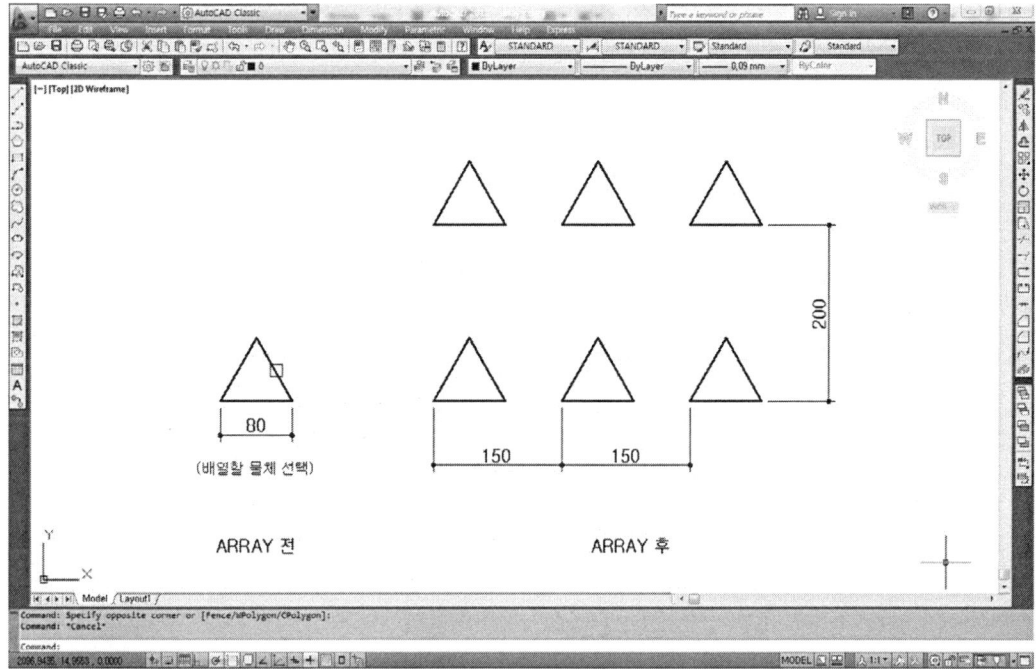

OPTION

- Rectangular/PAth/POlar : 사각형태/경로형태/원형형태로 배열시킬 선택버튼이다.
- Base point/Angle/Count : 기준점/각도/개수 등의 그리는 방법을 선택한다.
- number of Rows : 행의 개수를 결정한다.
- number of Columns : 열의 개수를 결정한다.
- Spacing : 행과 열의 간격을 이용해서 그리도록 한다.
- the distance between Rows : 열(가로)의 간격을 결정한다.
- the distance between Columns : 행(세로)의 간격을 결정한다.
  (간격설정시 두 객체의 사이간격이 아닌 동일한 지점간의 간격)
- Expression : 표현식으로 결정한다.

(2) 원형 배열

중심점을 기준으로 하여 객체를 원형으로 복사하는 명령어이다.

Pull Down Menu : [Modify] → [Array]   단축키 AR

Command : ARRAY ↵
Select objects : 객체선택 ↵
Select objects : ↵
Enter array type [Rectangular/PAth/POlar] ⟨Rectangular⟩ : PO ↵
Type = Polar Associative = Yes
Specify center point of array or [Base point/Axis of rotation] : 중심점 클릭
Enter number of items or [Angle between/Expression] ⟨4⟩ : 8 ↵
Specify the angle to fill(+=ccw, −=cw) or [EXpression] ⟨360⟩ : ↵
Press Enter to accept or [ASsociative/Base point/Items/Angle between/Fill angle/ROWs/Levels/ROTate items/eXit] ⟨eXit⟩ : ↵

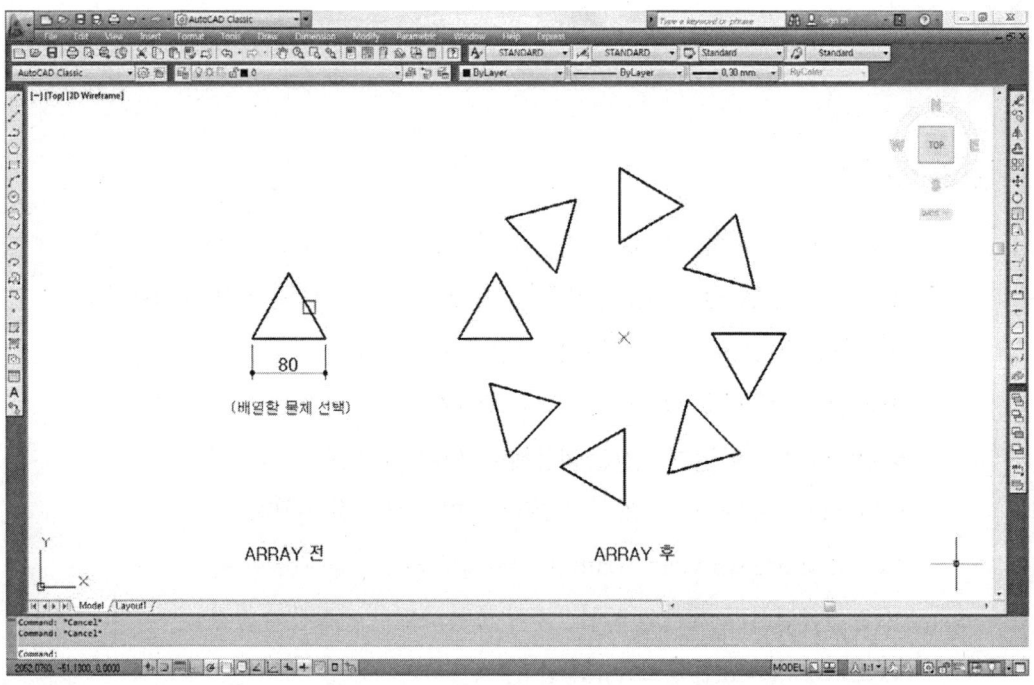

OPTION

- Rectangular/PAth/POlar : 사각형태/경로형태/원형형태로 배열시킬 선택버튼이다.
- Center point : 배열할 원의 중심을 지정한다.
- Base point/Axis of rotation : 기준점/회전축
- number of items : 배열할 객체 수를 설정한다. (원본을 포함한 개수)
- Angle between/Expression : 사이의 각도/표현식 으로 객체 수를 결정한다.
- Fill angle : Center를 중심으로 주어진 회전각도 안에 배열한다.
- Angle between items : Center를 중심으로 주어진 각도만큼씩 배열한다.

(3) 경로 배열

주어진 경로를 따라서 복사하는 명령어이다.

Pull Down Menu : [Modify] → [Array]   단축키 AR

```
Command : ARRAY ↵
Select objects : 객체선택 ↵
Select objects : ↵
Enter array type [Rectangular/PAth/POlar] <Rectangular> : PA ↵
Type = Path   Associative = Yes
Select path curve : 경로선택 ↵
Enter number of items along path or [Orientation/Expression] <Orientation> : 5 ↵
Specify the distance between items along path or [Divide/Total/Expression] <Divide evenly along path> : ↵
Press Enter to accept or [ASsociative/Base point/Items/Rows/Levels/Align items/Z direction/eXit] <eXit> : ↵
```

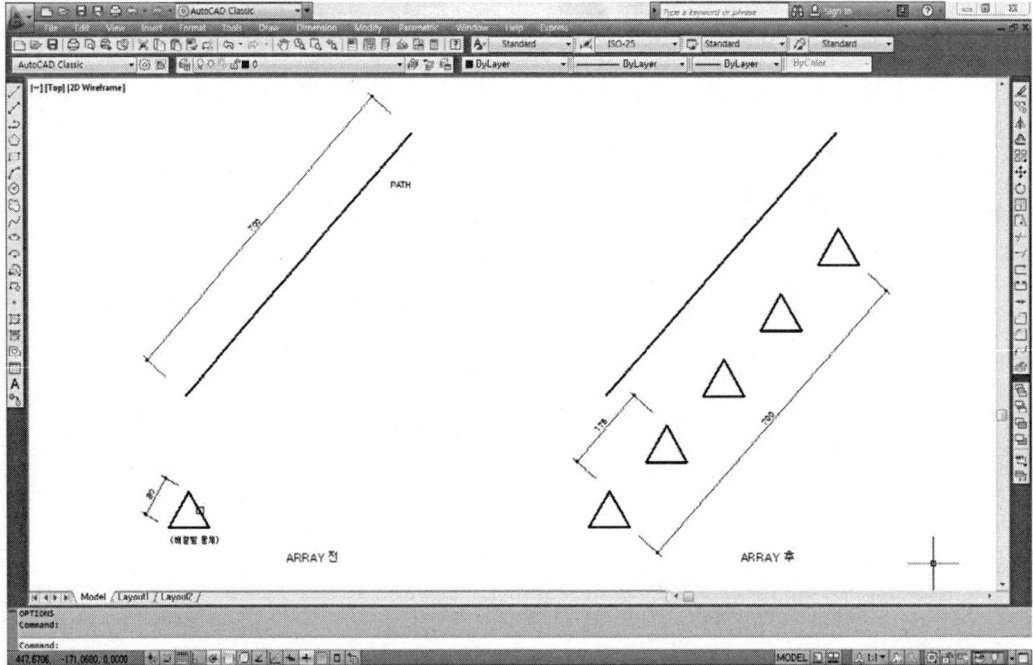

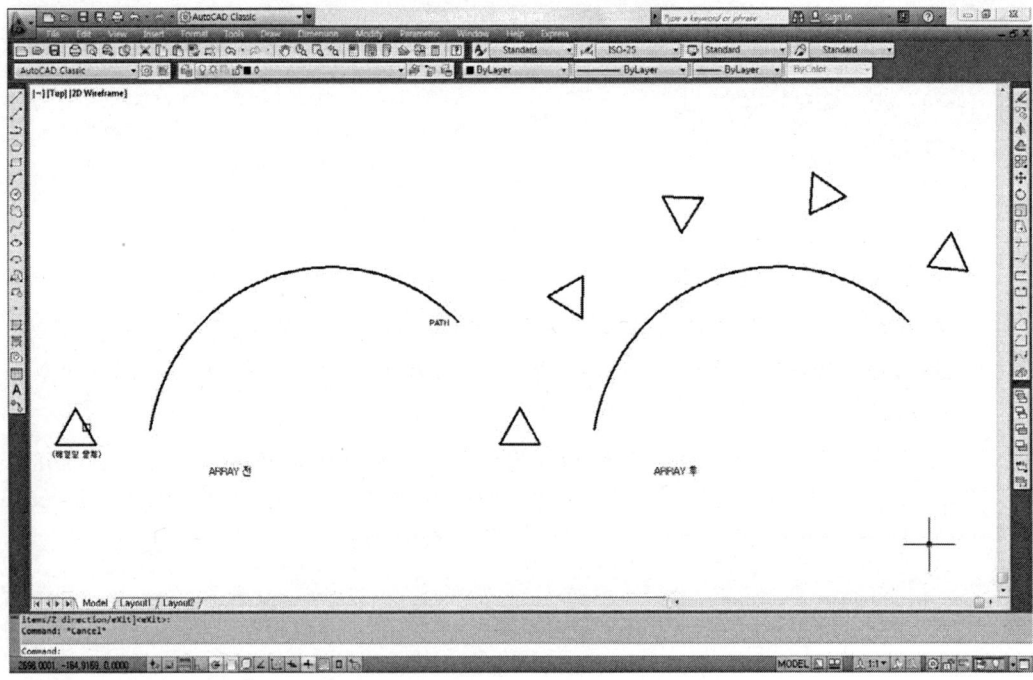

OPTION

- Rectangular/PAth/POlar : 사각형태/경로형태/원형형태로 배열시킬 선택버튼이다.
- path curve : 경로를 선택한다.
- number of items along path : 경로를 따라서 복사할 객채수를 입력한다.
- Orientation : 기준점과 경로에 따른 방향을 지정한다.
- distance between items along path : 경로를 따라 복사한 객체의 거리를 입력한다.
- Divide : 경로를 따라 등분할한다.
- Total : 시작 및 항목 사이의 총거리를 지정한다.

1-6 ROTATE(회전)

Rotate 명령은 객체의 한 부분 또는 전체를 지정된 기준점을 중심으로 회전시키는 명령어로서 기준점과 방향을 유의해서 입력해야 한다.

```
Pull Down Menu : [Modify] → [Rotate]                    단축키  RO
```

```
Command : ROTATE ↵
Select objects : 회전할 객체 선택
Select objects : ↵
Specify base point : 회전시킬 기준점 클릭(객체 근처에 기준점을 찍는다.)
Specify rotation angle or [Copy/Reference] : 45 ↵ (양의 각도를 입력하면 항상 시계반대방향
으로 회전한다.)
```

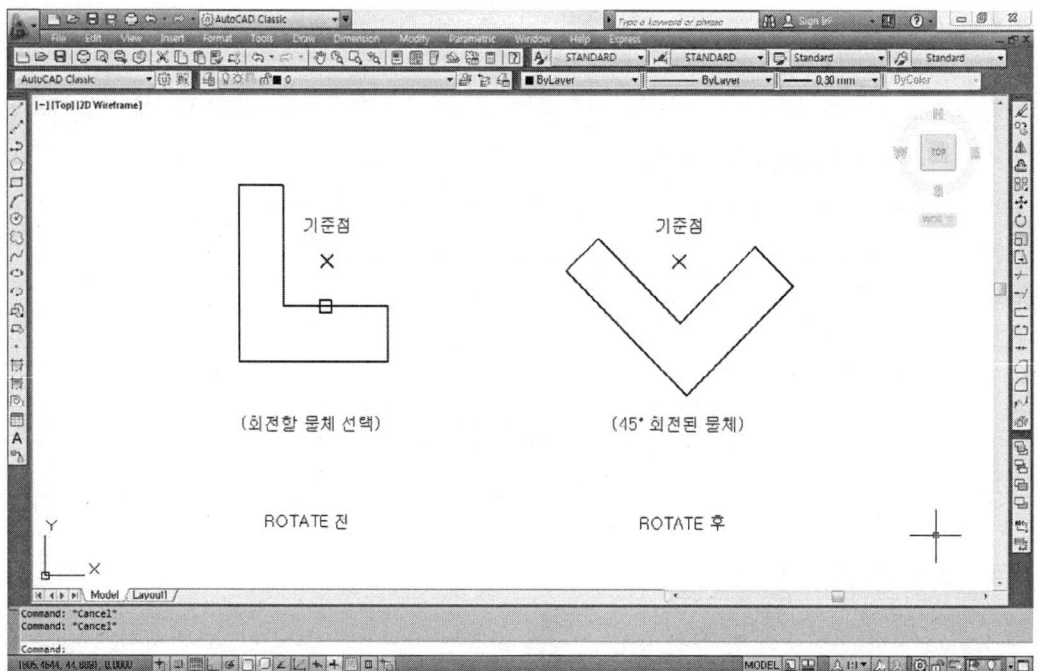

OPTION

- Rotation angle : 회전각도 지정(반시계방향)를 지정한다.
- Copy : 원본객체를 그대로 두고 주어진 각도만큼 회전한 새로운 객체를 생성한다.
- Reference : 현재 객체의 각도를 입력한 후 새로운 각도를 0°를 기준으로 지정한다.

1-7 STRETCH(신축 : 객체 늘리고 줄이기)

선택된 객체의 정점 위치를 이동시켜 객체의 크기를 늘이고 줄이는데 사용하는 명령어이다. Stretch 명령에서 대상을 선택할 때는 항상 Crossing선택기법(오른쪽에서 왼쪽으로 선택)으로 선택해야 한다.

Pull Down Menu : [Modify] → [Stretch]   단축키 S

```
Command : STRETCH ↵
Select objects : P1점 클릭
Specify opposite corner : P2점 클릭
Select objects : ↵
Specify base point or [Displacement] ⟨Displacement⟩ : P3점 클릭
Specify second point or ⟨use first point as displacement⟩ : P4점 클릭
```

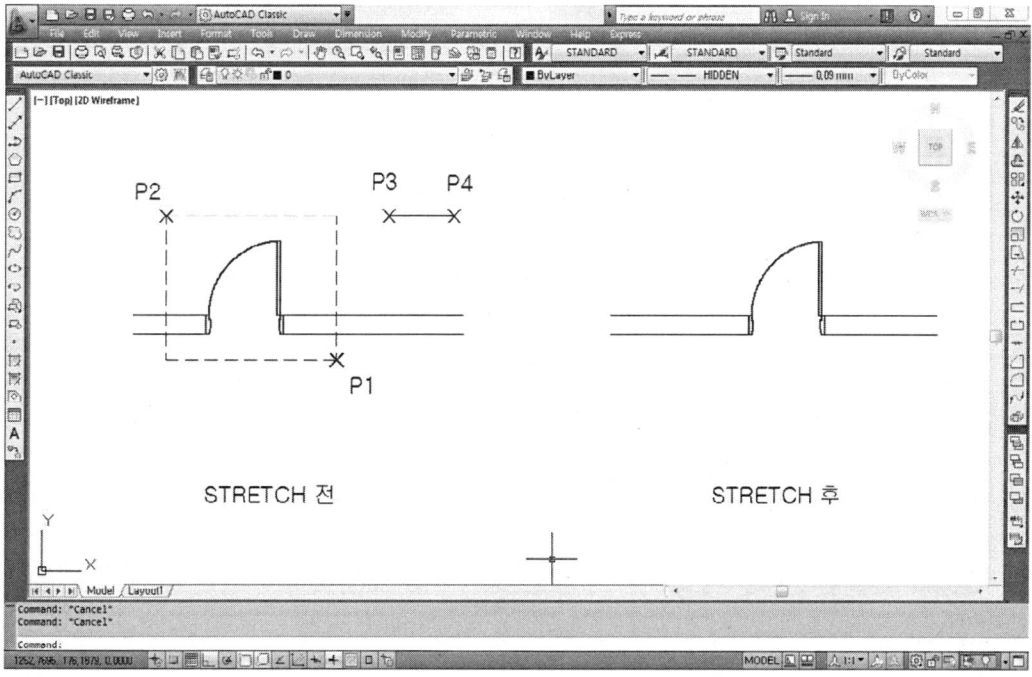

OPTION

- Base point : 늘리거나 줄이기 위한 기준점을 지정한다.
- displacement : 원점을 기준으로 주어진 변위만큼 늘리거나 줄인다.

1-8 SCALE(크기 변형)

객체의 크기를 주어진 축척에 맞게 축소/확대시키는 명령어이다.

Pull Down Menu : [Modify] → [Scale]   단축키 SC

Command : SCALE ↵
Select objects : 크기를 조정할 객체 선택
Select objects : ↵
Specify base point : 기준점 클릭(기준점은 객체 근처에 찍는다.)
Specify scale factor or [Copy/Reference] <1.0000> : 0.5 ↵ (객체의 크기가 반으로 줄어든다.)

Command : SCALE ↵
Select objects : 크기를 조정할 객체 선택
Select objects : ↵
Specify base point : 기준점 클릭
Specify scale factor or [Copy/Reference] <1.0000> : R ↵
Specify reference length <1.0000> : 2 ↵ (참조할 길이 입력 또는 마우스로 두점 지정)
Specify new length or [Points] <1.0000> : 2.7 ↵ (길이값 입력 ← 2만큼의 객체크기가 2.7로 변경된다.)

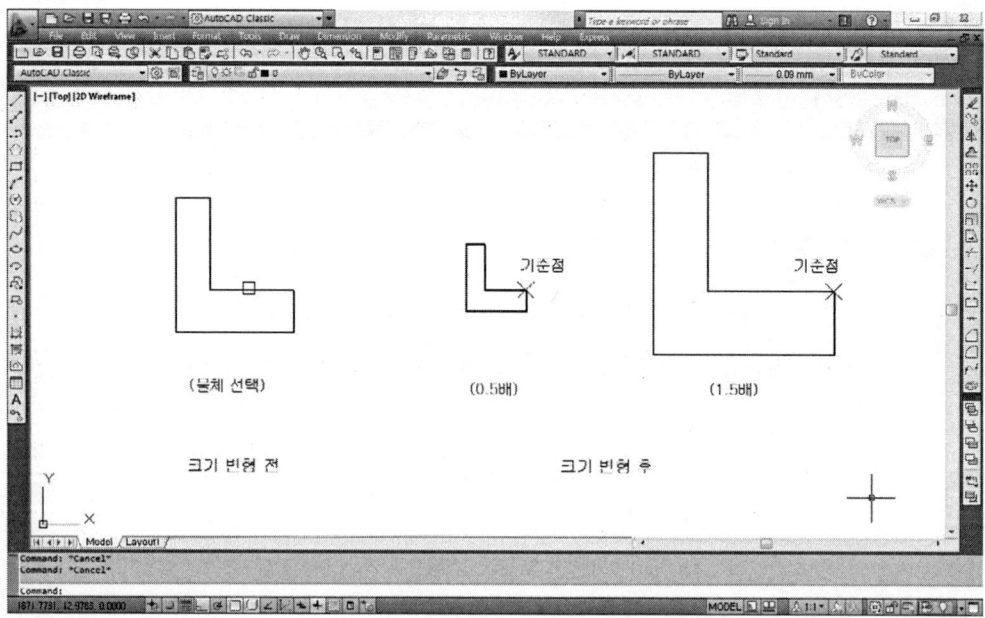

 OPTION

- Copy : 원본객체를 그대로 두고 주어진 크기만큼 변형된 새로운 객체를 생성한다.
- Reference : 현재 객체의 크기를 입력한 후 새로운 크기를 지정한다.

2 편집 명령어(2)

2-1 TRIM(자르기)

선택한 객체를 임의의 선을 기준으로 정확하게 잘라내어 다듬는 명령어이다.

Pull Down Menu : [Modify] → [Trim]　　　　　　　　　　　단축키　TR

```
Command : TRIM ↵
Select objects : 잘라낼 기준선 선택
Select objects : ↵
Select object to trim or shift-select to extend or
[Fence/Crossing/Project/Edge/eRase/Undo] : 자를 대상 선택
Select object to trim or shift-select to extend or
[Fence/Crossing/Project/Edge/eRase/Undo] : ↵
```

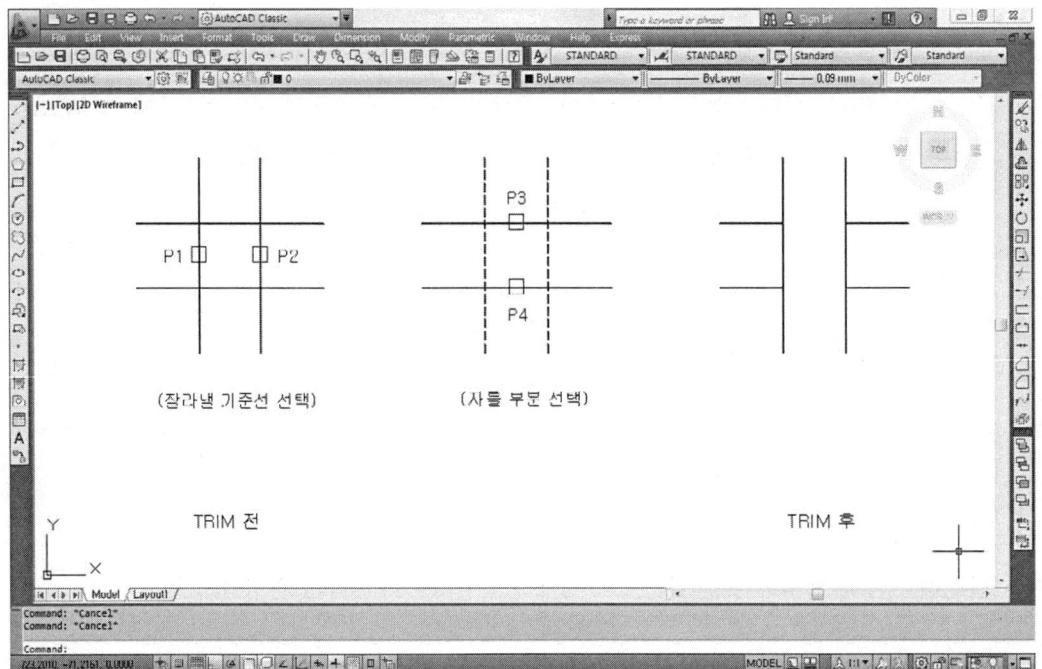

OPTION

- Fence : Fence 선택옵션으로 객체를 선택하여 잘라내는 옵션이다.
- Crossing : Crossing으로 한꺼번에 많은 객체를 선택해서 잘라내는 옵션이다.
- Project(투영) : 객체가 서로 Z축 방향으로 만나지 않을 때 사용하는 투영모드옵션이다.
  - None : 3차원 공간에서 정확하게 교차하는 객체만 자른다.
  - Ucs : 3차원 공간에서 만나지 않고 현재 UCS의 XY평면상에 투영되어 교차하면 선을 자를 수 있다.
  - View : 3차원상에서 현재 뷰(화면)를 평면으로 보고 객체를 자른다.
- Edge(모서리) : 3차원 공간에서 객체가 직접 교차하지 않을 경우에 사용하는 옵션이다.
  - Extend : 3차원 공간에서 객체가 서로 교차하고 있지 않아도 연장해서 교차하면 자를 수 있다.
  - No extend : 3차원 공간에서 두 객체가 만나지 않으면 객체를 자를 수 없다.

● Undo : 바로 전의 작업을 취소한다.

✔ TRIM으로 객체를 정리할 경우 기준선은 선(Line)뿐만 아니라 원, 호, 사각형 등이 모두 가능하다. 또한 AutoCAD 2006 버전에서부터는 객체선택하는데 있어 옵션을 바꾸지 않아도 Crossing 선택옵션이 가능하도록 되어있다.

✔ TRIM으로 객체를 정리할 경우 기준선 선택시 특정한 객체를 선택하지 않고 바로 Enter 버튼을 누르면 도면의 모든 객체가 기준선이 된다.

✔ TRIM 명령상에서 Shift버튼을 누르고 명령어를 실행하면, EXTEND 명령이 실행된다.

2-2 EXTEND(연장하기)

Extend는 Trim과 반대의 기능으로 객체를 연장하는 명령어로 직선, 곡선에 관계없이 연장된다.

```
Pull Down Menu : [Modify] → [Extend]                    단축키  EX

Command : EXTEND ↵
Select boundary edges ...
Select objects : 기준되는 객체 선택
Select objects : ↵
Select object to extend or shift-select to trim or
[Fence/Crossing/Project/Edge/Undo] : 연장될 부분을 선택
Select object to extend or shift-select to trim or
[Fence/Crossing/Project/Edge/Undo] : ↵
```

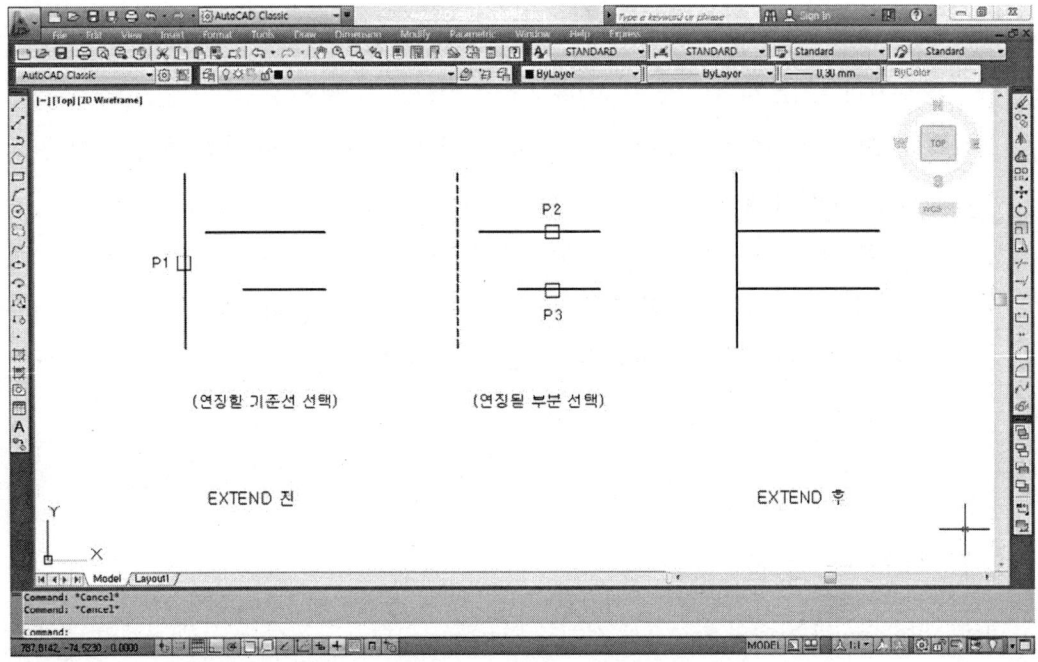

OPTION

- Fence : Fence 선택옵션으로 객체를 선택하여 연장하는 옵션이다.
- Crossing : Crossing으로 한꺼번에 많은 객체를 선택해서 연장하는 옵션이다.
- Project(투영) : 객체가 서로 Z축 방향으로 만나지 않을 때 사용하는 투영모드옵션이다.
  - None : 3차원 공간에서 정확하게 교차하는 객체만 연장한다.
  - Ucs : 3차원 공간에서 만나지 않고 현재 UCS의 XY 평면상에 투영되어 교차하면 선을 연장할 수 있다.
  - View : 3차원상에서 현재 뷰(화면)를 평면으로 보고 객체를 연장한다.
- Edge(모서리) : 3차원 공간에서 객체각 직접 교차하지 않을 경우에 사용하는 옵션이다.
  - Extend : 3차원 공간에서 객체가 서로 교차하고 있지 않아도 연장해서 교차하면 연장시킬 수 있다.
  - No extend : 3차원 공간에서 두 객체가 만나지 않으면 객체를 연장할 수 없다.
- Undo : 바로 전의 작업을 취소한다.

✔ EXTEND로 객체를 늘릴 경우 기준선 선택시 특정한 객체를 선택하지 않고 바로 Enter 버튼을 누르면 도면의 모든 객체가 기준선이 된다. 이 방법으로 작업량을 조금 더 간소화시킬 수 있다.

✔ EXTEND 명령상에서 Shift버튼을 누르고 명령어를 실행하면, TRIM 명령이 실행된다.

2-3 FILLET(모깎기)

Fillet 명령은 두 개의 선이나 호, 원 등을 사용자가 설정한 반지름의 크기대로 객체의 모서리를 라운딩(Rounding) 시키는 명령어이다.

Pull Down Menu : [Modify] → [Fillet]   단축키 F

Command : FILLET ↵
Current settings : Mode = TRIM, Radius = 0.0000
Select first object or [Undo/Polyline/Radius/Trim/Multiple] : R ↵
Specify fillet radius ⟨0.0000⟩ : 50 ↵
Select first object or [Undo/Polyline/Radius/Trim/Multiple] : 선 선택
Select second object or shift-select to apply corner : 다른 선 선택

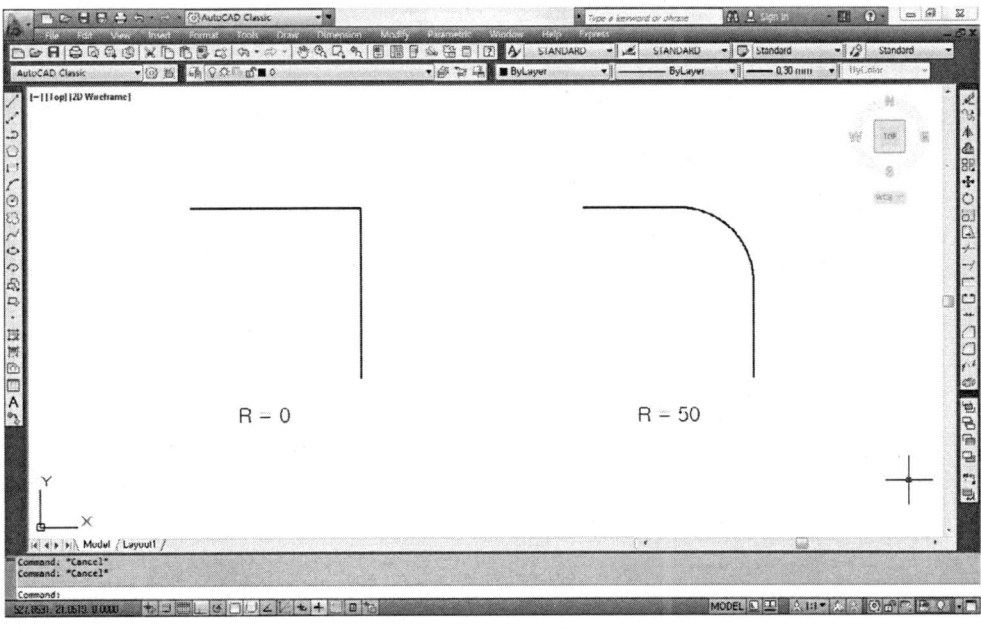

OPTION

- Undo : 반지름 등의 바로 전 설정값을 취소한다.
- Polyline : 폴리라인(Pline)으로 그려진 경우에는 모서리를 한번에 라운딩한다. Rectangle이나 Pline으로 사각형을 그린 후 P옵션을 선택하여 객체를 선택하면 한 번에 모든 모서리가 라운딩된다.
- Radius : 모깎기 할 호의 반지름을 설정한다.
- Trim : 선택된 객체의 모서리를 남겨둘 것인지를 결정하는 옵션이다.
  - Trim : 두 객체의 모서리를 교차점에서 자른 후 라운딩된다.
  - No trim : 두 객체의 모서리를 남겨둔 채로 라운딩된다.
- Multiple : 여러번의 작업이 가능하도록 하는 옵션이다.

✔ 반지름 Radius 값이 0이면 직선으로 선이 정리된다.

2-4 CHAMFER(모따기)

Chamfer 명령은 평행하지 않은 두 객체의 모서리를 지정한 거리만큼 이동하여 모따기 한다.

```
Pull Down Menu : [Modify] → [Chamfer]                     단축키  CHA
```

```
Command : CHAMFER ↵
Select first line or [Undo/Polyline/Distance/Angle/Trim/mEthod/Multiple] : D ↵
Specify first chamfer distance <10.0000> : 50 ↵ (모따기할 첫번째 선의 길이)
Specify second chamfer distance <50.0000> : 30 ↵ (두번째 선의 길이)
Select first line or [Undo/Polyline/Distance/Angle/Trim/mEthod/Multiple] : P1 클릭
Select second line or shift-select to apply corner : P2 클릭
```

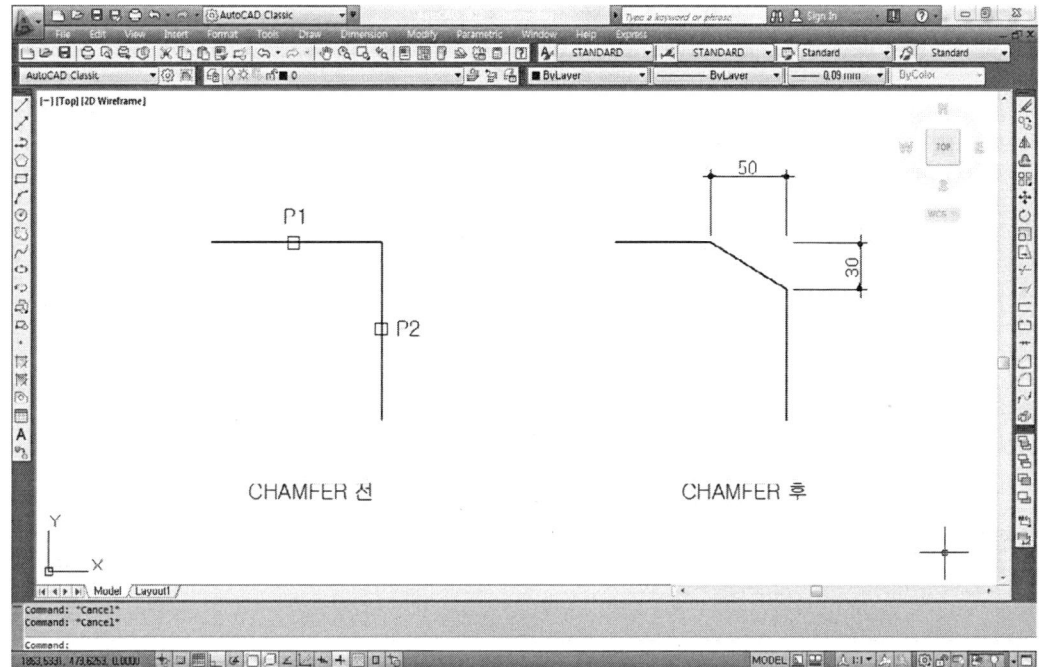

OPTION

- Undo : 반지름 등의 바로 전 설정값을 취소한다.
- Polyline : 폴리라인(Pline)으로 그려진 경우에는 모서리를 한번에 모따기 한다. Rectangle이나 Pline으로 사각형을 그린 후 P옵션을 선택하여 객체를 선택하면 한번에 모든 모서리가 모따기 된다.
- Distances : 모따기할 부분의 Dist1 값과 Dist2 값의 거리를 입력한다.
- Angle : 거리와 각도를 지정하여 모따기를 한다.
- Trim : 선택된 객체의 모서리를 남겨둘 것인지를 결정하는 옵션이다.
  - Trim : 두 객체의 모서리를 교차점에서 자른 후 모따기를 한다.
  - No trim : 두 객체의 모서리를 남겨둔 채로 모따기를 한다.
- Method : 거리(Distance), 각도(Angle) 둘 중 어느 옵션을 사용할 것인지를 결정하는 옵션이다. 초기값은 거리(Distance)이다.
  - Distance : 두 거리에 의해 모따기를 한다.
  - Angle : 거리와 각도에 의해 모따기를 한다.
- Multiple : 여러 번의 작업이 가능하도록 하는 옵션이다.

✔ 선이 겹치거나 만나지 않아도 상관없이 모따기 한다.
✔ Dist 1 = Dist 2 = 0이면 모서리가 직각으로 모따기 된다.

2-5 BREAK(절단)

객체의 일부분을 지우거나 분리시킬 때 사용하는 명령어이다.

Pull Down Menu : [Modify] → [Break]   단축키 BR

Command : BREAK ↵
Select object : P1 클릭(절단할 선의 절단시작점)
Specify second break point or [First point] : P2 선택(절단할 위치 지정)

Command : BREAK ↵
Select object : P1 클릭(절단할 선 지정)
Specify second break point or [First point] : F ↵
Specify first break point : P2 선택(절단할 첫번째 점 지정)
Specify second break point : P3 선택(절단할 두번째 점 지정)

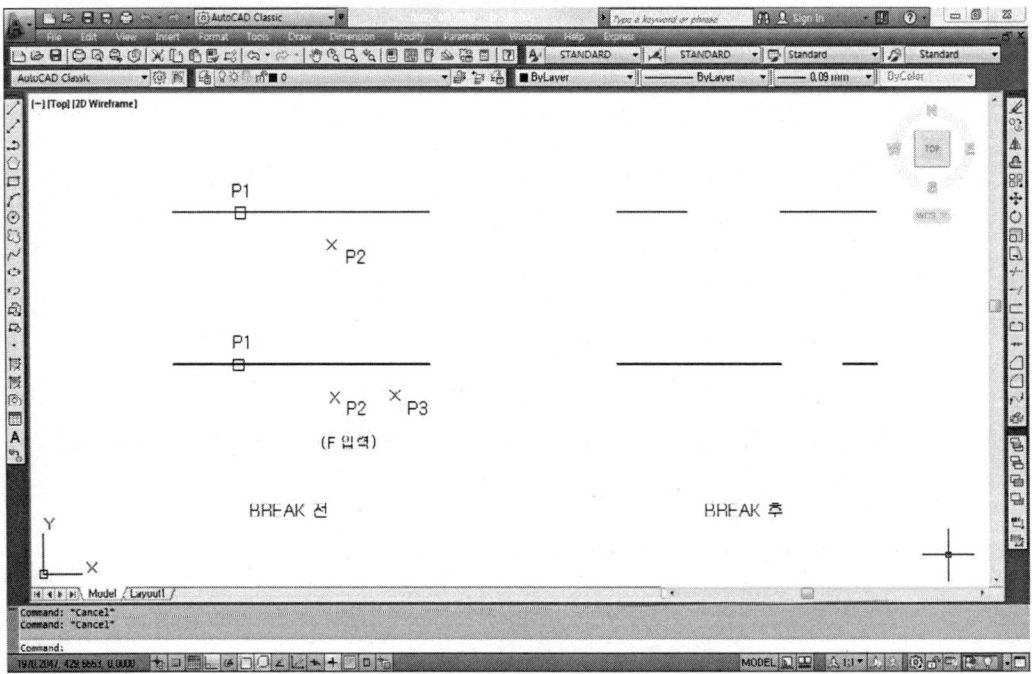

2-6 CHANGE(속성 변경)

선택한 객체의 위치, 크기, 색상, 레이어, 등의 특성을 변경하는 명령어이다.

Command : CHANGE ⏎ 단축키 −CH
Select objects : 객체 선택
Select objects : ⏎
Specify change point or [Properties] : P ⏎
Enter property to change [Color/Elev/LAyer/LType/ltScale/LWeight/Thickness] : 변경할 옵션 선택

※ 선의 길이를 변경할 경우
Command : CHANGE ⏎
Select objects : 객체 선택
Select objects : ⏎
Specify change point or [Properties] : 원하는 위치 선택

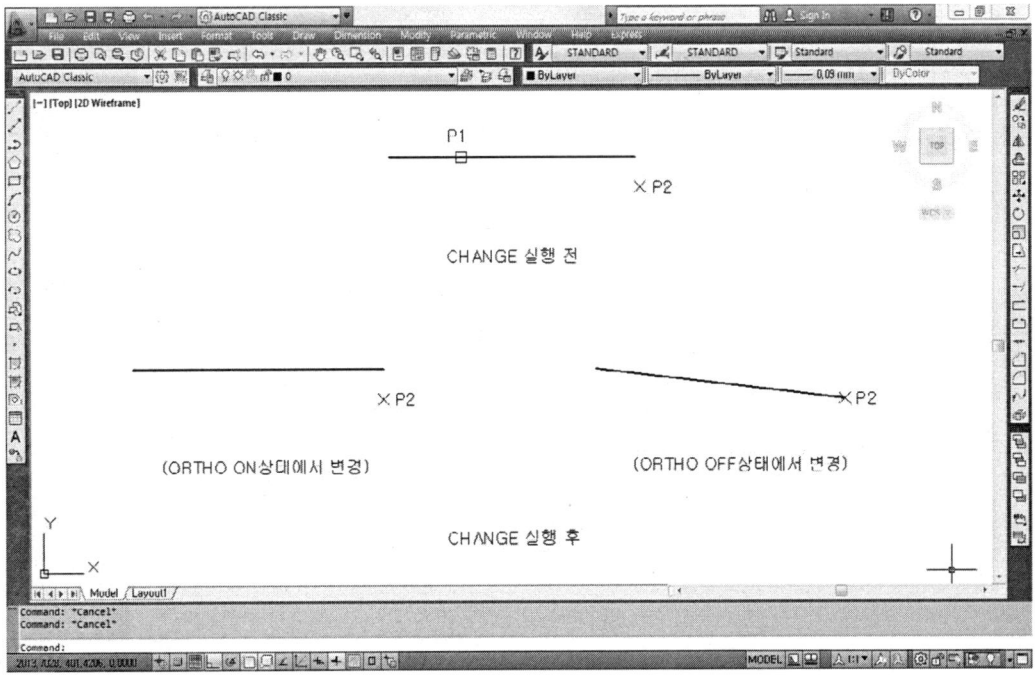

OPTION

● Property to change(속성 변경할 특성)

- Color(색상) : 객체의 색상을 변경한다.
- Elev(높이) : 2D 객체의 Z축 방향으로 위치를 변경한다.
- LAyer(레이어) : 선택한 객체의 레이어(Layer)를 다른 레이어로 변경한다.
- LType(선종류) : 선택한 객체의 선 종류를 변경한다.
- ltScale(선축척) : 선택한 객체의 선 축척을 변경한다.
- LWeight(선굵기) : 선택한 객체의 선 굵기를 변경한다.
- Thickness(두께) : 선택한 2D 객체의 Z축 방향으로 두께를 변경한다.

✔ CHPROP와 CHANGE 명령은 거의 유사하다.

- CHANGE의 옵션 : [Color/Elev/LAyer/LType/ltScale/LWeight/Thickness]
- CHPROP의 옵션 : [Color/LAyer/LType/ltScale/LWeight/Thickness]

2-7 PROPERTIES(속성 변경 대화상자)

PROPERTIES는 대화상자를 이용하여 객체의 색상, 레이어, 선종류, 축척 등의 속성을 바꾸는 명령이다.

```
Pull Down Menu : [Modify] → [PRoperties]          단축키  PR, CH

Command : PROPERTIES ⏎ 또는
Command : DDCHPROP ⏎ 또는
Command : DDMODIFY ⏎
```

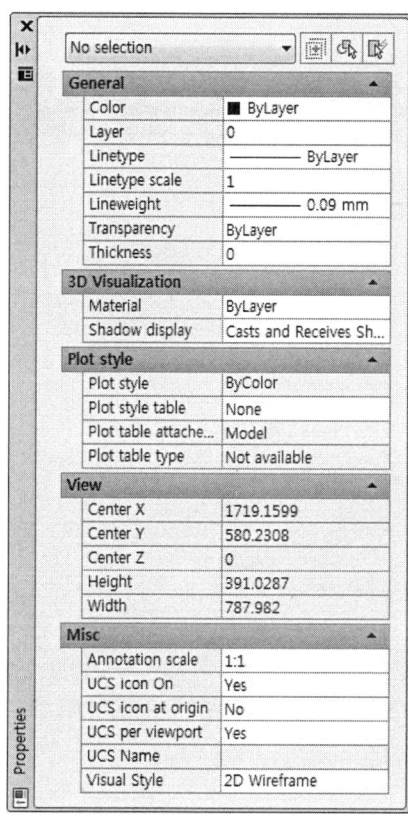

- No selection은 선택된 객체의 개수와 종류를 보여준다.
- General은 객체의 색상, 레이어, 선의종류, 선의두께, 선의 높이값 등을 보여준다.
- 3D Visualization은 객체의 재질과 그림자속성 등을 보여준다.
- Plot style은 플로터에 관련된 속성들을 보여준다.
- View는 객체의 위치 및 높이값, 두께값 등을 보여준다.
- Misc는 UCS와 관련된 특성값들을 보여준다.
- 속성변경을 하려는 객체를 선택하면, 선택된 객체의 모든 특성이 하단부에 나타난다.
- 객체의 특성을 수정하려면 변경하려는 특성을 선택한 후 새 값을 입력하거나 목록에서 값을 선택하거나 대화상자에서 특성값을 변경하면 된다.
- 속성변경 후 대화상자를 닫을 때는 좌측상단의 닫기버튼 ✖을 클릭하거나 아래와 같이 명령을 실행시킨다.

Command : Prclose ↵

✔ 속성변경 대화상자는 작업 중에 열어놓고 사용할 수 있으며 Toolbar처럼 화면의 좌우측에 붙여서 사용할 수 있다.

2-8 GRIP(맞물림)

커서를 이용하여 객체를 편집하는 명령어이다. 객체를 명령어 없이 선택하면 파랑색 그립점이 나타난다. 이 그립점을 한번 더 클릭하면 프롬프트가 객체를 편집할 수 있는 빨간색 그립모드로 바뀐다.

Move, Mirror, Rotate, Scale, Stretch 같은 5가지 편집을 할 수 있다. Grip의 초기값은 Stretch로 설정되어 있다.

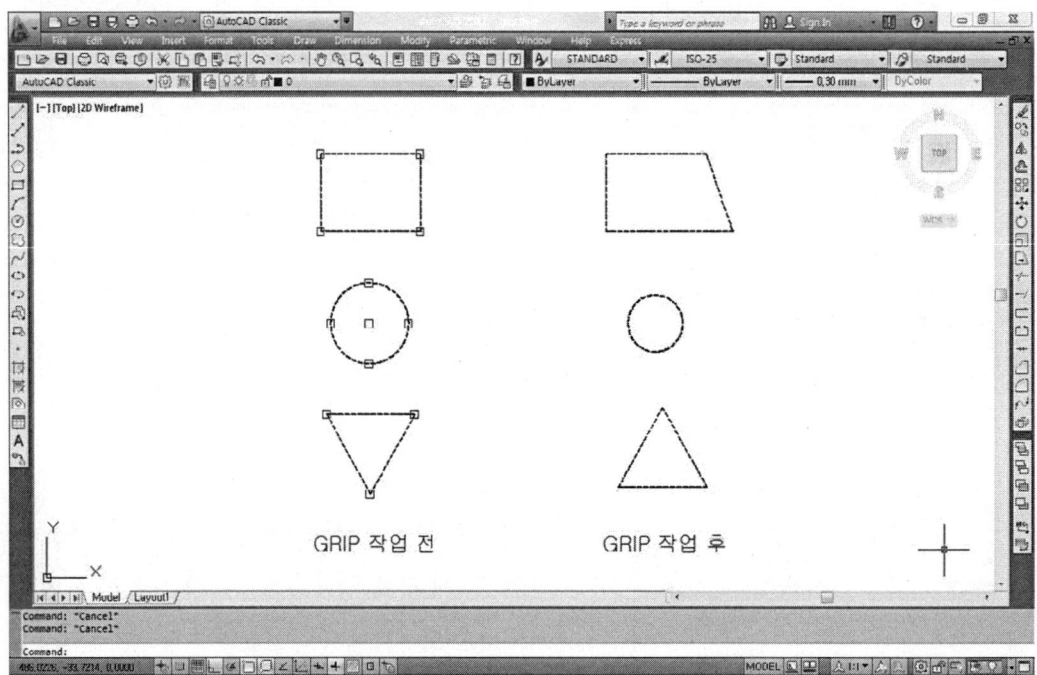

GRIP의 사용법

- 1단계 : 명령어 없이 객체를 클릭하면 객체에 파란색 사각형이 생긴다.
- 2단계 : 편집을 원하는 파란색 사각형을 다시 한번 클릭하면 사각형은 빨간색으로 바뀐다.
- 3단계 : 마우스를 이동시키면 초기값인 Stretch가 실행된다.

✔ Stretch 외의 옵션 사용을 원하면 3단계에서 Spacebar를 누르거나 마우스 오른쪽 버튼을 눌러 해당 명령어를 선택한다.
✔ 3단계에서 오른쪽 마우스버튼을 클릭하여 Properties 대화상자를 열 수 있다.

2-9 DIVIDE(등분할)

선이나 원, 호 등의 객체를 지정한 개수로 나눠서 표시해주는 명령어이다.

Pull Down Menu : [Draw] → [Point] → [Divide]   단축키 DIV

Command : DIVIDE ↵
Select object to divide : 선을 선택
Enter the number of segments or [Block] : 4 ↵ (객체가 나누어질 개수를 입력/블록)

2-10 MEASURE(길이분할)

선택된 객체를 일정한 길이값으로 등분하여 그 위치를 점으로 나타내주는 명령어이다.

Pull Down Menu : [Draw] → [Point] → [Measure]   단축키 ME

Command : MEASURE ↵
Select object to measure : 선을 선택
Specify length of segment or [Block] : 30 ↵ (선의 단위길이 입력/블록)

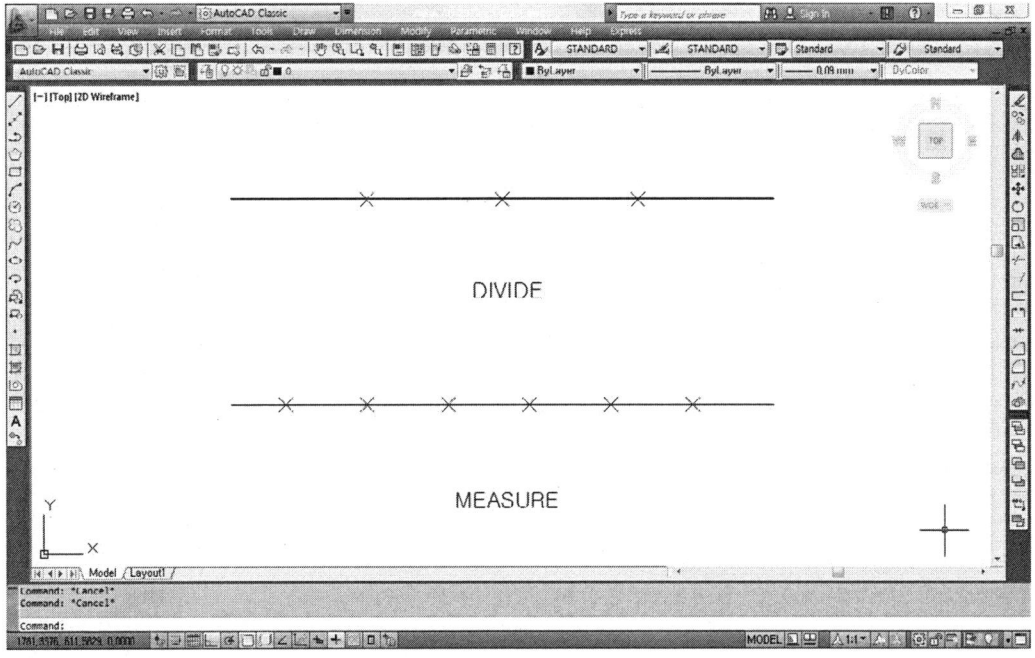

- DIVide나 MEasure 명령을 실행한 후 화면에 변화가 없을 경우에는 [Format-Point style]에서 포인트의 모양을 [·] 이 아닌 다른 모양으로 설정하면 나타난다.
- DIVide나 MEasure 명령으로 만들어진 포인트는 Osnap의 Node값(ⓧ)으로 표시된다.

2-11 LENGTHEN(길이 조정)

선택된 객체의 길이와 호의 사이각을 변경해주는 명령어이다.

Pull Down Menu : [Draw] → [Lengthen]   단축키 LEN

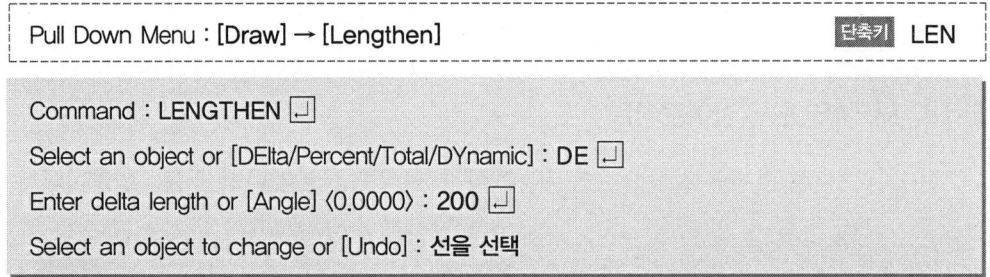

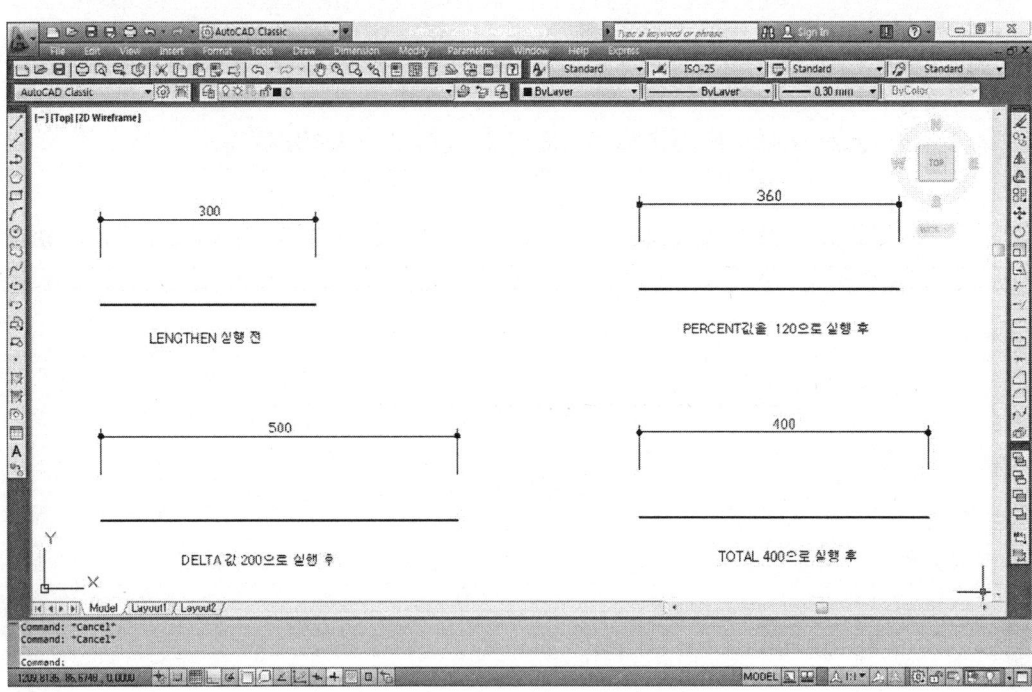

OPTION

- DElta(증분) : 지정한 길이값에 의해 선택한 객체의 가까운 끝점의 길이가 변경된다.
- Percent(퍼센트) : 선택한 객체의 길이를 %로 변경한다.
- Total(합계) : 선택한 객체의 길이값으로 변경한다.
- DYnamic(동적) : 커서를 움직여서 변경한다.

3 가구 그리기

3-1 사각 테이블 예제

(1) 새로운 도면을 시작한다.

```
Command : NEW ↵
[Select template] → [Open]
```

(2) 작업 범위를 설정한다.

```
Command : LIMITS ↵
Specify lower left corner or [ON/OFF] <0.0000,0.0000> : ↵
Specify upper right corner <420.0000,297.0000> : 4000,3000 ↵

Command : ZOOM ↵
[All/Center/Dynamic/Extents/Previous/Scale/Window/Object] <real time> : A ↵
```

(3) 사각테이블의 외곽선을 그린다.

```
Command : LINE ↵
Specify first point : 시작점(P1) 클릭
Specify next point or [Undo] : @900<0 ↵
Specify next point or [Undo] : @600<90 ↵
Specify next point or [Undo] : @900<180 ↵
Specify next point or [Undo] : C ↵
```

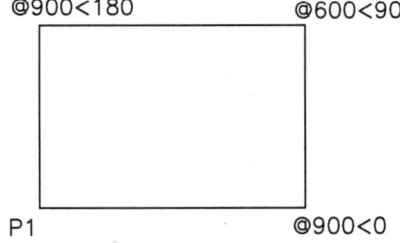

(4) 사각테이블의 내부선을 그린다.

```
Command : OFFSET ↵
Specify offset distance or
[Through/Erase/Layer] <Through> : 50 ↵
Select object to offset or [Exit/Undo] <Exit>
: L1 클릭
Specify point on side to offset or
[Exit/Multiple/Undo] <Exit> : P1 클릭
✔ L2, L3, L4도 Offset 한다.
```

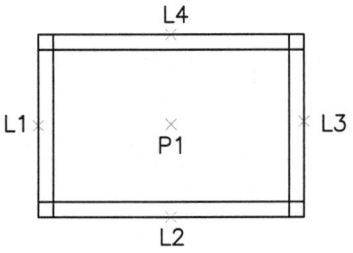

(5) 사각테이블 내부선의 모서리를 정리한다.

```
Command : FILLET ↵
Current settings : Mode = TRIM,
Radius = 10.0000
Select first object or
[Undo/Polyline/Radius/Trim/Multiple] : R ↵
Specify fillet radius <10.0000> : 0 ↵
Select first object or
[Undo/Polyline/Radius/Trim/Multiple] : L1 클릭
Select second object or shift-select to
apply corner : L2 클릭
✔ 다른 모서리도 Fillet 한다.
```

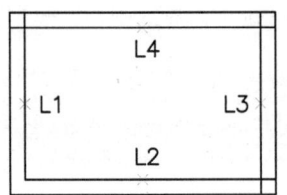

(6) 사각테이블 외곽선의 모서리를 정리한다.

```
Command : FILLET ↵
Current settings : Mode = TRIM,
Radius = 10.0000
Select first object or
[Undo/Polyline/Radius/Trim/Multiple] : R ↵
Specify fillet radius <10.0000> : 30 ↵
Select first object or
[Undo/Polyline/Radius/Trim/Multiple] : L1 클릭
Select second object or shift-select to
apply corner : L2 클릭
✔ 다른 모서리도 Fillet 한다.
```

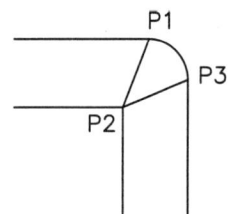

(7) Osnap을 지정하고 사각테이블의 한 모서리를 아래 그림과 같이 만든다.

```
Command : LINE ↵
Specify first point : P1 클릭
Specify next point or [Undo] : P2 클릭
Specify next point or [Undo] : P3 클릭
Specify next point or [Undo] : ↵
```

(8) 위에서 그린 선을 Mirror를 이용하여 완성한다.

```
Command : MIRROR ↵
Select objects : L1, L2 클릭
Select objects : ↵
Specify first point of mirror line : P1 클릭
Specify second point of mirror line : P2 클릭
Delete source objects? [Yes/No] <N> : ↵
```

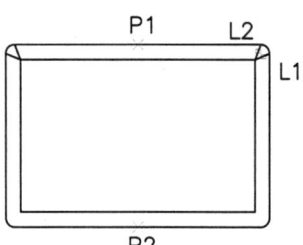

```
Command : MIRROR ↵
Select objects : L1, L2, L3, L4 클릭
Select objects : ↵
Specify first point of mirror line : P1 클릭
Specify second point of mirror line : P2 클릭
Delete source objects? [Yes/No] <N> : ↵
```

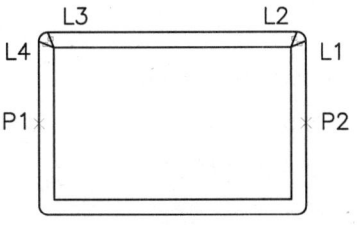

(9) Save 명령으로 저장한다.

```
Command : SAVE ↵
[파일 이름(N) : ] 사각 테이블.dwg
[저장]
```

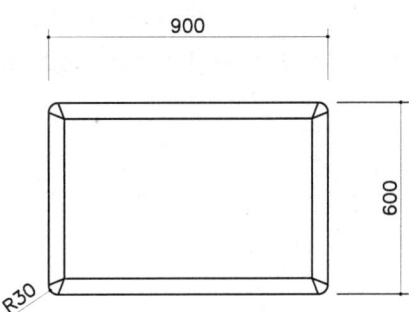

3-2 타원형 테이블 예제

(1) 새로운 도면을 시작한다.

```
Command : NEW ↵
[Select template] → [Open]
```

(2) 작업 범위를 설정한다.

```
Command : LIMITS ⏎
Specify lower left corner or [ON/OFF] 〈0.0000,0.0000〉 : ⏎
Specify upper right corner 〈420.0000,297.0000〉 : 4000,3000 ⏎

Command : ZOOM ⏎
[All/Center/Dynamic/Extents/Previous/Scale/Window] 〈real time〉 : A ⏎
```

(3) 타원형 테이블의 외곽 기준선을 그린다.

```
Command : LINE ⏎
Specify first point : P1 클릭
Specify next point or [Undo] : P2점 클릭
Specify next point or [Undo] : P3점 클릭
Specify next point or [Undo] : ⏎
Offset을 통해 사각형을 만드는 과정을 연습하기
위한 것이므로, 두 개의 선길이는 정하지 않고
그린 후, Offset을 통해 정리하도록 한다.
```

```
Command : OFFSET ⏎
Specify offset distance or
[Through/Erase/Layer] 〈Through〉 : 1000 ⏎
Select object to offset or [Exit/Undo] 〈Exit〉 :
L1점 클릭
Specify point on side to offset or
[Exit/Multiple/Undo] 〈Exit〉 : P1점 클릭
Select object to offset or [Exit/Undo]
〈Exit〉 : ⏎
```

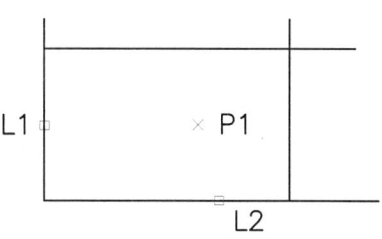

```
Command : OFFSET ↵
Offset distance or Through <1000.0000> : 600 ↵
Select object to offset or [Exit/Undo] <Exit> : L2점 클릭
Specify point on side to offset or [Exit/Multiple/Undo] <Exit> : P1점 클릭
Select object to offset or [Exit/Undo] <Exit> : ↵
```

(4) 외곽 기준선을 정리한다.

```
Command : FILLET ↵
Current settings : Mode = TRIM,
Radius = 10.0000
Select first object or
[Undo/Polyline/Radius/Trim/Multiple] : R ↵
Specify fillet radius <10.0000> : 0 ↵
Select first object or
[Undo/Polyline/Radius/Trim/Multiple] : L1 클릭
Select second object or shift-select to
apply corner : L2 클릭
✔ 다른 모서리도 Fillet으로 정리한다.
```

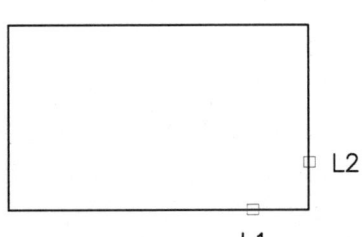

(5) 외곽선을 그리기 위한 가선을 만든다.

```
Command : OFFSET ↵
Specify offset distance or [600.0000] : 100 ↵
Select object to offset or [Exit/Undo] <Exit>
: L1 클릭
Specify point on side to offset or
[Exit/Multiple/Undo] <Exit> : P1점 클릭
Select object to offset or [Exit/Undo]
<Exit> : ↵
✔ 반대편 선도 Offset 한다.
```

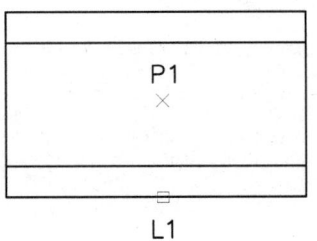

(6) 타원형 테이블의 외곽선을 Arc로 그린다.

```
Command : ARC ↵
Specify start point of arc or [CEnter]
: P1점 클릭
Specify second point of arc or [CEnter
/ENd] : P2점 클릭
Specify end point of arc : P3점 클릭
✔ 반대편도 ARC로 그린다.
```

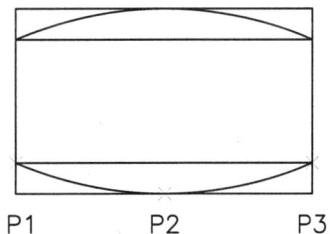

(7) 가선을 지우고 타원형 테이블의 외곽선을 정리한다.

```
Command : ERASE ↵
불필요한 선을 지운다.

Command : FILLET ↵
Current settings : Mode = TRIM,
Radius = 0.0000
Select first object or
[Undo/Polyline/Radius/Trim/Multiple] : L1 클릭
Select second object or shift-select to
apply corner : L2 클릭
✔ 나머지 모서리도 Fillet으로 정리한다.
```

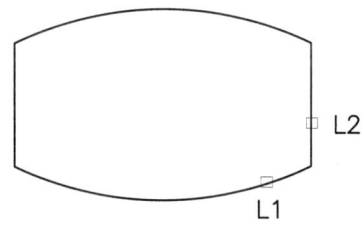

(8) 테이블의 외곽선을 Offset하여 내부선을 만들고 Fillet 명령으로 내부선을 정리한다.

```
Command : OFFSET ↵
Specify offset distance or [100.0000] : 30 ↵
Select object to offset or [Exit/Undo] ⟨Exit⟩ :
L1 클릭
Specify point on side to offset or
[Exit/Multiple/Undo] ⟨Exit⟩ : P1 클릭
Select object to offset or [Exit/Undo] ⟨Exit⟩ : ↵
✔ 나머지 선도 안쪽으로 Offset 한다.
```

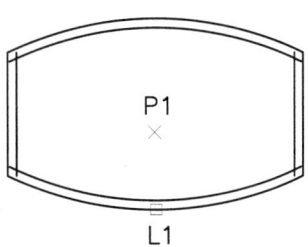

```
Command : FILLET ↵
Current settings : Mode = TRIM,
Radius = 0.0000
Select first object or
[Undo/Polyline/Radius/Trim/Multiple] : L1 클릭
Select second object or shift-select to
apply corner : L2 클릭
✔ 나머지 모서리도 Fillet으로 정리한다.
```

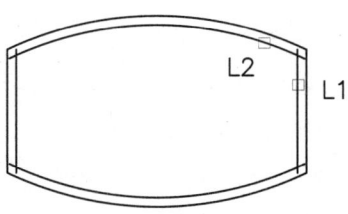

(9) Save 명령으로 저장한다.

```
Command : SAVE ↵
[파일 이름(N) : ] 타원형 테이블.dwg
[저장]
```

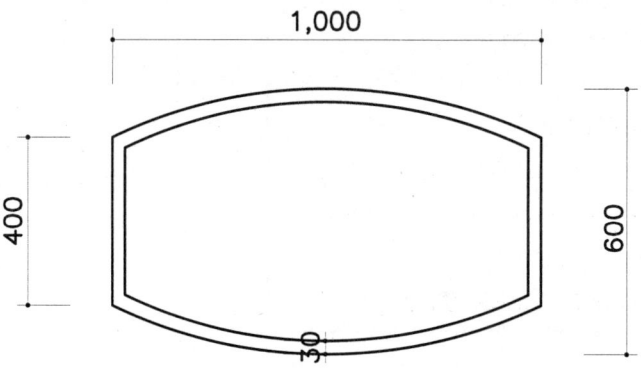

■ 테이블 예제 ■

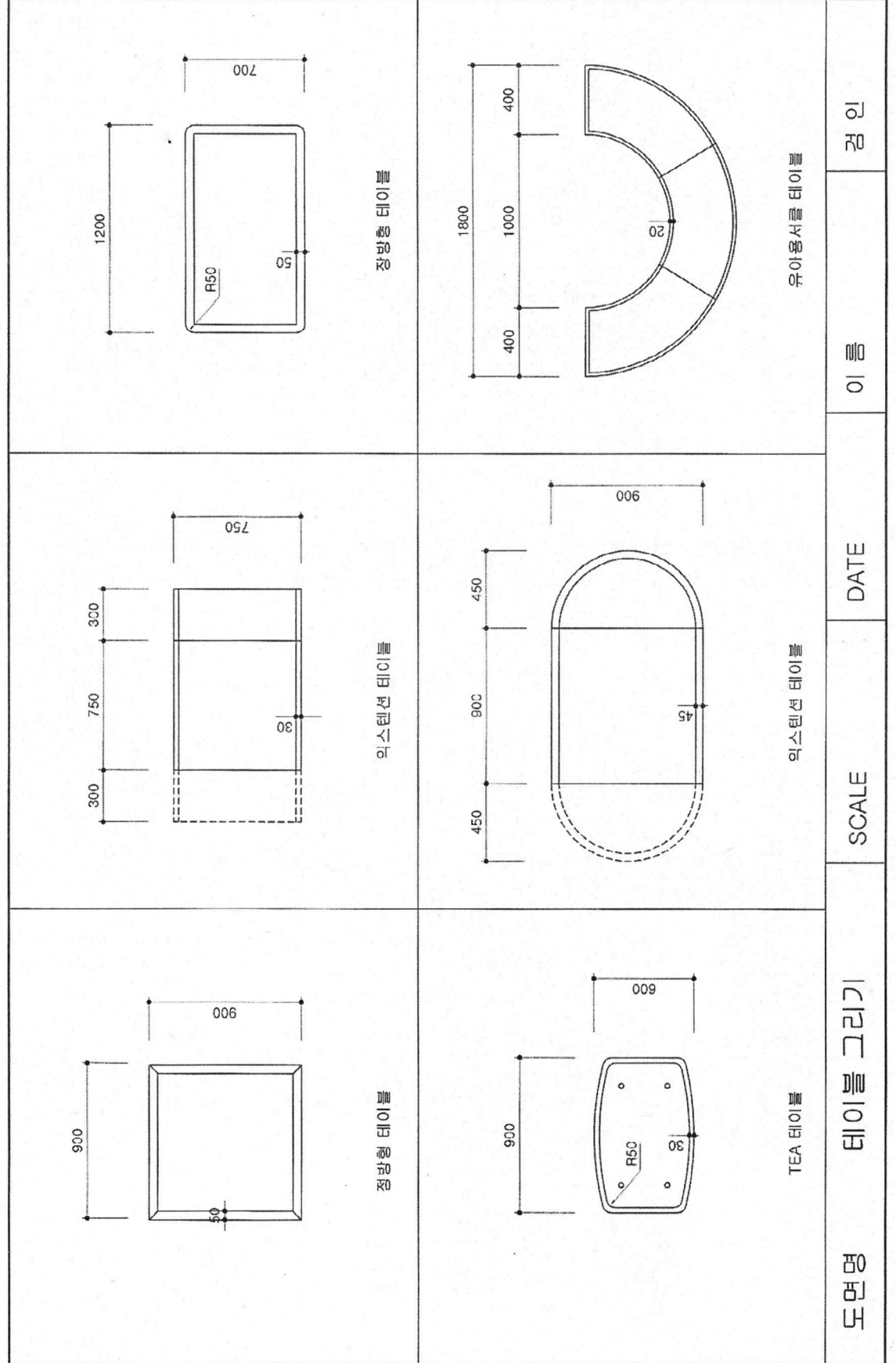

3-3 침대 예제

(1) 새로운 도면을 시작한다.

```
Command : NEW ↵
[Select template] → [Open]
```

(2) 작업 범위를 설정한다.

```
Command : LIMITS ↵
Specify lower left corner or [ON/OFF] <0.0000,0.0000> : ↵
Specify upper right corner <420.0000,297.0000> : 4000,3000 ↵

Command : ZOOM ↵
[All/Center/Dynamic/Extents/Previous/Scale/Window/Object] <real time> : A ↵
```

(3) 침대의 외곽선을 그린다.

```
Command : LINE ↵
Specify first point : 시작점(P1) 클릭
Specify next point or [Undo] : @2175<0 ↵
Specify next point or [Undo] : @1080<90 ↵
Specify next point or [Undo] : @2175<180 ↵
Specify next point or [Undo] : C ↵
```

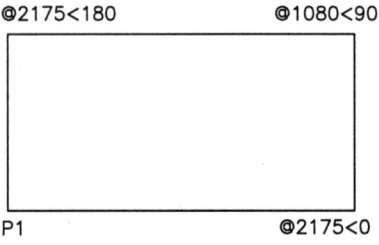

(4) 침대의 내부선을 그린다.

```
Command : OFFSET ↵
Specify offset distance or
[Through/Erase/Layer] <Through> : 60 ↵
Select object to offset or [Exit/Undo] <Exit>
: L1 클릭
Specify point on side to offset or
[Exit/Multiple/Undo] <Exit> : P1점 클릭
Select object to offset or [Exit/Undo] <Exit>
: ↵
```
✔ 오른쪽 그림과 같이 지정된 간격대로 Offset 을 실행한다.

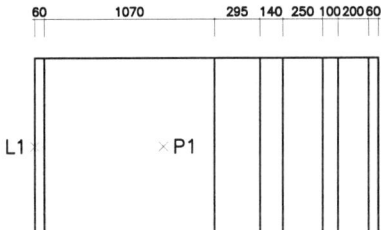

```
Command : OFFSET ↵
Specify offset distance or
[Through/Erase/Layer] <Through> : 240 ↵
Select object to offset or [Exit/Undo] <Exit>
: L1 클릭
Specify point on side to offset or
[Exit/Multiple/Undo] <Exit> : P1점 클릭
Select object to offset or [Exit/Undo] <Exit>
: ↵
```
✔ 오른쪽 그림과 같이 정해진 간격대로 Offset 을 실행한다.

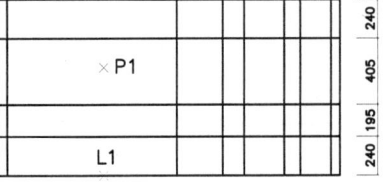

```
Command : LINE ↵
Specify first point : P1 클릭
Specify next point or [Undo] : P2 클릭
Specify next point or [Undo] : ↵
```

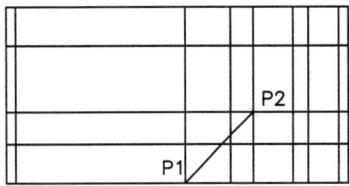

(5) TRIM과 ERASE로 선들을 정리한다.

```
Command : TRIM ↵
Select objects : ↵
Select object to trim or shift-select to extend
or [Fence/Crossing/Project/Edge/eRase/
Undo] : 잘라낼 부분 선택
Select object to trim or shift-select to extend
or [Fence/Crossing/Project/Edge/eRase/
Undo] : ↵

Command : ERASE ↵
Select objects : 지울 객체 선택
Select objects : ↵
```

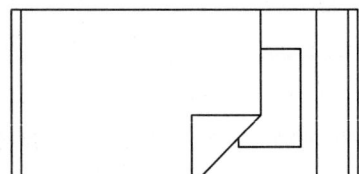

(6) SAVE 명령으로 저장한다.

```
Command : SAVE ↵
[파일 이름(N) : ] 싱글침대.dwg
[저장]
```

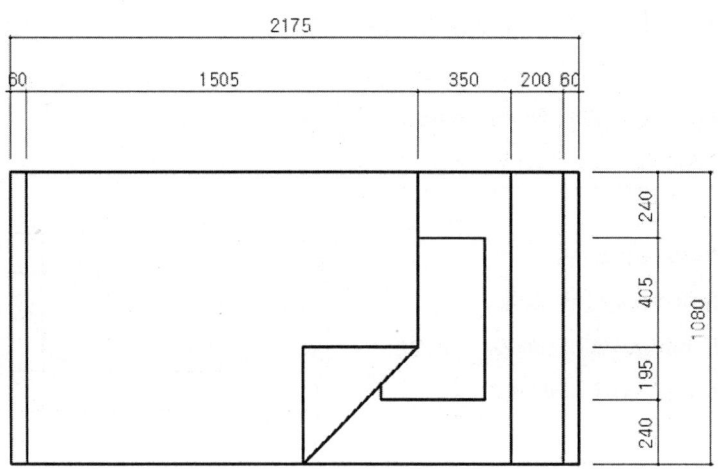

■ 침대 예제 ■

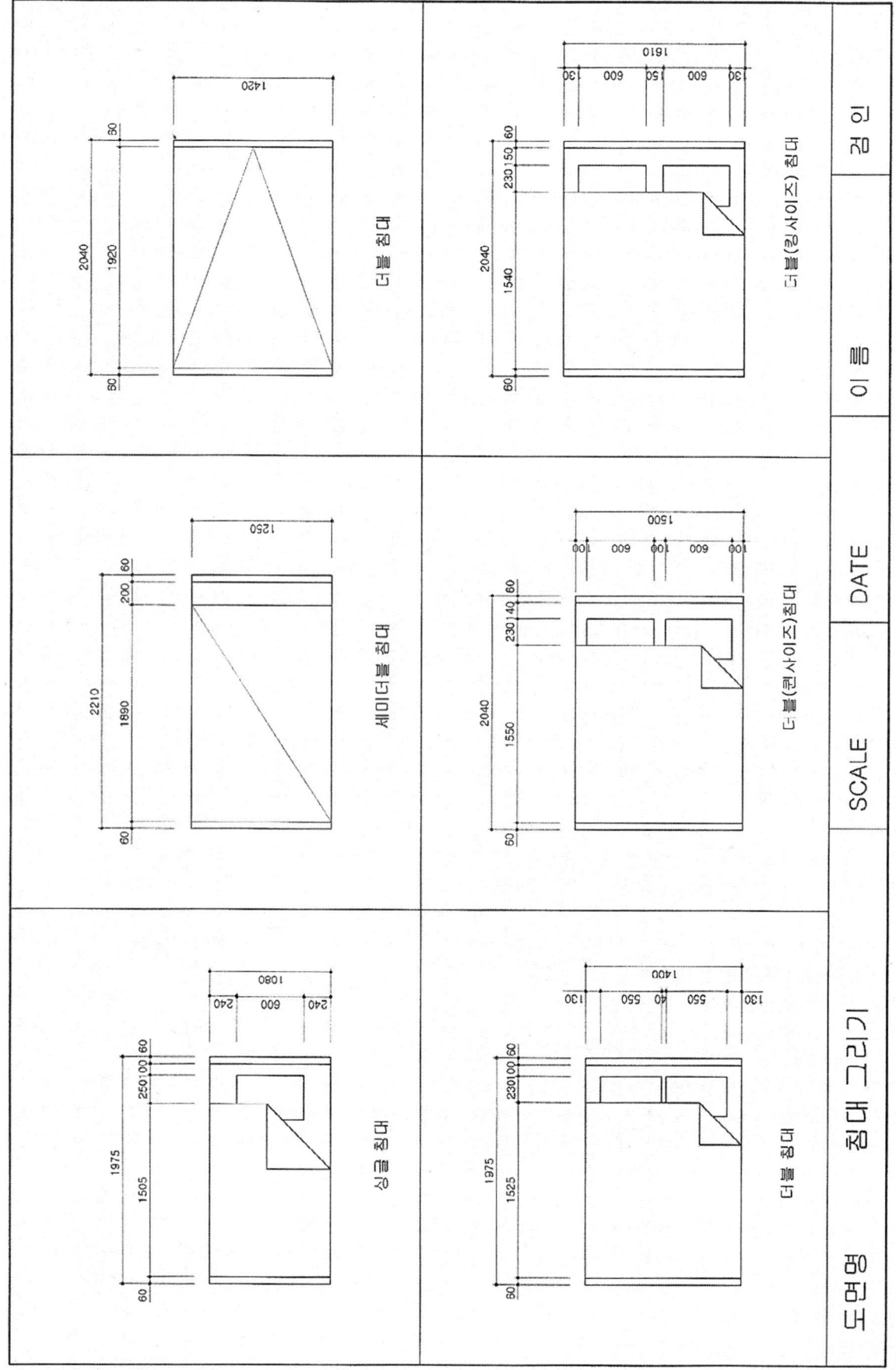

3-4 식탁 예제(1)

(1) 새로운 도면을 시작한다.

```
Command : NEW ↵
[Select template] → [Open]
```

(2) 작업 범위를 설정한다.

```
Command : LIMITS ↵
Specify lower left corner or [ON/OFF] <0.0000,0.0000> : ↵
Specify upper right corner <420.0000,297.0000> : 2000,1500 ↵

Command : ZOOM ↵
[All/Center/Dynamic/Extents/Previous/Scale/Window/Object] <real time> : A ↵
```

(3) 식탁의 외곽선을 그린다.

```
Command : RECTANGLE ↵
Specify first corner point or [Chamfer
/Elevation/Fillet/Thickness/Width]
: P1점 클릭
Specify other corner point or
[Area/Dimensions/Rotation] : @1500,800 ↵

Command : EXPLODE ↵
Select objects : L1 클릭 ↵
```

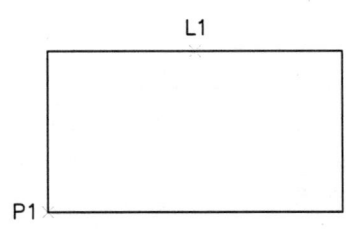

(4) 식탁의자를 그린다.

Command : OFFSET ↵
Specify offset distance or
[Through/Erase/Layer] ⟨Through⟩ ⟨1.0000⟩
: 400 ↵
Select object to offset or [Exit/Undo] ⟨Exit⟩
: L1 클릭
Specify point on side to offset or
[Exit/Multiple/Undo] ⟨Exit⟩ : P1점 방향 클릭 ↵
Select object to offset or [Exit/Undo] ⟨Exit⟩
: ↵

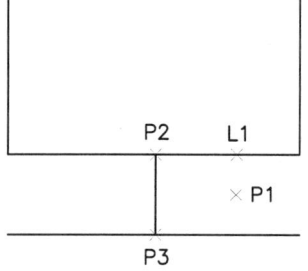

Command : LINE ↵
Specify first point : P2점 클릭(MID지점)
Specify next point or [Undo] : P3점 클릭(MID지점) ↵

Command : OFFSET ↵
Specify offset distance or
[Through/Erase/Layer] ⟨Through⟩
⟨400.0000⟩ : 50 ↵
Select object to offset or [Exit/Undo] ⟨Exit⟩
: L1 클릭
Specify point on side to offset or
[Exit/Multiple/Undo] ⟨Exit⟩ : P1점 방향 클릭
Select object to offset or [Exit/Undo] ⟨Exit⟩
: ↵

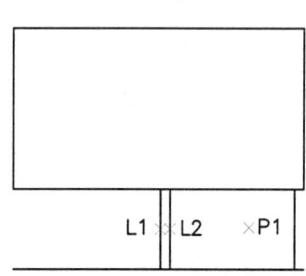

```
Command : OFFSET ↵
Specify offset distance or [Through/Erase/Layer] <Through> <50.0000> : 500 ↵
Select object to offset or [Exit/Undo] <Exit> : L2 클릭
Specify point on side to offset or [Exit/Multiple/Undo] <Exit> : P1점 방향 클릭 ↵
Select object to offset or [Exit/Undo] <Exit> : ↵
Command : ERASE ↵
Select objects : L1 클릭 ↵
```

(5) 의자모서리를 Fillet을 사용하여 정리한다.

```
Command : FILLET ↵
Current settings : Mode = TRIM, Radius = 10.0000
Select first object or
[Undo/Polyline/Radius/Trim/Multiple] : R
Specify fillet radius <10.0000> : 75 ↵
```

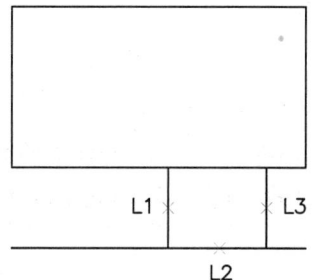

```
Select first object or [Undo/Polyline/Radius/Trim/Multiple] : L1 클릭
Select second object or shift-select to apply corner : L2 클릭
Select first object or [Undo/Polyline/Radius/Trim/Multiple] : L2 클릭
Select second object or shift-select to apply corner : L3 클릭
```

(6) 의자를 Mirror를 사용하여 대칭복사 한다.

```
Command : MIRROR ↵
Select objects : P1점 클릭
Specify opposite corner : P2점 클릭 ↵
Specify first point of mirror line
: P3점 클릭(MID지점)
Specify second point of mirror line
: P4점 클릭
Delete source objects? [Yes/No] <N> : ↵
```

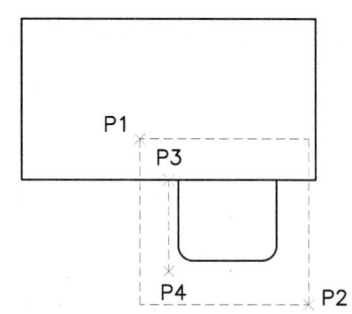

```
Command : MIRROR ↵
Select objects : P1점 클릭
Specify opposite corner : P2점 클릭 ↵
Specify first point of mirror line : P3점 클릭
Specify second point of mirror line
: P4점 클릭
Delete source objects? [Yes/No] <N> : ↵
```

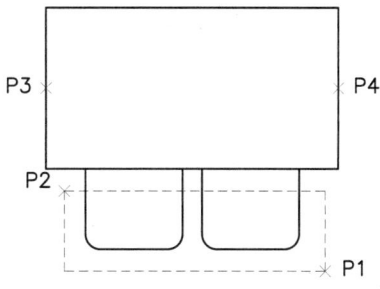

(7) 저장한다.

```
Command : SAVE ↵
[파일이름(N) : ] 식탁.dwg
[저장]
```

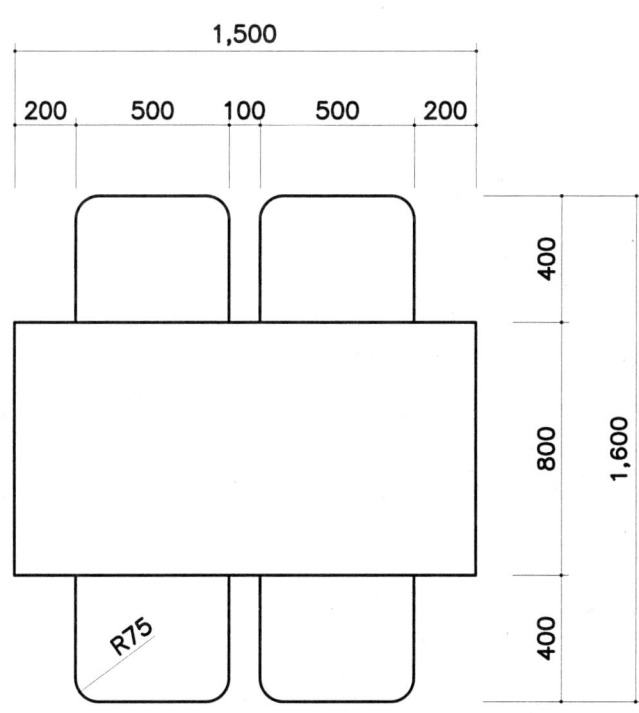

3-5 식탁 예제(2)

(1) 새로운 도면을 시작한다.

```
Command : NEW ↵
[Select template] → [Open]
```

(2) 작업 범위를 설정한다.

```
Command : LIMITS ↵
Specify lower left corner or [ON/OFF] <0.0000,0.0000> : ↵
Specify upper right corner <420.0000,297.0000> : 4000,3000 ↵

Command : ZOOM ↵
[All/Center/Dynamic/Extents/Previous/Scale/Window/Object] <real time> : A ↵
```

(3) 식탁을 중심점과 반지름을 이용한 원으로 그린다.

```
Command : LINE ↵
Specify first point : P1점 클릭
Specify next point or [Undo] : @3000<0 ↵
Specify next point or [Undo] : ↵

Command : ↵
Specify first point : P2점 클릭
Specify next point or [Undo] : @3000<90 ↵
Specify next point or [Undo] : ↵
```

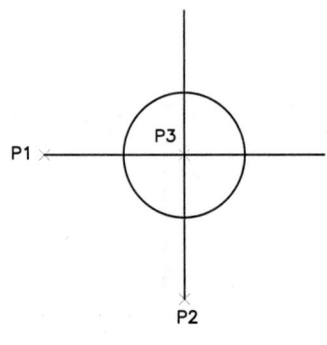

```
Command : CIRCLE ↵
Specify center point for circle or [3P/2P/Ttr(tan tan radius)] : P3점 클릭
Specify radius of circle or [Diameter] : 650 ↵
```

(4) 의자 외곽선을 Offset을 이용하여 그린다.

```
Command : OFFSET ↵
Specify offset distance or [Through/Erase/Layer] <Through> : 275 ↵
Select object to offset or [Exit/Undo] <Exit> : L1 클릭
Specify point on side to offset or [Exit/Multiple/Undo] <Exit> : P1점 방향 클릭
Select object to offset or [Exit/Undo] <Exit> : L1 클릭
Specify point on side to offset or [Exit/Multiple/Undo] <Exit> : P2점 방향 클릭 ↵
```

```
Command : OFFSET ↵
Specify offset distance or
[Through/Erase/Layer] <Through> <275.0000>
: 800 ↵
Select object to offset or [Exit/Undo] <Exit>
: L2 클릭
Specify point on side to offset or
[Exit/Multiple/Undo] <Exit> : P3점 방향 클릭 ↵
Select object to offset or [Exit/Undo] <Exit>
: ↵
```

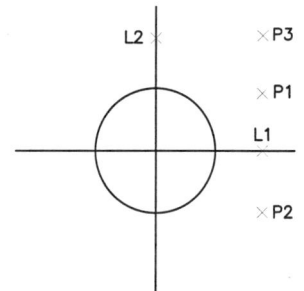

```
Command : OFFSET ↵
Specify offset distance or [Through/Erase/Layer] <Through> <800.0000> : 1350 ↵
Select object to offset or [Exit/Undo] <Exit> : L2 클릭
Specify point on side to offset or [Exit/Multiple/Undo] <Exit> : P3점 방향 클릭 ↵

Command : ERASE ↵
Select objects : L1, L2 클릭 ↵
```

(5) 의자의 모서리를 Fillet을 사용하여 정리한다.

```
Command : FILLET ↵
Current settings : Mode = TRIM,
Radius = 10.0000
Select first object or
[Undo/Polyline/Radius/Trim/Multiple] : R ↵
Specify fillet radius 〈10.0000〉 : 100 ↵
```

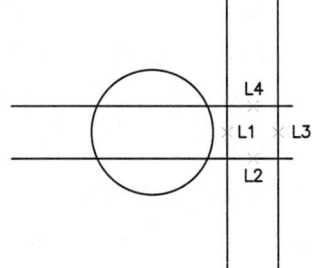

```
Select first object or [Undo/Polyline/Radius/Trim/Multiple] : L1 클릭
Select second object or shift-select to apply corner : L2클릭 ↵
✔ 다른 모서리도 Fillet 한다.
```

(6) 의자를 Array 명령을 사용하여 원형복사 한다.

```
Command : ARRAY ↵
Select objects : P1점 클릭
Specify opposite corner : P2점 클릭
Select objects : Enter array type [Rectangular/PAth/POlar] 〈Polar〉 : PO ↵
Type = Polar Associative = Yes
Specify center point of array or [Base point/Axis of rotation] : P3점 클릭
Enter number of items or [Angle between/Expression] 〈4〉 : 6 ↵
Specify the angle to fill(+=ccw, -=cw) or [EXpression] 〈360〉 : 360 ↵
Press Enter to accept or [ASsociative/Base point/Items/Angle between/Fill
angle/ROWs/Levels/ROTate items/eXit] 〈eXit〉 :
```

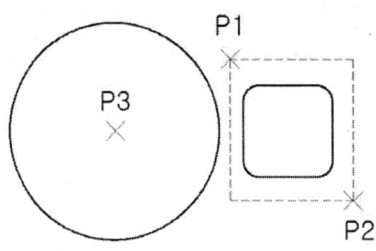

(7) 저장한다.

```
Command : SAVE ↵
[파일이름(N) : ] 식탁-원형.dwg
[저장]
```

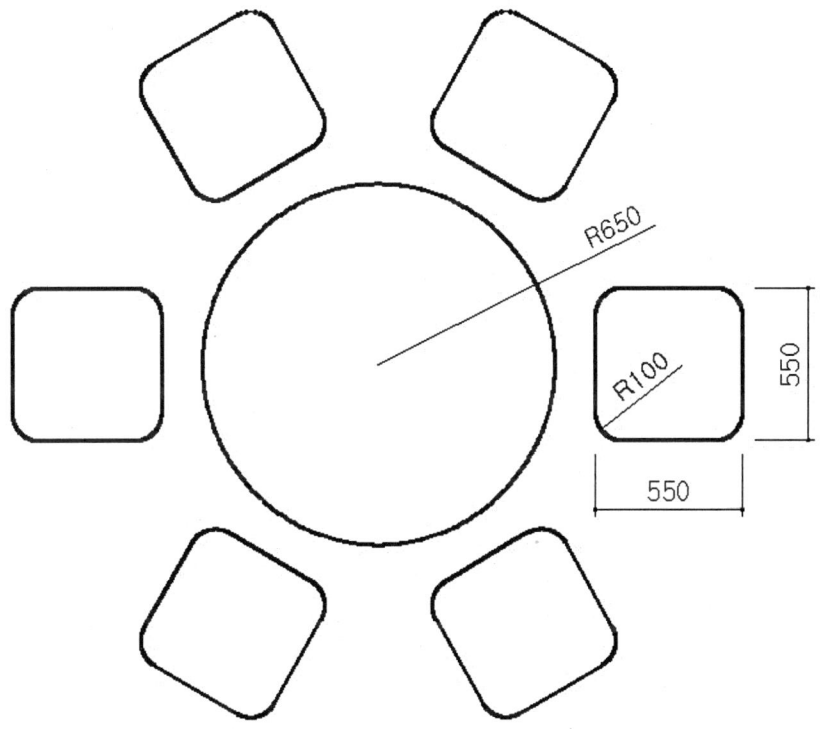

■ 식탁 예제 ■

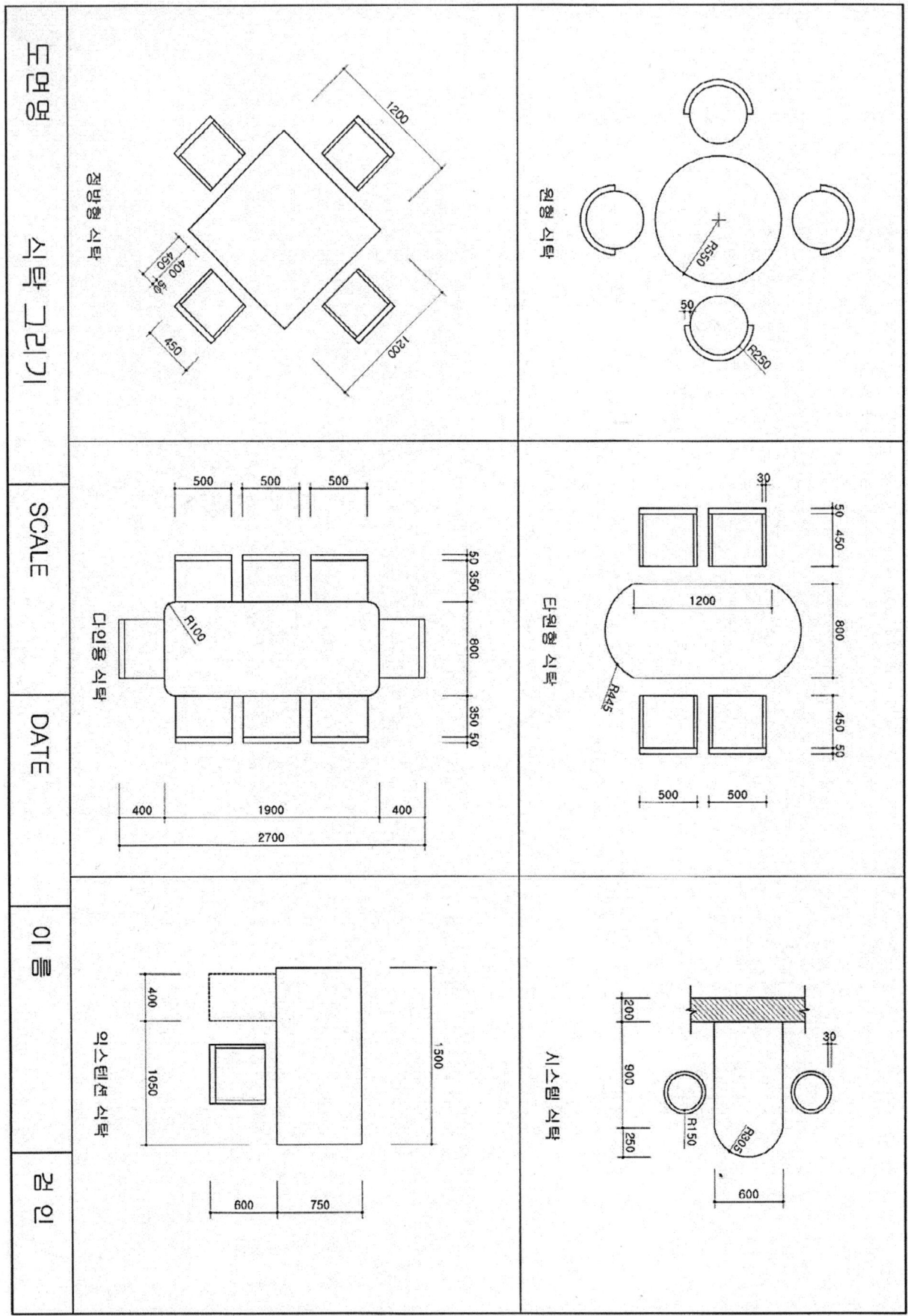

3-6 소파 예제

(1) 새로운 도면을 시작한다.

```
Command : NEW ↵
[Select template] → [Open]
```

(2) 작업 범위를 설정한다.

```
Command : LIMITS ↵
Specify lower left corner or [ON/OFF] ⟨0.0000,0.0000⟩ : ↵
Specify upper right corner ⟨420.0000,297.0000⟩ : 2000,1500 ↵

Command : ZOOM ↵
[All/Center/Dynamic/Extents/Previous/Scale/Window/Object] ⟨real time⟩ : A ↵
```

(3) 소파의 외곽선을 그린다.

```
Command : RECTANGLE ↵
Specify first corner point or [Chamfer
/Elevation/Fillet/Thickness/Width]
: P1점 클릭
Specify other corner point or
[Area/Dimensions/Rotation] : @1500,820 ↵

Command : EXPLODE ↵
Select objects : L1 클릭 ↵
```

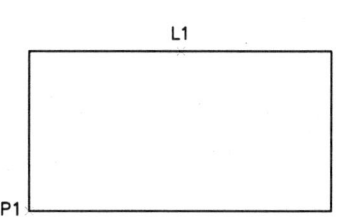

(4) 외곽선을 이용하여 내부선을 그린다.

Command : OFFSET ↵
Specify offset distance or
[Through/Erase/Layer] 〈Through〉
〈Through〉 : 70 ↵
Select object to offset or [Exit/Undo] 〈Exit〉
: L1 클릭
Specify point on side to offset or
[Exit/Multiple/Undo] 〈Exit〉 : P1점 방향 클릭
Select object to offset or [Exit/Undo] 〈Exit〉
: ↵

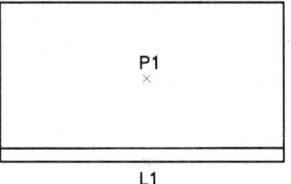

Command : OFFSET ↵
Specify offset distance or
[Through/Erase/Layer] 〈Through〉 〈70.0000〉
: 150 ↵
Select object to offset or [Exit/Undo] 〈Exit〉
: L1 클릭
Specify point on side to offset or
[Exit/Multiple/Undo] 〈Exit〉 : P1점 방향 클릭
Select object to offset or [Exit/Undo] 〈Exit〉
: L2 클릭
Specify point on side to offset or
[Exit/Multiple/Undo] 〈Exit〉 : P2점 방향 클릭
Select object to offset or [Exit/Undo] 〈Exit〉
: L3 클릭
Specify point on side to offset or
[Exit/Multiple/Undo] 〈Exit〉 : P1점 방향 클릭
Select object to offset or [Exit/Undo] 〈Exit〉
: ↵

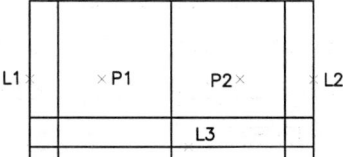

```
Command : ↵
Specify offset distance or [Through/Erase/Layer] 〈Through〉 〈150.0000〉 : 750 ↵
Select object to offset or [Exit/Undo] 〈Exit〉 : L1 클릭
Specify point on side to offset or [Exit/Multiple/Undo] 〈Exit〉 : P1점 방향 클릭 ↵
```

(5) 모서리 부분을 Fillet으로 정리한다. Fillet 명령의 옵션 중 Trim을 No trim으로 설정하고 작업하면 편리하다.

```
Command : FILLET ↵
Current settings : Mode = TRIM,
Radius = 10.0000
Select first object or
[Polyline/Radius/Trim/mUltiple] : T ↵
Enter Trim mode option [Trim/No trim]
〈Trim〉 : N ↵
Select first object or
[Undo/Polyline/Radius/Trim/Multiple] : R ↵
Specify fillet radius 〈10.0000〉 : 75 ↵
```

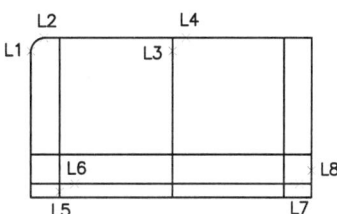

```
Select first object or [Undo/Polyline/Radius/Trim/Multiple] : L1 클릭
Select second object or shift-select to apply corner : L2 클릭 ↵
✔ 나머지 모서리도 아래 수치를 기준으로 Fillet으로 정리한다.
   L3 & L4 사이 = R50
   L5 & L6 사이 = R35
   L7 & L8 사이 = R75
```

(6) 저장한다.

```
Command : SAVE ↵
[파일이름(N) : ] 소파.dwg
[저장]
```

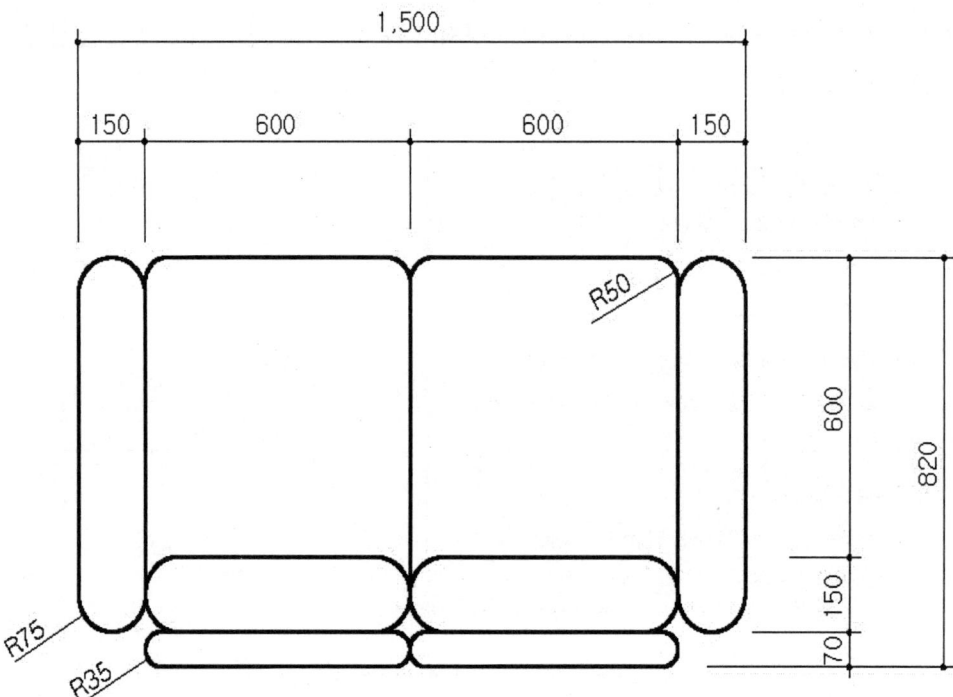

■ 소파 예제 ■

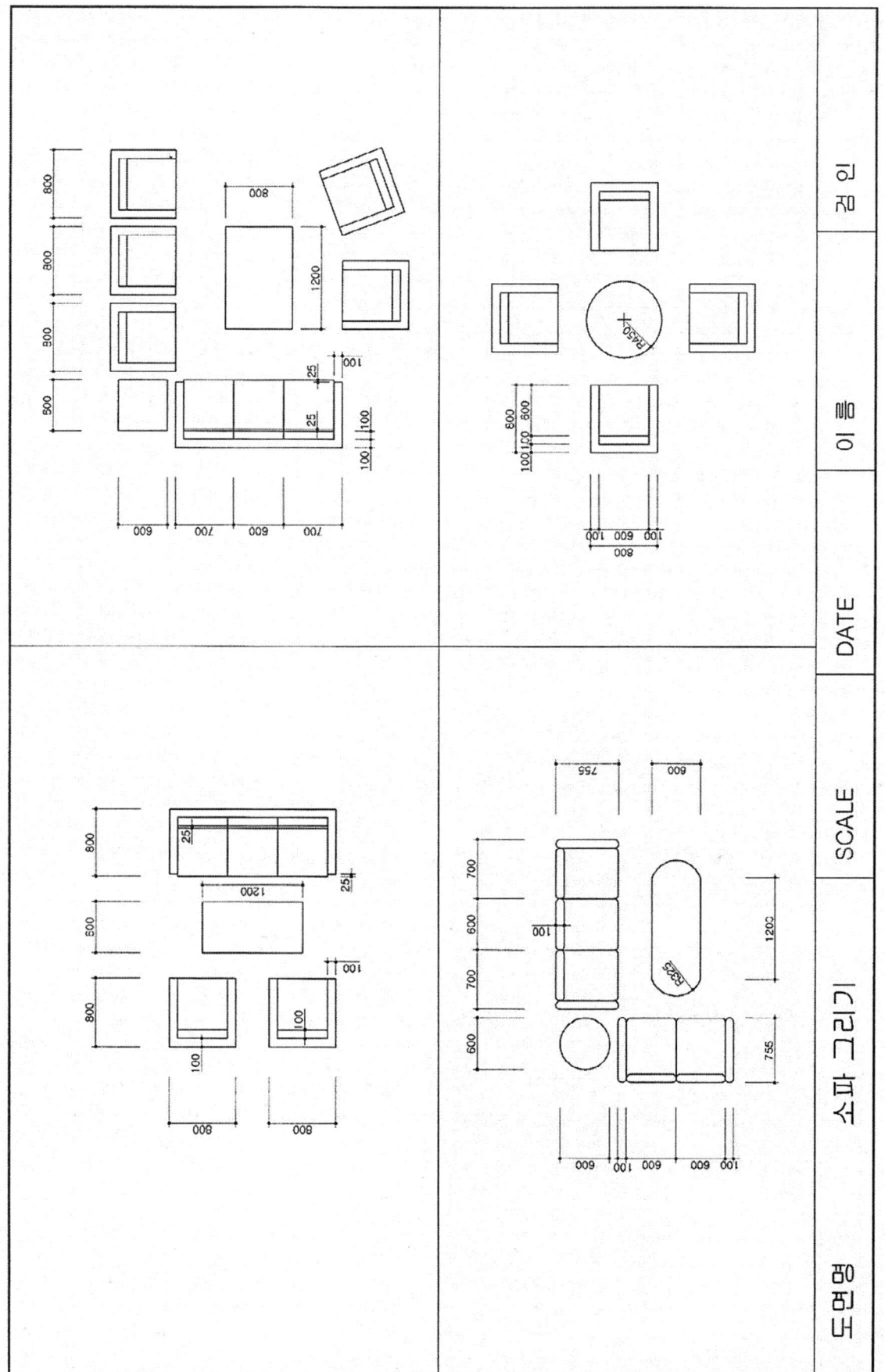

제3장 문자쓰기 및 도면양식 그리기

1 드로잉 명령어(2)

1-1 XLINE(구성선, 무한선)

XLINE은 양방향의 무한대로 연장되는 구성선을 그려 다른 객체를 작성하는 데 참조로 사용될 수 있다.

```
Pull Down Menu : [Draw] → [construction Line]          단축키  XL

Command : XLINE ↵
Specify a point or [Hor/Ver/Ang/Bisect/Offset] : 임의의 점 클릭
Specify through point : 두번째 점 클릭
Specify through point : ↵
```

 OPTION

- Hor : 지정한 점을 통과하는 수평 X선을 작성
- Ver : 지정한 점을 통과하는 수직 X선을 작성
- Ang : 지정한 각도로 X선을 작성
- Bisect : 선택한 각도 정점을 통과하면서 첫 번째 선과 두 번째 선 사이를 이등분 하는 X선을 작성
- Offset : 다른 객체에 평행하게 X선을 작성

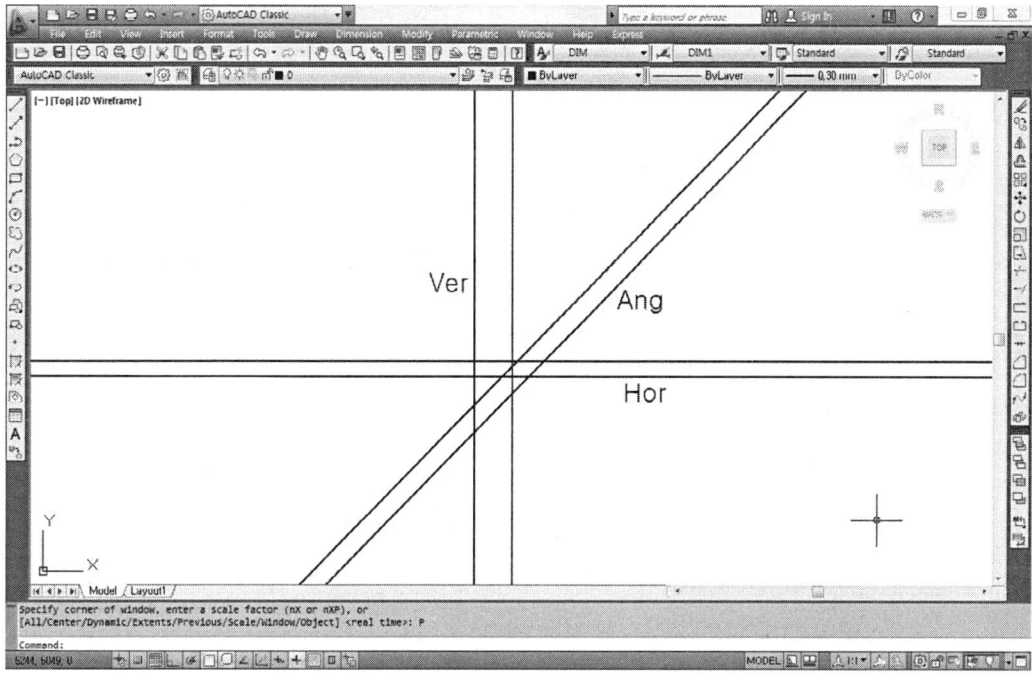

1-2 PLINE(폴리라인)

PLINE은 여러 개의 정점들로 연결된 직선이나 호를 그릴 수 있는 명령어이다. 폴리라인의 특성은 사용자가 선의 두께를 임의로 설정할 수 있으며, 두께가 다른 직선도 그릴 수 있다.

Pull Down Menu : [Draw] → [Polyline]　　　　　　　　　　　　　단축키　PL

Command : PLINE ⏎

Specify start point : 임의의 시작점 클릭

Current line-width is 0.0000(현재 선의 두께가 0임을 나타냄)

Specify next point or [Arc/Close/Halfwidth/Length/Undo/Width] : W ⏎

Specify starting width <0.0000> : 10 ⏎ (시작 두께를 10으로 지정)

Specify ending width <10.0000> : 0 ⏎ (끝 두께를 0으로 지정)

Specify next point or [Arc/Close/Halfwidth/Length/Undo/Width] : 임의의 점 클릭

Specify next point or [Arc/Close/Halfwidth/Length/Undo/Width] : ⏎ (마지막에 C ⏎를 하면 시작과 끝점이 연결)

OPTION

- **LINE 모드**
  - Arc : 호를 작성
  - Close : 닫혀진 도형 작성(시작점과 끝점을 연결)
  - Halfwidth : 선의 절반 폭 지정(Width 옵션의 1/2값으로 동일한 두께 작성)
  - Length : 끝점에 길이값을 주어 선의 길이 지정
  - Undo : 바로 전 작성한 선을 취소
  - Width : 두께값 입력

- **ARC 모드**
  - Angle : 호의 각도(내접각) 입력
  - CEnter : 호의 중심점 지정
  - CLose : 호의 시작점과 끝점을 연결
  - Direction : 호의 방향(시작점과 끝점이 이루는 각) 지정
  - Halfwidth : 선의 절반 폭 지정(Width 옵션의 1/8값으로 동일한 두께 작성)
  - Line : Line 모드로 변환
  - Radius : 호의 반지름 입력
  - Second pt : 3점을 지나는 호의 두번째 점 입력
  - Undo : 바로 전 작성한 호를 취소
  - Width : 두께값 입력

- Pline은 하나로 연결되어 있어 편집이 편리하고 Pedit 명령을 통해 다양한 편집 기능을 제공한다.

1-3 PEDIT(Pline 편집)

PEDIT 명령은 2차원과 3차원의 폴리라인과 3차원 메쉬들을 편집하는 명령어이다.

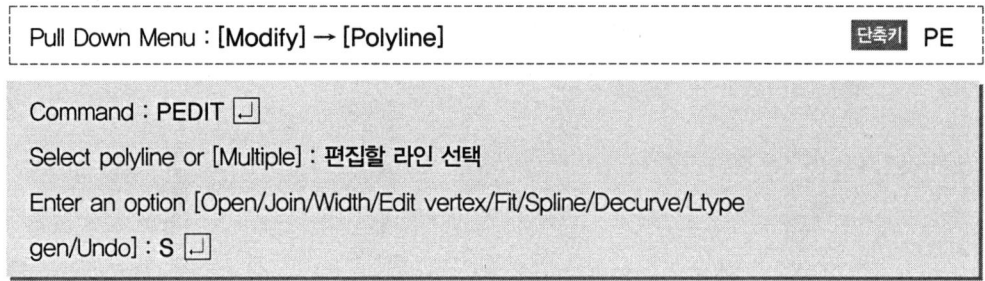

OPTION

- Open(Close) : 폴리라인의 시작점과 끝점을 열거나 닫음
- Join : 여러 개의 폴리라인이나 라인을 하나의 폴리라인으로 연결
- Width : 폴리라인의 두께 재설정
- Edit vertex : 폴리라인의 정점 수정
- Fit : 정점을 지나는 굴곡이 큰 곡선 작성
- Spline : 정점을 지나지 않고 정점의 내부를 지나는 부드러운 곡선 작성
- Decurve : 곡선을 직선으로 변환
- Ltype gen : 폴리라인의 정점 둘레에서의 선종류를 변경
- Undo : 바로 전 작업 취소
- eXit/⟨X⟩ : Pedit 명령 종료

■ PEDIT 옵션 중 Edit vertex의 옵션

- Next : 정점위치 이동('X' 표시를 다음 정점으로 이동)
- Previous : 이전의 정점위치로 이동
- Break : 두 점 사이의 객체를 절단
- Insert : 폴리라인에 새로운 정점 삽입
- Move : 정점의 위치를 다른 위치로 이동
- Regen : 폴리라인을 재생성
- Straighten : 두 정점 사이를 직선으로 변환
- Tangent : 정점에 접선방향 부가(곡률을 변화)
- Width : 두 정점간의 폭을 편집(시작점과 끝점의 폭을 각각 지정)
- eXit : Pedit 옵션으로 전환

✔ 만약 편집하려는 대상이 Pline이 아닌 Line으로 작업한 선일 경우에는 아래와 같은 메시지가 나타난다. ↵ 키를 치면 Pline으로 선을 변환시켜서 작업을 수행한다.
[Do you want to turn it into one? ⟨Y⟩] : ↵

1-4 EXPLODE(Pline 분해)

EXPLODE는 블록이나 폴리라인, 치수, 해치 등과 같이 한 개 이상의 객체가 묶여있을 경우 개별적인 요소로 분해하는 명령어이다.

```
Pull Down Menu : [Modify] → [Explode]                    단축키  X
```

```
Command : EXPLODE ↵
Select objects : 폴리라인을 선택
Select objects : ↵
다시 선을 선택해보면 각각으로 분해되어 라인으로 변해 있음을 알 수 있다.
```

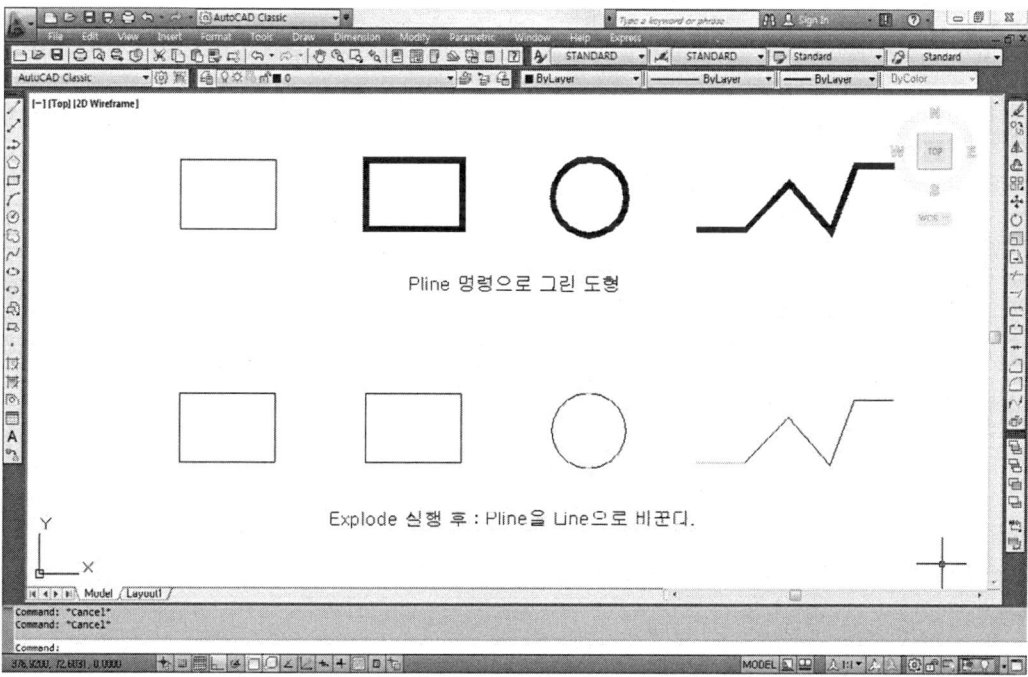

- 폴리라인을 Explode 했을 경우 두께와 접선 정보를 잃게 되어 두께가 없는 단일 객체로 해체된다.

1-5 DONUT(도넛 형태)

내경과 외경을 지정하여 두께가 있는 원이나 링을 그리는 명령어이다.

(1) 내경과 외경을 가지는 DONUT

Pull Down Menu : [Draw] → [Donut]　　　　　　　　　　단축키 DO

Command : DONUT ↵
Specify inside diameter of donut ⟨10.0000⟩ : 20 ↵ (안쪽지름)
Specify outside diameter of donut ⟨20.0000⟩ : 40 ↵ (바깥지름)
Specify center of donut or ⟨exit⟩ : 임의의 점 클릭 후 ↵

(2) 내경이 0인 DONUT

Pull Down Menu : [Draw] → [Donut]　　　　　　　　　　단축키 DO

Command : DONUT ↵
Specify inside diameter of donut ⟨10.0000⟩ : 0 ↵ (안쪽지름)
Specify outside diameter of donut ⟨20.0000⟩ : 20 ↵ (바깥지름)
Specify center of donut or ⟨exit⟩ : 임의의 점 클릭 후 ↵

- Donut 내부의 채색은 Fill 명령으로 조절할 수 있다.

  Command : FILL ↵

  Enter mode [ON/OFF] ⟨ON⟩ :

  - ON : Donut 내부를 채움
  - OFF : Donut 내부를 비움(프레임상태로 표시)

- Donut 내부의 세분화는 Viewres 명령에 의해 조절할 수 있다.

  Command : VIEWRES ↵

  Do you want fast zooms? [Yes/No] ⟨Y⟩ :

Enter circle zoom percent(1-20000) 〈200〉 : 1000

(값이 클수록 조밀하게 세분화된다.)

Regenerating model.

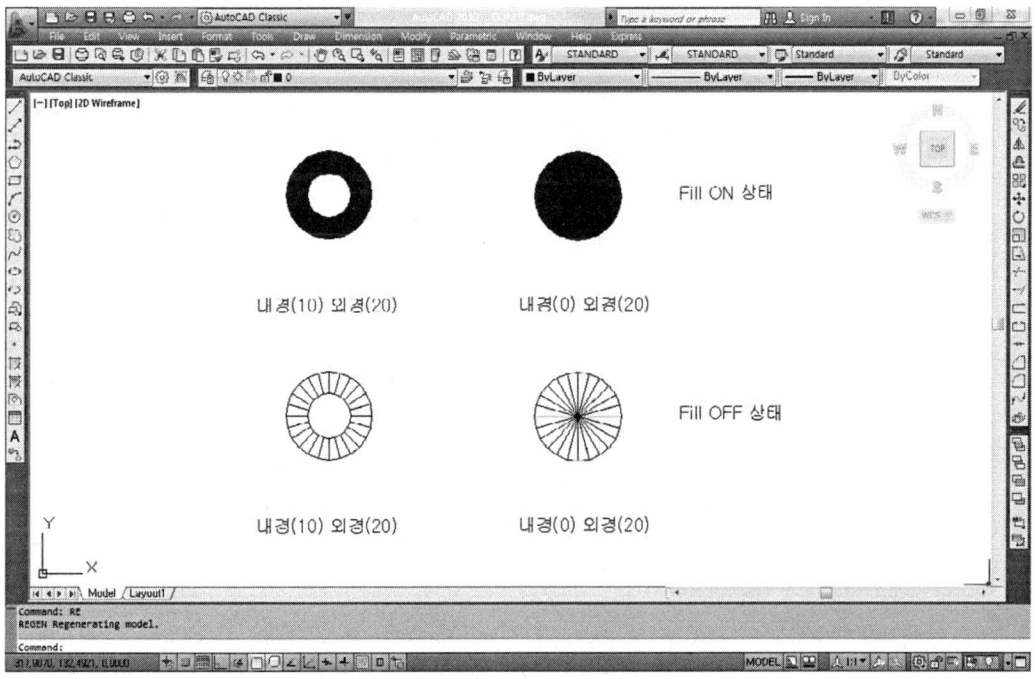

1-6 POINT(점) & DDPTYPE(포인트 스타일)

POINT 명령은 도면상에 점을 찍거나 Devide, Measure 명령을 사용하여 도형을 등분하거나 측정할 때 등분점이나 측정점의 위치를 표시하는 명령어이다.

> Pull Down Menu : [Draw] → [Point]   단축키 PO

> Command : POINT ↵
> Point : 원하는 위치에 클릭한다.

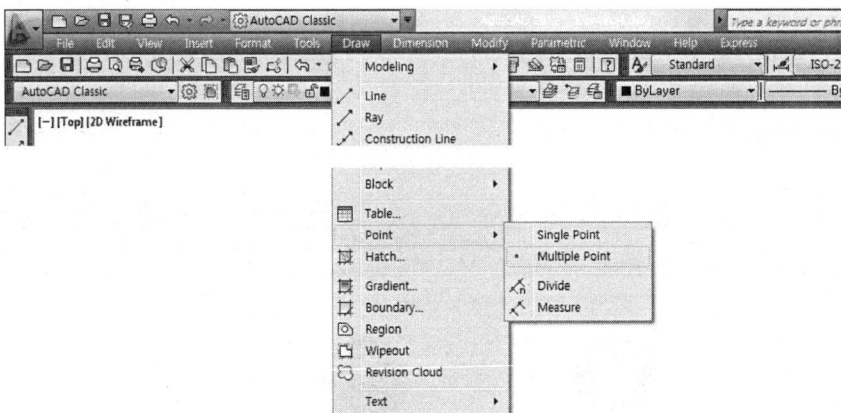

OPTION

- Single Point : 한 개의 점을 그리고 난 후 포인트 명령이 종료된다.
- Multiple Point : 한번 명령을 실행하여 여러 개의 점을 그릴 수 있다.

Pull Down Menu : [Format] → [Point Style]

Command : DDPTYPE
아래와 같은 Point Style 대화상자가 나타나면 Point Style을 선택한다.

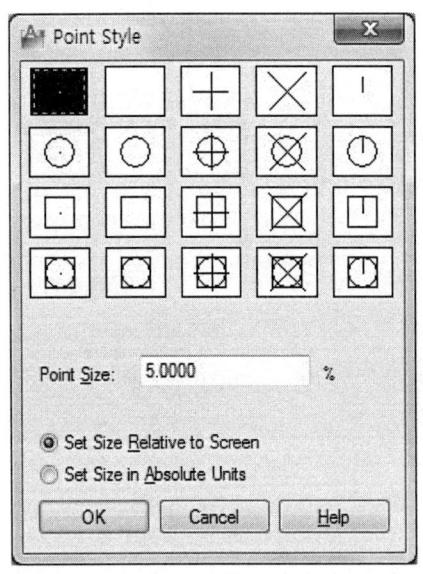

OPTION

- Point Size : 포인트의 크기
- Set Size Relative to Screen : 화면크기에 대한 비율로 포인트 크기 설정
- Set Size in Absolute Units : 절대값으로 포인트 크기 지정

● Point 명령으로 위생기구의 배수구를 표현하면 매우 편리하다.

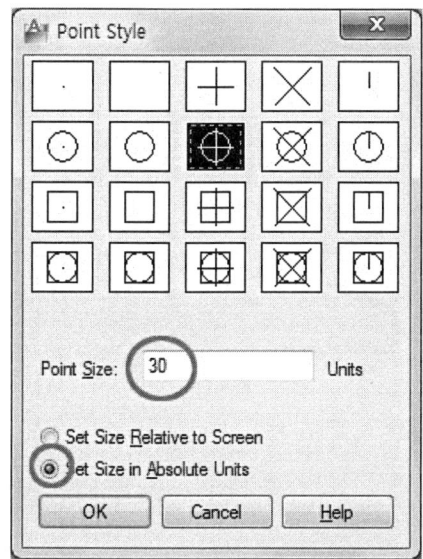

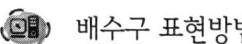 배수구 표현방법

- Point Size : 배수구 지름값을 입력
  배수구 구멍이 R = 15mm이면 30을 입력
- Set Size in Absolute Units : 절대값으로 포인트 크기 지정
  같은 도면에서는 한가지 스타일의 배수구 멍만 작도 가능
- Point 명령으로 원하는 위치에 작도

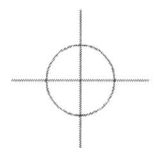

1-7 TRACE(두께선)

일정한 두께를 가진 직선을 그릴 때 사용하는 명령어이다.

```
Command : TRACE ↵
Specify trace width ⟨1.0000⟩ : 5 ↵ (두께입력)
Specify start point : 임의의 점 클릭
Specify next point : 임의의 점 클릭
Specify next point : 임의의 점 클릭 후 ↵
```

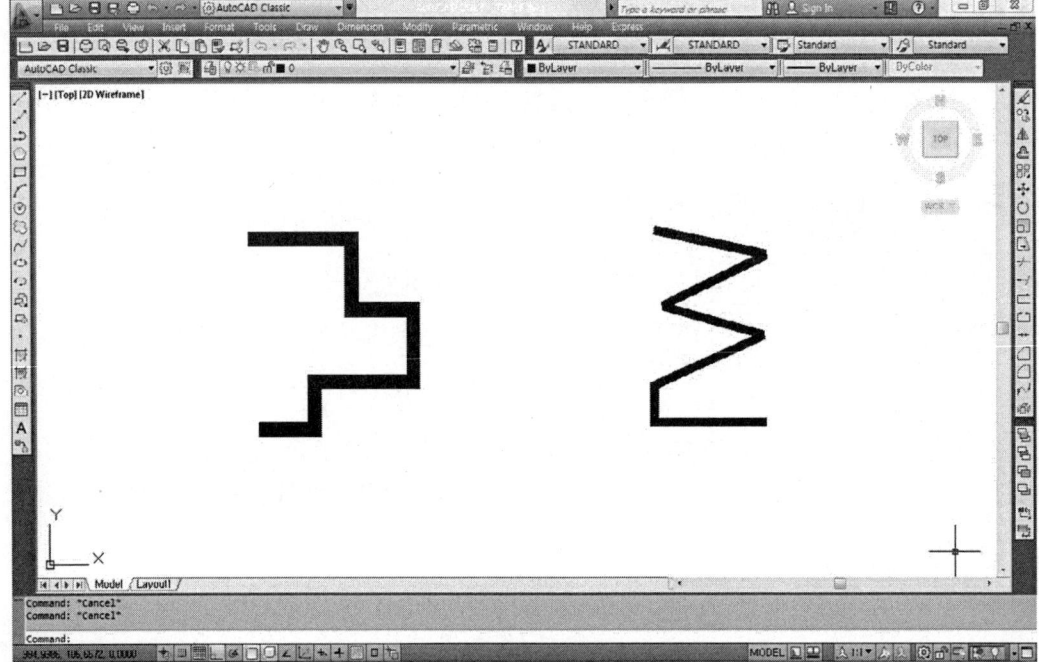

- Trace 내부의 채색은 Fill 명령으로 조절할 수 있다.

    Command : FILL ↵

    Enter mode [ON/OFF] 〈ON〉 :

    • ON : Trace 내부를 채움

    • OFF : Trace 내부를 비움(프레임 상태로 표시)

    Command : RE

    REGEN Regenerating model.

1-8 POLYGON(다각형)

Polygon 명령은 2차원 형태의 면을 가진 다각형을 그리는 명령어이다.

Pull Down Menu : [Draw] → [POLygon]　　　　　　　　　　　단축키 POL

```
Command : POLYGON ↵
Enter number of sides <4> : 3 ↵ (면의 개수 설정)
Specify center of polygon or [Edge] : E ↵ (변의 길이 지정)
Specify first endpoint of edge : 시작점 클릭
Specify second endpoint of edge : @20<0 ↵ (변의 길이가 20인 정삼각형)

Command : POLYGON ↵
Enter number of sides <3> : 5 ↵ (면의 개수 설정)
Specify center of polygon or [Edge] : ↵ (폴리곤의 중심 지정)
Enter an option [Inscribed in circle/Circumscribed about circle] <I> : ↵
Specify radius of circle : 15 ↵ (내접하는 원의 반지름 설정)
```

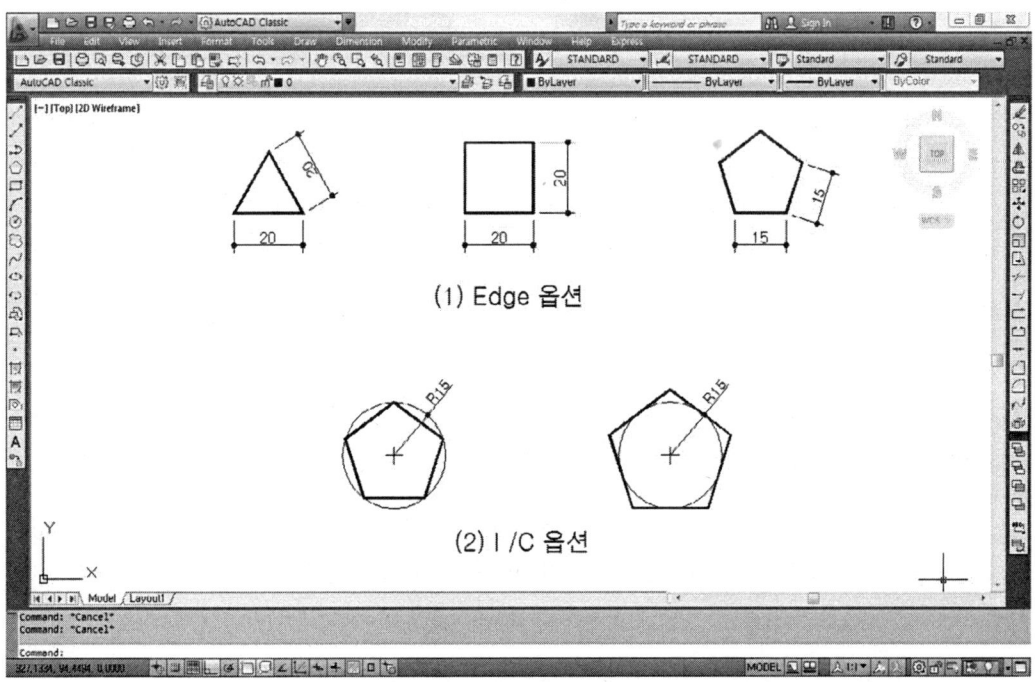

(1) Edge 옵션

(2) I/C 옵션

OPTION

- Inscribed in circle : 원에 내접하는 다각형 작성
- Circumscribed about circle : 원에 외접하는 다각형 작성
- Edge : 한 변의 길이를 지정하여 다각형 작성

✔ Polygon 명령으로는 3각형으로부터 1024각형까지 그릴 수 있다. 다각형을 구성하고 있는 선은 폴리라인(Polyline)이므로 편집을 Pedit로 가능하다.

1-9 Revision Cloud(구름형 수정기호)

Revision Cloud 명령은 연속 호로 이루어진 구름모양의 폴리선을 작성한다.

```
Pull Down Menu : [Draw] → [Revision Cloud]          단축키  Revcloud
```

```
Command : Revcloud ↵
Minimum arc length : 15    Maximum arc length: 15    Style : Normal
Specify start point or [Arc length/Object/Style] <Object> : 시작점 클릭
Guide crosshairs along cloud path...
Revision cloud finished.
```

OPTION

- Arc : 구름형 수정 기호에서 호의 길이를 지정합니다.
  최대 호 길이는 최소 호 길이의 세 배 이상으로 설정불가
- Object : 구름형 수정 기호로 변환할 객체를 지정합니다.
- Style : 구름형 수정 기호의 스타일을 지정합니다.

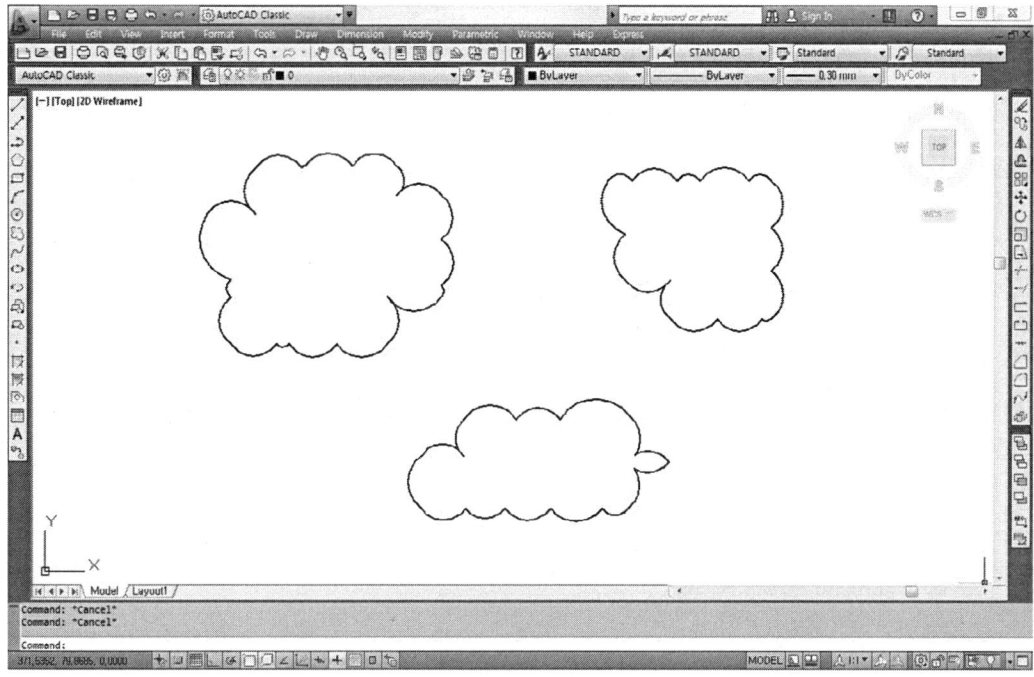

1-10 Boundary(경계선)

Boundary 명령은 여러 직선이나 곡선에 의해 닫힌 부분의 경계를 잇는 폴리선을 작성한다.

Pull Down Menu : [Draw] → [Boundary]   단축키 BO

Command : Boundary ↵
Pick internal point : 경계선 안쪽 점을 클릭
Boundary created 1 polyline

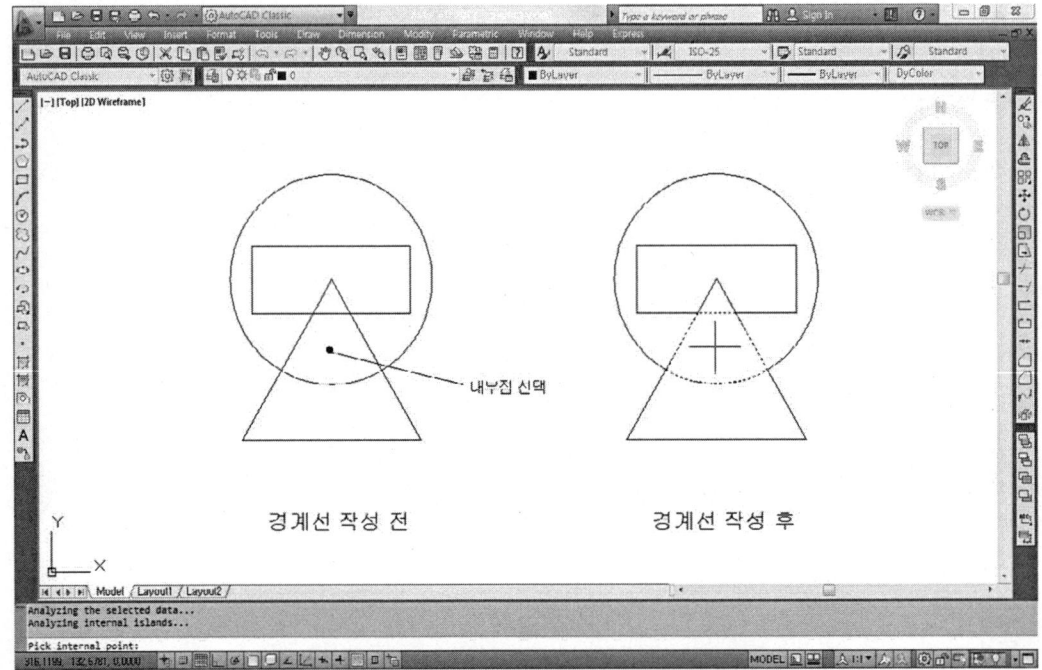

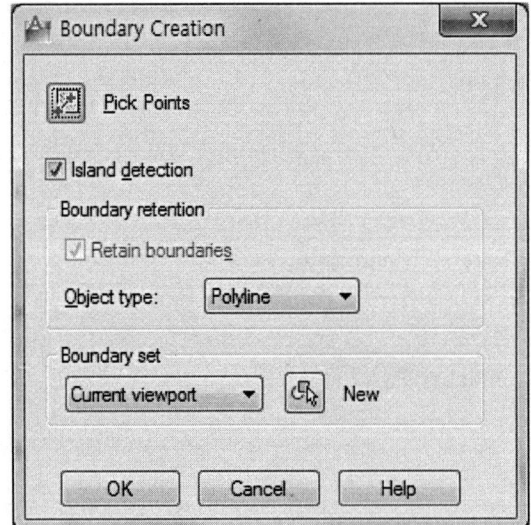

OPTION

- Pick Points : 경계의 안쪽 점을 선택한다.
- Island detection : 고립된 영역을 탐지한다.

- Boundary retention : 생성될 객체의 종류(폴리선, 3차원면)을 지정한다.
- Boundary set : 현재 화면에 보이는 경계 데이터를 찾는다.

1-11 Group(그룹으로 묶기)

Gruop 명령은 객체를 신속하고 편리하게 선택하기 위해 그룹화 시켜준다.

```
Pull Down Menu : [Draw] → [Group]                                단축키  G
```

```
Command : Group ↵
Select objects or [Name/Description] : 그룹화 할 객체를 모두 선택 ↵
Unnamed group has been created.
```

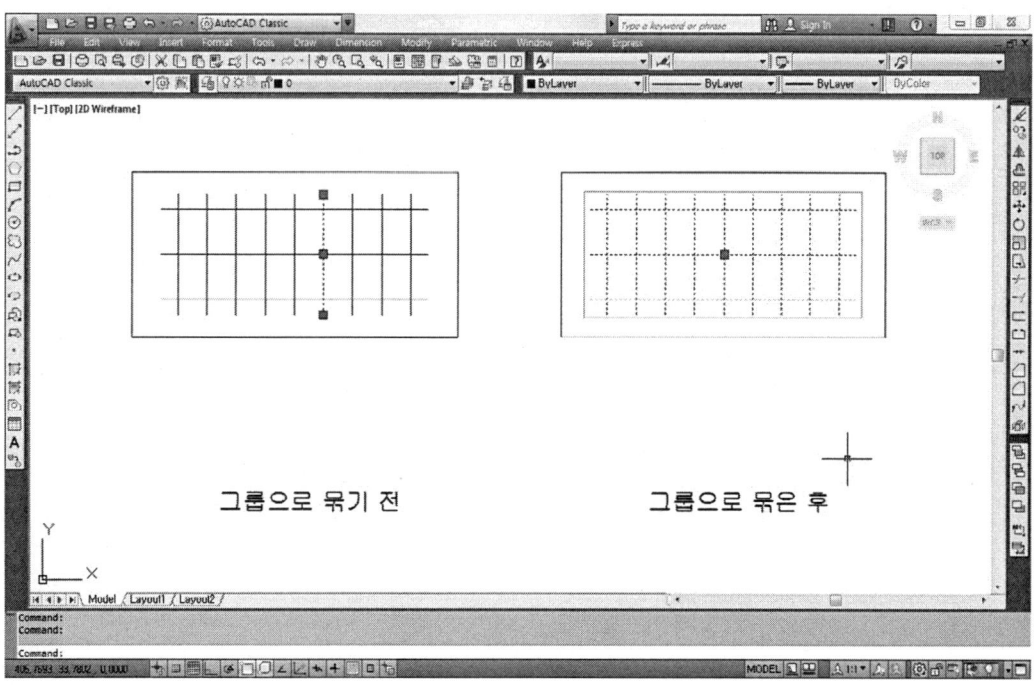

그룹으로 묶기 전 / 그룹으로 묶은 후

OPTION

- Name : 그룹의 이름을 작성한다.
- Description : 그룹에 대한 설명내용을 작성한다.

2 문자 쓰기

2-1 STYLE(문자 스타일 지정)

Style 명령은 도면에 문자를 기입할 때 문자의 유형을 정하는 명령어다.

Pull Down Menu : [Format] → [Text Style]   단축키 ST

Command : STYLE ↵

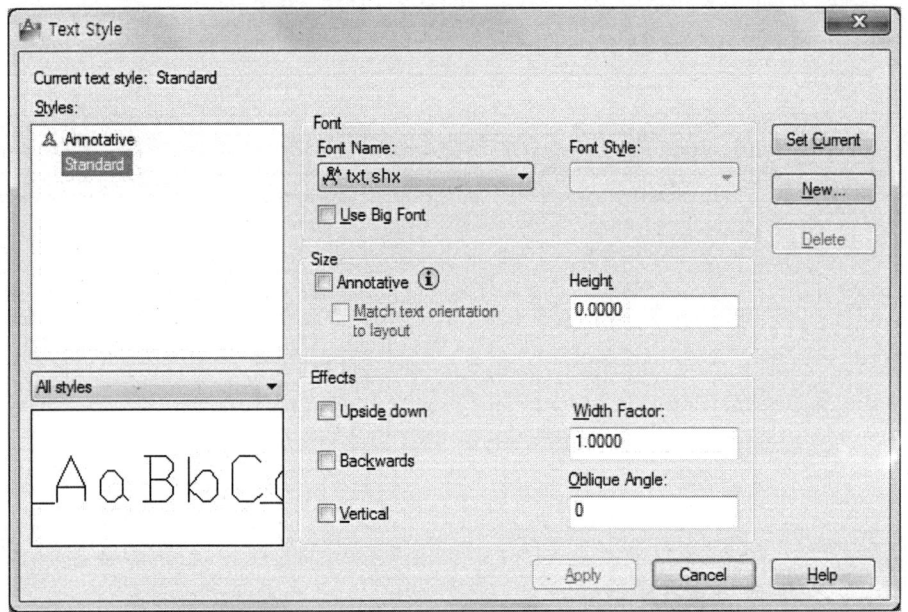

OPTION

- Style : 스타일 이름을 지정한다.
- Font : 글씨체를 선택한다.
- Height : 글자크기를 지정한다.
- Effects

- Width factor : 글자의 장평(가로확대, 세로확대) 지정(예를 들어 0.5를 입력하면 세로로 2배 길어지고 2를 입력하면 가로로 2배 길어진다. 1은 정상적인 글자이다.)
- Oblique angle : 글자의 경사도 지정
- Backwards : 글자를 좌우로 뒤집어쓰기를 지정
- Upside-down : 글자를 상하로 뒤집어쓰기를 지정
- Vertical : 세로쓰기 지정
- Preview : 미리보기(좌측 하단에 원하는 글자를 입력할 수 있다.)

✔ Font 항목 중 한글폰트명 앞에 "@" 표시가 된 것은 세로글씨를 표시한다.

2-2 DTEXT(동적문자쓰기) A|

DTEXT(Single line Text)는 사용자가 문자를 원하는 위치에 크기와 각도를 변경하여 쓰거나 여러 가지 효과를 주어 입력하는 명령어이다.

```
Command : DTEXT ↵                                         단축키 DT
Current text style : "Standard" Text height : 2.5000
Specify start point of text or [Justify/Style] : 문자가 쓰여질 시작점 클릭
Specify height <2.5000> : 100 ↵ (도면 scale에 맞게 설정)
Specify rotation angle of text <0> : ↵ (글자의 각도 지정)
Enter text : 문자입력 후 ↵
Enter text : ↵ (종료시에는 반드시 엔터↵를 연속해서 두 번 누른다.)
```

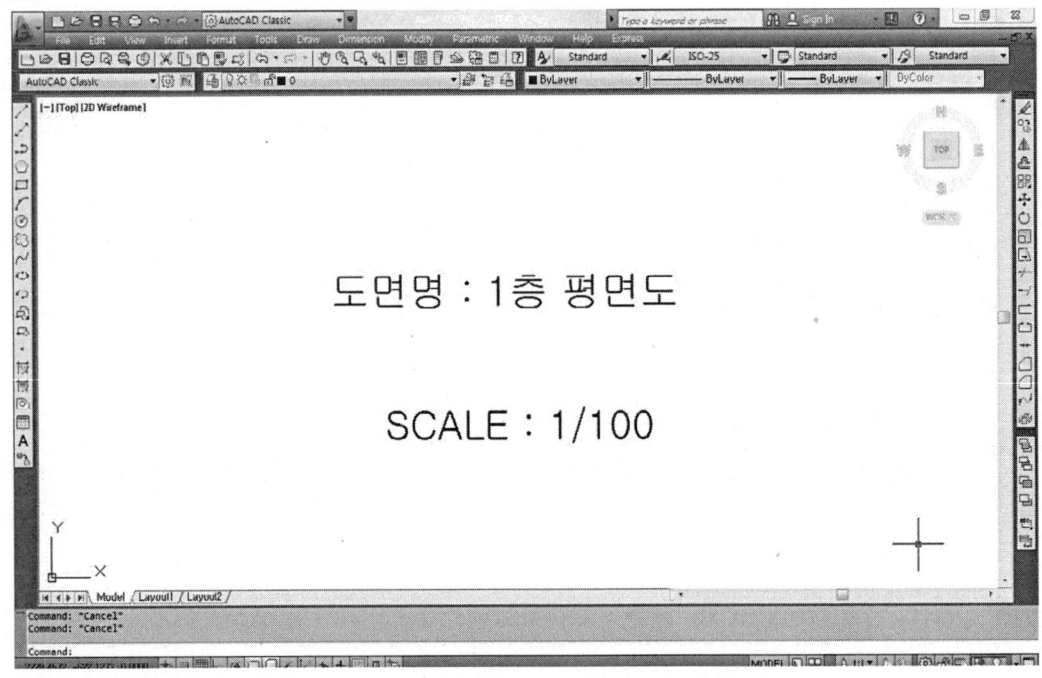

OPTION

- Style : 글꼴 유형
- Justify : 문자 정렬

Align/Fit/Center/Middle/Right/TL/TC/TR/ML/MC/MR/BL/BC/BR

구 분		500 / 100
Normal	문자의 좌측하단부가 지정한 점에 정렬	AutoCAD 2000
Align	문자의 크기를 변화시켜 지정한 두 점 사이에 정렬	AutoCAD 2000
Fit	문자의 폭을 변화시켜 지정한 두 점 사이에 정렬	AutoCAD 2000
Center	문자의 중앙 하단부가 지정한 점에 정렬	AutoCAD 2000
Middle	문자의 중앙 중간부가 지정한 점에 정렬	AutoCAD 2000
Right	문자의 우측하단부가 지정한 점에 정렬	AutoCAD 2000

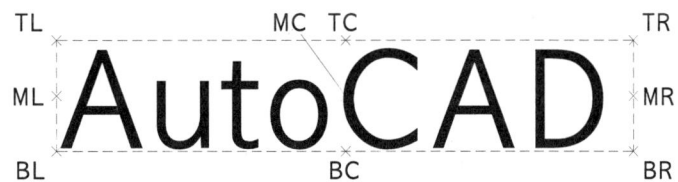

- TEXT와 DText 입력시 주의할 점은 문자를 입력하고 나서 작업을 완료할 때에는 반드시 ⏎를 하여야 작업이 완료된다.

  Enter text : ⏎

- TEXT와 DText 명령으로 2줄 이상의 문자를 입력하면 각 줄별로 다른 객체로 인식되어, Move 명령으로 이동을 시키면 각 라인별로 따로따로 움직인다.

- 특수문자 : AutoCAD에서 사용되는 특수문자는 *.SHX의 형태를 가진 AutoCAD 자체 폰트에서만 100% 지원된다. Windows에서 사용되는 *.TTF에서의 특수문자 입력방법은 부록에서 설명하고 있다.

AutoCAD 글꼴(*.SHX)에서 특수문자의 입력

기 호	입력방법	입력 예	표 시
°	%%D	45%%D	45°
±	%%P	%%P10	±10
Ø	%%C	%%C30	Ø30
%	%%%	100%%%	100%
밑줄 긋기	%%U	%%U평면도	평면도

Text 입력 대화상자를 이용한 특수문자 입력

Degrees	%%d
Plus/Minus	%%p
Diameter	%%c
Almost Equal	\U+2248
Angle	\U+2220
Boundary Line	\U+E100
Center Line	\U+2104
Delta	\U+0394
Electrical Phase	\U+0278
Flow Line	\U+E101
Identity	\U+2261
Initial Length	\U+E200
Monument Line	\U+E102
Not Equal	\U+2260
Ohm	\U+2126
Omega	\U+03A9
Property Line	\U+214A
Subscript 2	\U+2082
Squared	\U+00B2
Cubed	\U+00B3
Non-breaking Space	Ctrl+Shift+Space
Other...	

2-3 MTEXT(문장쓰기) A

MTEXT(Multiline Text)는 간단한 문장이 아닌 긴 문장을 입력할 경우 사용하는 명령어이다. MTEXT를 실행하면 아래와 같은 대화상자가 나타나며 문자를 원하는 형태로 편집하여 기입할 수 있다.

```
Command : MTEXT ↵                                              단축키  T
Current text style : "Standard" Text height : 2.5000
Specify first corner : 첫번째 코너 클릭
Specify opposite corner or [Height/Justify/Line spacing/Rotation/Style/Width]
: 두번째 코너 클릭
대화상자가 나타난다.
```

OPTION

- Height : 문장의 높이를 설정한다.
- Justify : 문장의 정렬방식을 설정한다.
- Line spacing : 문장의 줄간격을 설정한다.
- Rotation : 글상자를 회전시킨다.
- Style : 문장의 스타일을 설정한다.
- Width : 문장의 길이를 설정한다.

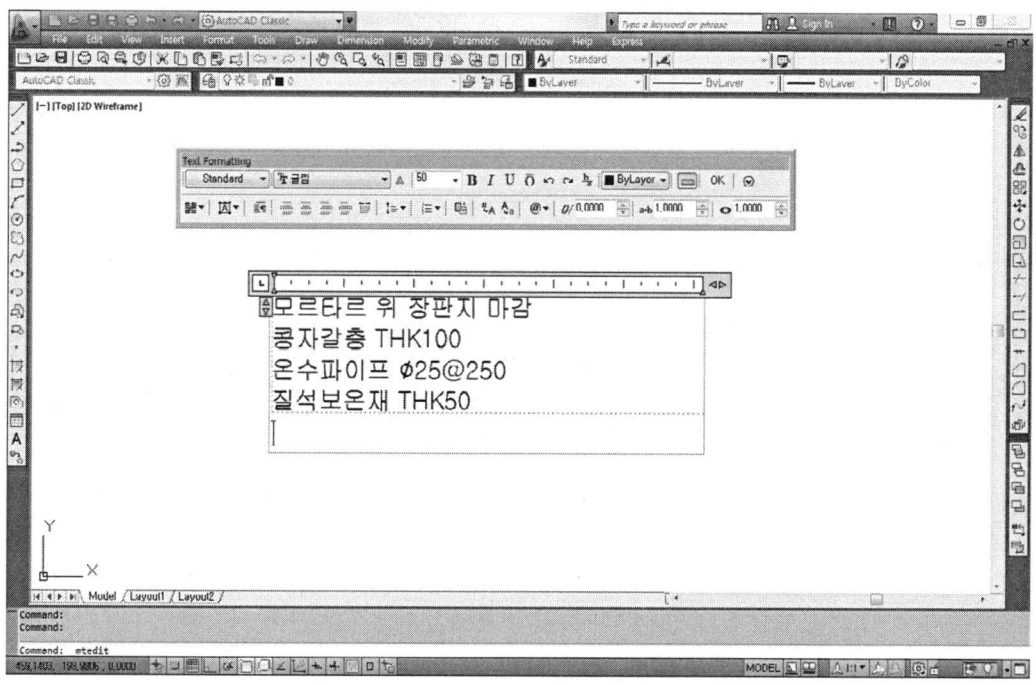

2-4 QTEXT(문자 감추기)

도면에 너무 많은 요소들이 있으면 Display 속도가 현저하게 저하된다. 특히 투루타입 (*.TTF)의 한글 폰트를 사용할 경우 속도저하를 일으키는 경우가 많다. 이러한 경우 문자를 사각박스 형태로 나타내어 문자를 디스플레이 하는데 걸리는 시간을 절약할 수 있다.

```
Command : QTEXT ↵
Enter mode [ON/OFF] <OFF> : ON ↵
Command : REGEN ↵
```

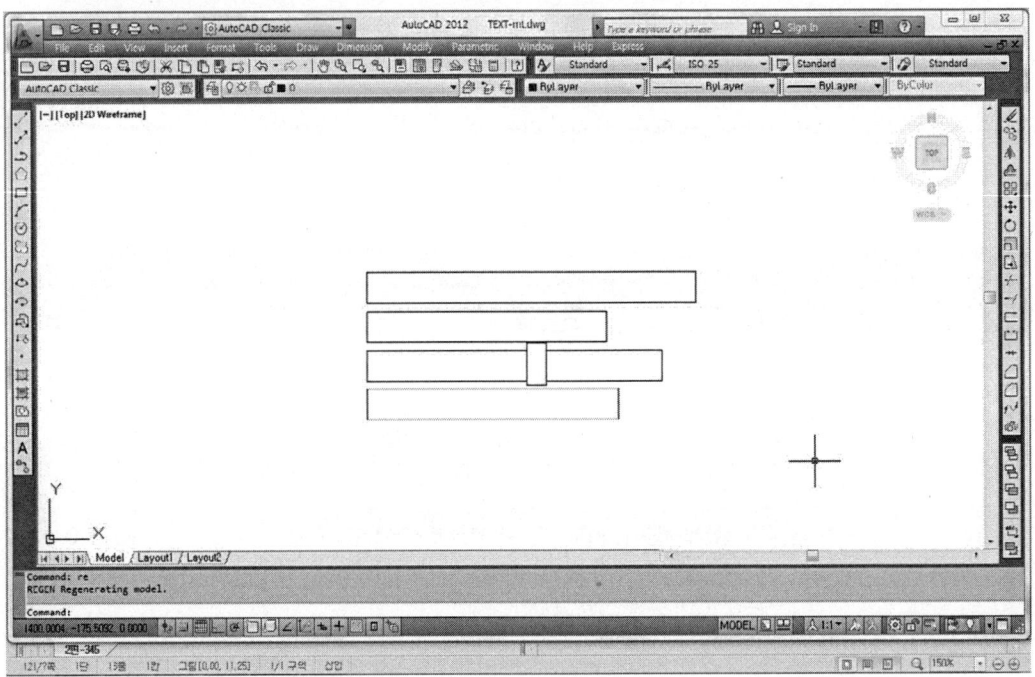

OPTION

- ON : 문자를 화면에 나타내지 않고 문자가 기입된 부분을 사각형으로 표시한다.
- OFF : 문자를 화면에 나타낸다.

2-5 문자 편집

(1) DDEDIT(문자 편집)

이미 기입한 문자의 내용을 수정할 경우 사용하는 명령어이다. 이미 작성된 문자를 마우스로 더블클릭 했을 때도 동일한 문자편집 모드로 변환된다.

제3장 문자쓰기 및 도면양식 그리기

```
Pull Down Menu : [Modify] → [Object] → [Text...]          단축키  ED

Command : DDEDIT ↵
Select an annotation object or [Undo] : 수정할 문자 선택 ↵
원래 문자기입에 사용된 대화상자가 나타난다.
```

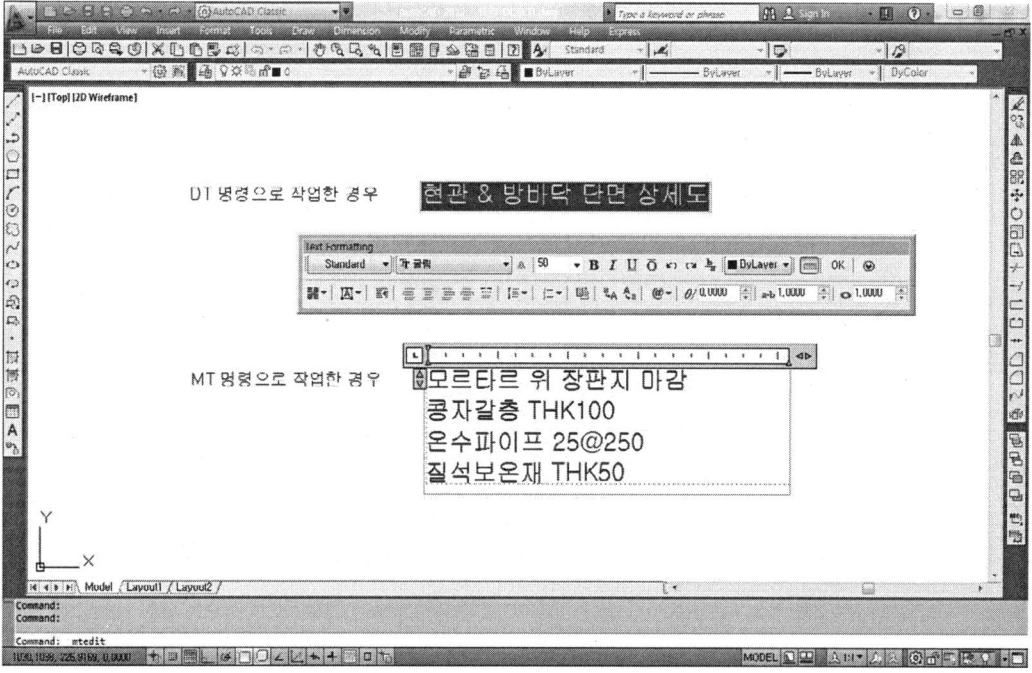

(2) DDMODIFY(문자 편집)

문자의 내용, 유형, 위치, 방향 또는 자리 맞추기를 변경할 때 사용하는 명령어이다.

```
Pull Down Menu : [Modify] → [Properties]                  단축키  Ctrl+1

Command : DDMODIFY ↵ (대화상자가 나타난다.)             단축키  MO
```

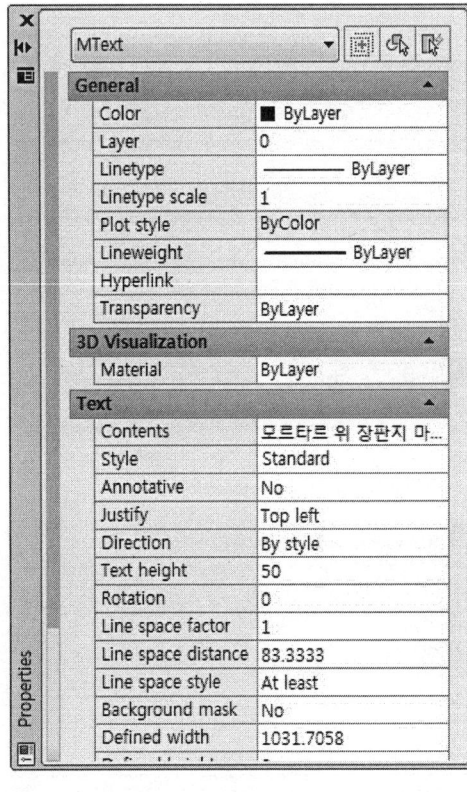

- MText는 선택된 객체를 보여준다.
- General은 글자의 색상, 레이어, 선의종류, 선의두께 등을 보여준다.
- 3D Visualization은 객체의 재질, 그림자 특성 등을 보여준다.
- Text는 글자의 스타일, 정렬방법, 방향, 너비, 높이, 회전각도 등을 보여준다.
- Geometry는 글자의 위치값을 보여준다.
- 속성변경을 하려는 객체를 선택하면, 선택된 객체의 모든 특성이 하단부에 나타난다.
- 객체의 특성을 수정하려면 변경하려는 특성을 선택한 후 새 값을 입력하거나 목록에서 값을 선택하거나 대화상자에서 특성값을 변경하면 된다.
- 속성변경 후 대화상자를 닫을 때는 좌측상단의 닫기버튼을 클릭하거나 아래와 같이 명령을 실행시킨다.

Command : Prclose ↵

✔ 실제로 문자편집을 할 경우 명령어를 이용해서 하는 경우보다는 수정하고자 하는 문자를 더블클릭해서 작업하는 것이 훨씬 간편하다.

문자쓰기 및 도면양식 그리기 │ 제3장

3 도면 양식 그리기

3-1 A3 도면 양식 예제

(1) 새로운 도면을 시작한다.

```
Command : NEW ↵
[Select template] → [Open]
```

(2) 작업 범위를 설정한다.

```
Command : LIMITS ↵
Specify lower left corner or [ON/OFF] <0.0000,0.0000> : ↵ (좌측 하단의 좌표)
Specify upper right corner <420.0000,297.0000> : 600, 400 ↵ (우측 상단의 좌표)

Command : ZOOM ↵
[All/Center/Dynamic/Extents/Previous/Scale/Window/Object] <real time> : A ↵
```

(3) 도면의 외부 테두리선을 그린다.

A3(420mm×297mm) 크기의 도면 양식을 그린다.

- 도면 BOX는 Rectangle 외에도 LINE이나 PLINE으로 작성할 수 있다.
- A3 크기이지만 테두리의 크기는 실제 도면의 여백(각각 10mm)을 감안해서 400×277로 한다.(A3 도면의 여백은 철을 하지 않을 경우 5mm이나 계산상 편의를 위해 사면을 모두 10mm씩 여백을 둔다.)

```
Command : RECTANGLE ↵
Specify first corner point or [Chamfer/Elevation/Fillet/Thickness/Width] : 0,0 ↵
Specify other corner point or [Area/Dimensions/Rotation] : @400,277 ↵

Command : EXPLODE ↵
Select objects : 도면 테두리선을 선택 ↵
```

(4) 표제란을 그린다.

테두리선을 Offset한 후 Fillet과 Trim 명령을 사용하여 치수에 맞게 표제란을 그린다.

```
Command : OFFSET ↵
Specify offset distance or [Through/Erase/Layer] ⟨Through⟩ : 20 ↵
Select object to offset or [Exit/Undo] ⟨Exit⟩ : 하부 테두리선 클릭
Specify point on side to offset or [Exit/Multiple/Undo] ⟨Exit⟩ : 내부 클릭

Command : OFFSET ↵
Specify offset distance or [Through/Erase/Layer] ⟨20.0000⟩ : 60 ↵
Select object to offset or [Exit/Undo] ⟨Exit⟩ : 우측 테두리선 클릭
Specify point on side to offset or [Exit/Multiple/Undo] ⟨Exit⟩ : 내부 클릭
같은 방향으로 Offset 명령을 3번 실시

Command : TRIM ↵
Select objects or ⟨select all⟩ : ↵
Select object to trim or shift-select to extend or
[Fence/Crossing/Project/Edge/eRase/Undo] : 지울 부분 선택
```

(5) 표제란에 글자를 입력한다.

표제란에 글자를 쓰기 위해 사용할 글자형태를 정의한다. 'Font Name'을 '굴림'으로 지정한다. 글자 크기의 지정은 스타일이 아니라 도면에서 직접 설정해 주는 것이 좋다.

문자쓰기 및 도면양식 그리기

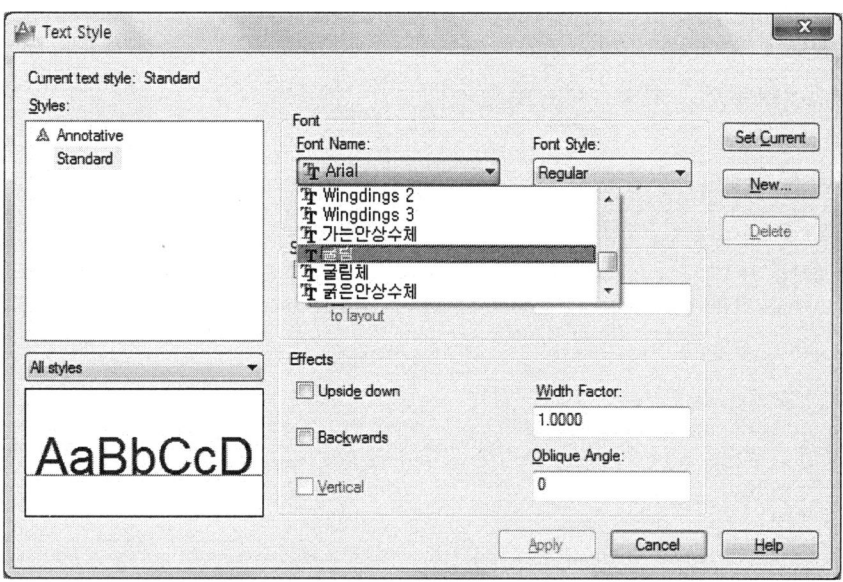

Command : T ↵
박스의 크기는 '도면명'이 기입될 첫 번째 사각형의 모서리를 각각 선택한다.

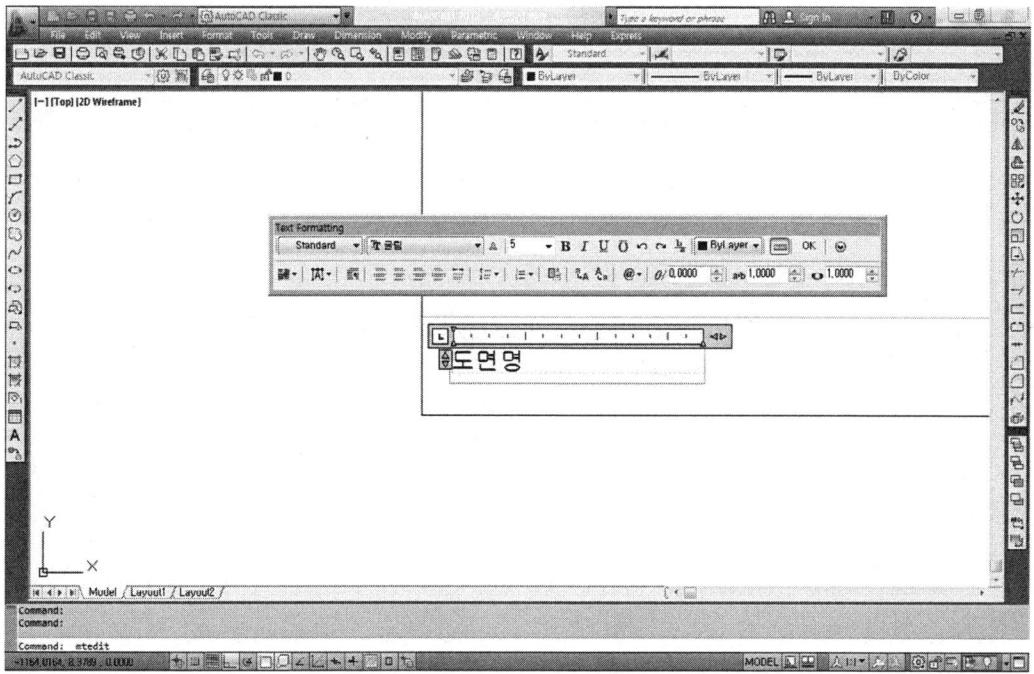

Part 2 2차원 기초 ◆ 149

```
Command : COPY ↵
Select objects : '도면명' 문자 선택
Select objects : ↵
Specify base point or [Displacement] <Displacement> : 기준점 지정
Specify second point or <use first point as displacement>
: 복사할 점 지정(연속해서 네 번 반복한다.)
```

(6) 복사된 글자를 수정한다.

DDEDIT 명령을 사용하거나, 수정하고자 하는 문자를 더블클릭하면 수정할 수 있는 대화상자가 나타난다.

```
Command : DDEDIT ↵
Select an annotation object or [Undo] : '도면명' 문자 선택 ↵
대화상자가 나타난다.
'도면명'을 'SCALE', 'DATE', '이름', '검인' 으로 수정한다.
```

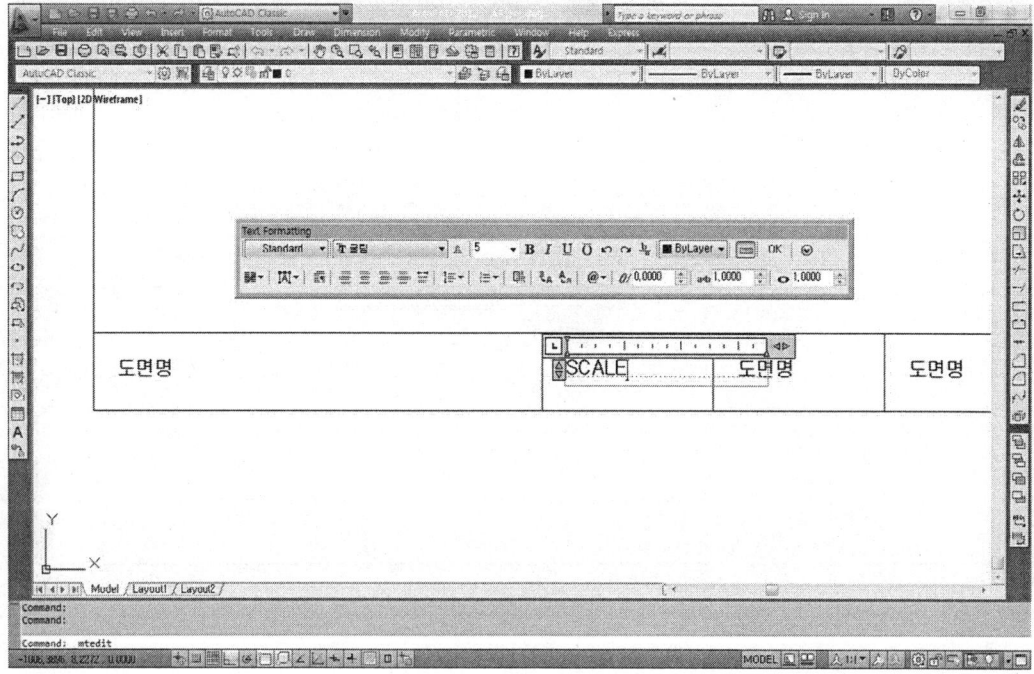

(7) 도면 테두리와 표제란의 선을 수정한다.

```
Command : PEDIT ↵
Select polyline : P1점 클릭
Object selected is not a polyline
Do you want to turn it into one? 〈Y〉 ↵
Enter an option [Close/Join/Width/Edit vertex/Fit/Spline/Decurve/Ltype gen/Undo] : J ↵
Select objects : P2, P3, P4점 클릭
Select objects : ↵
3 segments added to polyline
Enter an option [Open/Join/Width/Edit vertex/Fit/Spline/Decurve/Ltype gen/Undo] : W ↵
Specify new width for all segments : 2 ↵
Enter an option [Open/Join/Width/Edit vertex/Fit/Spline/Decurve/Ltype gen/Undo] : ↵
```

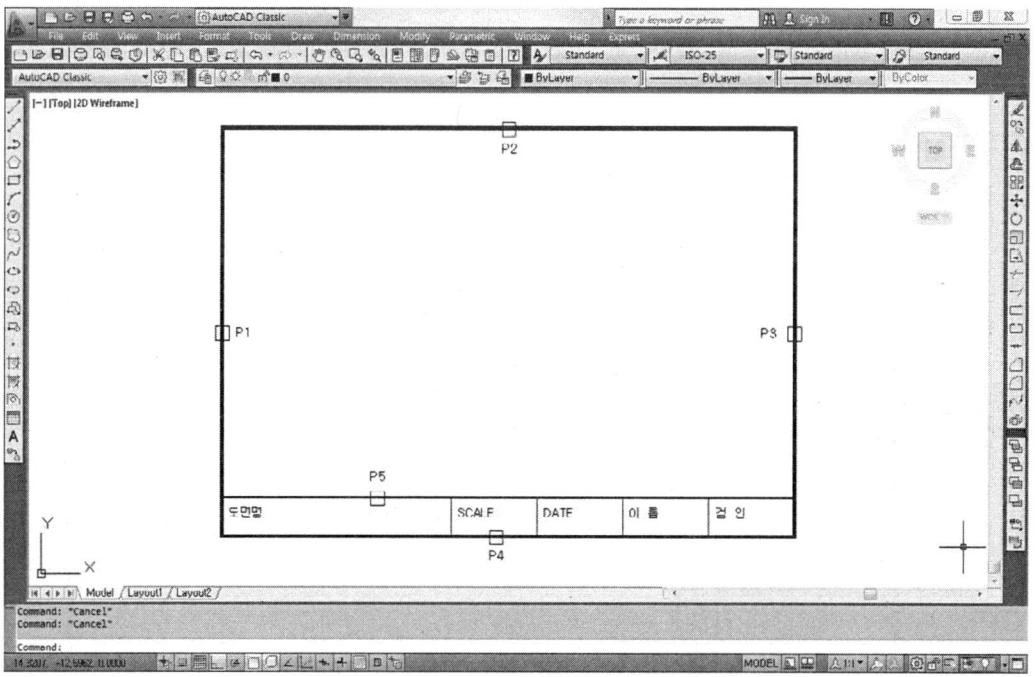

```
Command : PEDIT ↵
Select polyline : P5점 클릭
Object selected is not a polyline
Do you want to turn it into one? <Y> ↵
Enter an option [Open/Join/Width/Edit vertex/Fit/Spline/Decurve/Ltype gen/Undo] : W ↵
Specify new width for all segments : 1 ↵
Enter an option [Open/Join/Width/Edit vertex/Fit/Spline/Decurve/Ltype gen/Undo] : ↵
```

- 도면의 테두리선에 두께값을 주는 이유는 두께를 줌으로써 도면이 보다 명료하게 보이도록 하기 위해서이다.

(8) SAVE 명령으로 저장한다.

```
Command : SAVE ↵
[파일 이름(N) : ] A3도면.dwg
[저장]
```

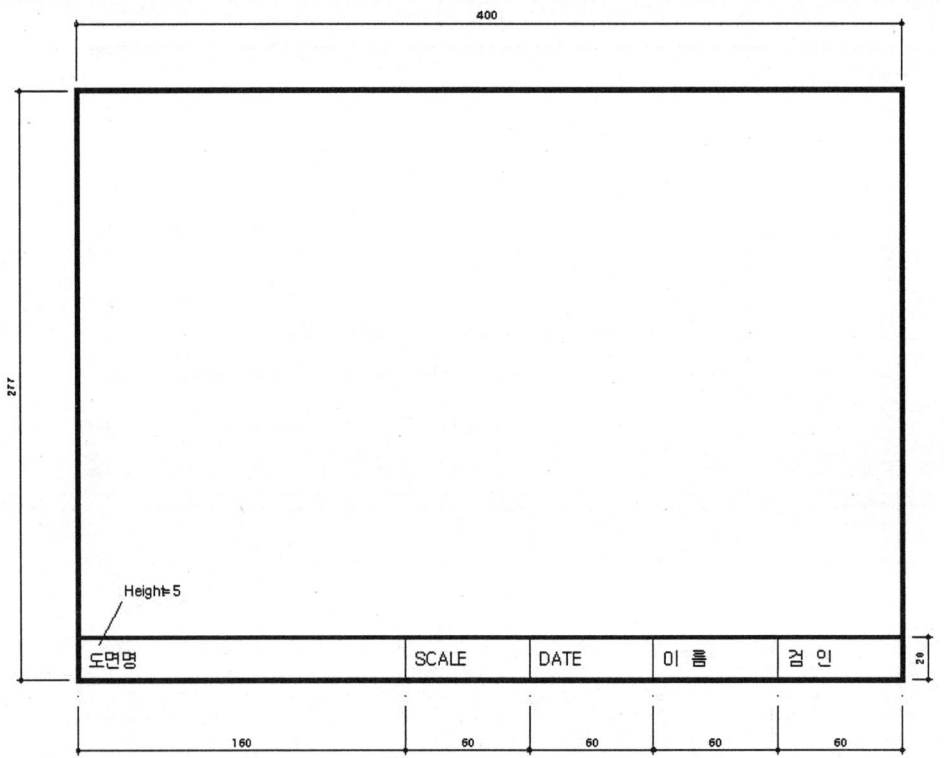

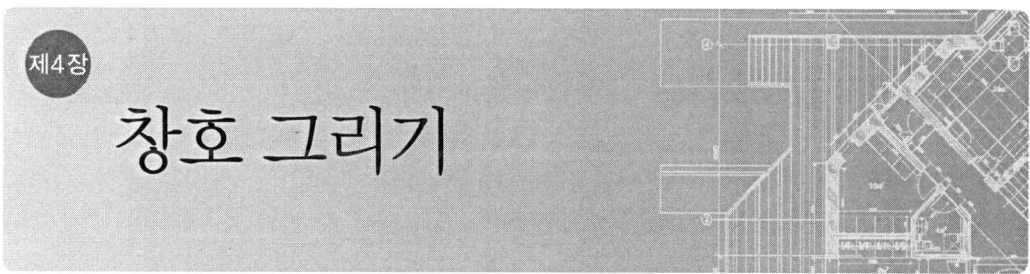

제4장 창호 그리기

1 문 그리기

1-1 문 평면 예제

(1) 새로운 도면을 시작한다.

```
Command : NEW ↵
[Select template] → [Open]
```

(2) 작업 범위를 설정한다.

```
Command : LIMITS ↵
Specify lower left corner or [ON/OFF] ⟨0.0000,0.0000⟩ : ↵
Specify upper right corner ⟨420.0000,297.0000⟩ : 2000,1500 ↵

Command : ZOOM ↵
All/Center/Dynamic/Extents/Previous/Scale(X/XP)/Window/⟨Realtime⟩ : A ↵
```

(3) 문틀을 그린다.

```
Command : LINE ↵
Specify first point : 시작점(P1점) 클릭
Specify next point or [Undo] : @30<0 ↵
Specify next point or [Undo] : @40<90 ↵
Specify next point or [Close/Undo]
: @15<0 ↵
Specify next point or [Close/Undo]
: @140<90 ↵
Specify next point or [Close/Undo]
: @15<180 ↵
Specify next point or [Close/Undo] :
@40<90 ↵
Specify next point or [Close/Undo]
: @30<180 ↵
Specify next point or [Close/Undo] : C ↵
```

(4) 위쪽의 문틀선을 그린다.

```
Command : LINE ↵
Specify first point : INT ↵ P1점 클릭
Specify next point or [Undo] : @840<0 ↵
```

(5) 위쪽 문틀선을 이용하여 문틀을 대칭복사 한다.

```
Command : MIRROR ↵
Select objects : P1점 클릭
Specify opposite corner : P2점 클릭
Select objects : ↵
Specify first point of mirror line
: P3점 클릭(MID포인트, Ortho on)
Erase source objects? [Yes/No] <N> : ↵
```

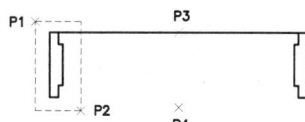

(6) 아래쪽의 문틀선을 그린다.

```
Command : LINE ↵
Specify first point : P1점 클릭(INT포인트)
Specify next point or [Undo] : P2점 클릭
(INT포인트)
Specify next point or [Undo] : ↵
✔ L1, L2도 같은 방법으로 그린다.
```

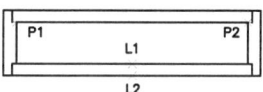

(7) 문을 그린다.

```
Command : LINE ↵
Specify first point : P1점 클릭(INT포인트)
Specify next point or [Undo] : @840<90 ↵
Specify next point or [Undo] : @40<180 ↵
Specify next point or [Close/Undo]
: @840<-90 ↵
Specify next point or [Undo] : C ↵
```

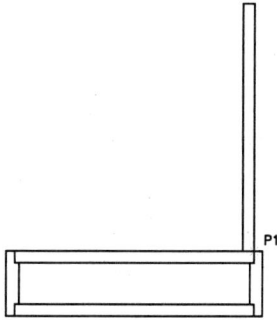

(8) 문의 회전 표시를 그린다.

```
Command : ARC ↵
Specify start point of arc or [CEnter] : C ↵
Specify center point of arc : P1점 클릭
Specify start point of arc : P2점 클릭
Specify end point of arc or [Angle/
chord Length] : P3점 클릭
```

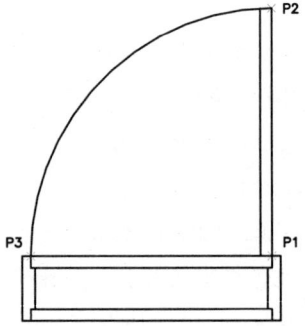

(9) 저장한다.

```
Command : SAVE ↵
[파일이름(N) : ] DOOR.dwg
[저장]
```

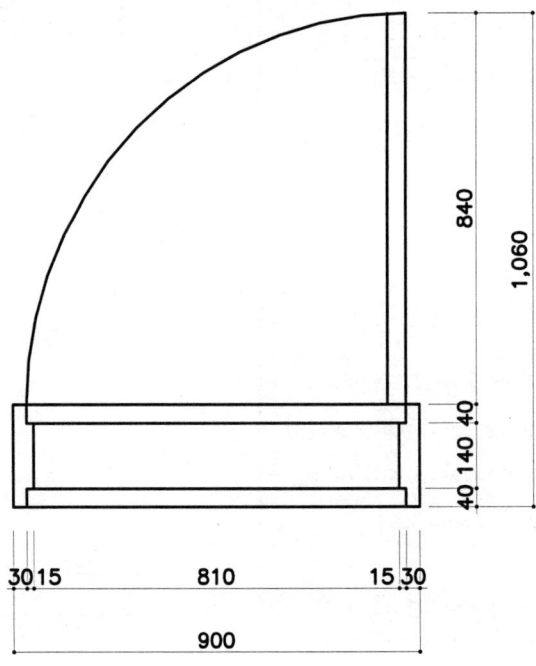

1-2 문크기의 변형

도면작업을 할 때 모양은 유사하나 크기가 다른 경우 크기를 변형시켜서 적용하여야 할 경우가 있다. 이러한 경우에는 약간의 편집만으로 원하는 객체를 그릴 수 있다.

(1) 그려진 문을 불러온다.

```
Command : OPEN ↵
[파일이름(N) : ] DOOR.dwg
[열기]
```

(2) 크기 750mm×150mm인 화장실 문을 만든다.

```
Command : STRETCH ↵
Select objects : P1점 클릭
Specify opposite corner : P2점 클릭
Select objects : ↵
Specify base point or [Displacement]
〈Displacement〉: P3점 클릭
Specify second point or 〈use first point as
displacement〉: @150〈-90 ↵

Command : ↵
Select objects : P4점 클릭
Specify opposite corner : P5점 클릭
Select objects : ↵
Specify base point or [Displacement]
〈Displacement〉: P6점 클릭
Specify second point or 〈use first point as
displacement〉: @150〈0 ↵
```

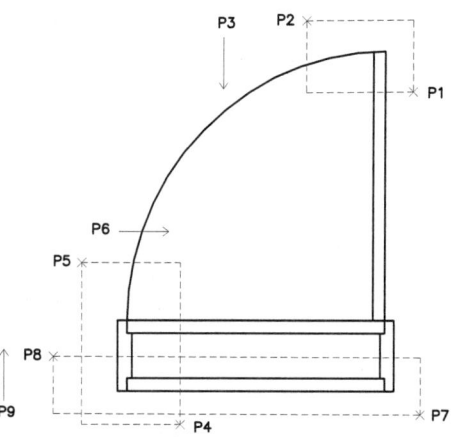

```
Command : STRETCH ↵
Select objects : P7점 클릭
Specify opposite corner : P8점 클릭
Select objects : ↵
Specify base point or [Displacement] ⟨Displacement⟩ : P9점 클릭
Specify second point or ⟨use first point as displacement⟩ : @70⟨90 ↵
```

(3) 문의 회전 표시를 ARC 명령으로 다시 그린다.

(4) 저장한다.

```
Command : SAVE ↵
[파일이름(N) : ] DOOR-750.dwg
[저장]
```

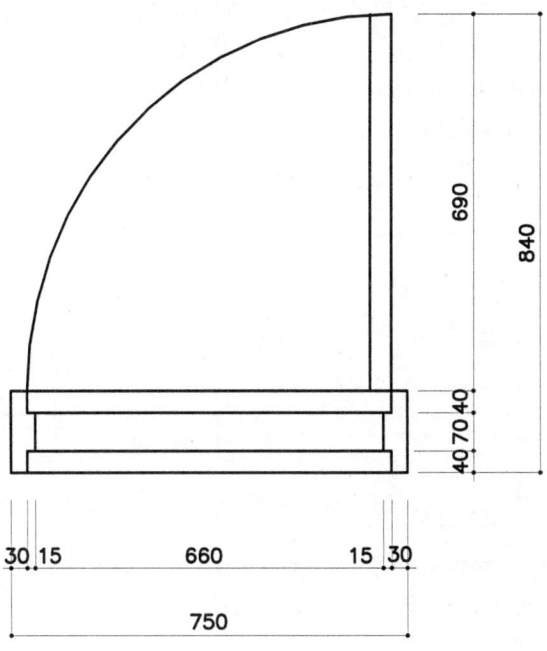

■ 문 평면 예제 ■

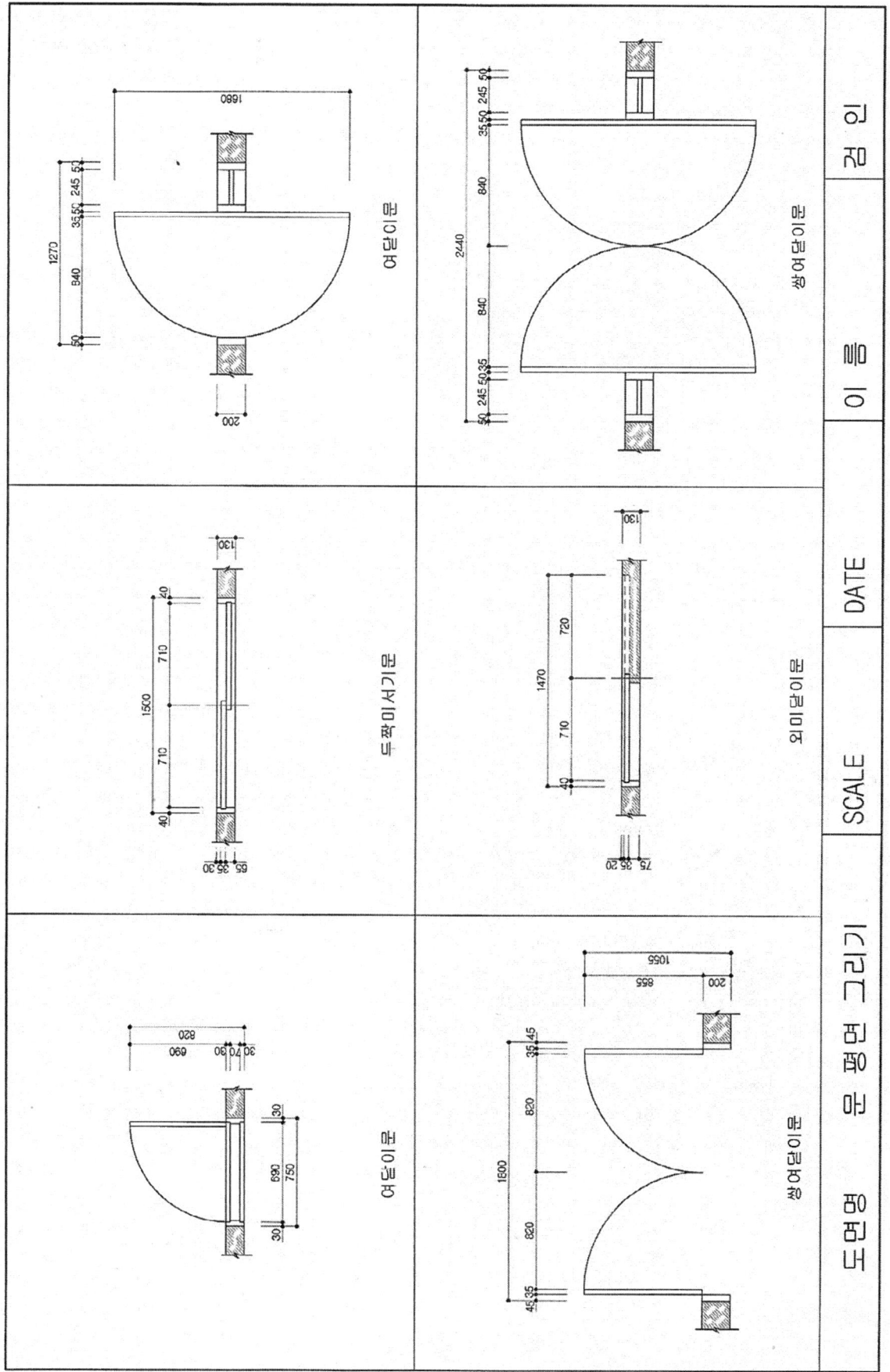

1-3 문 입면 예제

(1) 새로운 도면을 시작한다.

```
Command : NEW ↵
[Select template] → [Open]
```

(2) 작업 범위를 설정한다.

```
Command : LIMITS ↵
Specify lower left corner or [ON/OFF] ⟨0.0000,0.0000⟩ : ↵ (좌측 하단의 좌표)
Upper right corner ⟨420.0000,297.0000⟩ : 4000,3000 ↵ (우측 상단의 좌표)
Command : ZOOM ↵
All/Center/Dynamic/Extents/Previous/Scale(X/XP)/Window/⟨Realtime⟩ : A ↵
```

(3) 문의 외곽선과 문틀을 그린다.

```
Command : RECTANGLE ↵
Specify first corner point or [Chamfer
/Elevation/Fillet/Thickness/Width] : P1점 클릭
Specify other corner point or
[Area/Dimensions/Rotation] : @1800,2100 ↵

Command : OFFSET ↵
Specify offset distance or [Through/Erase
/Layer] ⟨Through⟩ ⟨Through⟩ : 40 ↵
Select object to offset or ⟨exit⟩ : L1 클릭
Specify point on side to offset or
[Exit/Multiple/Undo] ⟨Exit⟩ : P2점 클릭
Select object to offset or ⟨exit⟩ : ↵

Command : EXPLODE ↵
Select objects : L2 클릭
Select objects : ↵
```

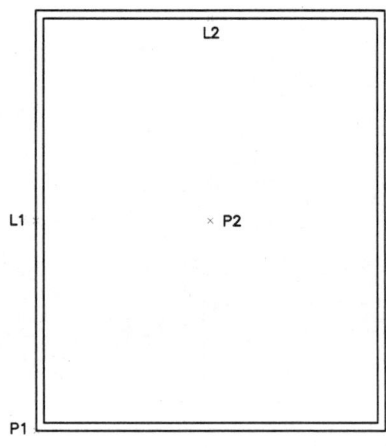

```
Command : EXTEND ↵
Select objects : L1 클릭
Select objects : ↵
Select object to extend or [Project/Edge
/Undo] : L2 클릭
Select object to extend or [Project/Edge
/Undo] : L3 클릭
Select object to extend or [Project/Edge
/Undo] : ↵

Command : OFFSET ↵
Specify offset distance or [Through/Erase
/Layer] 〈Through〉 〈40.0000〉 : 30 ↵
Select object to offset or 〈exit〉 : L4 클릭
Specify point on side to offset or
[Exit/Multiple/Undo] 〈Exit〉 : P1점 방향 클릭
Select object to offset or 〈exit〉 : ↵
```

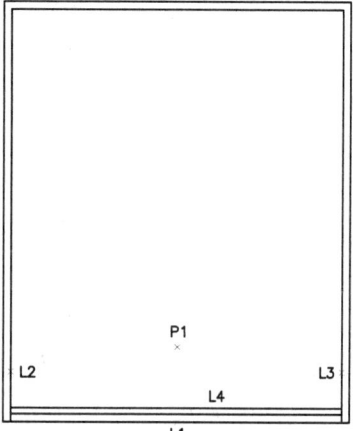

(4) 손잡이를 그린다.

```
Command : LINE ↵
Specify first point : P1점 클릭
Specify next point or [Undo] : P2점 클릭

Command : LINE ↵
Specify first point : P3점 클릭
Specify next point or [Undo] : P4점 클릭
Specify next point or [Undo] : ↵
```

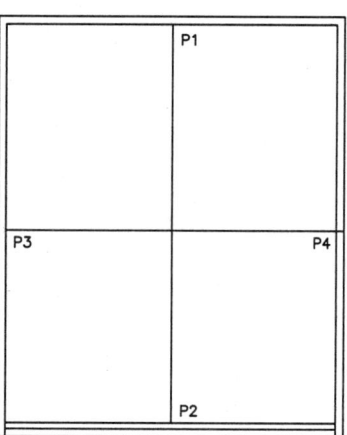

```
Command : OFFSET ↵
Specify offset distance or [Through/Erase
/Layer] <Through> <40.0000> : 50 ↵
Select object to offset or <exit> : L1 클릭
Specify point on side to offset or
[Exit/Multiple/Undo] <Exit> : P1점 방향 클릭
Select object to offset or <exit> : L1 클릭
Specify point on side to offset or
[Exit/Multiple/Undo] <Exit> : P2점 방향 클릭
Select object to offset or <exit> : L2 클릭
Specify point on side to offset or
[Exit/Multiple/Undo] <Exit> : P3점 방향 클릭
Select object to offset or <exit> : ↵
```

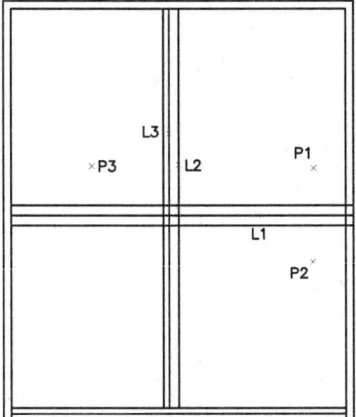

```
Command : OFFSET ↵
Specify offset distance or [Through/Erase/Layer] <Through><50.0000> : 30 ↵
Select object to offset or <exit> : L3 클릭
Specify point on side to offset or [Exit/Multiple/Undo] <Exit> : P3점 방향 클릭
Select object to offset or <exit> : ↵
```

```
Command : ERASE ↵
Select objects : L1 클릭
Select objects : ↵
```

```
Command : TRIM ↵
Select objects : L1 클릭
Select objects : L2 클릭
Select objects : L3 클릭
Select objects : L4 클릭
Select objects : ↵
Select object to trim or shift-select to extend
or [Project/Edge/Undo] : 잘라낼 부분 모두 클릭
Select object to trim or shift-select to extend
or [Project/Edge/Undo] : ↵
```

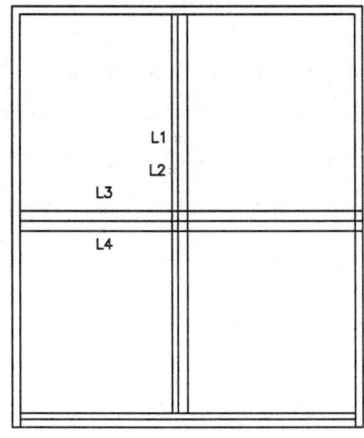

- 잘라낼 객체 선택시 "F(Fence)"를 사용하면 작업을 쉽게 할 수 있다.

    Command : TRIM ↵

    Select objects : ↵

    Select object to trim or shift-select to extend or [Fence/Crossing/Project/Edge/eRase/Undo] : F ↵

    First fence point : P1점 클릭

    Specify endpoint of line or [Undo] : P2점 클릭

    Specify endpoint of line or [Undo] : P3점 클릭

    Specify endpoint of line or [Undo] : ↵

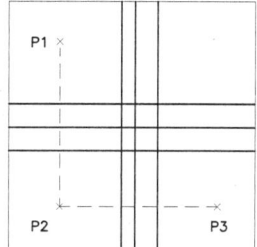

Command : MIRROR ↵
Select objects : P1점 클릭
Specify opposite corner : P2점 클릭
Select objects : ↵
Specify first point of mirror line : P3점 클릭
Specify second point of mirror line : P4점 클릭
Erase source objects? [Yes/No] ⟨N⟩ : ↵

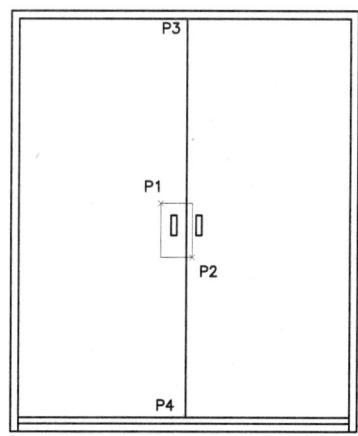

(5) 경첩 부분을 그린다.

```
Command : OFFSET ↵
Specify offset distance or
[Through/Erase/Layer] ⟨30.0000⟩ : 130 ↵
Select object to offset or ⟨exit⟩ : L1 클릭
Specify point on side to offset or
[Exit/Multiple/Undo] ⟨Exit⟩ : P1점 방향 클릭
Select object to offset or ⟨exit⟩ : L2 클릭
Specify point on side to offset or
[Exit/Multiple/Undo] ⟨Exit⟩ : P1점 방향 클릭
Select object to offset or ⟨exit⟩ : ↵

Command : ↵
Specify offset distance or
[Through/Erase/Layer] ⟨130.0000⟩ : 60 ↵
Select object to offset or ⟨exit⟩ : L3 클릭
Specify point on side to offset or
[Exit/Multiple/Undo] ⟨Exit⟩ : P1점 방향 클릭
Select object to offset or ⟨exit⟩ : L4 클릭
Specify point on side to offset or
[Exit/Multiple/Undo] ⟨Exit⟩ : P1점 방향 클릭
Select object to offset or ⟨exit⟩ : ↵
```

```
Command : OFFSET ↵
Specify offset distance or [Through/Erase/Layer] ⟨60.0000⟩ : 130 ↵
Select object to offset or ⟨exit⟩ : L5 클릭
Specify point on side to offset or [Exit/Multiple/Undo] ⟨Exit⟩ : P1점 방향 클릭
Select object to offset or ⟨exit⟩ : ↵

Command : ↵
Specify offset distance or [Through/Erase/Layer] ⟨130.0000⟩ : 60 ↵
Select object to offset or ⟨exit⟩ : L6 클릭
Specify point on side to offset or [Exit/Multiple/Undo] ⟨Exit⟩ : P1점 방향 클릭
Select object to offset or ⟨exit⟩ : ↵
```

```
Command : OFFSET ↵
Specify offset distance or [Through/Erase/Layer] <60.0000> : 10 ↵
Select object to offset or <exit> : L7 클릭
Specify point on side to offset or [Exit/Multiple/Undo] <Exit> : P1점 방향 클릭
Select object to offset or <exit> : L8 클릭
Specify point on side to offset or [Exit/Multiple/Undo] <Exit> : P1점 방향 클릭
Select object to offset or <exit> : ↵
```

```
Command : TRIM ↵
Select objects : L1 클릭
Select objects : L2 클릭
Select objects : L3 클릭
Select objects : L4 클릭
Select objects : L5 클릭
Select objects : L6 클릭
Select objects : L7 클릭
Select objects : L8 클릭 ↵
<Select object to trim> : 잘라낼 부분 클릭 ↵
```

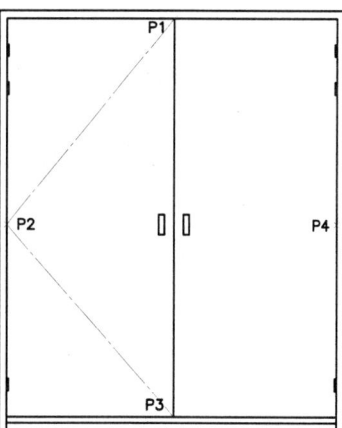

```
Command : LINE ↵
Specify first point : P1점 클릭
Specify next point or [Undo] : P2점 클릭
Specify next point or [Undo] : P3점 클릭
Specify next point or [Close/Undo]
: P4점 클릭
Specify next point or [Close/Undo] : C ↵
```

(7) 저장한다.

```
Command : SAVE ↵
[파일이름(N) : ] DOOR-ELEV.dwg
[저장]
```

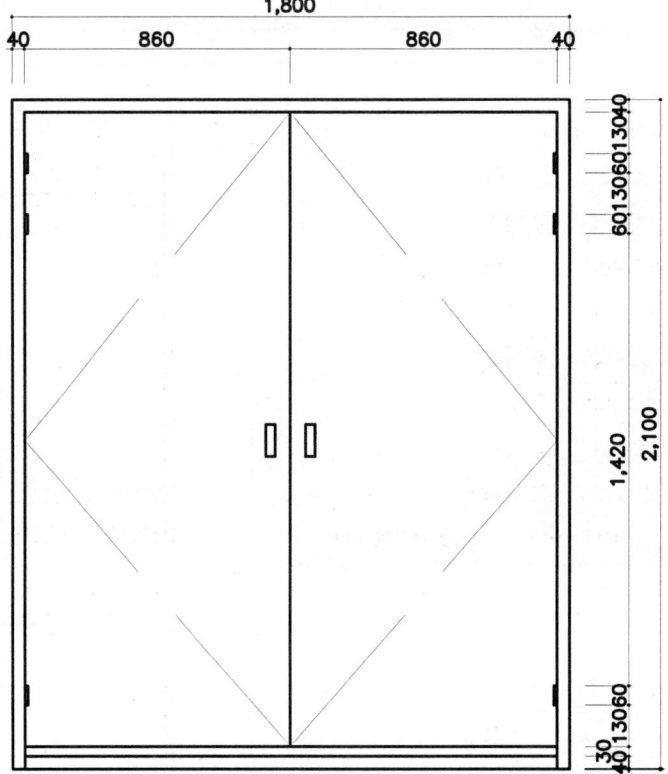

■ 문 입면 예제 ■

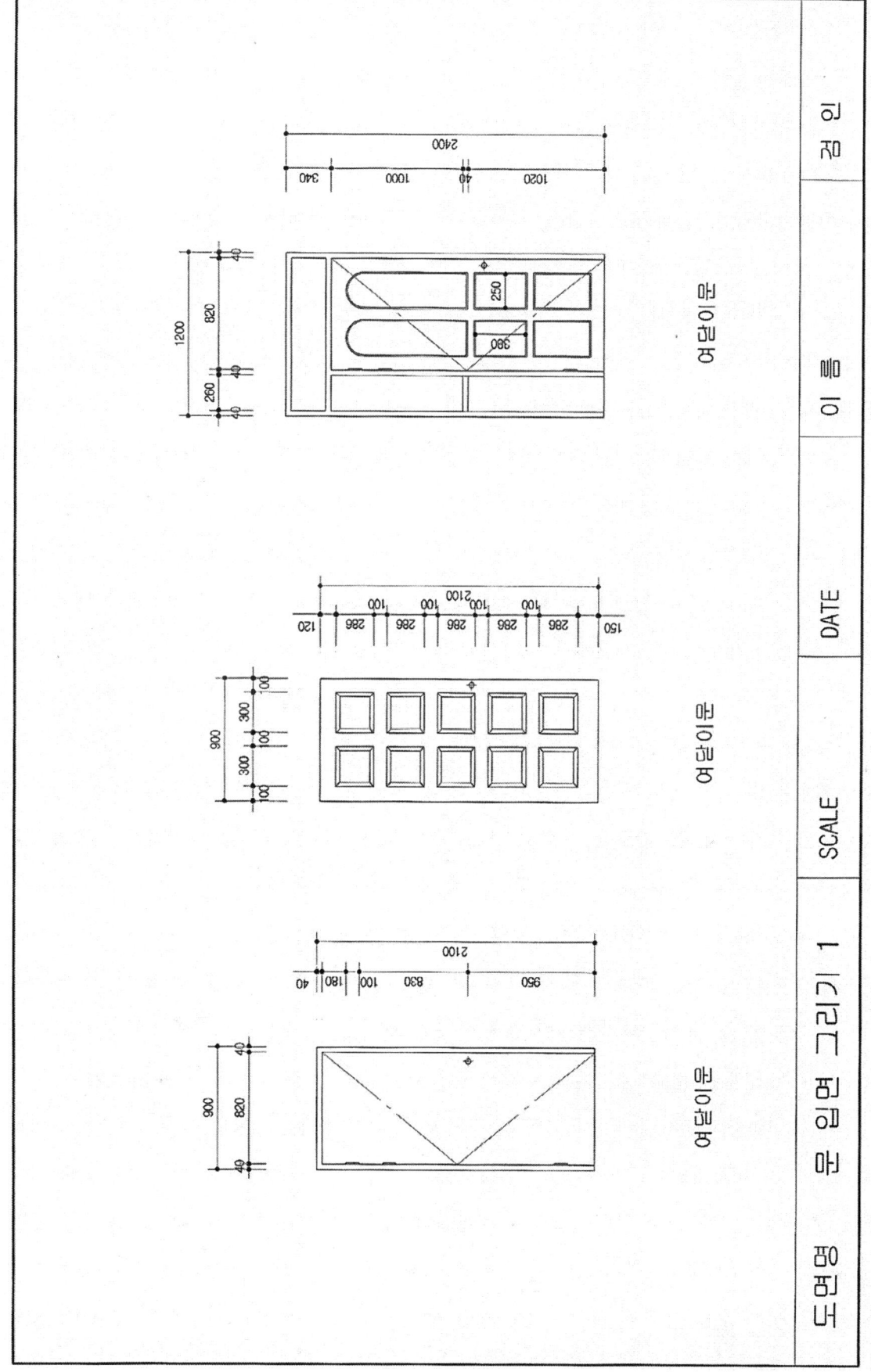

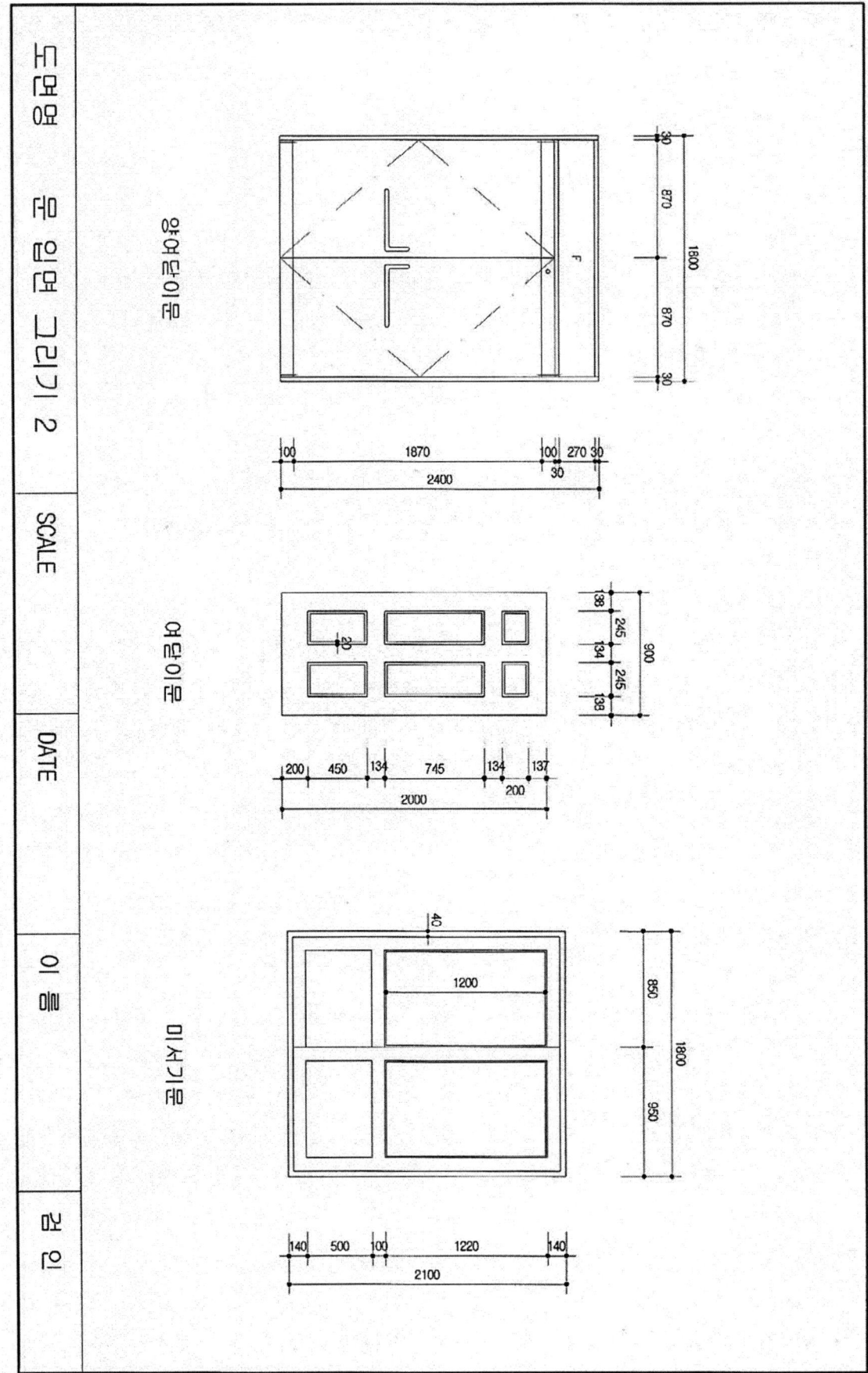

2 창문 그리기

2-1 창문 평면 예제

(1) 새로운 도면을 시작한다.

```
Command : NEW ↵
[Select template] → [Open]
```

(2) 작업 범위를 설정한다.

```
Command : LIMITS ↵
Specify lower left corner or [ON/OFF] <0.0000,0.0000> : ↵ (좌측 하단의 좌표)
Upper right corner <420,297> : 2500,2000 ↵ (우측 상단의 좌표)

Command : ZOOM ↵
All/Center/Dynamic/Extents/Previous/Scale(X/XP)/Window/<Realtime> : A ↵
```

(3) 창문틀을 그린다.

```
Command : RECTANGLE ↵
Specify first corner point or [Chamfer
/Elevation/Fillet/Thickness/Width] :
시작점(P1점) 클릭
Specify other corner point or
[Area/Dimensions/Rotation] : @50,200 ↵
```

(4) 윗부분의 창틀선을 그린다.

```
Command : LINE ↵
Specify first point : P1점 클릭
Specify next point or [Undo] : @1400<0 ↵
Specify next point or [Undo] : ↵
```

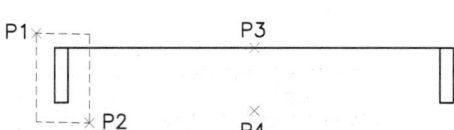

(5) 창문틀을 Mirror를 이용하여 반대편으로 대칭복사 한다.

```
Command : MIRROR ↵
Select objects : P1점 클릭
Specify opposite corner : P2점 클릭
Select objects : ↵
Specify first point of mirror line :
P3점 클릭(MID포인트)
Specify second point of mirror line :
P4점 방향 클릭(Ortho on)
Erase source objects? [Yes/No] <N> : ↵
```

(6) 아랫부분의 창틀선을 그린다.

```
Command : LINE ↵
Specify first point : P1점 클릭
Specify next point or [Undo] : P2점 클릭
Specify next point or [Undo] : ↵
```

(7) 창문을 그린다.

```
Command : OFFSET ↵
Specify offset distance or
[Through/Erase/Layer] <Through> : 25 ↵
Select object to offset or <exit> : L1 클릭
Specify point on side to offset or
[Exit/Multiple/Undo] <Exit> : P1점 방향 클릭
Select object to offset or <exit> : L2 클릭
Specify point on side to offset or
[Exit/Multiple/Undo] <Exit> : P1점 방향 클릭
Select object to offset or <exit> : ↵
```

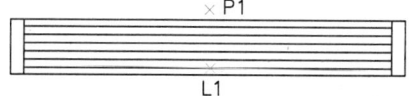

```
Command : OFFSET ↵
Specify offset distance or
[Through/Erase/Layer] <25.0000> : 30 ↵
Select object to offset or <exit> : L1 클릭
Specify point on side to offset or
[Exit/Multiple/Undo] <Exit> : P1점 방향 클릭
✔ P1방향으로 4회 반복한다.
```

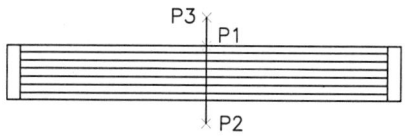

(8) 중심선을 그린다.

```
Command : LINE ↵
Specify first point : P1점 클릭
Specify next point or [Undo] : P2점 클릭
Specify next point or [Undo] : ↵
✔ Grips 기능을 이용해 P3까지 늘린다.
```

(9) 중심선을 이용하여 창문이 겹치는 부위를 그린다.

```
Command : OFFSET ↵
Specify offset distance or
[Through/Erase/Layer] <30.0000> : 30 ↵
Select object to offset or <exit> : L1 클릭
Specify point on side to offset or
[Exit/Multiple/Undo] <Exit> : P1점 방향 클릭
Select object to offset or <exit> : L1 클릭
Specify point on side to offset or
[Exit/Multiple/Undo] <Exit> : P2점 방향 클릭
Select object to offset or <exit> : ↵
```

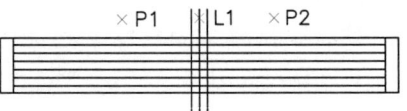

(10) Trim, Erase 명령을 이용하여 정리한다.

```
Command : TRIM ↵
Select objects : ↵
Select object to trim or shift-select to extend
or [Project/Edge /Undo] : 불필요한 부분 클릭

Command : ERASE ↵
Select objects : 지울 부분 클릭
Select objects : ↵
```

(11) 저장한다.

```
Command : SAVE ↵
[파일이름(N) : ] WINDOW.dwg
[저장]
```

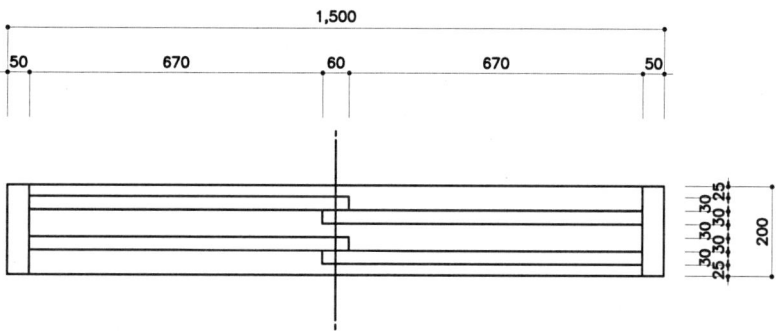

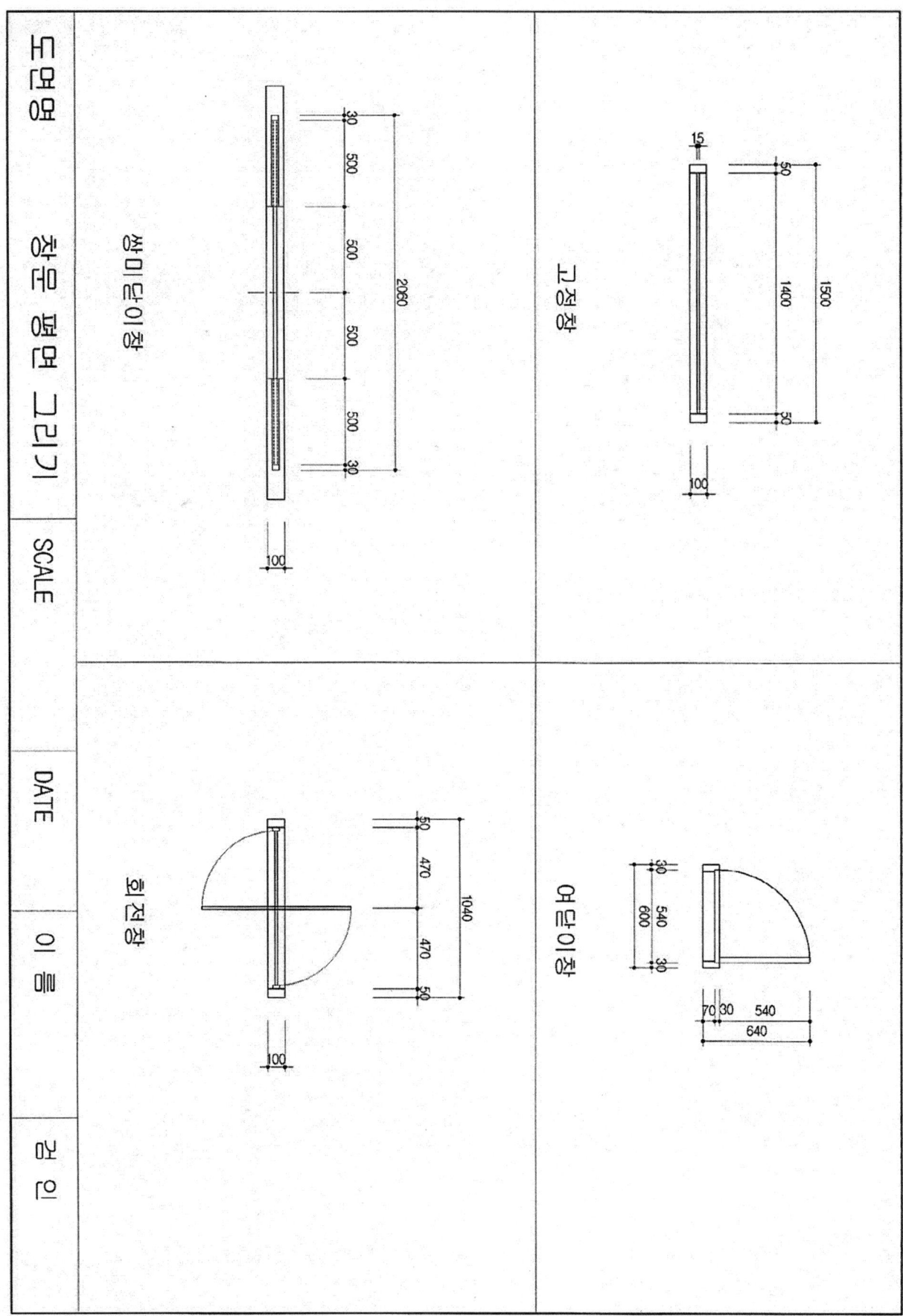

■ 창문 평면 예제 ■

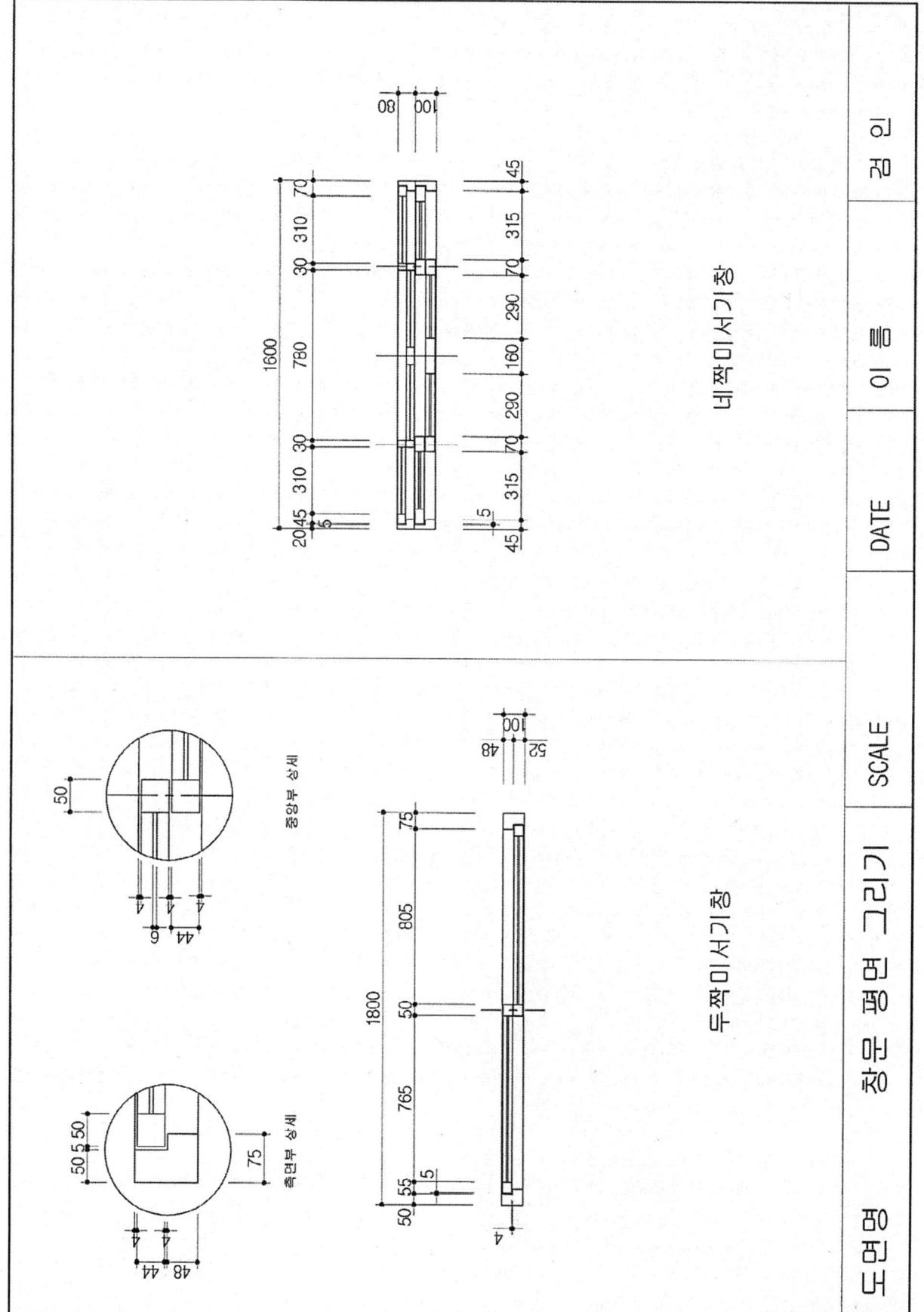

2-2 창문 입면 예제

(1) 새로운 도면을 시작한다.

```
Command : NEW ↵
[Select template] → [Open]
```

(2) 작업 범위를 설정한다.

```
Command : LIMITS ↵
Specify lower left corner or [ON/OFF] ⟨0.0000,0.0000⟩ : ↵ (좌측 하단의 좌표)
Upper right corner ⟨420,297⟩ : 2500,2000 ↵ (우측 상단의 좌표)

Command : ZOOM ↵
All/Center/Dynamic/Extents/Previous/Scale(X/XP)/Window/⟨Realtime⟩ : A ↵
```

(3) 창문틀을 그린다.

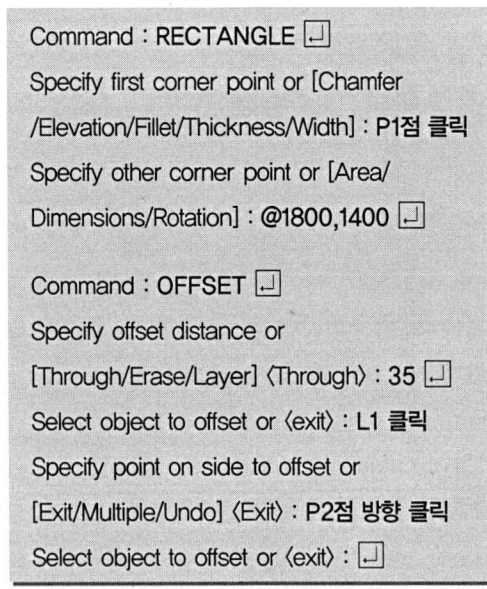
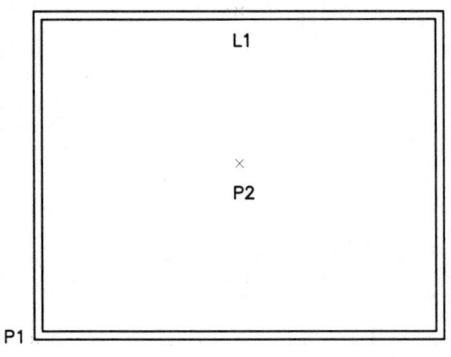

```
Command : RECTANGLE ↵
Specify first corner point or [Chamfer
/Elevation/Fillet/Thickness/Width] : P1점 클릭
Specify other corner point or [Area/
Dimensions/Rotation] : @1800,1400 ↵

Command : OFFSET ↵
Specify offset distance or
[Through/Erase/Layer] ⟨Through⟩ : 35 ↵
Select object to offset or ⟨exit⟩ : L1 클릭
Specify point on side to offset or
[Exit/Multiple/Undo] ⟨Exit⟩ : P2점 방향 클릭
Select object to offset or ⟨exit⟩ : ↵
```

```
Command : OFFSET ↵
Specify offset distance or
[Through/Erase/Layer] <35.0000> : 60 ↵
Select object to offset or <exit> : L1 클릭
Specify point on side to offset or
[Exit/Multiple/Undo] <Exit> : P1점 방향 클릭
Select object to offset or <exit> : ↵

Command : EXPLODE ↵
Select objects : L2 클릭
Select objects : ↵
```

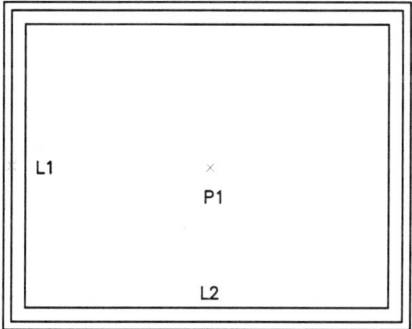

(4) 창문을 그린다.

```
Command : OFFSET ↵
Specify offset distance or
[Through/Erase/Layer] <60.0000> : 870 ↵
Select object to offset or <exit> : L1 클릭
Specify point on side to offset or
[Exit/Multiple/Undo] <Exit> : P1점 방향 클릭
Select object to offset or <exit> : L2 클릭
Specify point on side to offset or
[Exit/Multiple/Undo] <Exit> : P1점 방향 클릭
Select object to offset or <exit> : ↵
```

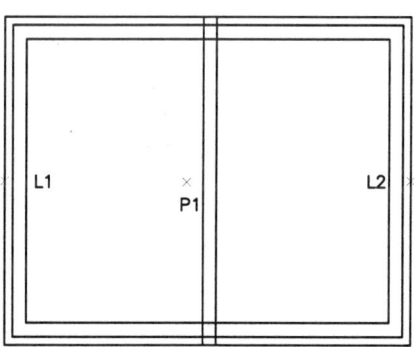

```
Command : TRIM ↵
Select objects : ↵
Select object to trim or shift-select to extend
or[Project/Edge/Undo] : 잘라낼 부분 클릭
Select object to trim or shift-select to
extend or[Project/Edge/Undo] : ↵
✔ R1 부분을 R2 부분처럼 만든다.
```

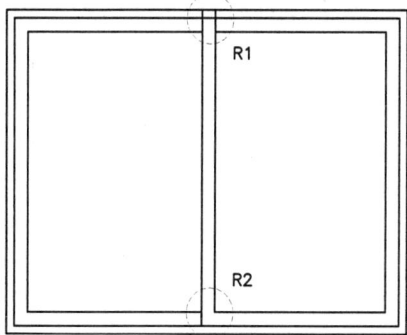

(5) 창문이 열리는 방향 표시를 그린다.

```
Command : LINE ↵
Specify first point : 임의의 점(P1) 클릭
Specify next point or [Undo] : @80<0 ↵
Specify next point or [Undo] : @40<135 ↵
Specify next point or [Close/Undo] : ↵
```

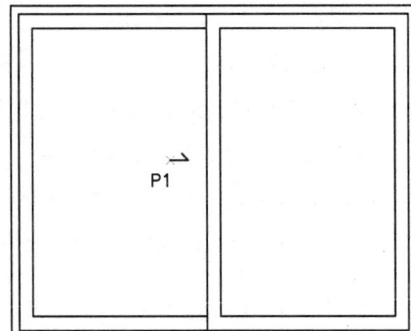

```
Command : MIRROR ↵
Select objects : R1 클릭
Select objects : ↵
Specify first point of mirror line : P1점 클릭
Specify second point of mirror line :
P2점 클릭
Erase source objects? [Yes/No] <N> : ↵
```

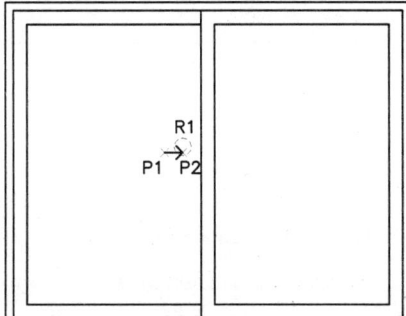

```
Command : MIRROR ↵
Select objects : P1점 클릭
Specify opposite corner : P2점 클릭
Select objects : ↵
Specify first point of mirror line : P3점 클릭
Specify second point of mirror line
: P4점 클릭
Erase source objects? [Yes/No] <N> : ↵
```

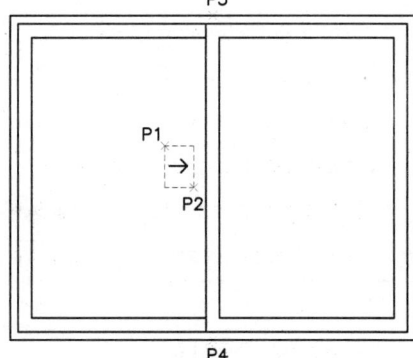

(6) 저장한다.

```
Command : SAVE ↵
[파일이름(N) : ] WINDOW-ELEV.dwg
[저장]
```

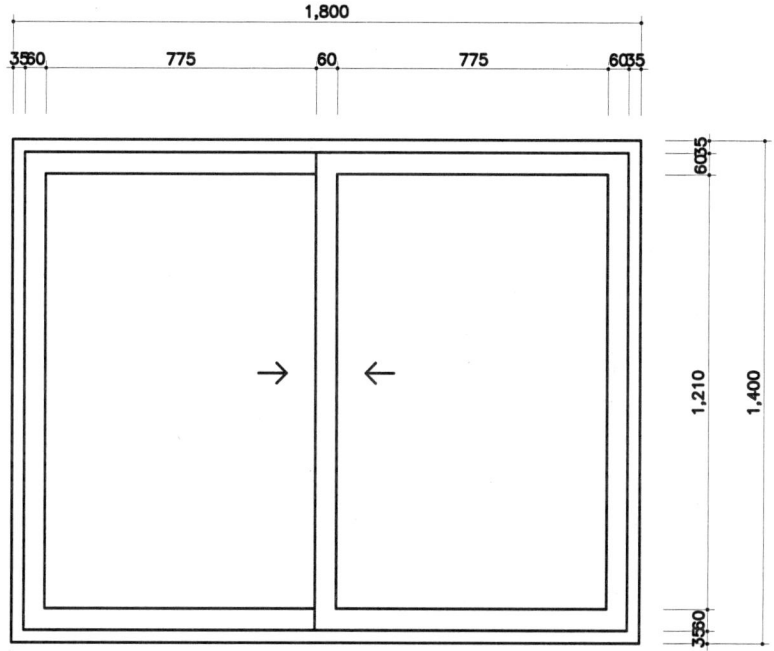

■ 창문 입면 예제 ■

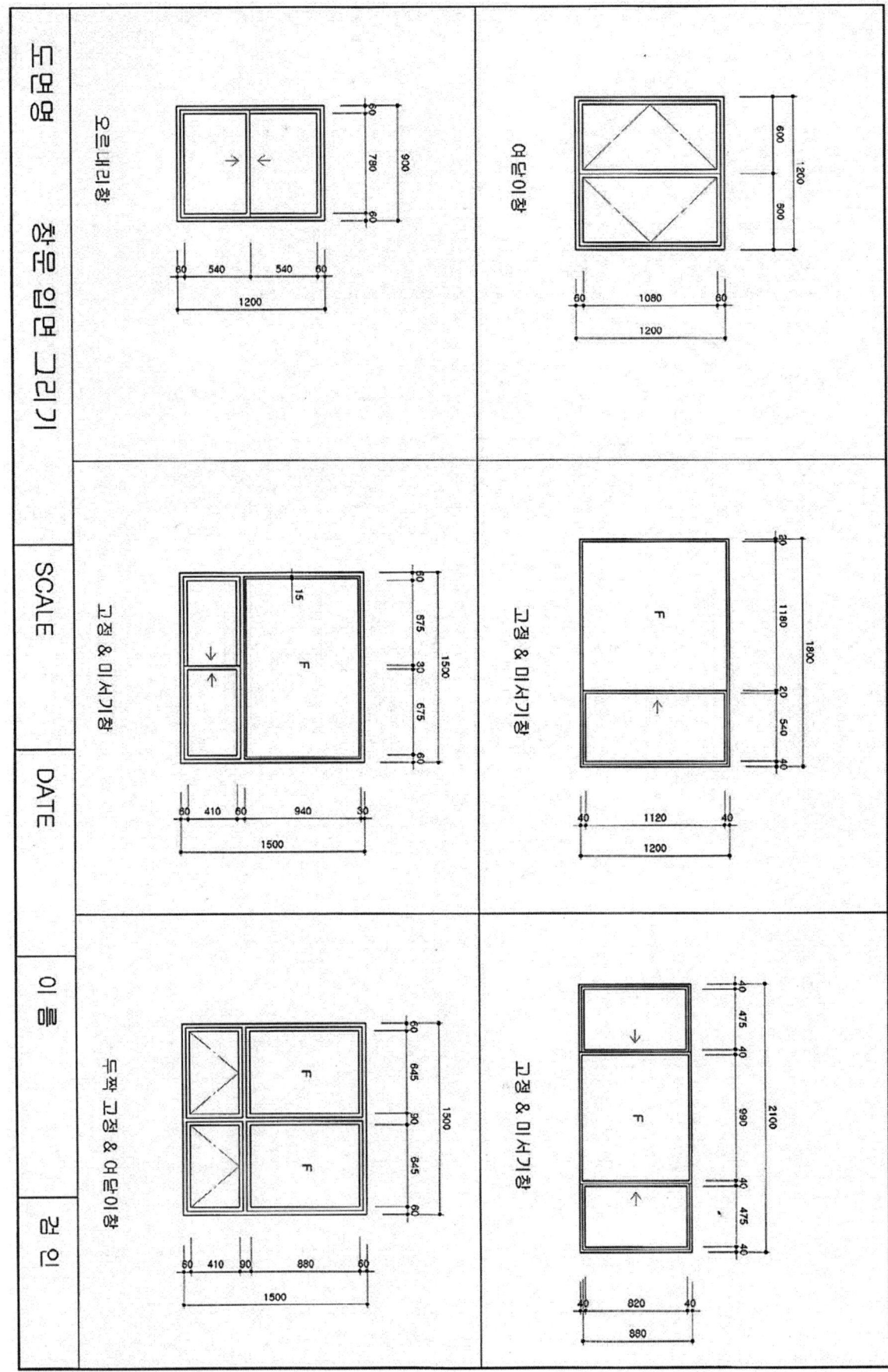

제5장 위생기구 & 주방기구 그리기

 위생기구 그리기

1-1 욕조 예제

(1) 새로운 도면을 시작한다.

```
Command : NEW ↵
[Select template] → [Open]
```

(2) 작업 범위를 설정한다.

```
Command : LIMITS ↵
Specify lower left corner or [ON/OFF] <0.0000,0.0000> : ↵
Specify upper right corner <420.0000,297.0000> : 3000,2500 ↵

Command : ZOOM ↵
[All/Center/Dynamic/Extents/Previous/Scale/Window/Object] <real time> : A ↵
```

(3) 욕조의 외곽선을 그린다.

Command : RECTANGLE ↵
Specify first corner point or [Chamfer/
Elevation/Fillet/Thickness/Width] : P1점 클릭
Specify other corner point or
[Area/Dimensions/Rotation] : @1500,650 ↵

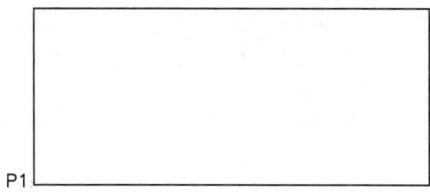

(4) 욕조의 내부선을 그린다.

Command : OFFSET ↵
Specify offset distance or
[Through/Erase/Layer] ⟨Through⟩ : 45 ↵
Select object to offset or ⟨exit⟩ : L1 클릭
Specify point on side to offset or
[Exit/Multiple/Undo] ⟨Exit⟩ : P1점 방향 클릭
Select object to offset or ⟨exit⟩ : ↵

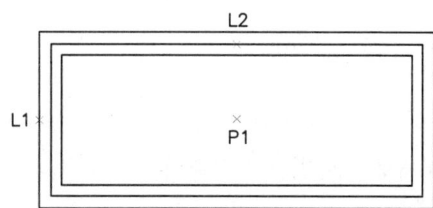

Command : OFFSET ↵
Specify offset distance or [Through/Erase/Layer] ⟨Through⟩⟨45.0000⟩ : 40 ↵
Select object to offset or ⟨exit⟩ : L2 클릭
Specify point on side to offset or [Exit/Multiple/Undo] ⟨Exit⟩ : P1점 방향 클릭
Select object to offset or ⟨exit⟩ : ↵

(5) 내부선의 모서리를 라운딩 한다.

```
Command : FILLET ↵
Current settings : Mode = TRIM, Radius = 40
Select first object or
[Undo/Polyline/Radius/Trim/Multiple] : R ↵
Specify fillet radius <40.0000> : 80 ↵
Select first object or [Polyline/Radius
/Trim] : L1 클릭
Select second object or shift-select to
apply corner : L2 클릭
✔ L1 & L3도 Fillet으로 접는다.
```

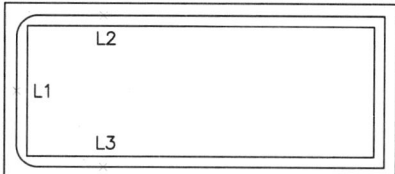

```
Command : FILLET ↵
Current settings : Mode = TRIM, Radius = 80
Select first object or
[Undo/Polyline/Radius/Trim/Multiple] : R ↵
Specify fillet radius <80.0000> : 40 ↵
Select first object or [Polyline/Radius
/Trim] : L1 클릭
Select second object or shift-select to
apply corner : L2 클릭
✔ L1 & L3도 Fillet으로 접는다.
```

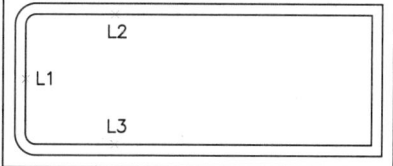

(6) 욕조 내부를 그리기 위한 기준선을 그린다.

```
Command : EXPLODE ↵
Select objects : L1 클릭
Select objects : ↵

Command : OFFSET ↵
Specify offset distance or
[Through/Erase/Layer] <40.0000> : 400 ↵
Select object to offset or <exit> : L1 클릭
Specify point on side to offset or
[Exit/Multiple/Undo] <Exit> : P1점 방향 클릭
Select object to offset or <exit> : ↵
```

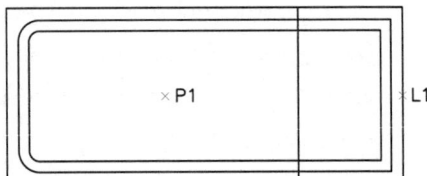

```
Command : OFFSET ↵
Specify offset distance or [Through/
Erase/Layer] <400.0000> : 150 ↵
Select object to offset or <exit> : L1 클릭
Specify point on side to offset or [Exit/
Multiple/Undo] <Exit> : P1점 방향 클릭
Select object to offset or <exit> : ↵
```

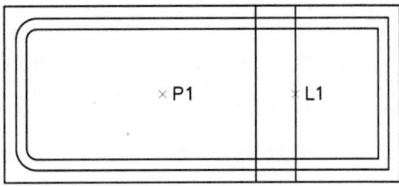

(7) 원을 그린다.

```
Command : CIRCLE ↵
Specify center point for circle or [3P/2P/Ttr
(tan tan radius)] : 2P ↵
Specify first end point of circle's
diameter : P1점 클릭
Specify second end point of circle's
diameter : P2점 클릭
```

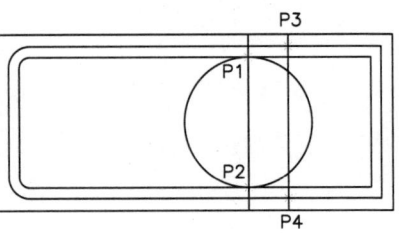

```
Command : CIRCLE ↵
Specify center point for circle or [3P/2P/Ttr (tan tan radius)] : 2P ↵
Specify first end point of circle's diameter : P3점 클릭
Specify second end point of circle's diameter : P4점 클릭
```

(8) 필요 없는 선을 Trim, Erase 명령으로 정리한다.

```
Command : TRIM ↵
Select objects : ↵
Select object to trim or shift-select to extend
or [Project/Edge/Undo] : 불필요한 부분 클릭

Command : ERASE ↵
Select objects : 지울 부분 클릭
Select objects : ↵
```

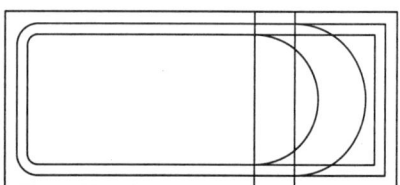

(9) 배수구를 그리기 위한 기준선을 그린다.

```
Command : OFFSET ↵
Specify offset distance or [Through/
Erase/Layer] <150.0000> : 200 ↵
Select object to offset or <exit> : L1점 클릭
Specify point on side to offset or
[Exit/Multiple/Undo] <Exit> : P1점 방향 클릭
Select object to offset or <exit> : ↵
```

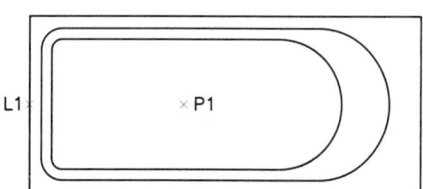

(10) 배수구를 그린다.

```
Command : CIRCLE ↵
Specify center point for circle or [3P/2P/Ttr
(tan tan radius)] : P1점 클릭
Specify radius of circle or [Diameter]
⟨280.0000⟩ : 70 ↵
Command : ↵
Specify center point for circle or [3P/2P/Ttr
(tan tan radius)] : P1점 클릭
Specify radius of circle or [Diameter]
⟨70.0000⟩ : 20 ↵
```

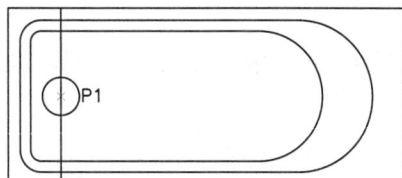

```
Command : LINE ↵
Specify first point : P1점 클릭(QUA포인트)
Specify next point or [Undo] : P2점 클릭
(QUA포인트)
Specify next point or [Undo] : ↵
```

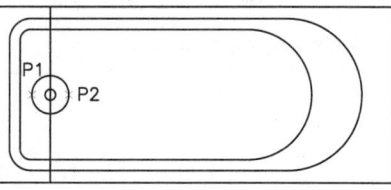

(11) 필요 없는 부분을 Trim, Erase로 정리한다.

```
Command : TRIM ↵
Select objects : ↵
Select object to trim or shift-select to
extend or [Fence/Crossing/Project/Edge/
eRase/Undo] : L1 클릭
Select object to trim or shift-select to
extend or [Project/Edge/Undo] : L2 클릭 ↵

Command : ERASE ↵
Select objects : R1 클릭
Select objects : ↵
```

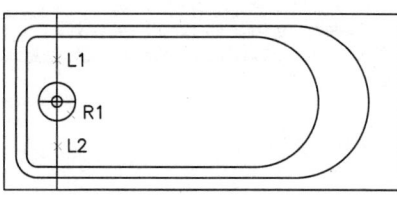

(12) 내부의 경사 표시선을 그린다.

Command : LINE ↵
Specify first point : P1점 클릭(END포인트)
Specify next point or [Undo] : P2점 클릭 (INT포인트)
Specify next point or [Undo] : P3점 클릭 (END포인트)
Specify next point or [Close/Undo] : ↵
Command : ↵
Specify first point : P4점 클릭(END포인트)
Specify next point or [Undo] : P2점 클릭 (INT포인트)
Specify next point or [Undo] : P5점 클릭 (END포인트)
Specify next point or [Close/Undo] : ↵

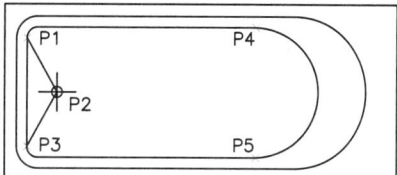

(13) 저장한다.

Command : SAVE ↵
[파일이름(N) :] 욕조.dwg
[저장]

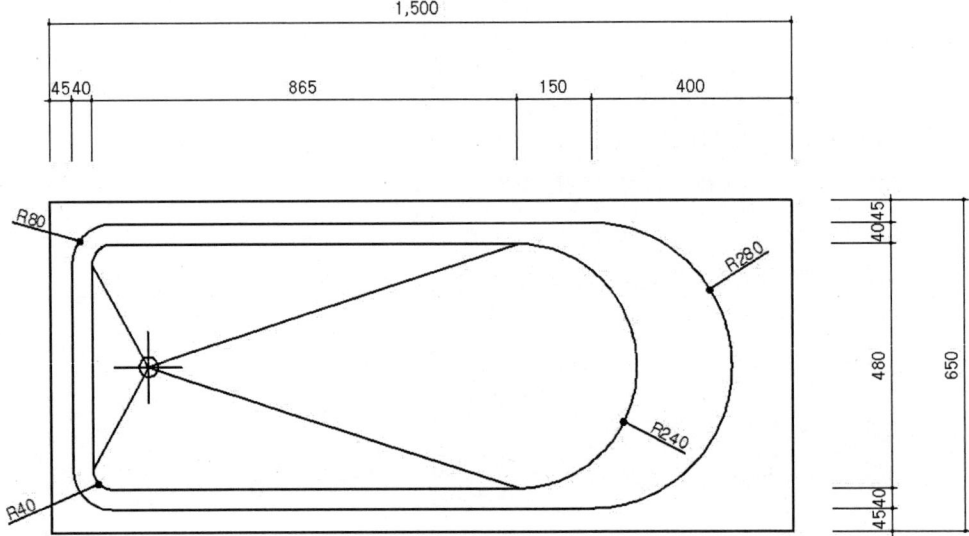

■ 욕조 예제 ■

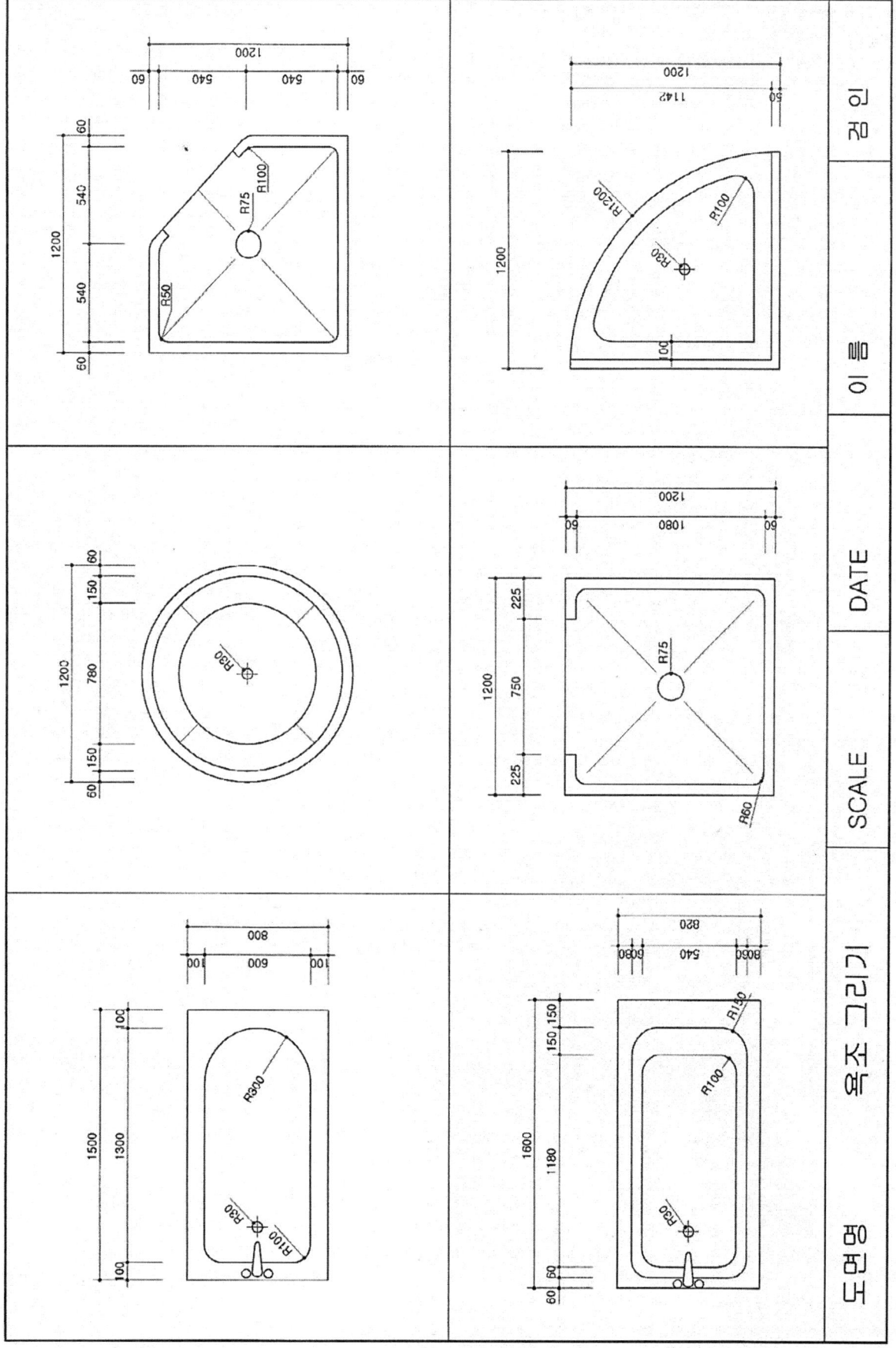

1-2 세면기 예제

(1) 새로운 도면을 시작한다.

```
Command : NEW ↵
[Select template] → [Open]
```

(2) 작업 범위를 설정한다.

```
Command : LIMITS ↵
Specify lower left corner or [ON/OFF] ⟨0.0000,0.0000⟩ : ↵
Specify upper right corner ⟨420.0000,297.0000⟩ : 1000,700 ↵

Command : ZOOM ↵
[All/Center/Dynamic/Extents/Previous/Scale/Window/Object] ⟨real time⟩ : A ↵
```

(3) 세면기의 외곽선을 그린다.

```
Command : RECTANGLE ↵
Specify first corner point or [Chamfer
/Elevation/Fillet/Thickness/Width] : P1점 클릭
Specify other corner point or
[Area/Dimensions/Rotation] : @520,430 ↵

Command : EXPLODE ↵
Select objects : L1 클릭
Select objects : ↵
```

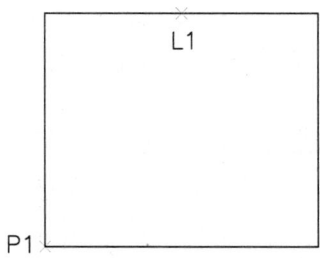

(4) 세면기의 내부선을 그린다.

Command : OFFSET ↵
Specify offset distance or
[Through/Erase/Layer] ⟨Through⟩ : 60 ↵
Select object to offset or ⟨exit⟩ : L1 클릭
Specify point on side to offset or
[Exit/Multiple/Undo] ⟨Exit⟩ : P1점 방향 클릭
✔ L2, L3, L4도 P1방향으로 Offset 한다.

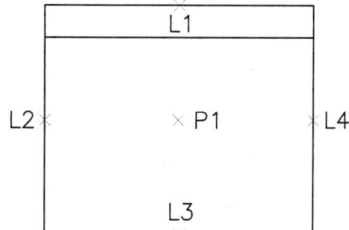

Command : OFFSET ↵
Specify offset distance or
[Through/Erase/Layer] ⟨60.0000⟩ : 10 ↵
Select object to offset or ⟨exit⟩ : L1 클릭
Specify point on side to offset or
[Exit/Multiple/Undo] ⟨Exit⟩ : P1점 방향 클릭
Select object to offset or ⟨exit⟩ : ↵

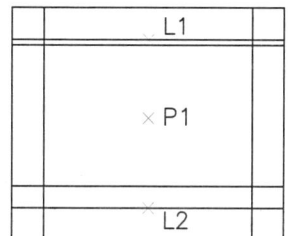

Command : OFFSET ↵
Specify offset distance or [Through/Erase/Layer] ⟨10.0000⟩ : 40 ↵
Select object to offset or ⟨exit⟩ : L2 클릭
Specify point on side to offset or [Exit/Multiple/Undo] ⟨Exit⟩ : P1점 방향 클릭
Select object to offset or ⟨exit⟩ : ↵

Command : TRIM ↵
Select objects : ↵
Select object to trim or shift-select to extend
or [Project/Edge/Undo] : 잘라낼 부분 클릭
✔ R1~R4 부분을 정리한다.

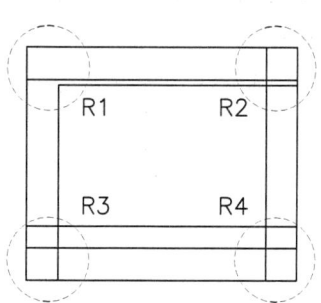

(5) 세면기의 호를 그린다.

Command : ARC ↵
Specify start point of arc or [CEnter]
: P1점 클릭
Specify second point of arc or [CEnter
/ENd] : P2점 클릭
Specify end point of arc : P3점 클릭

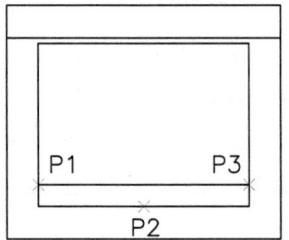

(6) Trim, Erase를 사용하여 정리한다.

(7) 세면기의 외부 모서리를 정리한다.

Command : CHAMFER ↵
Select first line or [Undo/Polyline/Distance/
Angle/Trim/mEthod/Multiple] : D ↵
Specify first chamfer distance ⟨10.0000⟩
: 50 ↵
Specify second chamfer distance
⟨50.0000⟩ : 50 ↵
Select first line or [Undo/Polyline/Distance/
Angle/Trim/mEthod/Multiple] : L1점 클릭
Select second line or shift-select to apply
corner : L2점 클릭
✔ L2 & L3도 Chamfer로 정리한다.

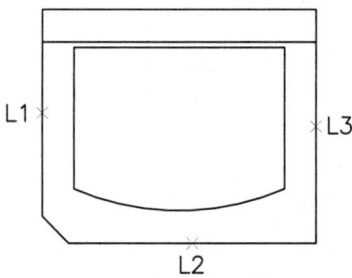

(8) 내부와 외부 모서리를 라운딩한다.

```
Command : FILLET ↵
Current settings : Mode = TRIM, Radius = 30.0000
Select first object or [Polyline/Radius/Trim] : L1점 클릭
Select second object or shift-select to apply corner : L2점 클릭
✔ R1, R2, R3 : R = 30
   R4, R5 : R = 15로 부분도 정리한다.
```

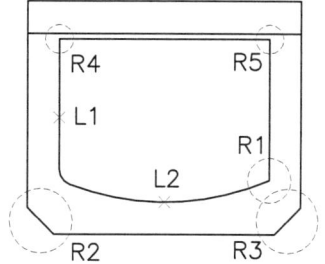

(9) 수도꼭지를 그린다.

```
Command : LINE ↵
Specify first point : P1점 클릭(MID포인트)
Specify next point or [Undo] : P2점 클릭 (Ortho = on)
Specify next point or [Undo] : ↵

Command : OFFSET ↵
Specify offset distance or [Through/Erase/Layer] <40.0000> : 50 ↵
Select object to offset or <exit> : L1 클릭
Specify point on side to offset or [Exit/Multiple/Undo] <Exit> : P3점 방향 클릭
Select object to offset or <exit> : ↵
```

Command : CIRCLE ↵
Specify center point for circle or [3P/2P/Ttr
(tan tan radius)] : 2P ↵
Specify first end point of circle's
diameter : P1점 클릭
Specify second end point of circle's
diameter : @35<90 ↵

Command : ERASE ↵
Select objects : L1 클릭
Select objects : ↵

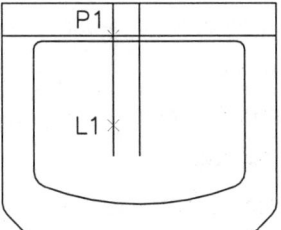

Command : MIRROR ↵
Select objects : P1점 클릭
Specify opposite corner : P2점 클릭
Select objects : ↵
Specify first point of mirror line :
P3점 클릭
Specify second point of mirror line :
P4점 클릭
Erase source objects? [Yes/No] <N> : ↵

Command : CIRCLE ↵
Specify center point for circle or [3P/2P/Ttr
(tan tan radius)] : 2P ↵
Specify first end point of circle's diameter :
P1점 클릭(TAN포인트)
Specify second end point of circle's
diameter : P2점 클릭(TAN포인트)

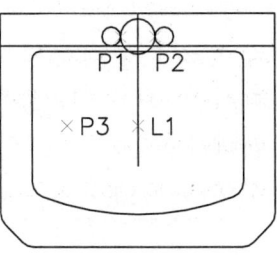

```
Command : OFFSET ↵
Specify offset distance or [Through/Erase/Layer] <10.0000> : 15 ↵
Select object to offset or <exit> : L1 클릭
Specify point on side to offset or [Exit/Multiple/Undo] <Exit> : P3점 방향 클릭
Select object to offset or <exit> : ↵
```

```
Command : RECTANGLE ↵
Specify first corner point or [Chamfer
/Elevation/Fillet/Thickness/Width] : F ↵
Specify fillet radius for rectangles <5.0000>
: 5 ↵
Specify first corner point or [Chamfer/
Elevation/Fillet/Thickness/Width] : P1점 클릭
Specify other corner point or [Area
/Dimensions/Rotation] : @30,-70 ↵

Command : ERASE ↵
Select objects : L1 클릭
Select objects : ↵
```

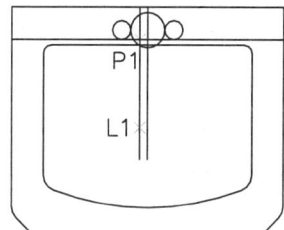

(10) 수도꼭지 부분을 정리한다.

```
Command : TRIM ↵
Select objects : 큰원과 수도꼭지 클릭
Select object to trim or shift-select to
extend or [Project/Edge
/Undo] : 불필요한 부분 클릭
Select object to trim or shift-select to
extend or [Project/Edge
/Undo] : ↵
```

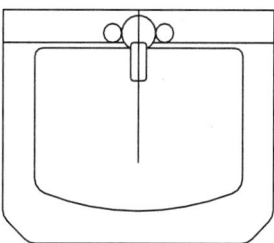

(11) 세면기의 배수구를 그린다.

```
Command : OFFSET ↵
Specify offset distance or
[Through/Erase/Layer] <50.0000> : 170 ↵
Select object to offset or <exit> : L1 클릭
Specify point on side to offset or
[Exit/Multiple/Undo] <Exit> : P1점 방향 클릭
Select object to offset or <exit> : ↵
```

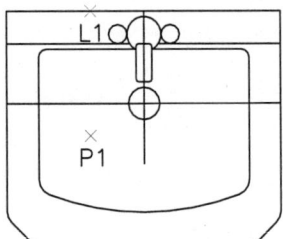

```
Command : CIRCLE ↵
Specify center point for circle or [3P/2P/Ttr
(tan tan radius)] : P1점 클릭
Specify radius of circle or [Diameter]
<17.5000> : 30 ↵

Command : ↵
Specify center point for circle or [3P/2P/Ttr
(tan tan radius)] : P1점 클릭
Specify radius of circle or [Diameter]
<30.0000> : 15 ↵
```

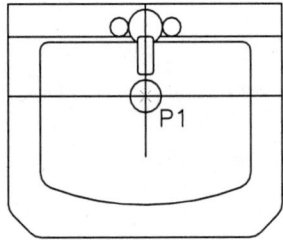

(12) 불필요한 선을 정리하여 완성시킨다.

(13) 저장한다.

```
Command : SAVE ↵
[파일이름(N) : ] 세면기.dwg
[저장]
```

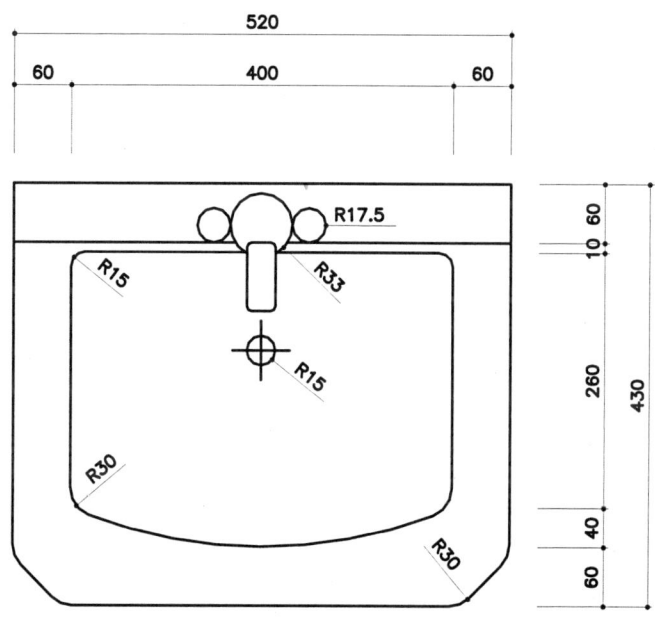

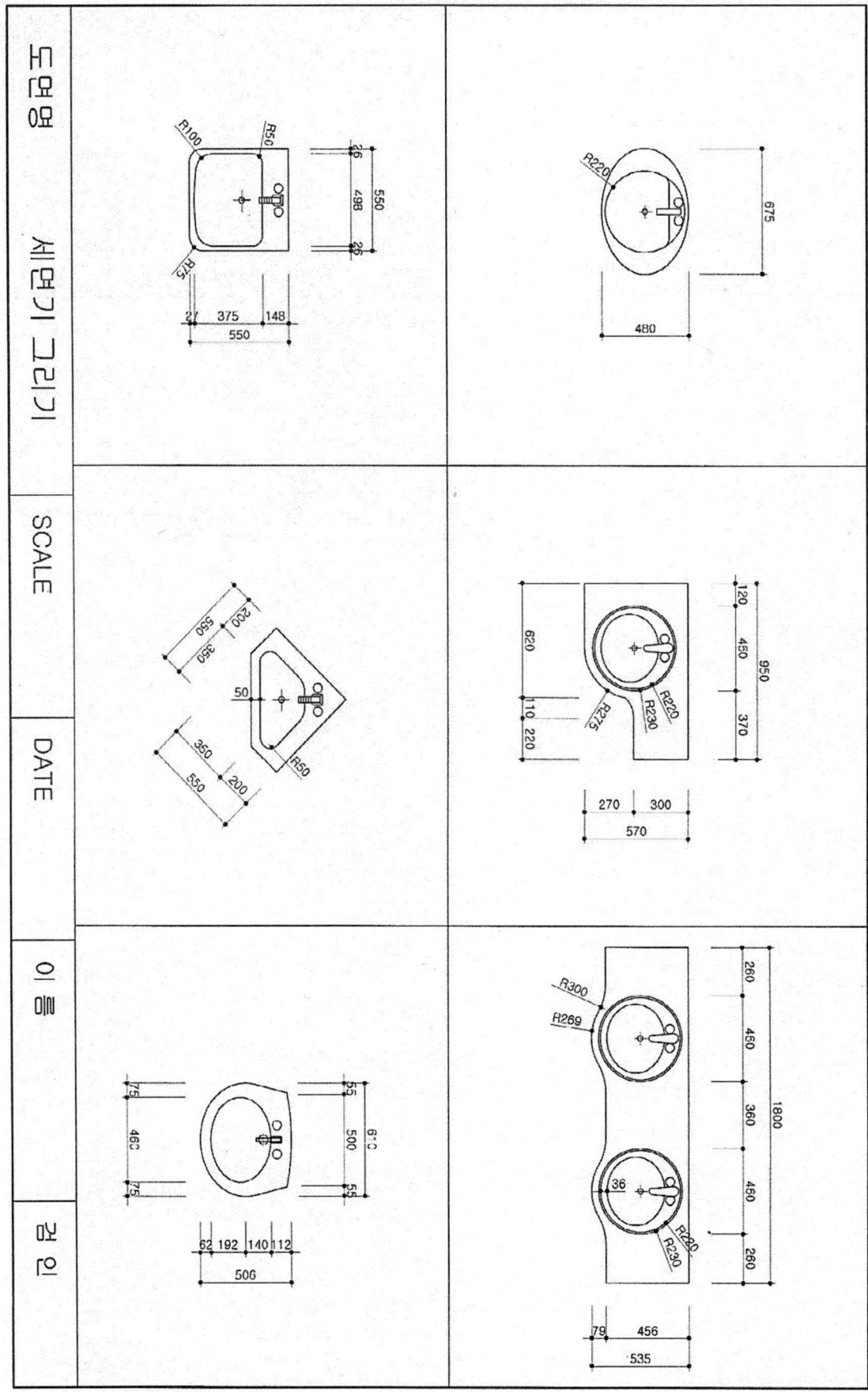

1-3 양변기 예제

(1) 새로운 도면을 시작한다.

```
Command : NEW ↵
[Select template] → [Open]
```

(2) 작업 범위를 설정한다.

```
Command : LIMITS ↵
Specify lower left corner or [ON/OFF] <0.0000,0.0000> : ↵
Specify upper right corner <420.0000,297.0000> : 1000,700 ↵

Command : ZOOM ↵
[All/Center/Dynamic/Extents/Previous/Scale/Window/Object] <real time> : A ↵
```

(3) 양변기 물탱크를 그린다.

```
Command : RECTANGLE ↵
Specify first corner point or [Chamfer
/Elevation/Fillet/Thickness/Width] : P1점 클릭
Specify other corner point or
[Area/Dimensions/Rotation] : @530,200 ↵

Command : EXPLODE ↵
Select objects : L1 클릭
Select objects : ↵
```

(4) 양변기를 그리기 위한 기준선을 그린다.

```
Command : OFFSET ↵
Specify offset distance or
[Through/Erase/Layer] 〈Through〉 : 50 ↵
Select object to offset or 〈exit〉 : L1 클릭
Specify point on side to offset or
[Exit/Multiple/Undo] 〈Exit〉 : P1점 방향 클릭
Select object to offset or 〈exit〉 : ↵
```

```
Command : LINE ↵
Specify first point : P1점 클릭
Specify next point or [Undo] : @500〈90 ↵
Specify next point or [Undo] : ↵
```

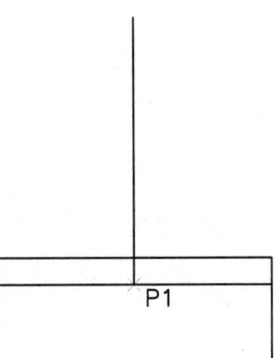

(5) 양변기 부위를 그린다.

```
Command : ELLIPSE ↵
Specify axis endpoint of ellipse or
[Arc/Center] : P1점 클릭
Specify other endpoint of axis : P2점 클릭
Specify distance to other axis or
[Rotation] : @150〈0 ↵
```

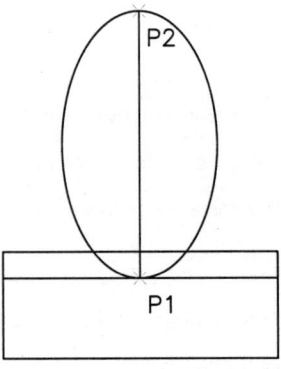

(6) 양변기 뚜껑을 그린다.

```
Command : OFFSET ↵
Specify offset distance or
[Through/Erase/Layer] ⟨50.0000⟩ : 20 ↵
Select object to offset or ⟨exit⟩ : L1 클릭
Specify point on side to offset or
[Exit/Multiple/Undo] ⟨Exit⟩ : P1점 방향 클릭
Select object to offset or ⟨exit⟩ : ↵
```

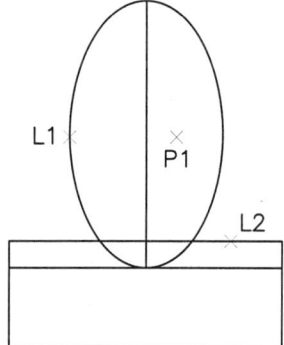

```
Command : OFFSET ↵
Specify offset distance or [Through/Erase/Layer] ⟨20.0000⟩ : 50 ↵
Select object to offset or ⟨exit⟩ : L2 클릭
Specify point on side to offset or [Exit/Multiple/Undo] ⟨Exit⟩ : P1점 방향 클릭
Select object to offset or ⟨exit⟩ : ↵
```

(7) 필요 없는 부분을 Erase, Trim 명령어로 정리한다.

(8) 모서리를 정리하기 위한 기준선을 그린다.

```
Command : OFFSET ↵
Specify offset distance or
[Through/Erase/Layer] ⟨50.0000⟩ : 90 ↵
Select object to offset or ⟨exit⟩ : L1 클릭
Specify point on side to offset or
[Exit/Multiple/Undo] ⟨Exit⟩ : P1점 방향 클릭
Select object to offset or ⟨exit⟩ : L1 클릭
Specify point on side to offset or
[Exit/Multiple/Undo] ⟨Exit⟩ : P2점 방향 클릭
Select object to offset or ⟨exit⟩ : ↵
```

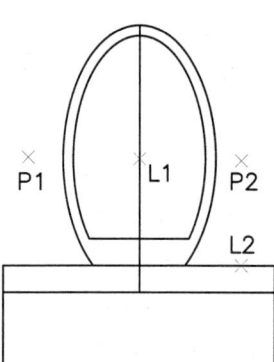

```
Command : OFFSET ↵
Specify offset distance or [Through/Erase/Layer] <90.0000> : 25 ↵
Select object to offset or <exit> : L2 클릭
Specify point on side to offset or [Exit/Multiple/Undo] <Exit> : P2점 방향 클릭
Select object to offset or <exit> : ↵
```

(9) Erase, Trim 명령어로 불필요한 부분을 정리한다.

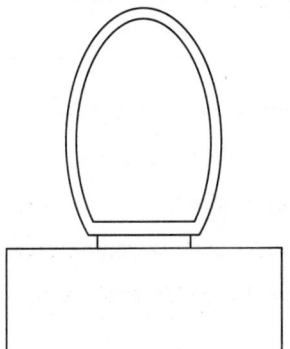

```
Command : ERASE ↵
Select objects : 지울 객체 클릭
Select objects : ↵
```

(10) 모서리 부분을 정리한다.

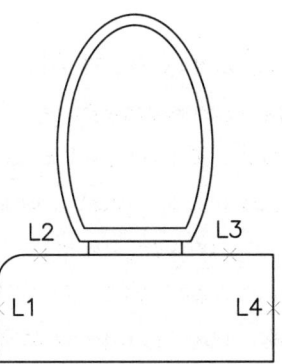

```
Command : FILLET ↵
Current settings : Mode = TRIM, Radius = 50.0000
Select first object or [Polyline/Radius/Trim] : L1 클릭
Select second object or shift-select to apply corner : L2 클릭
Select first object or [Polyline/Radius/Trim] : L3 클릭
Select second object or shift-select to apply corner : L4 클릭
```

(11) 저장한다.

```
Command : SAVE ↵
[파일이름(N) : ] 양변기.dwg
[저장]
```

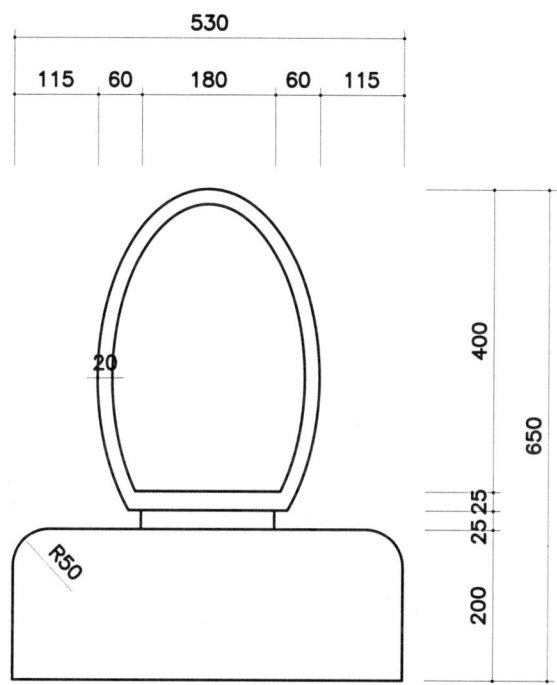

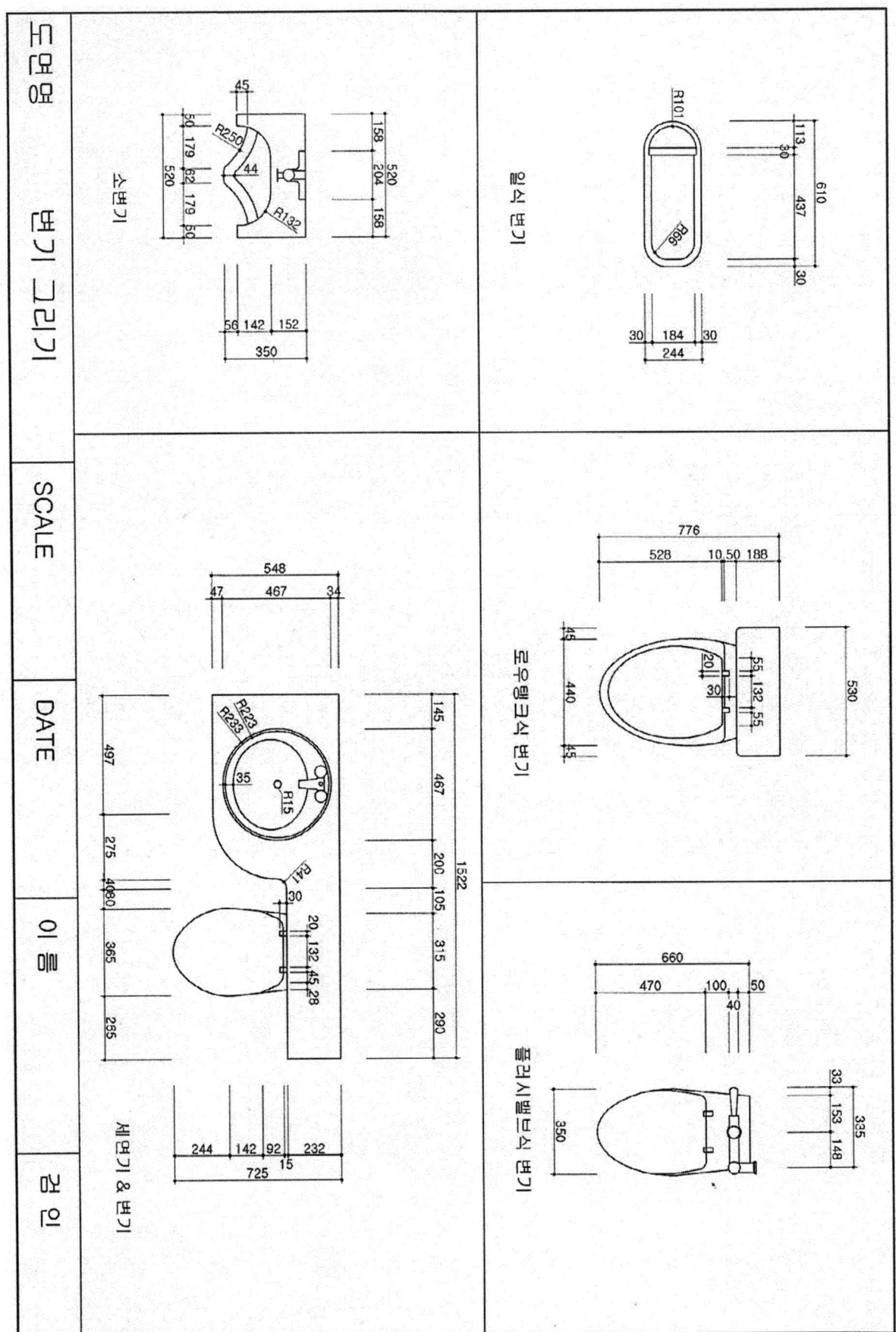

1-4 화장실 설계

■ 화장실 예제 ■

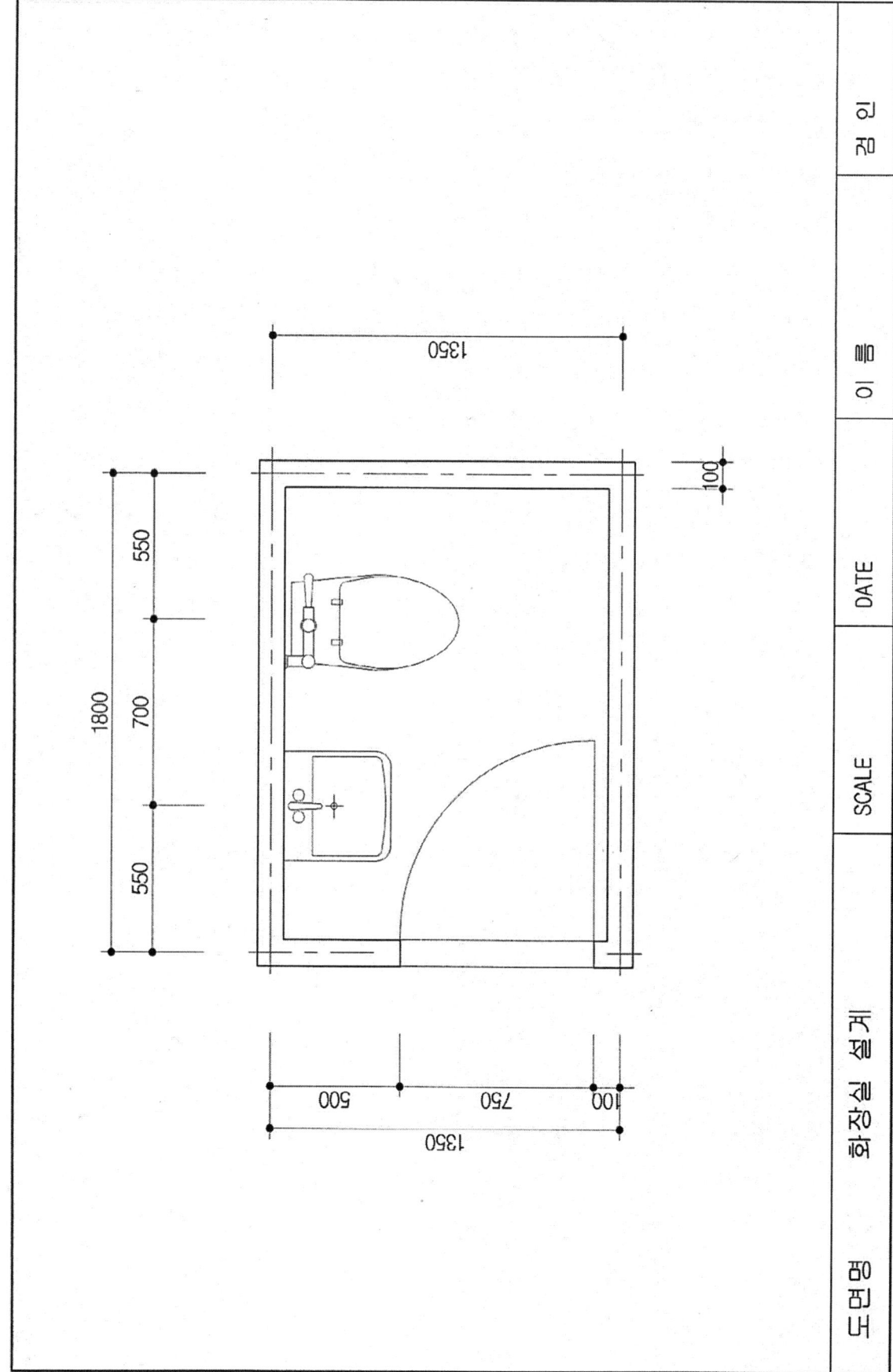

■ 화장실 예제 ■

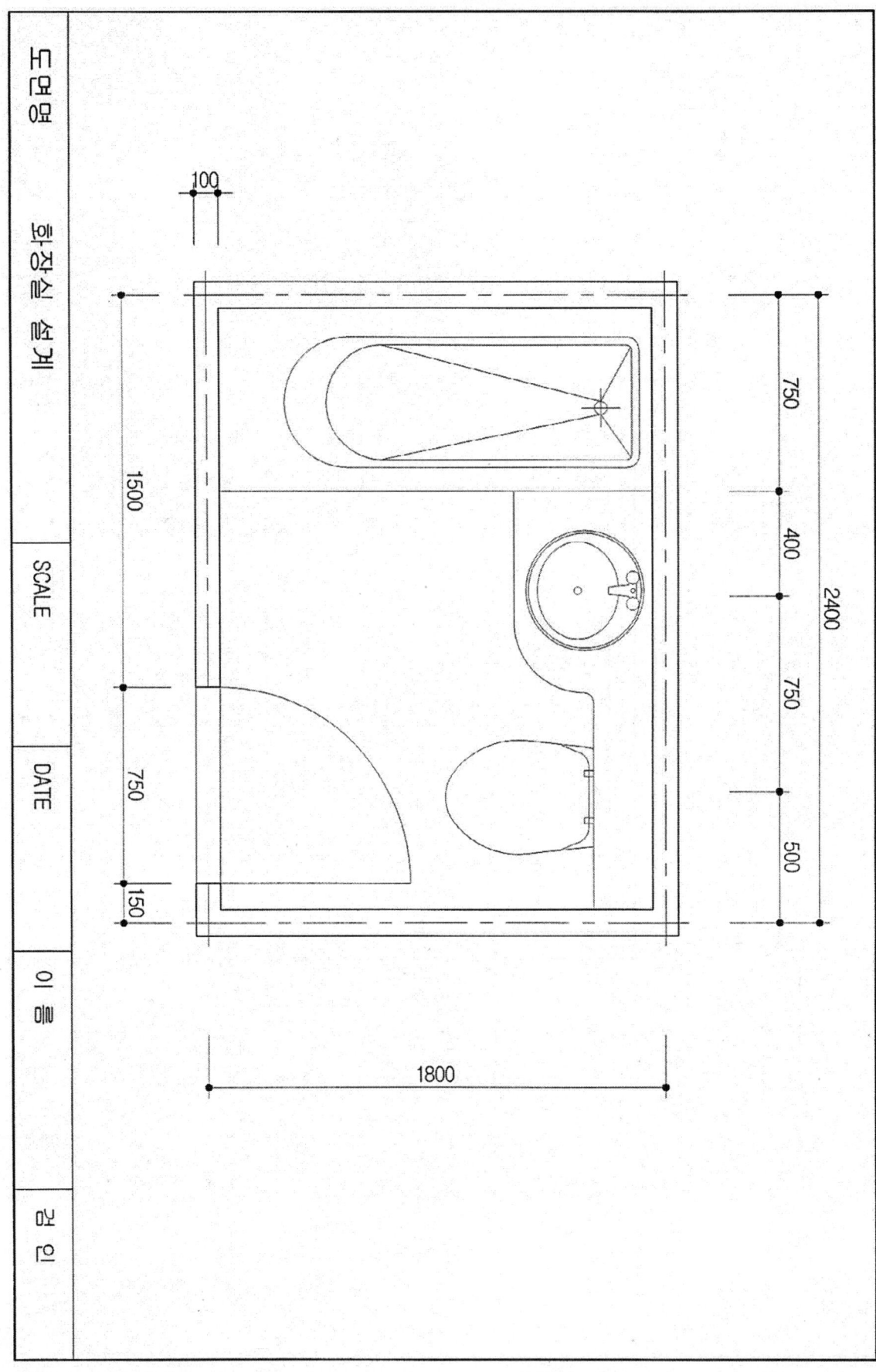

■ 화장실 예제 ■

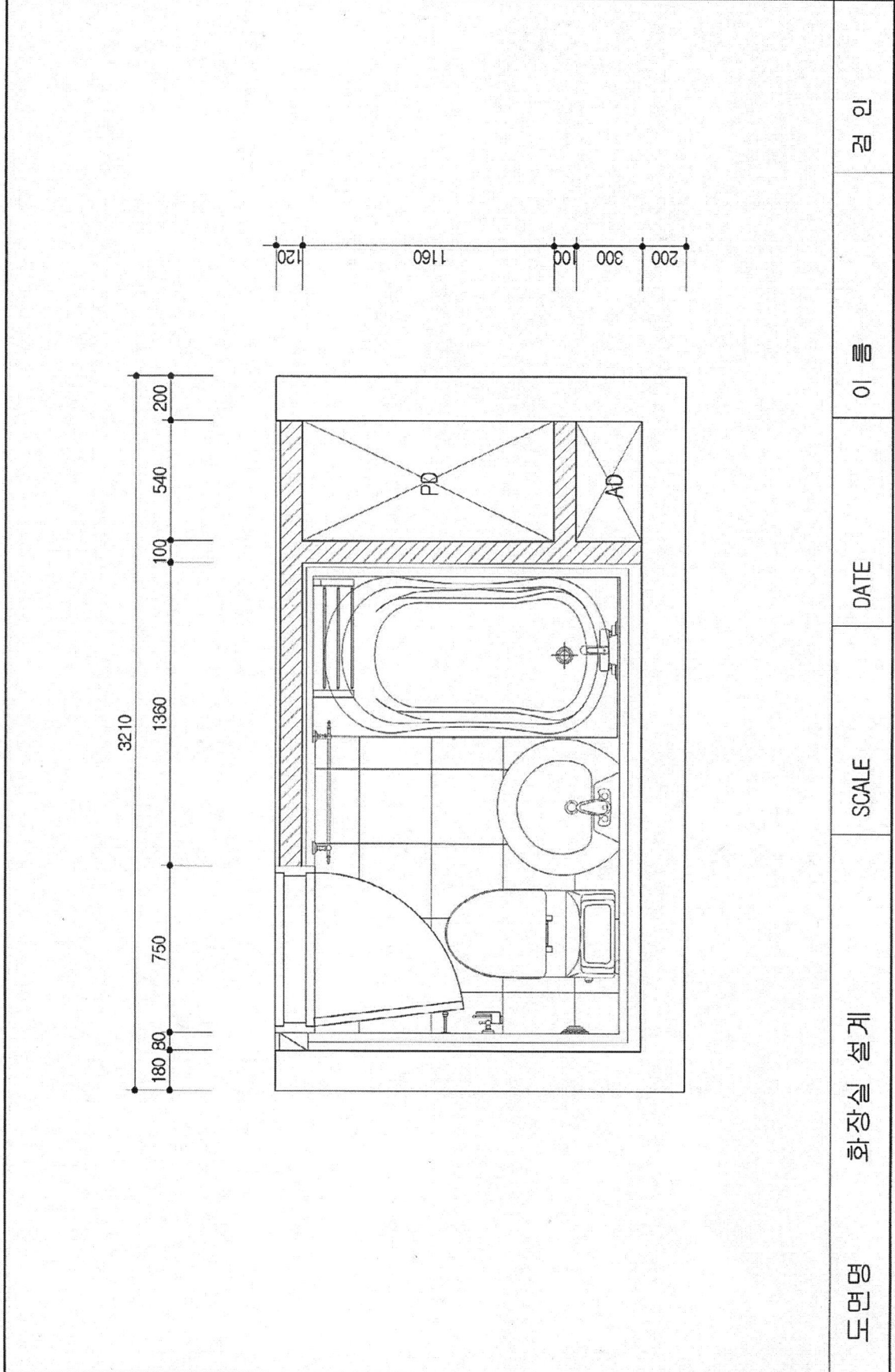

■ 화장실 예제 ■

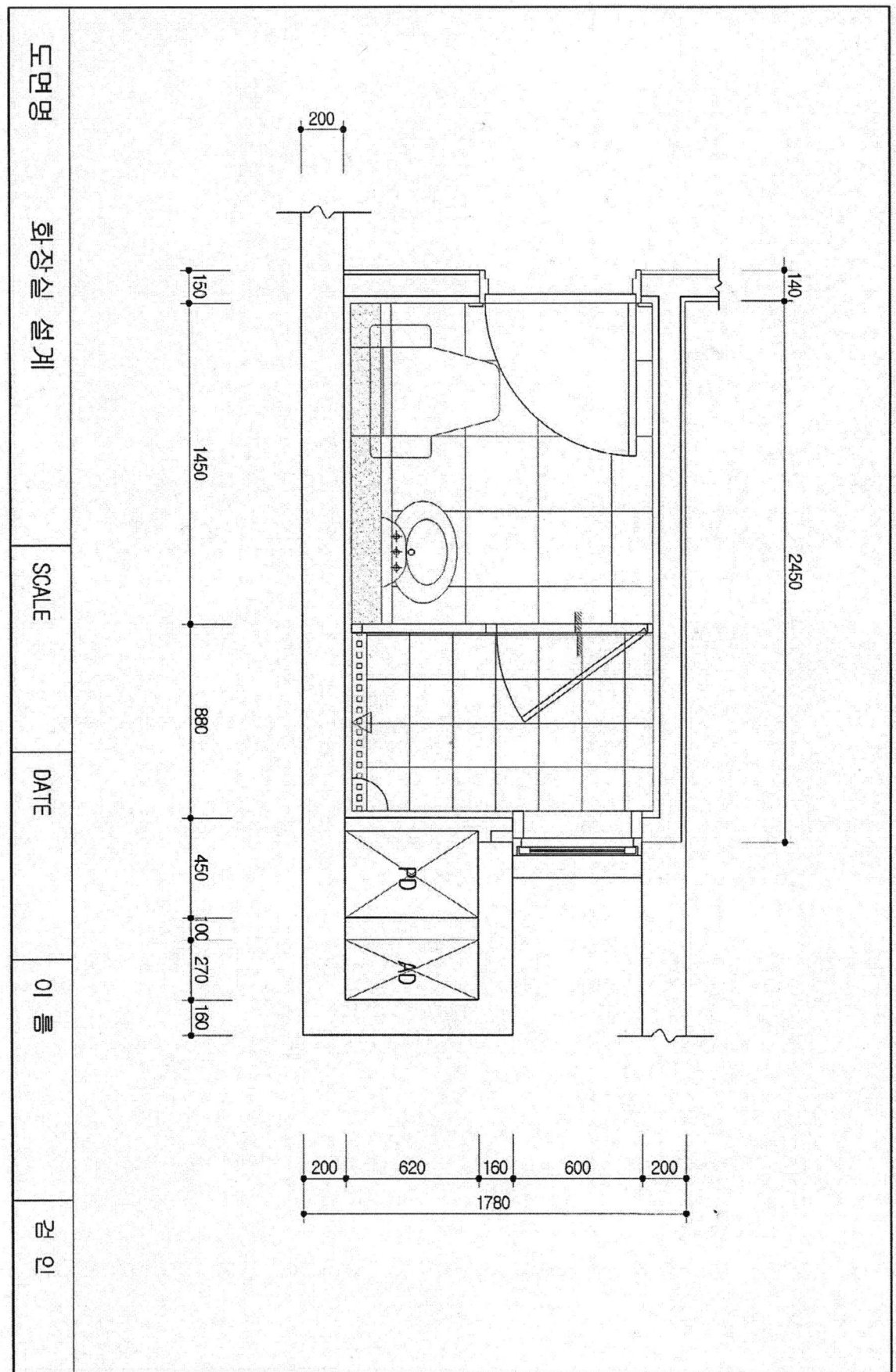

■ 화장실 예제 ■

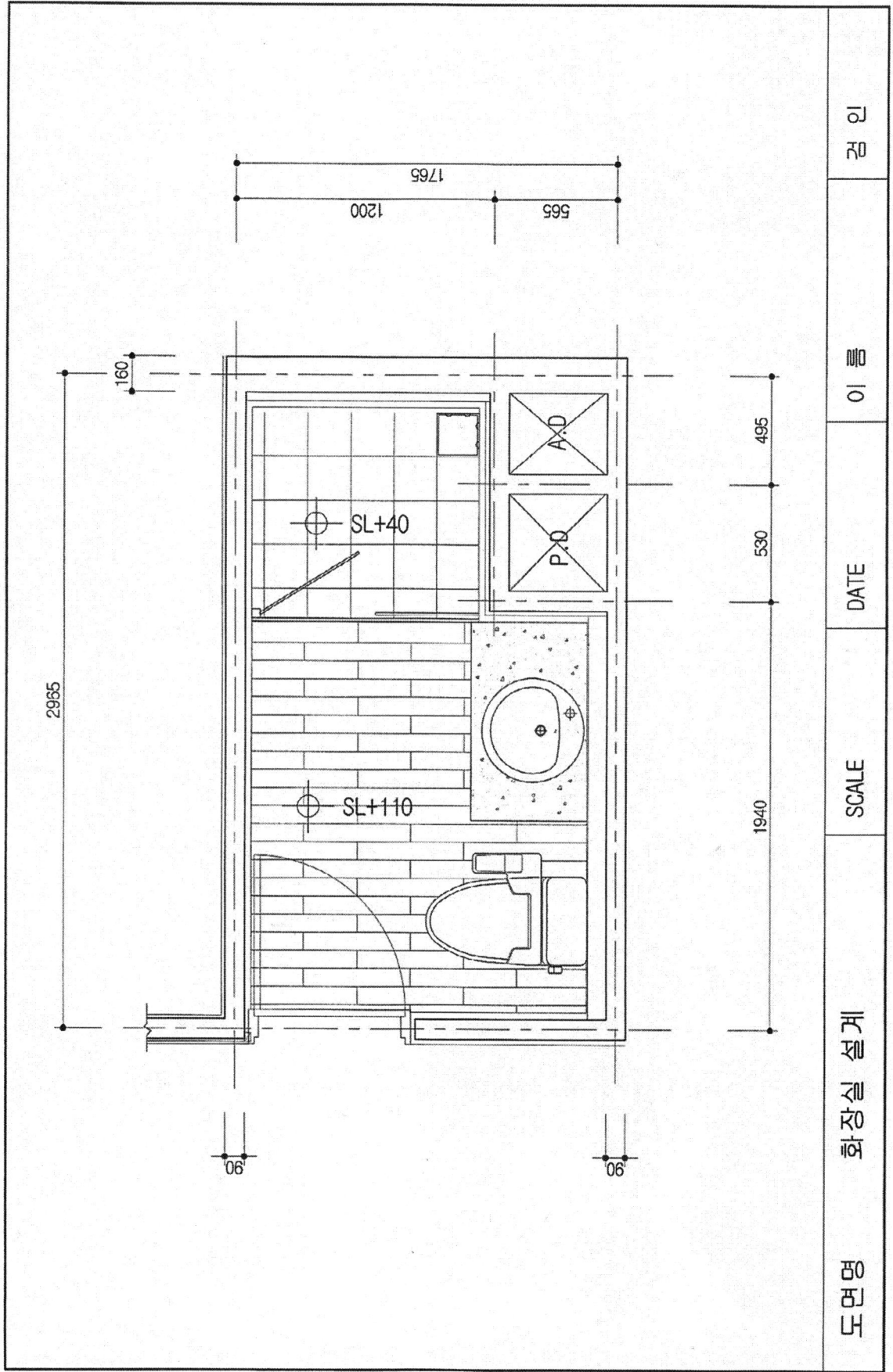

2 주방기구 그리기

2-1 냉장고 예제

(1) 새로운 도면을 시작한다.

```
Command : NEW ↵
[Select template] → [Open]
```

(2) 작업 범위를 설정한다.

```
Command : LIMITS ↵
Specify lower left corner or [ON/OFF] ⟨0.0000,0.0000⟩ : ↵
Specify upper right corner ⟨420.0000,297.0000⟩ : 1200,900 ↵

Command : ZOOM ↵
[All/Center/Dynamic/Extents/Previous/Scale/Window/Object] ⟨real time⟩ : A ↵
```

(3) 냉장고의 외곽선을 그린다.

```
Command : RECTANGLE ↵
Specify first corner point or [Chamfer
/Elevation/Fillet/Thickness/Width] : P1점 클릭
Specify other corner point or
[Area/Dimensions/Rotation] : @675,620 ↵

Command : EXPLODE ↵
Select objects : L1 클릭
Select objects : ↵
```

(4) 냉장고의 문선과 내부선을 만든다.

```
Command : OFFSET ↵
Specify offset distance or
[Through/Erase/Layer] 〈Through〉 : 60 ↵
Select object to offset or 〈exit〉 : L1 클릭
Specify point on side to offset or
[Exit/Multiple/Undo] 〈Exit〉 : P1점 방향 클릭
Select object to offset or 〈exit〉 : ↵
```

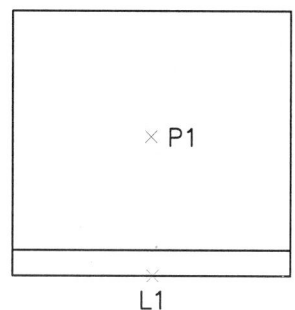

```
Command : OFFSET ↵
Specify offset distance or
[Through/Erase/Layer] 〈60.0000〉 : 25 ↵
Select object to offset or 〈exit〉 : L1 클릭
Specify point on side to offset or
[Exit/Multiple/Undo] 〈Exit〉 : P1점 방향 클릭
Select object to offset or 〈exit〉 : L2 클릭
Specify point on side to offset or
[Exit/Multiple/Undo] 〈Exit〉 : P1점 방향클릭
Select object to offset or 〈exit〉 : L3 클릭
Specify point on side to offset or
[Exit/Multiple/Undo] 〈Exit〉 : P1점 방향 클릭
Select object to offset or 〈exit〉 : L4 클릭
Specify point on side to offset or
[Exit/Multiple/Undo] 〈Exit〉 : P1점 방향클릭
Select object to offset or 〈exit〉 : ↵
```

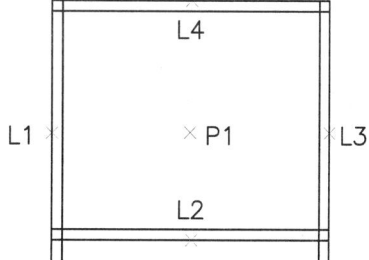

(5) 내부선을 정리한 후 열림표시를 한다.

```
Command : LINE ↵
Specify first point : P1점 클릭
Specify next point or [Undo] : P2점 클릭
Specify next point or [Undo] : ↵

Command : ↵
Specify first point : P3점 클릭
Specify next point or [Undo] : P4점 클릭
Specify next point or [Undo] : ↵
```

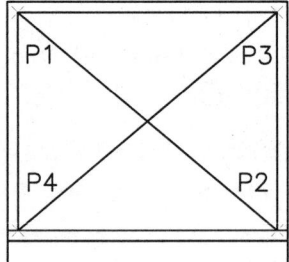

(6) 저장한다.

```
Command : Save ↵
[파일이름(N) : ] 냉장고.dwg
[저장]
```

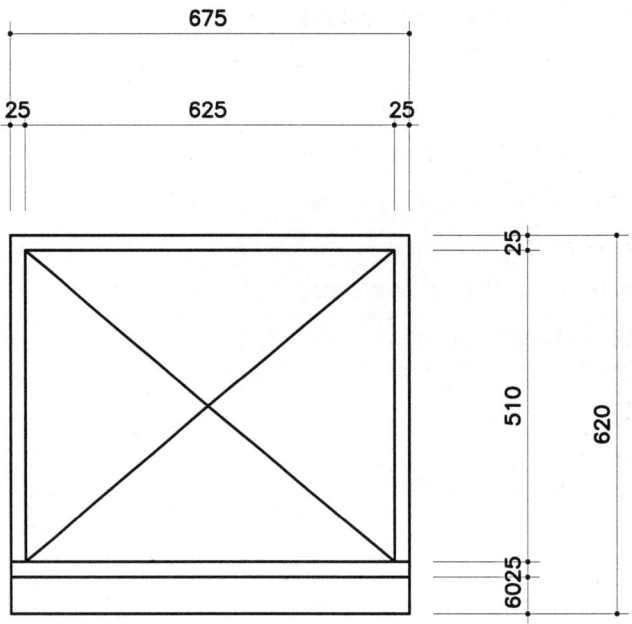

2-2 싱크대 예제

(1) 새로운 도면을 시작한다.

```
Command : NEW ↵
[Select template] → [Open]
```

(2) 작업 범위를 설정한다.

```
Command : LIMITS ↵
Specify lower left corner or [ON/OFF] ⟨0.0000,0.0000⟩ : ↵
Specify upper right corner ⟨420.0000,297.0000⟩ : 1500,1000 ↵

Command : ZOOM ↵
[All/Center/Dynamic/Extents/Previous/Scale/Window/Object] ⟨real time⟩ : A ↵
```

(3) 싱크대의 외곽선을 그린다.

```
Command : RECTANGLE ↵
Specify first corner point or [Chamfer
/Elevation/Fillet/Thickness/Width] : P1점 클릭
Specify other corner point or
[Area/Dimensions/Rotation] : @900,550 ↵

Command : EXPLODE ↵
Select objects : L1 클릭
Select objects : ↵
```

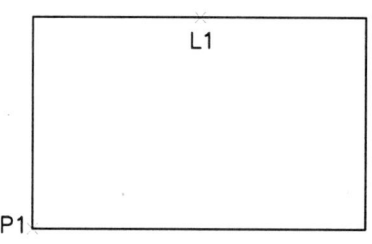

(4) 싱크대의 내부선을 그린다.

```
Command : OFFSET ↵
Specify offset distance or
[Through/Erase/Layer] <Through> : 20 ↵
Select object to offset or <exit> : L1 클릭
Specify point on side to offset or
[Exit/Multiple/Undo] <Exit> : P2점 방향 클릭
✔ L2, L3, L4, L5도 Offset 한다.
```

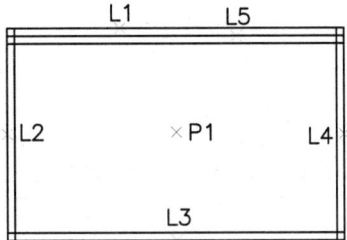

(5) 내부 수조와 요철 부분의 경계선을 그린다.

```
Command : OFFSET ↵
Specify offset distance or
[Through/Erase/Layer] <20.0000> : 450 ↵
Select object to offset or <exit> : L1 클릭
Specify point on side to offset or
[Exit/Multiple/Undo] <Exit> : P1점 방향 클릭
Select object to offset or <exit> : ↵
```

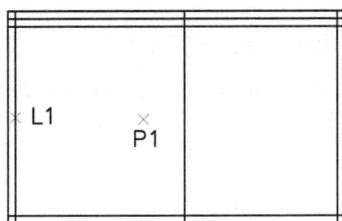

(6) 내부 수조의 기준선을 그린다.

```
Command : OFFSET ↵
Specify offset distance or
[Through/Erase/Layer] <20.0000> : 40 ↵
Select object to offset or <exit> : L1 클릭
Specify point on side to offset or
[Exit/Multiple/Undo] <Exit> : P1점 방향 클릭
✔ L2, L3, L4, L5도 Offset 한다.
```

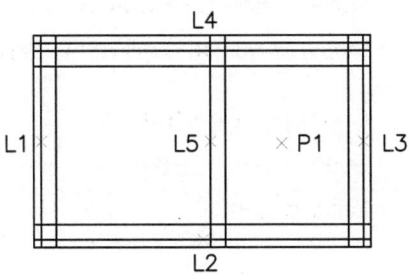

(7) 싱크대 수조 내부 모서리를 정리한다.

Command : FILLET ↵
Select first object or [Polyline/Radius/Trim]
: R ↵
Specify fillet radius ⟨50.0000⟩ : 60 ↵
Select first object or [Polyline/Radius/Trim]
: L1 클릭
Select second object or shift-select to apply corner : L2 클릭
✔ L2&L3, L3&L4, L4&L1도 Fillet으로 다듬어 준다.

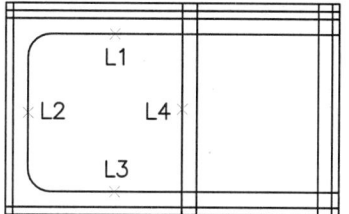

(8) 싱크대 외부 모서리를 정리한다.

Command : FILLET ↵
Select first object or [Polyline/Radius/Trim]
: R ↵
Specify fillet radius ⟨60.0000⟩ : 50 ↵
Select first object or [Polyline/Radius/Trim]
: L1 클릭
Select second object or shift-select to apply corner or shift-select to apply corner
: L2 클릭
✔ L2&L3, L3&L4, L4&L1도 Fillet으로 다듬어 준다.

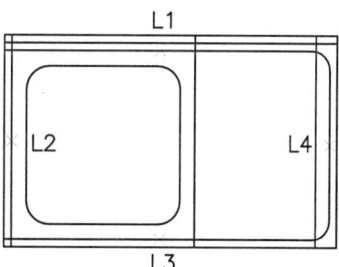

(9) 지름이 50mm인 배수구를 그린다.

```
Command : LINE ↵
Specify first point : P1점 클릭(MID포인트)
Specify next point or [Undo] : P2점 클릭
(MID포인트)
Specify next point or [Undo] : ↵

Command : ↵
Specify first point : P3점 클릭(MID포인트)
Specify next point or [Undo] : P4점 클릭
(MID포인트)
Specify next point or [Undo] : ↵
```

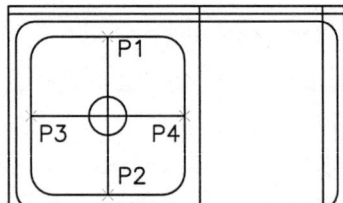

```
Command : CIRCLE ↵
Specify center point for circle or [3P/2P/Ttr
(tan tan radius)] : P1점 클릭
Specify radius of circle or [Diameter] : 50 ↵

Command : ↵
Specify center point for circle or [3P/2P/Ttr
(tan tan radius)] : P1점 클릭
Specify radius of circle or [Diameter]
〈50.0000〉: 25 ↵
```

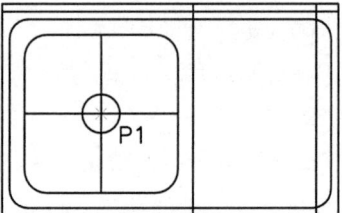

(10) 배수구에서 불필요한 부분을 Trim, Erase로 정리한다.

```
Command : TRIM ↵
Select objects : R1 클릭
Select objects : ↵
Select object to trim or shift-select to
extend or [Project/Edge/Undo] : L1 클릭
Select object to trim or shift-select to
extend or [Project/Edge/Undo] : L2 클릭
Select object to trim or shift-select to
extend or [Project/Edge/Undo] : L3 클릭
Select object to trim or shift-select to
extend or [Project/Edge/Undo] : L4 클릭
Select object to trim or shift-select to
extend or [Project/Edge/Undo] : ↵

Command : ERASE ↵
Select objects : R1 클릭
Select objects : ↵
```

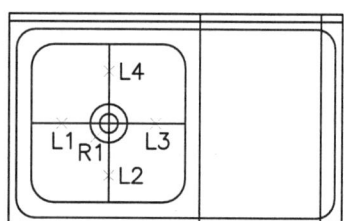

(11) 선반의 요철 부위를 그린다.

```
Command : LINE ↵
Specify first point : P1점 클릭
Specify next point or [Undo] : P1점 클릭
(Ortho = on)
Specify next point or [Undo] : ↵
```

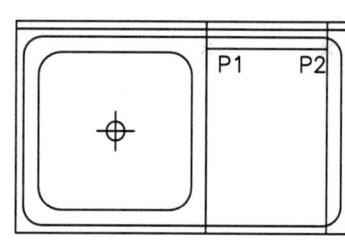

```
Command : ARRAY ↵
Select objects : P1 클릭
Select objects :
Enter array type [Rectangular/PAth/POlar]
〈Polar〉: R ↵
Specify opposite corner for number of
items or [Base point/Angle/Count]
〈Count〉: C ↵
Enter number of rows or [Expression] 〈4〉
: 15 ↵
Enter number of columns or [Expression] 〈4〉
: 1 ↵
Specify opposite corner to space items or
[Spacing] 〈Spacing〉: -30 ↵
Press Enter to accept or [ASsociative/Base
point/Rows/Columns/Levels/eXit] 〈eXit〉: ↵
```

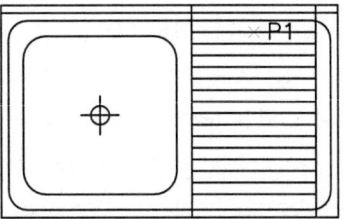

(12) 불필요한 선을 Erase로 정리하여 완성하고, 저장한다.

```
Command : Save ↵
[파일이름(N) : ] 싱크대.dwg
[저장]
```

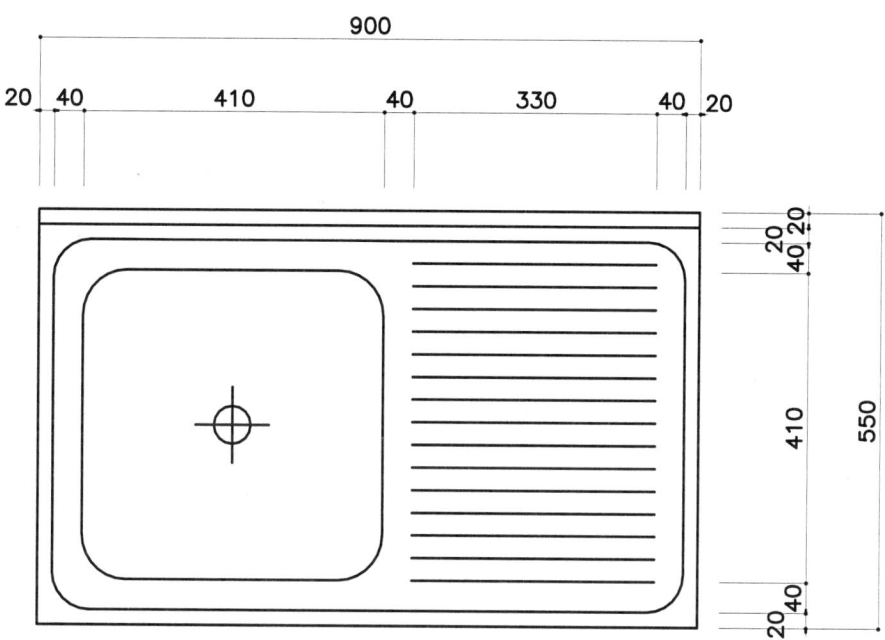

2-3 주방 공간 설계

■ 주방 공간 예제 ■

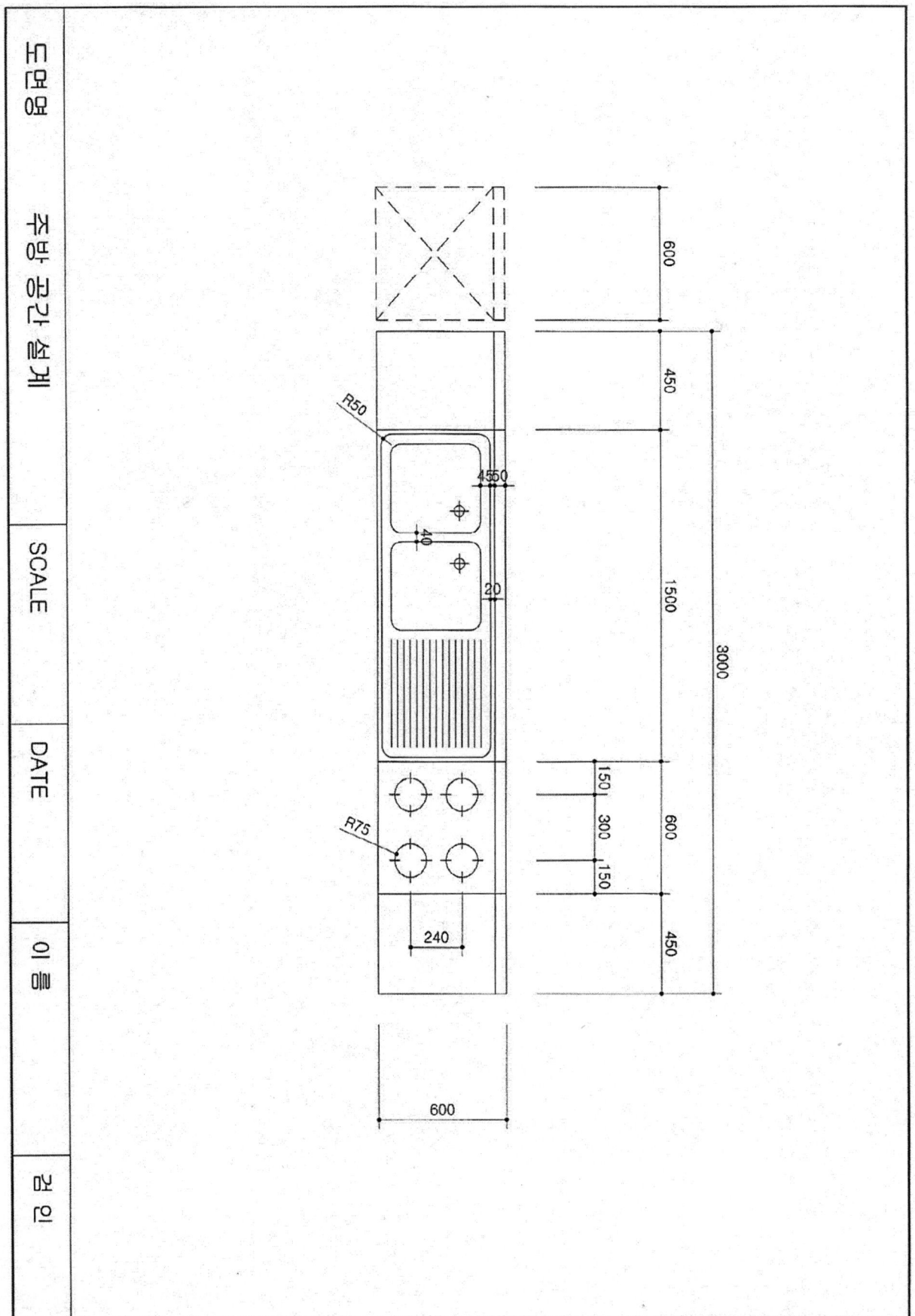

■ 주방 공간 예제 ■

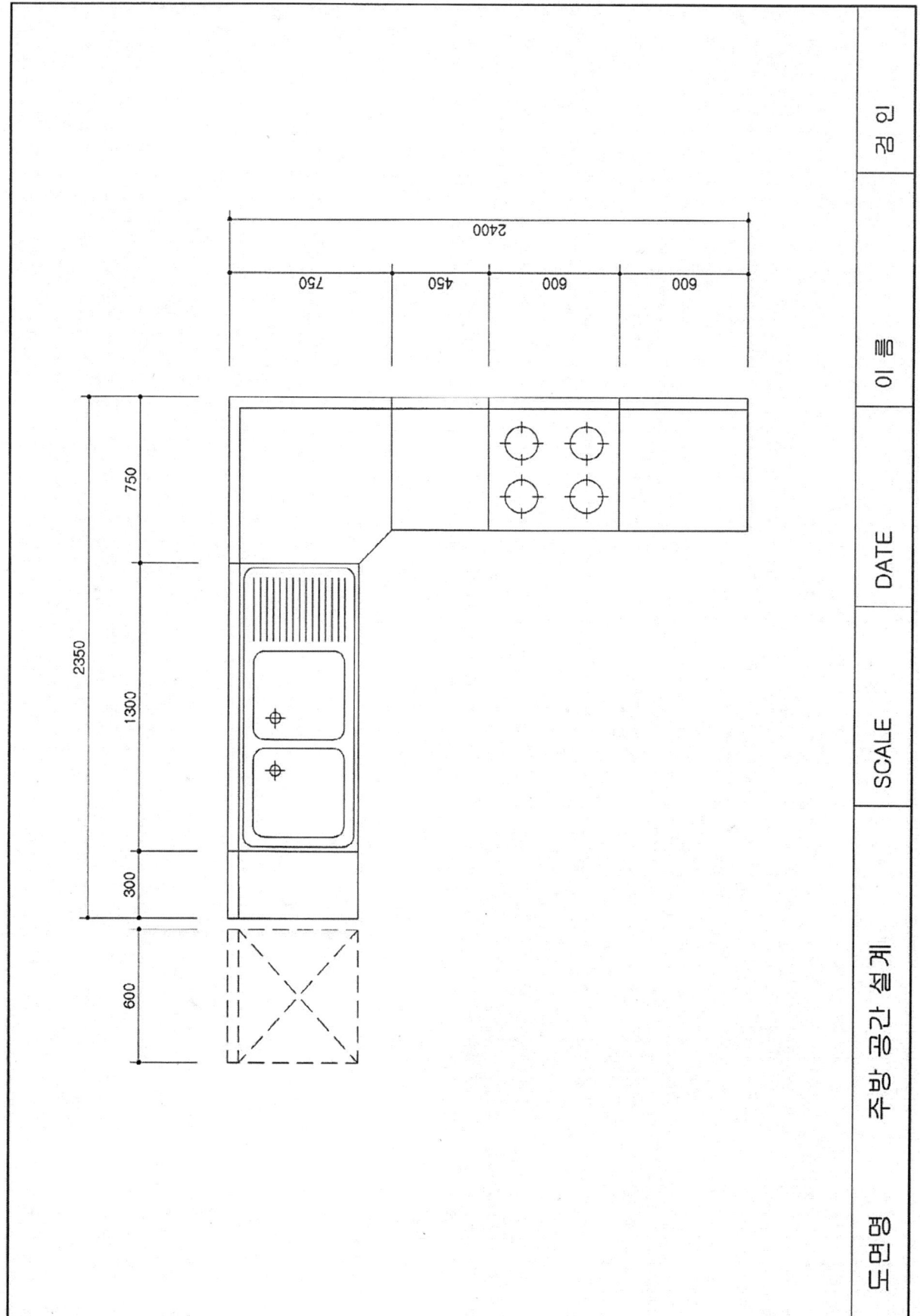

■ 주방 공간 예제 ■

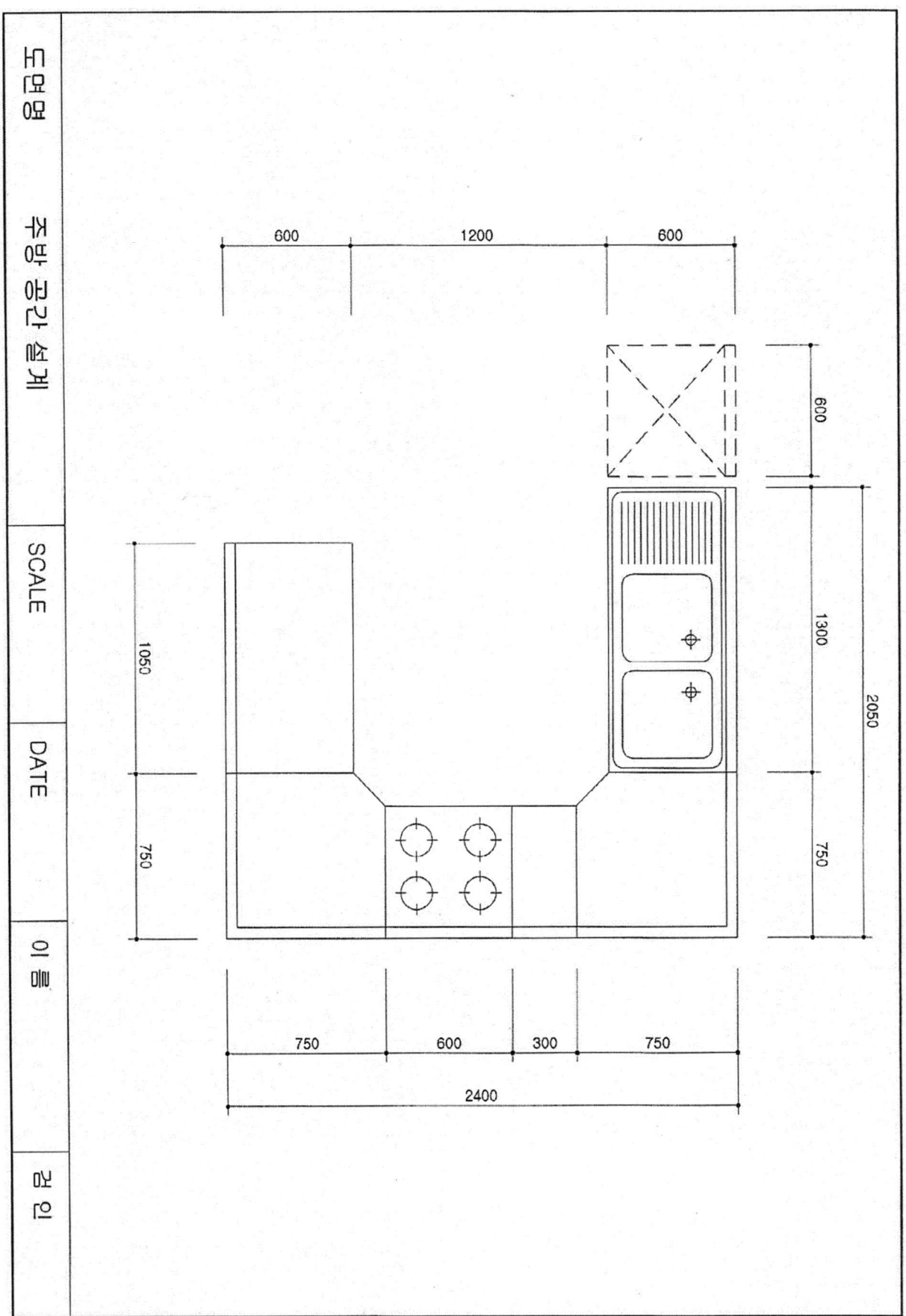

■ 주방 공간 예제 ■

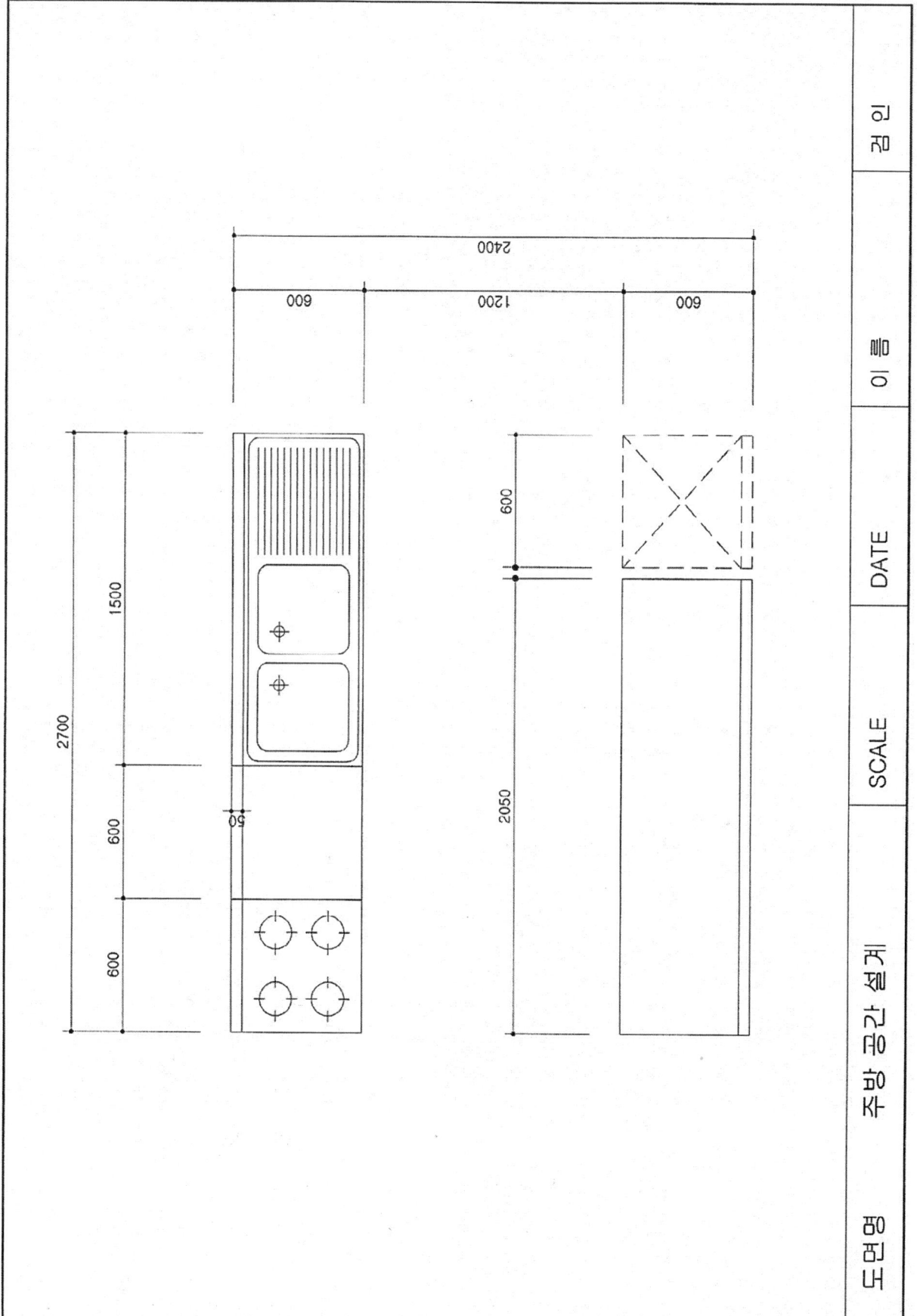

제6장 도면 기호 및 계단 그리기

1 해치(HATCH)

1-1 HATCH(해치)

도면에서 특정 영역의 재료표시나 구성요소를 구분하기 위하여, 지정한 영역을 원하는 모양의 해치 패턴으로 채우는 명령어이다.

Pull Down Menu : [Draw] → [Hatch...]   단축키 H

Command : HATCH ↵

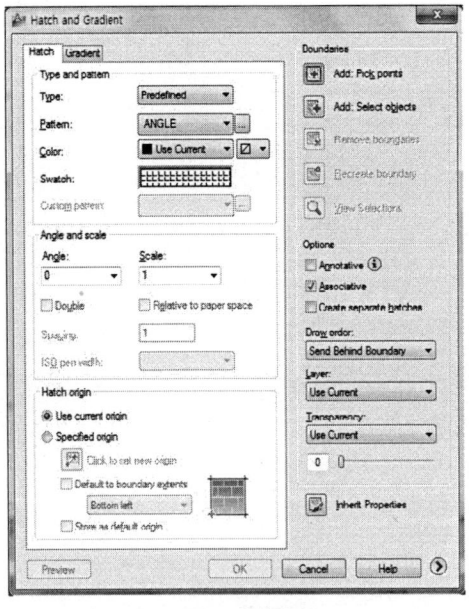

Hatch 대화상자

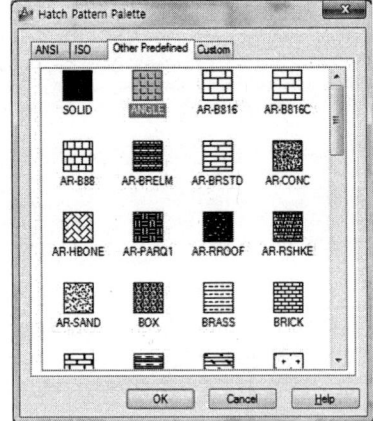

Hatch Pattern 대화상자

OPTION

(1) Type and pattern

- Type : 패턴 타입을 지정한다.
  - Predefined(사전 정의) : AutoCAD에서 지원하는 여러 가지 패턴
  - User-defined(사용자 정의) : 현재의 선 종류를 이용하여 선의 패턴을 정의하는 것으로서 일반적인 사선패턴을 의미
  - Custom(사용자화) : 사용자가 Custom Pattern이 있는 경우에 의한 해칭
- Pattern : Type대화상자에서 Predefined를 선택했을 경우, 선택한 Pattern의 이름을 나타낸다.
- Swatch : 선택한 패턴형태를 그림으로 보여준다.
- Custom Pattern : 사용자가 만든 패턴 이름을 보여준다.

(2) Angle and scale

- Angle(각도) : Pattern의 각도를 지정한다.
- Scale(축척) : Pattern의 간격(크기)을 지정한다.
- Double : User-defined(사용자 정의)가 선택된 경우에만 90°각도로 또 다른 해치를 이중으로 그리도록 하는 기능이다.
- Spacing(간격) : User-defined(사용자 정의) 해치 패턴에서 선의 간격을 지정한다.
- ISO pen width : 선택된 펜의 폭을 기본으로 하여 ISO 관련 패턴의 스케일을 조정한다.

(3) Hatch origin

- Use current origin : 현재의 기준점을 이용한다.
- Specified origin : 새로운 기준점을 지정한다.
  - Click to set new origin : 마우스 클릭으로 새로운 기준점을 지정
  - Default to boundary extend : 좌상, 좌하, 우상, 우하, 중앙의 기준점을 선택
  - Store as default origin : 기본 기준점으로 저장

(4) Boundaries

- Add : Pick Points : 가장 많이 쓰는 경계 영역 설정법으로, 해치 할 객체의 영역 안의 점을 선택하는 방법이다.
- Add : Select Objects : 해치 할 객체를 선택하는 방법이다.
- Remove Islands : Pick Point 선택사항에 의해 선 등의 객체로 둘러싸인 영역을 해치 할 때 내부의 경계 객체를 무시하고 해칭한다.
- View Selections : 현재 정의된 해치의 경계를 보여준다. 이 옵션은 선택한 것이 없거나 경계가 만들어지지 않을 때는 사용이 불가능하다.

(5) Options

- Anntative : 주석
- Associative : 연관
- Create separate hatch : 개별 해치 작성
- Draw order : 그리기 순서
- Inherit Properties : 특성상속-기존에 있는 해치를 선택하여 그 해치와 같은 해치타입으로 속성을 결정한다.

(6) Preview

완성된 해치 상태를 적용하기 전에 미리 보여주는 기능이다.

1-2 Gradient(그레디언트)

Gradient 명령은 선택영역에 그래디언트 효과를 주는 명령어이다.

```
Pull Down Menu : [Draw] → [Gradient...]                    단축키  GD
```

```
Command : GRADIENT ↵
```

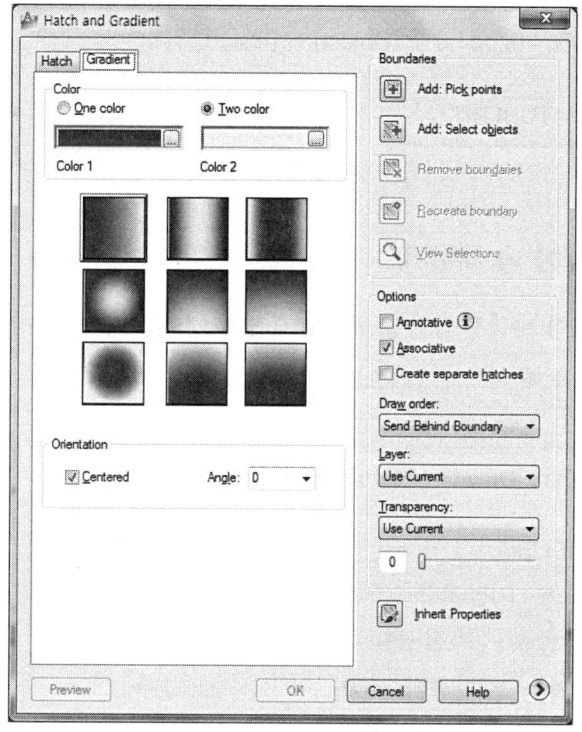

OPTION

(1) Color

- One color : 한가지 색으로 그래디언트 효과를 넣는다.
- Two color : 두가지 색으로 그래디언트 효과를 넣는다.

(2) Orientation

- Centered : 설정한 그래디언트 효과를 선택영역의 Center를 중심으로 넣는다.
- Angle : 설정한 그래디언트 효과를 주어진 각도만큼 회전시킨다.

1-3 HATCHEDIT(해치 편집)

기존의 해치를 수정하는 명령어로서, BHATCH명령과 같은 대화상자가 나타난다. 실제로 해치를 수정할 때는 편집명령어를 사용하기보다는 해당 해치를 더블클릭해서 수정하는 것이 더 빠르다.

```
Pull Down Menu : [Modify] → [Object] → [Hatch...]          단축키  HE
```

```
Command : HATCHEDIT ↵
```

1-4 SOLID(다각형 속 채우기)

Solid 명령은 속이 채워진 삼각형 또는 사각형의 영역을 작성할 수 있는 명령어이다. 4각형 이상은 점을 찍을 때 지그재그식으로 찍어야 한다.

```
Pull Down Menu : [Draw] → [Surfaces] → [2D Solid]          단축키  SO
```

```
Command : SOLID ↵
Specify first point : P1점 클릭
Specify second point : P2점 클릭
Specify third point : P3점 클릭(삼각형은 여기까지 진행한 후 ↵)
Specify fourth point or ⟨exit⟩ : P4점 클릭
Specify third point : ↵
```

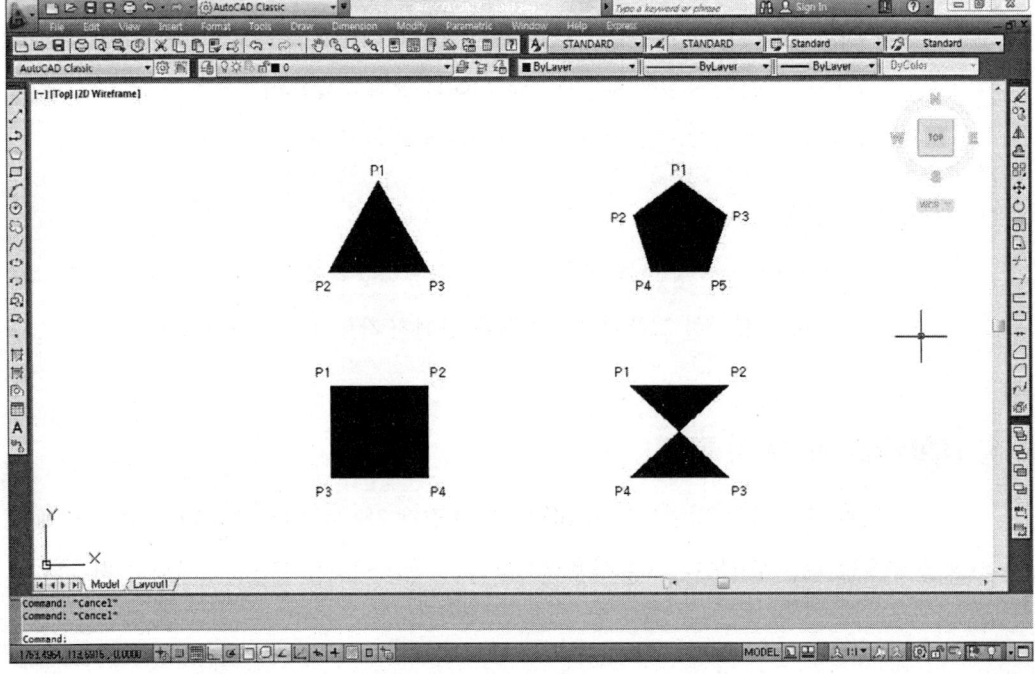

2 도면 기호 및 계단 그리기 예제

2-1 절단표시 기호 예제

(1) 새로운 도면을 시작한다.

```
Command : NEW ↵
[Select template] → [Open]
```

(2) 작업 범위를 설정한다.

```
Command : LIMITS ↵
Specify lower left corner or [ON/OFF] 〈0.0000,0.0000〉 : ↵
Specify upper right corner 〈420.0000,297.0000〉 : 600,400 ↵

Command : ZOOM ↵
[All/Center/Dynamic/Extents/Previous/Scale/Window/Object] 〈real time〉 : A ↵
```

(3) 지름 15mm인 원을 그린다.

```
Command : CIRCLE ↵
Specify center point for circle or [3P/2P
/Ttr (tan tan radius)] : 임의의 시작점(P1) 클릭
Specify radius of circle or [Diameter] : D ↵
Specify diameter of circle : 15 ↵
```

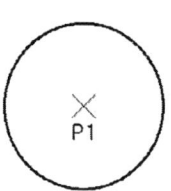

(4) 원의 중심에 마름모꼴의 사각형을 그린다.

Command : POLYGON ⏎
Enter number of sides ⟨4⟩ : ⏎
Specify center of polygon or [Edge] :
원의 중심점 클릭(CEN포인트)
Enter an option [Inscribed in circle
/Circumscribed about circle] ⟨I⟩ : ⏎
Specify radius of circle : 마우스를 움직여서 원보다 약간 큰 마름모를 만든다.

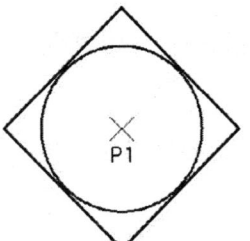

(5) 수평선을 긋고 정리한다.

Command : LINE ⏎
Specify first point : P1점 클릭
Specify next point or [Undo] : P2점 클릭
Specify next point or [Undo] : ⏎

Command : ⏎
Specify first point : P3점 클릭
Specify next point or [Undo] : @20⟨270
Specify next point or [Undo] : ⏎

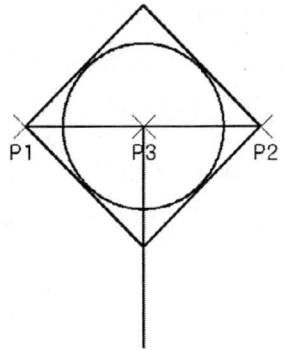

```
Command : TRIM ↵
Select objects : 원 선택
Select objects : ↵
Select object to trim or shift-select to
extend or [Project/Edge/Undo] : L1 클릭
Select object to trim or shift-select to
extend or [Project/Edge/Undo] : L2 클릭
Select object to trim or shift-select to
extend or [Project/Edge/Undo] : ↵

Command : ERASE ↵
Select objects : L3 클릭
Select objects : L4 클릭
Select objects : ↵
```

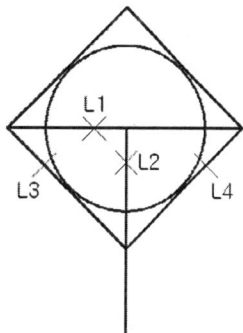

(6) BHATCH 명령을 이용하여 원과 삼각형 사이의 공간을 검게 칠한다.

```
Command : HATCH ↵
[Pattern]의 ⋯ 버튼 클릭
→ 목록상자에서 SOLID 선택
→ [Pick Points] 선택 후 해칭할 위치 클릭
→ [Preview] 를 선택하여 해치 결과를 미리 확
   인한 후,
→ [OK] 클릭
```

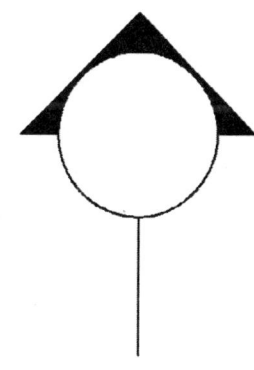

(7) 절단선을 그린다.

```
Command : LINETYPE ↵
[Load] 클릭
→ 목록상자에서 CENTER 선택
→ [OK] 클릭
```

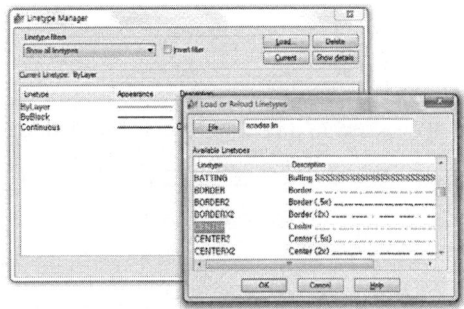

선의 종류를 [Toolbar] → [Properties] → [Linetype] 에서 CENTER로 변경

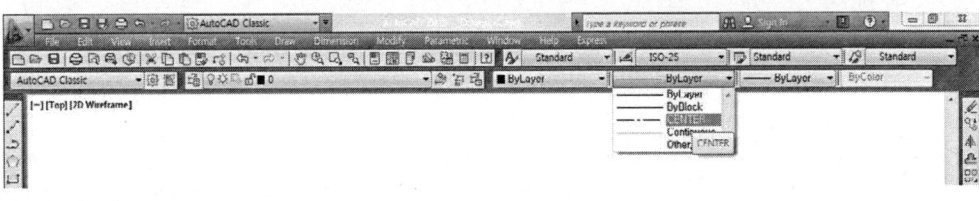

```
Command : LINE ↵
Specify first point : P1점 클릭
Specify next point or [Undo] : @100<0
Specify next point or [Undo] : ↵
```

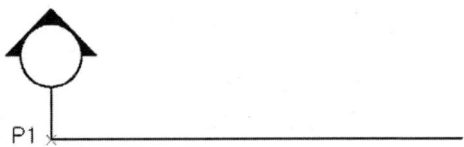

```
Command : LTSCALE ↵
Enter new linetype scale factor <1.0000>
: 0.5 ↵
```

```
Command : MIRROR ↵
Select objects : P1점 클릭
Specify opposite corner : P2점 클릭
Select objects : ↵
Specify first point of mirror line : P3점 클릭
Specify second point of mirror line
: P4점 클릭(Ortho on)
Erase source objects? [Yes/No] <N> : ↵
```

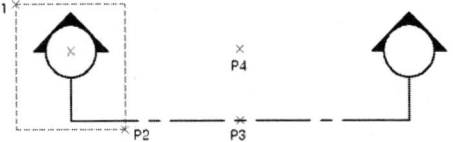

(8) 글자를 기입한다.

```
Command : STYLE ↵
Font Name에서 '굴림' 선택 후
[ Apply ] 버튼 클릭
```

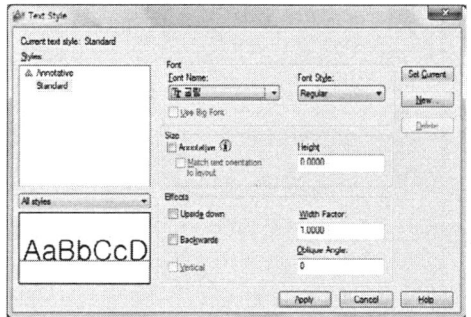

```
Command : TEXT ↵
크기 : 4
```

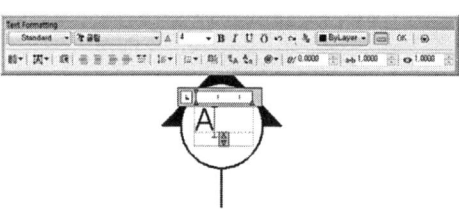

(9) 문자를 반대편에 복사한 후 이를 수정한다.

```
복사한 글자를 클릭한 후 "A", "A´"로 수정한다.
```

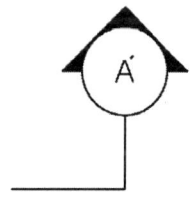

(10) 완성된 도면 기호를 저장한다.

```
Command : SAVE ↵
[파일 이름(N) : ] 절단표시기호.dwg → [저장]
```

■ 부호 예제 ■

도면명	도면 부호 그리기		
	도면 명칭부호	창호 표시부호	
	1층 평면도 SCALE : 1/100		
SCALE 1/40	전개면 표시부호	방위 표시부호	
DATE			
이름	축척 표시부호	바닥레벨 표시부호	
검인			

2-2 계단 예제

(1) 새로운 도면을 시작한다.

```
Command : NEW ↵
[Select template] → [Open]
```

(2) 작업 범위를 설정한다.

```
Command : LIMITS ↵
Specify lower left corner or [ON/OFF] ⟨0.0000,0.0000⟩ : ↵
Specify upper right corner ⟨420.0000,297.0000⟩ : 6000,4000 ↵

Command : ZOOM ↵
[All/Center/Dynamic/Extents/Previous/Scale/Window/Object] ⟨real time⟩ : A
```

(3) 외곽선을 그린다.

```
Command : RECTANGLE ↵
Specify first corner point or [Chamfer/
Elevation/Fillet/Thickness/Width] : P1점 클릭
Specify other corner point or [Area/
Dimensions/Rotation] : @4800,2360 ↵

Command : EXPLODE ↵
Select objects : L1 클릭
Select objects : ↵
```

(4) 핸드레일을 만들기 위해 기준선을 그린다.

```
Command : OFFSET ↵
Specify offset distance or [Through/Erase/Layer] <Through> : 1200 ↵
Select object to offset or <exit> : L1 클릭
Specify point on side to offset or
[Exit/Multiple/Undo] <Exit> : P1점 클릭
Select object to offset or <exit> : ↵
```

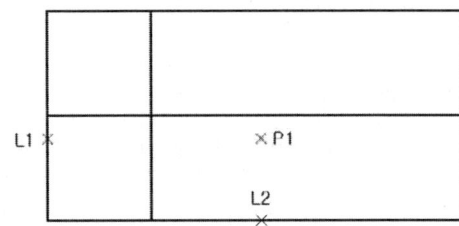

```
Command : ↵
Specify offset distance or [Through/Erase/Layer] <1200.0000> : 1180 ↵
Select object to offset or <exit> : L2 클릭
Specify point on side to offset or [Exit/Multiple/Undo] <Exit> : P1점 클릭
Select object to offset or <exit> : ↵
```

(5) 핸드레일을 만든다.

```
Command : OFFSET ↵
Specify offset distance or [Through/Erase/Layer] <1180.0000> : 30 ↵
Select object to offset or <exit> : L1 클릭
Specify point on side to offset or
[Exit/Multiple/Undo] <Exit> : P1점 클릭
✔ L1(2개), L2(3개) 모두 화살표 방향으로 Offset
  한다.
```

(6) 핸드레일을 Trim 명령으로 정리한다.

Command : TRIM ↵
Select objects : ↵
Select object to trim or shift-select to extend or [Fence/Crossing/Project/Edge/eRase/Undo] : 불필요한 부분 선택
✔ 오른쪽 그림과 같이 정리한다.

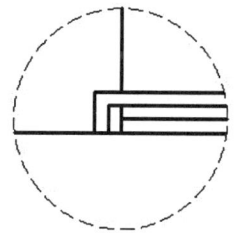

(7) 넌슬립(Non-slip)의 기준선을 만든다.

Command : OFFSET ↵
Specify offset distance or [Through/Erase/Layer] ⟨30.0000⟩ : ↵
Select object to offset or ⟨exit⟩ : L1 클릭
Specify point on side to offset or [Exit/Multiple/Undo] ⟨Exit⟩ : P1점 클릭
Select object to offset or ⟨exit⟩ : ↵

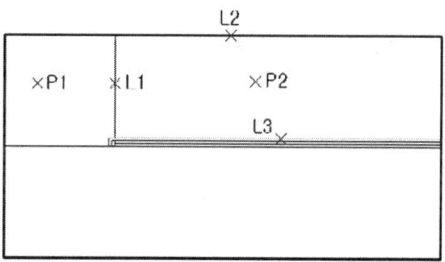

Command : ↵
Specify offset distance or [Through/Erase/Layer] ⟨Through⟩⟨30.0000⟩ : 100 ↵
Select object to offset or ⟨exit⟩ : L2 클릭
Specify point on side to offset or [Exit/Multiple/Undo] ⟨Exit⟩ : P2점 클릭
Select object to offset or ⟨exit⟩ : L3 클릭
Specify point on side to offset or [Exit/Multiple/Undo] ⟨Exit⟩ : P2점 클릭
Select object to offset or ⟨exit⟩ : ↵

(8) Trim 명령으로 넌슬립 부분을 정리한다.

Command : TRIM ↵
Select objects : ↵
Select object to trim or shift-select to extend
or [Project/Edge/Undo] : 잘라낼 부분 선택
✔ 불필요한 부분을 오른쪽 그림과 같이 정리한다.

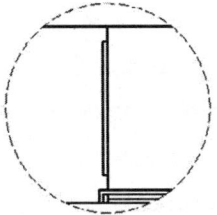

(9) ARRAY 명령으로 넌슬립을 배열한다.

Command : ARRAY ↵
Select objects : P1점 클릭
Specify opposite corner : P2점 클릭
Select objects : ↵
Enter array type [Rectangular/PAth/POlar] ⟨Rectangular⟩ : R ↵
Specify opposite corner for number of items or [Base point/Angle/Count] ⟨Count⟩ : C ↵
Enter number of rows or [Expression] ⟨4⟩ : 1 ↵
Enter number of columns or [Expression] ⟨4⟩ : 9 ↵
Specify opposite corner to space items or [Spacing] ⟨Spacing⟩ : S ↵
Specify the distance between columns or [Expression] ⟨5.2456⟩ : 300 ↵
Press Enter to accept or [ASsociative/Base point/Rows/Columns/Levels/eXit] ⟨eXit⟩ : ↵

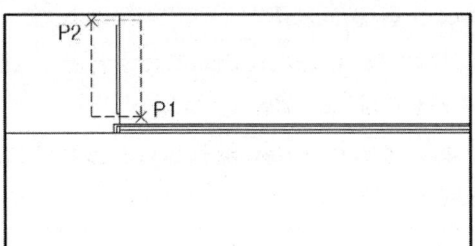

(10) 핸드레일 부분을 Mirror로 대칭복사 한 후 정리한다.

```
Command : MIRROR ↵
Select objects : P1점 클릭
Specify opposite corner : P2점 클릭
Select objects : ↵
Specify first point of mirror line : P3점 클릭
Specify second point of mirror line
: P4점 클릭
Erase source objects? [Yes/No] <N> : ↵
```

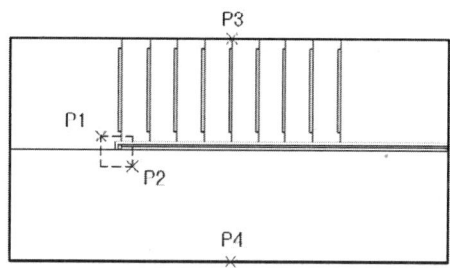

```
Command : TRIM ↵
Select objects : ↵
Select object to trim or shift-select to extend
or [Project/Edge/Undo] : 잘라낼 부분 선택
✔ 불필요한 부분을 오른쪽과 같이 정리한다.
```

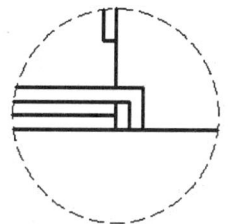

(11) Mirror를 이용해 계단을 반대편으로 복사한다.

```
Command : MIRROR ↵
Select objects : P1점 클릭
Specify opposite corner : P2점 클릭
Select objects : ↵
Specify first point of mirror line : P3점 클릭
Specify second point of mirror line
: P4점 클릭
Erase source objects? [Yes/No] <N> : ↵
Command : ERASE ↵
Select objects : L1 클릭
Select objects : ↵
```

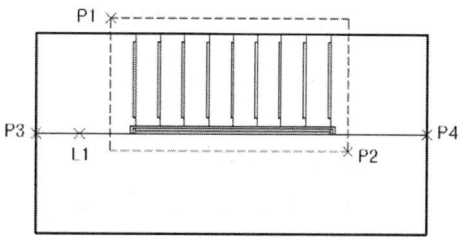

(12) 넌슬립의 방향을 올바르게 바꾼다.

```
Command : MIRROR ↵
Select objects : P1점 클릭
Specify opposite corner : P2점 클릭
Select objects : ↵
Specify first point of mirror line : P3점 클릭
Specify second point of mirror line
: P4점 클릭
Erase source objects? [Yes/No] <Y> : ↵
```

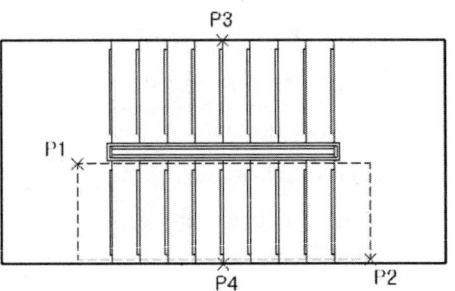

(13) 계단의 UP, DN 지시선을 그린다.

```
Command : LINE ↵
Specify first point : P1점 클릭
Specify next point or [Undo] : P2점 클릭(계단참 폭의 중간지점이 적절)
Specify next point or [Undo] : P3점 클릭
Specify next point or [Undo] : ↵
```

```
Command : ↵
Specify first point : P4점 클릭
Specify next point or [Undo] : P5점 클릭
Specify next point or [Undo] : ↵
✔ 불필요한 부분을 정리한다.
```

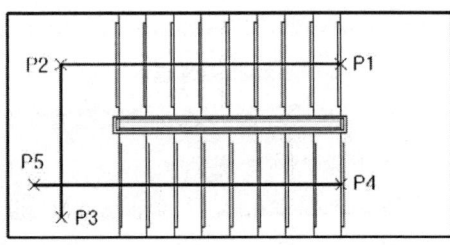

```
Command : DONUT ↵
Specify inside diameter of donut
<0.0000> : ↵
Specify outside diameter of donut
<15.0000> : 30 ↵
Specify center of donut or <exit> : P1점 클릭
Specify center of donut or <exit> : P2점 클릭
Specify center of donut or <exit> : ↵
```

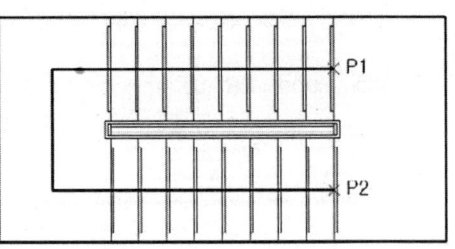

제6장 도면 기호 및 계단 그리기

(14) 파단선을 그린다.

- 파단선(물체의 전체를 도시할 필요가 없을 경우 일부분을 끊어 생략할 때 사용되는 선)의 일반적인 모양

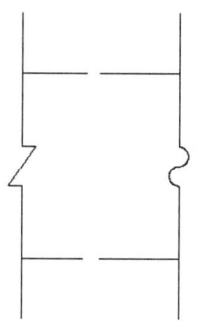 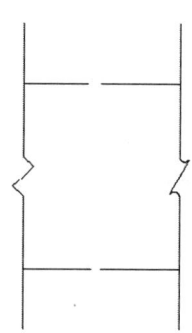

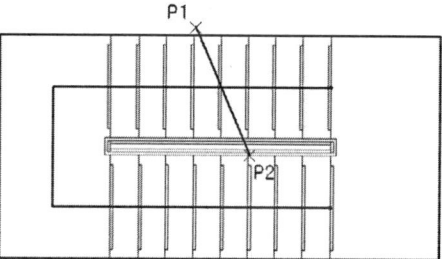

```
Command : LINE ↵
Specify first point : P1점 클릭
Specify next point or [Undo] : P2점 클릭
Specify next point or [Undo] : ↵
```

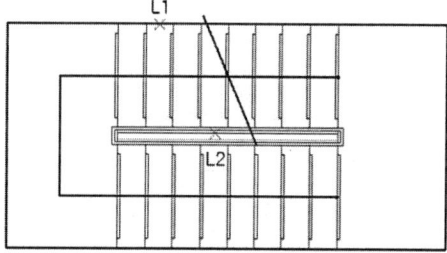

```
Command : TRIM ↵
Select objects : L1 클릭
Select objects : L2 클릭
Select objects : ↵
Select object to trim or shift-select to extend
or [Project/Edge/Undo] : 잘라낼 부분 선택
```

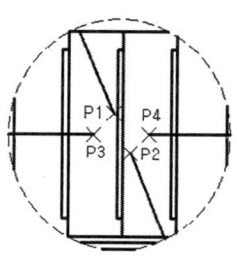

```
Command : BREAK ↵
Select object : P1점 클릭
Specify second break point or [First point] :
P2점 클릭

Command : ↵
Select object : P3점 클릭
Specify second break point or [First point]
: P4점 클릭
```

```
Command : LINE ↵
Specify first point : P1점 클릭
Specify next point or [Undo] : P2점 클릭
Specify next point or [Undo] : P3점 클릭
Specify next point or [Close/Undo]
: P4점 클릭
Specify next point or [Close/Undo] : ↵
```

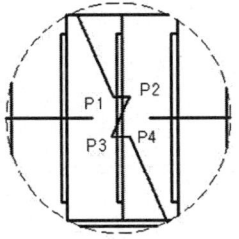

(15) 방향표시 화살표를 그린 후, Mirror로 대칭복사하여 정리한다.

```
Command : LINE ↵
Specify first point : P1점 클릭
Specify next point or [Undo] : @120<135 ↵
Specify next point or [Undo] : @20<45 ↵
Specify next point or [Close/Undo]
: @140<315 ↵
Specify next point or [Close/Undo] : ↵
```

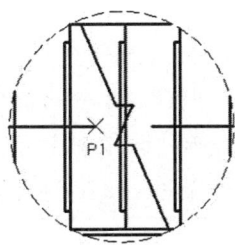

```
Command : MIRROR ↵
Select objects : P1점 클릭
Specify opposite corner : P2점 클릭
Select objects : ↵
Specify first point of mirror line : P3점 클릭
Specify second point of mirror line
: P4점 클릭
Erase source objects? [Yes/No] <N> : ↵
```

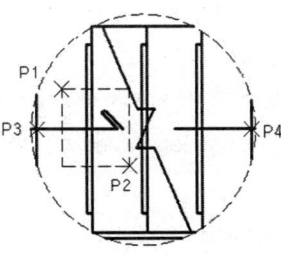

```
Command : MIRROR ↵
Select objects : P1점 클릭
Specify opposite corner : P2점 클릭
Select objects : ↵
Specify first point of mirror line : P3점 클릭
Specify second point of mirror line
: P4점 클릭
Erase source objects? [Yes/No] ⟨N⟩ : ↵
```

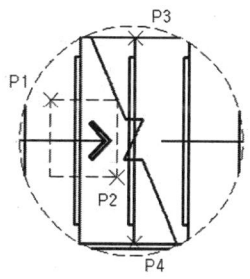

(16) 문자(UP, DN)를 기입한다.

```
Command : TEXT ↵
Specify start point of text or [Justify/Style]
: P1점 클릭
Specify height ⟨100.0000⟩ : ↵
Specify rotation angle of text ⟨0⟩ : 90 ↵
Enter text : UP ↵
Enter text : DN ↵
Enter text : ↵
```
✔ "DN"문자를 Move 명령어로 아랫쪽으로 이동시킨다. (TEXT와 DText로 입력한 문자는 각 줄별로 다른 객체로 인식된다.)

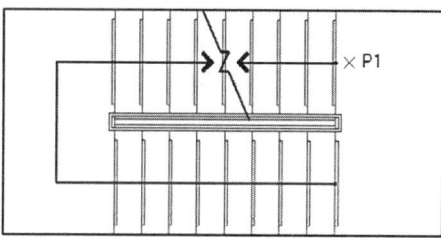

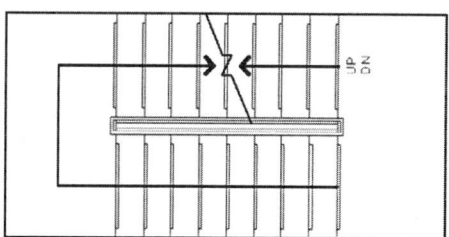

(17) 저장한다.

```
Command : Save ↵
[파일 이름(N) : ] 계단.dwg → [저장]
```

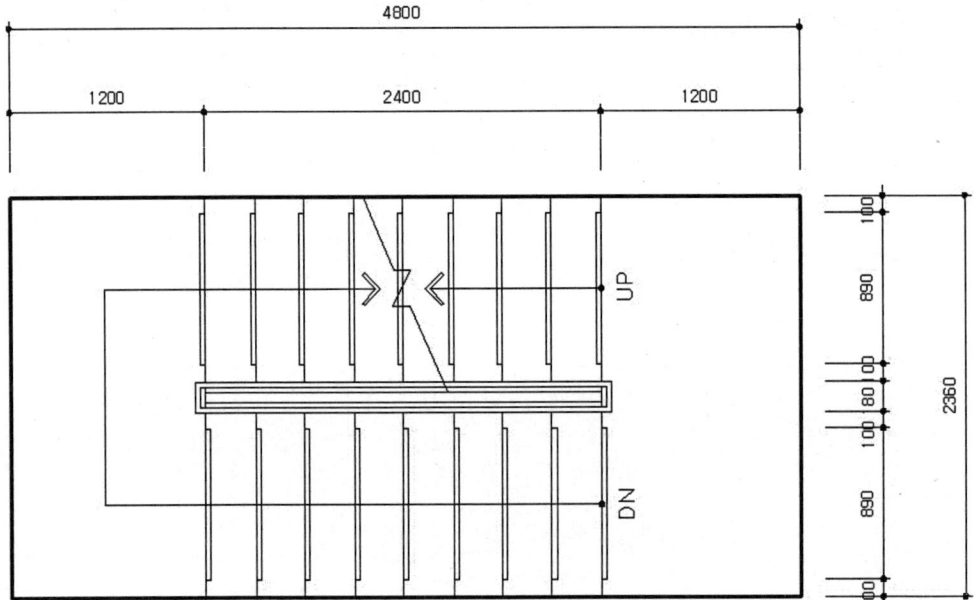

■ 계단 예제 ■

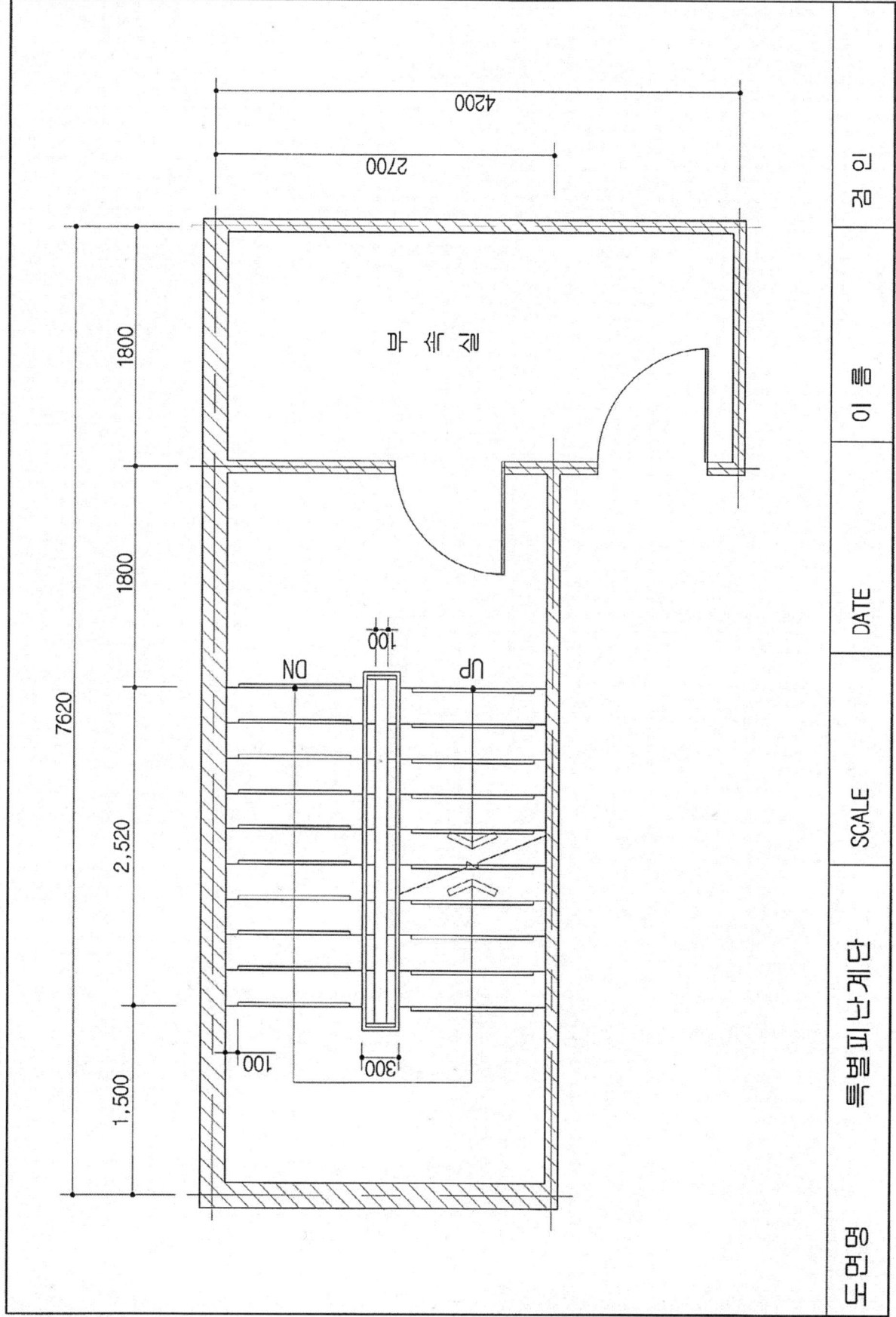

■ 계단 예제 ■

| 도면명 | 나선형계단 | SCALE | | DATE | | 이름 | | 검인 | |

■ 계단 예제 ■

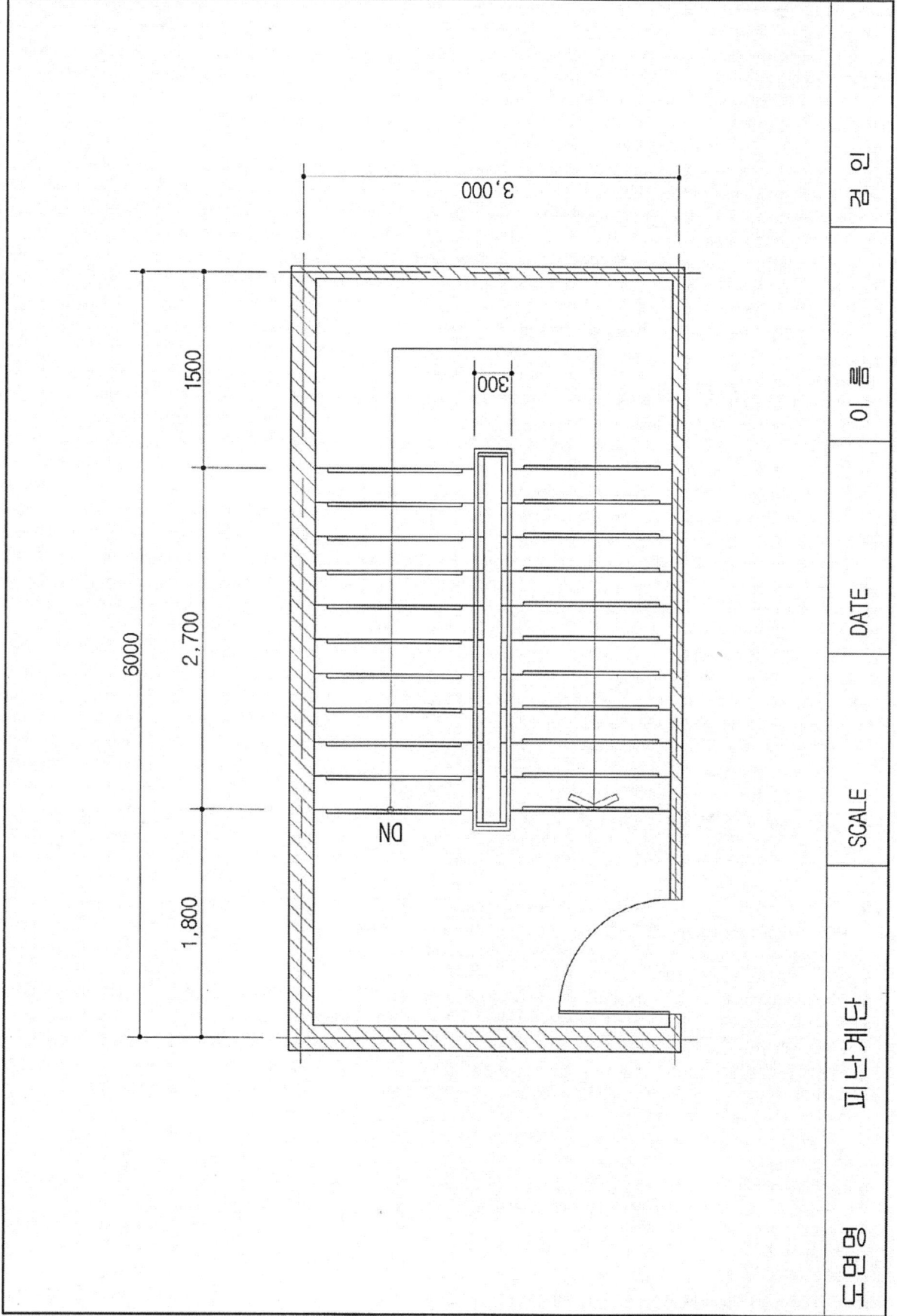

■ 계단 예제 ■

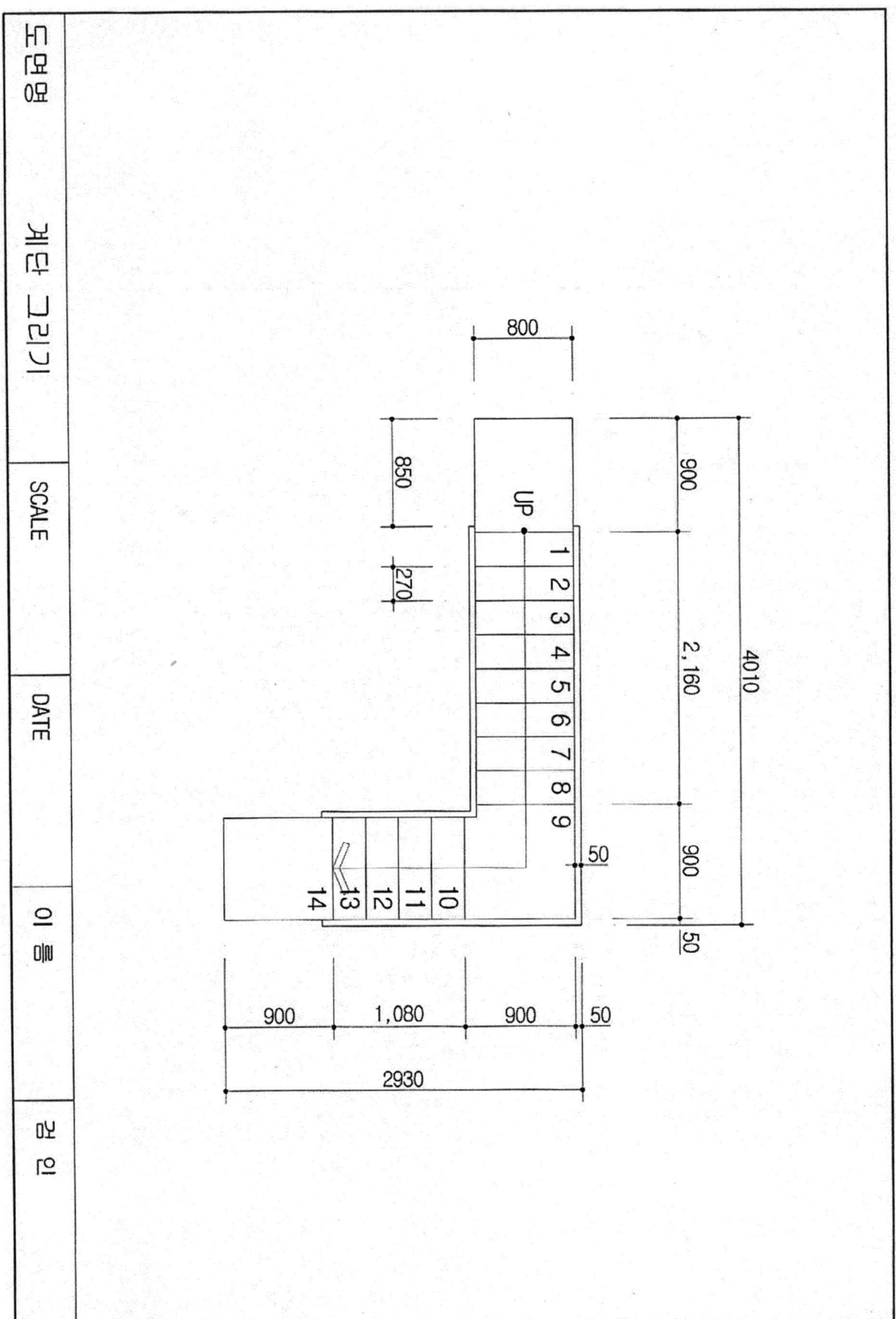

제7장 기타 주요 기능

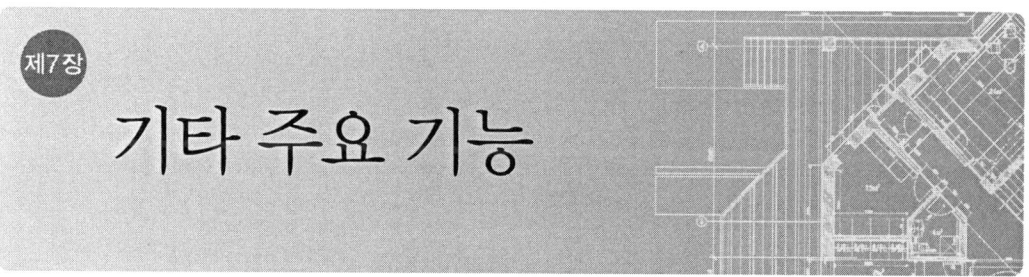

1 DIMENSION(치수)

1-1 Dimension Style(치수 스타일)

```
Pull Down Menu : [Dimension] → [Style]                단축키  D / DDIM
                 [Format] → [Dimension Style]
```

```
Command : D ↵
          DIMSTYLE ↵
```

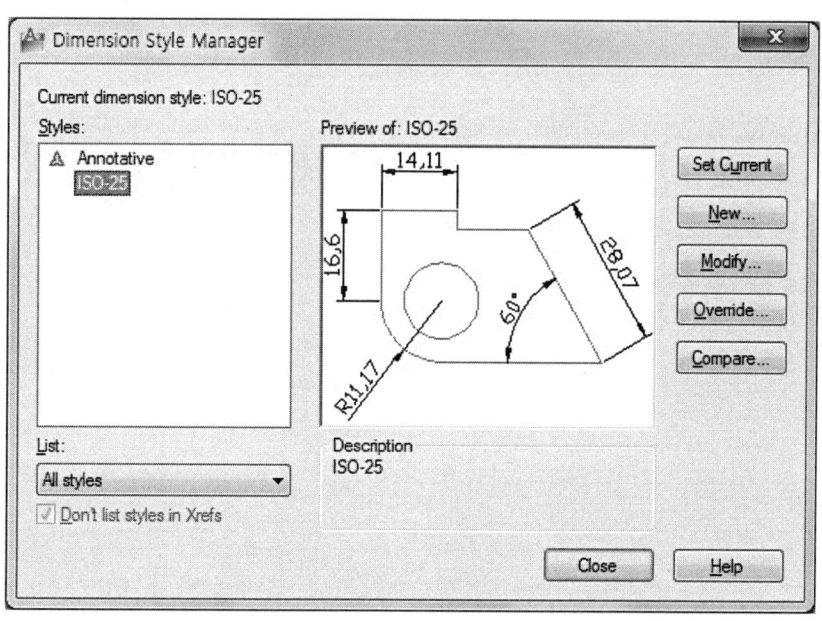

OPTION

- Styles : 치수 스타일의 리스트가 나타난다.
- Preview of : 치수 스타일의 형태를 보여준다.
- List : 리스트의 목록을 지정한다.
- Set Current : 선택된 치수 스타일을 현재 치수 스타일로 설정한다.
- New : 새로운 치수 스타일을 만든다.
- Modify : 치수 스타일을 편집한다.
- Override : 치수 스타일에 덮어쓰기를 한다.
- Compare : 두 가지 치수 스타일을 비교한다.

(1) NEW

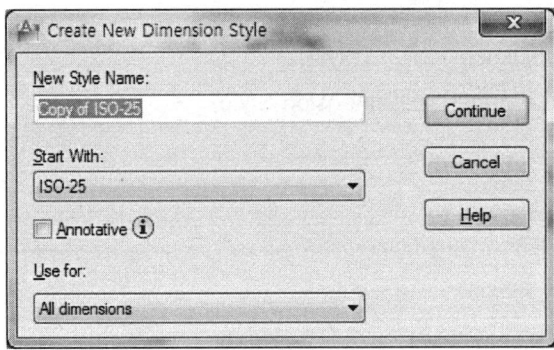

- New Style Name : 새로 만들 스타일 이름을 기입한다.
- Start With : 시작할 스타일을 선택한다.
- Use for : 적용할 치수 종류(직선치수, 각도치수, 지름치수 등)를 선정한다.

① Lines

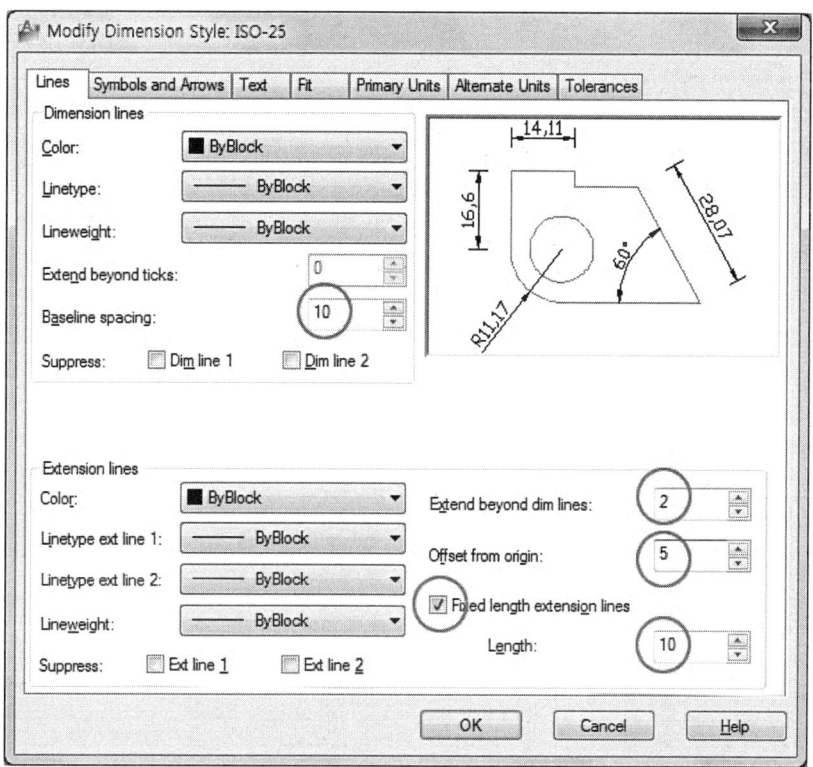

- Dimension Lines : 치수선의 형태를 결정한다.
    - Color : 치수선의 색상 지정
    - Lineweight : 치수선의 두께 지정
    - Extend beyond tick : 사선의 길이 지정
    - Baseline spacing : 치수선들간의 줄간격 지정
    - Suppress : 좌우측 치수선의 표시여부 결정
- Extension Lines : 치수 보조선의 형태를 결정한다.
    - Color : 치수 보조선의 색상 지정
    - Lineweight : 치수 보조선의 두께 지정
    - Extend beyond dim lines : 사선의 길이 지정
    - Offset from origin : 치수 보조선의 연장거리 지정

- Suppress : 좌우측 치수 보조선의 표시여부 결정
- Fixed length extension lines : 치수보조선의 길이를 일정한 크기로 설정

② Symbols and Arrows

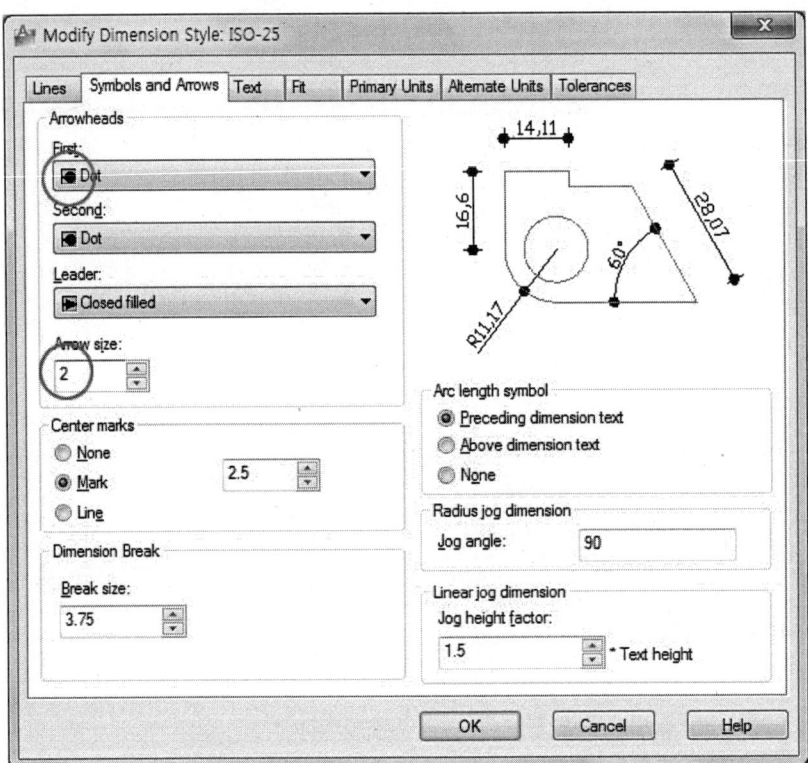

- Arrowheads : 화살표의 형태를 결정한다.
  - 1st : 좌측 화살표의 모양 결정
  - 2nd : 우측 화살표의 모양 결정
  - Leader : 지시선의 화살표 모양 결정
  - Arrow size : 화살표의 크기 결정
- Center marks : 원, 호의 중심 표시 형태를 결정한다.
  - Type : 중심 표시 모양 결정
  - Size : 중심 표시 크기 결정

③ Text

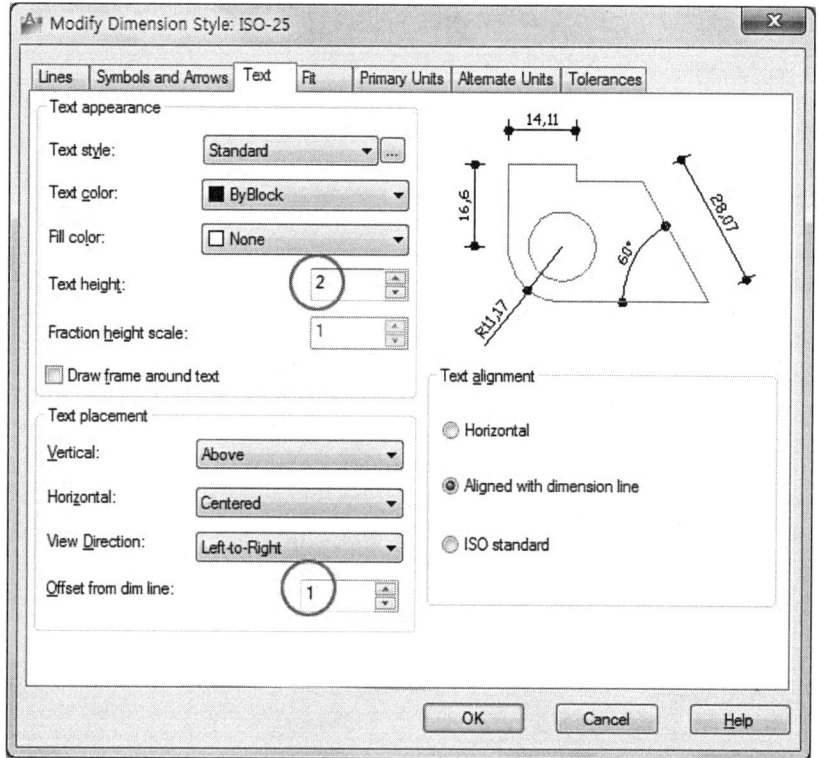

- Text Appearance : 치수문자의 형태를 결정한다.
  - Text style : 치수문자의 스타일 지정
  - Text color : 치수문자의 색상 지정
  - Text height : 치수문자의 크기 결정
  - Fraction height scale : 분수치수문자의 크기 결정
  - Draw frame around text : 치수문자의 외곽 프레임 표시 여부 결정
- Text Placement : 치수문자의 위치를 결정한다.
  - Vertical : 치수문자의 세로 위치 지정
  - Horizontal : 치수문자의 가로 위치 지정
  - Offset from dim line : 치수문자와 치수선 사이의 간격 설정
- Text Alignment : 치수문자의 정렬방식을 결정한다.

- Horizontal : 치수문자를 수평으로 정렬
- Aligned with dimension line : 치수문자를 치수선에 맞게 정렬
- ISO Standard : ISO 규준에 맞게 정렬

④ Fit

치수보조선 사이의 간격이 좁을 경우, 치수문자와 화살표의 위치를 결정한다.

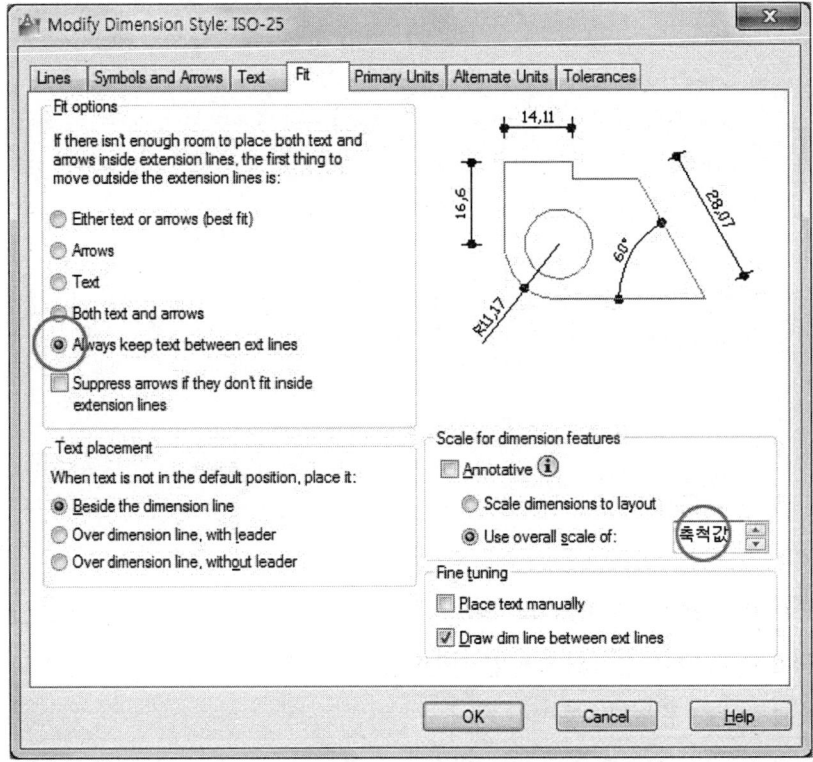

- Fit Options : 치수문자와 화살표의 위치를 결정한다.
  - Either the text or the arrows, whichever fits best : 문자나 화살표를 적절한 위치에 자동으로 배치
  - Arrows : 화살표의 위치를 이동
  - Text : 치수문자의 위치를 이동
  - Both text and Arrows : 치수문자와 화살표를 모두 이동

- Always keep text between ext lines : 치수문자를 좌우측 치수보조선 사이에 고정
● Text Placement : 치수문자의 위치를 결정한다.
  - Besides the dimension line : 치수선 옆에 배치
  - Over the dimension line, with a leader : 지시선을 만들고 치수선 위에 배치
  - Over the dimension line, without a leader : 지시선을 만들지 않고 치수선 위에 배치
● Scale for Dimension Features : 치수의 축척을 결정한다.
  - Use overall scale of : 전체 치수에 대한 축척 결정
  - Scale dimension to layout(paperspace) : 종이영역의 레이아웃의 축척 사용
● Fine Tuning : 치수문자의 위치와 위치설정 방법을 결정한다.
  - Place text manually when dimensioning : 수동으로 치수문자의 위치 결정
  - Always draw dim line between ext lines : 치수문자를 치수보조선 사이에 배치

⑤ Primary Units

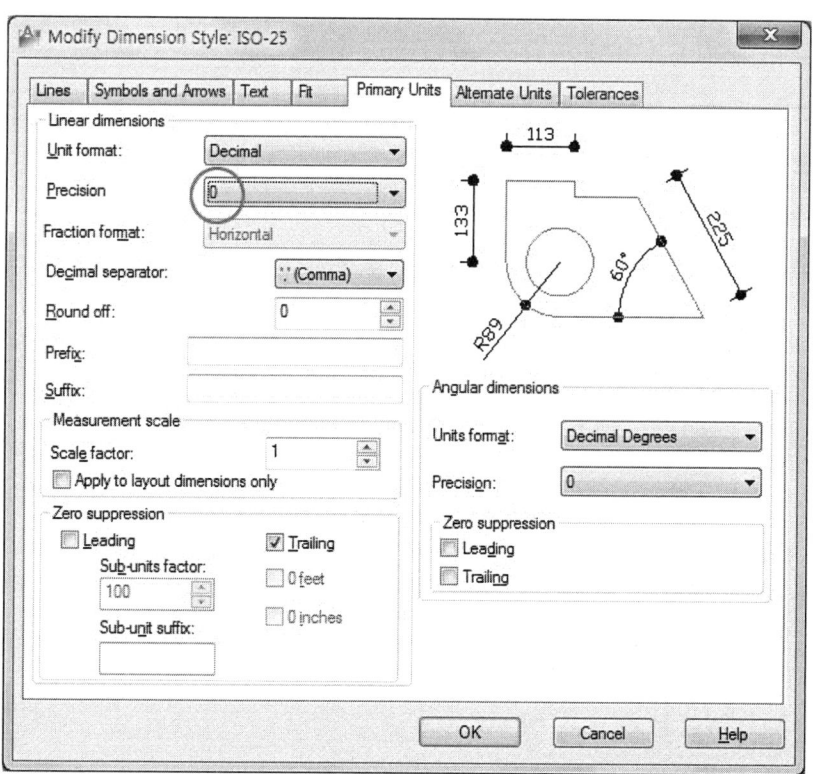

- Liner Dimensions : 직선치수의 옵션을 결정한다.
    - Unit format : 직선치수 단위형식 지정(공학, 건축, 과학, 십진법, 분수 등)
    - Precision : 직선치수의 정밀도 결정
    - Fraction format : 분수의 치수형태 지정
    - Decimal separator : 소수점 구분 방법 지정
    - Round off : 반올림할 자릿수 결정
    - Prefix : 접두사 지정
    - Suffix : 접미사 지정
    - Measurement Scale
        - Scale factor : 치수에 곱할 숫자 지정
        - Apply to layout dimensions only : 레이아웃 되어있는 치수만 적용
    - Zero Suppression : 치수문자에서 소수점 앞뒤의 '0'의 생략여부 결정
        - Leading : 소수점 앞의 '0' 생략
        - Trailing : 소수점 뒤의 '0' 생략
- Angular Dimensions : 각도치수의 옵션을 결정한다.
    - Units format : 각도치수의 단위형식 결정
    - Precision : 각도치수의 정밀도 결정
    - Zero Suppression : 치수문자에서 소수점 앞뒤의 '0'의 생략여부 결정
        - Leading : 소수점 앞의 '0' 생략
        - Trailing : 소수점 뒤의 '0' 생략

⑥ Alternate Units

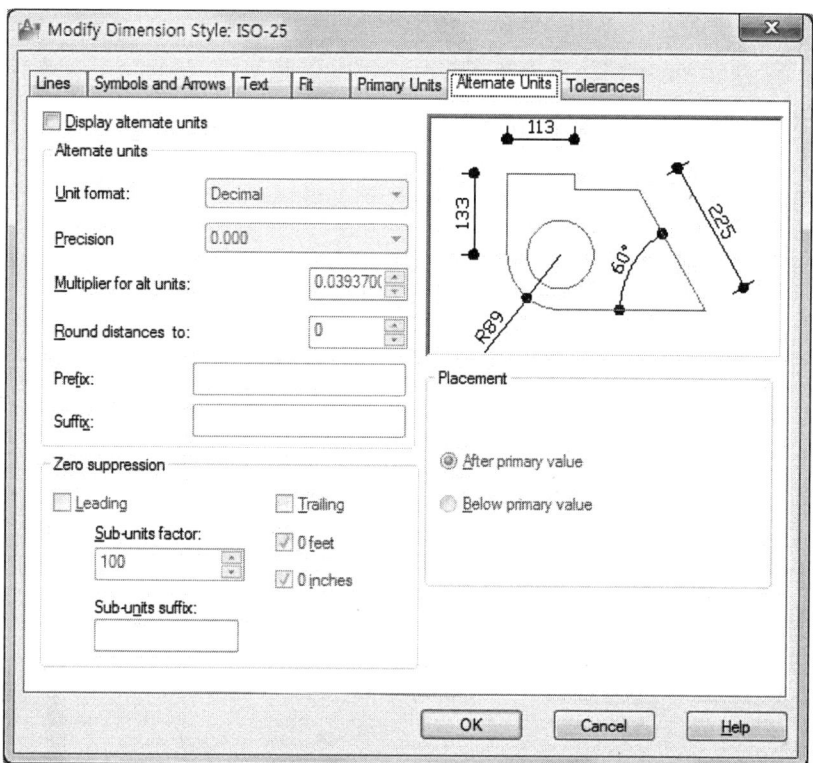

- Alternate Units : 두 번째 단위계의 형태를 결정한다.
  - Display alternate : 두 번째 단위계 치수의 기입여부 결정
  - Unit format : 치수의 단위형식 지정
  - Precision : 치수의 정밀도 지정
  - Multiplier for alt units : 첫 번째 치수값에 곱할 숫자 지정
  - Round distances to : 치수의 반올림 할 자릿수 지정
  - Prefix : 접두사 지정
  - Suffix : 접미사 지정
- Zero Suppression : 두 번째 단위계의 치수문자에서 소수점 앞뒤의 '0' 의 생략여부 결정한다.
  - Leading : 소수점 앞의 '0' 생략

- Trailing : 소수점 뒤의 '0' 생략
● Placement : 두 번째 단위계의 치수문자의 위치를 결정한다.
  - After primary value : 첫 번째 단위계 치수의 바로 뒤에 위치
  - Below primary value : 첫 번째 단위계 치수의 바로 아래 위치

⑦ Tolerances

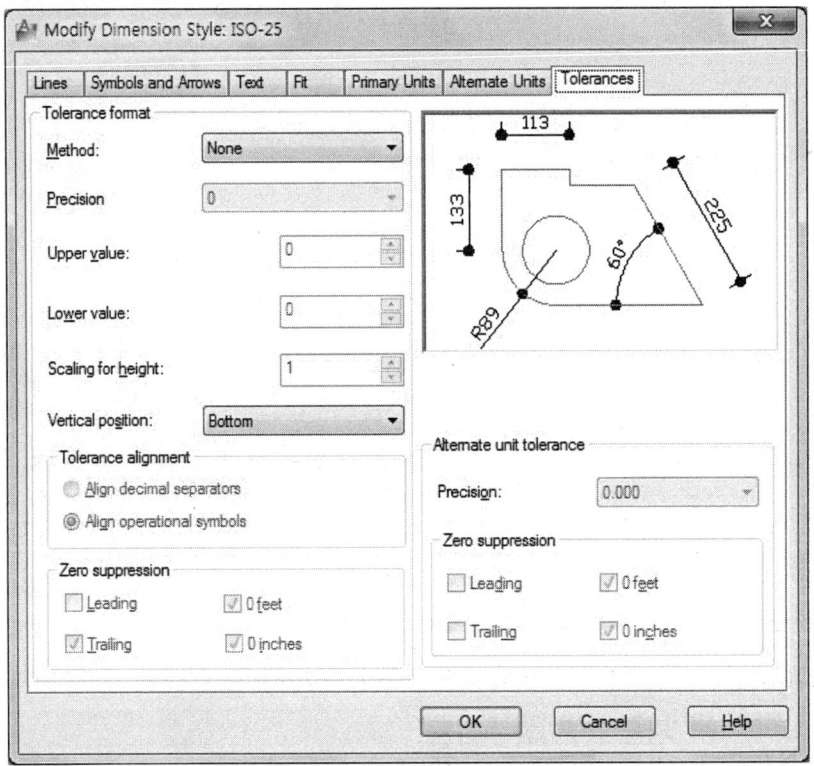

● Tolerance Format : 공차표시의 형식을 제어한다.
  - Method : 공차표시 형식 지정
  - Precision : 공차의 정밀도 지정
  - Upper value : 공차값의 +값 지정(상한선)
  - Lower value : 공차값의 -값 지정(하한선)
  - Scaling for height : 공차값 문자의 크기 지정

- Vertical position : 공차값 문자의 수직방향 위치 지정
- Zero Suppression : 공차값에서 소수점 앞뒤의 '0'의 생략여부 결정
  - Leading : 소수점 앞의 '0' 생략
  - Trailing : 소수점 뒤의 '0' 생략
● Alternate Unit Tolerance : 두 번째 단위계의 공차표시 형식을 제어한다.
- Precision : 공차값의 정밀도 결정
- Zero Suppression : 공차값에서 소수점 앞뒤의 '0'의 생략여부 결정
  - Leading : 소수점 앞의 '0' 생략
  - Trailing : 소수점 뒤의 '0' 생략

(2) Modify

치수 스타일을 편집하는 옵션이다. 대화상자는 처음 생성할 때의 대화상자와 동일하다.

(3) Override

Modify와 마찬가지로 치수 스타일을 편집하는 옵션이다. 하지만 Override는 현재 치수 스타일이 활성화되어 있을 경우만 사용이 가능하다. 또한 Modify로 치수 스타일을 수정하는 경우는 기존의 스타일이 고쳐지지만, Override로 치수 스타일을 수정하면 기존 스타일 아래 다른 스타일이 생성된다.

(4) Compare

두가지 이상의 치수 스타일이 있을 경우, 두 스타일의 차이점을 자세하게 나열해서 보여주는 옵션이다.

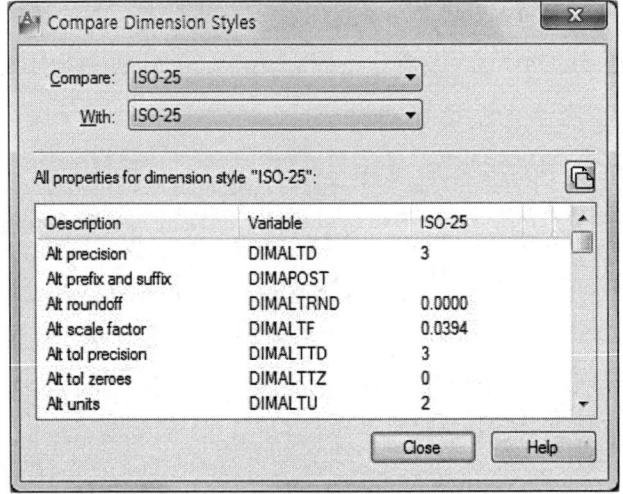

- Compare : 비교 대상 치수 스타일을 선택한다.
- With : 비교 대상 치수 스타일을 선택한다.

1-2 DIM(치수 기입하기)

(1) HOR(수평 치수)

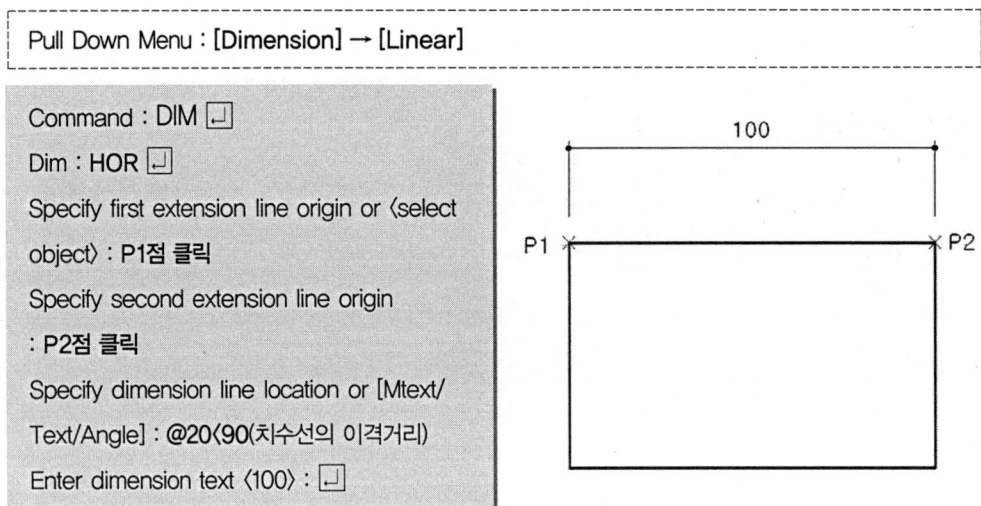

Pull Down Menu : [Dimension] → [Linear]

Command : DIM ↵
Dim : HOR ↵
Specify first extension line origin or 〈select object〉 : P1점 클릭
Specify second extension line origin : P2점 클릭
Specify dimension line location or [Mtext/Text/Angle] : @20〈90(치수선의 이격거리)
Enter dimension text 〈100〉 : ↵

(2) VER(수직 치수)

> Pull Down Menu : [Dimension] → [Linear]

Command : DIM ↵
Dim : VER ↵
Specify first extension line origin or
〈select object〉 : P1점 클릭
Specify second extension line origin :
P2점 클릭
Specify dimension line location or
[Mtext/Text/Angle] : @20〈0
Enter dimension text 〈60〉 : ↵

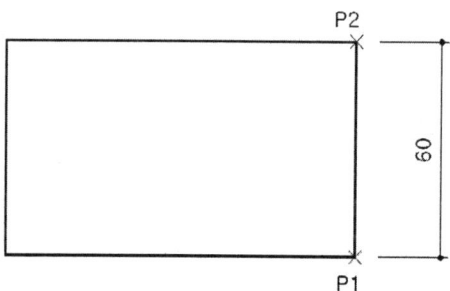

(3) CON(연속치수)

> Pull Down Menu : [Dimension] → [Continue]

Command : DIM ↵
Dim : HOR ↵
Specify first extension line origin or
〈select object〉 : P1점 클릭
Specify second extension line origin
: P2점 클릭
Specify dimension line location or
[Mtext/Text/Angle] : @20〈90 ↵
Enter dimension text 〈30〉 : ↵
Dim : CON ↵
Specify a second extension line origin
or [Select] 〈Select〉 : P3점 클릭
Enter dimension text 〈20〉 : ↵

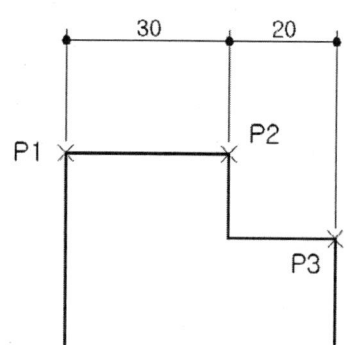

(4) BAS(기준치수)

Pull Down Menu : [Dimension] → [Baseline]

Command : DIM ↵
Dim : BAS ↵
Specify a second extension line origin
or [Select] ⟨Select⟩ : ↵
Select base dimension : P3점 클릭
(기준치수선 선정-P3점 바로 위의 치수선을 선정)
Specify a second extension line origin
or [Select] ⟨Select⟩ : P1점 클릭
Enter dimension text ⟨50⟩ : ↵

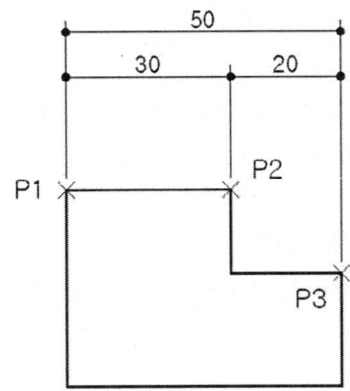

- 치수기입시 BASeline과 CONtinue를 이용할 때, 원하는 치수선이 원하는 위치에서 시작되지 않을 경우 ↵를 치고, 해당 치수보조선을 클릭하면 시작위치를 재설정할 수 있다.

(5) ALI(경사치수)

Pull Down Menu : [Dimension] → [Aligned]

Command : DIM ↵
Dim : ALI ↵
Specify first extension line origin or
⟨select object⟩ : P1점 클릭
Specify second extension line origin :
P2점 클릭
Specify dimension line location or
[Mtext/Text/Angle] : @15⟨120 ↵
Enter dimension text ⟨36⟩ : ↵

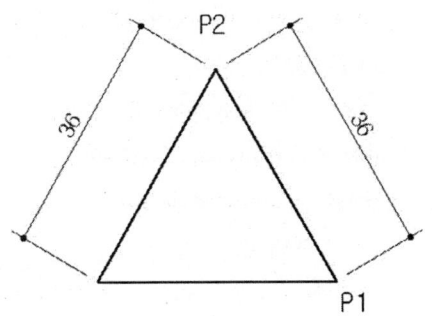

(6) ANG(각도 치수)

Pull Down Menu : [Dimension] → [Angular]

Command : DIM ↵
Dim : ANG ↵
Select arc, circle, line, or 〈specify vertex〉 : L1 클릭
Select second line : L2 클릭
Specify dimension arc line location or [Mtext/Text/Angle] : @3〈60 ↵
Enter dimension text 〈60〉 : ↵
Enter text location(or press ENTER) : ↵ (치수선 위에서 문자의 위치 지정)

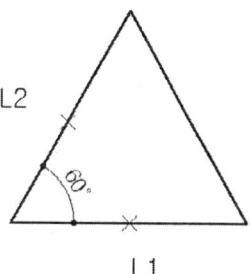

(7) RAD(반지름 치수)

Pull Down Menu : [Dimension] → [Radius]

Command : DIM ↵
Dim : RAD ↵
Select arc or circle : 원이나 호 클릭
Enter dimension text 〈20〉 : ↵
Specify dimension line location or [Mtext/Text/Angle] : 치수선 위치 지정

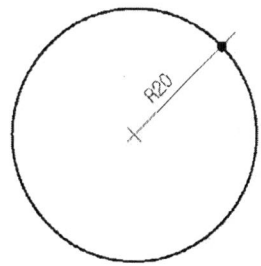

(8) DIA(지름 치수) ⊘

> Pull Down Menu : [Dimension] → [Diameter]

```
Command : DIM ↵
Dim : DIA ↵
Select arc or circle : 원이나 호 클릭
Enter dimension text <40> : ↵
Specify dimension line location or
[Mtext/Text/Angle] : 치수선 위치 지정
```

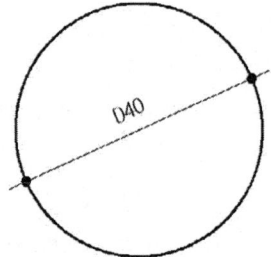

(9) CEN(중심 표시) ⊕

> Pull Down Menu : [Dimension] → [Center Mark]

```
Command : DIM ↵
Dim : CEN ↵
Select arc or circle : 원이나 호 클릭
```

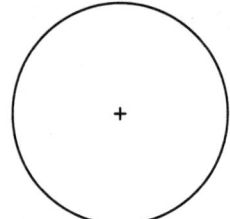

(10) LEA(지시선 치수)

> Pull Down Menu : [Dimension] → [Leader]

```
Command : DIM ↵
Dim : LEA ↵
Leader start : P1점 클릭
To point : P2점 클릭
To point : P3점 클릭
To point : ↵
Dimension text <0> : Pentagon ↵
```

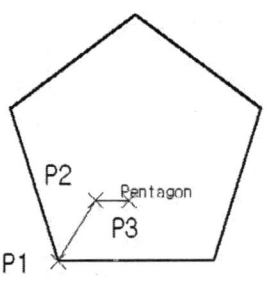

```
Command : LEADER ↵
Specify leader start point : P1점 클릭
Specify next point : P2점 클릭
Specify next point or [Annotation
/Format/Undo] <Annotation> : P3점 클릭
Specify next point or [Annotation
/Format/Undo] <Annotation> : ↵
Enter first line of annotation text or
<options> : ↵
Enter an annotation option [Tolerance/
Copy/Block/None/Mtext] <Mtext> : ↵
✔ MTEXT 대화상자가 나타나면 'Pentagon' 이
  라고 기입하고 ↵ 한다.
```

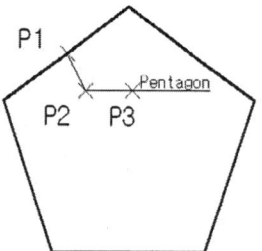

- 'Command : LEADER' 와 'Dim : LEA' 의 차이점 : 전자는 지시선과 문자가 모두 한 개의 객체로 작성되는 반면, 후자는 문자와 지시선이 각각 분리되어 작성된다.

(11) OBL(치수 보조선 경사각 조절)

```
Pull Down Menu : [Dimension] → [Oblique]
```

```
Command : DIM ↵
Dim : OBL ↵
Select objects : 치수선 클릭
Select objects : ↵
Enter obliquing angle(press ENTER for
none) : 45 ↵
```

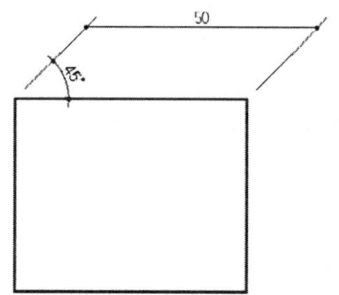

(12) ORD(X축, Y축 좌표점 표시)

```
Pull Down Menu : [Dimension] → [Ordinate]
```

```
Command : DIM ↵
Dim : ORD ↵
Specify feature location : P1점 클릭
Specify leader endpoint or [Xdatum
/Ydatum/Mtext/Text/Angle] : X ↵
Specify leader endpoint or [Xdatum
/Ydatum/Mtext/Text/Angle] : P2점 클릭
Enter dimension text 〈350〉 : ↵
```

1-3 DIM 편집하기

(1) DIMEDIT(Dimension edit, 기입된 치수 편집)

```
Command : DIMEDIT ↵
Enter type of dimension editing [Home
/New/Rotate/Oblique] 〈Home〉 : R ↵
Specify angle for dimension text : 45 ↵
Select objects : L1 클릭
Select objects : ↵
```

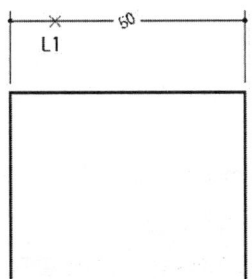

OPTION

- Home : 변경된 치수문자의 위치를 가운데로 정렬시킨다.
- New : 치수문자를 새로운 값으로 수정하여 기입한다.
- Rotate : 치수문자를 회전시킨다.
- Oblique : 치수 보조선을 회전시켜 치수를 기입한다.

(2) DIMTEDIT(Dimension text edit(치수문자 편집)

```
Command : DIMTEDIT ↵
Select Dimension : L1 클릭
Specify new location for dimension text
or [Left/Right/Center/Home/Angle] : L ↵
```

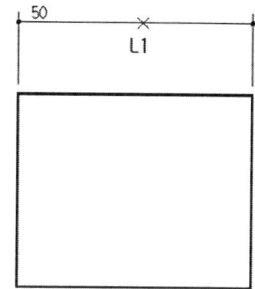

OPTION

- Left : 치수문자를 좌측에 정렬한다.
- Right : 치수문자를 우측에 정렬한다.
- Center : 치수문자를 중앙에 정렬한다.
- Home : 치수문자를 기본위치에 정렬한다.
- Angle : 치수문자를 회전시킨다.

- DIMTEDIT 명령을 실행시키면 치수선을 마우스의 이동에 의해서 치수선의 위치와 치수문자의 위치를 임의로 재지정 할 수 있다.

(3) DIMSCALE(치수의 축척 변경)

```
Command : DIMSCLAE ↵
New value for DIMSCALE<1.0000> : 10 ↵
```

(4) DIM-UPDATE(치수 환경 변경)

```
Pull Down Menu : [Dimension] → [Update]
```

```
Command : DIM ↵
Dim : UP ↵
Select object : 변경하고자 하는 치수객체 클릭
```

(5) DIM-OVERRIDE(특정 치수에 덮어쓰기)

```
Pull Down Menu : [Dimension] → [Override]
```

```
Dim : OVERRIDE ↵
Enter dimension variable name to override or [Clear overrides] : DIMSCALE ↵
Enter new value for dimension variable 〈1.0000〉 : 10 ↵
Enter dimension variable name to override : ↵
Select objects : 변경할 치수선 클릭
Select objects : ↵
```

- 치수문자 편집에서 문자크기를 변경하여도 변화가 없을 경우는, [TEXT Style] 의 [Height] 값을 '0' 으로 설정하여야 한다. 만약 [TEXT Style] 의 [Height] 값을 특정한 값으로 정해 놓으면 치수문자의 크기도 그 값을 따르게 된다.

1-4 신속치수

(1) Quick Dimension(신속치수)

신속치수는 지정된 치수환경값에 맞게 치수를 신속하게 작성할 수 있다.

```
Pull Down Menu : [Dimension] → [Quick Dimension]            단축키  QDIM
```

```
Command : QDIM ↵
Select geometry to dimension : P1점 클릭
Specify opposite corner : P2점 클릭
Select geometry to dimension : ↵
Specify dimension line position, or [Continuous/Staggered/Baseline/Ordinate
/Radius/Diameter/datumPoint/Edit/seTtings] 〈Continuous〉 : 임의의 점 클릭(원하는 방향으로 객
체와 적절히 이격시켜서 클릭)
```

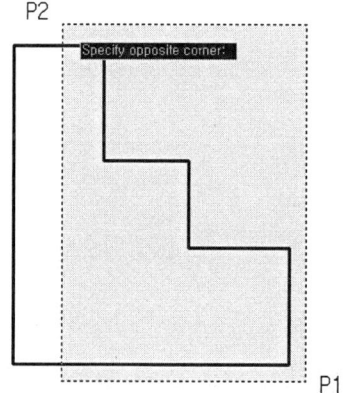 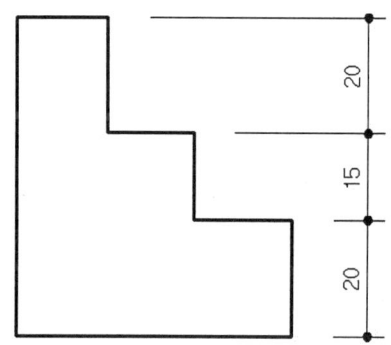

1-5 치수도구모음을 이용한 치수 기입

(1) 치수 도구모음 꺼내기

치수도구모음(Dimension Toolbar)은 메뉴영역에서 마우스를 이용해서 나타나게 할 수 있다.

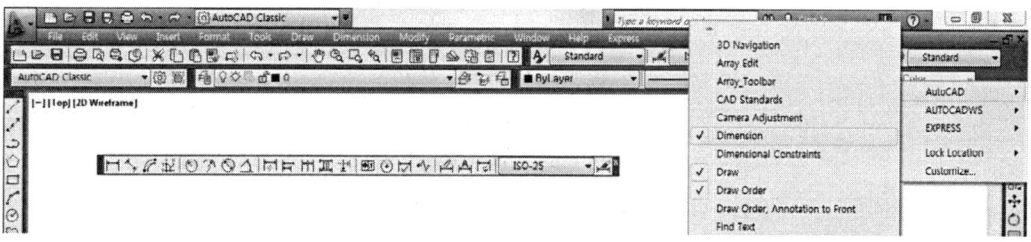

2 BLOCK(블록)

2-1 BLOCK

현재 사용하고 있는 도면의 일부 또는 전부를 블록으로 만들어 Insert 명령으로 불러서 사용하는 명령어이다.

Command : BLOCK ↵   단축키 B

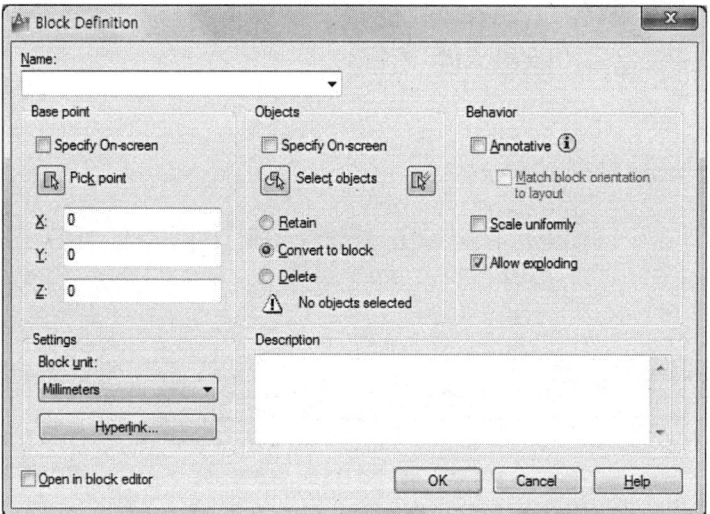

OPTION

- Name : 블록의 이름을 기입한다.
- Base point : 블록을 삽입할 기준점을 지정한다.
  - Pick point : 마우스를 이용해 기준점 지정
  - X, Y, Z : X, Y, Z 축 데이터 지정
- Objects : 블록으로 만들 객체를 선택한다.
  - Select objects : 마우스를 이용해 객체 선택
  - Retain : 선택된 객체를 현재의 상태로 유지

- Convert to block : 선택된 객체를 블록으로 변환
- Delete : 모두 지움
● Settings
- Block unit : 삽입할 경우의 단위계를 설정한다.
- Scale uniformly : 블록 참조가 균일하게 축척될지 여부를 지정한다
- Allow Exploding : 블록 참조를 분해할지 여부를 지정한다
● Description : 블록에 대한 설명을 기입한다.
● Open in block editor : [확인] 을 클릭하면 블록편집기에서 현재 블록 정의가 열린다.

2-2 WBLOCK

Wblock 명령은 도면의 전부 또는 일부를 새로운 도면 파일(dwg)로 만드는 명령어이다. 블록을 다른 도면에서 사용하려면 Wblock 명령을 사용하여 새로운 파일로 저장하여 사용하면 된다.

Command : WBLOCK ↵ 단축키 W

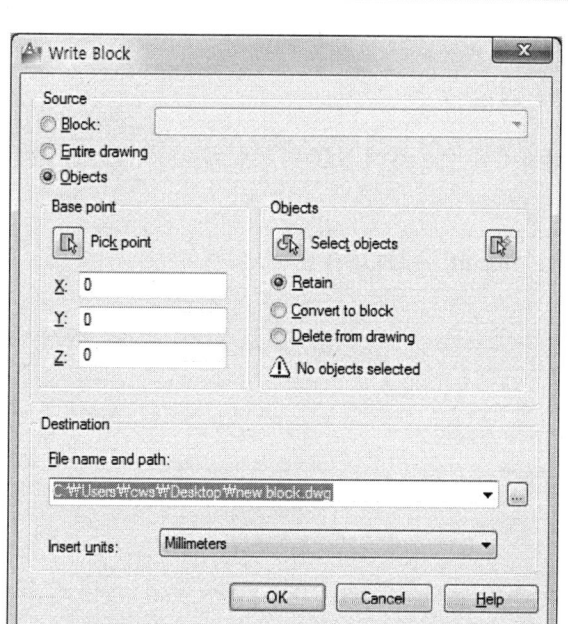

OPTION

- Source : Wblock으로 저장할 객체의 선택방법을 결정한다.
    - Block : 블록 선택
    - Entire drawing : 도면 전체 선택
    - Objects : 특정 객체 선택
- Base point : Wblock을 삽입할 기준점을 지정한다.
    - Pick point : 마우스를 이용해 기준점 지정
    - X, Y, Z : X, Y, Z 축 데이터 지정
- Objects : Wblock으로 만들 객체를 선택한다.
    - Select objects : 마우스를 이용해 객체 선택
    - Retain : 선택된 객체를 현재의 상태로 유지
    - Convert to block : 선택된 객체를 블록으로 변환
    - Delete from drawing : 모두 지움
- Destination : Wblock의 이름과 저장위치, 단위 등을 결정한다.
    - File name and path : 파일 이름과 파일 위치 지정
    - Insert units : 삽입시 적용될 단위 지정

2-3 INSERT(블록 삽입)

Insert명령은 대화상자를 이용하여 블록을 삽입해 주는 명령어이다.

```
Pull Down Menu : [Insert] → [Block]                         단축키  I
Command : INSERT ↵
```

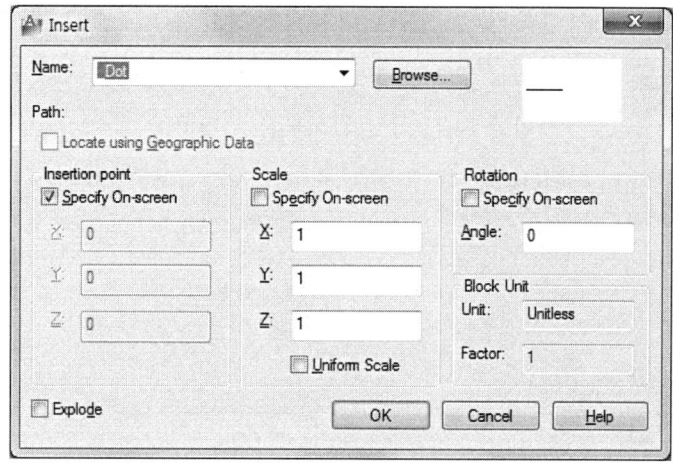

> OPTION

- Name : 삽입할 Block의 이름을 지정한다.
- Path : 삽입할 Block의 Path를 보여준다.
- Insertion point : 삽입할 Block의 위치를 지정한다.
  - Specify On-screen : 삽입점을 직접 입력할 것인지 대화상자에서 입력할 것인지를 결정
  - X, Y, Z : X, Y, Z 축 삽입점 지정
- Scale : 삽입할 block의 축척을 지정한다.
  - Specify On-screen : 축척을 직접 입력할 것인지 대화상자에서 입력할 것인지를 결정
  - X, Y, Z : X, Y, Z 축 축척값 지정
  - Uniform Scale : X, Y, Z 축 축척값을 동일하게 지정
- Rotation : 삽입할 Block의 회전각을 지정한다.
  - Specify On-screen : 축척을 직접 입력할 것인지 대화상자에서 입력할 것인지를 결정
  - Angle : 회전각 입력
- Block unit : 삽입할 때 블록단위 등을 지정한다.
  - Unit : 삽입된 블록에 대한 INSUNTS 값을 지정

- Factor : 블록 및 도면 단위의 INSUNTS 값을 기준으로 계산한 단위 축척 비율을 표시
- Explode : 삽입할 Block의 결합여부를 지정한다. 수정을 원할 경우에는 선택하는 것이 편리하다.

3 LAYER(레이어)

3-1 LAYER(레이어 설정 대화상자)

Layer는 투명한 도면 여러 장을 기능상으로 구분하거나, 재질 표현 같은 Display 상 구분이 필요할 때, 각각의 내용을 따로 분리해 그려 놓고 관리하는 기능이다.

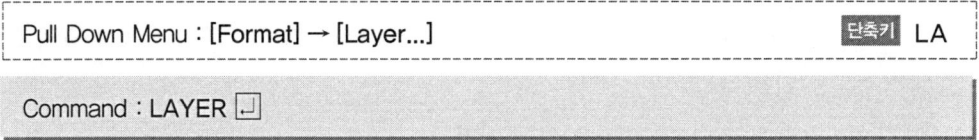
Pull Down Menu : [Format] → [Layer...]   단축키 LA
Command : LAYER

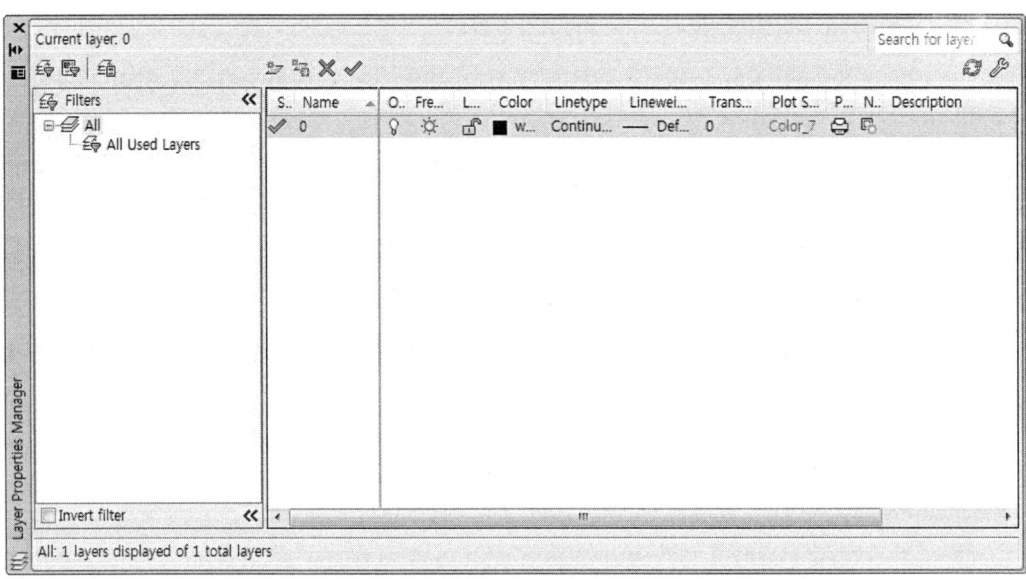

OPTION

- New Layer ☞ : 새로운 레이어를 만든다. [Layer1] 항에 새로 만들 레이어 이름을 기입한다. 이름을 기입한 후, 다른 레이어를 계속 만들려면, '☐'를 치거나 ',' 를 찍는다.
- Delete Layer ✕ : 특정 레이어를 지운다.
- Set Current ✓ : 특정 레이어를 현재의 레이어로 설정한다.
- All : 생성된 레이어를 모두 도시한다.
- All used layers : 사용된 레이어 도시(하단의 Indicate layers in use 체크박스를 클릭하면 사용된 레이어만 도시)
- Invert filter : 필터값을 반전(현재 설정된 레이어를 제외하고 도시)
- Indicate layers in use : 현재 도면에서 사용된 레이어만 도시
- Defpoints : 치수기입을 하면 자동으로 생성되는 치수보조선의 레이어로 출력할 경우에는 인쇄되지 않는다.

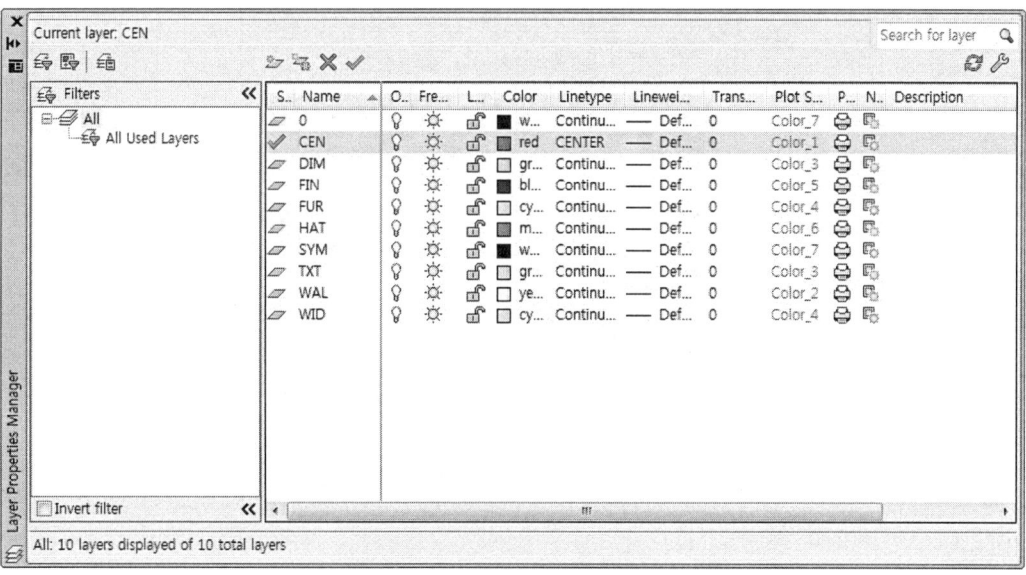

- Status : 현재 작업창에서 활성화 되어있는 레이어 표시
- Name : 레이어 이름을 순서대료 표시

- On/Off : 레이어를 켜기/끄기

  On( ) 아이콘을 클릭하면, 아이콘 모양이 Off( )으로 변환된다. 도면층을 보이지 않게 하는 기능으로 현재도면층으로 설정되어 있어도 On/Off가 가능하다. off상태에서 선을 그릴 경우, 선은 그려지나 보이지 않는다.

- Freeze in All Viewports : 레이어 동결/해제

  Freeze 아이콘( )을 클릭하면, 동결된 형태( )으로 변환된다. 도면층을 보이지 않게 하는 기능으로 현재 레이어는 동결되지 않도록 한다.

- Lock : 레이어 잠금/해제

  Lock 아이콘( )을 클릭하면, 잠금 형태( )으로 변환된다. 도면층 Lock을 설정하면 해당 도면층은 수정명령어가 실행되지 않는다.

- Color : 레이어 색상

  Color 아이콘(□ yellow)을 클릭하면 아래 대화상자가 나타난다. 원하는 색깔을 지정한 후 OK 버튼을 클릭한다.

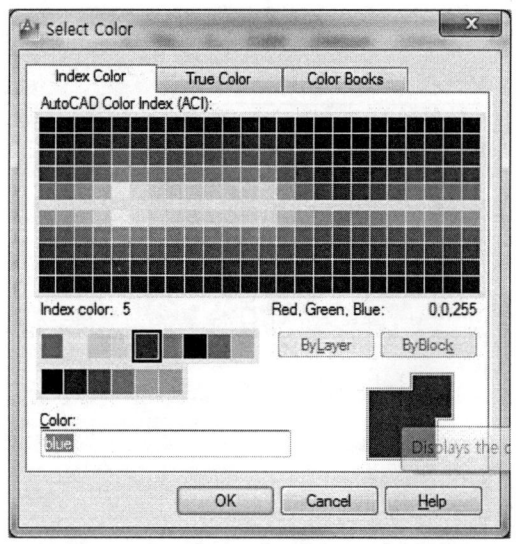

- Linetype : 레이어 선의 종류

  Continuous 부위를 클릭하면, 아래의 대화상자가 나타난다.

  원하는 선은 Load... 버튼을 클릭한 후, 해당선을 불러오면 된다.

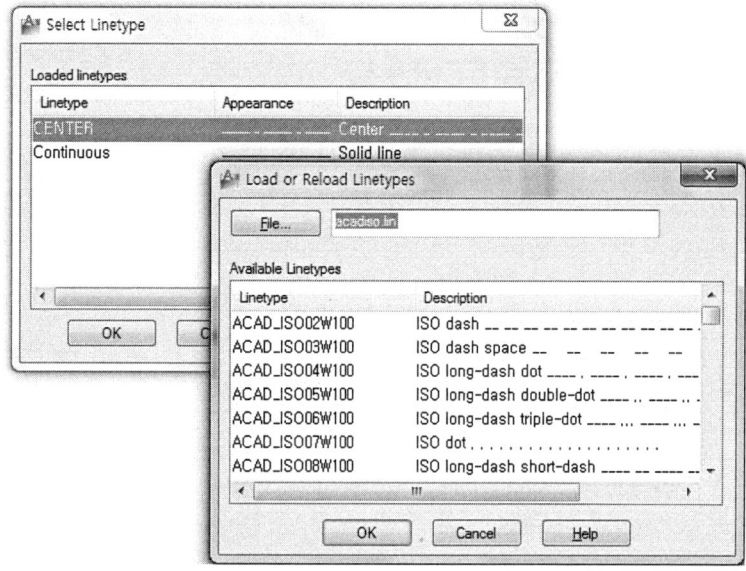

- Lineweight : 레이어 선의 두께

―― Default 부위를 클릭하면, 선 두께를 지정할 수 있는 대화상자가 나타난다. 원하는 선 두께를 선택한 후 [OK] 버튼을 클릭한다.

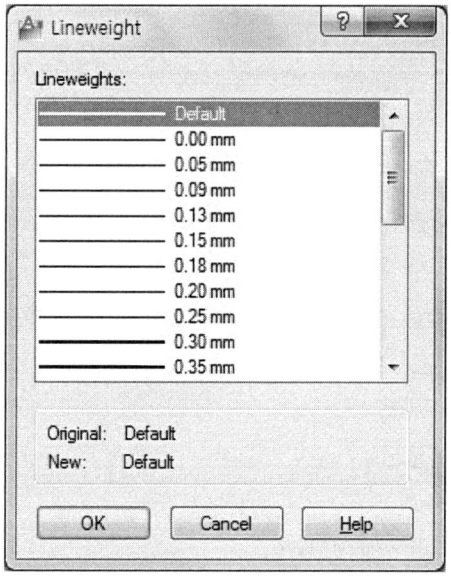

✔ 다음은 건축에서 일반적으로 쓰이는 Layer 설정의 한 예이다.
표를 참고하여 Layer를 만들어 보자.

Layer 요소	Layer name	Color		Linetype
도면 Box	0	흰 색	White	Continuous(실선)
중심선	CEN	빨 강	Red	Center(일점쇄선)
벽	WAL	노 랑	Yellow	Continuous(실선)
창 호	WID	하늘색	Cyan	Continuous(실선)
마감선	FIN	파 랑	Blue	Continuous(실선)
가 구	FUR	하늘색	Cyan	Continuous(실선)
해 치	HAT	진분홍	Magenta	Continuous(실선)
치 수	DIM	녹 색	Green	Continuous(실선)
문 자	TXT	녹 색	Green	Continuous(실선)
기 호	SYM	흰 색	White	Continuous(실선)

3-2 LAYER TOOLBAR(레이어 도구막대)

- Layer Properties Manager : Layer대화상자를 나타낸다.
- Make Object's Layer Current : 도면에서 선택한 객체의 레이어를 현재의 레이어로 설정한다.
- 현재 레이어의 종류와 상태를 보여준다. 우측의 ▼ 표시를 클릭하면 현재 도면에서 설정되어 있는 모든 레이어를 보여주며, 레이어의 속성을 변경할 수 있다.

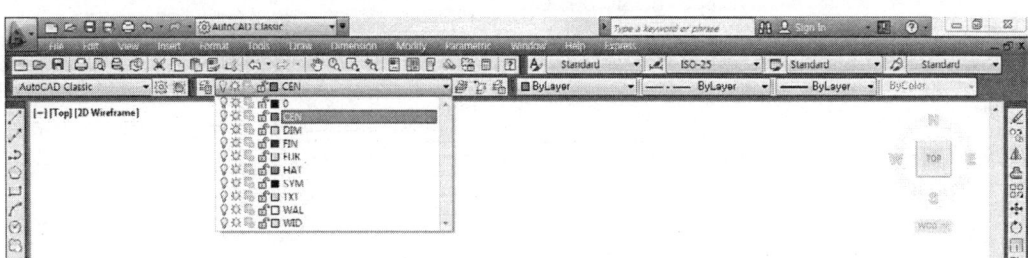

3-3 PROPERTIES TOOLBAR(특성 도구막대)

- 도면에서 레이어의 색상을 빠르고 쉽게 설정한다. 색상선정 대화상자가 나타난다.

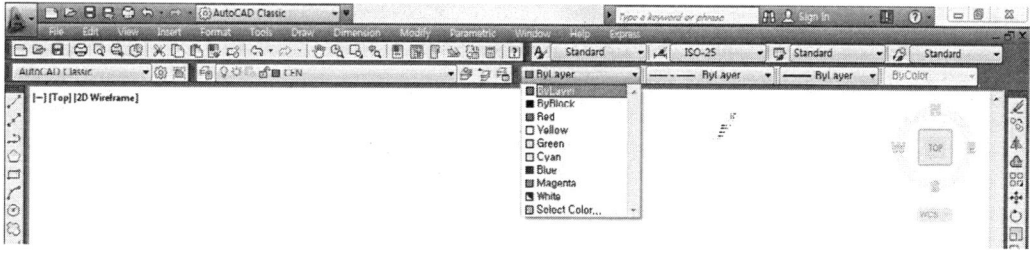

- Linetype을 지정한다. Others…을 클릭하면 Linetype 대화상자를 나타낸다.

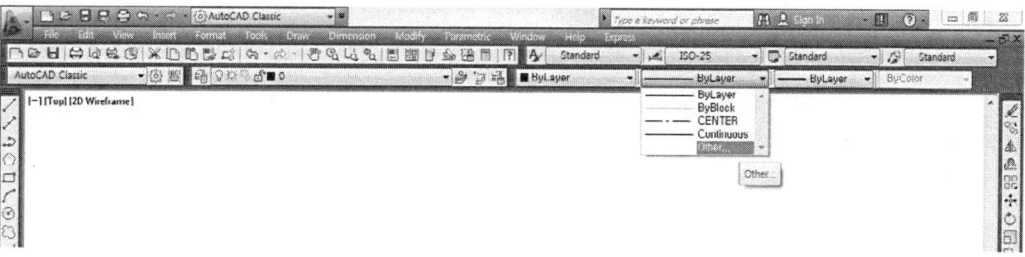

- Lineweight을 설정한다.

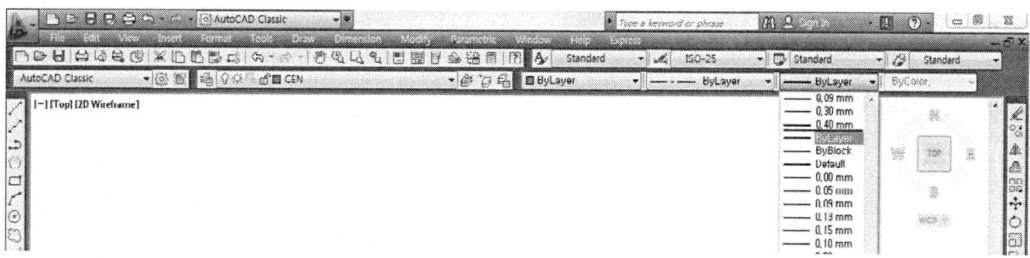

4 정보 조회 명령어

4-1 DIST(거리 측정)

Dist명령은 두 점 사이의 거리와 각도를 계산해 준다.

Pull Down Menu : [Tools] → [Inquiry] → [Distance]   단축키 DI

Command : DIST ↵
Specify first point : **첫번째 점 클릭**
Specify second point or [Multiple points] : **두번째 점 클릭**

Distance = 200.0000, (선의 길이)
Angle in XY Plane = 45, (XY평면에서의 각도)
Angle from XY Plane = 0(XY평면에서 Z축으로의 각도)
Delta X = 141.1743, (X축으로의 수평투영 길이)
Delta Y = 141.6680, (Y축으로의 수평투영 길이)
Delta Z = 0.0000(Z축으로의 수평투영 길이)

OPTION

- Multiple points : 여러 개의 점들의 거리를 측정할 때 선택한다.

4-2 AREA(면적 계산)

Pull Down Menu : [Tools] → [Inquiry] → [Area]   단축키 AA

Command : AREA ↵
Specify first corner point or [Object/Add area/Subtract area] : **첫 번째 점 클릭**
Specify next corner point or press ENTER for total : **두 번째 점 클릭**
Specify next corner point or press ENTER for total : **세 번째 점 클릭**
Specify next corner point or press ENTER for total : ↵

Area = 10000.0000, (면적) Perimeter = 400.0000(선의 총 길이)

 OPTION

- Object : 객체(원이나 닫힌 다각형)를 선택하여 면적을 선택한다.
- Add : 두 객체의 면적을 서로 더한다.
- Subtract : 앞의 객체의 면적에서 뒤 객체의 면적을 뺀다.

4-3 LIST(정보 조회)

List명령은 선택된 객체의 데이터 리스트를 보여 준다. 다음은 시작점이(10,10), 끝점이 (60,60)인 Pline을 선택했을 때의 값들이다. 자동으로 Text Screen으로 전환된다.

Pull Down Menu : [Tools] → [Inquiry] → [List]   단축키 LI

Command : LIST ↵
Select objects : 사각형 클릭

- LWPOLYLINE Layer : "0" : 객체의 이름과 레이어 표시
- Space : Model space : 모델영역의 객체
- Handle = aa : 객체의 고유번호
- Constant width 0.0000 : 선의 두께
- area 2500.0000 : 객체의 면적
- perimeter 200.0000 : 선의 길이
- at point X = 10.0000 Y = 10.0000 Z = 0.0000 : 첫 번째 점의 좌표값
- at point X = 60.0000 Y = 10.0000 Z = 0.0000 : 두 번째 점의 좌표값
- at point X = 60.0000 Y = 60.0000 Z = 0.0000 : 세 번째 점의 좌표값
- at point X = 10.0000 Y = 60.0000 Z = 0.0000 : 네 번째 점의 좌표값

4-4 ID Point(좌표점)

Pull Down Menu : [Tools] → [Inquiry] → [ID Point]

Command : ID ↵
Specify point : **임의의 좌표 클릭**
X = 2.0000 Y = 2.0000 Z = 0.0000

4-5 TIME(시간)

Pull Down Menu : [Tools] → [Inquiry] → [Time]

Command : TIME ↵

```
Command: time

Current time:           2011년 12월 22일 목요일   오후 8:31:57:977
Times for this drawing:
  Created:              2005년 10월 18일 화요일   오후 12:50:30:593
  Last updated:         2005년 10월 18일 화요일   오후 12:55:27:671
  Total editing time:   0 days 00:18:53:555
  Elapsed timer (on):   0 days 00:18:53:337
  Next automatic save in: 0 days 00:08:57:459

Enter option [Display/ON/OFF/Reset]:
```

- Current time : 현재시각
- Times for this drawing : 도면 작성 시각
- Created : 최초 작성시각
- Last updated : 최종갱신 시간
- Total editing time : 총 편집시간
- Elapsed timer(on) : 경과시간
- Next automatic save in : 다음 자동 저장시간
- Enter option [Display/ON/OFF/Reset] : 화면 디스플레이/켜기/끄기/재설정

4-6 STATUS(현재 상태)

Pull Down Menu : [Tools] → [Inquiry] → [Status]

Command : STATUS ↵

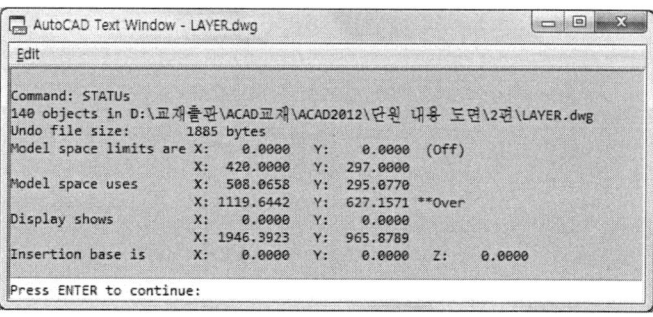

- Model space limits : 도면 영역
- Model space uses : 도면 사용 영역
- Display shows : 현재 화면 영역
- Insertion base : 삽입 기준점

4-7 MULTIPLE(다중 반복명령)

Multiple 명령은 지정한 명령을 취소할 때까지 반복해서 수행한다. ??로 중지하며, 대화상자가 나타나는 명령어는 적용되지 않는다.

```
Command : MULTIPLE ↵
Enter command name to repeat : c
CIRCLE
Specify center point for circle or [3P/2P/Ttr (tan tan radius)] : 중심점 클릭
Specify radius of circle or [Diameter] : 반지름값 입력
```

제8장 도면 출력하기

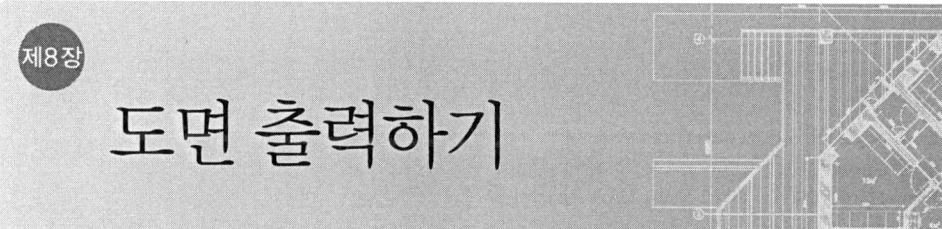

도면 출력하기

1. PLOT(도면 출력하기)

Pull Down Menu : [File] → [Plot...]

Command : PLOT ↵

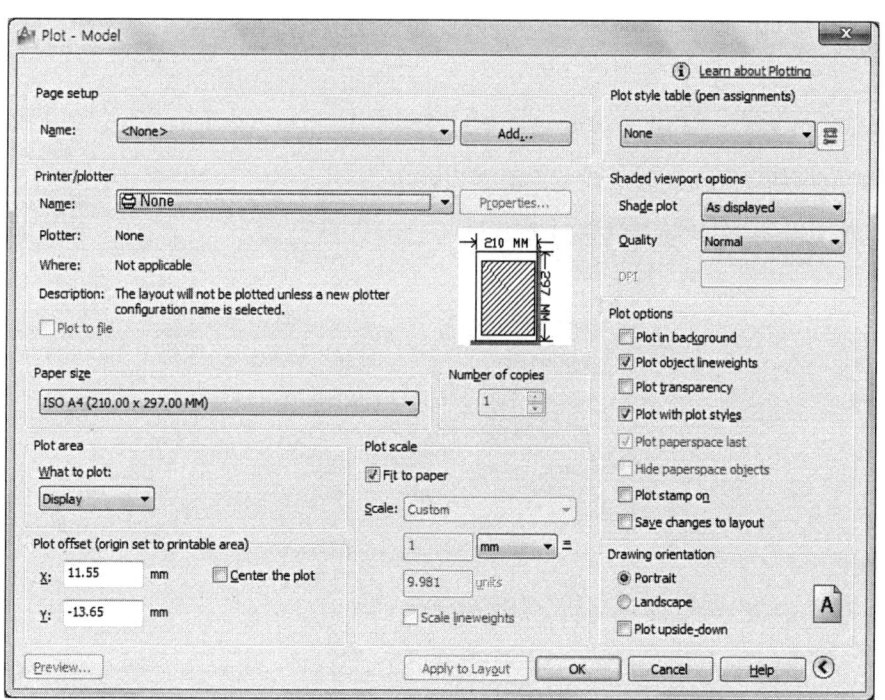

1-1 Plot 옵션

- Page setup : 플로터 옵션(플로터, 인쇄영역, 스케일 등 모든 데이터)을 미리 저장해 놓고 필요할 때 선택하면 모든 옵션을 매번 지정하지 않고 간단하게 사용할 수 있다. 〈previous plot〉을 선택하면 가장 최근의 출력값으로 설정된다.
- Printer/Plotter : 프린터/플로터를 선택한다.

- Name : 현재 설치된 프린터/플로터 정보 표시
- Plot to file : EPS 등의 파일로 인쇄할 때 사용되는 체크박스

- Paper size : 인쇄될 종이의 크기를 설정한다.
- Number of copies : 인쇄 장수를 설정한다.
- Plot area : 인쇄될 영역을 선택한다.

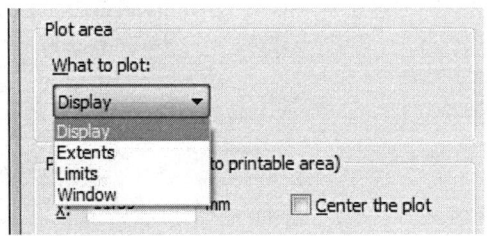

- Display : 화면에 디스플레이 된 영역만 인쇄
- Extents : 작업영역에 있는 모든 객체들을 포함해서 인쇄
- Limits : 도면한계 영역(Limits값)에만 인쇄
- Windows : 마우스로 원하는 영역을 Window로 선택해서 인쇄

● Plot offset : 인쇄될 영역이 종이의 어느 지점을 기준으로 인쇄될 것인지를 설정한다.

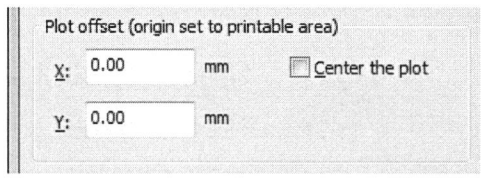

- X, Y : 기준점을 X축과 Y축으로 이동해서 인쇄
- Center the plot : 인쇄 영역의 중심이 종이의 중심에 위치하도록 설정

● Plot scale : 도면의 출력 스케일을 설정한다.

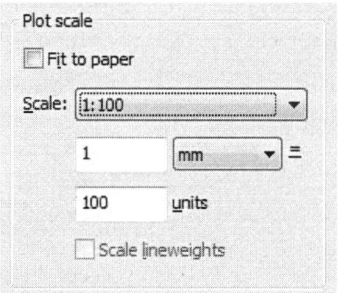

- Fit to paper : 종이의 크기에 맞는 축척으로 자동 설정
- Scale : 도면의 축척을 선택

  ✔ 정확한 스케일을 모를 경우는 "Scale to Fit"을 선택하여 도면 전체가 출력되도록 한다.

● Plot style table : 색상에 따른 펜 두께를 설정한다.

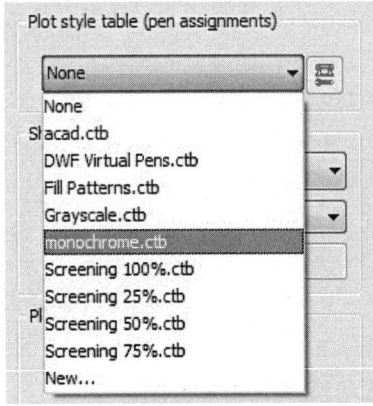

"monochrome.ctb"를 선택하여 🔳 버튼이 🔳처럼 활성화된 후 클릭하면 플로트 스타일 편집기 대화상자가 나타난다. 도면에서 사용된 색을 선택한 후, 적절한 선 두께를 지정한다. "monochrome.ctb"은 도면에 사용된 색상에 관계없이 모든 도면 요소를 Black으로 인쇄를 하도록 세팅되어 있는 파일이다.

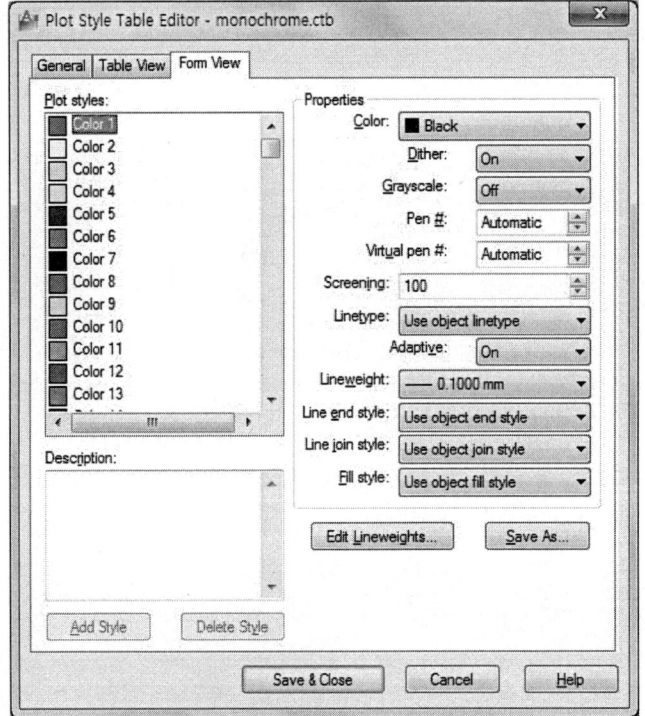

- Color : 선택된 플로트 번호의 색상을 변환
- Dither : 선을 부드럽게 효과를 줌
- Grayscale : 색상을 흑백으로만 고정
- Pen : 펜 번호 지정
- Virtual PEN : Non-pen plot에서 가상의 펜 지정

- Screening : 색상의 진하기를 지정(0~100%)
- Linetype : 라인타입을 지정
- Adaptive : 라인타입 스케일의 적용 여부 결정
- Lineweight : 선의 두께를 설정

Layer 요소	Layer name	Color		펜두께(mm)	
				1/30~1/60	1/100
도면 Box	0	흰 색	White	0.3	0.2
중심선	CEN	빨 강	Red	0.2	0.1
벽	WAL	노 랑	Yellow	0.5	0.4
창 호	WID	하늘색	Cyan	0.2	0.1
마감선	FIN	파 랑	Blue	0.2	0.1
가 구	FUR	하늘색	Cyan	0.2	0.1
해 치	HAT	진분홍	Magenta	0.2	0.1
치 수	DIM	녹 색	Green	0.3	0.2
문 자	TXT	녹 색	Green	0.3	0.2
기 호	SYM	흰 색	White	0.3	0.2

- Line end : 선의 끝부분의 처리방법을 지정
- Line join : 선의 모서리의 처리방법을 지정
- Fill style : 속이 찬 객에의 속을 채울 방법 지정

● Shaded viewport options : 3D모델링 객체의 그림자 및 표현방법에 대해 설정한다.

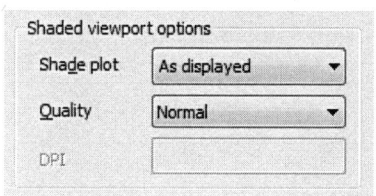

- Shade plot : 객체의 '선으로 표현/면으로 표현/숨겨진 선 가리기' 등을 설정
- Quality : 객체의 표현될 품질을 선택

- Plot options : 플로트 옵션을 설정한다.

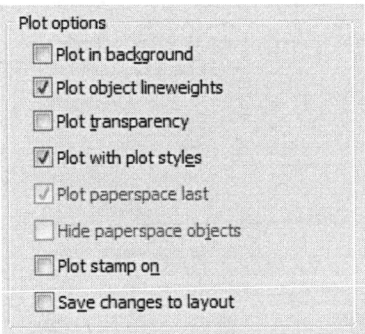

- Plot in background : 플롯이 배경에서 처리되도록 지정
- Plot object line weights : 선두께에 따라 출력
- Plot with plot styles : 플로트 스타일에 따라 출력
- Plot paperspace last : 종이영역을 나중에 출력
- Hide paperspace objects : 은선을 제거해서 출력
- Plot stamp on : 플롯 스탬프를 켬. 각 도면의 지정된 구석에 플롯 스탬프를 배치하고 파일에 로그를 기록
- Save changes to layout : 현재 레이아웃을 저장

- Drawing orientation : 인쇄용지의 방향을 설정한다.

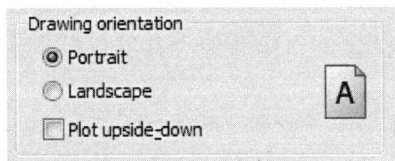

- Portrait : 세로방향 출력
- Landscape : 가로방향 출력
- Plot upside-down : 출력방향을 상하로 변환

● Preview : 출력될 도면 전체를 미리보기 한다.

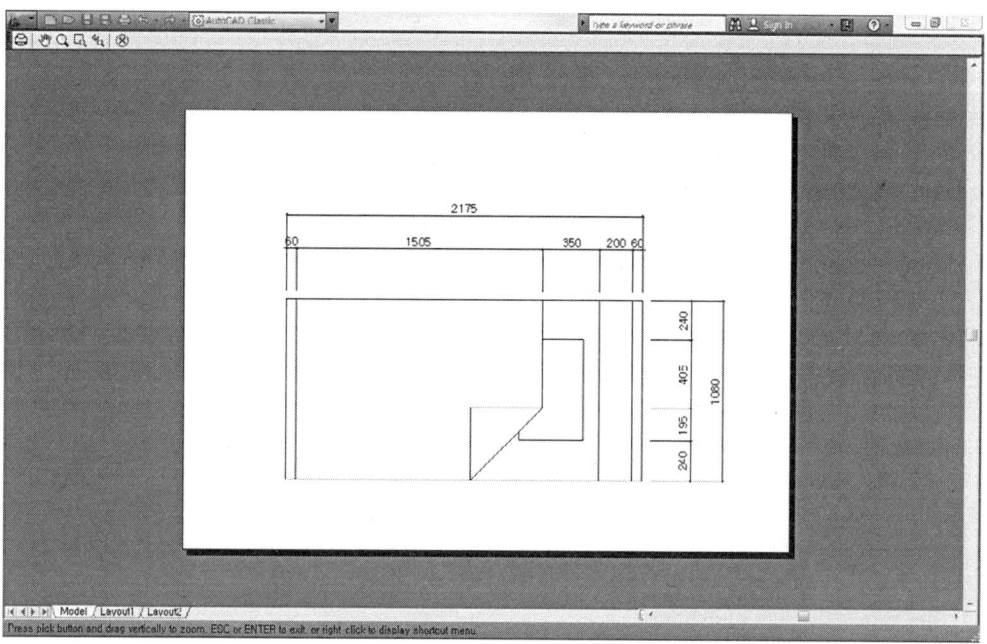

- Preview... 버튼을 클릭하면 종이에 인쇄될 모양을 미리 볼 수 있다.
- 종료시에는 Enter 나 Esc 또는 Shortcut Key(마우스 오른쪽 버튼)를 눌러 Exit를 클릭한다.

● Apply to Layout Apply to Layout : 현재 플롯 대화상자 설정값을 현재 배치에 저장한다.
● OK OK : 도면 출력을 실행한다.

Part 3

2차원 도면 드로잉

제1장 평면도 드로잉
제2장 입면도 드로잉
제3장 천장도 드로잉

평면도 드로잉

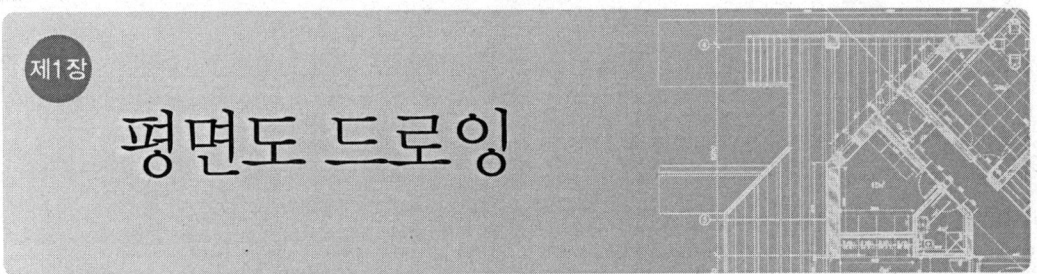

다음에 보여주는 평면도를 순서에 맞게 그려보도록 하자.

■ 주택평면도 예제 ■

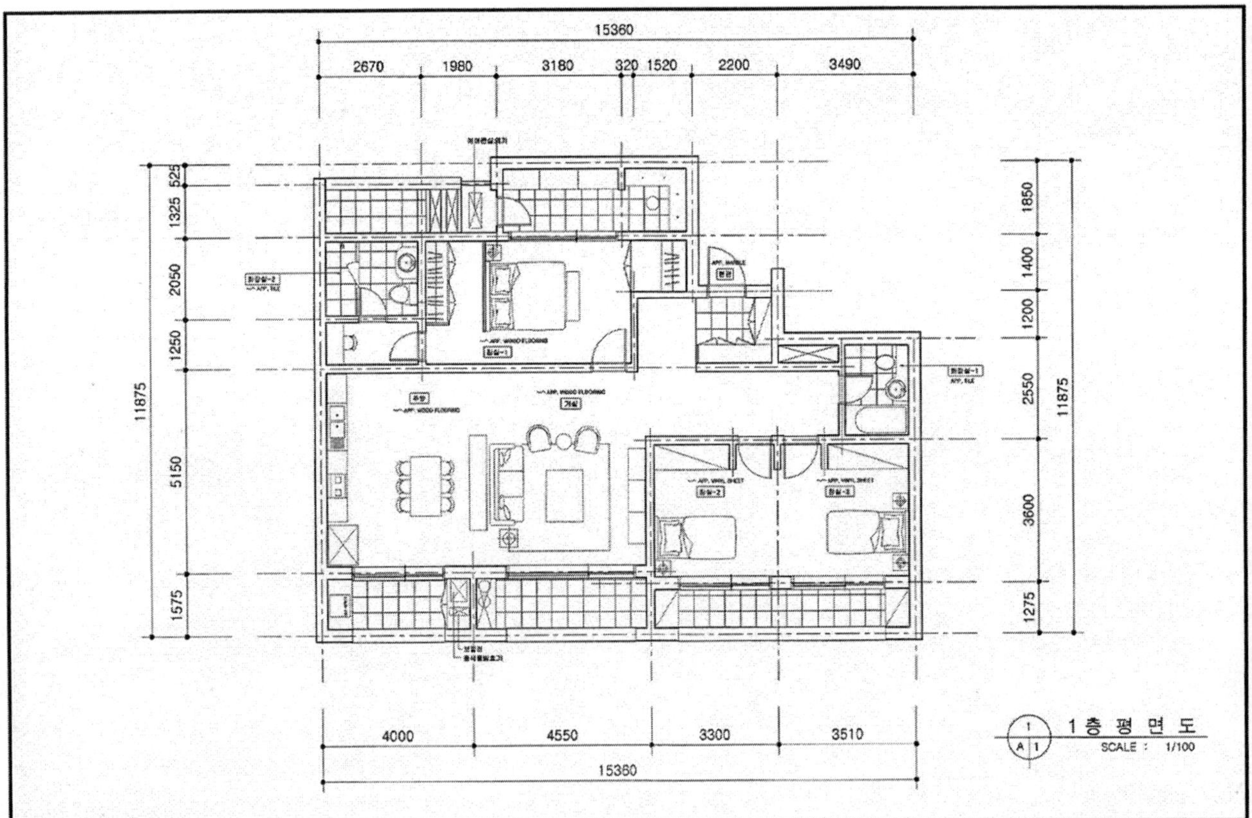

1 작업 준비

1-1 도면 양식 삽입

(1) Insert 명령을 이용한 도면양식 삽입

미리 작성해 놓은 A2, A3, A4 도면양식을 Insert 명령을 이용해서 적절한 축척을 주어 삽입하는 방법을 알아보도록 하자.

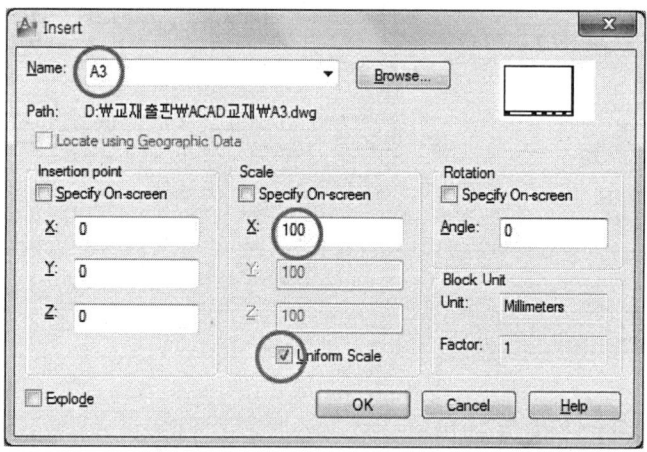

Browse... 버튼 클릭 → A3도면.dwg 선택 → Open 클릭

Insertion point : 0,0,0 또는 ☑ Specify On-screen 선택

☑ Uniform Scale 체크박스 선택

Scale : 100(작업 scale에 맞게 적절한 값 입력)

Rotation Angle : 0으로 설정한 후 → OK 버튼 클릭

Insertion point에 X,Y,Z 값을 입력한 경우에는 바로 도면양식이 화면에 나타나지만 ☑ Specify On-screen을 선택했을 경우에는 [OK] 버튼을 누른 후, 작업화면에서 마우스를 클릭해야 도면양식이 삽입된다. 화면에 도면양식이 보이지 않거나 일부분만 보일 경우에는 ZOOM 명령을 이용해 도시한다. 또 글자가 깨져 보이는 경우에는 Text Style을 한글폰트로 재설정해주어야 한다.

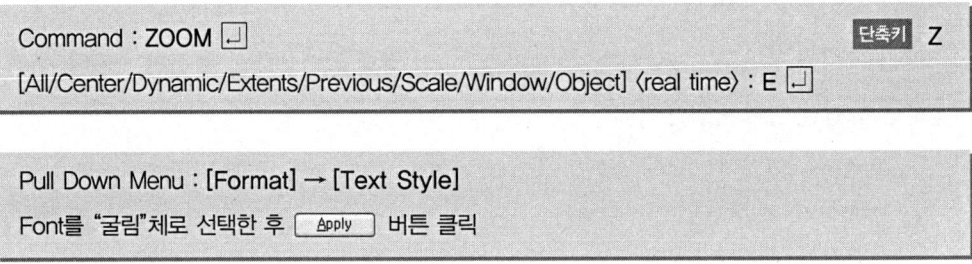

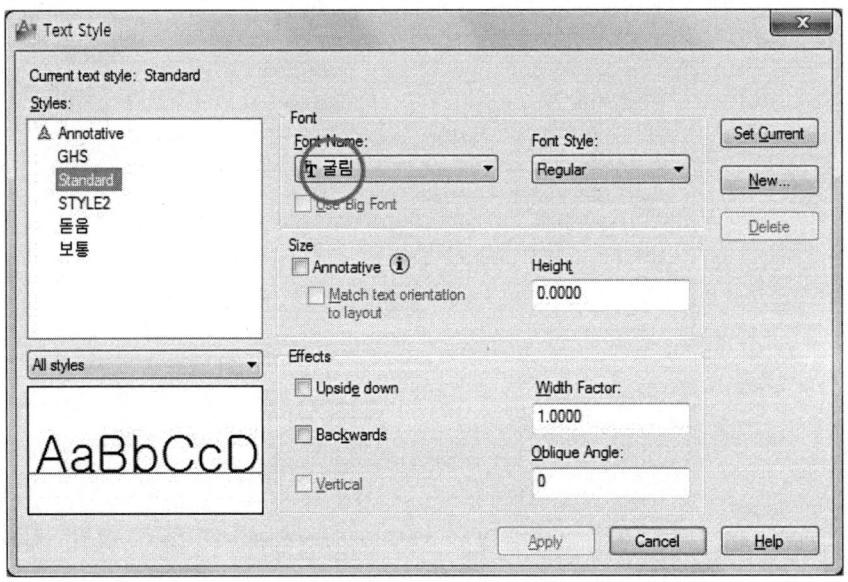

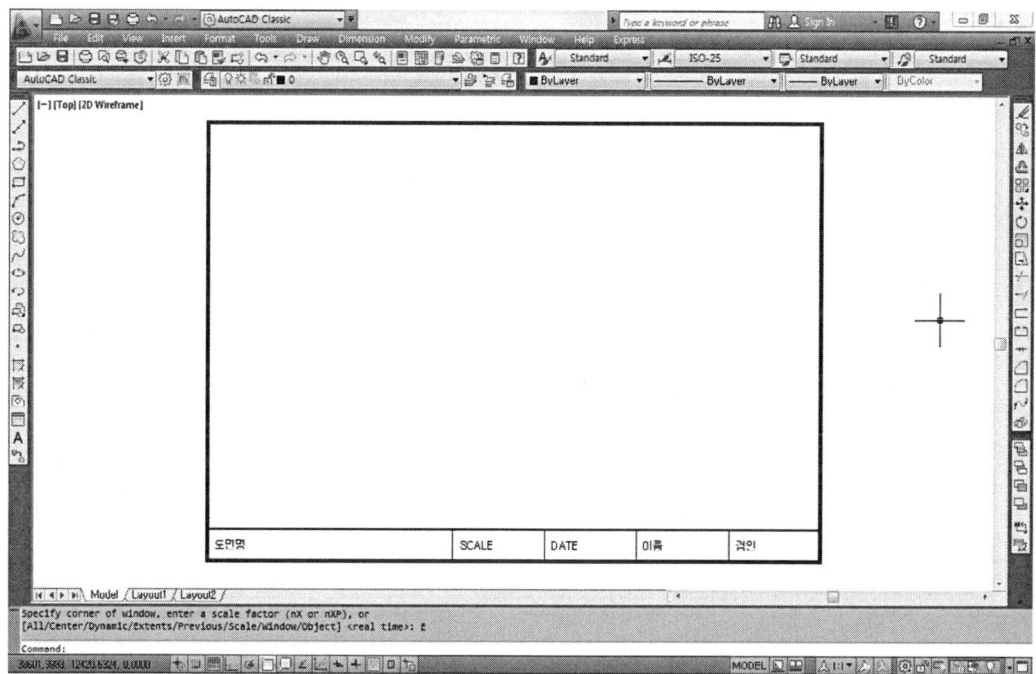

(2) MVSETUP 명령을 이용한 도면양식 그리기

도면양식이 규정에 맞게 드로잉이 되어 있지 않을 경우나, 간단한 양식이 필요한 경우에는, "MVSETUP" 명령을 사용하여 간단하게 축척을 고려한 도면양식을 그릴 수 있다. "MVSETUP"을 이용하여 도면양식을 그리는 방법을 알아보도록 하자.

Command : MVSETUP ↵

[All/Center/Dynamic/Extents/Previous/Scale/Window/Object] ⟨real time⟩ : E ↵

Command : MVSETUP ↵

Initializing…

Enable paper space? [No/Yes] ⟨Y⟩ : N ↵

Enter units type [Scientific/Decimal/Engineering/Architectural/Metric] : M ↵

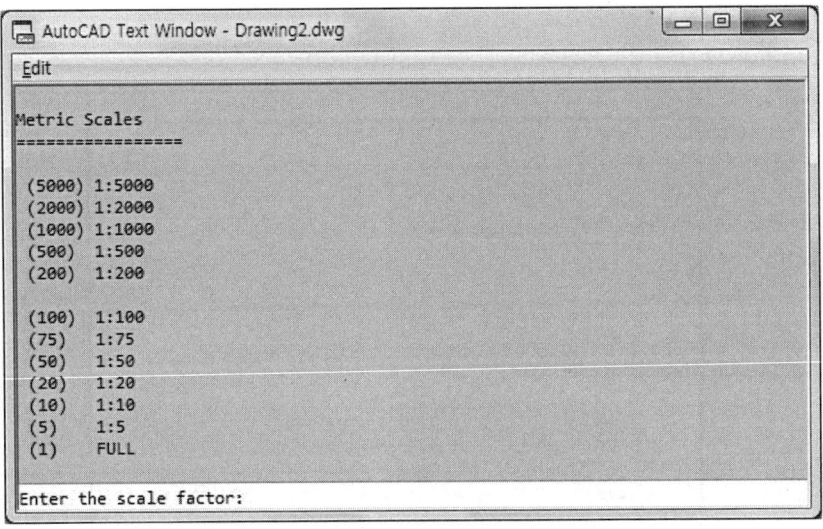

Enter the scale factor : 100 ↵ (도면 Scale 기입)

Enter the paper width : 400 ↵

　(종이의 가로 길이 지정-프린터 여백 10mm씩 고려해서 420mm-10mm×2 = 400mm)

Enter the paper height : 277 ↵

　(종이의 세로 길이 지정-프린터 여백 10mm씩 고려해서 297mm-10mm×2 = 277mm)

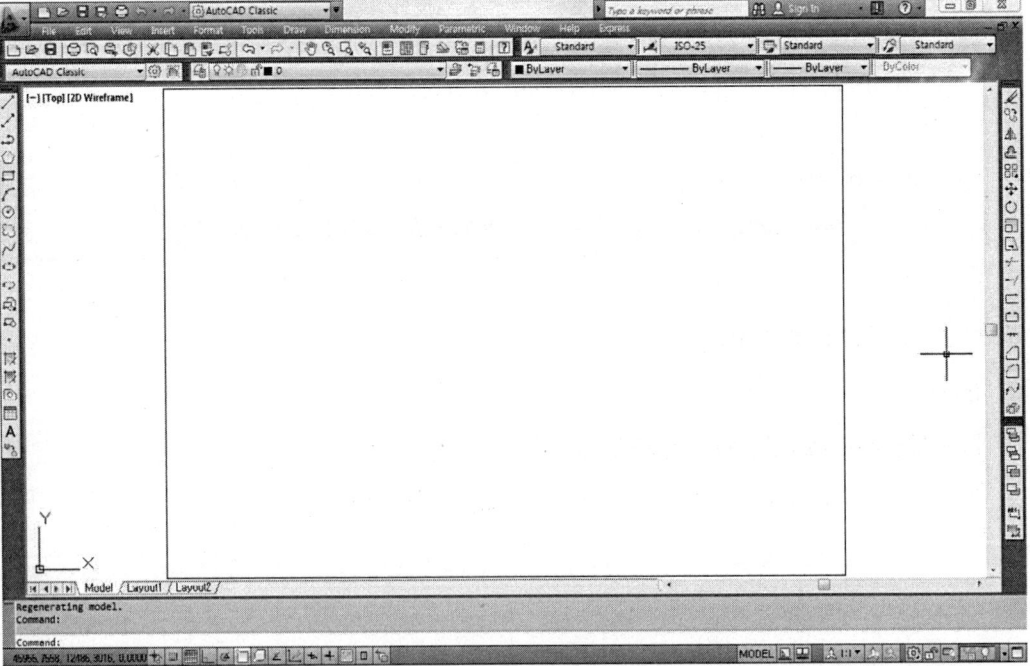

1-2 레이어 설정

Command : Layer ↵   단축키 LA

Layer 요소	Layer name	Color		Linetype
도면 틀	0	흰 색	White	Continuous
중심선	CEN	빨 강	Red	Center
벽	WAL	노 랑	Yellow	Continuous
창 호	WID	하늘색	Cyan	Continuous
마감선	FIN	파 랑	Blue	Continuous
가 구	FUR	하늘색	Cyan	Continuous
해 치	HAT	진분홍	Magenta	Continuous
치 수	DIM	녹 색	Green	Continuous
문 자	TXT	녹 색	Green	Continuous
기 호	SYM	흰 색	White	Continuous

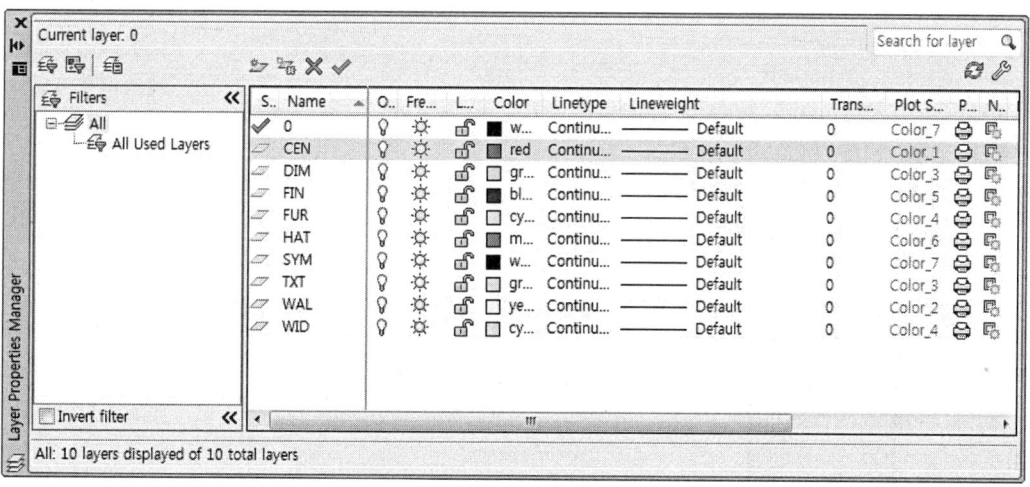

1-3 DIMSCALE, LTSCALE 조정

```
Command : DIMSCALE ↵
Enter new linetype scale factor <1.0000> : 100 ↵ (작업 scale로 지정)

Command : LTSCALE ↵ LTS
Enter new value for DIMSCALE <1.0000> : 100 ↵ (작업 scale로 지정)
```

- DIMSCALE은 Dimension style에서 치수스케일을 설정(Dimension style에서 설정한 수치에 scale값이 곱해진다.)하는 것이고, LTSCALE은 점선이나 중심선, 쇄선을 그릴 때, 선의 크기(간격)를 설정하는 것이다. 일반적으로 작업 scale과 동일하게 설정해 주고, 특정 scale을 원할 경우는 특정한 값으로 재설정한다.

서로 다른 값의 LTS값을 원할 경우에는 Properties 대화상자(▣)를 이용해서 객체 한 개의 특성을 조정해주고 나서, Match Properties(▣)를 이용해서 다른 객체의 특성을 원하는 Layer 스타일로 바꿔주면 된다.

1-4 파일 저장

```
Command : SAVE ↵
[파일 이름(N) : ] 주택-평면도.dwg → [저장]
```

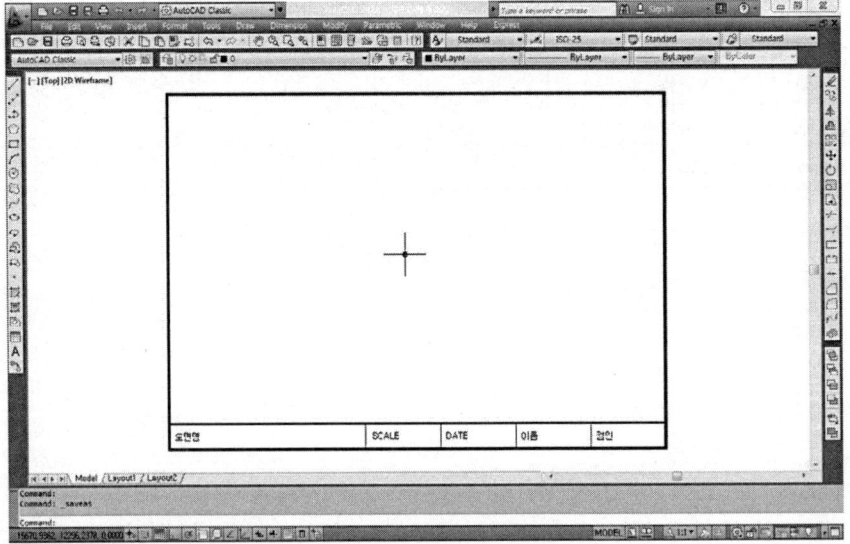

2 중심선 그리기 및 정리하기

2-1 레이어 설정

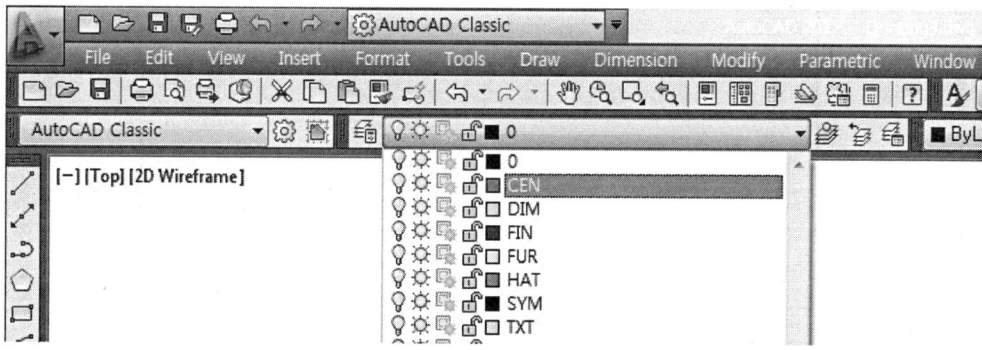

- Current 레이어를 중심선 레이어인 "CEN"으로 지정한다.

2-2 중심선 그리기

> 화면의 좌측하단에 수평선과 수직선을 적절한 크기로 작도한 후, 이 두 선을 기준으로 다른 중심선을 복사해서 그린다. 처음 그린 수평선과 수직선의 길이는 임의로 작도한 후에 적절한 크기로 잘라내도록 한다.
>
> Command : LINE ↵
> ※ 수평선, 수직선은 Ortho on(F8)을 이용해서 그린다.

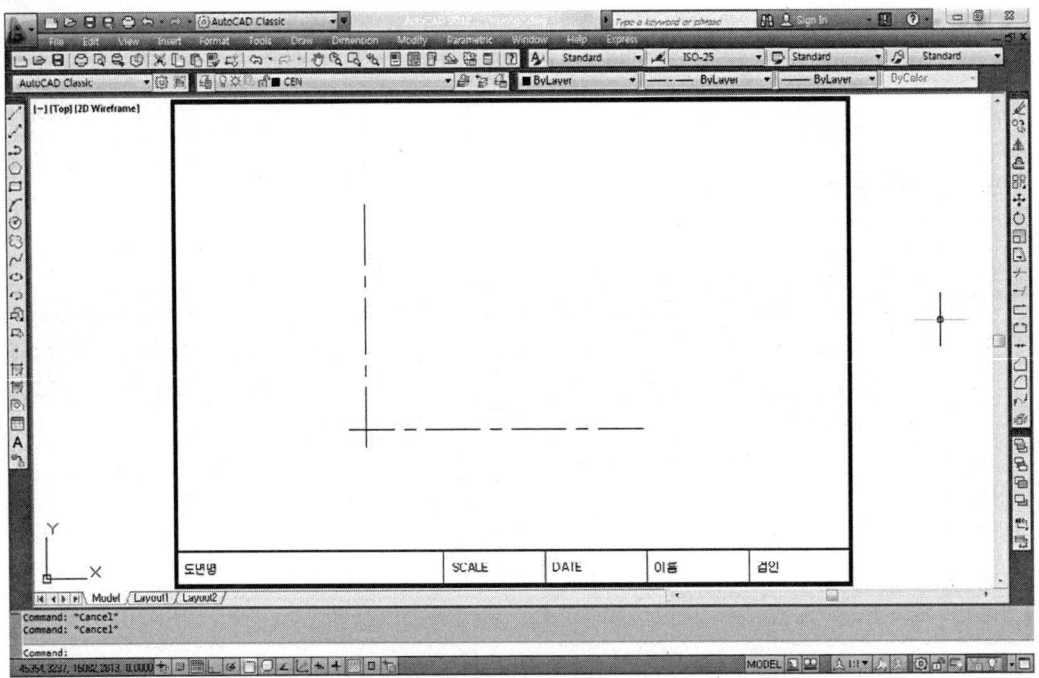

앞서 그린 수평선과 수직선을 주어진 주요 벽체 사이의 간격만큼 Offset한다.

복잡한 도면은 한꺼번에 중심선을 모두 offset하면 작도가 어려우니, 수평선과 수직선 한쪽을 먼저 offset하여 중심선을 정리한 후, 나머지 중심선을 작도하도록 한다.

(offset할 치수는 뒷쪽의 도면 참조)

Command : OFFSET ↵
Specify offset distance or [Through/Erase/Layer] 〈Through〉 : 복사할 간격 입력
Select object to offset or 〈exit〉 : 선 선택
Specify point on side to offset or [Exit/Multiple/Undo] 〈Exit〉 : 복사할 부분 선택

- 수직선·수평선을 가장 먼 거리의 중심선 거리만큼 각각 복사한다.

- 먼저 그린 수직선을 이용해 간격에 맞게 Offset 명령으로 복사한다.

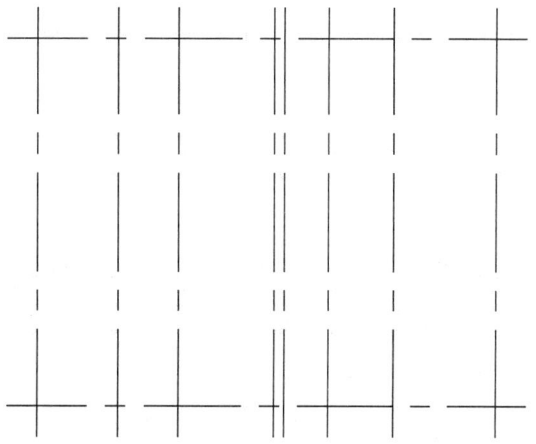

- 수평선을 이용해 간격에 맞게 Offset 명령으로 복사한다.

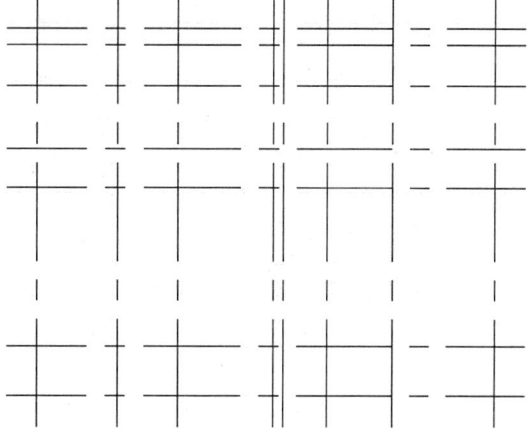

2-3 중심선 정리하기

```
Command : BREAK ↵                                       단축키 BR
Select object : P1 클릭
Specify second break point or [First point] : P2 클릭(잘라낼 선의 방향 또는 위치 지정)
```

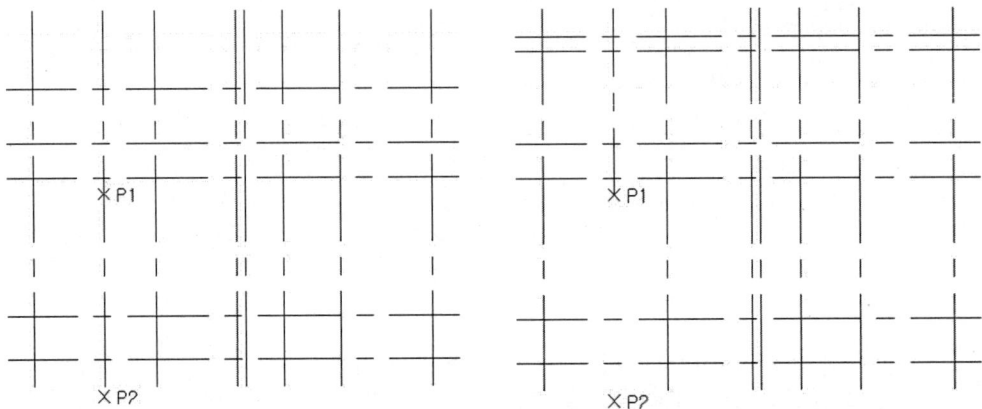

- Break 명령을 이용하여 중심선을 정리한다. Break 명령은 옵션을 선택하지 않으면 첫 번째 선택한 점(P1점)이 끊어지는 시작점이 되므로 선택할 때 주의한다.
- Break 외에도 Change, Stretch, Offset, Trim 등을 이용하여 중심선의 길이를 조절할 수 있으며, Offset과 Trim이 많이 사용된다.
- Change는 선의 길이를 조정하는 경우 외에도 layer나 color 등 entity의 성격을 변경하고자 할 때 사용하는 명령어이다. 단, one-key를 사용할 경우, 대화상자가 생기기 때문에 선의 길이를 조정할 때에는 CHANGE라고 입력해야 한다.
- Change명령어로 중심선을 정리할 때에는 반드시 Ortho(F8)가 On이 되어야 한다.
- Change명령어로 선의 길이를 조절할 때, 항상 클릭한 점을 기준으로 선의 짧은 쪽이 잘린다는 것에 주의해야 한다.
- 중심선을 Offset할 때는 모든 중심선을 한꺼번에 Offset하여 정리하면 혼란스러워지므로, 단계적으로 일부 중심선을 정리한 후 다시 Offset하여 중심선을 완성하는 것이 좋다.

■ 중심선 그리기 ■

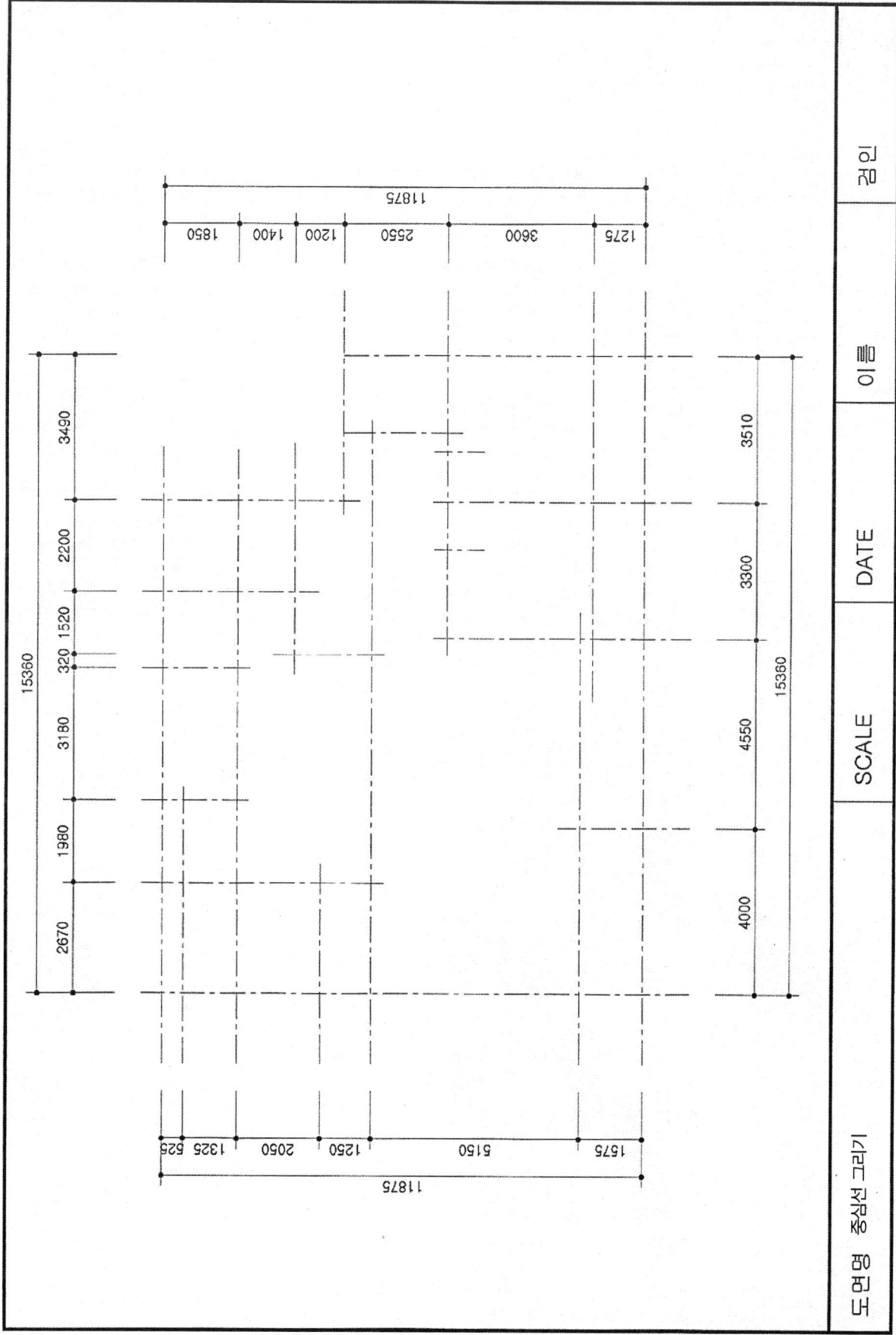

3 벽선 그리기 및 정리하기

3-1 벽선 그리기

- 외벽은 아래 좌측의 그림과 같이 중심선을 기준으로 양쪽으로 150mm씩의 콘크리트와 양측면에 마감재 20mm로 구성(총340mm)되어 있다.
- 내벽1은 가운데 그림과 같이 중심선을 기준으로 양쪽으로 100mm씩의 콘크리트와 양측면에 마감재 20mm로 구성(총240mm)되고, 내벽2는 총190mm로 구성되어 있다.

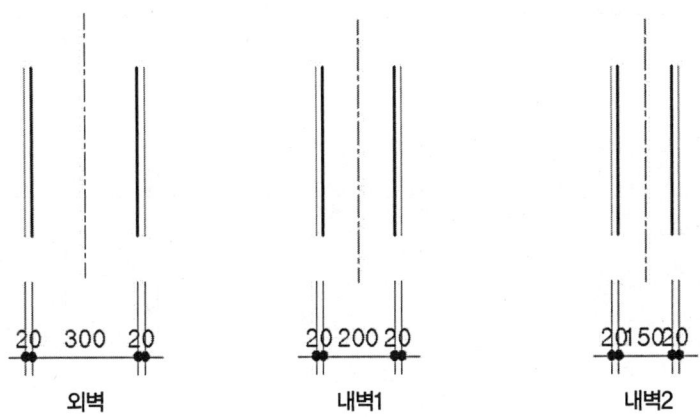

3-2 레이어 변경

중심선을 Offset하여 벽선을 만들었기 때문에 벽선의 레이어를 "CEN"에서 "WAL"로 변경해야 한다.

3-3 MLINE을 이용한 벽선 그리기

벽선을 그리는 방법은 Offset 명령 외에도, "MLINE" 명령을 이용해서 그릴 수 있다. 아파트처럼 벽 두께가 일정할 경우와, 벽을 상세하게 작도할 경우에는 Multiline을 사용하면 시간을 훨씬 단축시킬 수 있다. 특히 Multiline은 그 형태의 저장이 가능해서 한번 만들어 놓은 Multiline은 언제든 필요할 때, 불러서 사용할 수 있다.

Multiline의 사용 순서는 '[Multiline Style] 지정 → [Multiline] 으로 벽선 그리기 → [Mledit]' 로 Multiline 편집을 한다.

Multiline을 이용해 외벽 W340(몰탈마감 20mm+콘크리트 300mm+몰탈마감20mm)을 그리는 방법을 간단하게 살펴보도록 한다.

(1) MLSTYLE(다중선 스타일) 설정

Pull Down Menu : [Format] → [Multiline Style...]

Command : MLSTYLE ↵

● Multiline 스타일 설정 : Multiline 스타일의 이름을 지정하거나 이미 만들어진 Multiline을 불러 올 수 있다.

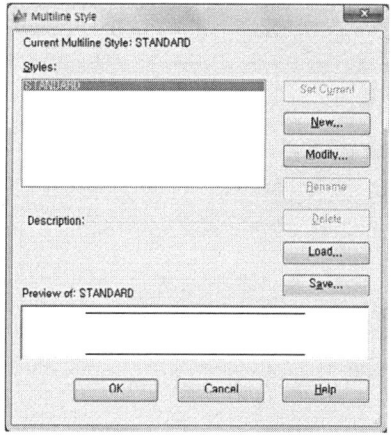

- Style : Multiline의 스타일을 도시
- Description : Multiline에 대한 설명문 기입
- Set Current : 현재 지정된 Multiline 스타일
- New... : 새로운 Multiline 생성하기
- Modify... : 기존의 Multiline 변경하기
- Rename : Multiline 스타일 이름 바꾸기
- Delete : Multiline 스타일 지우기
- Load... : 저장된 Multiline 스타일 불러오기
- Save... : Multiline 스타일 저장하기

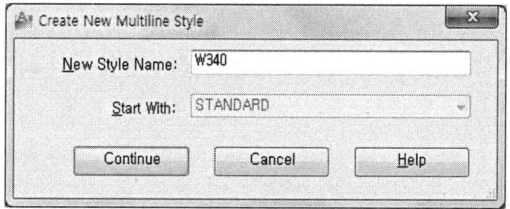

→ Continue 버튼 클릭

● Multiline의 선 정의 : Continue 버튼을 클릭하면 Multiline의 선 모양을 지정할 수 있는 대화상자가 나타난다. 이 대화상자에서 선의 색상, Offset 간격, 선의 종류 등을 지정한다.

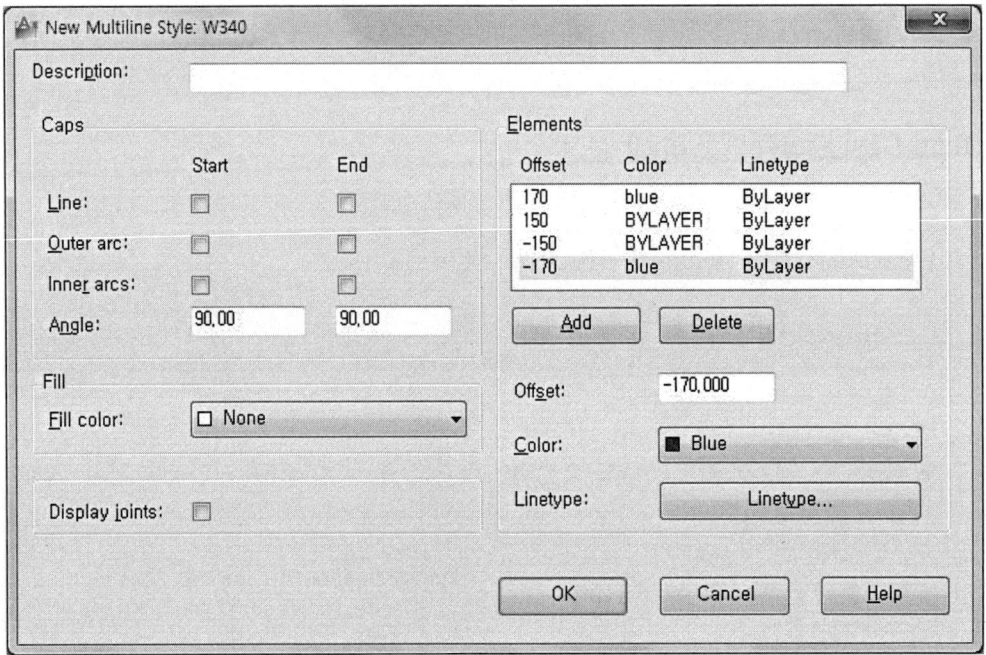

● Caps : Multiline의 시작부분과 끝부분의 모양을 지정한다.
  • Line : 시작과 끝부분을 선으로 막음
  • Outer arc : 시작과 끝부분을 볼록한 호로 막음
  • Inner arc : 시작과 끝부분을 오목한 호로 막음
  • Angle : 시작과 끝부분을 각도가 있는 선으로 막음

● Fill : Multiline의 속을 채울 것인지를 제어한다.

● Display joints : 각 다중선 세그먼트 정점에서의 접합부의 화면표시를 조정한다. 접합부를 연귀라고도 한다.

- Elements : Multiline의 간격 및 특성을 지정한다.
  - Add : 새로운 Multiline 선을 추가
  - Delete : Multiline 삭제
  - Offset : Multiline의 간격 수치 입력
  - Color : Multiline의 색상 지정
  - Linetype : Multiline의 선 모양 지정

Offset : −170 입력 → [Add] 버튼 클릭

Offset : −150 입력 → [Add] 버튼 클릭

Offset : 150 입력 → [Add] 버튼 클릭

Offset : 170 입력 → [Add] 버튼 클릭

[Delete] 버튼을 이용해 불필요한 데이터를 지우고

170과 −170을 마감선 Layer 색상으로 지정한 후

Color: ■ Blue

→ [OK] 버튼 클릭

Preview 화면에서 지정된 Multiline 모양을 확인한 후

→ [OK] 버튼 클릭

동일한 방법으로 내벽 W240(몰탈마감 20mm+콘크리트 200mm+몰탈마감20mm), 내벽 W190(몰탈마감 20mm+콘크리트 150mm+몰탈마감20mm) 두께의 Multiline을 그리도록 한다.

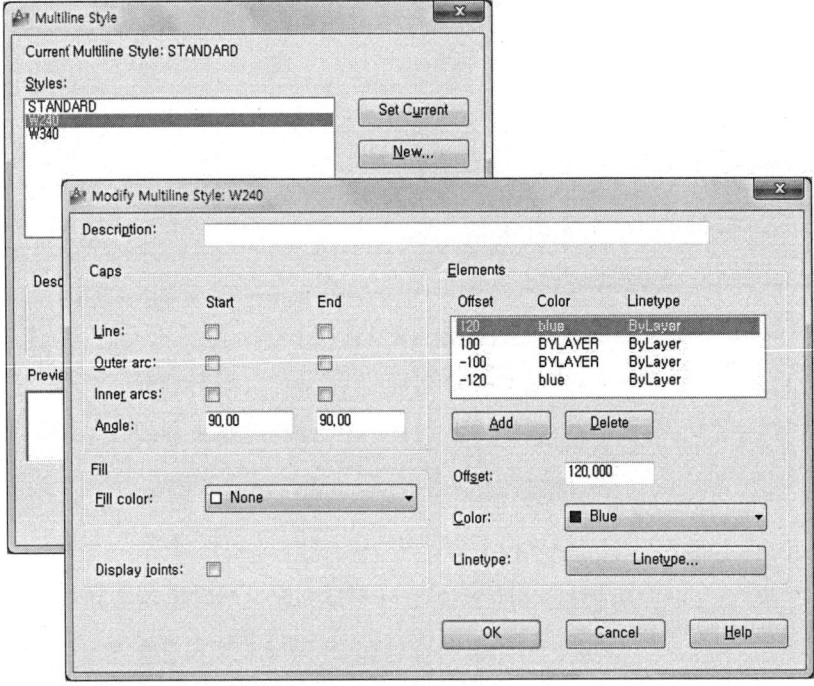
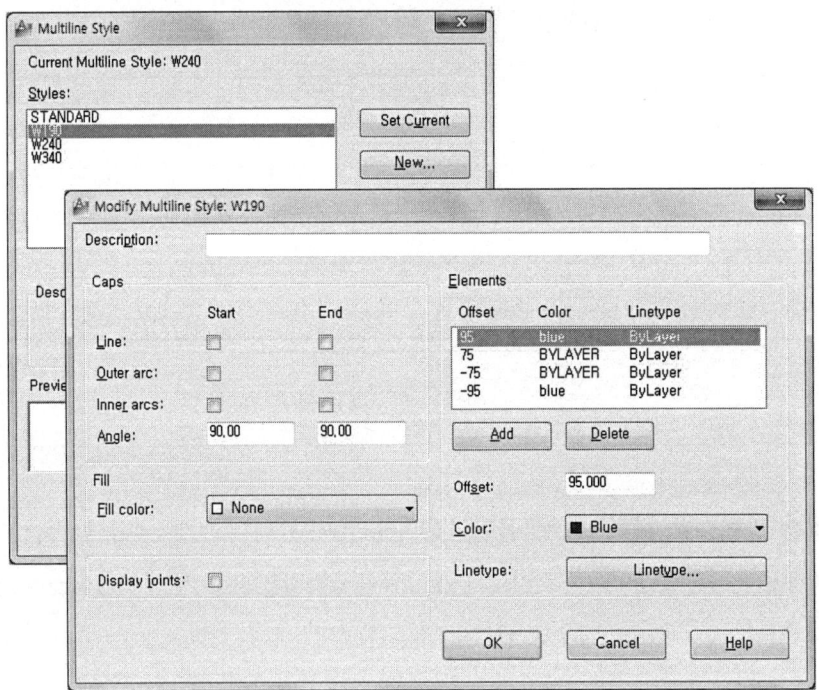

(2) MLINE(다중선) 작도

```
Pull Down Menu : [Draw] → [Multiline] ML
Command : MLINE ↵
Current settings : Justification = Top, Scale = 20.00, Style = STANDARD
Specify start point or [Justification/Scale/STyle] : J ↵
Enter justification type [Top/Zero/Bottom] ⟨top⟩ : Z ↵
Specify start point or [Justification/Scale/STyle] : S ↵
Enter mline scale ⟨20.00⟩ : 1 ↵
Current settings : Justification = Zero, Scale = 1.00, Style = STANDARD
Specify start point or [Justification/Scale/STyle] : ST ↵
Enter mline style name or [?] : W340 ↵
Current settings : Justification = Zero, Scale = 1.00, Style = W340
Specify start point or [Justification/Scale/STyle] : P1점 클릭(벽체의 중심선 클릭)
Specify next point : P2점 클릭
Specify next point or [Undo] : P3점 클릭
Specify next point or [Undo] : P4점 클릭
Specify next point or [Close/Undo] : ↵
```

OPTION

- Justification : Multiline의 정렬 방법을 지정한다.
  - Top : 기준선의 위쪽으로 정렬
  - Zero : 기준선을 중앙으로 정렬

- Bottom : 기준선의 아래쪽으로 정렬
● Scale : Multiline의 축척을 지정한다.
● STyle : Multiline의 스타일을 지정한다.

중심선을 따라서 두께에 맞게 Multiline을 작도한다.

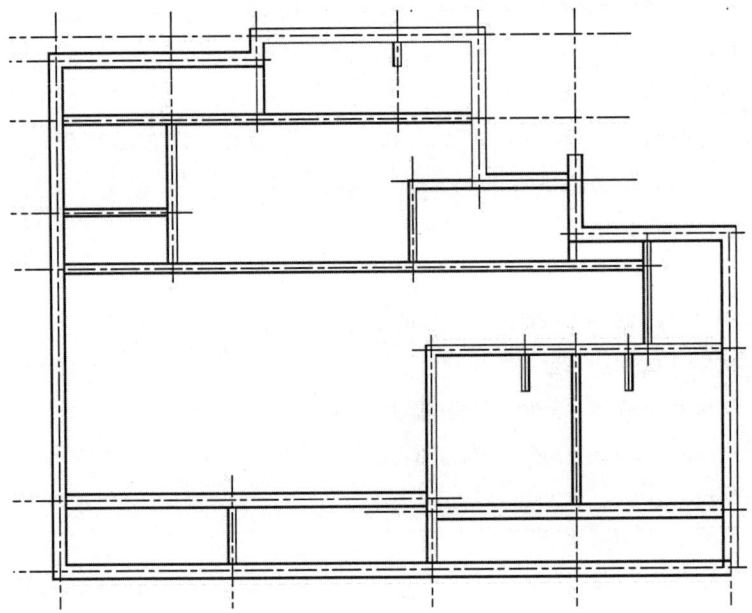

(3) MLEDIT(다중선 편집)

Multiline으로 그린 다중선들의 서로 겹치는 부위나 끝부분을 MLEDIT 명령을 이용하여 간단하게 편집할 수 있다. MLEDIT 명령으로 수정이 어려운 부분은 EXPLODE한 후 TRIM이나 FILLET 등으로 수정한다.

```
Pull Down Menu : [Modify] → [Multiline...]
```

```
Command : MLEDIT ↵
```

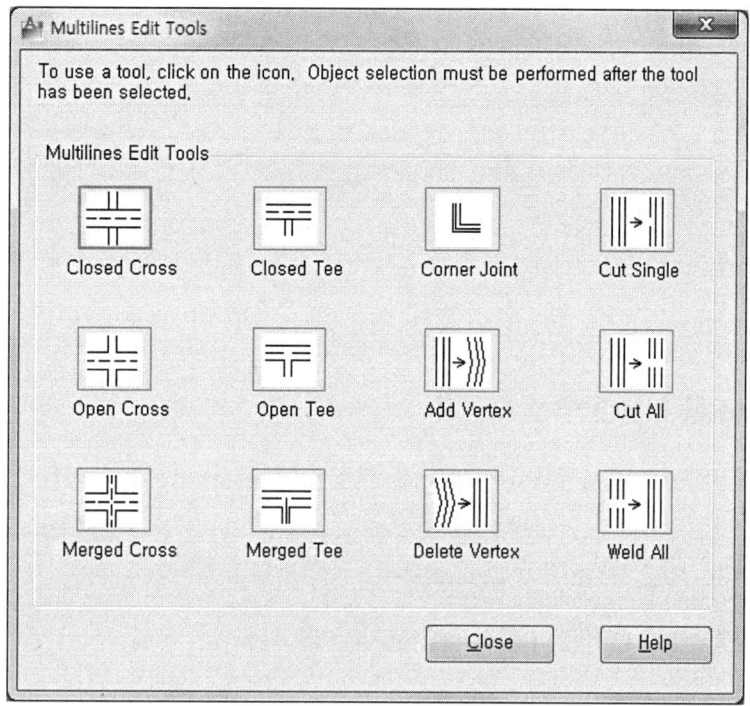

- Multilines Edit Tools에서 원하는 모양을 선택한 후, 도면에서 해당 다중선들을 클릭한다.
- 선을 선택하는 순서에 따라 편집되어지는 모양이 달라지므로 유의해서 선택하도록 한다.
- Corner Joint 버튼을 선택하여 ㄱ자 모양의 Multiline을 정리할 때는 P1, P2점을 선택하면 된다.

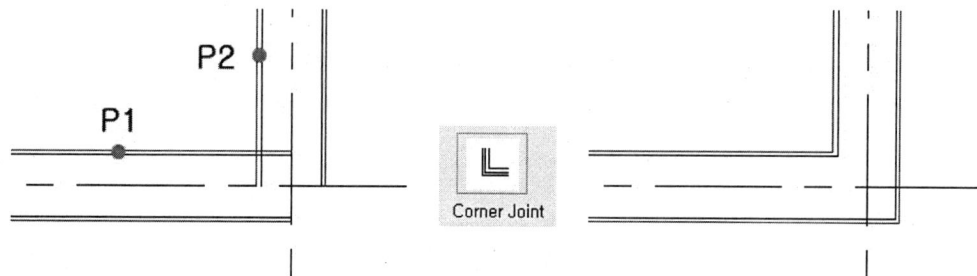

- Merged Tee 버튼을 선택하여 T자 모양의 Multiline을 정리할 때는 P1, P2점을 선택하면 된다.

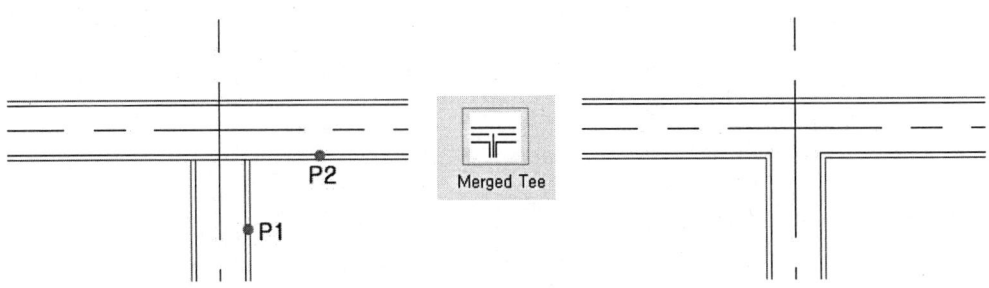

3-4 Offset을 이용한 벽선 그리기

AutoCAD 2006 버전에서부터는 Offset를 실행할 때, 현재 Layer의 특성을 따르게 할 수 있게 업그레이드되어 더욱 편리해졌다. 중심선을 벽체두께만큼 양측으로 Offset하여 벽체를 만들 수 있다. Offset 명령을 이용한 벽체그리기는 비교적 간단한 도면에서만 유용하다. 복잡한 도면에서는 시간이 많이 걸리므로 MultiLine을 이용해서 작업하여야 한다.

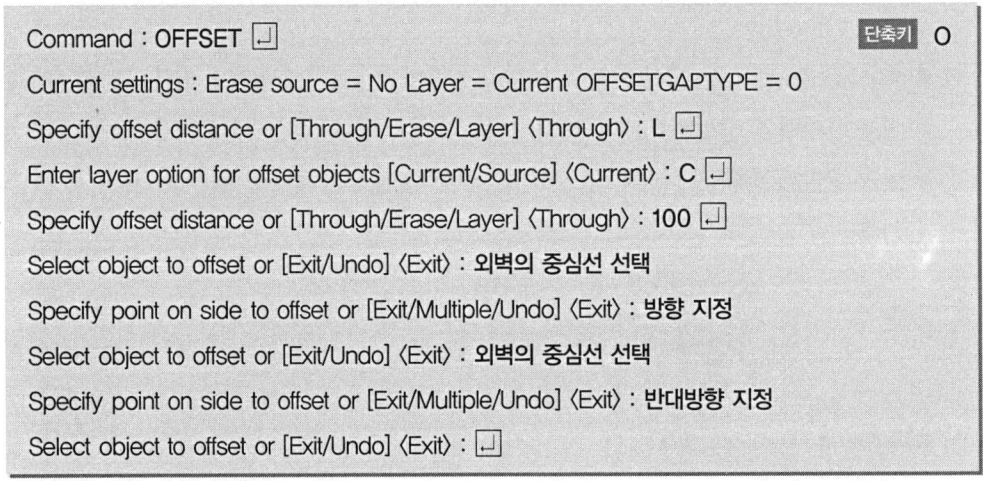

- Offset의 Layer 옵션을 이용하지 않고, 나중에 레이어를 변경할 때에는 CH(🔲)명령이나 Matchprop(🔲) 명령을 사용한다.

  단, Matchprop 명령은 이미 "WAL"로 바뀐 벽선이 있어야 실행할 수 있다.

- 레이어를 "WAL"로 변경하면 벽선의 색이 노란색으로 바뀌고, 라인타입은 실선으로 변경된다.

```
Command : MATCHPROP ↵     단축키   MA
Select source object : L1 클릭
(단, L1의 레이어가 "WAL"일 경우)
(L1을 클릭하면 커서의 모양이 🖌로 바뀐다. 좌
측상단의 사각형으로 다른 선을 선택한다.)
Select destination object(s) or [Settings]
: L2 클릭
Select destination object(s) or [Settings]
: L3 클릭
✓ L4, L5도 동일하게 반복한다.
```

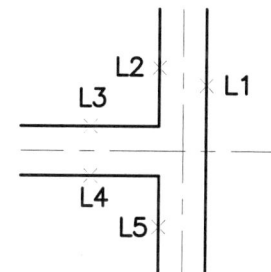

- 위와 같은 방법으로, 문과 창문 블록을 삽입할 수 있도록 모든 벽선을 정리한다.

- 벽선을 정리할 때 잘못하면 중심선을 자르거나 지울 수 있으므로 중심선 레이어를 적절히 On/Off하여 작업한다. 또는 중심선 레이어를 Lock시키면 편집할 수 없으므로 이를 이용해도 된다. 하지만, 중심선 레이어가 Off되어 있는 상태에서 Move를 하면 Off된 중심선 레이어는 Move가 되지 않음으로 레이어를 On했을 때, 이동된 도면요소와 중심선의 위치가 일치하지 않게 되는 점에 주의해야 한다.

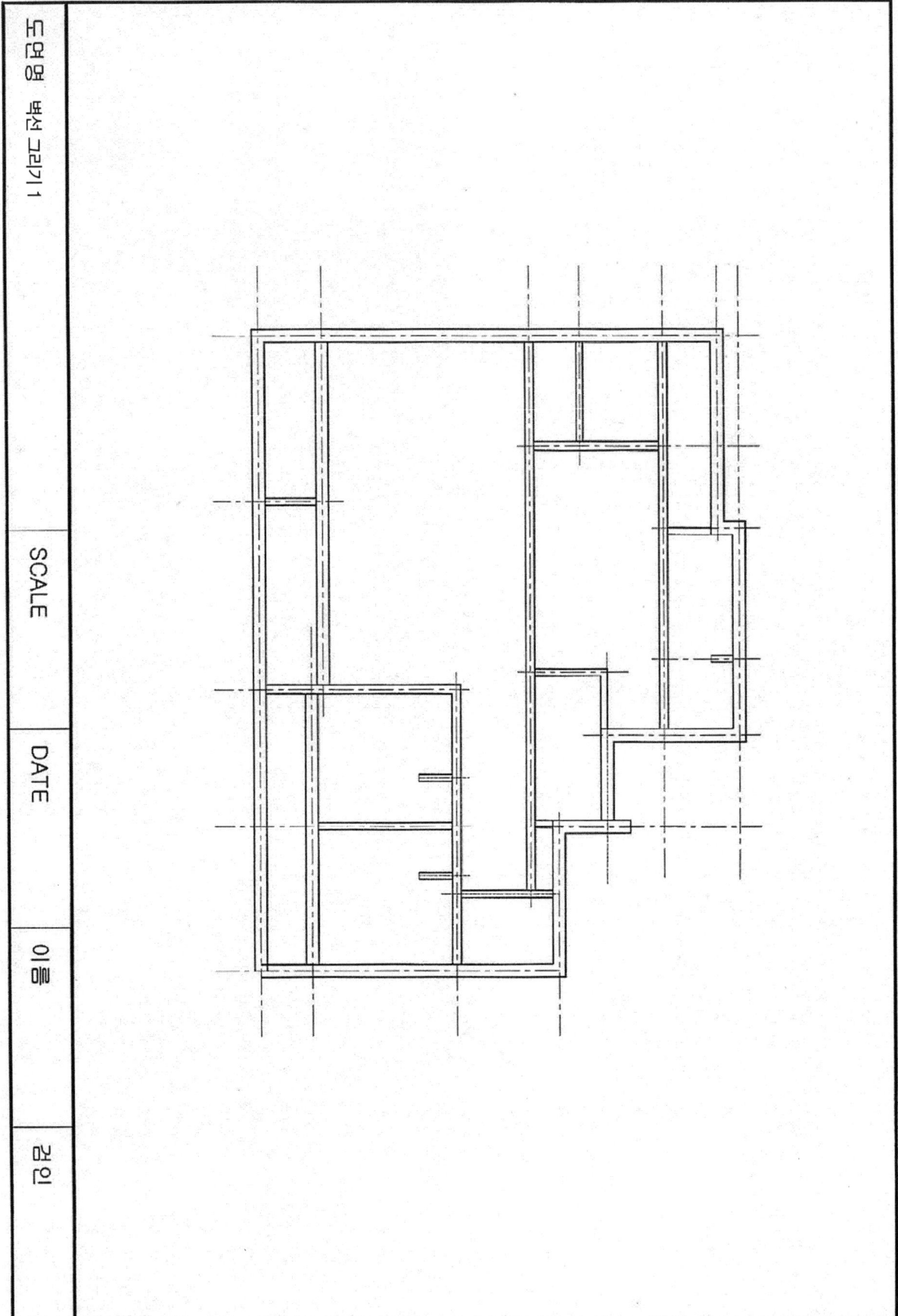

■ 벽선그리기 ■

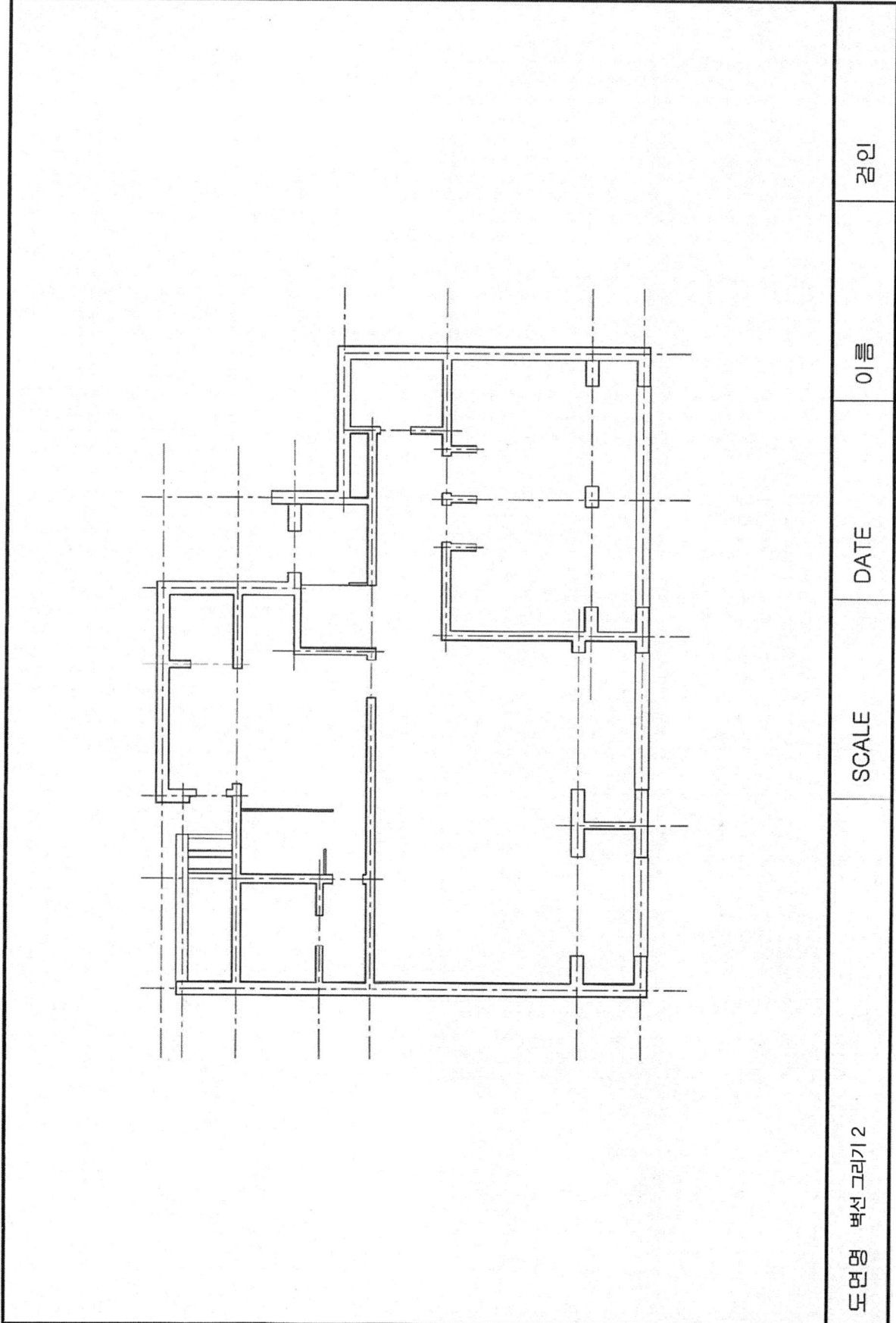

4 창호 그리기

4-1 레이어 설정

LAYER명령이나 Toolbar를 이용하여 Current 레이어를 "WID"로 지정한다.

4-2 창호가 삽입 될 위치의 벽체 수정

문 크기, 창문크기만큼 벽체를 정리한다.

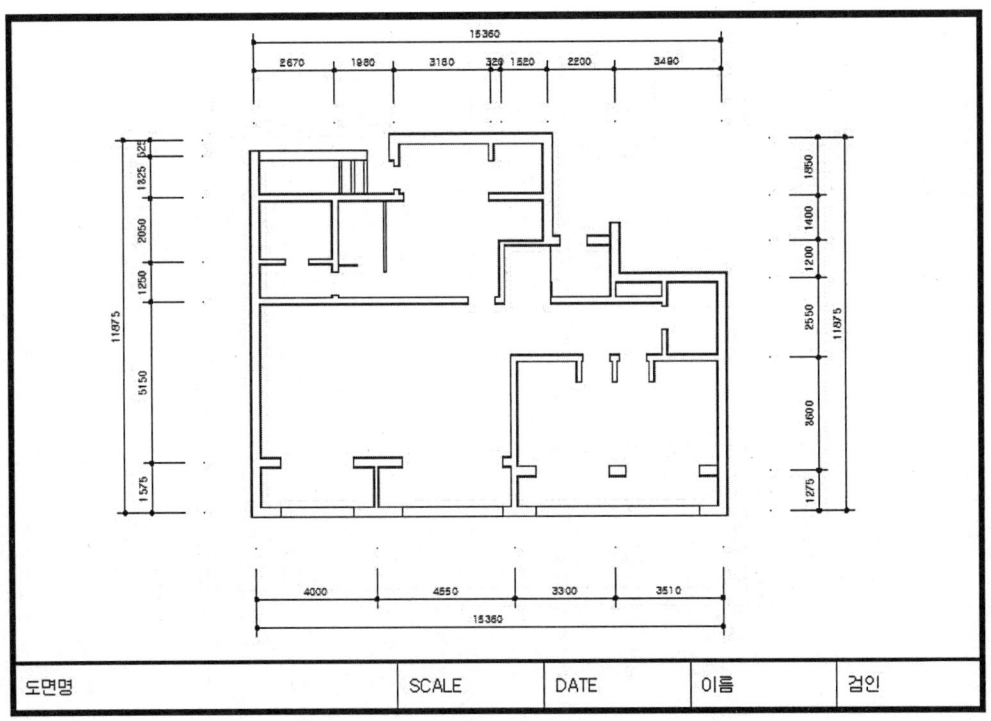

4-3 Block으로 설정한 창호 선택 및 삽입

Insert명령으로 이미 만들어 놓은 문이나 창문을 선택하여 삽입한다.

```
Command : INSERT ↵                                    단축키  I
Insert 대화 상자가 나타난다.
```

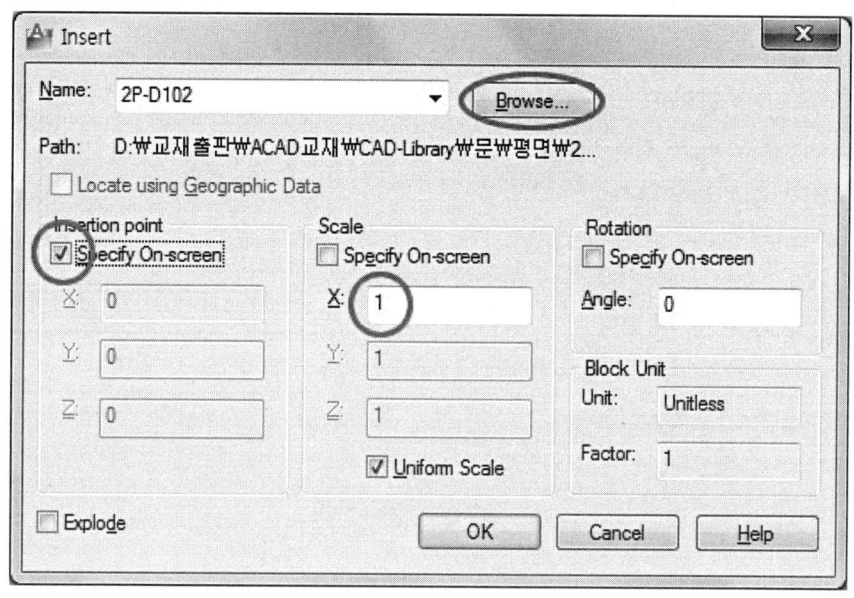

> [Browse...] 버튼 클릭 → 문평면.dwg 선택
>
> → [Open] 클릭
>
> Insertion point에서 ☑ Specify On-screen
>
> : 도면에서 알맞은 위치에 클릭
>
> Scale : 1
>
> ☑ Uniform Scale : X,Y,Z축 모두 동일한 축척
>
> Rotation Angle : 0으로 설정한 후 → [OK] 버튼 클릭

4-4 삽입한 창호 수정

블럭을 수정하기 위해서는 먼저 Explode명령을 실행해서 각 부재를 분리시켜야 하며, Explode하면 레이어가 틀려질 수 있으므로 주의해야 한다.

(1) 문 크기 수정

문크기 900mm 블럭을 750mm화장실 문으로 수정할 경우 Explode 한 후에 Stretch명령으로 문틀과 벽의 위치를 수정한다.

```
Command : STRETCH ↵
Select objects : P1 클릭
Specify opposite corner : P2 클릭
Select objects : ↵
Specify base point or [Displacement]
⟨Displacement⟩ : P3 클릭
Specify second point or ⟨use first point as
displacement⟩ : @150⟨90 ↵
```

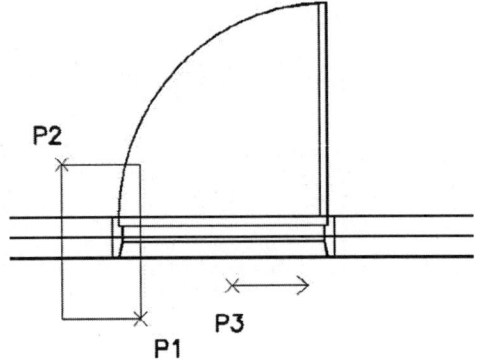

✔ Stretch명령은 반드시 crossing으로 선택해야 한다.

● 원은 Stretch가 실행되지 않으므로 Circle명령 또는 Arc 명령으로 문의 회전표시를 그린다.

```
Command : CIRCLE ↵
Specify center point for circle or [3P/2P/Ttr
(tan tan radius)] : P1 클릭
Specify radius of circle or [Diameter]
: P2 클릭
```

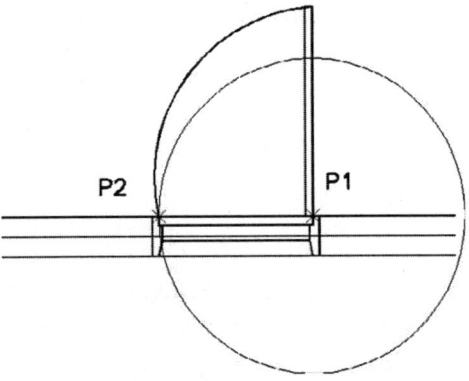

● 기존의 호를 지우고, 다시 Stretch명령으로 문크기를 조절한다.

```
Command : ERASE ↵
Select Objects : P1 클릭 ↵

Command : STRETCH ↵
Select objects : P2 클릭
Specify opposite corner : P3 클릭
Select objects : ↵
Specify base point or [Displacement]
〈Displacement〉: P4 클릭
Specify second point or 〈use first point as displacement〉: P5 클릭
```

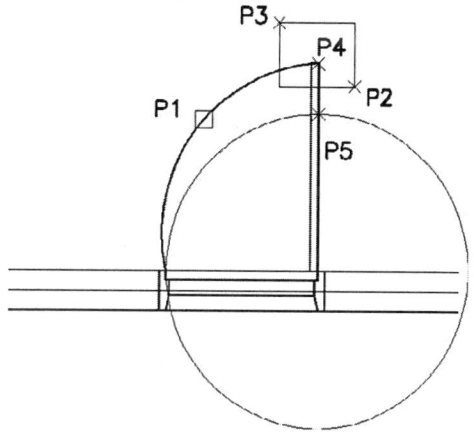

● 원을 Trim하여 문의 회전표시를 그려서 완성한다.

```
Command : TRIM ↵
Select objects : P1 클릭
Select objects : P2 클릭
Select objects : ↵
Select object to trim or shift-select to extend or [Project/Edge/Undo] : P3 클릭
Select object to trim or shift-select to extend or [Project/Edge/Undo] : ↵
```

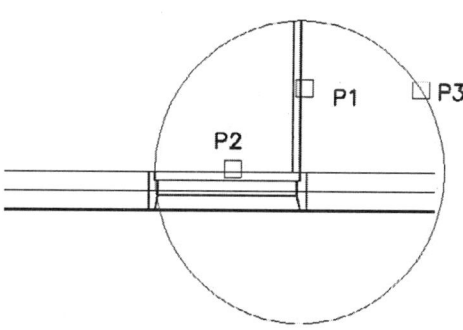

(2) 창문 수정

삽입한 창문의 크기가 작거나 클 경우, Stretch명령을 이용하여 크기를 수정한다. 창문은 크기에 따라서 모양이 달라질 수 있으므로 적절하게 수정하여야 한다. 다음은 1500mm 창문 블럭을 2400mm 창문으로 수정하는 과정을 예로 든 것이다.

```
Command : STRETCH ↵
Select objects : P1 클릭
Specify opposite corner : P2 클릭
Select objects : ↵
Specify base point or [Displacement]
〈Displacement〉: P3 클릭
Specify second point or 〈use first point as
displacement〉: P4 클릭
```

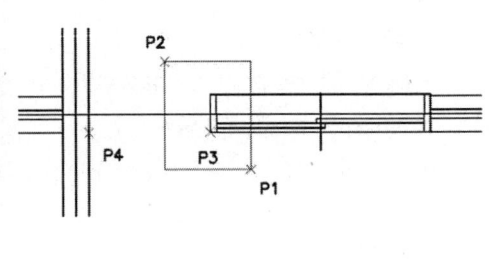

✔ 창문을 수정할 때에는 창문을 열고 닫는 방향이 거꾸로 되지 않도록 주의해야 한다.

■ 창호그리기 ■

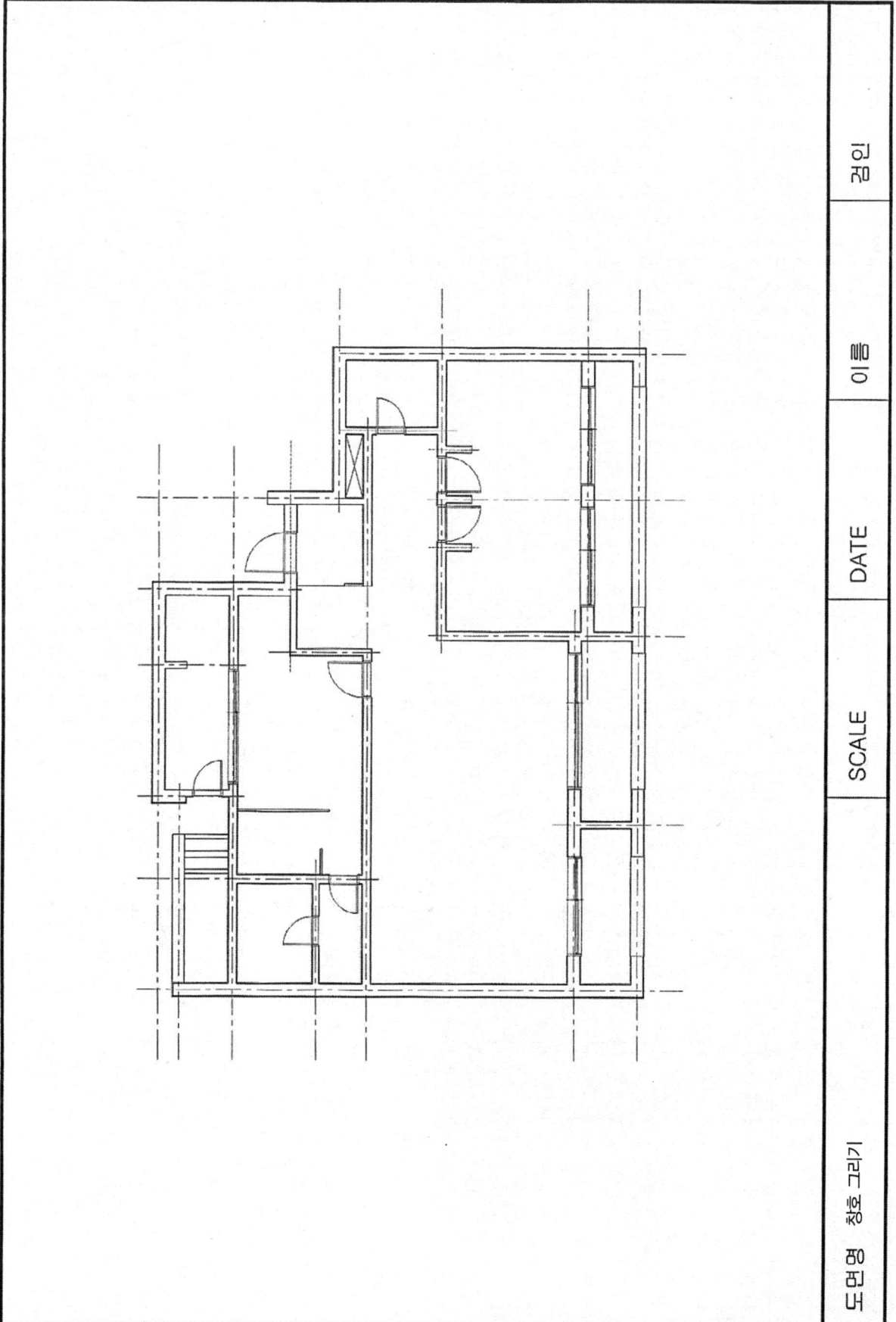

5 마감선 그리기

마감선은 벽체그리기 단계에서 Multiline으로 작도했을 경우에는 별도의 작업이 필요하지 않다. Multiline으로 벽선을 그릴 경우에는 마감선도 Multiline에 한번에 그려 넣을 수 있어서 대단히 편리하게 벽을 완성할 수 있다.

5-1 벽선 Offset

조적식 벽의 경우 몰탈 마감 표준형 두께는 원래 실내측 18mm, 실외측 24mm이나 도면을 간략하게 표현하기 위해 20mm 간격으로 벽선을 Offset하여 그리도록 한다.

5-2 레이어 변경

- 마감선의 레이어를 벽선 레이어인 "WAL"에서 마감선 레이어인 "FIN"으로 변경한다.
- 레이어를 변경할 때에는 CHPROP명령이나 Match Properties명령을 사용한다.

5-3 마감선 모서리 정리하기

교차된 마감선 모서리를 Fillet명령으로 정리하고, 위와 같은 과정을 반복하여 마감선을 완성한다.

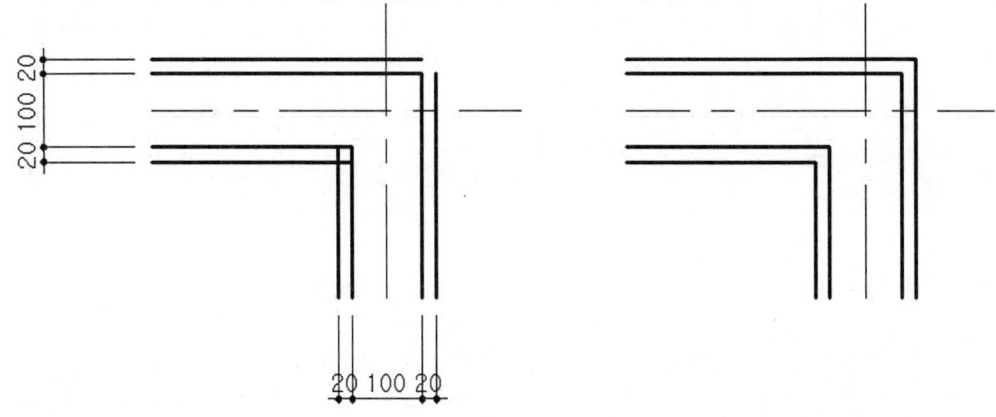

6　가구 그리기

6-1 레이어 설정

LAYER명령이나 Toolbar를 이용하여 Current 레이어를 "FUR"로 지정한다.

6-2 블럭으로 설정한 가구, 위생기구, 주방기구 선택 및 삽입

블럭을 삽입하는 방법은 위의 문, 창문 삽입과 동일하므로 이를 참고로 하여, Insert 명령을 이용하여 가구와 위생기구, 주방기구 등을 삽입한다.

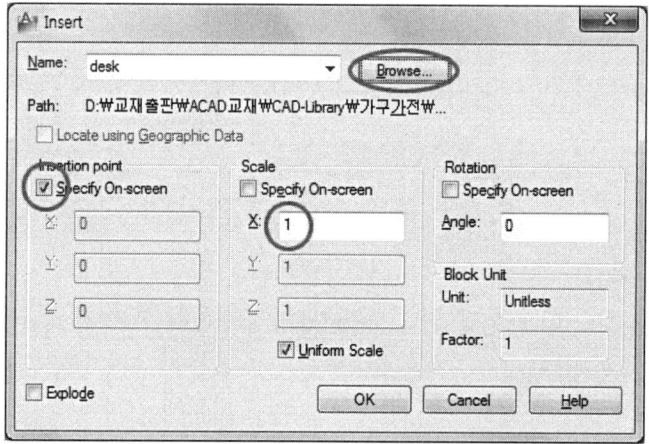

6-3 삽입한 블럭 수정

- 삽입한 블럭의 크기가 맞지 않을 경우는 삽입시 X, Y 스케일을 조절하거나 삽입 후에 Explode 명령어로 해체하여 크기를 조절한다.
- 블럭 삽입시 삽입점과 삽입 각도에 주의하고, Explode하면 레이어가 틀려질 수 있으므로 이를 고려해야 한다.
- 가구의 형태와 배치는 도면에 따라 달라지므로 기본형 블럭을 삽입하여 응용하거나, 경우에 따라서는 새로 그리는 것이 빠를 수도 있다.

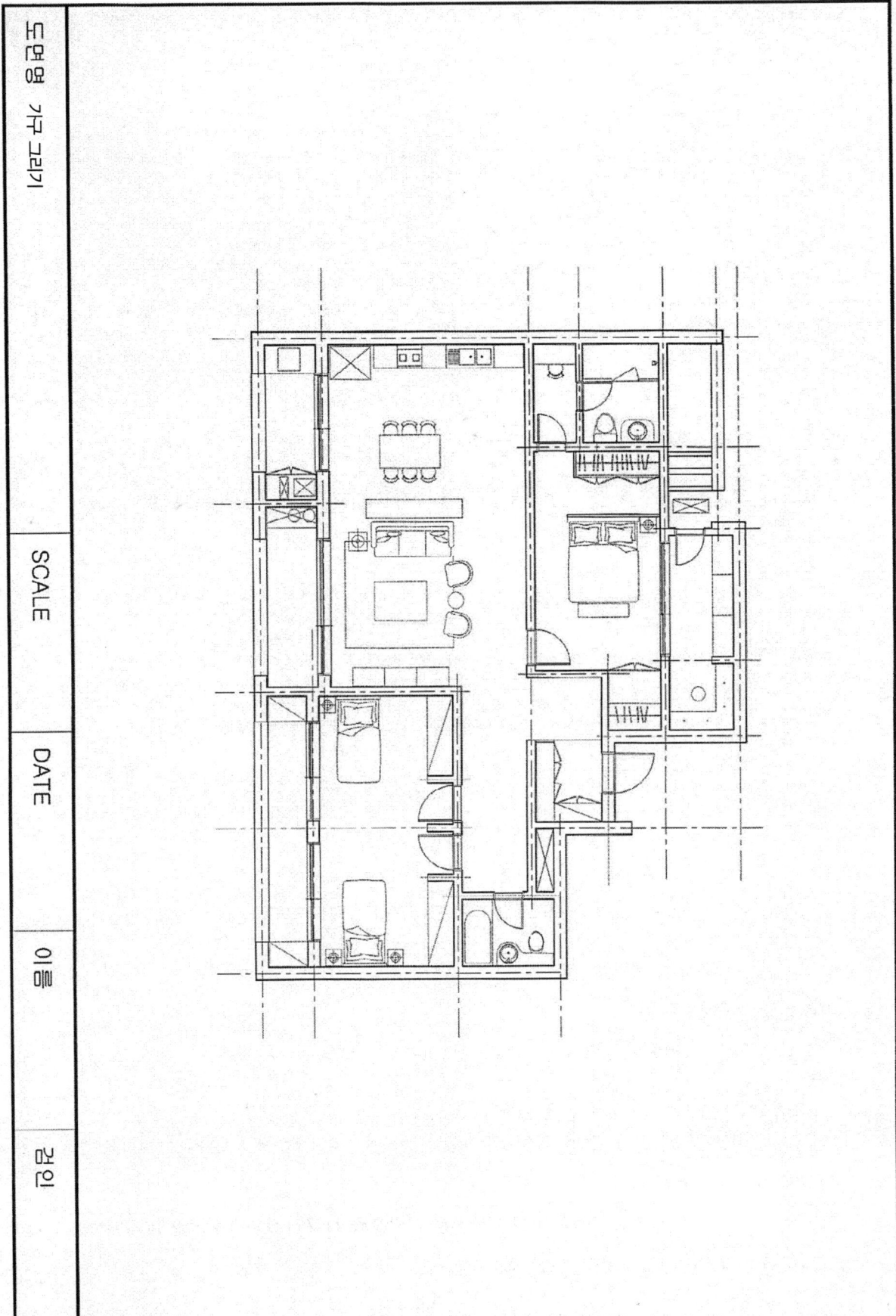

7 재료 표시하기

7-1 레이어 설정

- LAYER명령이나 Toolbar를 이용하여 Current 레이어를 "HAT"로 지정한다.
- 중심선 레이어를 Off한다. 필요하다면 중심선 레이어 뿐만 아니라 창호, 가구, 위생기구 등의 레이어도 Off하여 작업하는 것도 좋은 방법이다.

7-2 해치 그리기

(1) 욕실 및 발코니 바닥 해치

- HATCH명령 실행시 유의할 점은 해치할 영역에 열린 부분이 있으면 해치영역 선택이 올바르게 되지 않으므로 이를 점검하고 열려진 부분이 있으면 닫아야 한다.
- 타일이나 마루의 해치크기는 실제 타일크기나 마루 1칸의 너비를 입력해주는 것이 좋으며, 벽체 내부의 벽돌, 콘크리트처럼 단위크기가 애매한 경우에는 도면 출력스케일에 따라 조정해야 한다. 필요에 따라서는 벽 전부가 아닌 부분적으로 일부만 해치를 하여 벽의 재료 표시를 하기도 한다.

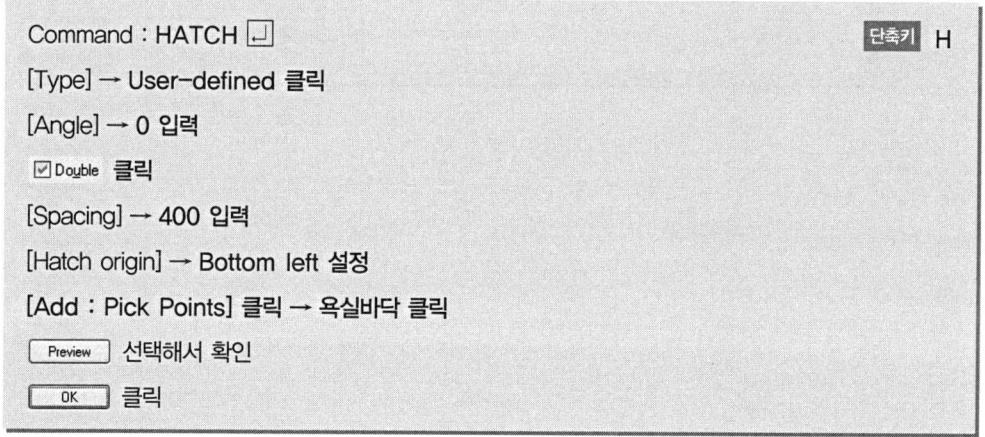

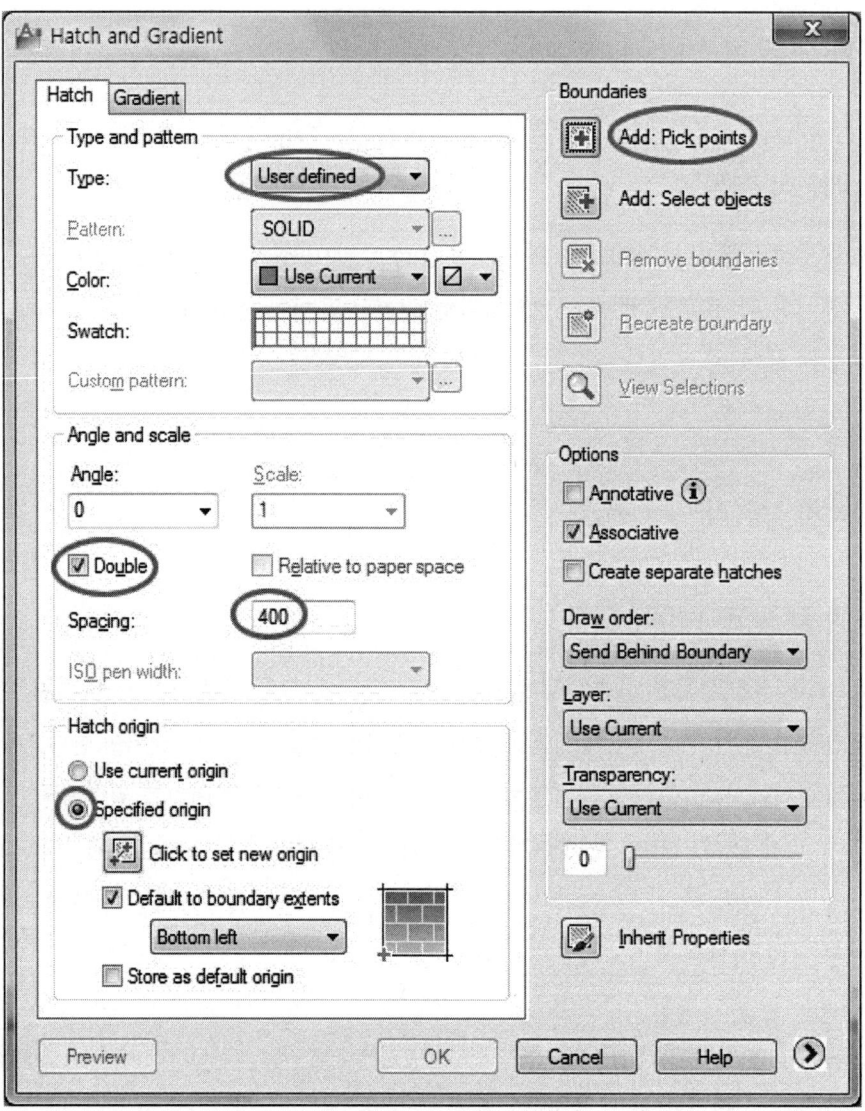

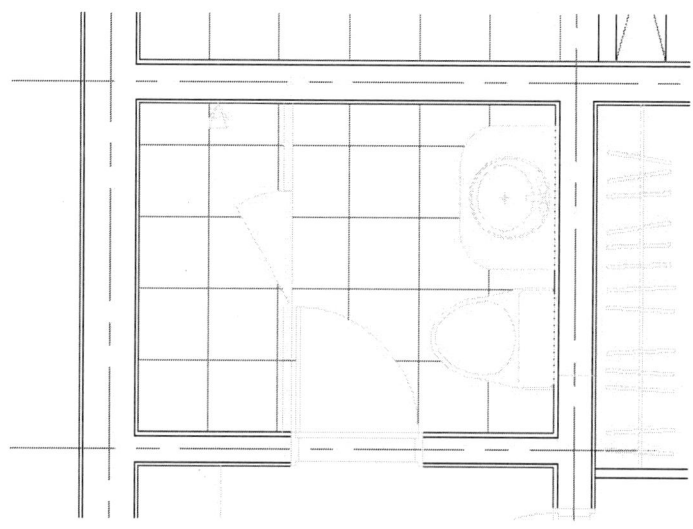

(2) 벽체 해치

벽체에 해치를 할 경우에 해치 간격은 출력 기준으로 경사 45도로 1~1.2mm간격으로 긋는다. 여기서는 작업스케일이 1/100이므로 100~120mm간격으로 그린다. 만약, 출력 스케일이 변경되면 이미 그려진 해치는 HatchEdit 명령을 이용하여 기준값 1~1.2mm에 출력 스케일을 곱한 값을 입력하여 변경한다.

Pull Down Menu : [Draw] → [Hatch...]   단축키 H

Command : HATCH ↵
[Type] → User-defined 클릭
[Angle] → 45 입력
[Spacing] → 100 입력
[Add : Pick Points] 클릭 → 벽 내부 클릭
Preview 버튼 선택해서 확인
OK 버튼 클릭

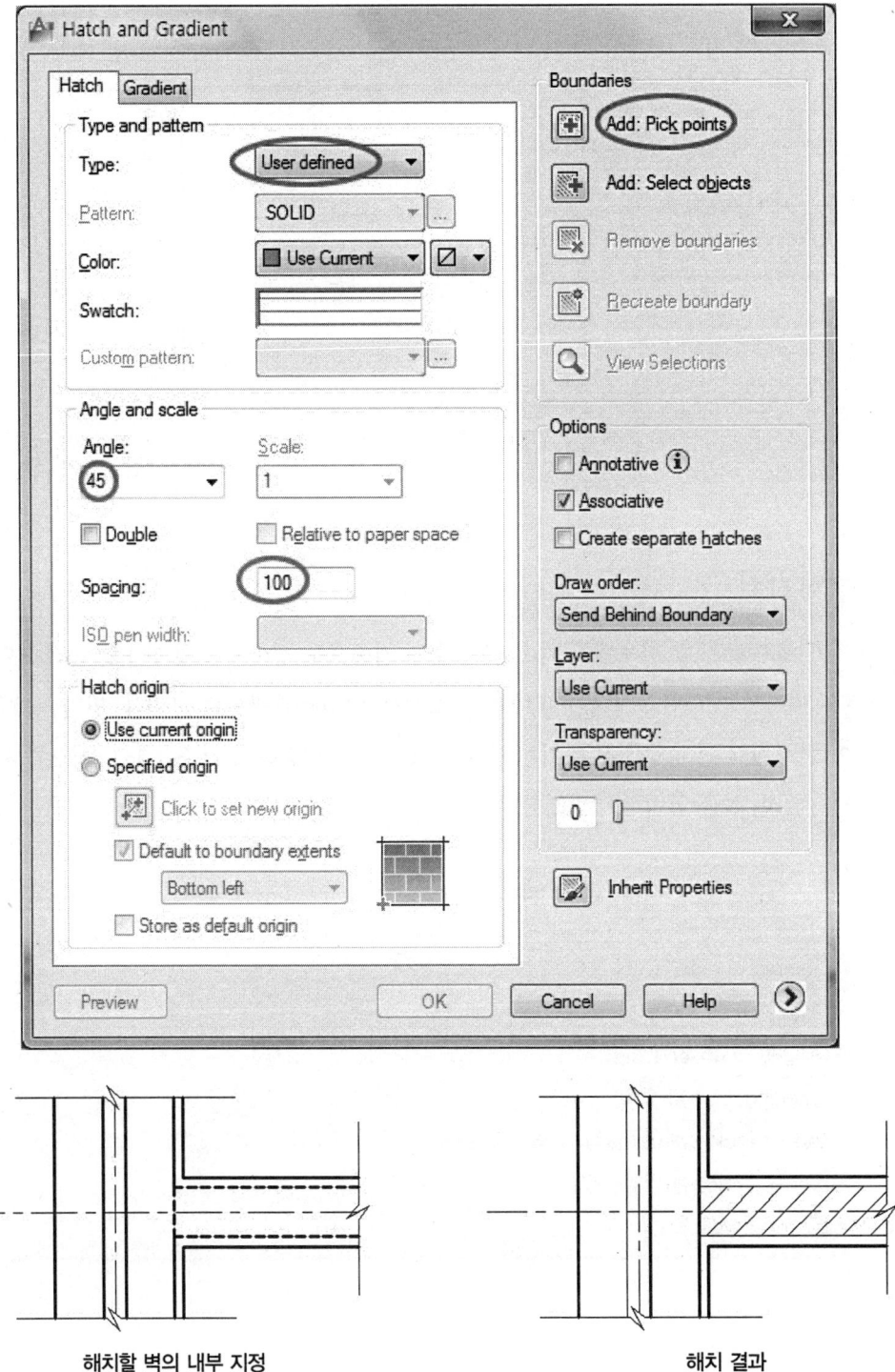

해치할 벽의 내부 지정　　　　　해치 결과

7-3 레이어 켜기

- 해치를 그리기 위해 Off 했던 레이어를 모두 ON시킨다.
- 여러 레이어를 ON할 경우 Toolbar에서 일일이 켜지 말고 Layer대화상자에서 마우스 오른쪽 버튼을 눌러서 모두 선택한 다음 💡 버튼을 클릭하여 모든 레이어를 한꺼번에 ON 시킨다.

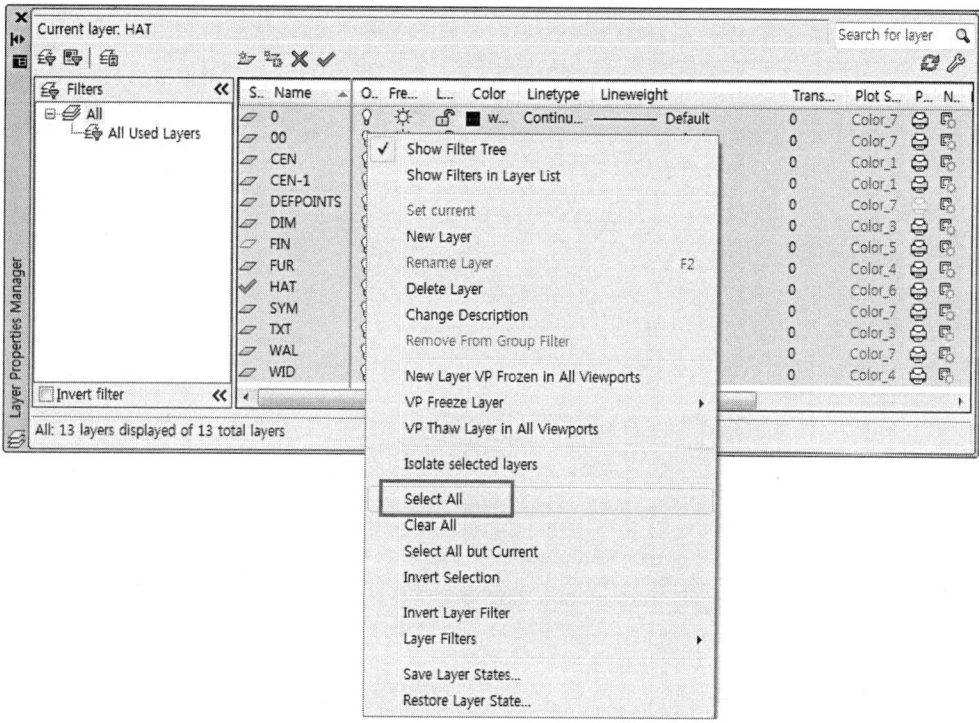

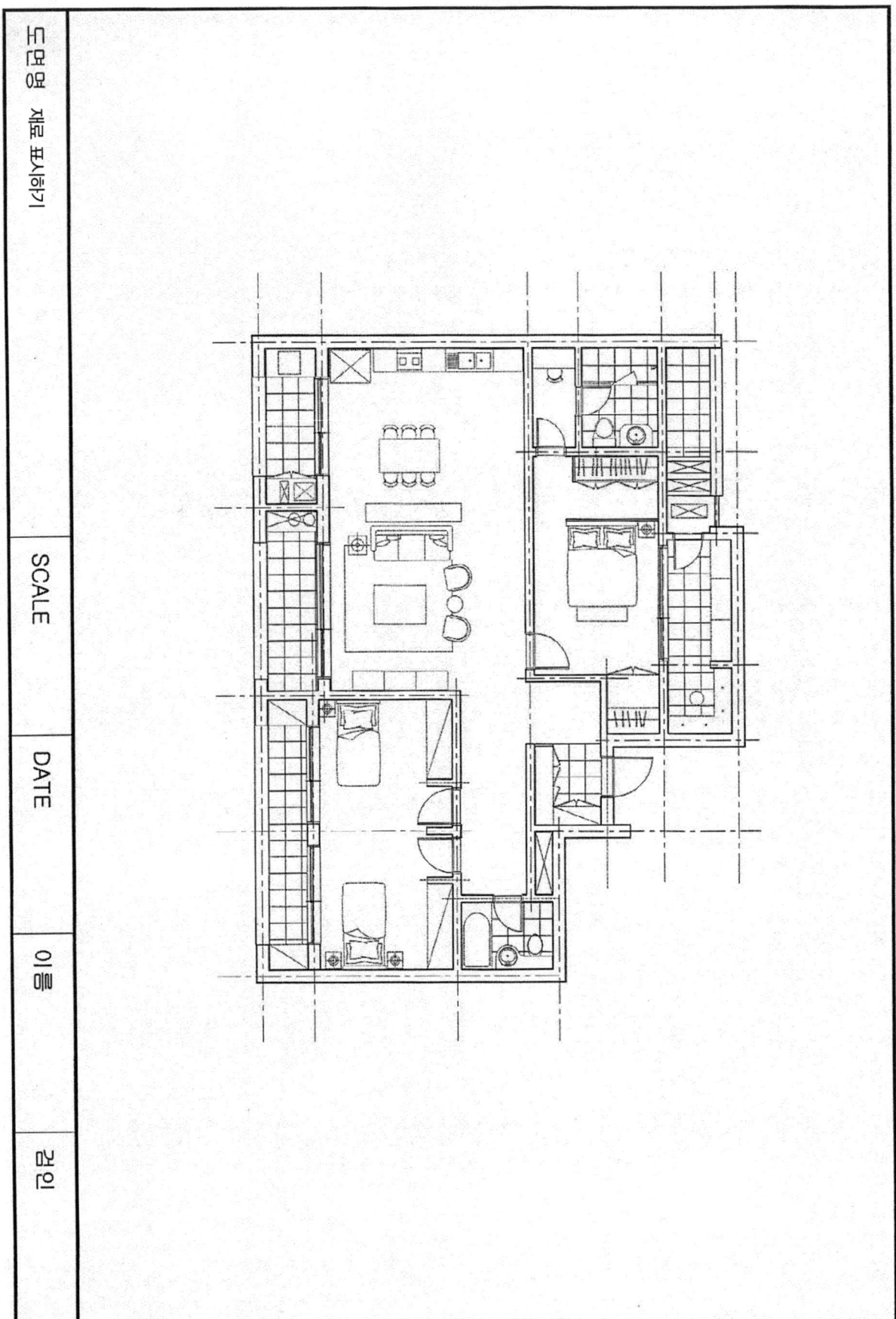

8 치수 기입하기

8-1 DIMSTYLE 설정

(1) Create New Dimension Style

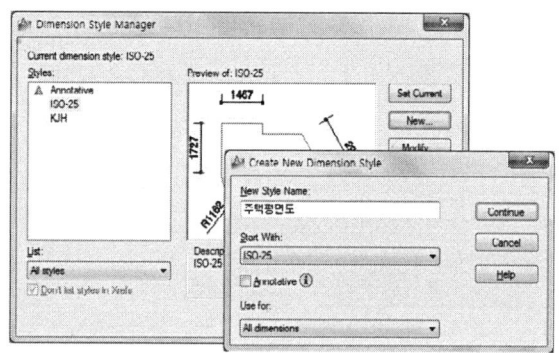

- New Style Name : 주택-평면도
- Start With : 기준이 될 치수 이름 선택
- Use for : All dimensions

● Lines

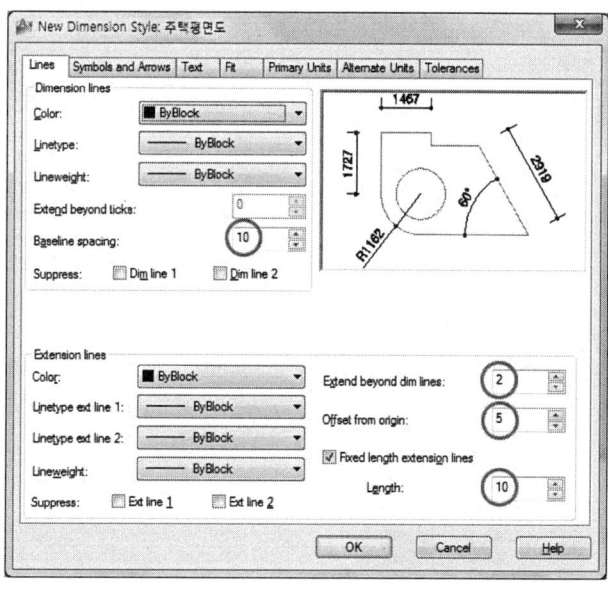

- Baseline spacing : 10
  (치수선의 줄간격)
- Extend beyond dim lines
  : 2(치수보조선 연장거리)
- Offset from origin : 5
  (객체와 치수보조선과의 거리)
- Fixed length extension lines : 10
  (치수보조선의 크기)

● Symbols and Arrows

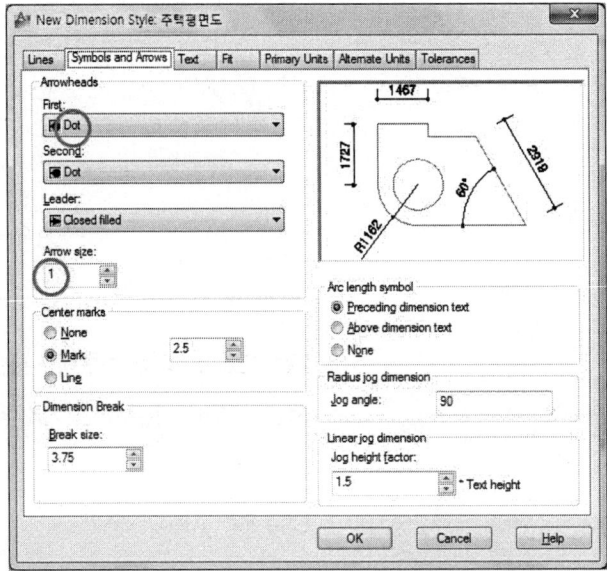

- Arrowheads First, Second, Leader : Dot
  (화살표의 모양)
- Arrow size : 2
  (화살표의 크기)

● Text

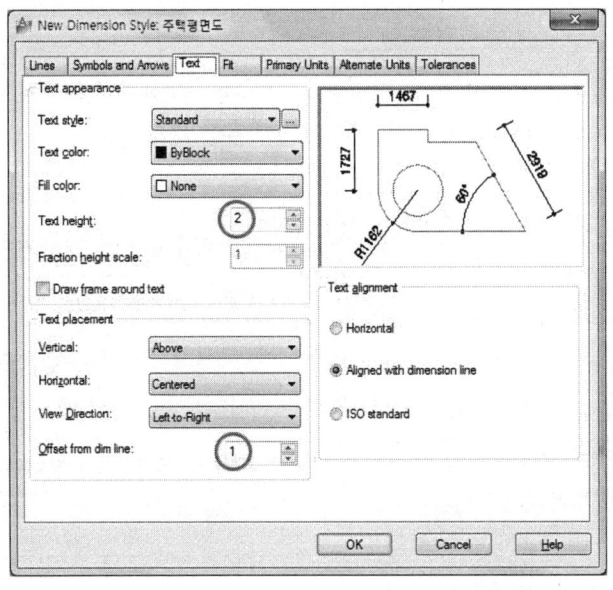

- Text height : 2
  (치수문자 크기)
- Offset from dim line : 1
  (치수문자와 치수선과의 간격)

● Fit

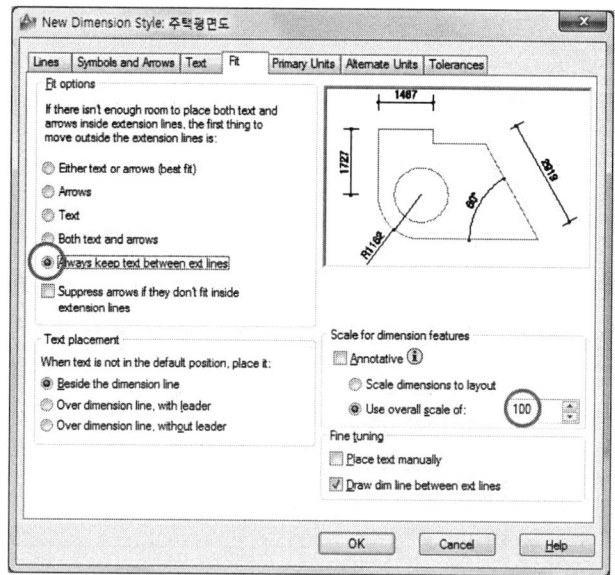

- Fit options
  Always keep text between ext lines 클릭
- Scale for Dimension Features Use overall scale of : 100(작업 Scale 입력)

● Primary Units

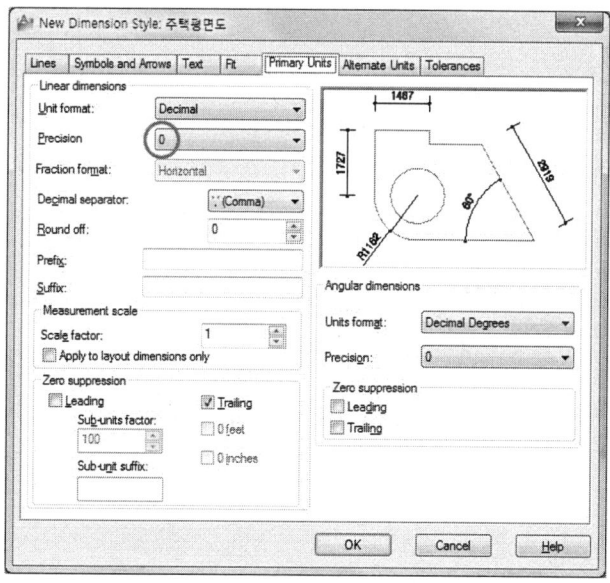

- Linear Dimension
  Unit format : Decimal
  (십진법 사용)
  Precision : 0
  (소수점 이하 자리수를 0으로 설정)

8-2 OSNAP 설정

중심선의 끝을 지정하기 위해 Osnap을 ENDpoint로 지정한다.

8-3 치수 기입하기

Command : DIM
Dim : HOR(수평치수), VER(수직치수)
Specify first extension line origin or ⟨select object⟩ : P1 클릭
Specify second extension line origin : P2 클릭
Specify dimension line location or [Mtext/Text/Angle] : P3 클릭
(이격거리를 수치로 입력해서 객체에서 떨어진 길이가 일정한 것이 좋다.)
Enter dimension text ⟨4,400⟩ : ↵

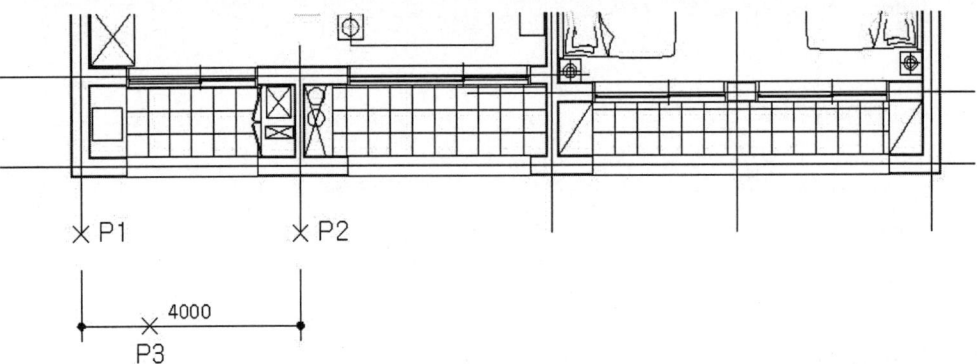

Dim : CON ↵
Specify a second extension line origin or [Select] ⟨Select⟩ : P4 클릭
Enter dimension text ⟨1,000⟩ : ↵
Specify a second extension line origin or [Select] ⟨Select⟩ : P5 클릭
Enter dimension text ⟨1,000⟩ : ↵

Dim : BAS ↵
Specify a second extension line origin or [Select] ⟨Select⟩ : ↵
Select base dimension : P6 클릭
Specify a second extension line origin or [Select] ⟨Select⟩ : P7 클릭
Enter dimension text ⟨12,270⟩ : ↵

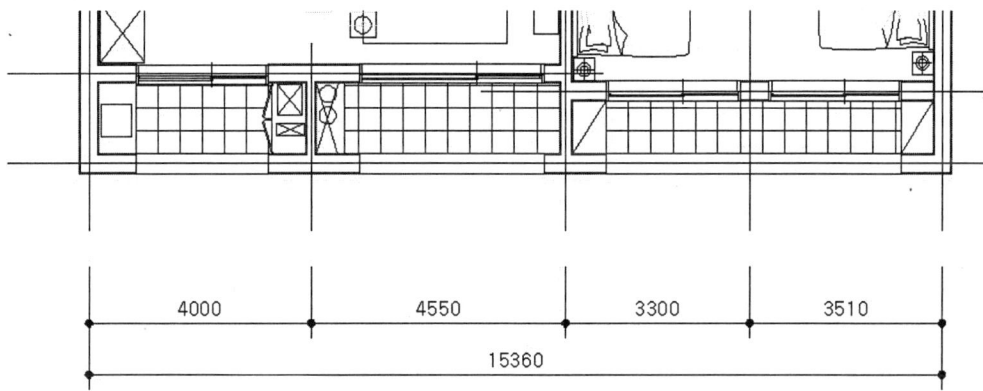

- 참고로, 치수 환경 설정 후 Quick Dimension 명령을 사용하면 좀 더 빠르게 치수를 입력할 수 있다.

■ 치수 기입하기 ■

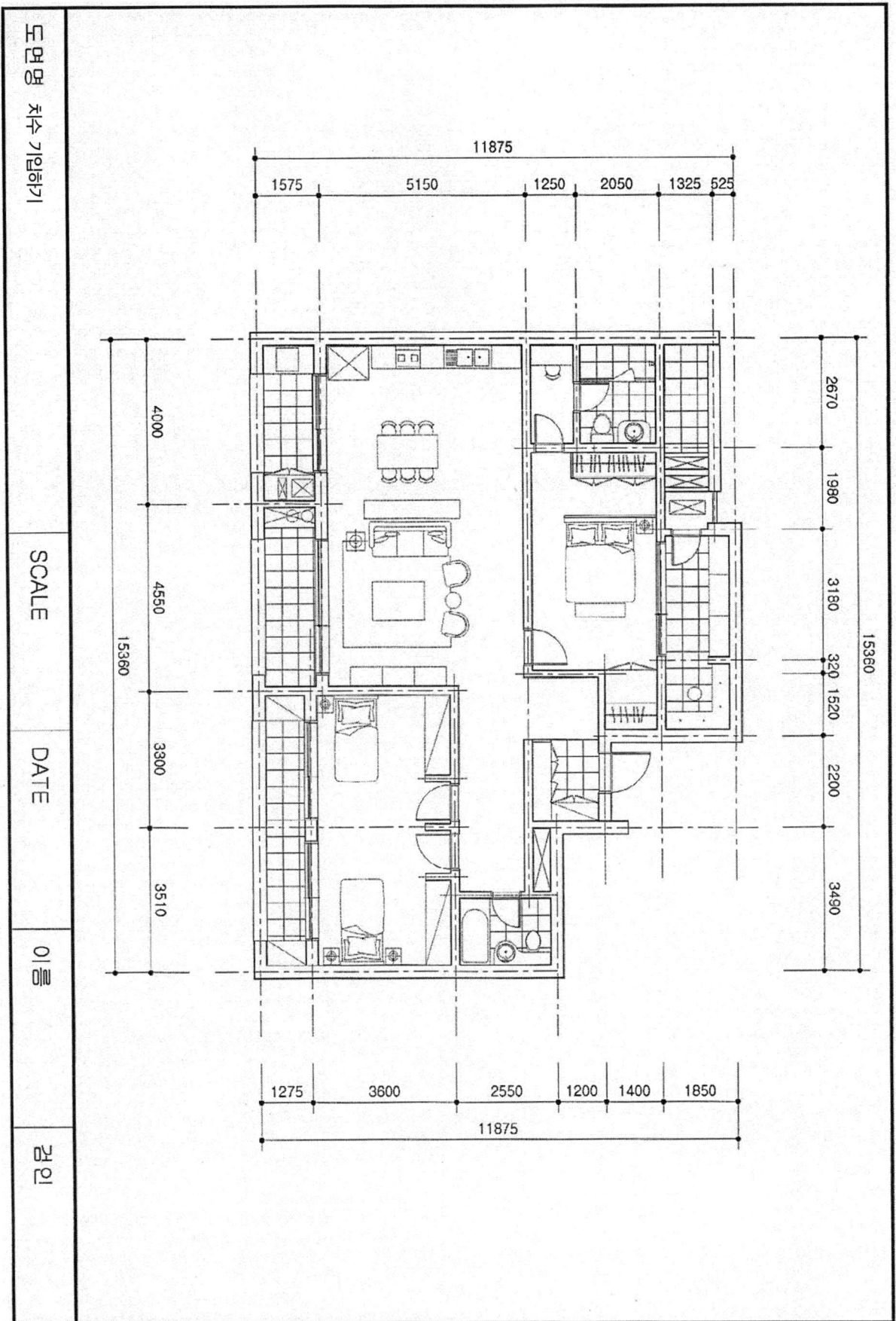

9 문자 쓰기 및 도면 부호 그리기

9-1 레이어 설정

LAYER 명령이나 Toolbar를 이용하여 Current 레이어를 "TXT"로 지정한다.

9-2 Style 지정

 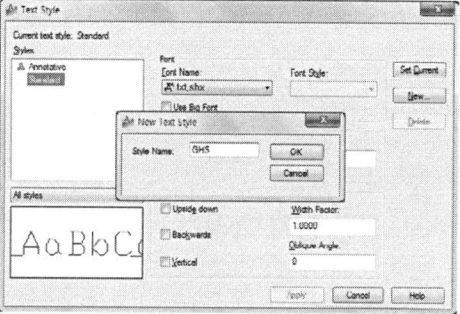

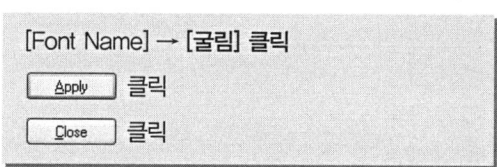 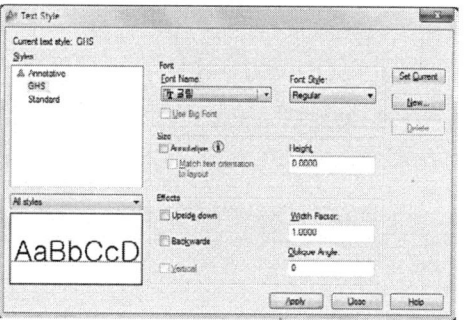

9-3 문자 쓰기

Command : TEXT ↵
문자크기 : 130

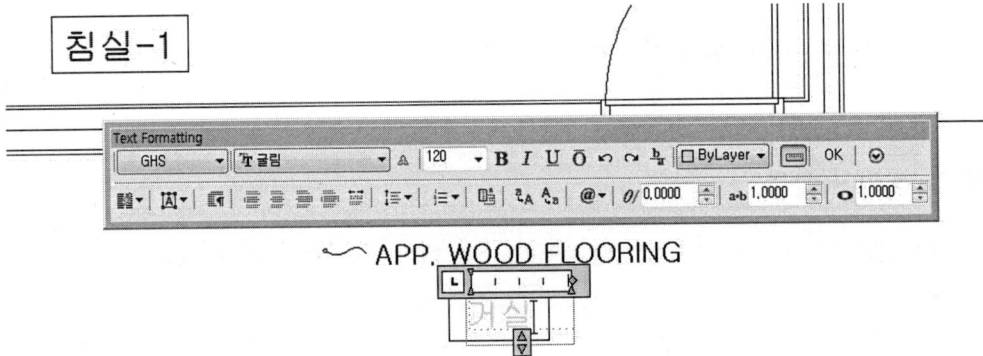

- 문자의 크기는 출력 기준으로 3~4mm 정도가 적당하다. 그러나 복잡한 도면에서는 문자의 크기를 2mm 이하로 사용해도 문제없다. 이 도면에서는 문자크기를 130으로 지정한다.

9-4 실명 상자 그리기

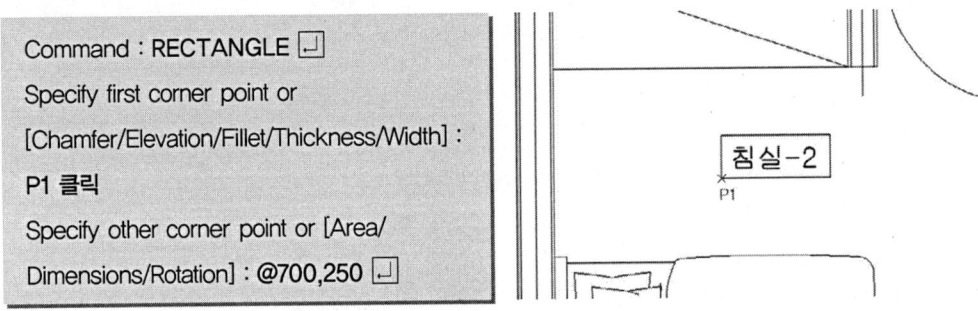

- 실명 상자가 너무 크거나 작을 경우에는 Stretch를 이용해서 크기를 조정한다.

9-5 문자 수정하기

위에서 쓴 실명칭과 실명칭 상자를 Copy명령을 이용하여 각 실마다 복사한 후, 복사된 실명을 더블클릭하여 문자를 수정한다.

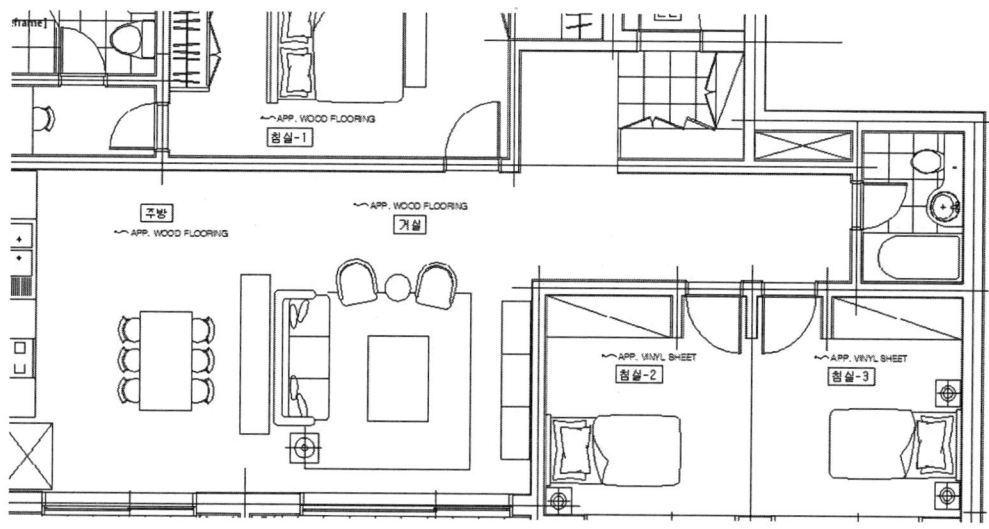

- 문자의 크기 조정은 CHPROP로 하거나, SCALE명령어를 이용한다.
- 문자를 수정하면 복사된 실명 상자는 크기가 맞지 않으므로 Stretch를 이용하여 실명상자의 크기를 조정한다.

9-6 재료명, 도면명, 표제란 기입

아래 표를 참조하여 모든 문자를 기입한다.

		출력시	도면 작도시(예 : 1/100일 경우)	
재료명	구분점	1mm	1×100(작업 스케일)	100mm
	문 자	3mm	3×100(작업 스케일)	300mm
	선간격	7mm	7×100(작업 스케일)	700mm
도면명	원크기	18mm	18×100(작업 스케일)	1800mm
	도면명	7mm	7×100(작업 스케일)	700mm
	축 척	4mm	4×100(작업 스케일)	400mm
표제란	표제란 문자	3mm	3×100(작업 스케일)	300mm

■ 문자 쓰기 ■

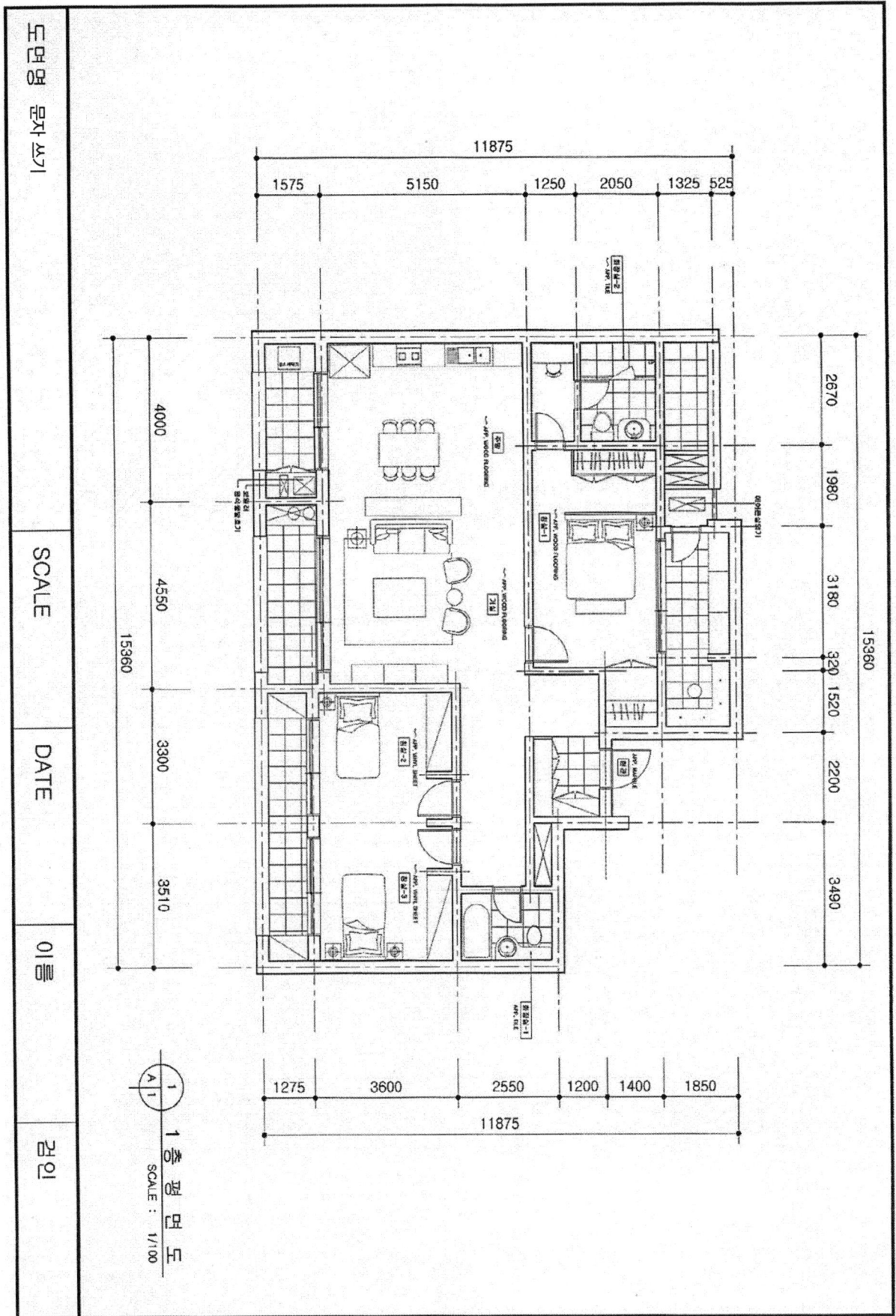

10 도면 출력 및 저장하기

Command : PLOT ↵

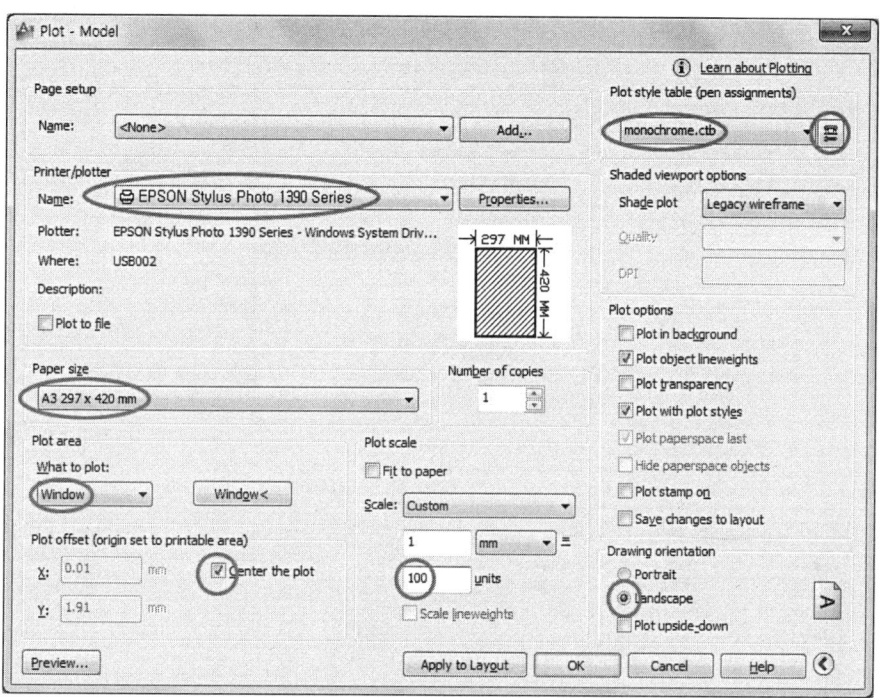

10-1 출력할 장치 선택

[Printer/Plotter] 의 [Name] → 설정된 프린터 지정

10-2 선 굵기 지정

[Plot style table(pen assignment)]] 에서 → "monochrome.ctb" 클릭
→ 오른쪽의 🔲 버튼 클릭

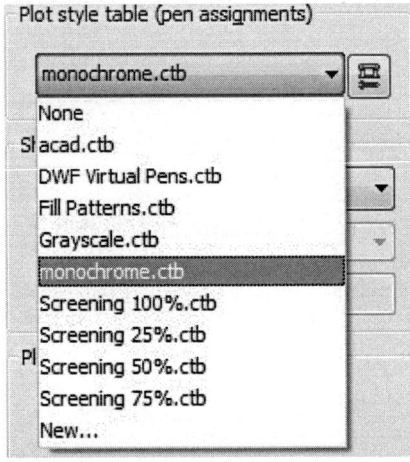

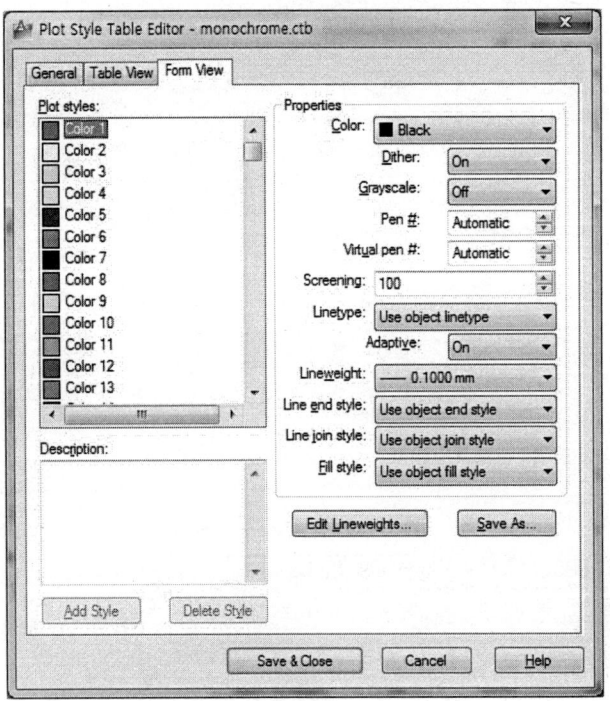

● 아래 표를 기준으로 펜두께 (Lineweight)를 설정한다.

출력스케일에 따른 펜 두께

Color		1/30 ~ 1/60 출력시 펜 두께(Pen Width)	1/100 출력시 펜 두께(Pen Width)
1	Red	0.2	0.1
2	Yellow	0.5	0.4
3	Green	0.3	0.2
4	Cyan	0.2	0.1
5	Blue	0.2	0.1
6	Magenta	0.2	0.1
7	White	0.3	0.2

10-3 출력 방향 및 출력 범위 지정

[Drawing orientation] 에서 → 출력방향 선택

[Plot area] 에서 → 출력범위 지정

일반적으로 출력범위는 [Extents] [Display] [Window] 로 지정한다.

단, [Display] 로 선택할 경우는 ZOOM Extents로 출력하고자 하는 범위를 화면에 설정하여야 한다. [Window] 로 선택할 경우는 화면에서 직접 인쇄할 영역을 선택하여야 한다.

10-4 출력 용지 및 단위 지정

[Paper size] 의 [Paper size] → A3 420×297mm 클릭

10-5 출력 스케일, 원점 지정

- [Plot scale] 의 [Custom] → scale = 1 : 100 입력

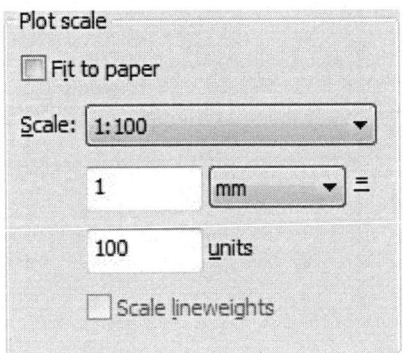

- [Plot offset] 의 X, Y Offset 값

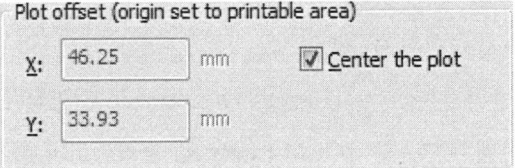

- Offset값은 Preview로 화면을 보면서 조정한다.
- 출력용지의 중앙에 도면을 출력할 경우에는 ☑ Center the plot 을 선택한다.

10-6 화면상으로 출력 검토

- [Preview...] 버튼을 클릭하여 화면상으로 검토한 후, [OK] 버튼을 클릭한다.
- [Preview...] 버튼을 클릭하면 실제 용지에 출력되는 결과를 아래와 같이 화면을 통해 미리 볼 수 있다.

제1장 평면도 드로잉

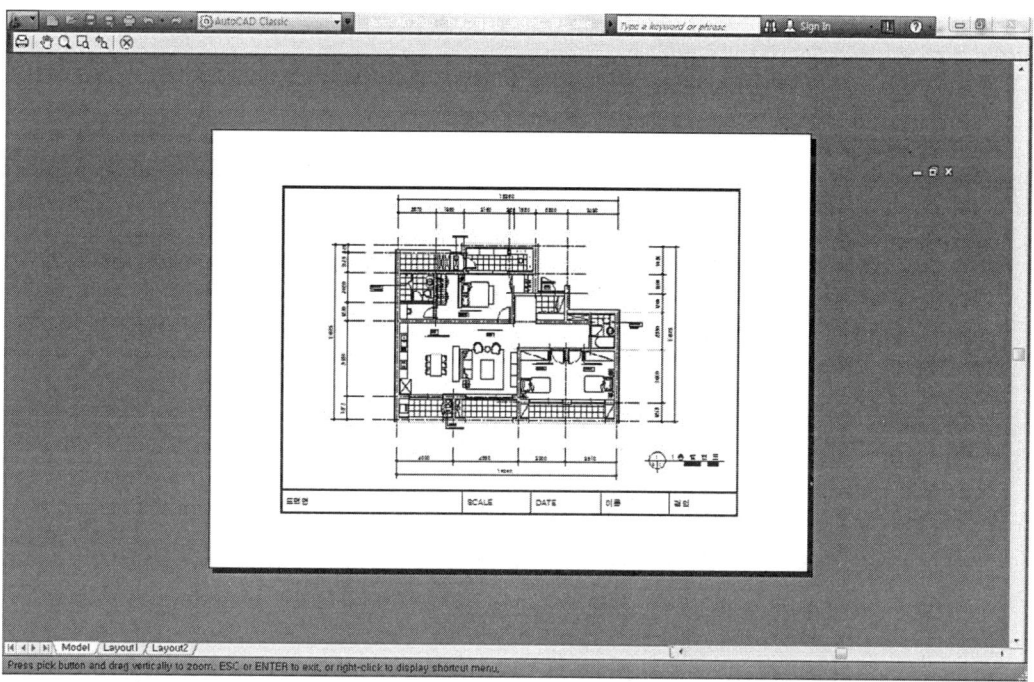

10-7 도면 정리 및 저장

● CAD파일의 용량이 커지는 것을 방지하기 위해 Purge명령을 사용하여 필요 없는 데이터를 지운다.

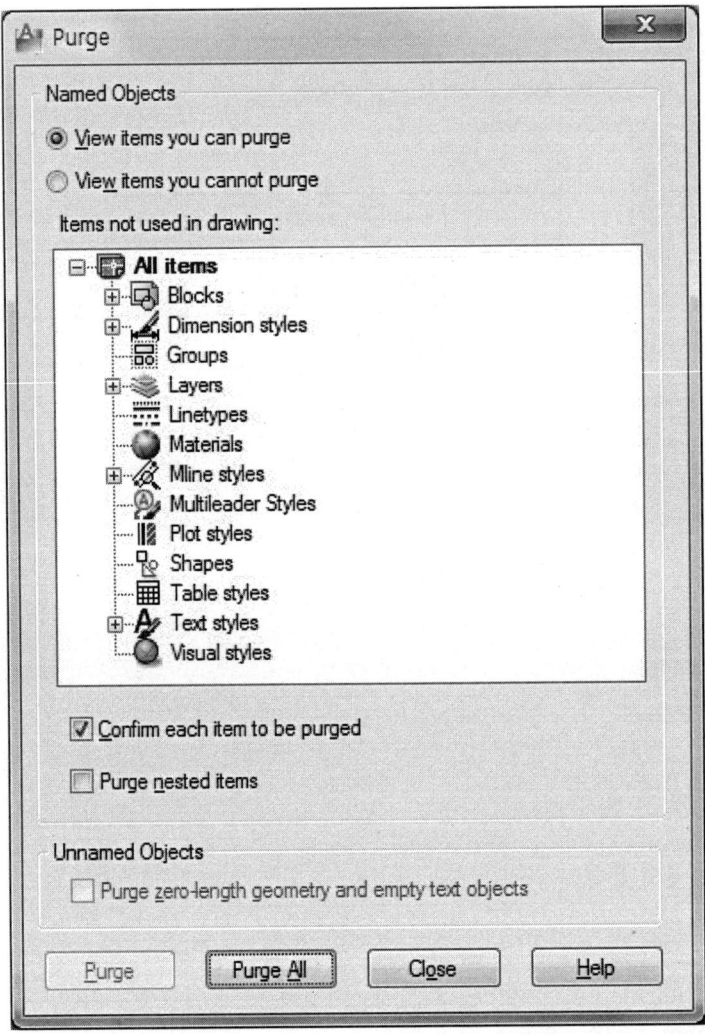

- Save 명령을 이용하여 파일을 저장한다. (작업중에도 수시로 저장하는 것이 좋다)

```
Command : SAVE ↵
[파일 이름(N) : ] 주택-평면도.dwg → [저장]
```

■ 주택 평면도 완성 ■

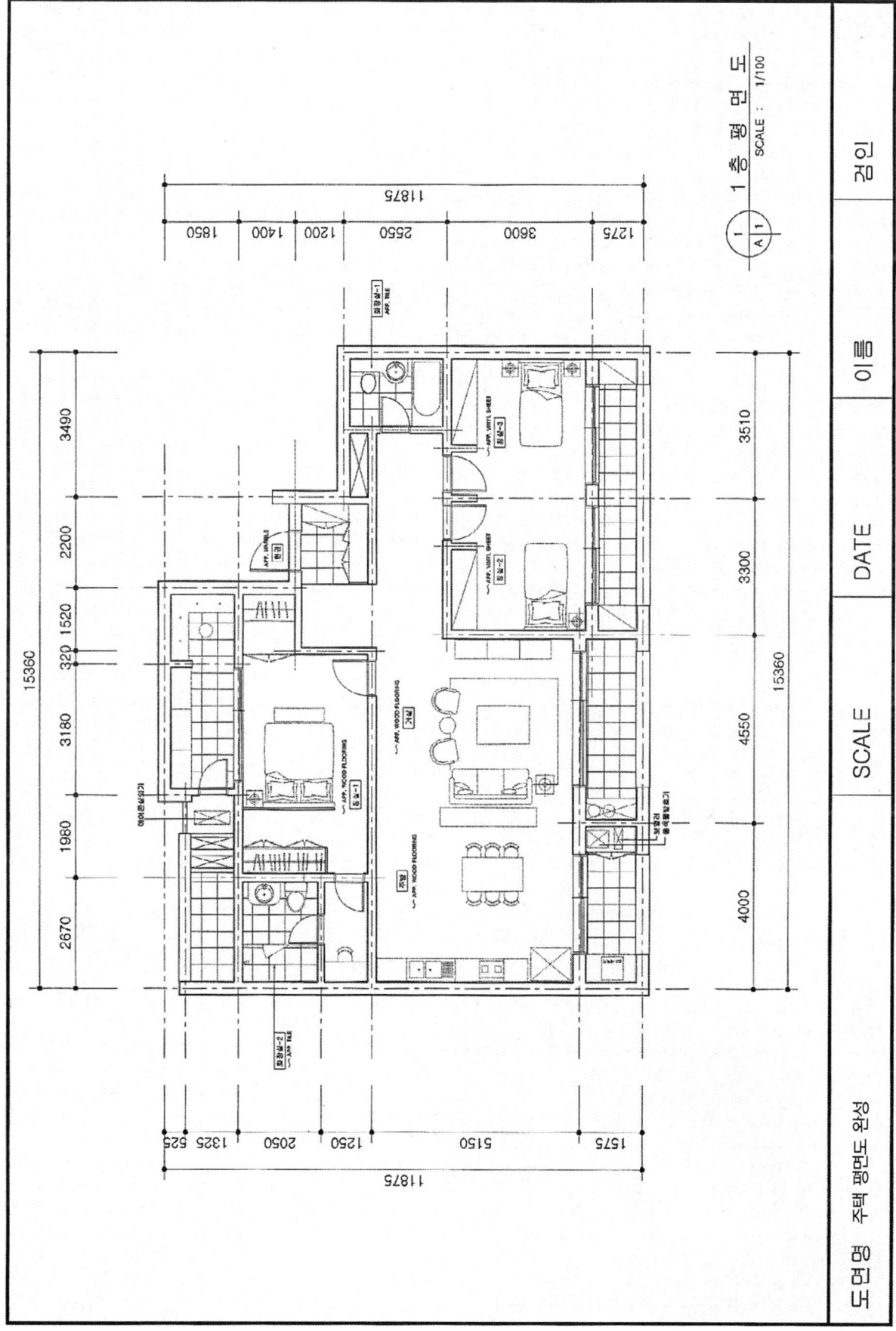

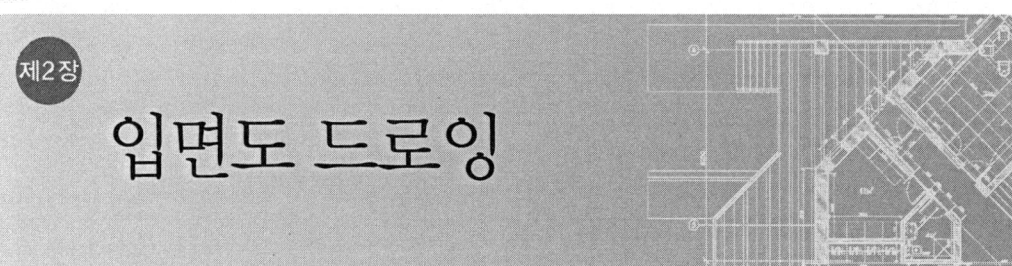

입면도 드로잉

1 작업 준비

입면도는 건축분야에서 주로 사용되는 건물의 외부 입면도와 인테리어분야에서 주로 사용되는 내부입면도(전개도)가 있다. 본 교재에서는 그리는 방법이 좀 더 까다로운 건물의 외부 입면도 작도법에 대해서 알아보기로 한다. 외부입면도와 내부입면도의 차이는 다음과 같다.

■ 내부 입면도 ■

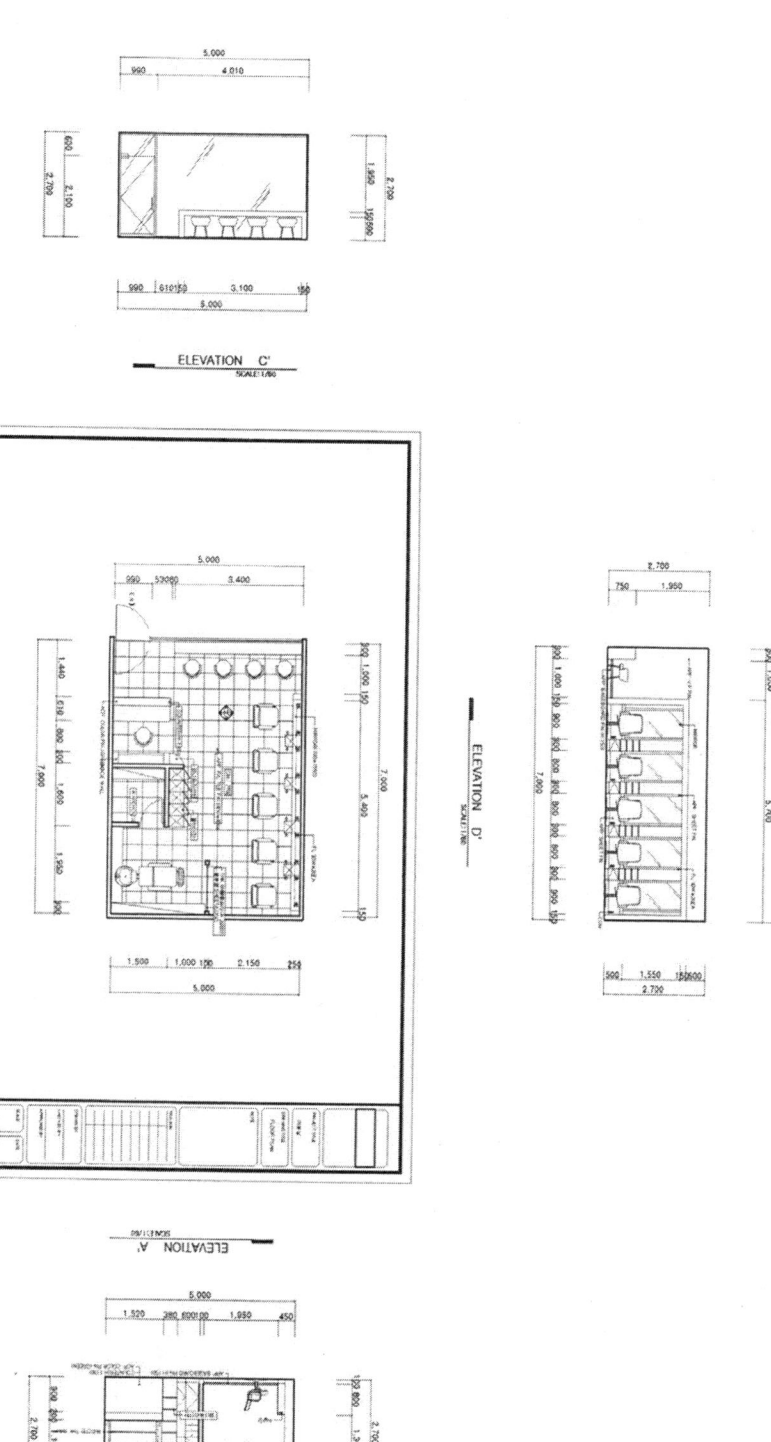

■ 외부 입면도 ■

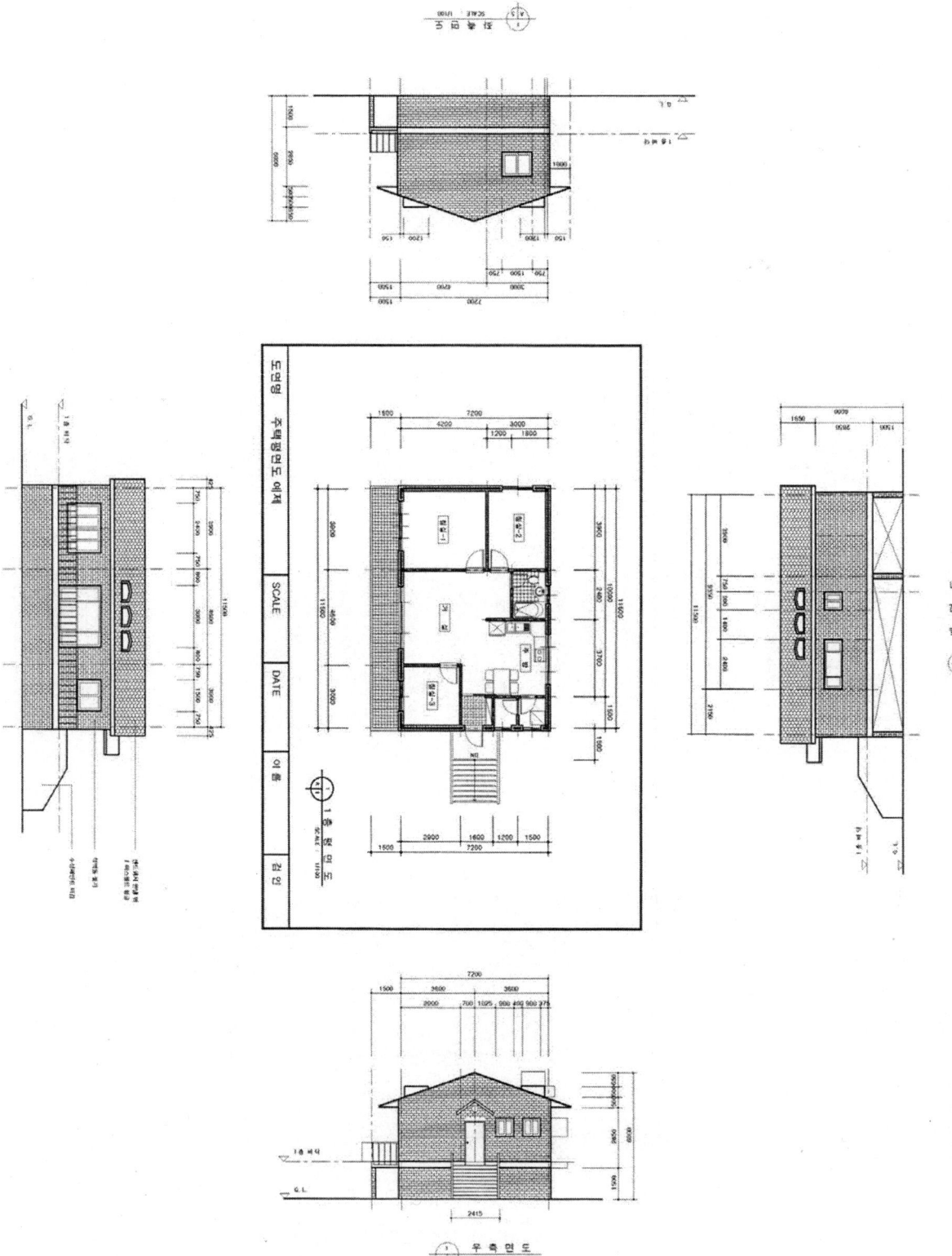

1-1 도면 양식 삽입

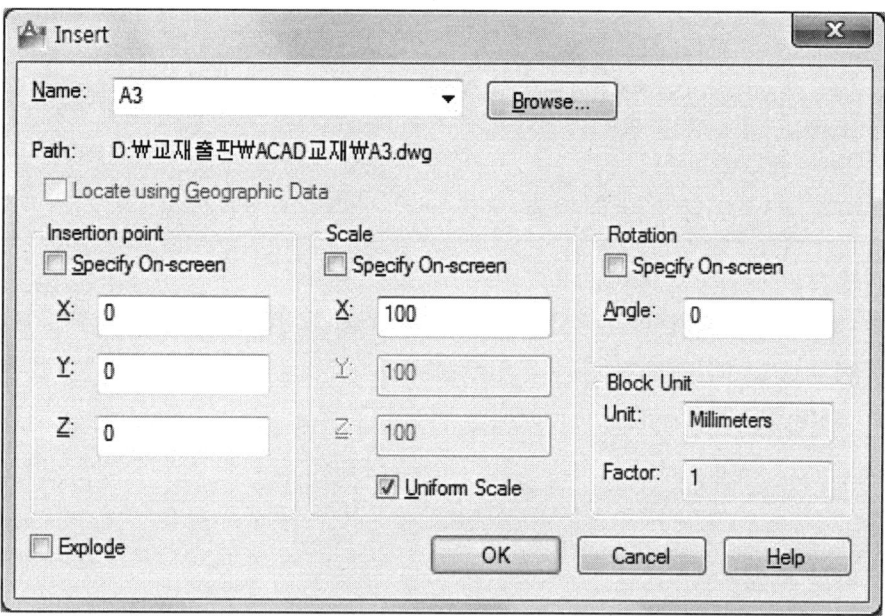

[Browse...] 버튼 클릭 → A3도면.dwg 선택 → [Open] 클릭

Insertion point : 0,0,0 또는 ☑ Specify On-screen

Scale : 100(작업 scale에 맞게 설정)

Rotation Angle : 0으로 설정한 후 → [OK] 버튼 클릭

Command : ZOOM ↵

[All/Center/Dynamic/Extents/Previous/Scale/Window/Object] ⟨real time⟩ : E ↵

Command : STYLE ↵

또는

Pull Down Menu :

[Format] → [Text Style]

Font를 "돋움체"로 선택한 후

[Apply] 버튼 클릭

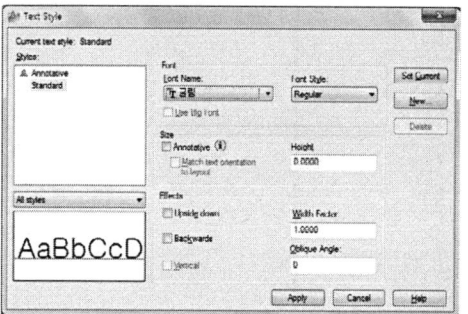

1-2 DIMSCALE, LTSCALE 조정

```
Command : DIMSCALE ↵
Enter new value for DIMSCALE <1.0000> : 100 ↵ (작업 scale로 지정)

Command : LTSCALE ↵
Enter new linetype scale factor <1.0000> : 100 ↵ (작업 scale로 지정)
```

- DIMSCALE은 Dimension style에서 치수스케일을 설정(Dimension style에서 설정한 수치에 scale값이 곱해진다.)하는 것이고, LTSCALE은 점선이나 중심선, 쇄선을 그릴 때, 선의 크기를 설정하는 것이다. 일반적으로 작업 scale과 동일하게 설정해 준다.

1-3 파일 저장

```
Command : SAVE ↵
[파일 이름(N) : ] 주택-입면도.dwg → [저장]
```

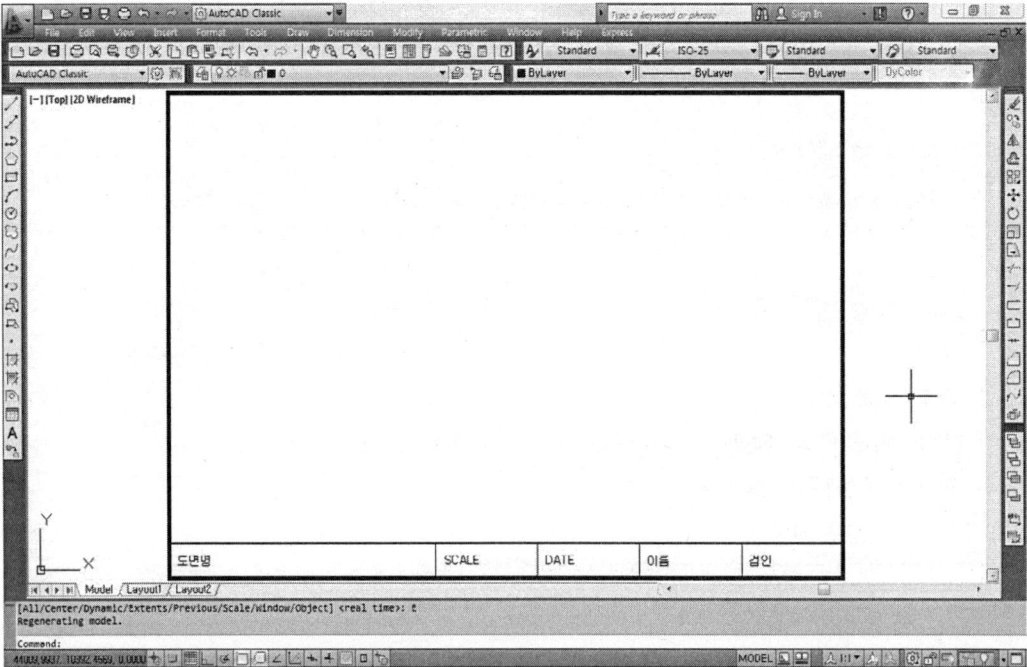

2 평면도 파일 삽입

Command : INSERT ↵
Insert 대화 상자가 나타난다.

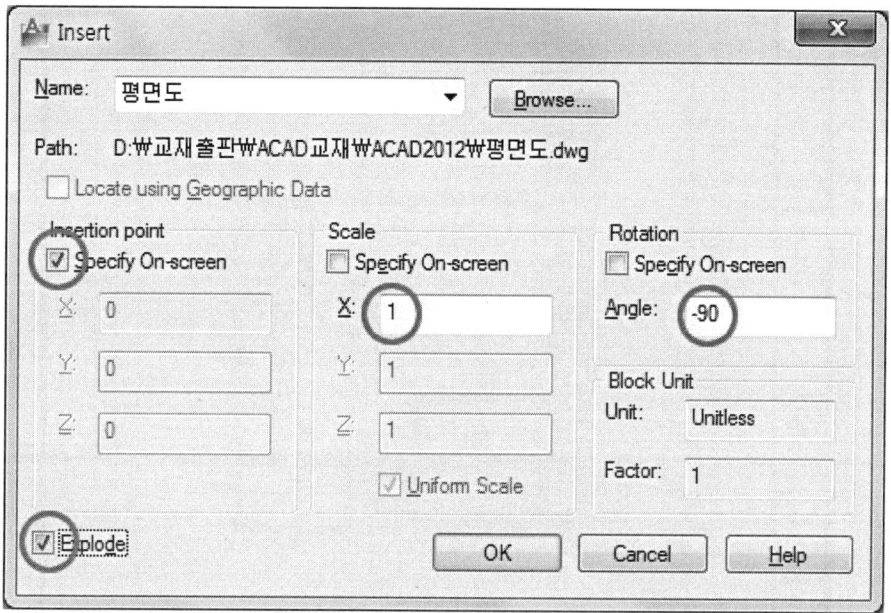

Browse... 버튼 클릭 → 평면도.dwg 선택 → Open 클릭

Insertion point : 화면에서 적절한 지점 클릭

☑ Explode 선택

Scale : 1

Rotation Angle : -90 으로 설정한 후 → OK 버튼 클릭

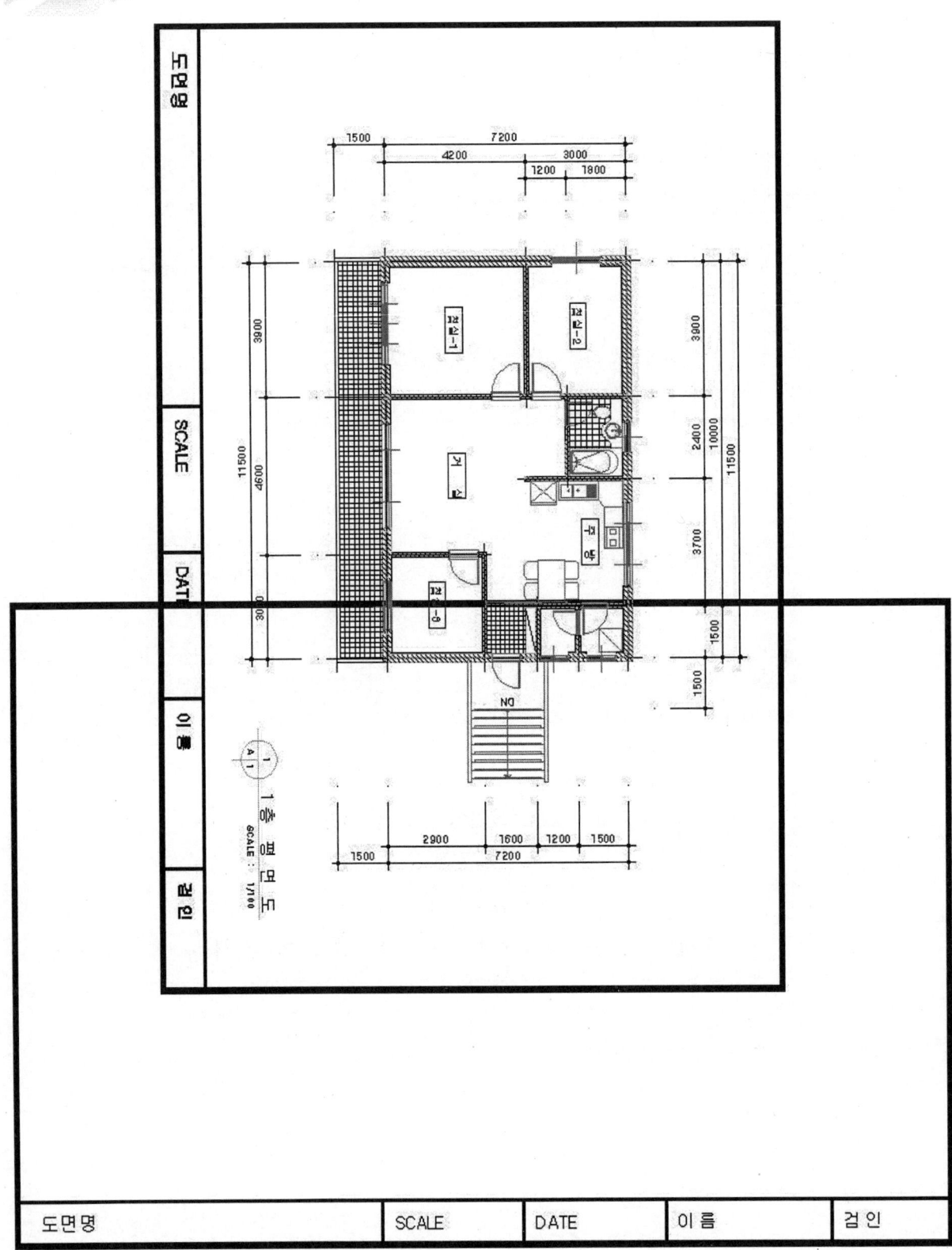

3 입면도 그리기

3-1 지반선(GL) 및 기준선 그리기

- Layer를 "CEN"으로 지정하고, line 명령어로 지반선(GL)을 긋는다.

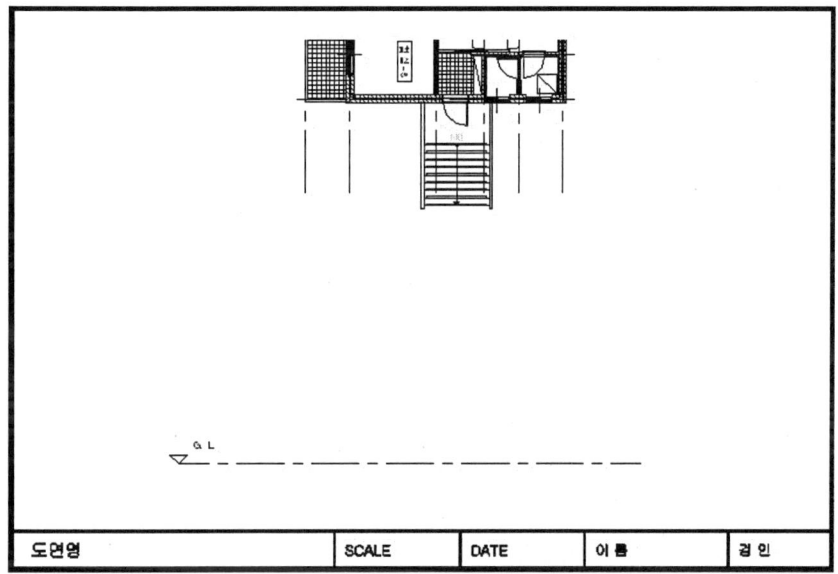

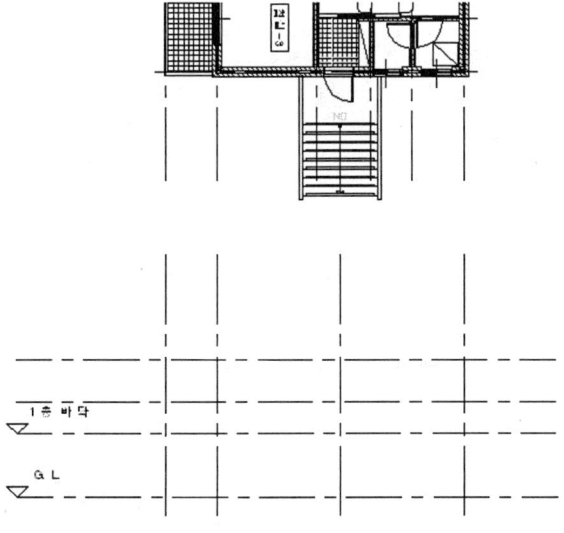

- 평면도를 이용해서 건물 외벽선을 내리고, 수평기준선을 그린다.

3-2 지붕 및 외벽 그리기

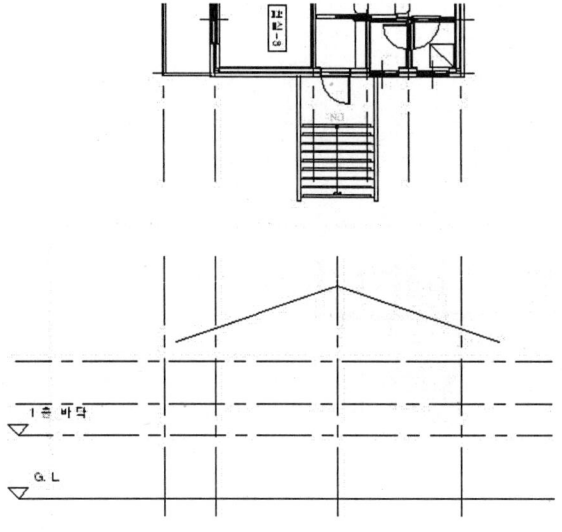

- Layer를 "WAL"로 지정하여, 색상을 "yellow"로 설정한다.
- 지붕의 물매를 3.5/10으로 잡고, 상대좌표를 이용해서 지붕을 그린다.

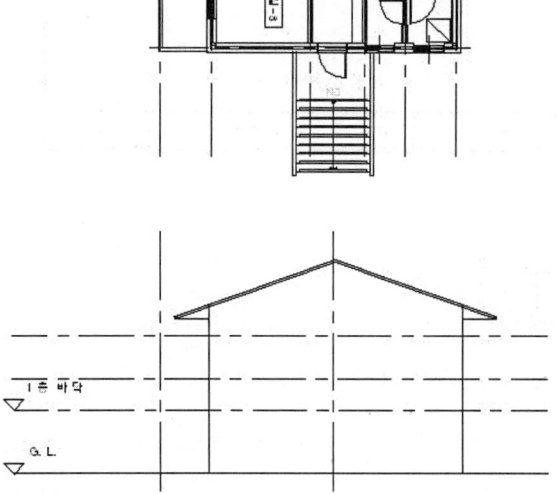

- 양측면의 기준선 레이어를 변경하고 길이를 수정하여 건물 외벽선을 만든다.

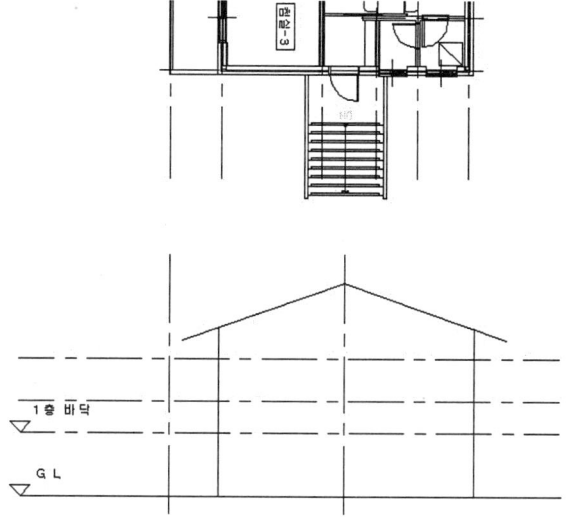

- 지붕의 두께를 50mm로 Offset 하여 그리고, 처마를 외벽선까지 연장하여 그린다.

3-3 계단 및 테라스 그리기

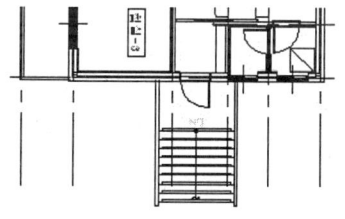

- Layer를 "FUR"로 지정하거나, 새로운 계단 레이어를 만든다.
- 계단을 그리기 위해서 평면도의 계단선을 내려 계단 난간을 그린다.
  계단 난간높이 = 2,200mm
  계단 난간폭 = 100mm

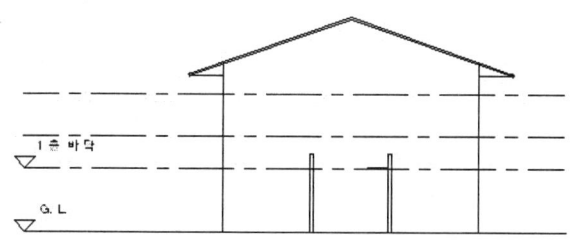

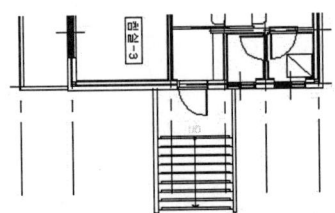

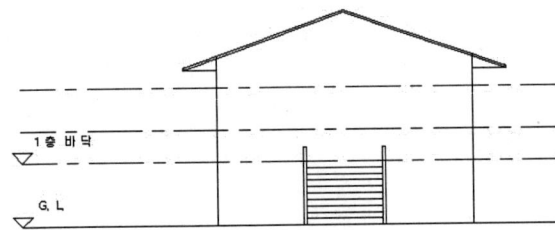

● 계단난간 사이에 단높이 180mm씩 Array 또는 Offset 명령을 이용해서 계단을 그린다.

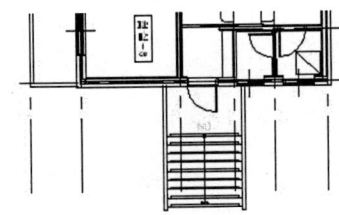

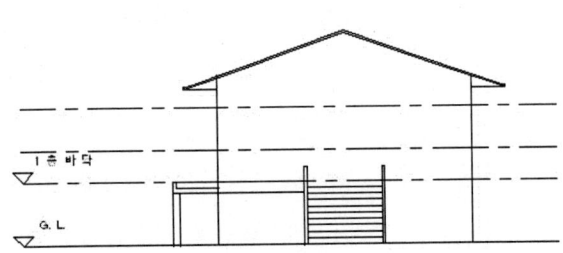

● 평면도에서 테라스 외벽의 기준선을 내려 테라스를 그리고, 두께 150mm로 테라스 슬라브를 그린다.

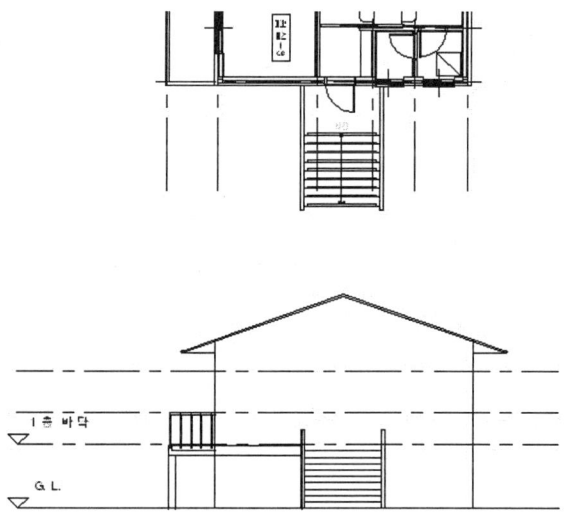

- 테라스의 난간을 그린다.

  난간 높이 = 950mm

  난간기둥 간격 = 300mm

  난간봉 지름 = 50mm

3-4 창호 그리기

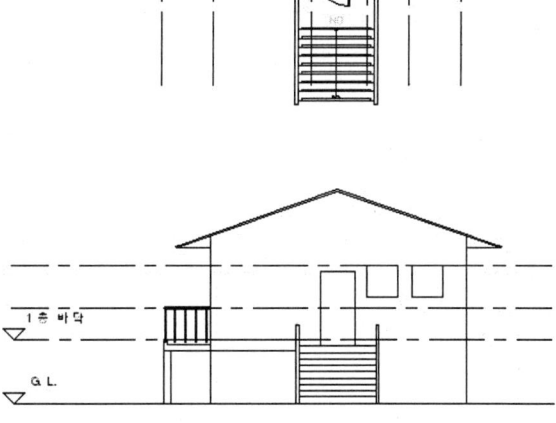

- Layer를 "WID"로 지정한다.
- 평면도의 창호를 이용해 창문과 현관문의 위치를 잡는다.

  창문 높이 = 900mm

  현관문 높이 = 2100mm

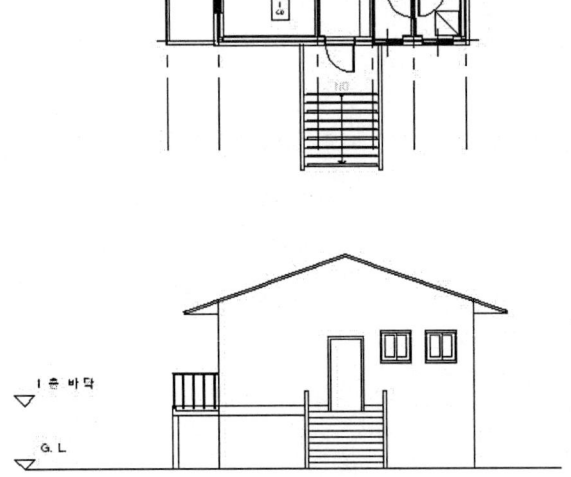

- 창문과 문의 입면 블록을 삽입하거나 이를 수정하여 창문과 문을 완성한다.

3-5 천창 및 캐노피(Canopy) 그리기

- 현관 상부의 캐노피(Canopy)를 그린다.

- 지붕의 천창(1200mm×500mm)을 그린다.

3-6 해치 하기

- Layer를 "HAT"로 지정한다.
- 외벽을 HATCH 명령을 이용해서 재료 표시를 한다.
  Hatch Pattern : AR-B816
  Angle : 0
  Scale : 15

3-7 도면명 쓰기

- Layer를 "TXT"로 지정한다.
- Text명령을 이용하여 문자를 쓴다.
- 문자의 내용을 수정하려면, ddEDit 명령어를 이용하여 수정한다.

✔ 도면 타이틀 기호 및 레벨 표시 기호 등은 미리 만들어 놓은 블럭을 Insert 명령어로 삽입하여 사용한다. 도면 기호를 삽입할 때에는 Scale 설정에 주의해야 한다.

		출력시	도면 작도시(예 : 1/300일 경우)	
재료명	구분점	1mm	1×200(작업 스케일)	200mm
	문 자	3mm	3×200(작업 스케일)	600mm
	선간격	7mm	7×200(작업 스케일)	1400mm
도면명	원크기	18mm	18×200(작업 스케일)	3600mm
	도면명	7mm	7×200(작업 스케일)	1400mm
	축 척	4mm	4×200(작업 스케일)	800mm
표제란	표제란 문자	3mm	3×200(작업 스케일)	600mm

3-8 저장 하기

- CAD파일의 용량이 커지는 것을 방지하기 위해 Purge명령을 이용하여 필요없는 정보를 지운다.
- Save명령을 이용하여 파일을 저장한다.

```
Command : SAVE ↵
[파일 이름(N) : ] 주택-입면도.dwg → [저장]
```

■ 주택-우측면도 ■

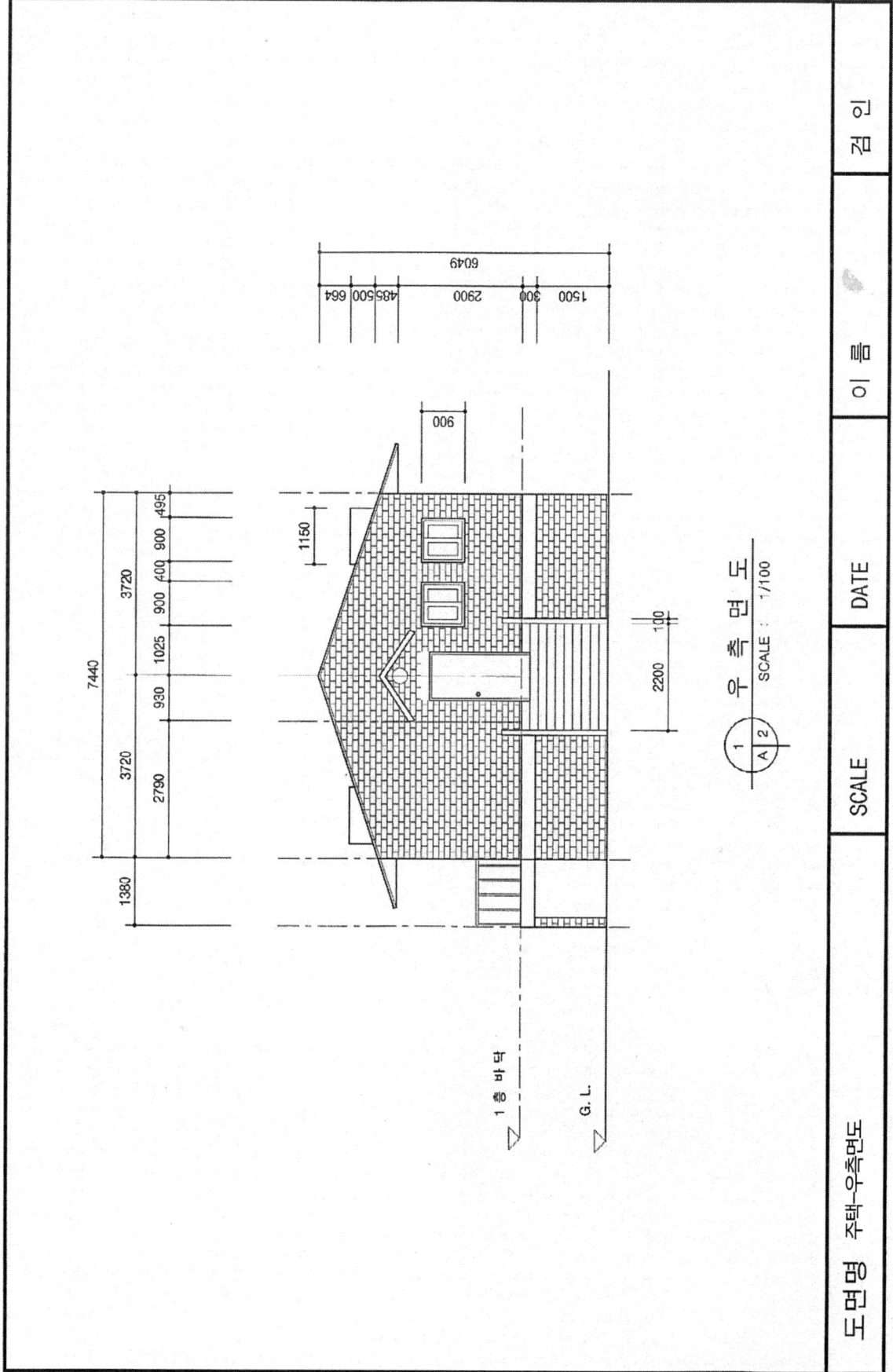

■ 주택-좌측면도 ■

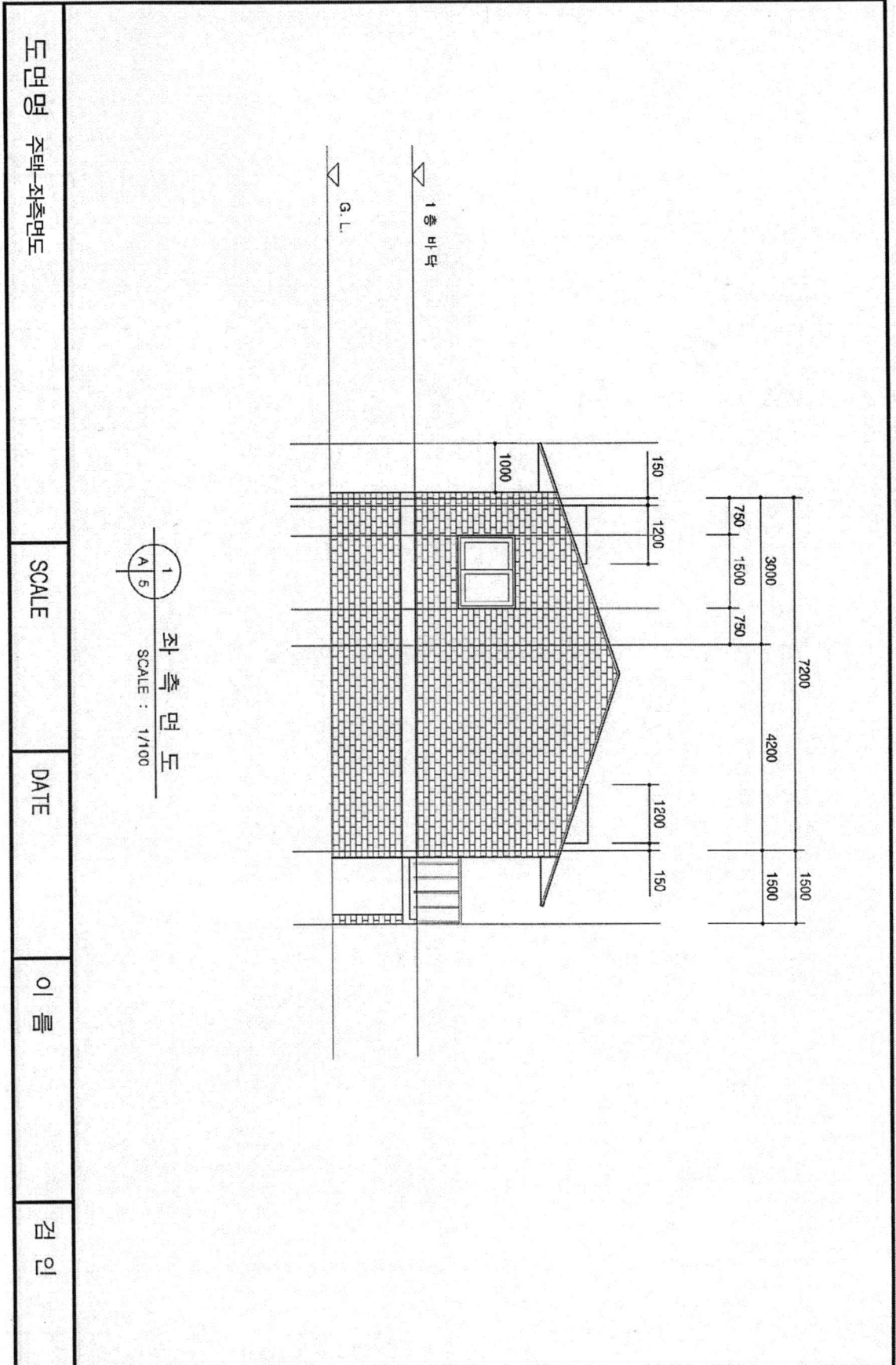

■ 주택-정면도 ■

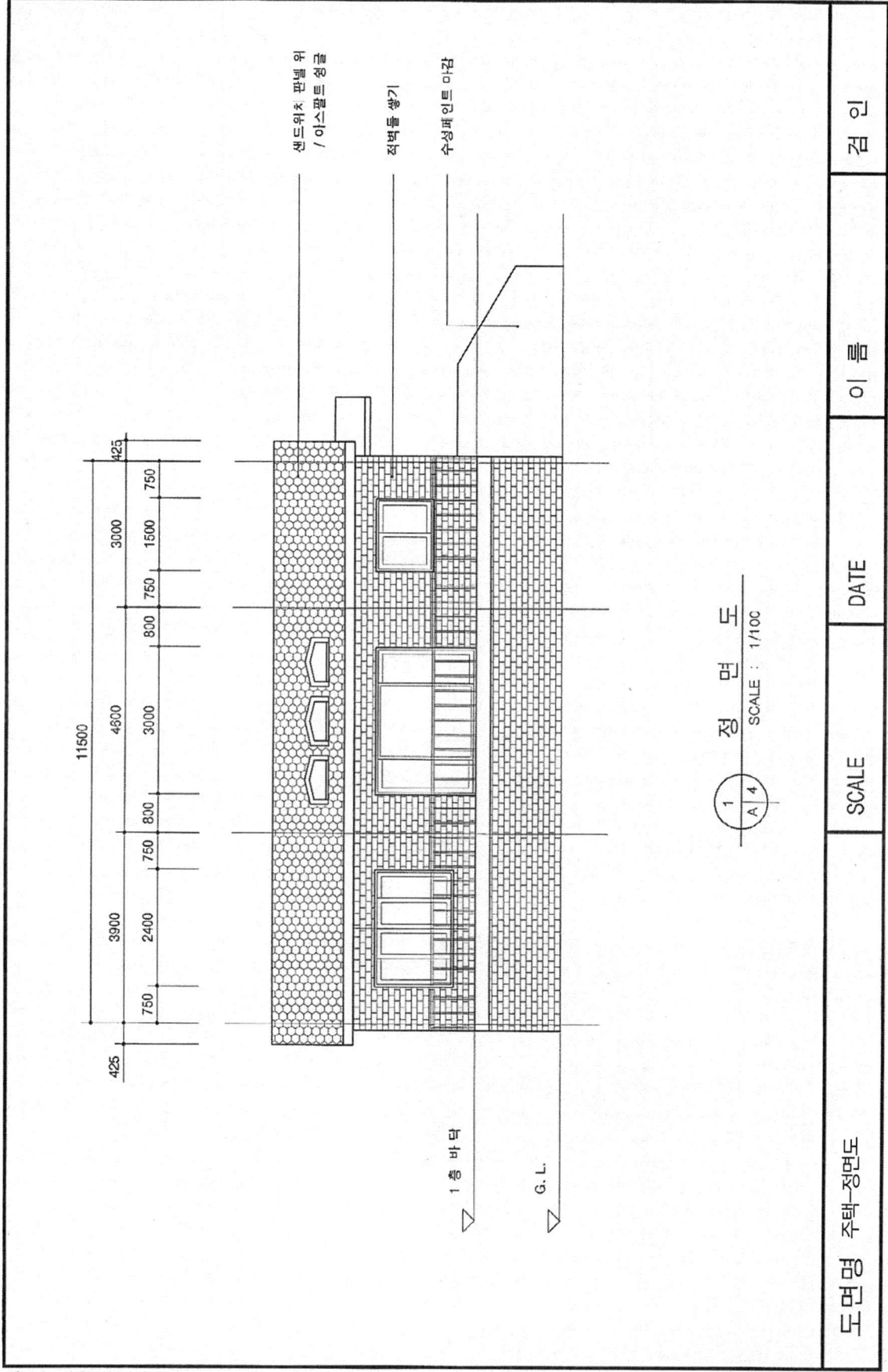

■ 주택-배면도 ■

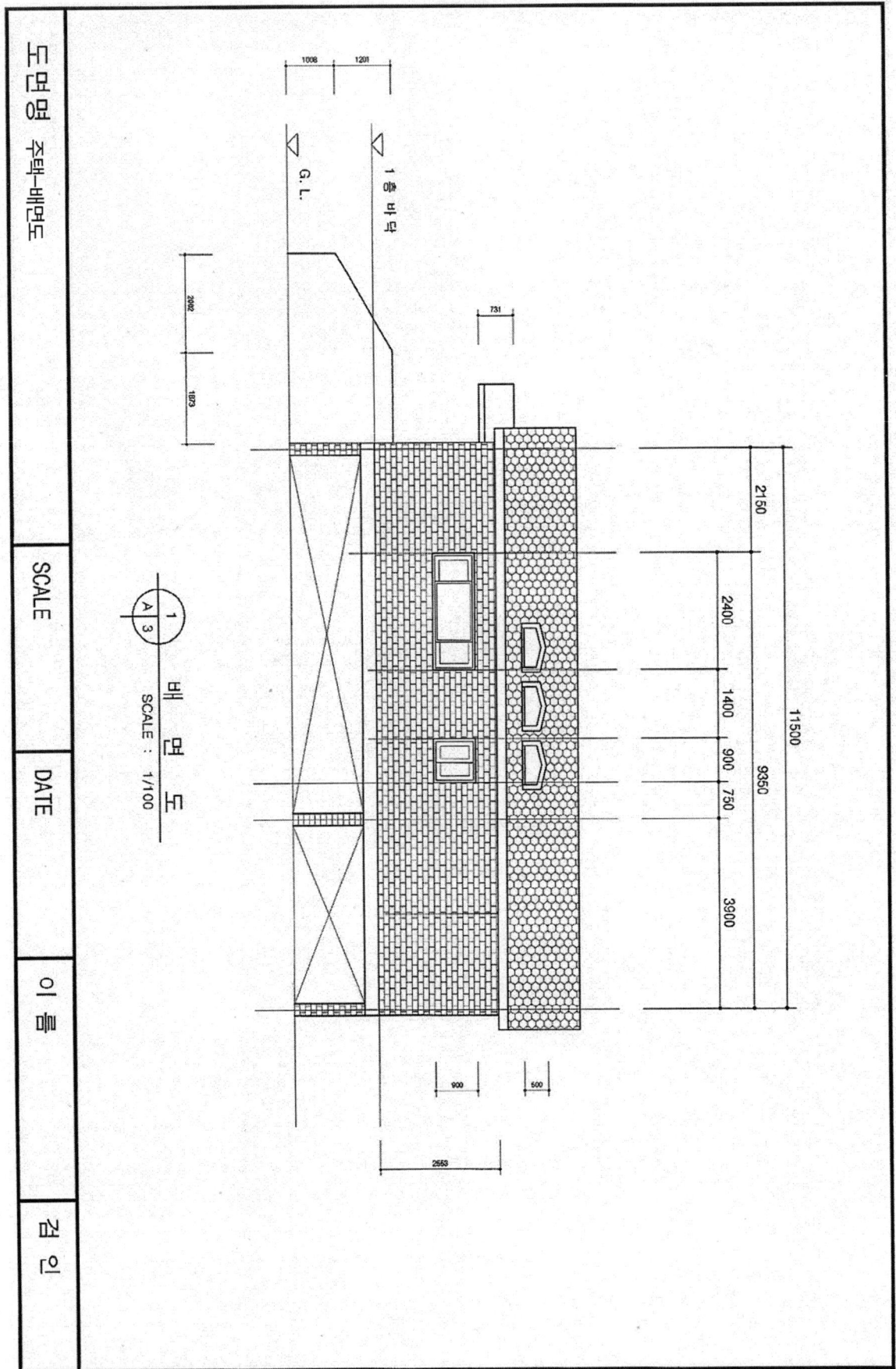

■ 주택-단면도 ■

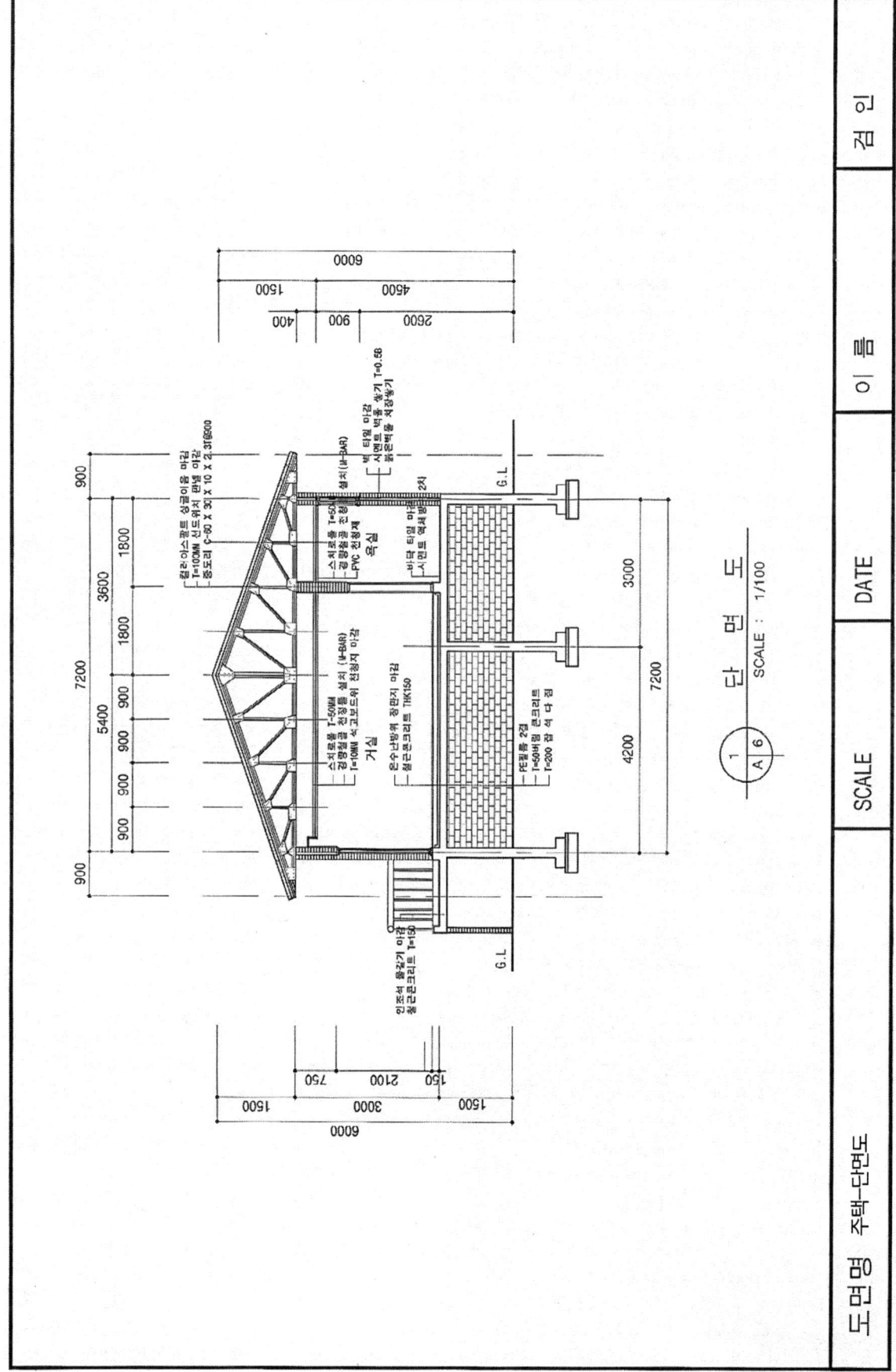

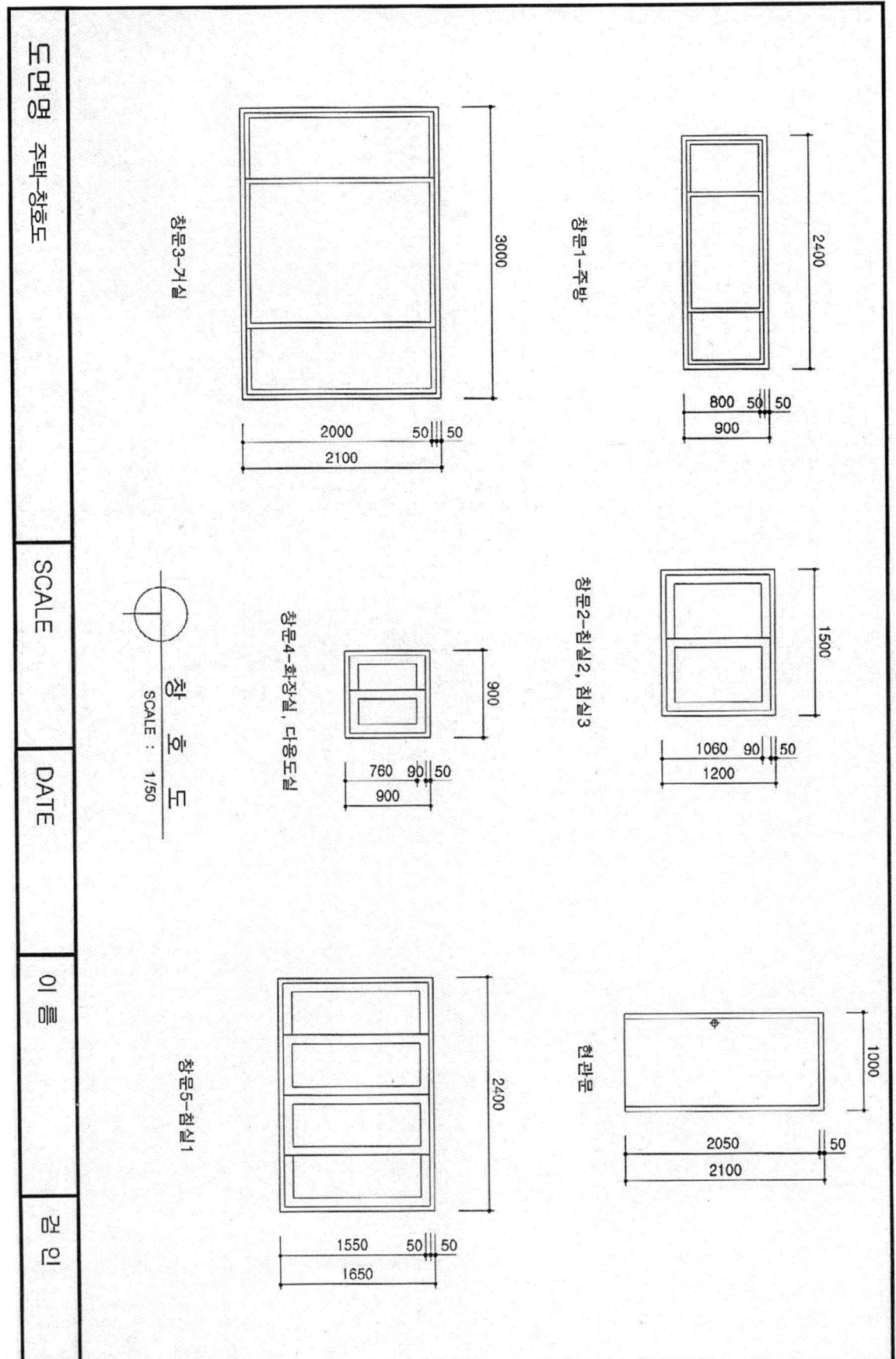

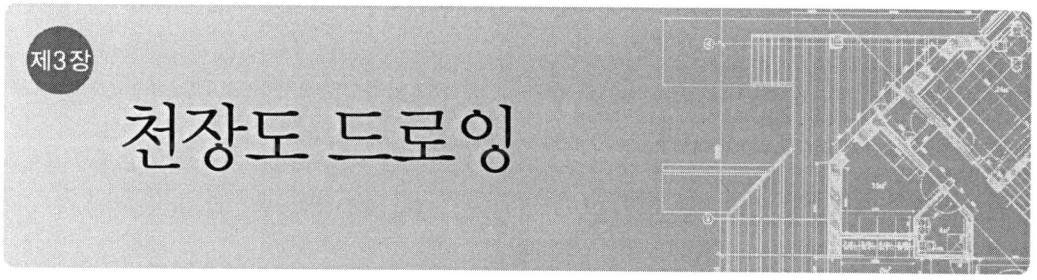

제3장 천장도 드로잉

1 작업 준비

천장도는 실내공간의 천장면 바로 아래 30cm 정도에서 수평으로 절단하여 바닥에서 천청면을 바라 본 모양을 평면도에 표시한 도면이다. 따라서 평면도를 기초로 해서 작도하며, 천장면에 부착된 각종 설비의 모양은 아래에서 위로 바라보이는 모습이 보이도록 한다. 천장도에는 실내의 조명기구, 소방설비기구, 공조설비, 전기설비 등이 표현되어야 한다.

(1) 천장도에 표기될 내용

　① 기둥과 벽 등의 구조체(평면도 이용)
　② 창문과 도어의 위치(도어는 위치만 표시하고 열리는 방향표시는 삭제)
　③ 마감선
　④ 조명기구(범례에서 종류 등을 표시), 조명간격
　⑤ 기타 설비(단순한 도면은 천장도에 표기, 복잡할 경우 별도의 설비도면 제작)
　⑥ 실명 및 천장 높이(CH : 높이값) 침실1 / CH : 2400
　⑦ 천장의 고저(우물천장 등의 형태 표시, 보이지 않는 부분은 Hidden선으로 표시)
　⑧ 천장 재료
　⑨ 치수
　⑩ 범례
　⑪ 도면의 제목, 축척

(2) 천장도 작도 순서

① 평면도를 이용하여 커튼박스, 몰딩, 천장모양(우물천장 등)을 가장 먼저 그린다. 도어부분의 몰딩은 도어가 없는 것으로 간주하고 작성한다.
② 조명을 배치한다. 벽에서 적절하게 이격하고, 배치간격을 일정하게 한다.
③ 다른 설비는 규정에 의해 적절하게 배치한다.
④ 모든 설비는 서로 겹치거나 너무 가깝지 않게 일정한 간격으로 배치한다.
⑤ 천장면의 레벨표시, 재료표시를 한다.
⑥ 조명기구간의 치수, 도면 전체의 치수를 표현한다.
⑦ 범례표를 만든다.
⑧ 도면명과 SCALE을 기입한다.

(3) 각종 설비기구 모양 및 배치 방법

아래 나열한 각종 설비는 일반적으로 도면에서 자주 사용되는 모양과 크기, 배치방법을 나열한 것이다. 따라서 각 설비제품의 모양과 크기, 배치 방법 등은 설치될 장소의 특성과 제품의 성능 변화에 따라 약간씩 차이가 날 수 있다.

기구명		모양	크기(단위 : mm)	배치 및 간격
조명 설비	형광등 (Fluorescent Lamp)	10W	150×600	- 소요조도에 따라 간격을 결정. - 벽에서 조명까지의 거리, 조명간의 거리는 조명률표에 의해 산정
		20W	300×600	
		40W, 60W	300×1200	
		매입형	노출형과 크기는 동일	
	다운라이트 (Down light)		ø100 ø150 ø200	간격 1200, 1500, 1800, 2100
			100×100 150×150 200×200	

조명 설비	스포트라이트 (Spot light)			
	펜던트 (Pendant light)		∅100~∅300	식탁면에서 600mm 높이
	샹델리에 (Chandelier)			
	직부등 (Ceiling light)			천장면에 부착
	벽부등 (Wall Bracket)			벽면에 부착
소방 설비	스프링클러 (Sprinkler)	● Ⓢ	∅50, ∅75	10m2당/1개 보통 3~3.5m마다 배치
	감지기 (Fire Sensor)	원형	∅100, ∅150	소방법에 따라 배치. 일반적으로 벽으로 나뉜 모든 실에는 기본1개 배치. 보통 35m2 마다 1개씩 배치(성능에 따라 70m2 마다), 공기유입구로부터 1.5m이상 이격
		연기감지기 F	100×100	
	비상등 (Emergency light)		50×300	비상용 조명
	출입구등 (Exit light)		50×(200,300,450)	비상출입구에 배치
공조 설비	디퓨저 (Diffuser)	원형	∅300	실내 공간의 크기나 모양에 따라 나란히 배치(덕트의 배관 고려)
		사각형	300×300	
		라인형	100×(600,900,1200)	

공조 설비	에어컨	천장형 4Way	900×900	성능에 따라 적절한 개수 및 배치
		천장형 2Way	600×1200	
		천장형 1Way	300×900, 450×1050	
		벽부착형	200×1000	
	환기구 (Ventilator)	사각형	300×300 150×150	보통 2개, 음식점/PC방 등은 4개 이상, 4~5m간격으로 배치(욕실에는 Fan 형태로 1개 설치)
		원형	Ø300 Ø150	
전기 설비	스피커 (Speaker)	사각형	300×300	
		원형	Ø300	
	CCTV		Ø100	
기타	점검구 (Access Door)		450×450 500×500 600×600	욕실,화장실 등 천장마감재가 분리되지 않는 구조에 설치
	커튼박스		100, 150, 200	
	몰딩	알루미늄몰딩	30	
		클래식몰딩	45	
	커튼			

(2) 범례(Legend) 작성 예

■ LEGEND

No.	Sym.	Description	
LF-1		Ceiling Light	FPL 55Wx3ea
LF-2		Ceiling Light	FPL 36Wx2ea
LF-3		Ceiling Light	FPL 24Wx2ea
LF-4		Down Light	Hal. 50W
LF-5		Down Light	DULUX 13Wx2
LF-6		방습등	IL. 60W
LF-7		센서등	IL. 60W
LF-8		Spot Light	Hal. 50W
LF-9		Indirect Light	Fl. 32W
LF-10		Bracket	
LF-11		Ceiling Light	(Dining Rm.)
LF-12		Ceiling Light	(Living Rm.)
		Air con.	1way 카세트
		Curtain	

2 천장도 그리기

아래와 같은 간단한 도면 예제를 통하여 천장도를 작도하는 방법을 익히도록 한다.

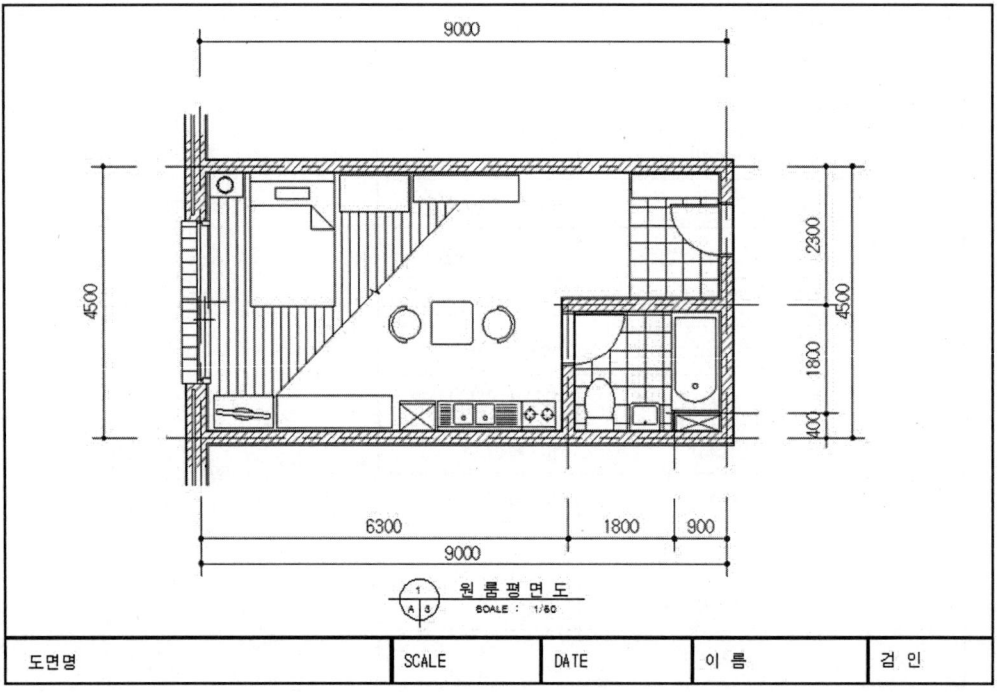

2-1 벽체 및 개구부 정리하기

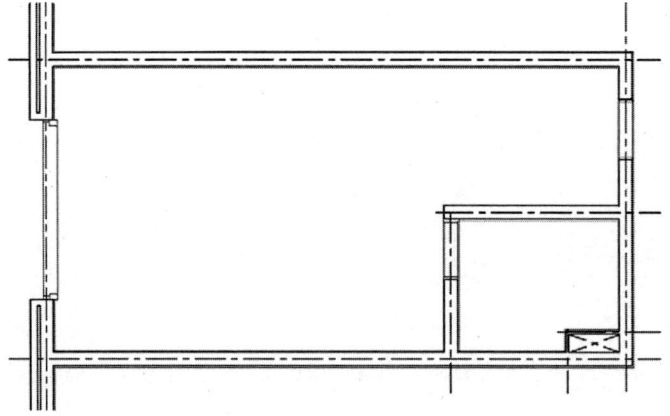

● 평면도에서 해치, 가구 등 천장도에서 불필요한 레이어를 OFF 시키거나 지워버린 후, 개구부를 정리한다. 도어부분의 몰딩은 도어가 없는 것으로 간주하고 작성한다. 문과 창문은 틀만 남기고 열리는 방향은 지운다.

2-2 커튼박스, 몰딩 그리기

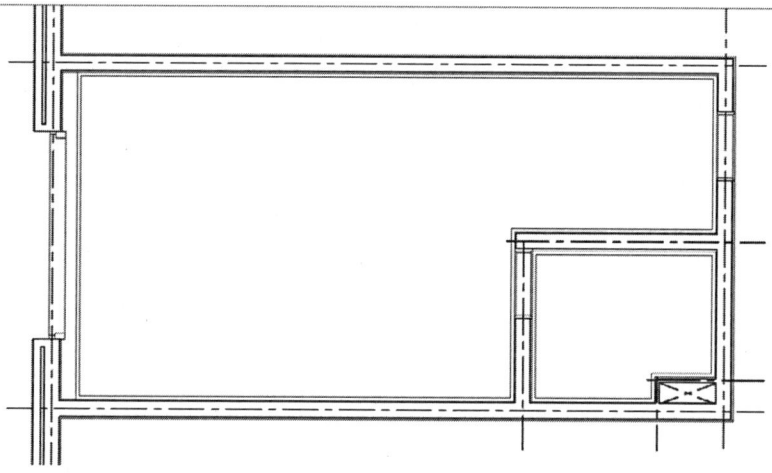

- 평면도를 이용하여 커튼박스, 몰딩을 그린다. 커튼박스의 크기는 150mm, 200mm 정도로 한다.

2-3 천장면 요철 표현하기

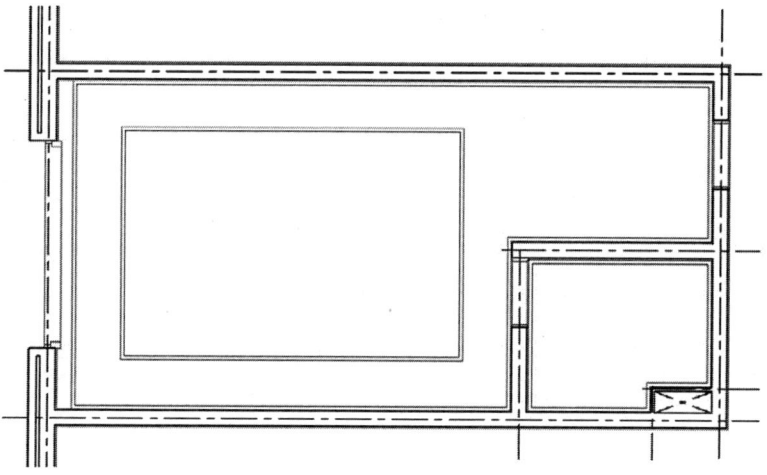

- 우물천장처럼 천장면에 요철부분이 있으면 적절한 크기로 작도한다.

2-4 조명 배치하기

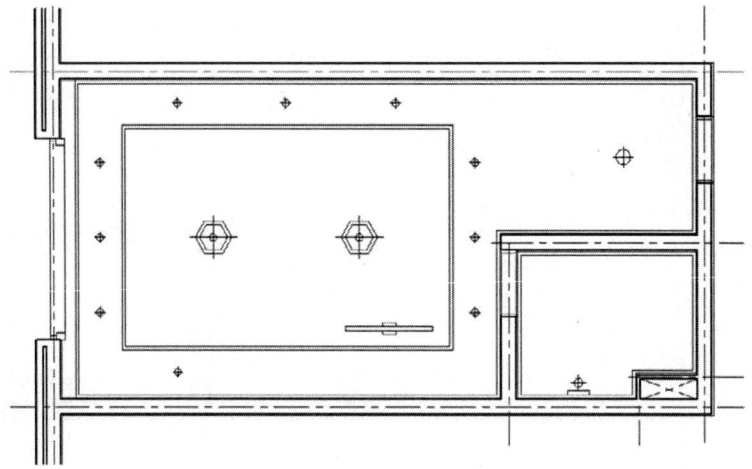

- 조명기구를 설치할 곳에 위치를 설정한 후 모양에 맞게 표시한다. 조명기구의 간격, 벽체와의 이격거리 등은 소요조도에 의한 계산에 의해 정확히 하여야 한다.

2-5 기타 설비 표현하기

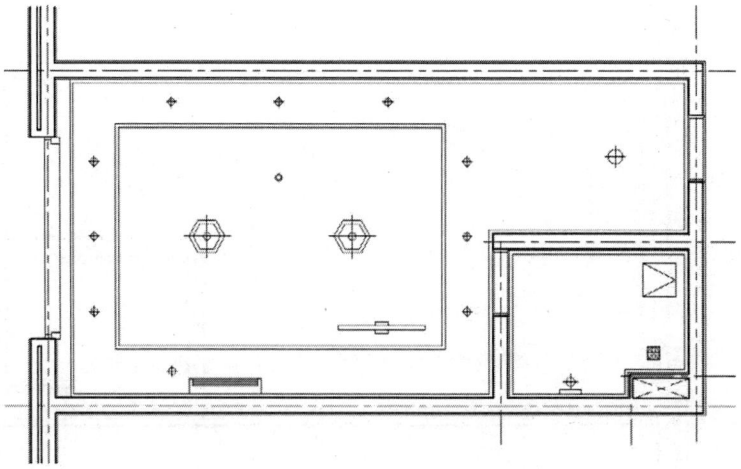

- 공조설비, 전기설비, 소방설비 등을 형상과 크기에 맞게 작도한다.

2-6 천장 레벨표시, 재료표시하기

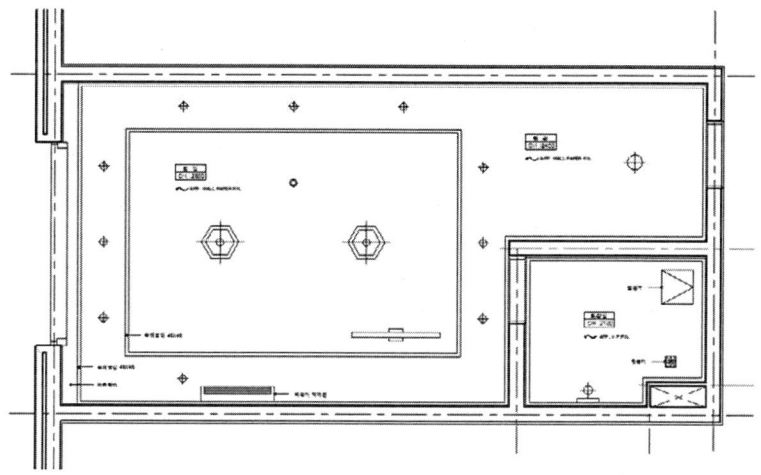

- 각 실 천장면의 레벨표시와 재료를 표시한다.

2-7 치수 기입하기

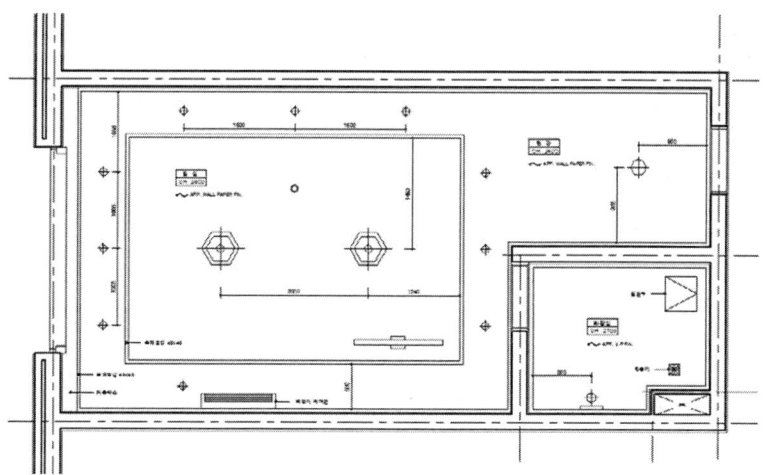

- 조명기구들 상호간의 간격, 벽에서의 이격거리 등을 치수로 기입한다.

2-8 범례표 만들기

■ LEGEND

No.	Sym.	Name	Description
1		Ceiling Light	FPL 55W×2ea
2		센서등	IL. 60W
3		Down Light	Hal. 50W×10ea
4		Bracket	
5		Pendant Light	FPL 60W
6		벽부착형 에어컨	
7		Fire Sensor	

- 조명기구, 공조설비, 기타 시설물에 대한 범례표를 만들어 형상과 기구명, 개수 등을 기입한다.

2-9 도면명, SCALE 기입하기

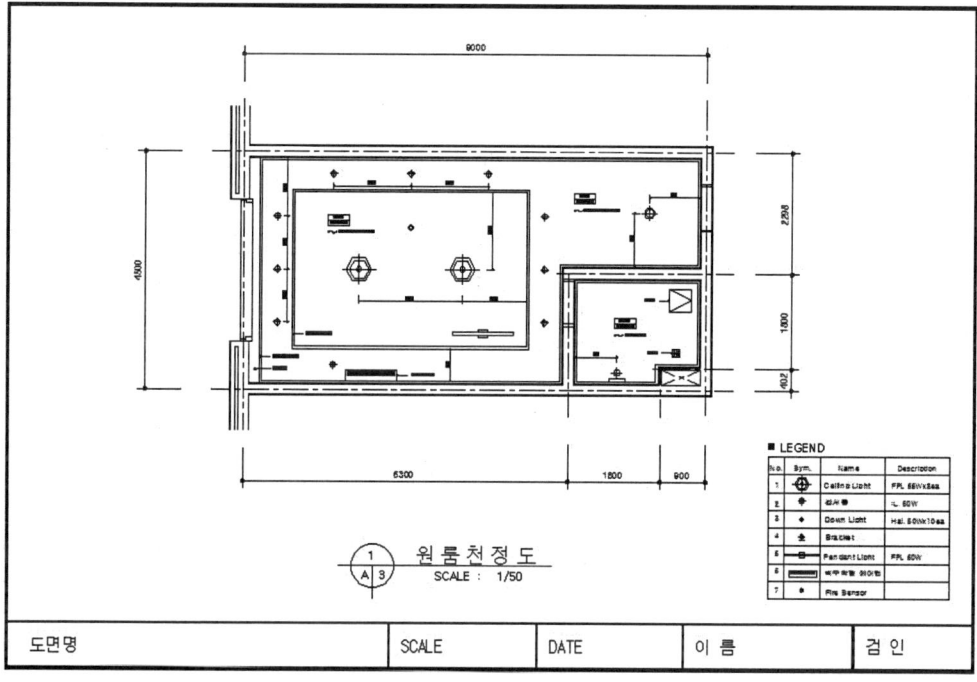

● 도면명과 스케일 등을 기입한다.

■ 천장도 ■

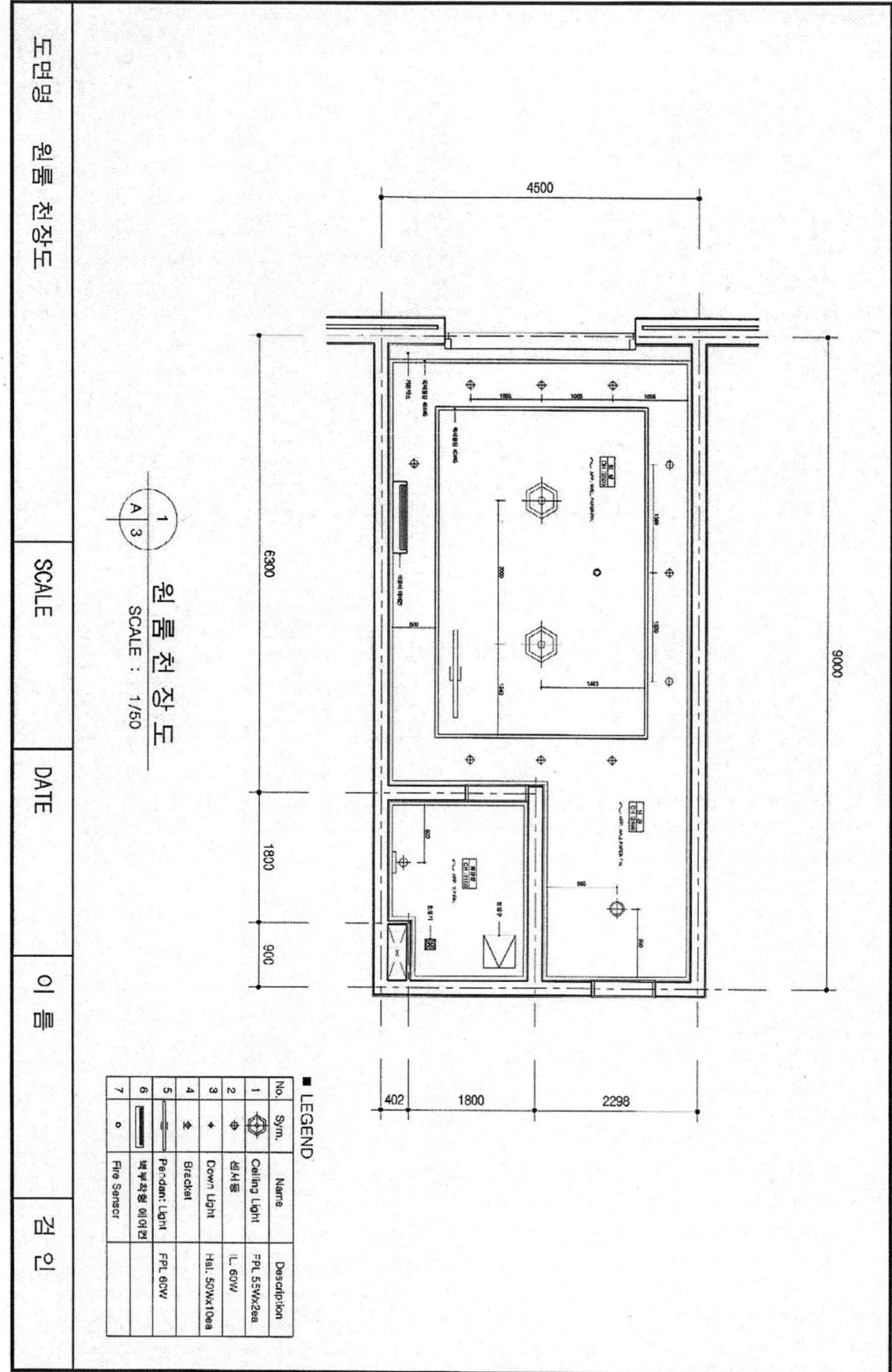

Part 4

3차원 모델링

제1장 3D 화면구성
제2장 Solid Modeling 기본
제3장 3차원 모델링 예제

1 화면 제어

1-1 작업화면 전환

작업화면을 AutoCAD Classic에서 3D Modeling으로 전환한다.

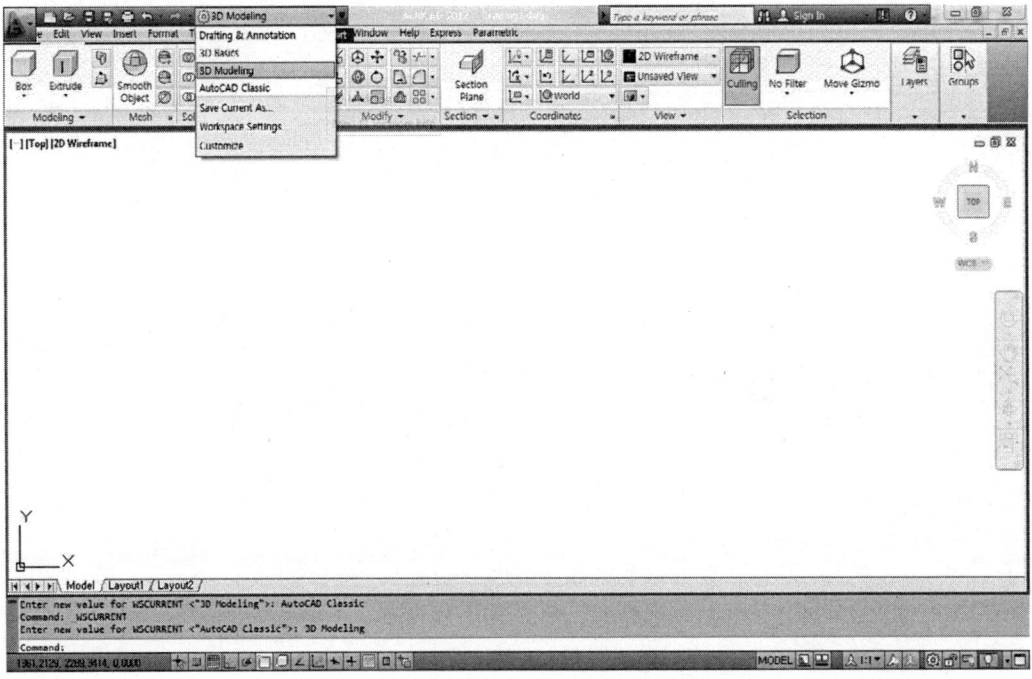

1-2 VPORTS(화면분할)

3D Modeling 작업을 할 때는 객체를 다양한 각도에서 바라보면서 작업을 하는 것이 정확성을 높이는데 도움을 준다. 모니터의 크기를 고려하여 적절한 화면분할 종류를 지정한다.

```
Pull Down Menu : [View] → [Viewports] → [New viewports]
```

```
Command : VPORTS ↵
```

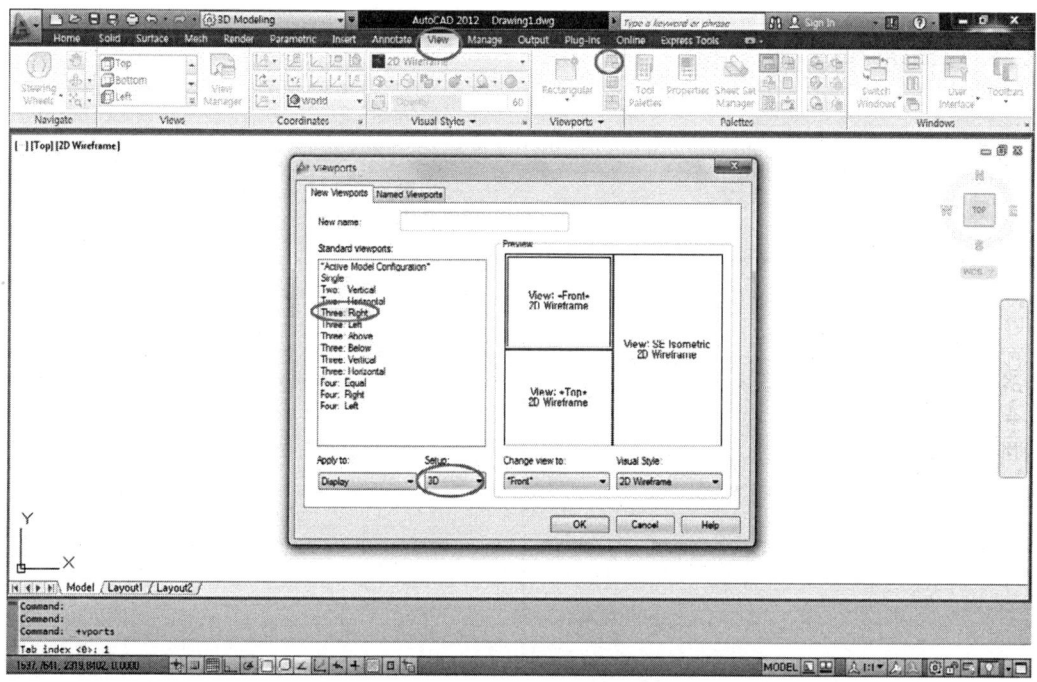

OPTION

- New name : 새로운 Vports의 이름을 입력한다.
- Standard viewports : 가장 일반적인 Vports를 미리 만들어 놓은 목록이다.
- Apply to : 전체화면에 적용할 것인지, 특정화면에 적용할 것인지를 제어한다.
- Setup : 2D 및 3D 구성방식을 지정한다. 3D 형식으로 설정하면 우측의 viewpoints 항목이 늘어난다.

- Change view to : viewpoints 항목을 설정한다.
- Visual style : 객체를 보여주는 방식 또는 재료표현 방식을 보여준다.

2 관측시점 설정

2-1 VIEWPOINT(관측시점)

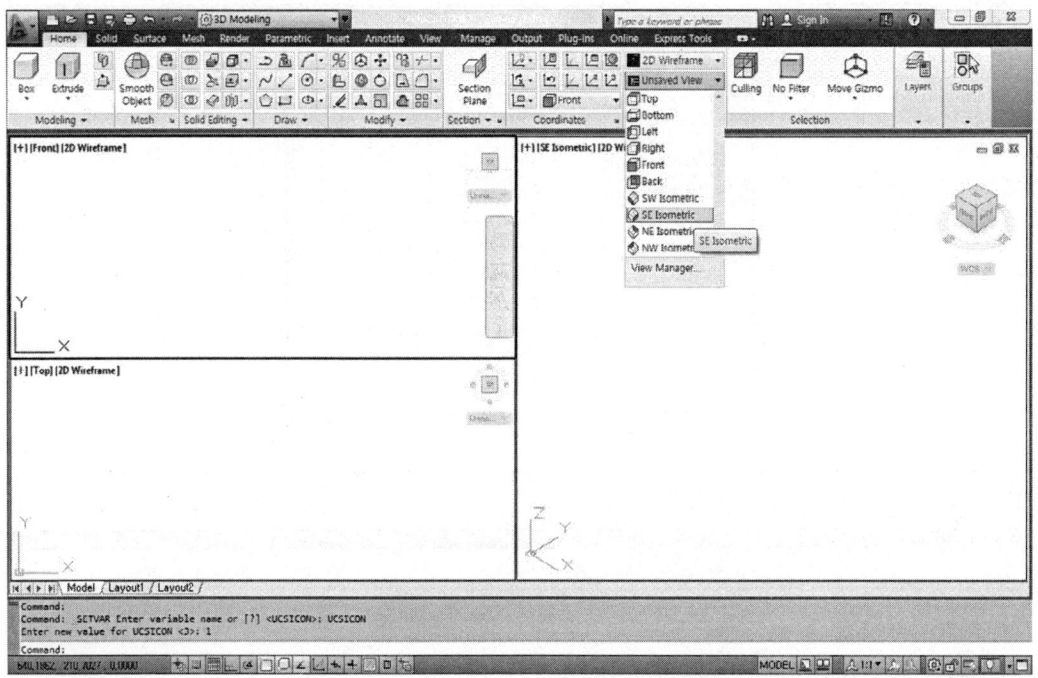

 관측시점의 종류

- Top : 위에서 아래로 바라 본 모양으로 보여준다(평면도).
- Bottom : 바닥에서 위로 바라 본 모양으로 보여준다.
- Front : 정면에서 바라 본 모양을 보여준다(정면도).

- Back : 뒤에서 바라 본 모양을 보여준다(배면도)
- Left : 좌측에서 바라 본 모양을 보여준다(좌측면도).
- Right : 우측에서 바라 본 모양을 보여준다(우측면도).
- SW(Southwest) Isometric : 남서측 등각투상도를 보여준다.
- SE(Southeast) Isometric : 남동측 등각투상도를 보여준다.
- NE(Northeast) Isometric : 북동측 등각투상도를 보여준다.
- NW(Northwest) Isometric : 북서측 등각투상도를 보여준다.

① Viewpoint 명령어를 이용한 설정

벡터값을 직접 입력해서 관측시점을 결정하는 방법으로, 원점을 기준으로 XYZ 축 방향으로 지정한 거리만큼 떨어져서 원점을 바라보는 시점설정 방법이다.

```
Command : VPOINT ↵                                    단축키  -VP
Current view direction : VIEWDIR = -1,-1,1
Specify a view point or [Rotate] 〈display compass and tripod〉 : 1,-1,1 ↵
```

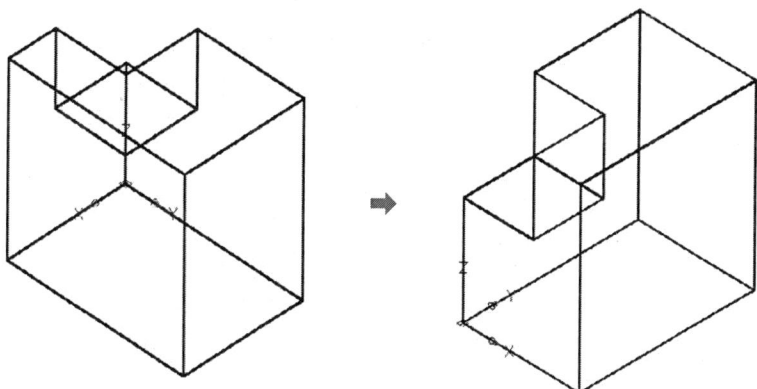

```
Command : VPOINT ↵                                    단축키  -VP
Current view direction : VIEWDIR = 1.0000,-1.0000,1.0000
Specify a view point or [Rotate] 〈display compass and tripod〉 : R ↵
Enter angle in XY plane from X axis 〈315〉 : 320 ↵ (X축으로부터의 각도)
Enter angle from XY plane 〈35〉 : 70 ↵ (XY 평면으로부터의 각도)
```

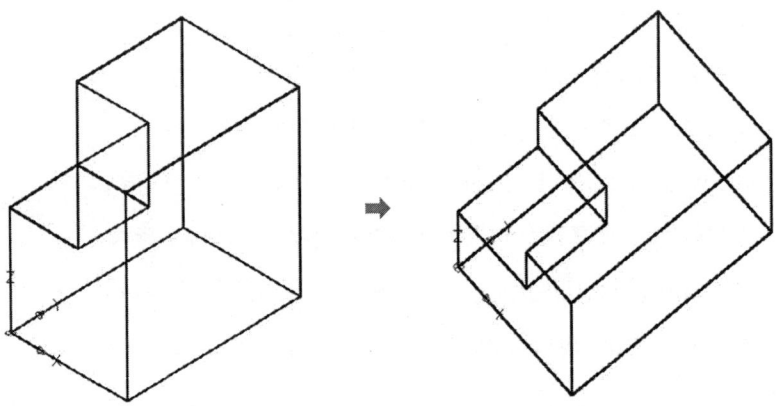

② 3D Orbit(3D 궤도를 이용한 설정)

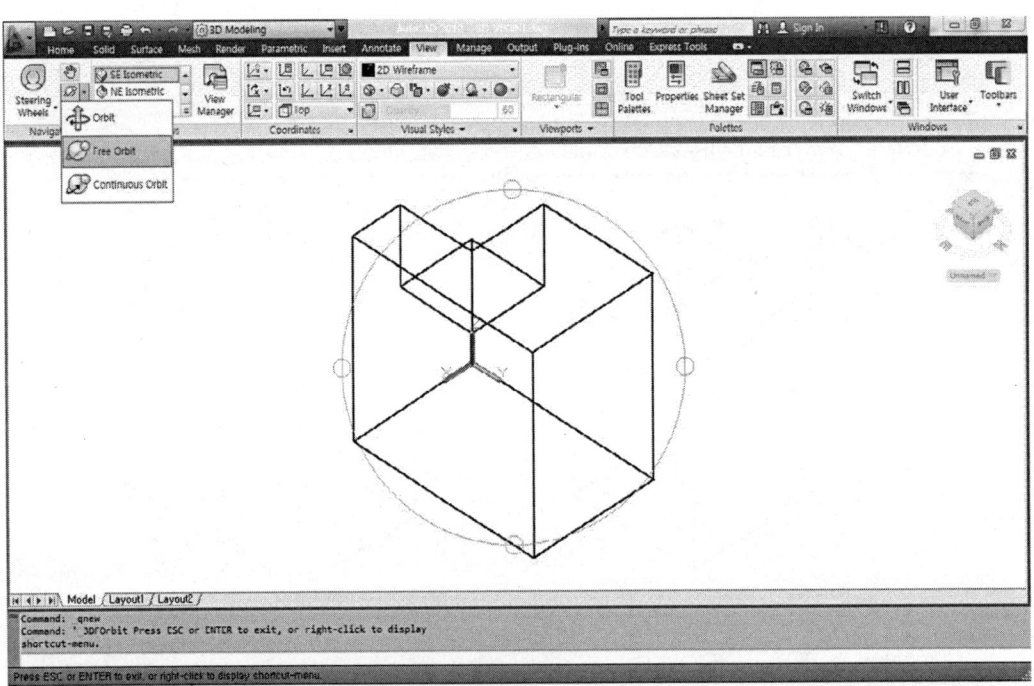

Pull Down Menu : [View] → [Orbit] 자유롭게 관측시점 조정
　　　　　　　　　　→ [Free Orbit] 궤도방향을 지정해서 관측시점 조정
　　　　　　　　　　→ [Continuous Orbit] 연속해서 궤도를 회전하도록 조정

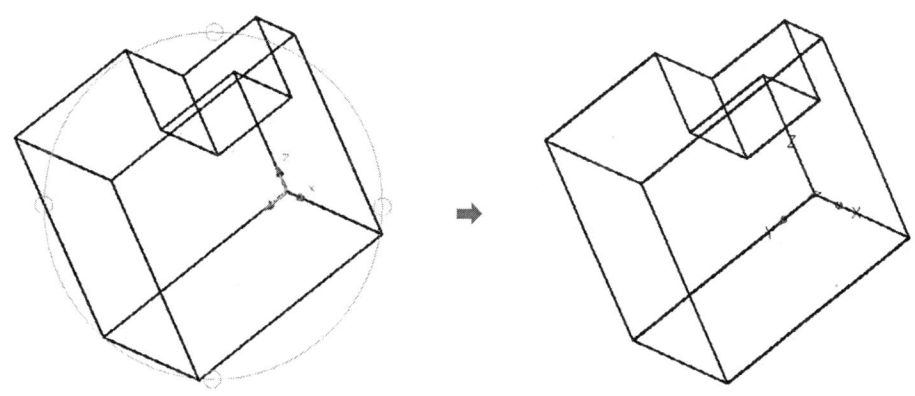

③ Steering Wheel을 이용한 제어

스티어링휠을 사용하면 일반적인 탐색 컨트롤에 빠르게 액세스할 수 있다.

Pull Down Menu : [View] → [Steering Wheel]

Command : NAVSWHEEL ↵

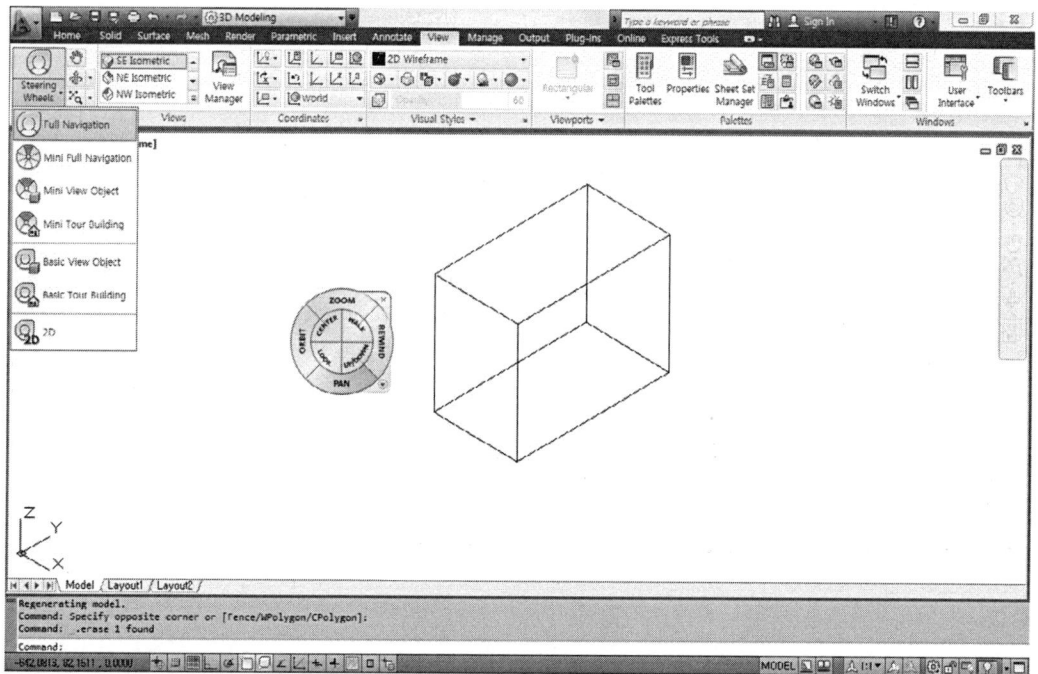

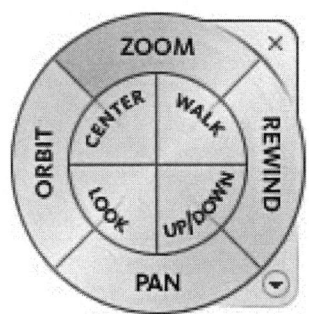

OPTION

- ORBIT : 궤도 기능이 실행된다.
- ZOOM : 줌 기능이 실행된다.
- REWIND : 관측시점을 단계별로 되돌아가도록 한다.
- PAN : 화면 이동을 통한 초점을 시킨다.
- CENTER : 중심을 설정한다.
- WALK : 보행시선으로 보게 한다.
- LOOK : 중심점을 기준으로 자유롭게 둘러볼 수 있게 한다.
- UP/DOWN : 관측시점을 상/하로 이동시킨다.

제2장 Solid Modeling 기본

AutoCAD의 3차원 모델링은 Surf Modeling과 Solid Modeling의 두 가지로 나눌 수 있다. 명령어의 사용방법은 거의 유사하지만, Surf Modeling은 표면의 정보만을 주어 표현하는 방식(표면 조합 방식)이고, Solid Modeling은 속이 꽉 찬 입체형태를 구성하는 방식이라는 차이점이 있다.

1 3D 기본 모델 그리기

1-1 BOX(상자)

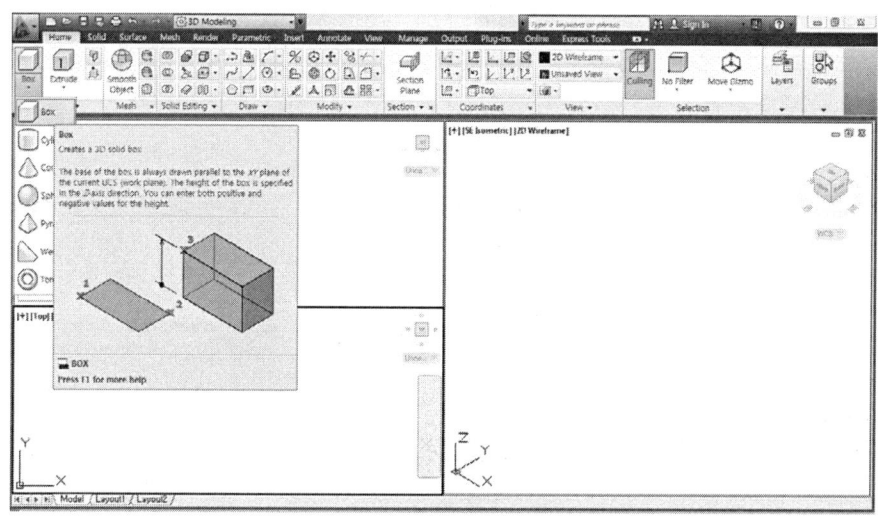

Pull Down Menu : [Draw] → [Modeling] → [Box]

```
Command : BOX ↵
Specify first corner or [Center] ⟨0,0,0⟩ :
임의의 점 클릭
Specify other corner or [Cube/Length] :
@100,150,200 ↵
✓ 가로100, 세로150, 높이200인 직육면체
```

```
Command : BOX ↵
Specify first corner or [Center] ⟨0,0,0⟩ :
임의의 점 클릭
Specify other corner or [Cube/Length] : C ↵
Specify length : 150 ↵
✓ 가로150, 세로150, 높이150인 정육면체
```

1-2 WEDGE(쐐기)

Wedge명령의 옵션은 Box와 동일하다. 쐐기의 방향에 유의해서 그린다.

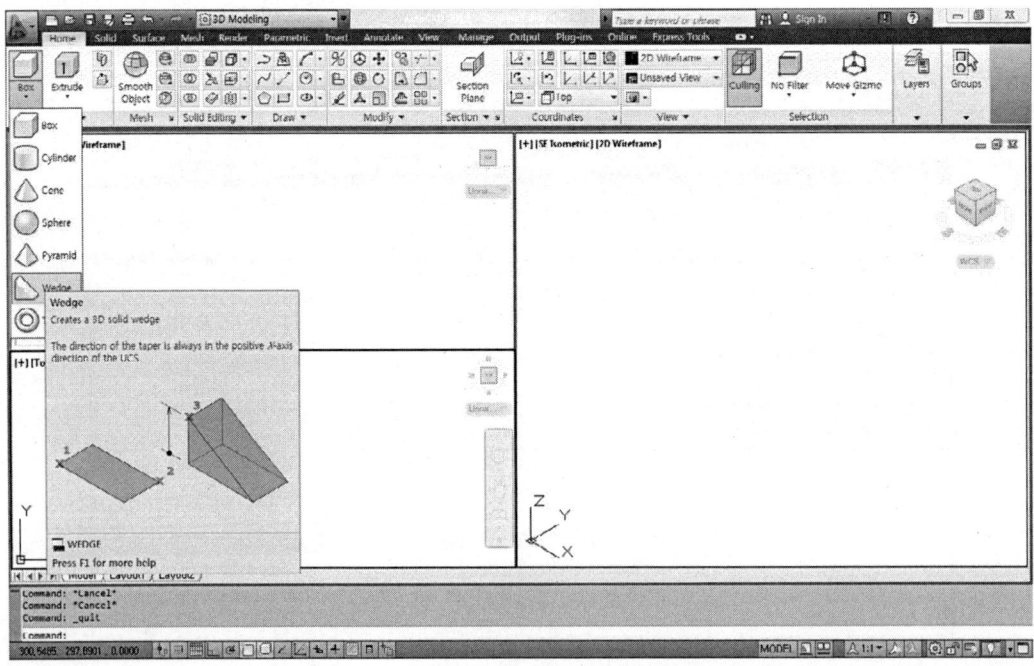

Solid Modeling 기본 제2장

Pull Down Menu : [Draw] → [Modeling] → [Wedge]

Command : WEDGE ↵
Specify first corner of wedge or [CEnter]
⟨0,0,0⟩ : 임의의 점 클릭
Specify other corner or [Cube/Length] :
@150,250,100 ↵
✔ 가로150, 세로250, 높이100인 쐐기

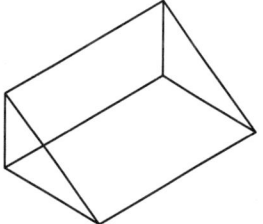

1-3 SPHERE(구)

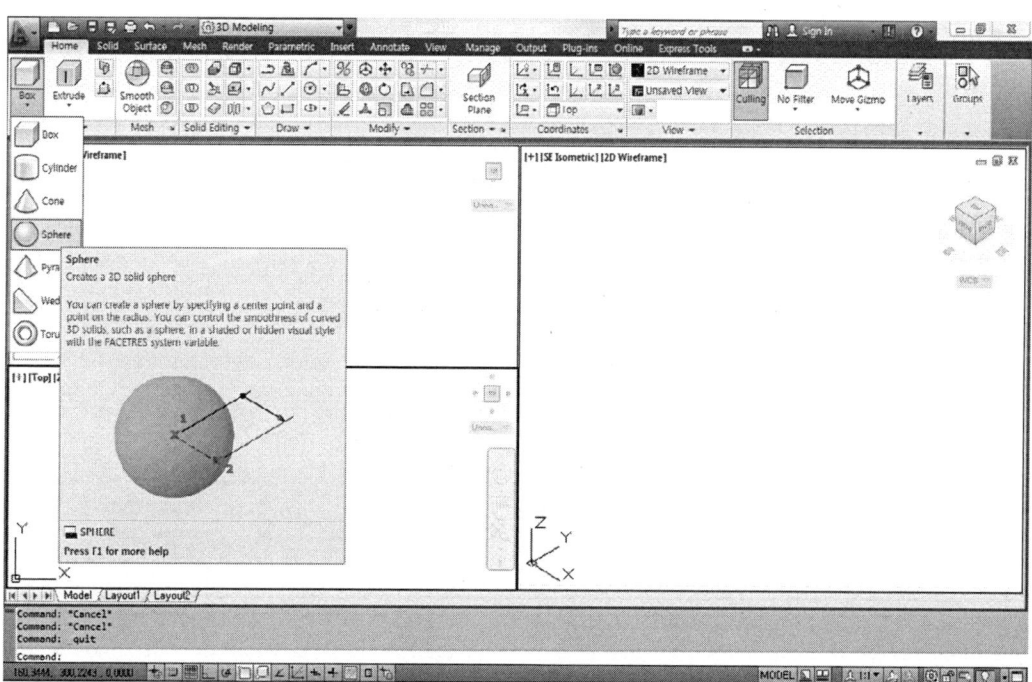

Part 4 3차원 모델링 393

Pull Down Menu : [Draw] → [Modeling] → [Sphere]

```
Command : SPHERE ↵
Specify center of sphere ⟨0,0,0⟩ : 임의의 점
클릭
Specify radius of sphere or [Diameter] : 10 ↵
```
✔ 반지름이 10인 구(球)

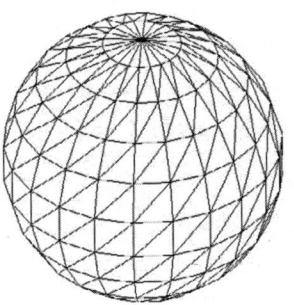

1-4 CYLINDER(원기둥)

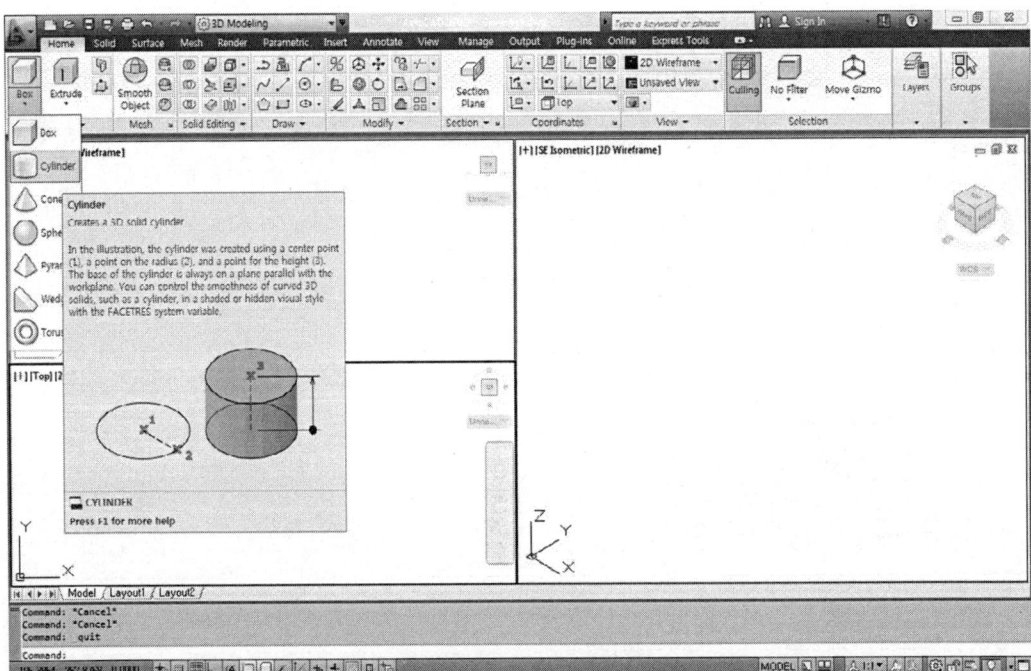

Pull Down Menu : [Draw] → [Modeling] → [Cylinder]

Command : CYLINDER ↵
Specify center point for base of cylinder or [Elliptical] ⟨0,0,0⟩ : 임의의 점 클릭
Specify radius for base of cylinder or [Diameter] : 10 ↵
Specify height of cylinder or [Center of other end] : 20 ↵
✔ 반지름 10, 높이 20인 원기둥

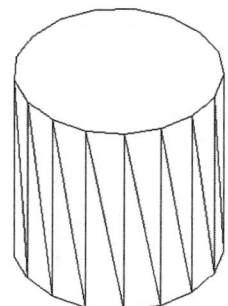

Command : CYLINDER ↵
Specify center point for base of cylinder or [Elliptical] ⟨0,0,0⟩ : E ↵
Specify axis endpoint of ellipse for base of cylinder or [Center] : 임의의 점 클릭
Specify second axis endpoint of ellipse for base of cylinder : @100,0 ↵
Specify length of other axis for base of cylinder : @0,150 ↵
Specify height of cylinder or [Center of other end] : 200 ↵
✔ 단축100, 장축300, 높이 200인 타원기둥

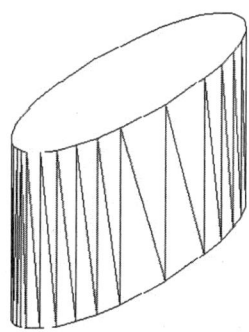

1-5 CONE(원뿔)

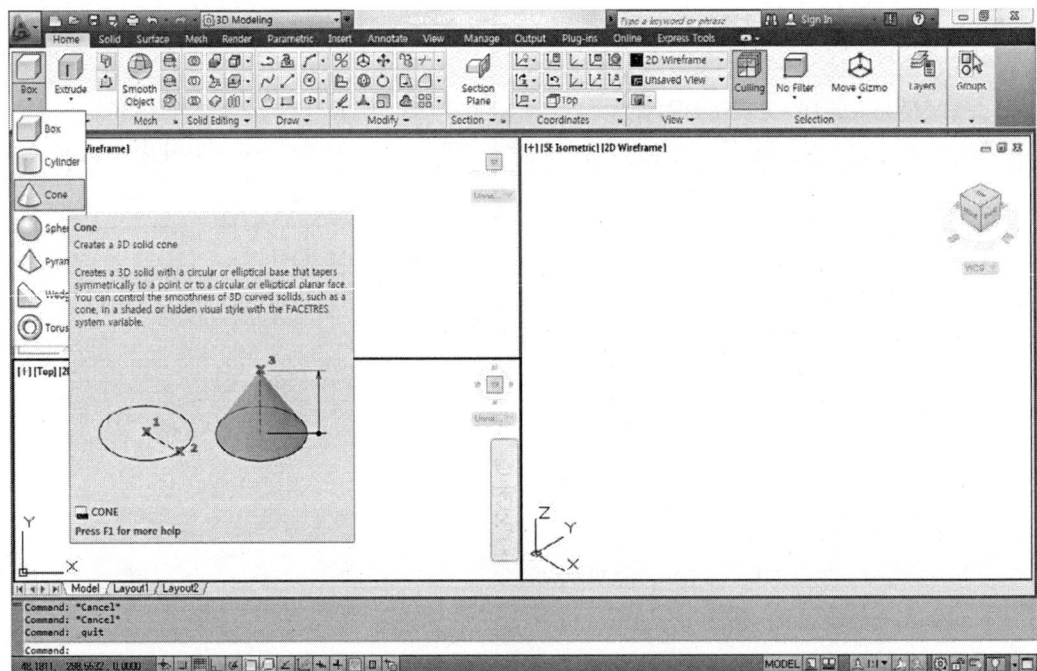

Pull Down Menu : [Draw] → [Modeling] → [Cone]

Command : CONE ↵
Specify center point for base of cone or
[Elliptical] 〈0,0,0〉 : **임의의 점 클릭**
Specify radius for base of cone or
[Diameter] : 100 ↵
Specify height of cone or [Apex] : 200 ↵
✔ 반지름 100, 높이 200인 원뿔

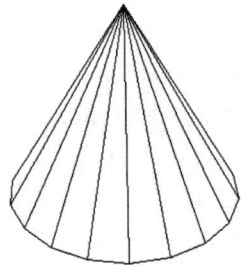

```
Command : CONE ↵ (바닥이 타원인 경우)
Specify center point for base of cone or
[Elliptical] <0,0,0> : E ↵
Specify axis endpoint of ellipse for base of
cone or [Center] : 임의의 점 클릭
Specify second axis endpoint of ellipse for
base of cone : @100,0 ↵
Specify length of other axis for base of
cone : @0,200 ↵
Specify height of cone or [Apex] : 200 ↵
```
✔ 단축100, 장축400, 높이 200인 원뿔

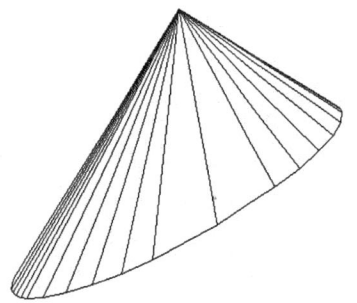

1-6 TORUS(튜브) ◎

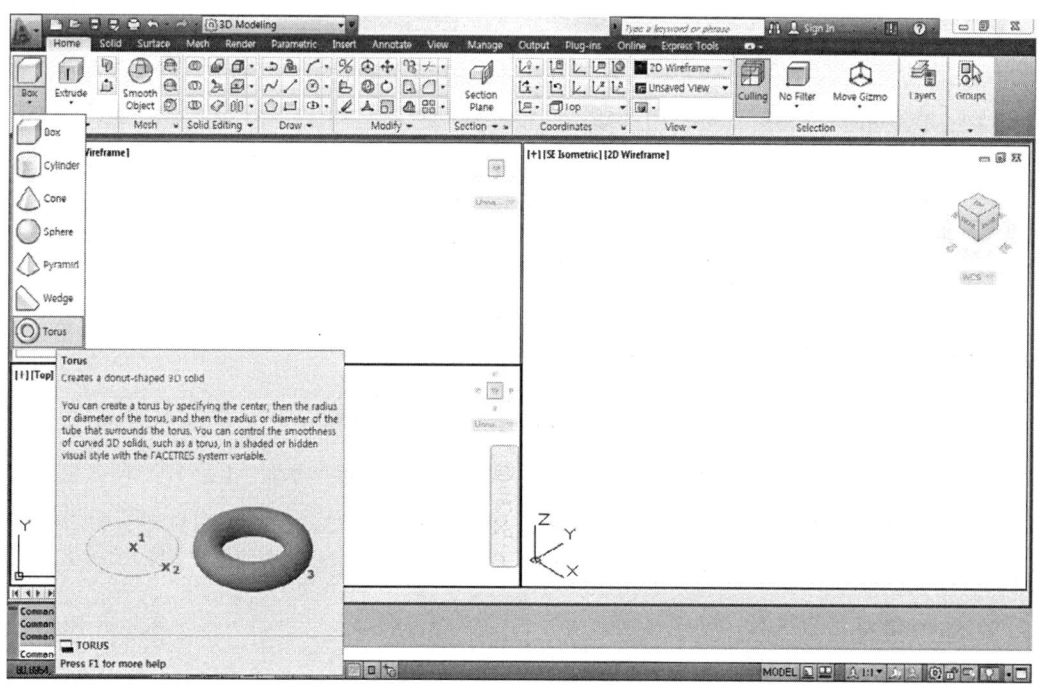

```
Pull Down Menu : [Draw] → [Modeling] → [Torus]
```

```
Command : TORUS ↵
Specify center of torus <0,0,0> : 임의의 점
클릭
Specify radius of torus or [Diameter] : 100 ↵
Specify radius of tube or [Diameter]
: 50 ↵
```
✔ 도넛 반지름 100, 튜브 반지름 50인 도넛

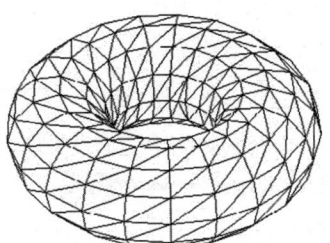

2 스위핑(Sweeping) 기법을 이용한 3D 모델 그리기

기존의 2차원 객체를 돌출시켜 솔리드 기본체를 만들거나, 기본모델을 이용해서 만들기 어려운 부정형의 솔리드 모델은 Extrude와 Revolve, Loft, Sweep 명령을 이용해서 만들 수 있다. 단, Extrude, Revolve 명령을 실행하기 위해서는 모든 세그먼트가 닫혀진 폐곡선이어야 하며, Region 명령으로 먼저 면처리를 하여야 한다. 그렇지 않으면 속이 채워진 솔리드 모델이 아닌 매쉬모델이 그려진다.

2-1 REGION(면처리)

선(Line)으로 제작된 닫힌 다각형을 면처리하여 하나의 객체로 만들 수 있다. 다중선으로 그린 다각형은 Extrude 명령과 같은 솔리드모델링(Solid Modeling) 명령이 바로 실행되지만, 선으로 그려진 다각형은 내부가 채워지지 않은 매쉬모델(Mesh Model)이 만들어진다.

```
Command : REGION ↵                          단축키  REG
Select objects : 면처리 할 다각형 클릭
Select objects : ↵
1 loop extracted.
1 Region created.
```

● 면처리가 되었는지 확인할 때는, Shade 명령을 사용한다.

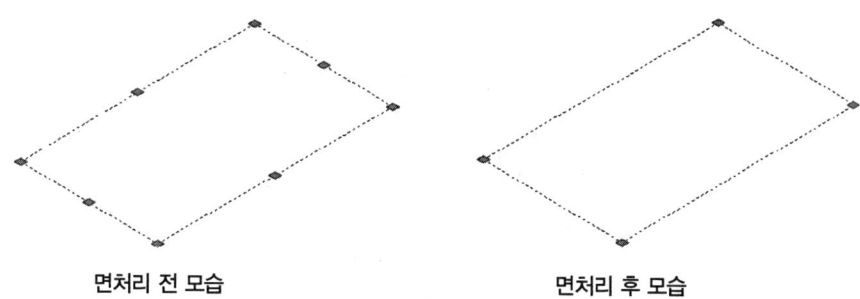

면처리 전 모습   면처리 후 모습

2-2 EXTRUDE(돌출에 의한 솔리드 모델링)

Extrude명령은 평면을 새롭게 지정해 준 높이값이나 Path에 따라서 객체를 입체적으로 돌출시키는 명령어이다.

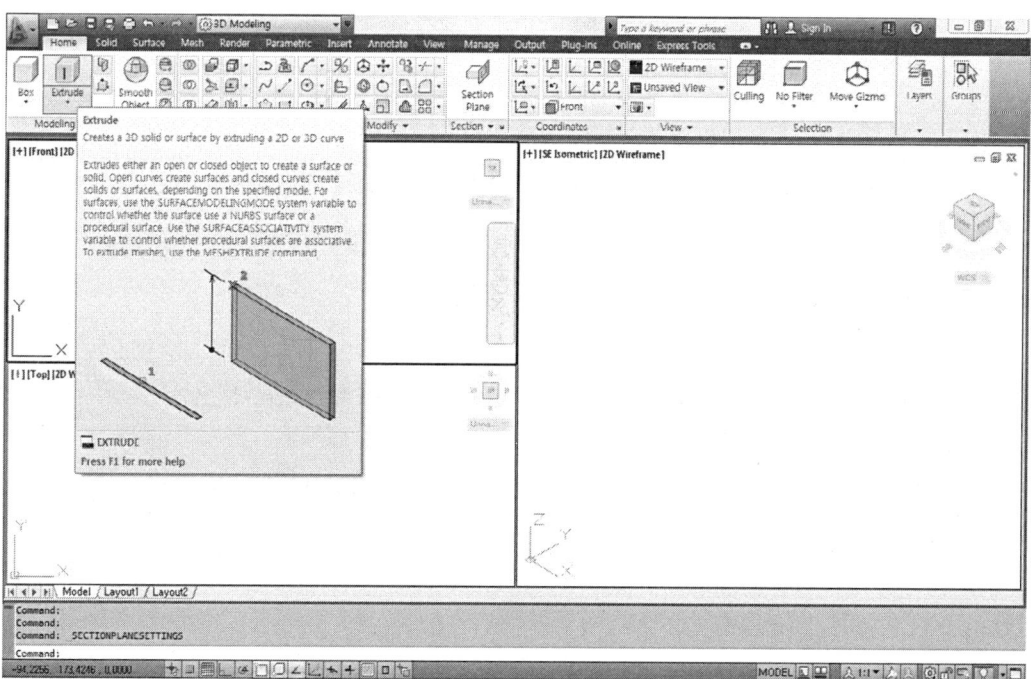

```
Command : EXTRUDE ↵                                          단축키  EXT
Select objects to extrude or [MOde] : 객체 클릭 ↵
Specify height of extrusion or [Direction/Path/Taper angle/Expression] : 150 ↵
```

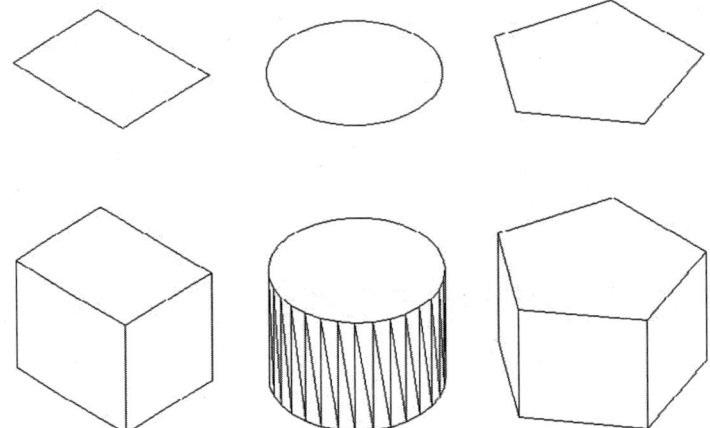

OPTION

- MOde : Solid Modeling과 Surface Modeling 중에서 선택할 수 있다.
- taper angle은 Extrude를 하면서 모아지는 각도를 의미한다.

```
Command : EXTRUDE ↵
Select objects to extrude or [MOde] : 객체 클릭 ↵
Specify height of extrusion or [Direction/Path/Taper angle/Expression] <150.0000> : T ↵
Specify angle of taper for extrusion or [Expression] <0> : 15 ↵
Specify height of extrusion or [Direction/Path/Taper angle/Expression] <0> : 150 ↵
```

Solid Modeling 기본

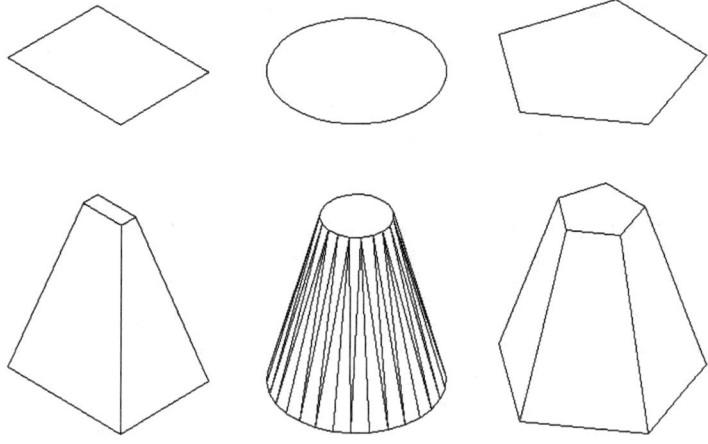

- **Path** : 지정한 경로를 이용해서 객체를 돌출시킨다. Path 옵션을 사용하면 다양한 물체를 간단히 만들 수 있다. 그러나 Path 옵션을 사용할 때는 반드시 UCS를 변경하여야 한다. Path는 반드시 Pline으로 그리며, 원이나 호 등도 가능하다.

```
Command : EXTRUDE ↵
Select objects to extrude or [MOde] : 객체 클릭 ↵
Specify height of extrusion or [Direction/Path/Taper angle/Expression] ⟨150.0000⟩ : P ↵
Select extrusion path or [Taper angle] : Path 클릭
```

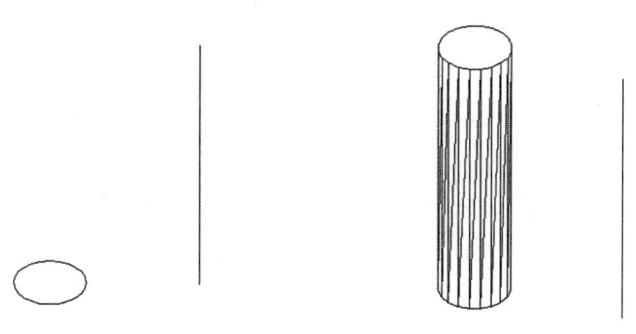

- **Expression** : 지정해 둔 공식에 의해 돌출시킨다. 추가설명 필요

2-3 REVOLVE(회전에 의한 솔리드 모델링)

Revolve명령은 Region과 회전축을 이용하여 회전체를 만드는 명령어이다.
Revolve명령의 실행은 폐곡선일 경우에만 가능하다.

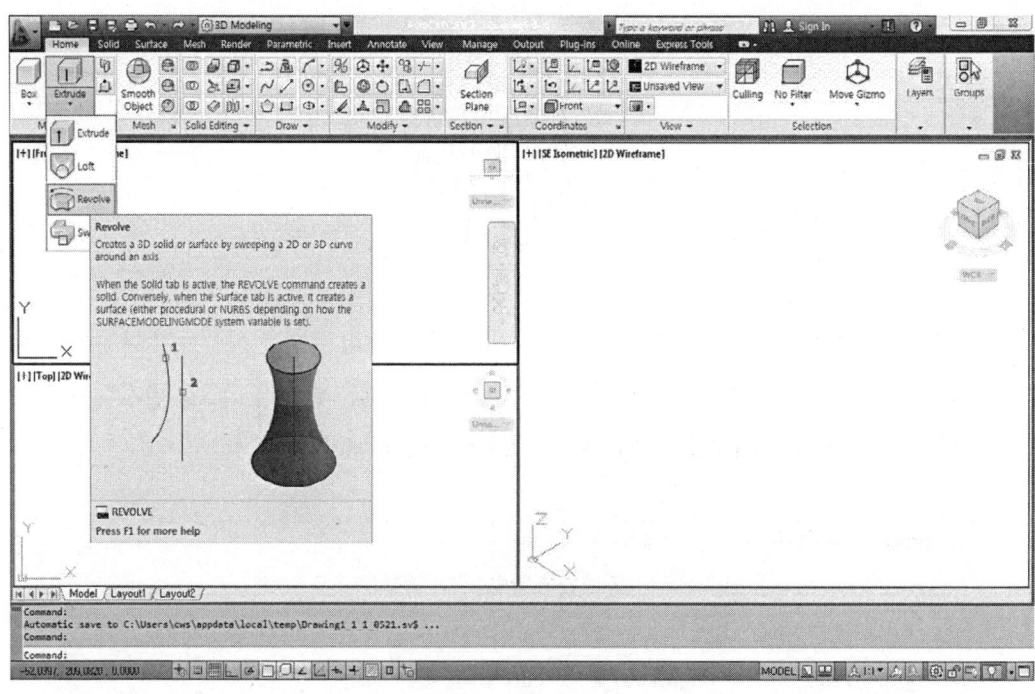

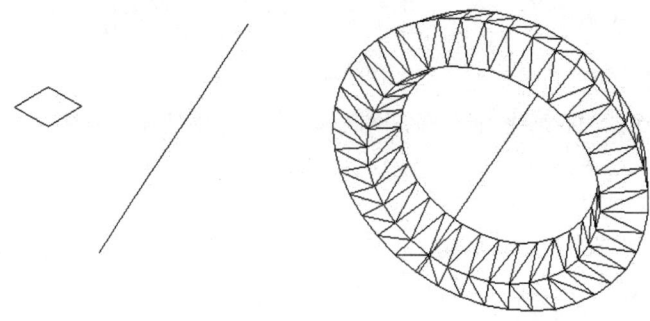

Solid Modeling 기본 제2장

OPTION

- axis : 임의의 두 점을 회전축으로 설정하여 모델링한다.
- Object : 지정한 물체를 회전축으로 설정하여 모델링한다.
- X(axis) : X축을 회전축으로 모델링한다.
- Y(axis) : Y축을 회전축으로 모델링한다.

2-4 SWEEP(휩쓸기에 의한 모델링)

Sweep 명령은 닫혀진 폐곡선(원, 사각형 등) 객체를 지정한 경로에 따라 스윕하는 명령어로, 파이프나 레일, 덕트 등을 생성하는데 효과적이다.

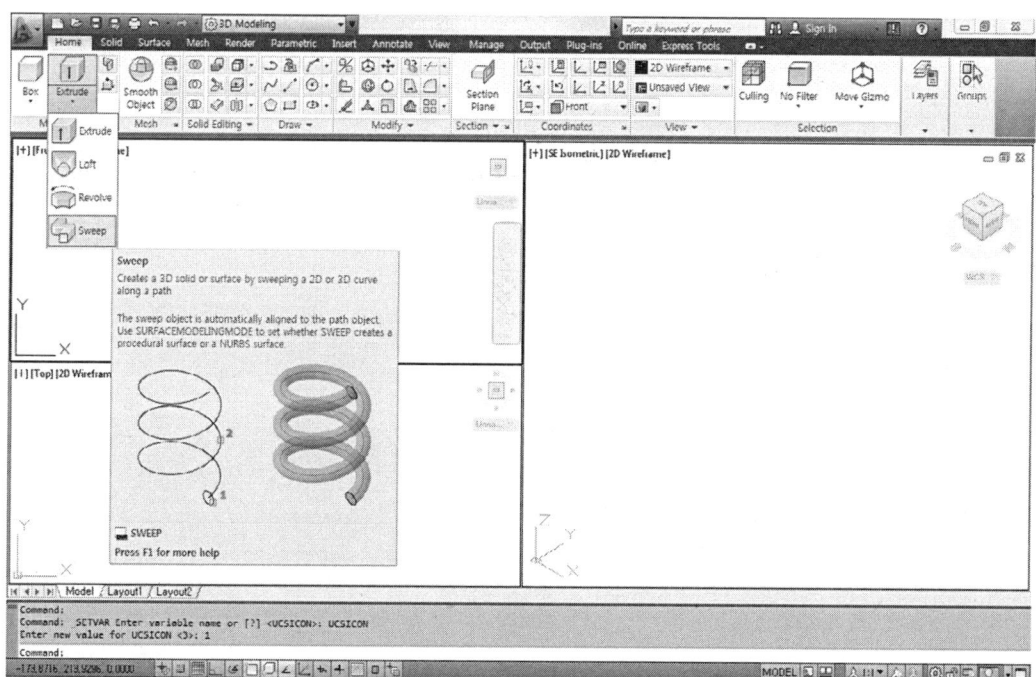

Command : SWEEP ↵
Select objects to sweep or [MOde] : **스윕시킬 객체 선택** ↵
Select sweep path or [Alignment/Base point/Scale/Twist] : **객체가 스윕할 경로 선택**

Part 4 3차원 모델링 ◆ 403

OPTION

- Alignment : 스윕할 객체를 경로에 수직되게 정렬한다.
- Base point : 스윕할 객체의 기준점을 지정한다.
- Scale : 스윕할 객체의 축척을 지정하여 축척에 맞게 확대/축소한다.
- Twist : 스윕할 객체의 비틀기 각도를 지정한다.

2-5 POLY SOLID(다면체)

Poly solid 명령은 일정한 두께와 높이를 가진 다면체를 만드는 명령어로, 벽체를 제작하는 데 유용하다.

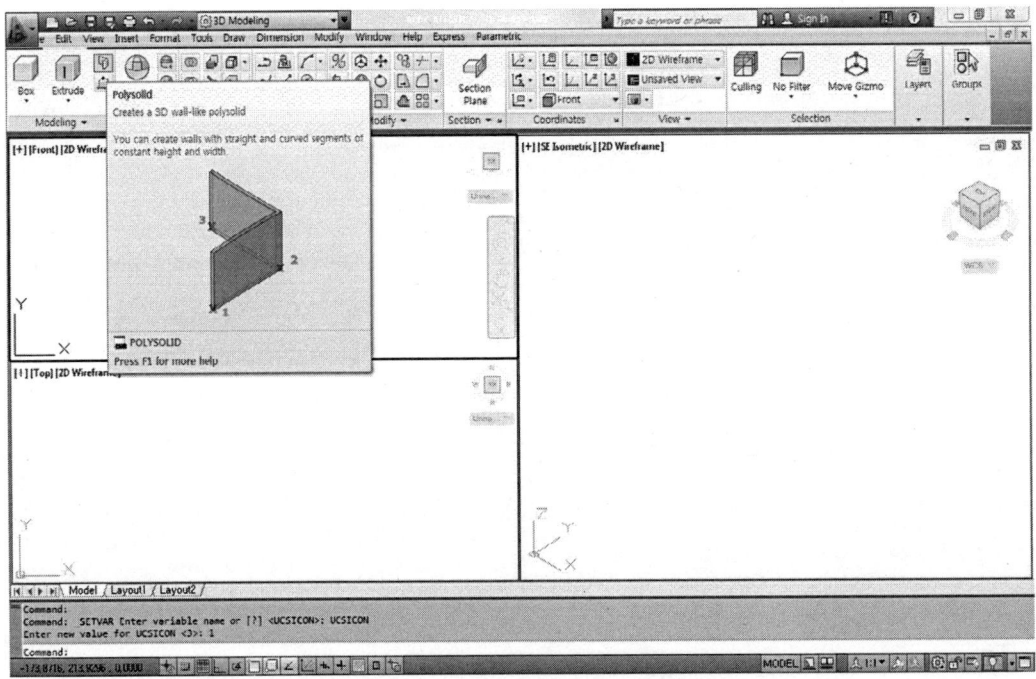

```
Pull Down Menu : [Draw] → [Modeling] → [Polysolid]
```

```
Command : POLYSOLID ↵
Specify start point or [Object/Height/Width/Justify] <Object> : H ↵
Specify height <4.0000> : 100 ↵
Height = 100.0000, Width = 0.2500, Justification = Center
Specify start point or [Object/Height/Width/Justify] <Object> : W ↵
Specify width <0.2500> : 20 ↵
Height = 100.0000, Width = 20.0000, Justification = Center
Specify start point or [Object/Height/Width/Justify] <Object> : 임의의 점 클릭
Specify next point or [Arc/Undo] : @100,0 ↵
Specify next point or [Arc/Undo] : @100,100 ↵
Specify next point or [Arc/Close/Undo] : @-200,100 ↵
Specify next point or [Arc/Close/Undo] : @0,300 ↵
Specify next point or [Arc/Close/Undo] : ↵
```
✓ 가로100, 폭20인 지그재그형 다면체

2-6 PRESS/PULL(신축에 의한 모델링)

Press/Pull 명령은 면처리된 객체나 솔리드 모델링의 일부 평면을 선택적으로 늘리거나 줄일 수 있는 명령이다.

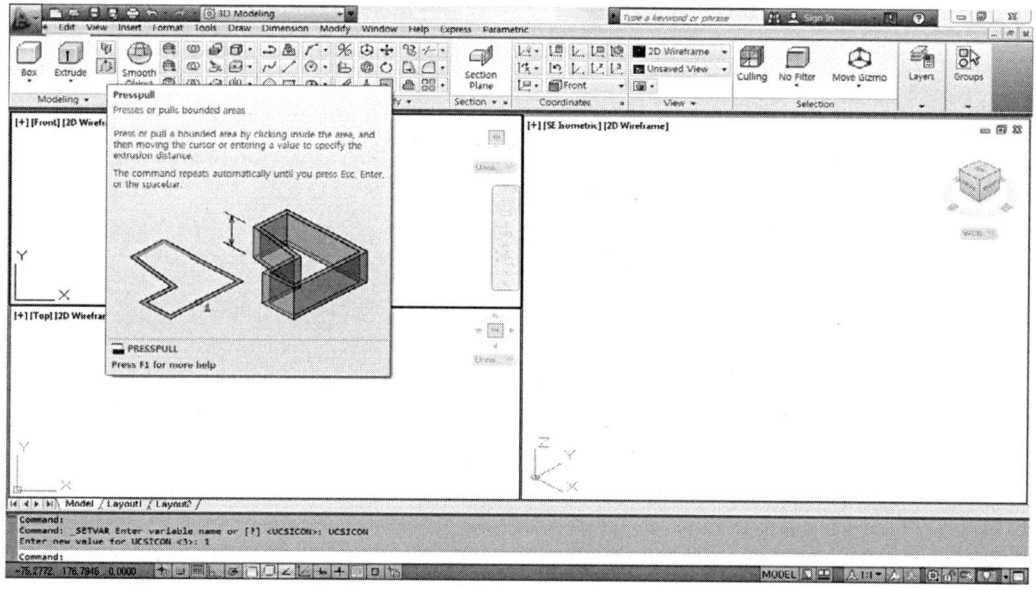

```
Command : _PRESSPULL ↵                                    단축키  Ctrl+Alt
Click inside bounded areas to press or pull. : 범위값을 마우스로 클릭 또는 숫자로 입력
1 loop extracted.
1 Region created.
```

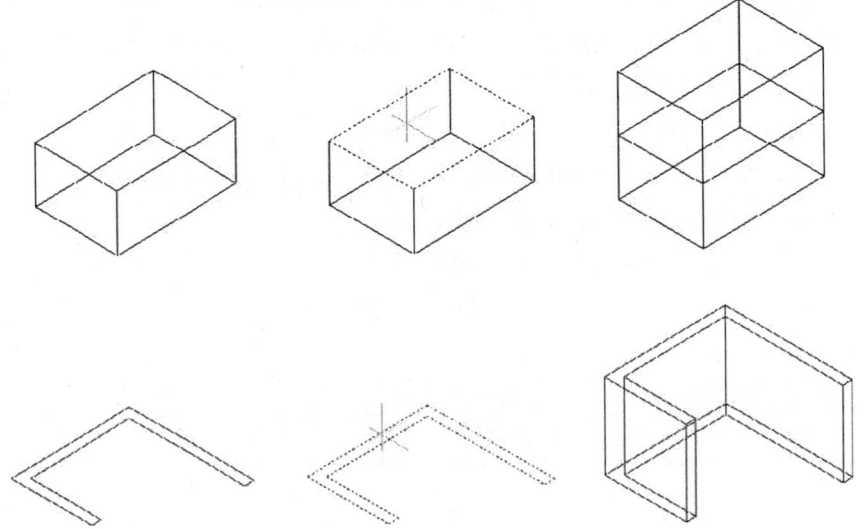

2-7 THICKNESS(두께에 의한 모델링)

Line처럼 면처리를 할 수 없는 객체에 높이값을 주어서 간단하게 모델링 할 수 있는 방법이다. 창호의 유리를 모델링 할 때 적절하게 쓰이는 방법이다.

```
Pull Down Menu : [Modify] → [Properties...]              단축키  Ctrl+1
```

```
Command : CHPROP ↵                                       단축키  CH
```

Solid Modeling 기본 제2장

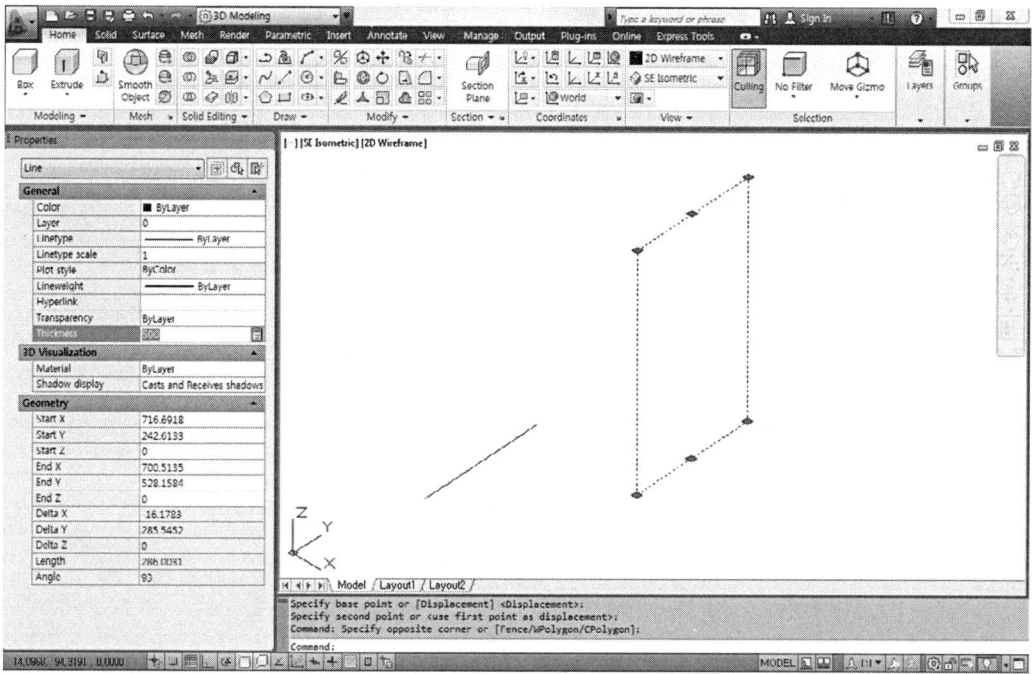

Line에 Thickness값 500을 준 모습

3 3D 모델 편집하기

3-1 UNION(합집합)

2개 이상의 물체를 합칠 때 사용한다. 겹친부분은 합쳐져서 하나의 객체로 되고, 서로 겹친 부분이 없어도 Union을 실행하면 하나의 객체로 인식된다.

Pull Down Menu : [Modify] → [Solids Editing] → [Union]   단축키 UNI

Command : UNION ↵
Select objects : 구 클릭
Select objects : 박스 클릭
Select objects : ↵

Command : Hide ↵

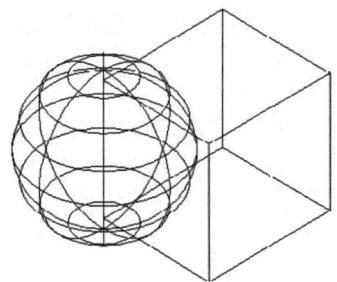
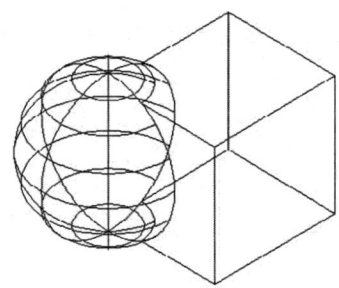

3-2 SUBTRACT(차집합)

하나의 물체에서 다른 물체를 빼낼 때 사용한다.

```
Pull Down Menu : [Modify] → [Solids Editing] → [Subtract]          단축키  SU

Command : SUBTRACT ↵
Select objects : 구 클릭
Select objects : ↵
Select objects : 박스 클릭
Select objects : ↵
```

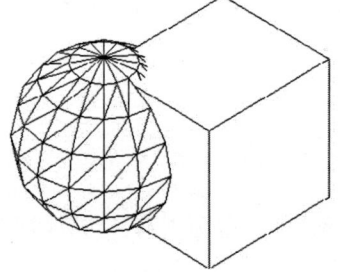
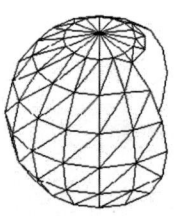

3-3 INTERSECT(교집합)

두 물체의 겹친 부분을 만들 때 사용한다.

```
Pull Down Menu : [Modify] → [Solids Editing] → [Intersect]     단축키  IN
```

```
Command : INTERSECT ⏎
Select objects : 구 클릭
Select objects : 박스 클릭
Select objects : ⏎
```

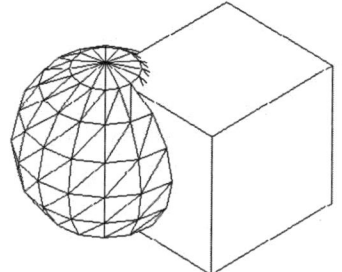
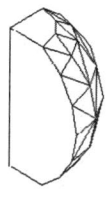

3-4 INTERFERE(교집합 만들기)

교집합을 만들기는 하지만 원래물체는 지워지거나 변하지 않는다.

```
Command : INTERFERE ⏎                                          단축키  INF
Select first set of solids :
Select objects : 구 클릭
Select objects : ⏎
Select second set of solids :
Select objects : 박스 클릭
Select objects : ⏎
```

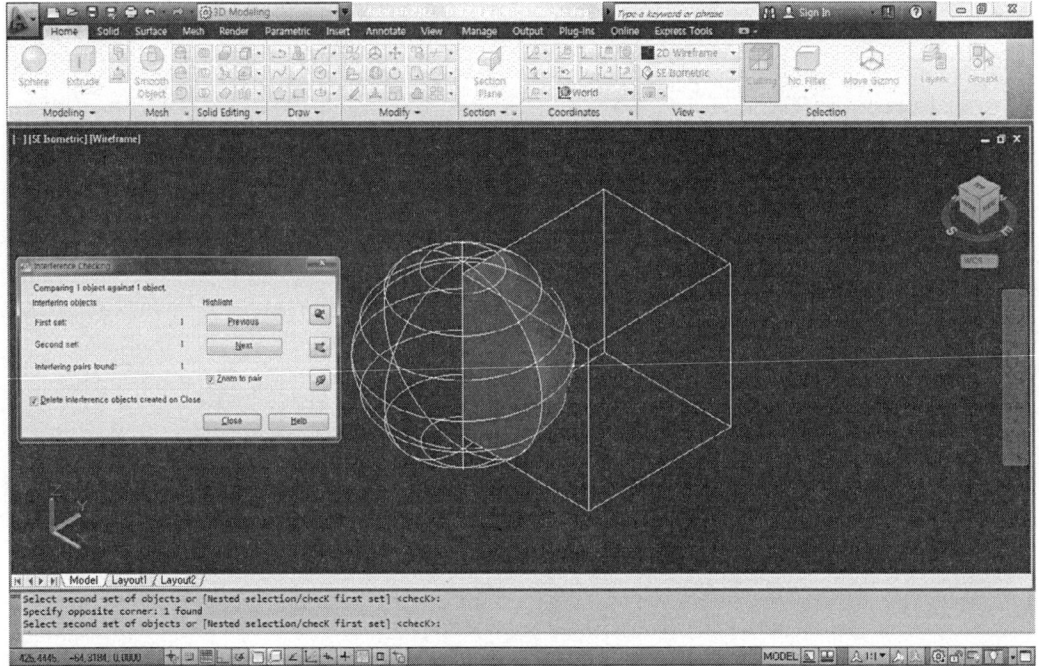

 OPTION

- Interfering objects : 교집합을 만드는 원래의 객체와 만들어진 객체의 현황을 보여준다.
- Highlight : 교집합을 만드는 원래 개체의 디스플레이 방법을 설정한다.
- Delete interference objects created on Close : 교집합 객체를 지울 것인지를 지정한다.

3-5 SLICE(Solid 자르기)

Slice명령은 Solid물체를 자르는 명령어이다.

```
Command : SLICE ↵
Select objects : 박스 클릭
Select objects : ↵
Specify start point of slicing plane or [planar Object/Surface/Zaxis/View/XY/YZ/ZX/3points]
<3points> : : P1점 클릭
Specify second point on plane : P2점 클릭
Specify third point on plane : P3점 클릭
Specify a point on desired side of the plane or [keep Both sides] : B ↵
```

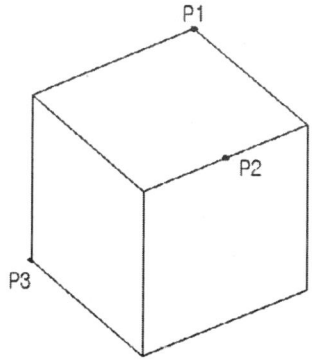 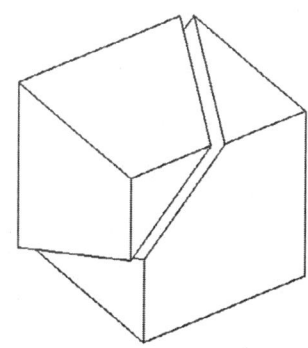

OPTION

- planar Object : 2차원 객체에 평행한 면을 이용해서 자른다.
- Surface : 객체의 면을 기준으로 자른다.
- Zaxis : 주어진 점을 원점으로 하고, Z축 방향을 설정한 후, XY 평면에 평행하게 자른다.
- View : 현재의 Viewport와 평행한 면을 이용해서 자른다.
- XY : 주어진 점을 지나는 XY 평면에 평행하게 자른다.
- YZ : 주어진 점을 지나는 YZ 평면에 평행하게 자른다.
- ZX : 주어진 점을 지나는 ZX 평면에 평행하게 자른다.
- 3points : 3점을 지나는 평면을 이용해서 자른다.
- keep Both sides : 원본 객체를 양쪽다 남길 것인지를 제어한다.

4 3D 표현기법

4-1 HIDE(숨은선 처리)

3차원 모델들은 Wireframe으로 화면에 표현되어 각 부위의 선들이 복잡하게 뒤엉켜 보인다. Hide 명령은 뒷면의 선들을 보이지 않게 하여 도면을 단순하게 보여주는 명령어이다.

```
Pull Down Menu : [View] → [Hide]                    단축키  HI
```

```
Command : HIDE ↵
```

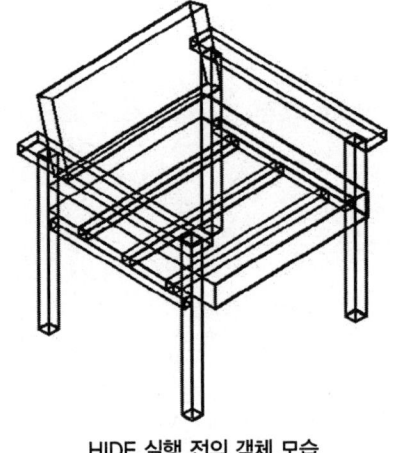

HIDE 실행 전의 객체 모습

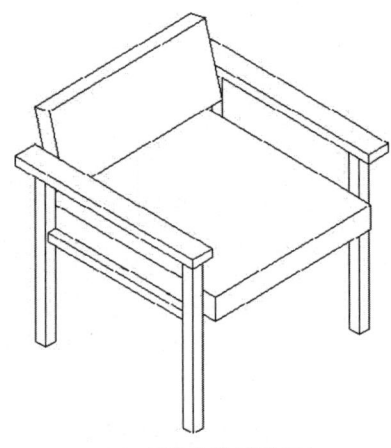

HIDE 실행 후의 객체 모습

4-2 Visual style(비쥬얼 스타일)

객체를 보여주는 방식을 설정하는 명령어이다. 2D Wireframe, Hidden, Wireframe, Conceptual, Realistic 등의 표현방법이 있다.

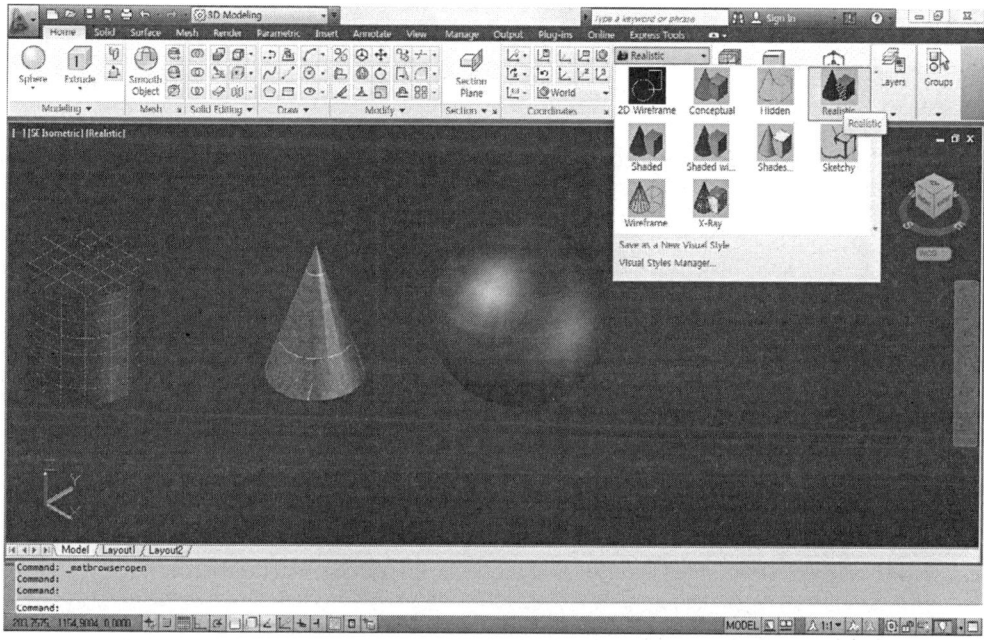

① 2D Wireframe

2D 와이어프레임 형식은 경계를 나타내는 선과 곡선을 사용하여 객체를 보여주며, 선의 종류 및 선가중치를 표현한다.

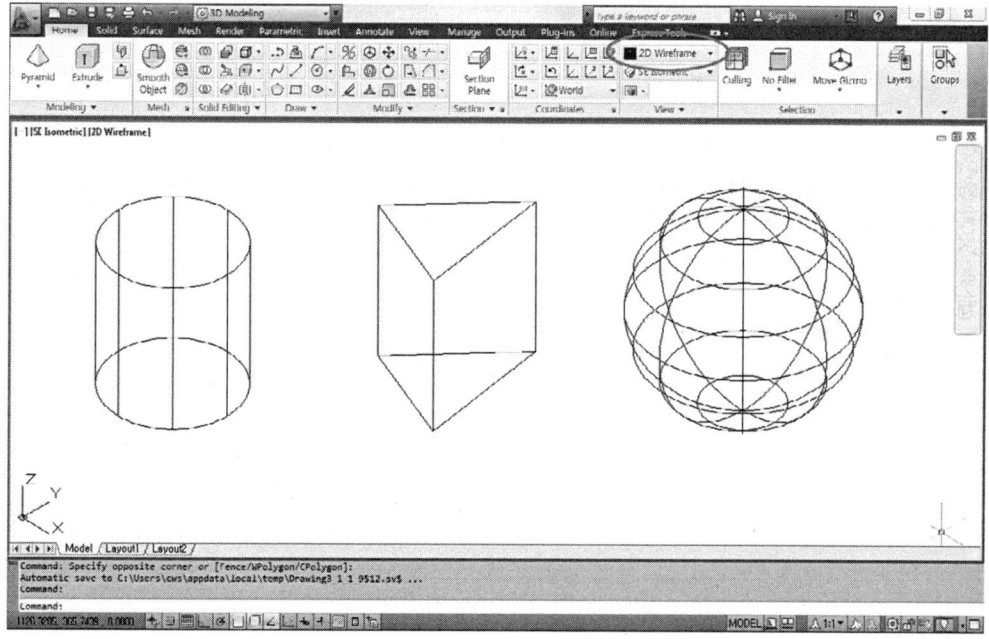

② Hidden

3D 객체를 와이어프레임 형태로 보여주나 보이지 않는 부분은 보이지 않게 한다.

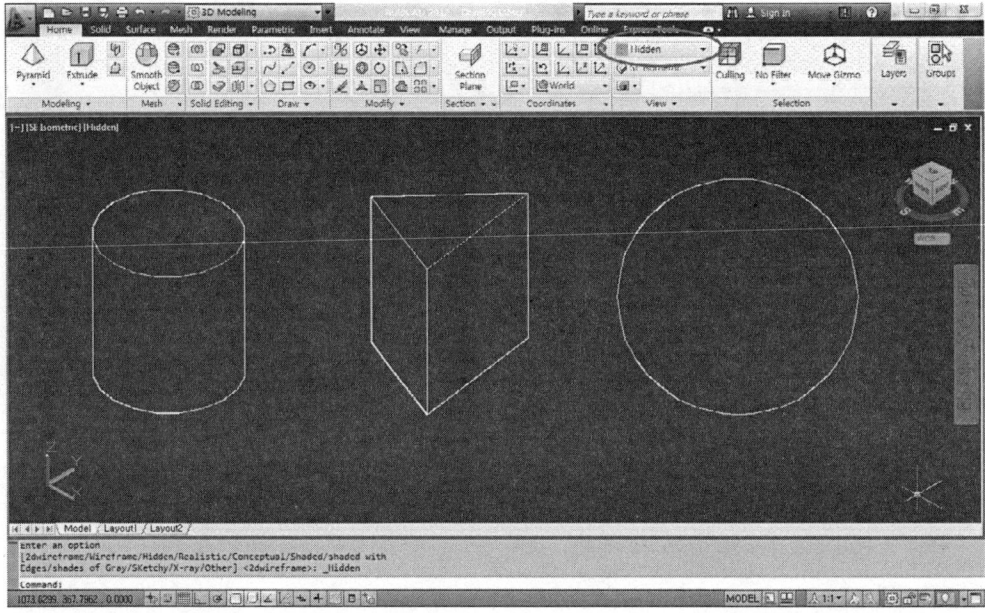

③ Wireframe

3D 객체를 2D 와이어프레임 형태로 보여주나 UCS 아이콘이 음영처리 된다.

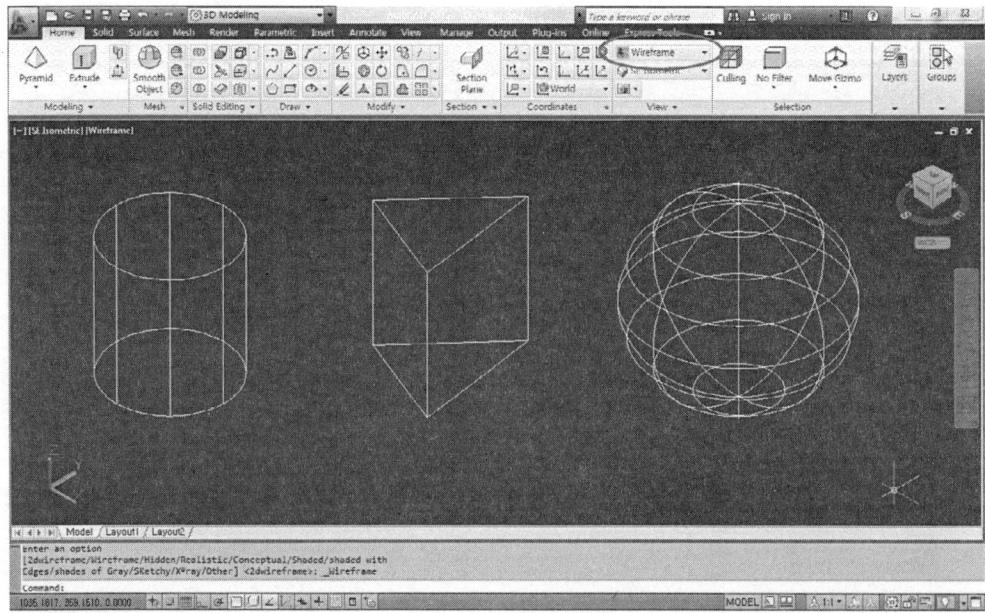

④ Conceptual

동일한 객체의 면을 음영처리 하여 부드럽게 보여주며, 전체적인 객체의 형태를 알 수 있게 해준다.

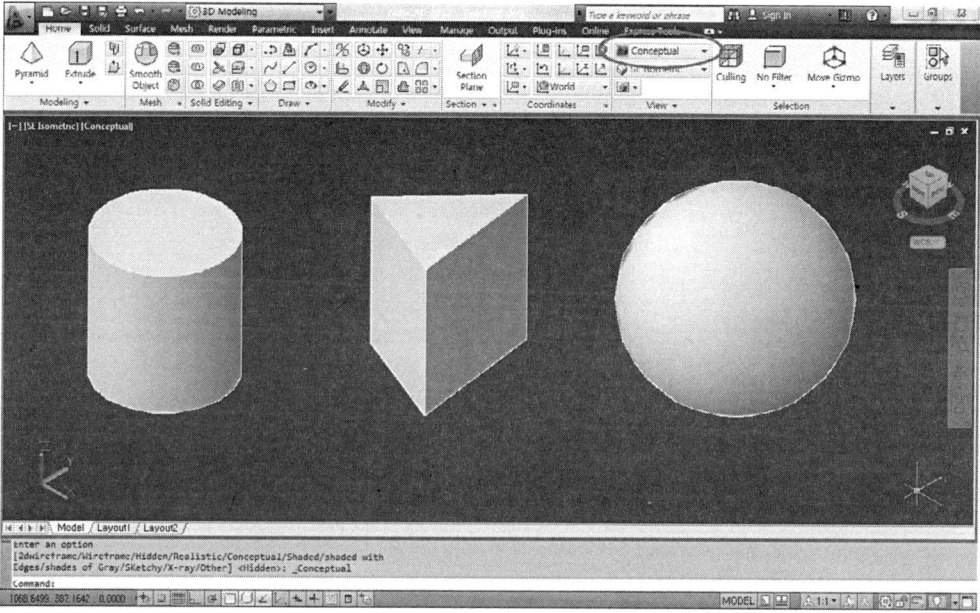

⑤ Realistic

객체를 맵핑처리된 형태로 보여준다. 가장 실제적인 표현방법이다.

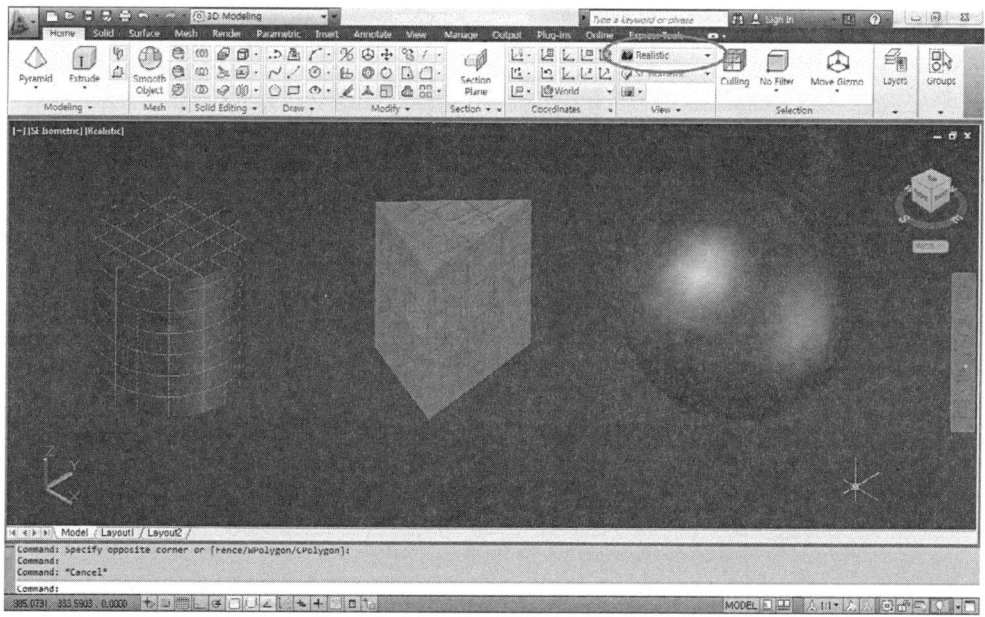

4-3 RENDER(재질 표현하기)

렌더링은 모델에 재료의 이미지를 실어줌으로써 사실감 있는 3차원 모델을 작성하는 명령이다. 여기서는 3D 모델에 직접 렌더링을 작업을 진행하면서 렌더링 기법을 익히도록 한다.

① 재질 선택하기

Pull Down Menu : [View] → [Render] → [Materials Browser]

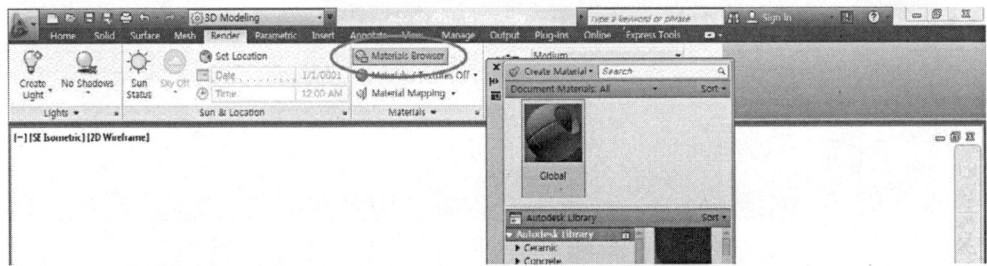

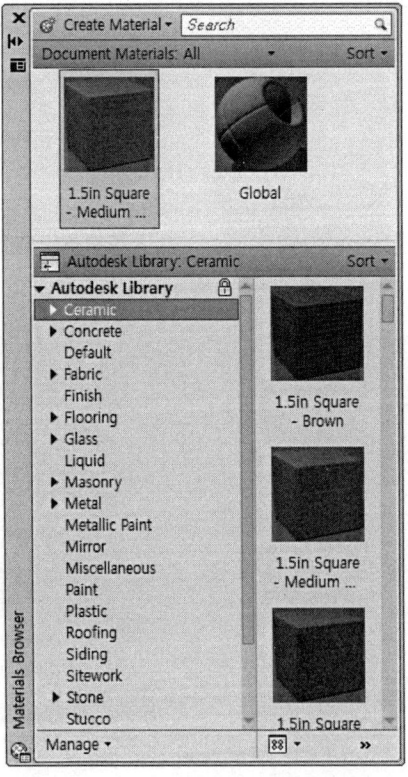
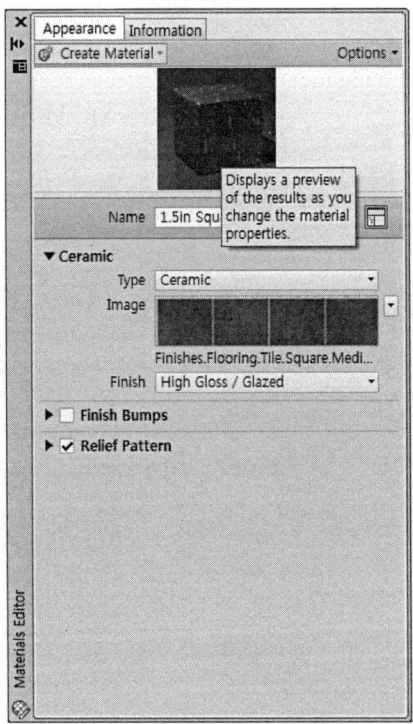

Solid Modeling 기본

OPTION

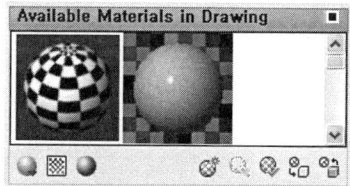

- (Swatch Geometry) : 구형/박스형/원기둥형 등 견본 입체의 종류를 선택
- (Checkered Underlay Off) : 체크타입의 뒷배경을 ON/OFF
- (Preview Swatch Lighting Model) : 견본입체의 빛조건을 미리보기
- (Create New Material) : 새로운 재질 견본입체를 제작
- (Purge from Drawing) : 기존의 재질 견본입체를 지우기
- (Indicate Materials in use) : 사용된 재질을 표시
- (Apply Material to Object) : 객체에 재질을 적용하기
- (Remove Materials from Selected Objects) : 선택된 객체에서 재질을 제거하기

- Type : Realistic, Realistic Metal, Advanced, Advanced Metal 등을 지정한다.
- Template : 실제 소재의 분위기가 나는 템플릿을 지정한다.
- Color : 객체의 칼라를 지정한다.

- Shininess : 태양에 비춰졌을 때의 광택 효과를 지정한다.
- Opacity : 불투명도를 지정한다.
- Refraction Index : 반사지수를 지정한다.
- Translucency : 투명도를 지정한다.

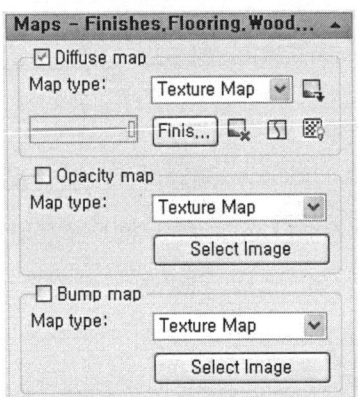

- Diffuse map : 확산광 효과가 생기는 부분의 맵소스
- Opacity map : 투명도를 이용하여 맵의 일부분을 (불)투명하게 만들기 위해 사용되는 부분의 맵소스
- Bump map : 튀어나오거나 깊이감이 있는 자잘한 요철을 표현하는 데 이용하는 맵소스

② 렌더링 하기

Pull Down Menu : [View] → [Render] → [Render]   단축키 RR

Command : RENDER ↵

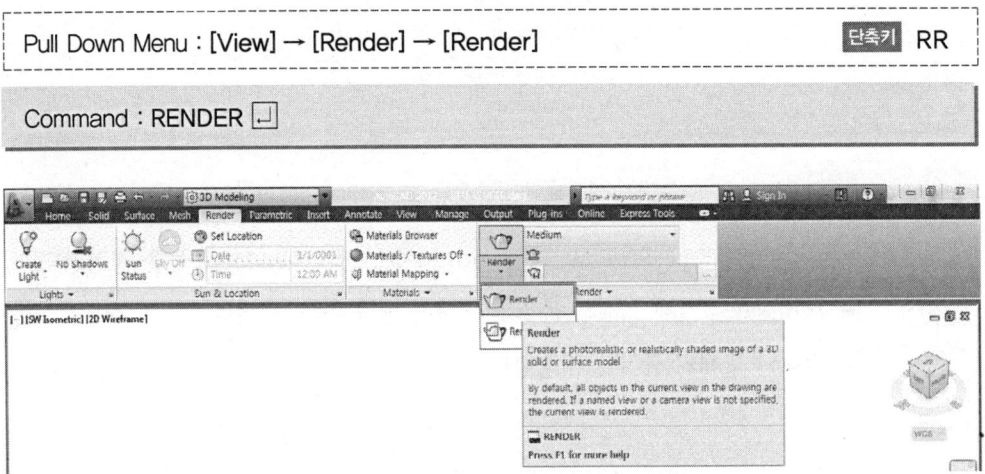

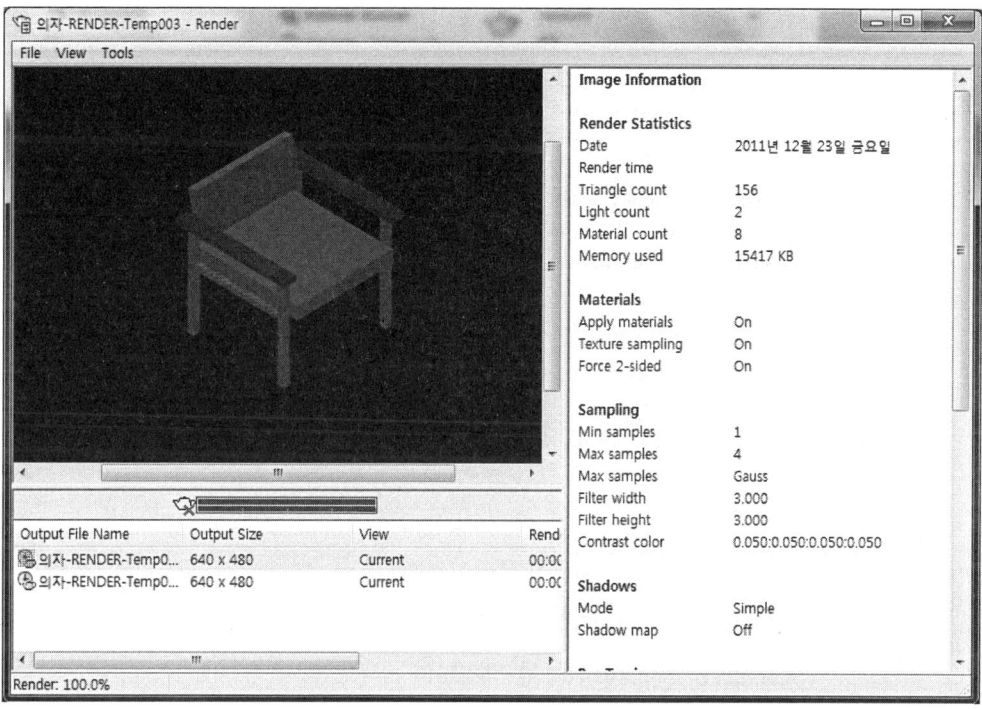

5 UCS(사용자 좌표계)

UCS(User Coordinate System)는 사용자 좌표계로, 3D 작업에서 복잡한 모델링을 할 경우에 좌표를 사용자가 임의로 설정해서 좀 더 간편하게 작업을 수행할 수 있도록 설정하는 것이다. WCS(World Coordinate System)는 표준 좌표계이다.

5-1 UCS의 기본 설정

Command : UCSMAN ↵   단축키 UC

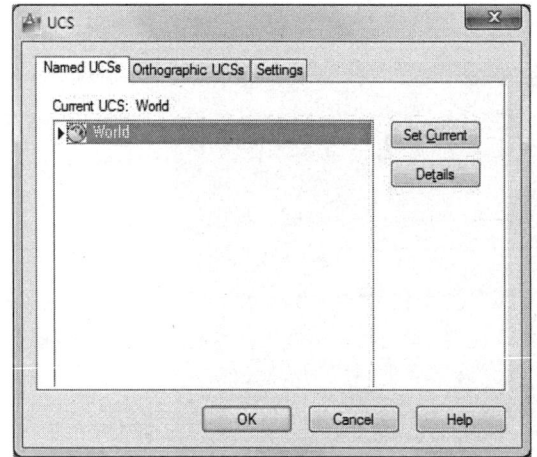

OPTION

- Named UCSs : 현재 설정된 UCS를 보여준다.
  - Set current : 지정한 UCS로 설정한다.
  - Details : 선택된 UCS의 디테일을 보여준다.

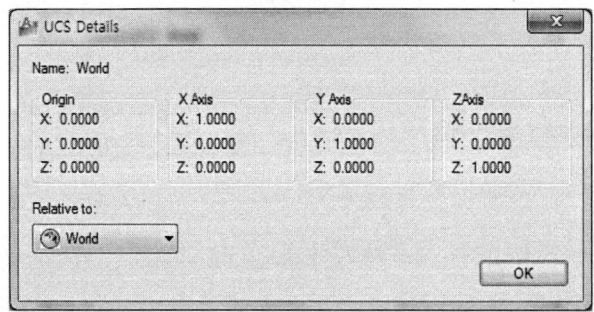

- OthoGraphic UCSs : 현재 화면의 직각이 되는 평면 중에서 위/아래/정면/배면/좌측/우측 방향의 평면을 새로운 UCS로 설정한다.

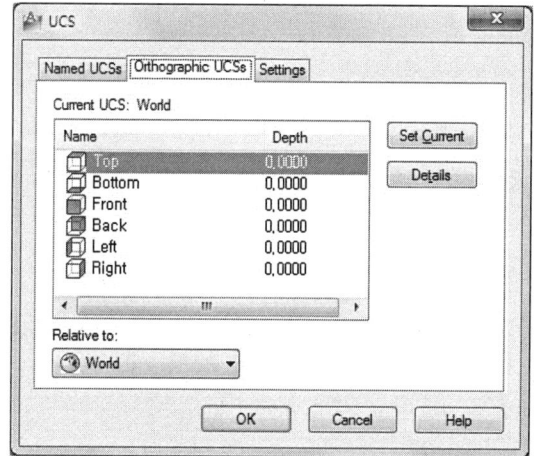

- Setting

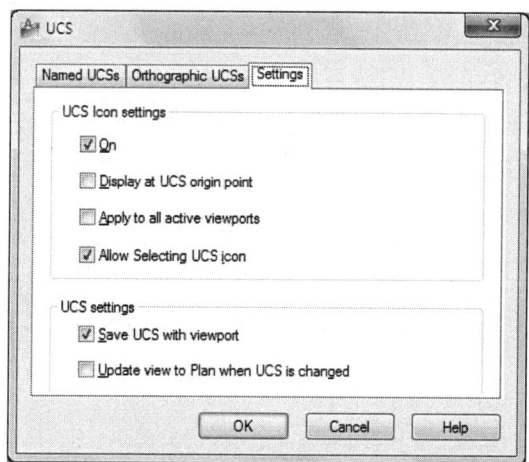

- UCS Icon settings
    - On : 현재 화면에 UCS 아이콘을 보여줄 것인지를 선택
    - Display at UCS origin point : UCS 아이콘을 화면의 좌측 하단에 고정시킬 것인지 아니면 객체를 기준으로 보여줄 것인지를 선택
    - Apply to all active viewports : 현재의 UCS 아이콘 세팅을 활성화된 모든 뷰포트에 적용시킬 것인지를 선택

- UCS settings
  - Save UCS with viewport : 뷰포트와 함께 UCS 세팅을 저장
  - Update view to Plan when UCS is changed : UCS가 변했을 때 평면에 뷰를 업데이트 할 것인지를 선택

5-2 UCS의 생성

```
Command : UCS ↵
Specify origin of UCS or [Face/NAmed/OBject/Previous/View/World/X/Y/Z/ZAxis] <World>
: 옵션 선택 ↵
```

OPTION

- Face : 면을 지정하여 새로운 UCS를 만든다.
- NAmed : 현재의 UCS를 저장한다.
- OBject : 객체를 선택하여 그 객체에 맞게 새로운 UCS를 만든다.
- Previous : 바로 전의 UCS로 되돌아 간다.
- View : 현재의 뷰를 XY 평면으로 하는 새로운 UCS를 만든다.
- World : 표준좌표계로 되돌아간다.
- X : X축으로 회전시켜 새로운 UCS를 만든다.
- Y : Y축으로 회전시켜 새로운 UCS를 만든다.
- Z : Z축으로 회전시켜 새로운 UCS를 만든다.

5-3 UCS 아이콘의 변형

```
Pull Down Menu : [View] → [Display] → [UCS Icon] → [Properties]
```

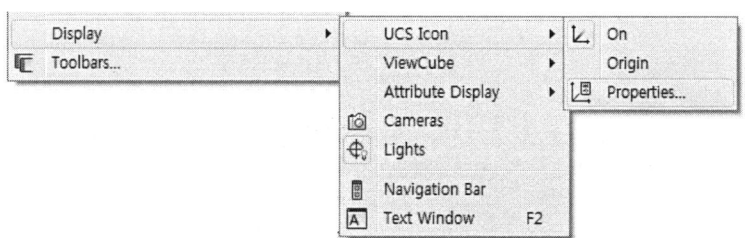

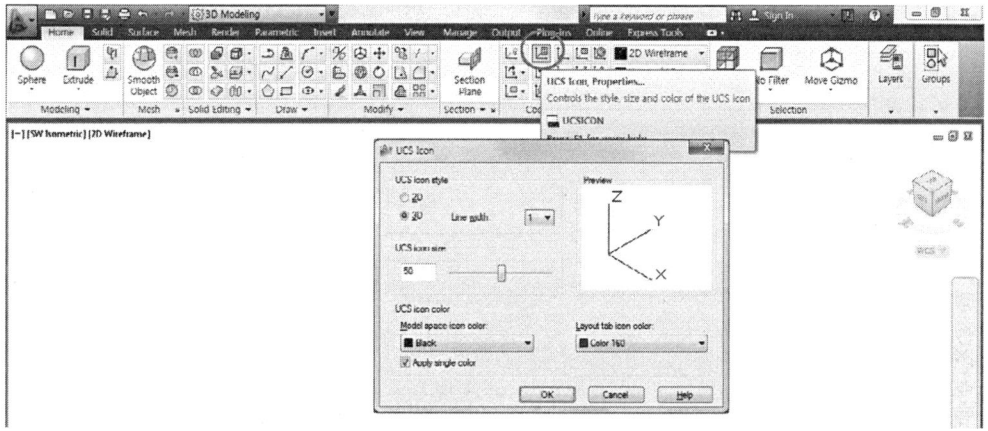

OPTION

- UCS icon style : UCS 아이콘의 모양을 설정한다.
  - 2D : 2D 형태의 UCS 아이콘 형태
  - 3D : 3D 형태의 UCS 아이콘 형태
  - Cone : UCS 아이콘 끝부분을 콘형태 혹은 화살표 형태로 보여줄 것을 결정
  - Line width : UCS 아이콘의 선두께를 결정
- UCS icon size : UCS 아이콘의 크기를 결정한다.
- UCS icon color : UCS 아이콘의 색상을 결정한다.

제3장 3차원 모델링 예제

1 테이블 모델링

(1) 새로운 도면을 시작한다.

```
Command : NEW ↵
[Select template] → [Open]
```

(2) 작업 범위를 설정한다.

```
Command : LIMITS ↵
Specify lower left corner or [ON/OFF] <0.0000,0.0000> : ↵
Specify upper right corner <420.0000,297.0000> : 2000, 1500 ↵
Command : ZOOM ↵
All/Center/Dynamic/Extents/Left/Previous/Vmax/Window/(Scale(X/XP) : A ↵
```

(3) 화면을 3등분하고 관측시점을 지정한다.

```
Command : VPORTS ↵
Pull Down Menu : [view] → [Viewports] → [New viewports]
```

3차원 모델링 예제

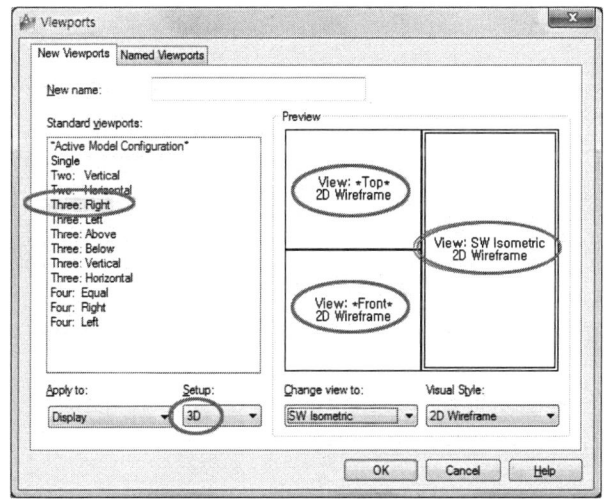

Standard viewports : **Three : Right**

Apply to : Display

Setup : **3D**

Change view to : **Top**(좌측상단 영역)

　　　　　　　　Front(좌측 하단영역)

　　　　　　　　SW Isometric(우측 영역)

(4) 테이블 상판을 그린다.

Command : BOX ↵

Specify first corner or [Center] : : 임의의 점 클릭

Specify other corner or [Cube/Length] : @600,600,20 ↵

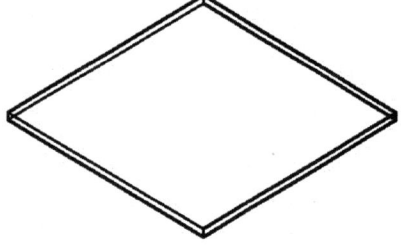

(5) 테이블 다리를 그린다.

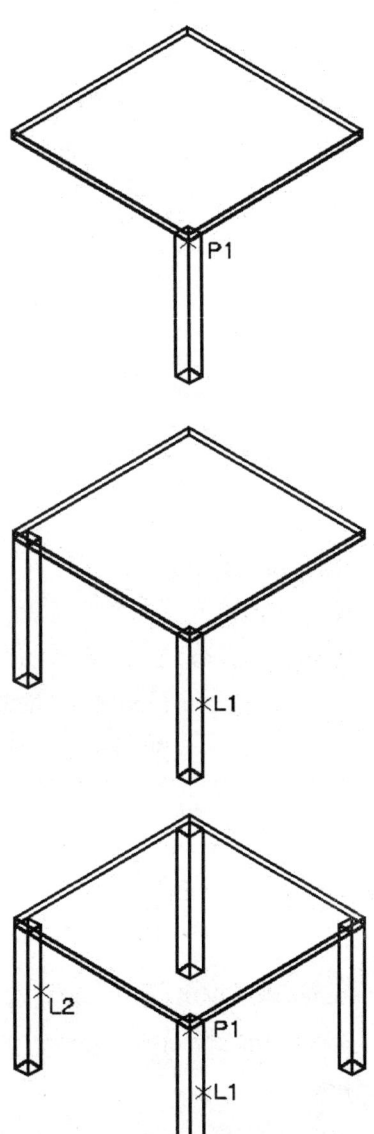

```
Command : BOX ↵
Specify first corner or [Center] ⟨0,0,0⟩
: P1점 클릭
Specify other corner or [Cube/Length]
: @45,45,-410 ↵
```

```
Command : COPY ↵
Select objects : L1 클릭
Select objects : ↵
Specify base point or displacement, or
[Multiple] : 임의의 점 클릭
Specify second point or ⟨use first point as
displacement⟩ : @0,555,0 ↵
```

```
Command : COPY ↵
Select objects : L1 클릭
Select objects : L2 클릭
Select objects : ↵
Specify base point or displacement, or
[Multiple] : 임의의 점 클릭
Specify second point or ⟨use first point as
displacement⟩ : @555,0,0 ↵
```

(6) 테이블 받침대를 그린다.

Command : BOX ↵
Specify first corner or [Center] ⟨0,0,0⟩
: P1점 클릭
Specify other corner or [Cube/Length] :
@45,510,30 ↵

Command : COPY ↵
Select objects : L1 클릭
Select objects : ↵
Specify base point or displacement, or
[Multiple] : 임의의 점 클릭
Specify second point or ⟨use first point as
displacement⟩ : @555,0,0 ↵

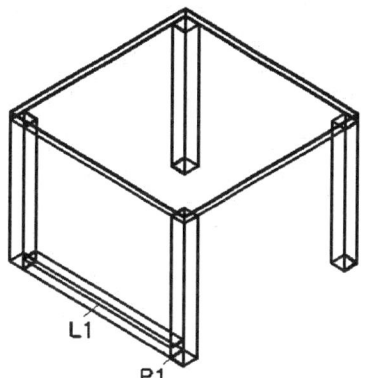

Command : BOX ↵
Specify first corner or [Center] ⟨0,0,0⟩
: P1점 클릭
Specify other corner or [Cube/Length] :
@510,45,30 ↵

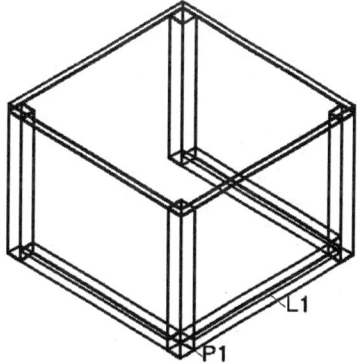

Command : COPY ↵
Select objects : L1 클릭
Select objects : ↵
Specify base point or displacement, or [Multiple] : 임의의 점 클릭
Specify second point or ⟨use first point as displacement⟩ : @0,555,0 ↵

```
Command : MOVE ↵
Select objects : L1 클릭
Select objects : L2 클릭
Select objects : L3 클릭
Select objects : L4 클릭
Select objects : ↵
Specify base point or [Displacement]
: 임의의 점 클릭
Specify second point or 〈use first point as
displacement〉: @0,0,380 ↵
```

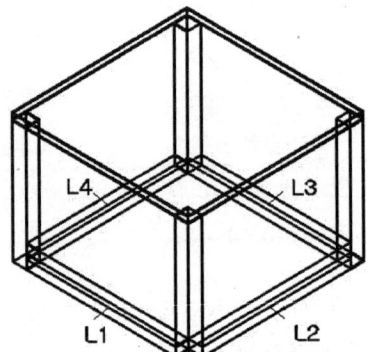

(7) Hide 명령으로 확인한다.

```
Command : HIDE ↵
```

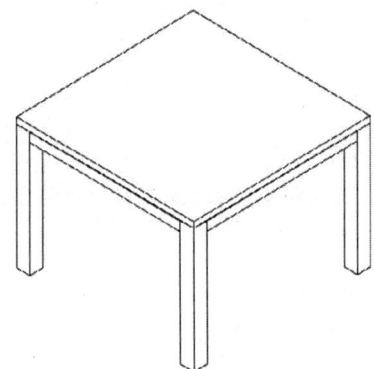

(8) 저장한다.

```
Command : SAVE ↵
[파일 이름(N) : ] 테이블 모델링.dwg
[저장]
```

3차원 모델링 예제

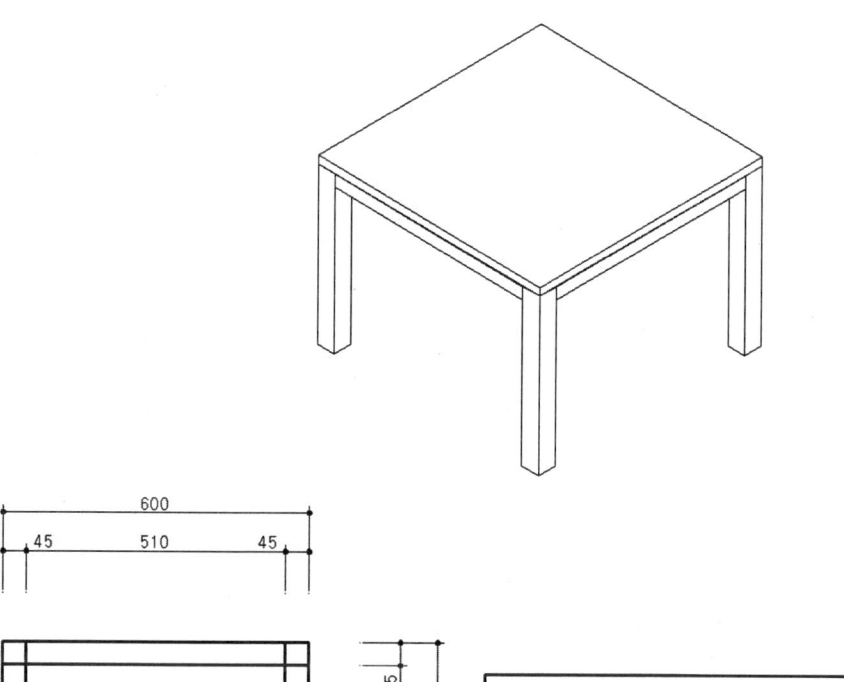

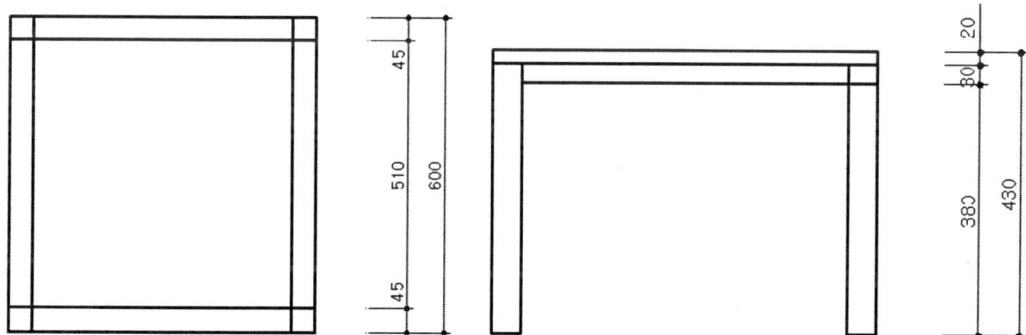

2 창문 모델링

(1) 새로운 도면을 시작한다.

```
Command : NEW ↵
[Select template] → [Open]
```

(2) 작업 범위를 설정한다.

```
Command : LIMITS ↵
Specify lower left corner or [ON/OFF] 〈0.0000,0.0000〉 : ↵
Specify upper right corner 〈420.0000,297.0000〉 : 2000,1500 ↵

Command : ZOOM ↵
All/Center/Dynamic/Extents/Left/Previous/Vmax/Window/(Scale(X/XP) : A ↵
```

(3) 화면을 3등분하고 관측시점을 지정한다.

```
Command : VPORTS ↵
Pull Down Menu : [view] → [Viewports] → [New viewports]
```

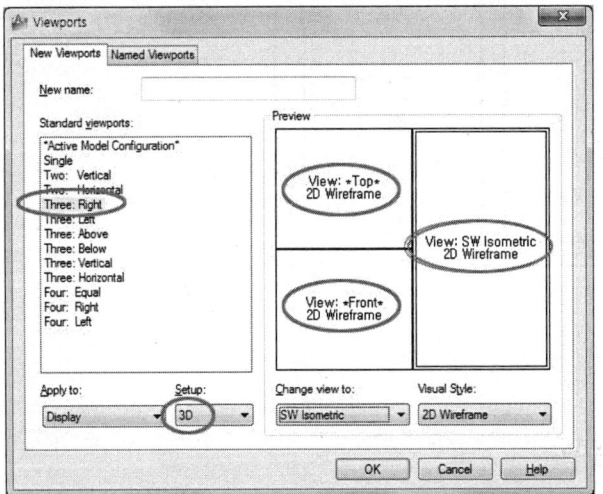

Standard viewports : **Three : Right**

Apply to : Display

Setup : **3D**

Change view to : **Top**(좌측상단 영역)

　　　　　　　 Front(좌측 하단영역)

　　　　　　　 SW Isometric(우측 영역)

(4) 창문 평면도를 이용해 창틀의 폐곡선을 만든다.

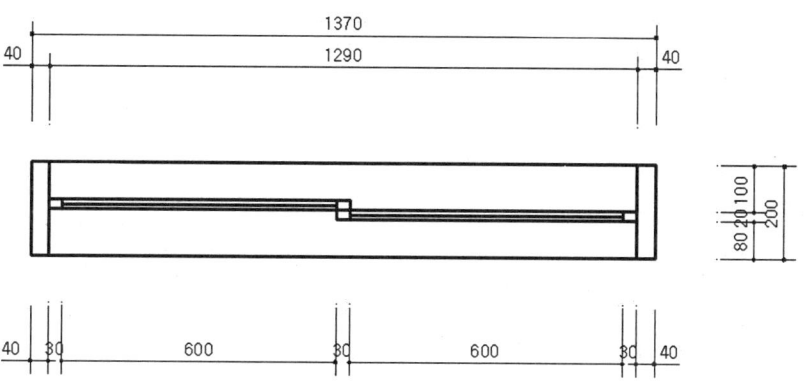

```
Command : RECTANGLE ↵
Specify first corner point or [Chamfer
/Elevation/Fillet/Thickness/Width] : P1점 클릭
Specify other corner point or
[Area/Dimensions/Rotation] : P2점 클릭
✔ P1점 & P4점, P3점 & P4점을 지나는 사각형
   을 Rectangle 명령으로 그린다.
```

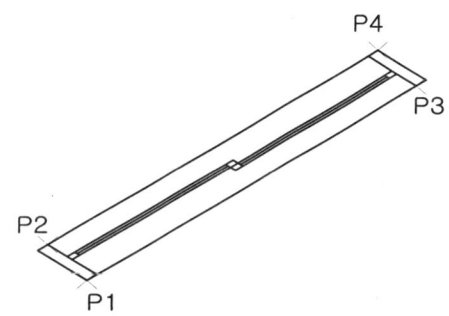

(5) Extrude 명령으로 창문틀을 그린다.

```
Command : EXTRUDE ↵
Select objects : L1 클릭
Select objects : ↵
Specify height of extrusion or
[Direction/Path/Taper angle] : 40 ↵

Command : ↵
Select objects : L2 클릭
Select objects : L3 클릭
Select objects : ↵
Specify height of extrusion or
[Direction/Path/Taper angle] : 940 ↵
```

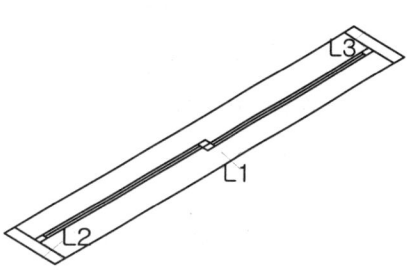

```
Command : MOVE ↵
Select objects : L1 클릭
Select objects : L2 클릭
Select objects : ↵
Specify base point or [Displacement]
: 임의의 점 클릭
Specify second point or 〈use first point as
displacement〉 : @0,0,40 ↵
```

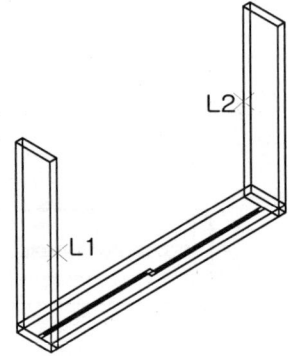

(6) 밑창틀을 복사해서 윗창틀을 만든다.

```
Command : COPY ↵
Select objects : L1 클릭
Select objects : ↵
Specify base point or displacement, or
[Multiple] : 임의의 점 클릭
Specify second point of displacement or
〈use first point as displacement〉
: @0,0,980 ↵
```

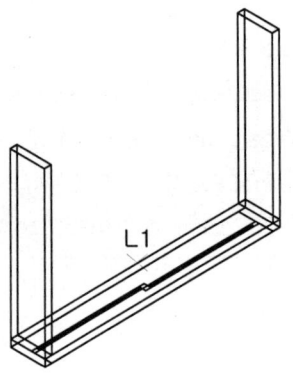

(7) 창문틀을 그린다.

```
Command : RECTANGLE ↵
Specify first corner point or [Chamfer
/Elevation/Fillet/Thickness/Width] :
P1점 클릭
Specify other corner point or
[Area/Dimensions/Rotation] : P2점 클릭
✔ P1점 & P4점, P3점 & P4점을 지나는 사각형
  을 Rectangle 명령으로 그린다.
```

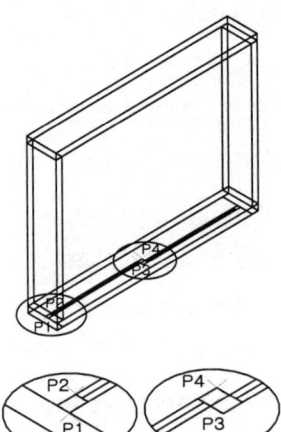

```
Command : EXTRUDE ↵
Select objects : L1 클릭
Select objects : ↵
Specify height of extrusion or
[Direction/Path/Taper angle] : 30 ↵

Command : ↵
Select objects : L2 클릭
Select objects : L3 클릭
Select objects : ↵
Specify height of extrusion or
[Direction/Path/Taper angle] : 880 ↵
```

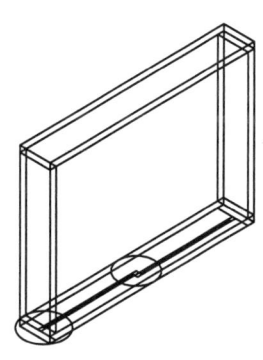

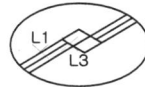

```
Command : MOVE ↵
Select objects : L1 클릭
Select objects : L2 클릭
Select objects : ↵
Specify base point or [Displacement]
: 임의의 점 클릭
Specify second point or 〈use first point as
displacement〉 : @0,0,30 ↵

Command : ↵
Select objects : L1 클릭
Select objects : L2 클릭
Select objects : L3 클릭
Select objects : ↵
Specify base point or [Displacement]
: 임의의 점 클릭
Specify second point or 〈use first point as
displacement〉 : @0,0,40 ↵
```

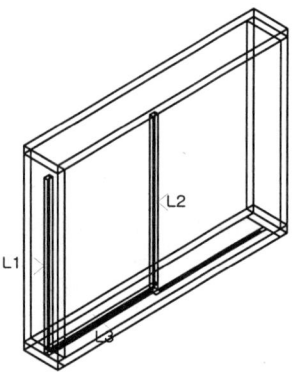

```
Command : COPY ↵
Select objects : L2 클릭
Select objects : ↵
Specify base point or displacement, or
[Multiple] : 임의의 점 클릭
Specify second point or 〈use first point as
displacement〉 : @0,0,910 ↵
```

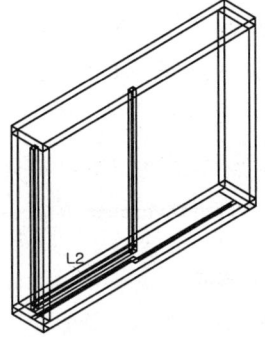

(8) 창틀과 창문틀을 각각 일체화시킨다.

```
Command : UNION ↵
Select objects : L1
Select objects : L2
Select objects : L3
Select objects : L4
Select objects : ↵
```

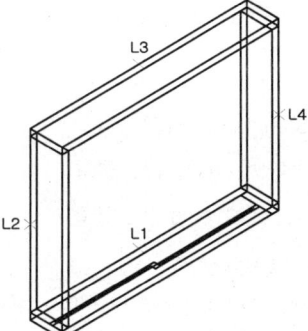

```
Command : UNION ↵
Select objects : L1
Select objects : L2
Select objects : L3
Select objects : L4
Select objects : ↵
```

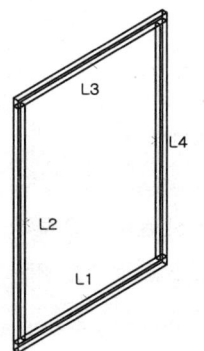

(9) COPY 명령으로 반대편 창문을 만든다.

```
Command : COPY ↵
Select objects : L1 클릭
Select objects : ↵
Specify base point or displacement, or
[Multiple] : 임의의 점 클릭
Specify second point or ⟨use first point as
displacement⟩ @630,-20,0 ↵
```

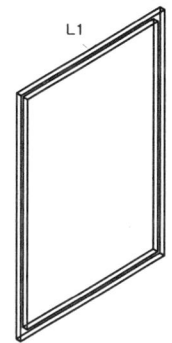

```
Command : CHANGE ↵
Select objects : L1 클릭
Select objects : L2 클릭
Select objects : ↵
Specify change point or [Properties] : P ↵
Enter property to change [Color/Elev/LAyer/
LType/ltScale/LWeight/Thickness] : T ↵
Specify new thickness ⟨0.0000⟩ : 880 ↵
Enter property to change [Color/Elev
/LAyer/LType/ltScale/LWeight
/Thickness] : ↵
```

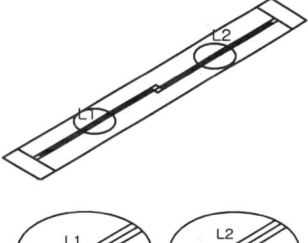

```
Command : MOVE ↵
Select objects : L1 클릭
Select objects : L2 클릭
Select objects : ↵
Specify base point or [Displacement]
: 임의의 점 클릭
Specify second point or ⟨use first point as
displacement⟩ : @0,0,70 ↵
```

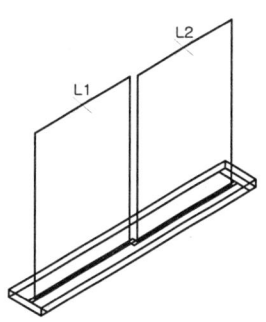

```
Command : HIDE ↵
```

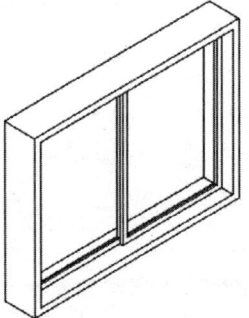

```
Command : SAVE ↵
[파일 이름(N) : ] 창문 모델링.dwg
[저장]
```

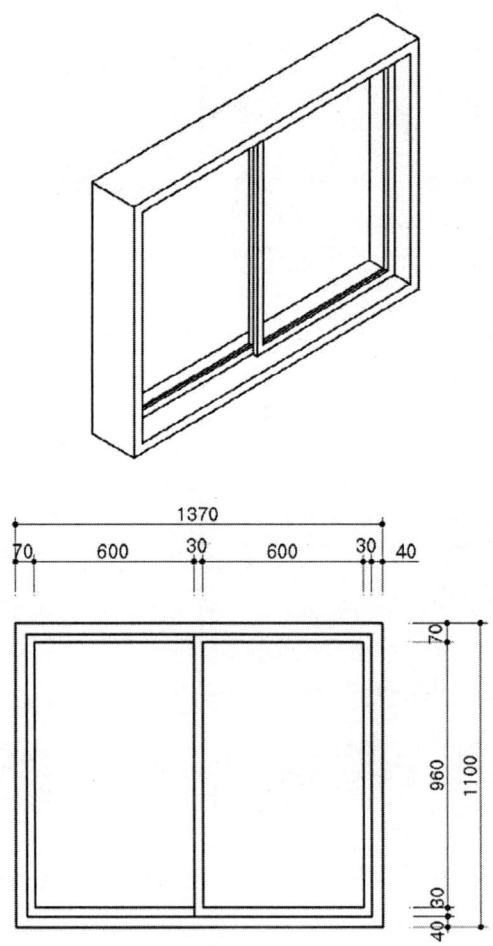

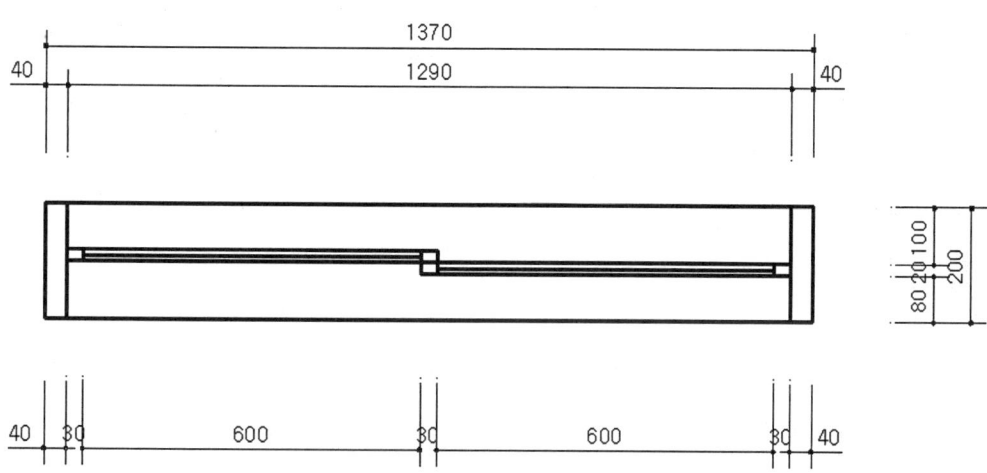

3 계단 모델링

(1) 새로운 도면을 시작한다.

```
Command : NEW ↵
[Select template] → [Open]
```

(2) 작업 범위를 설정한다.

```
Command : LIMITS ↵
Specify lower left corner or [ON/OFF] ⟨0.0000,0.0000⟩ : ↵
Specify upper right corner ⟨420.0000,297.0000⟩ : 5000, 3000 ↵

Command : ZOOM ↵
All/Center/Dynamic/Extents/Left/Previous/Vmax/Window/(Scale(X/XP) : A ↵
```

(3) 화면을 3등분하고 관측시점을 지정한다.

```
Command : VPORTS ↵
Pull Down Menu : [view] → [Viewports] → [New viewports]
```

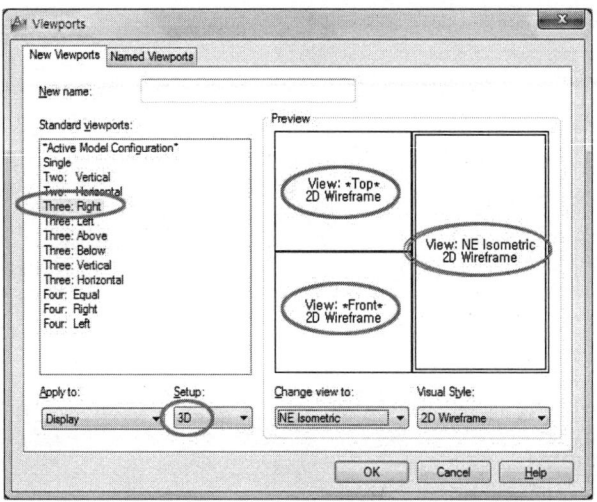

Standard viewports : Three : Right

Apply to : Display

Setup : 3D

Change view to : Top(좌측상단 영역)

　　　　　　　　Front(좌측 하단영역)

　　　　　　　　NE Isometric(우측 영역)

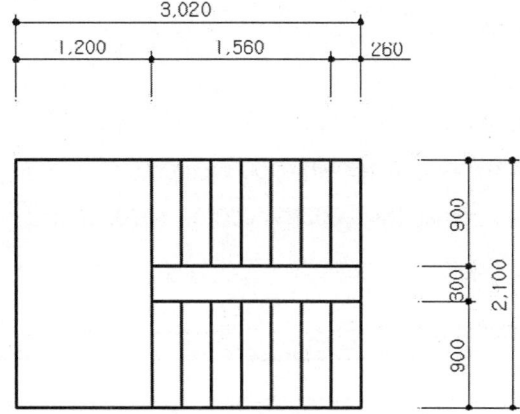

(4) 계단 평면도를 이용해서 계단과 계단참을 그리기 위한 폐곡선을 그린다.

```
Command : RECTANGLE ↵
Specify first corner point or [Chamfer
/Elevation/Fillet/Thickness/Width] :
P1점 클릭
Specify other corner point or
[Area/Dimensions/Rotation] : P2점 클릭

Command : ↵
Specify first corner point or [Chamfer
/Elevation/Fillet/Thickness/Width] :
P3점 클릭
Specify other corner point : P4점 클릭
```

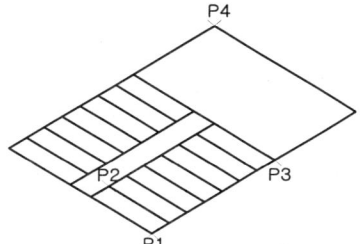

(5) Extrude 명령을 이용해서 계단과 계단참을 그린다.

```
Command : EXTRUDE ↵
Select objects : L1 클릭
Select objects : ↵
Specify height of extrusion or
[Direction/Path/Taper angle] : 120 ↵
```

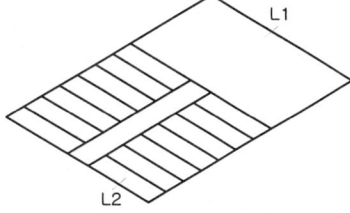

```
Command : EXTRUDE ↵
Select objects : L2 클릭
Select objects : ↵
Specify height of extrusion or [Direction/Path/Taper angle] : 160 ↵
```

(6) 계단을 Copy 하여 상부 계단을 그린다.

```
Command : COPY ↵
Select objects : L1 클릭
Select objects : ↵
Specify base point or displacement, or
[Multiple] : M ↵
Specify second point or 〈use first point as
displacement〉 : P1점 클릭
Specify second point or 〈use first point as
displacement〉 : P2점 클릭
✔ P3점, P4점, P5점, P6점, P7점까지 Copy
  한다.
```

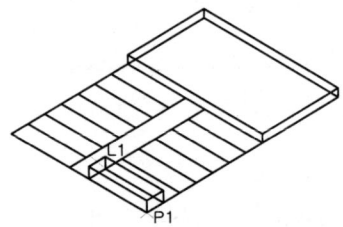

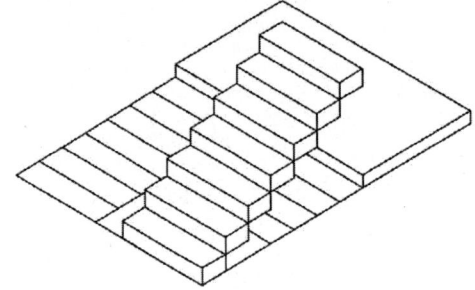

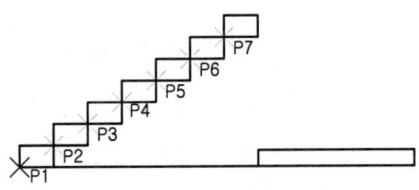

(7) 계단참을 들어올린다.

```
Command : MOVE ↵
Select objects : L1 클릭
Select objects : ↵
Specify base point or [Displacement]
: 임의의 점 클릭
Specify second point or 〈use first point as
displacement〉 : @0,0,1120 ↵
```

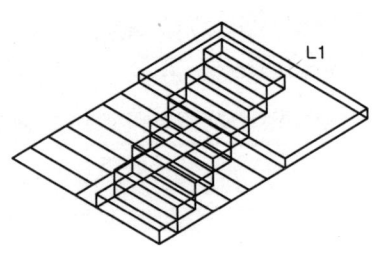

(8) Wedge를 이용해서 계단 아랫부분을 채운다.

```
Command : WEDGE ↵
Specify first corner of wedge or
[CEnter] ⟨0,0,0⟩ : P1점 클릭
Specify other corner or [Cube/Length] :
@-260,-900,-160 ↵
```

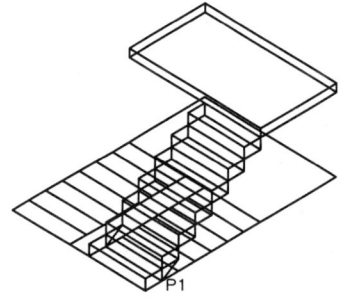

```
Command : COPY ↵
Select objects : L1 클릭
Select objects : ↵
Specify base point or displacement, or
[Multiple] : M ↵
Specify second point or ⟨use first point as
displacement⟩ : P1점 클릭
Specify second point or ⟨use first point as
displacement⟩ : P2점 클릭
✔ P3점, P4점, P5점, P6점, P7점까지 Copy
한다.
```

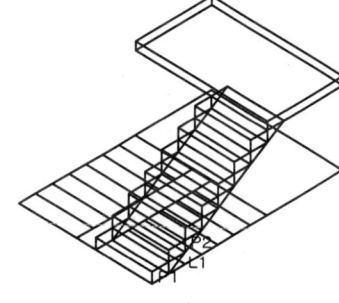

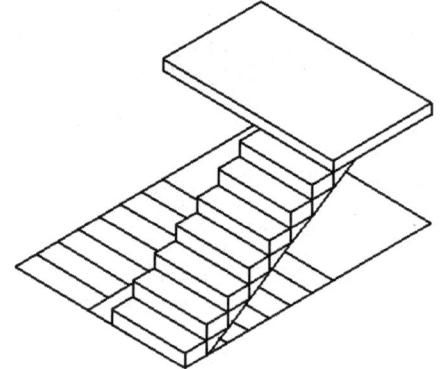
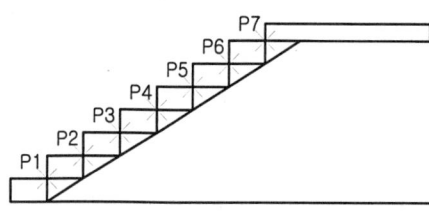

(9) 반대편 계단을 만든다.

```
Command : MIRROR ↵
Select objects : 계단참을 뺀 계단부분 전부를
클릭
Select objects : ↵
Specify first point of mirror line : P1점 클릭
Specify second point of mirror line
: P2점 클릭
Delete source objects? [Yes/No] ⟨N⟩ : ↵
```

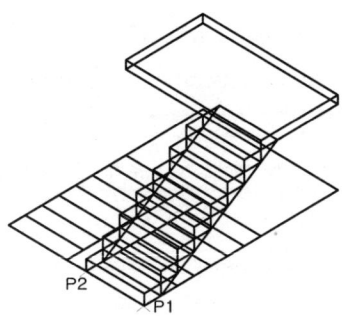

```
Command : MOVE ↵
Select objects : L ↵
Select objects : ↵
Specify base point or [Displacement]
: 임의의 점 클릭
Specify second point or
⟨use first point as displacement⟩
: @-1820,-1200,1240
```

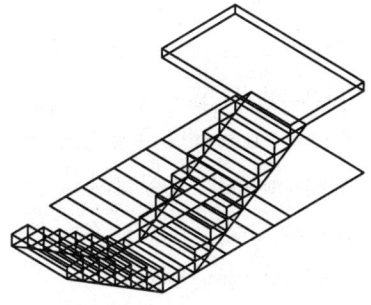

```
Command : WEDGE ↵
Specify first corner of wedge or
[CEnter] ⟨0,0,0⟩ : P1점 클릭
Specify other corner or [Cube/Length]
: @260,-900,-120 ↵

Command : UNION ↵
Select objects : 모든 객체를 클릭
Select objects : ↵
```

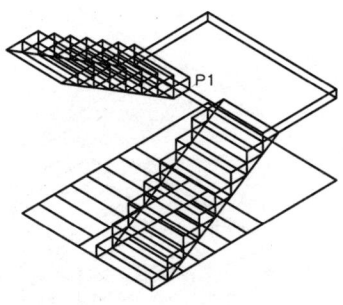

```
Command : ERASE ↵
Select objects : 평면도 클릭
Select objects : ↵

Command : HIDE ↵
```

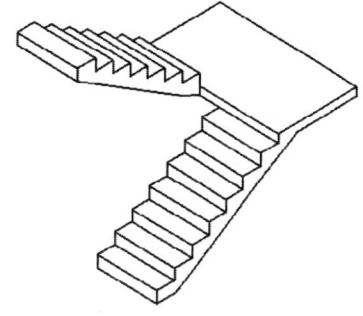

(10) 저장한다.

```
Command : SAVE ↵
[파일 이름(N) : ] 계단 모델링.dwg
[저장]
```

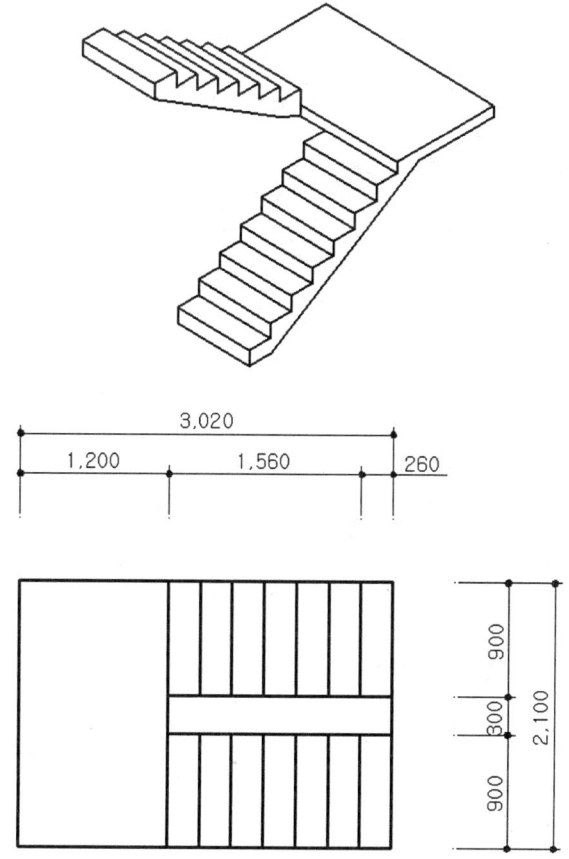

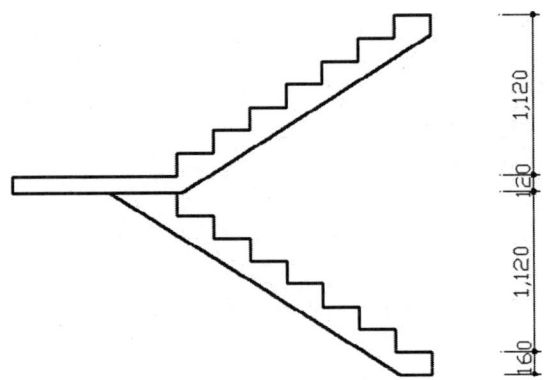

4 의자 모델링

(1) 새로운 도면을 시작한다.

```
Command : NEW ↵
[Select template] → [Open]
```

(2) 작업 범위를 설정한다.

```
Command : LIMITS ↵
Specify lower left corner or [ON/OFF] <0.0000,0.0000> : ↵
Specify upper right corner <420.0000,297.0000> : 2000, 1500 ↵

Command : ZOOM ↵
All/Center/Dynamic/Extents/Left/Previous/Vmax/Window/(Scale(X/XP) : A ↵
```

(3) 화면을 3등분하고 관측시점을 지정한다.

```
Command : VPORTS ↵
Pull Down Menu : [view] → [Viewports] → [New viewports]
```

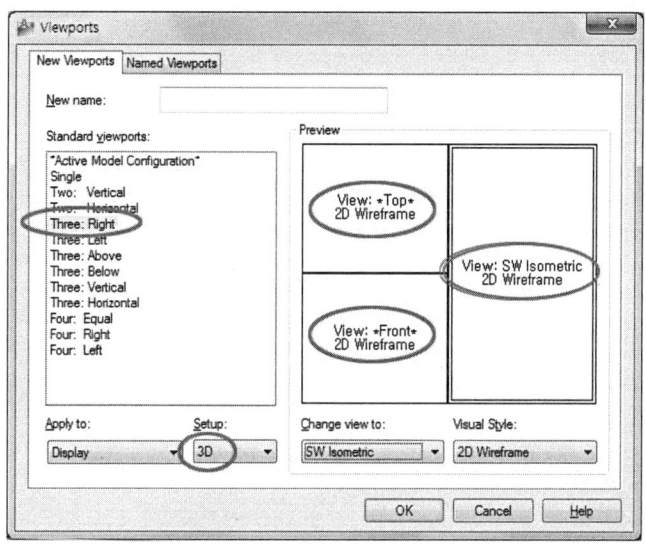

```
Standard viewports : Three : Right
Apply to : Display
Setup : 3D
Change view to : Top(좌측상단 영역)
                 Front(좌측 하단영역)
                 SW Isometric(우측 영역)
```

(4) Box 명령을 이용해서 의자의 다리를 만든다.

```
Command : BOX ↵
Specify first corner or [Center] 〈0,0,0〉
: 임의의 점 클릭
Specify other corner or [Cube/Length] :
@40,40,590 ↵
```

```
Command : COPY ↵
Select objects : L1 클릭
Select objects : ↵
Specify base point or displacement, or
[Multiple] : 임의의 점 클릭
Specify second point or 〈use first point as
displacement〉 : @0,580,0 ↵
```

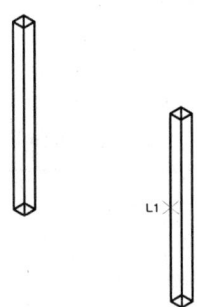

(5) Box 명령을 이용해서 의자 받침대를 만든다.

```
Command : BOX ↵
Specify first corner or [Center] 〈0,0,0〉
: P1점 클릭
Specify other corner or [Cube/Length] :
@-80,700,30 ↵
```

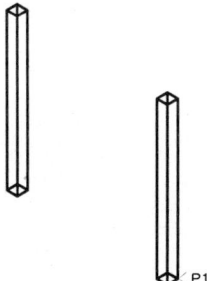

```
Command : MOVE ↵
Select objects : L1 클릭
Select objects : ↵
Specify base point or [Displacement] :
임의의 점 클릭
Specify second point or 〈use first point as
displacement〉 : @0,-40,0 ↵
```

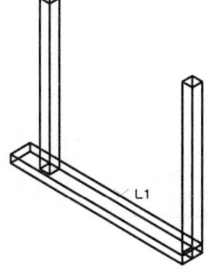

```
Command : MOVE ↵
Select objects : L1 클릭
Select objects : ↵
Specify base point or [Displacement] :
임의의 점 클릭
Specify second point or 〈use first point as
displacement〉 : @0,0,590 ↵
```

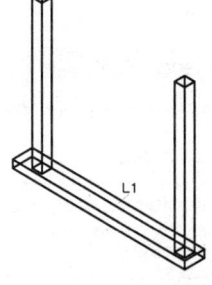

Command : COPY ↵

Select objects : L1, L2, L3 클릭

Select objects : ↵

Specify base point or displacement, or [Multiple] : 임의의 점 클릭

Specify second point or 〈use first point as displacement〉 : @660,0,0 ↵

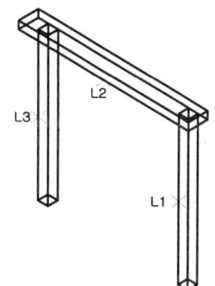

Command : MOVE ↵

Select objects : L1 클릭

Select objects : ↵

Specify base point or [Displacement] : 임의의 점 클릭

Specify second point or 〈use first point as displacement〉 : @40,0,0 ↵

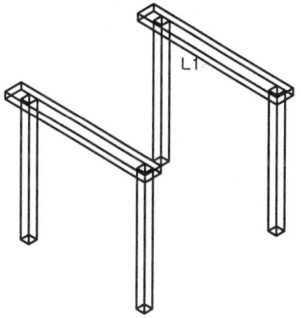

(6) Box 명령을 이용해서 가새를 만든다.

Command : BOX ↵

Specify first corner or [Center] 〈0,0,0〉
: P1점 클릭

Specify other corner or [Cube/Length] :
@-30,540,30 ↵

Command : ↵

Specify first corner or [Center] 〈0,0,0〉
: P2점 클릭

Specify other corner or [Cube/Length] :
@30,540,30 ↵

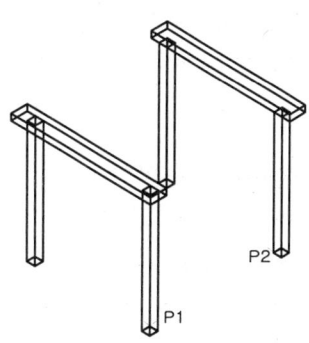

Command : BOX ↵
Specify first corner or [Center] ⟨0,0,0⟩
: P1점 클릭
Specify other corner or [Cube/Length] :
@620,30,30 ↵

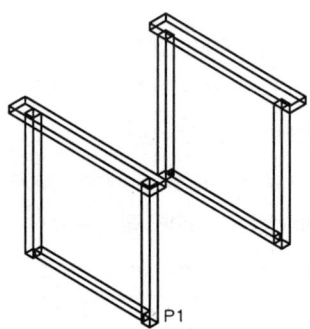

Command : MOVE ↵
Select objects : L1 클릭
Select objects : ↵
Specify base point or [Displacement] :
임의의 점 클릭
Specify second point or ⟨use first point as displacement⟩ : @0,70,0 ↵

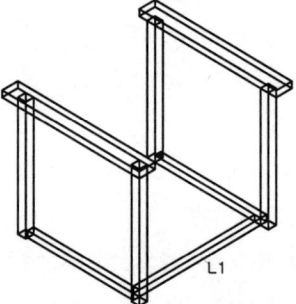

Command : COPY ↵
Select objects : L1 클릭
Select objects : ↵
Specify base point or displacement, or [Multiple] : 임의의 점 클릭
Specify second point or ⟨use first point as displacement⟩ : @0,180,0 ↵

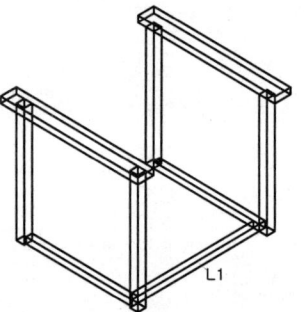

Command : COPY ↵
Select objects : L1 클릭
Select objects : ↵
Specify base point or displacement, or [Multiple] : 임의의 점 클릭
Specify second point or ⟨use first point as displacement⟩ : @0,180,0 ↵

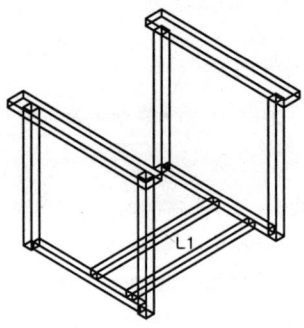

(7) 가새를 Move 명령을 이용해서 위로 올린다.

```
Command : MOVE ↵
Select objects : L1, L2, L3, L4, L5 클릭
Select objects : ↵
Specify base point or [Displacement] :
임의의 점 클릭
Specify second point or ⟨use first point as
displacement⟩ : @0,0,350 ↵
```

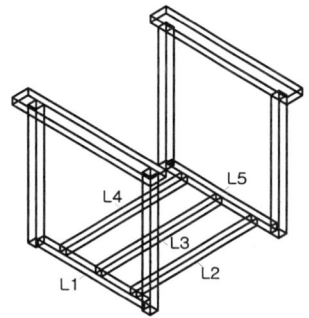

(8) 의자 매트를 그린다.

```
Command : BOX ↵
Specify first corner or [Center] ⟨0,0,0⟩
: P1점 클릭
Specify other corner or [Cube/Length] :
@620,-670,80 ↵
```

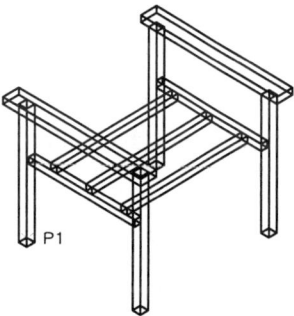

```
Command : MOVE ↵
Select objects : L1 클릭
Select objects : ↵
Specify base point or [Displacement] :
임의의 점 클릭
Specify second point or ⟨use first point as
displacement⟩ : @0,0,380 ↵
```

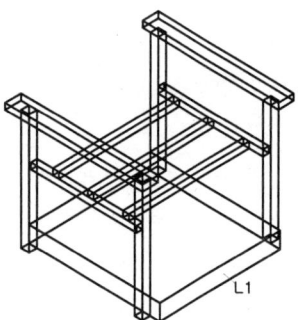

(9) 의자 등받이를 그린다.

```
Command : BOX ↵
Specify first corner or [Center] ⟨0,0,0⟩
: P1점 클릭
Specify other corner or [Cube/Length] :
@620,-60,250 ↵
```

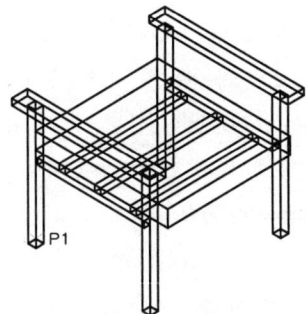

```
Command : MOVE ↵
Select objects : L1 클릭
Select objects : ↵
Specify base point or [Displacement] :
임의의 점 클릭
Specify second point or ⟨use first point as
displacement⟩ : @0,0,500 ↵
```

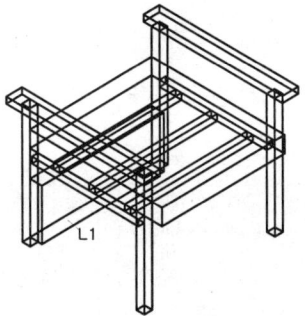

(10) 의자 등받이를 Rotate3d 명령을 이용해서 회전시킨다.

```
Command : ROTATE3D ↵
Select objects : L1 클릭
Select objects : ↵
Specify first point on axis or define axis by
[Object/Last/View/Xaxis/Yaxis/Zaxis/2points]
: P1점 클릭
Specify second point on axis : P2점 클릭
Specify rotation angle or [Copy/Reference]
: -15 ↵
```

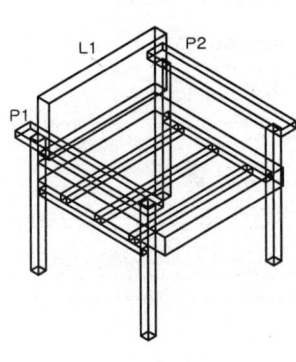

```
Command : HIDE ↵
```

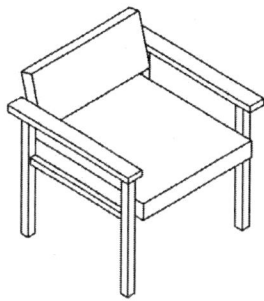

(11) 저장한다.

```
Command : SAVE ↵
[파일 이름(N) : ] 의자 모델링.dwg
[저장]
```

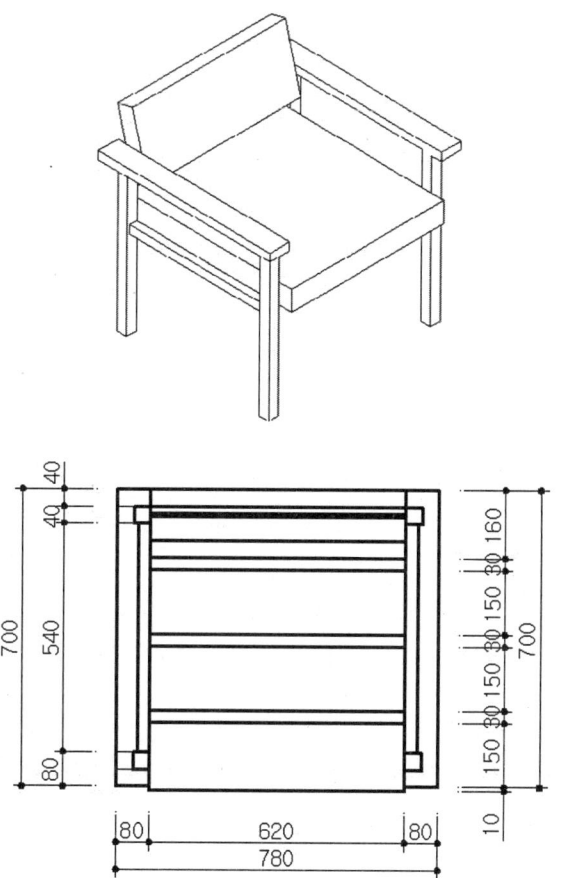

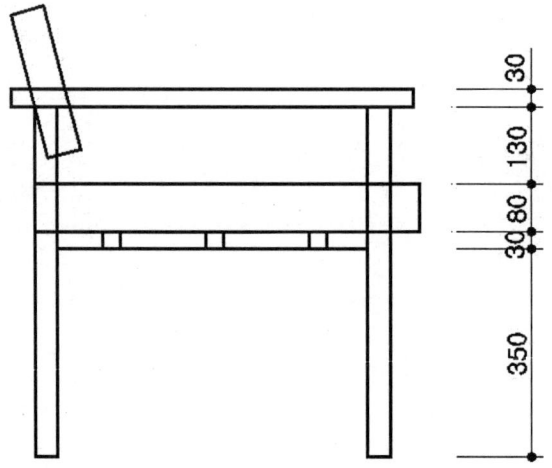

5 책상 모델링

(1) 새로운 도면을 시작한다.

```
Command : NEW ⏎
[Select template] → [Open]
```

(2) 작업 범위를 설정한다.

```
Command : LIMITS ⏎
Specify lower left corner or [ON/OFF] ⟨0.0000,0.0000⟩ : ⏎
Specify upper right corner ⟨420.0000,297.0000⟩ : 1000, 700 ⏎

Command : ZOOM ⏎
All/Center/Dynamic/Extents/Left/Previous/Vmax/Window/(Scale(X/XP) : A ⏎
```

(3) 화면을 3등분하고 관측시점을 지정한다.

Command : VPORTS ⏎
Pull Down Menu : [view] → [Viewports] → [New viewports]

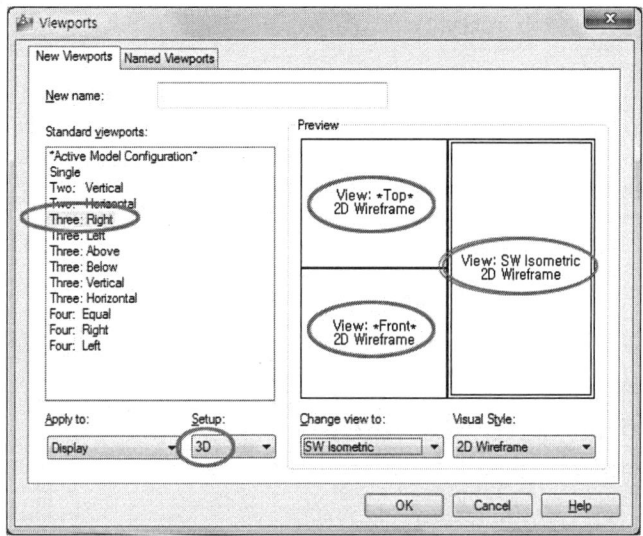

Standard viewports : **Three : Right**
Apply to : Display
Setup : **3D**
Change view to : **Top**(좌측상단 영역)
　　　　　　　　Front(좌측 하단영역)
　　　　　　　　SW Isometric(우측 영역)

(4) 책상 상판을 그린다.

Command : BOX ⏎
Specify first corner or [Center] ⟨0,0,0⟩
: 임의의 점 클릭
Specify other corner or [Cube/Length] :
@1000,700,30 ⏎

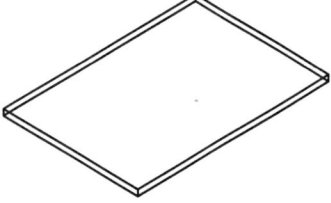

(5) 책상 다리를 만든다.

Command : BOX ↵
Specify first corner or [Center] ⟨0,0,0⟩
: P1점 클릭
Specify other corner or [Cube/Length] :
@30,30,670 ↵

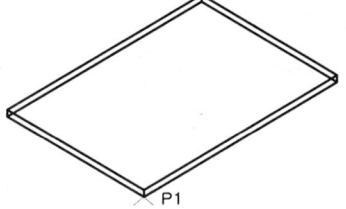

(6) Copy, Mirror 명령을 이용해서 다리를 복사한다.

Command : COPY ↵
Select objects : L1 클릭
Select objects : ↵
Specify base point or displacement, or
[Multiple] : 임의의 점 클릭
Specify second point or ⟨use first point as
displacement⟩ : @0,540,0 ↵

Command : MOVE ↵
Select objects : L1 클릭
Select objects : L2 클릭
Select objects : ↵
Specify base point or [Displacement] :
임의의 점 클릭
Specify second point or ⟨use first point as
displacement⟩ : @50,50,0 ↵

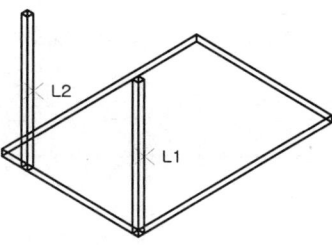

```
Command : MIRROR ↵
Select objects : L1 클릭
Select objects : L2 클릭
Select objects : ↵
Specify first point of mirror line :
MID ↵ P1점 클릭
Specify second point of mirror line :
MID ↵ P2점 클릭
Delete source objects? [Yes/No] <N> : ↵
```

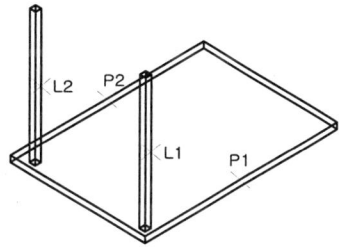

```
Command : MOVE ↵
Select objects : L1 클릭
Select objects : ↵
Specify base point or [Displacement] :
임의의 점 클릭
Specify second point or <use first point as
displacement> : @0,0,670 ↵
```

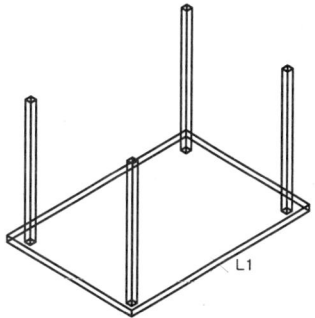

(7) 책상 뒷편과 좌우측의 간막이를 만든다.

```
Command : BOX ↵
Specify first corner or [Center] <0,0,0>
: P1점 클릭
Specify other corner or [Cube/Length] :
@840,20,400 ↵
```

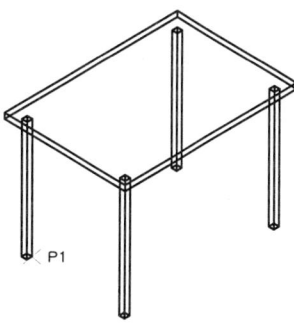

```
Command : BOX ↵
Specify first corner or [Center] <0,0,0>
: P1점 클릭
Specify other corner or [Cube/Length] :
@-20,-540,400 ↵
```

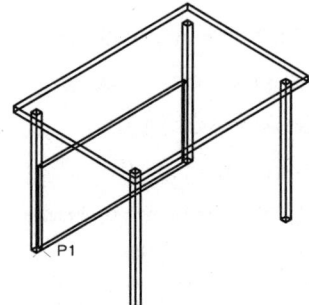

```
Command : MIRROR ↵
Select objects : L1 클릭
Select objects : ↵
Specify first point of mirror line :
MID ↵ P1점 클릭
Specify second point of mirror line :
MID ↵ P2점 클릭
Delete source objects? [Yes/No] <N> : ↵
```

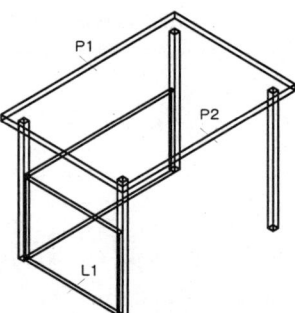

```
Command : MOVE ↵
Select objects : L1, L2, L3 클릭
Select objects : ↵
Specify base point or [Displacement] :
임의의 점 클릭
Specify second point or <use first point as
displacement> : @0,0,270 ↵
```

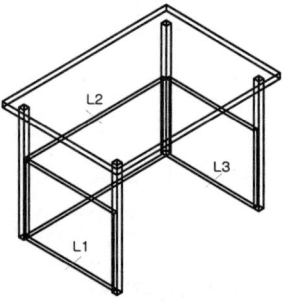

(8) 책상 서랍틀을 만든다.

```
Command : BOX ↵
Specify first corner or [Center] <0,0,0>
: P1점 클릭
Specify other corner or [Cube/Length] :
@840,540,20 ↵
```

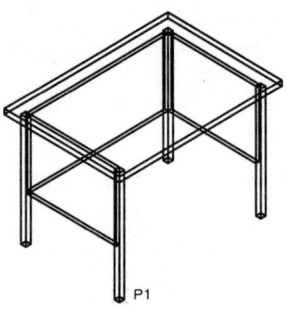

```
Command : BOX ↵
Specify first corner or [Center] ⟨0,0,0⟩
: P1점 클릭
Specify other corner or [Cube/Length] :
@20,540,80 ↵
```

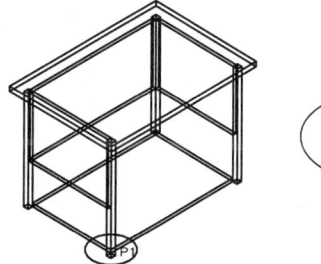

```
Command : MOVE ↵
Select objects : L1 클릭
Select objects : ↵
Specify base point or [Displacement] :
임의의 점 클릭
Specify second point or ⟨use first point as
displacement⟩ : @410,0,0 ↵
```

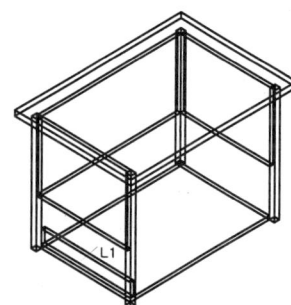

```
Command : MOVE ↵
Select objects : L1 클릭
Select objects : L2 클릭
Select objects : ↵
Specify base point or [Displacement] :
임의의 점 클릭
Specify second point or ⟨use first point as
displacement⟩ : @0,0,570 ↵
```

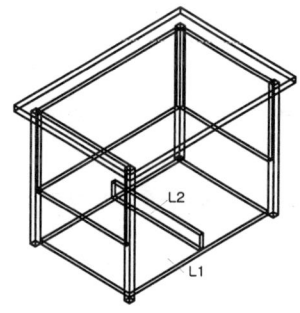

(9) 책상 서랍을 만든다.

```
Command : BOX ↵
Specify first corner or [Center] ⟨0,0,0⟩
: 임의의 점 클릭
Specify other corner or [Cube/Length] :
@410,540,80 ↵
```

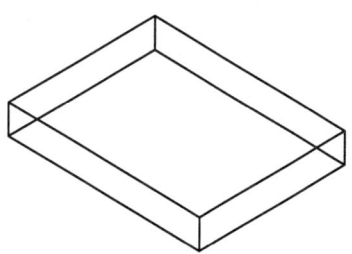

```
Command : BOX ↵
Specify first corner or [Center] ⟨0,0,0⟩
: P1점 클릭
Specify other corner or [Cube/Length] :
@390,520,70 ↵
```

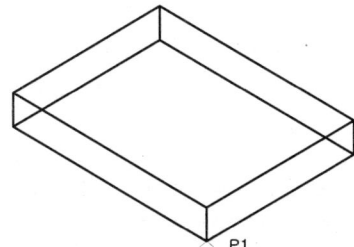

```
Command : MOVE ↵
Select objects : L1 클릭
Select objects : ↵
Specify base point or [Displacement] :
임의의 점 클릭
Specify second point or ⟨use first point as
displacement⟩ : @10,10,10 ↵
```

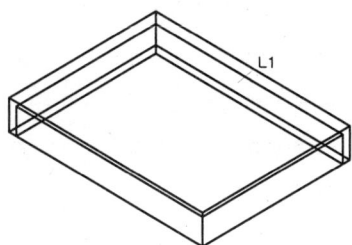

```
Command : SUBTRACT ↵
Select objects : L1 클릭
Select objects : ↵
Select solids and regions to subtract ..
Select objects : L2 클릭
Select objects : ↵
```

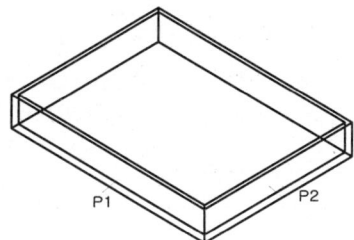

```
Command : MOVE ↵
Select objects : L1 클릭
Select objects : ↵
Specify base point or [Displacement] :
P1점 클릭
Specify second point or ⟨use first point as
displacement⟩ : P2점 클릭
```

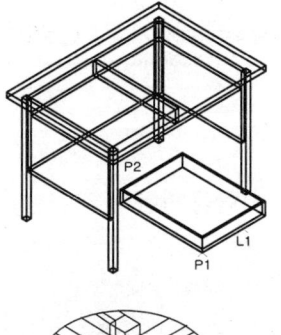

```
Command : COPY ↵
Select objects : L1 클릭
Select objects : ↵
Specify base point or displacement, or
[Multiple] : 임의의 점 클릭
Specify second point or 〈use first point as
displacement〉 : @430,0,0 ↵
```

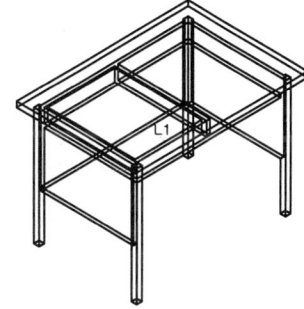

```
Command : HIDE ↵
```

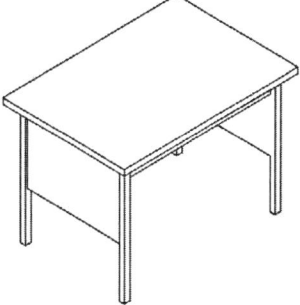

(10) 저장한다.

```
Command : SAVE ↵
[파일 이름(N) : ] 의자 모델링.dwg
[저장]
```

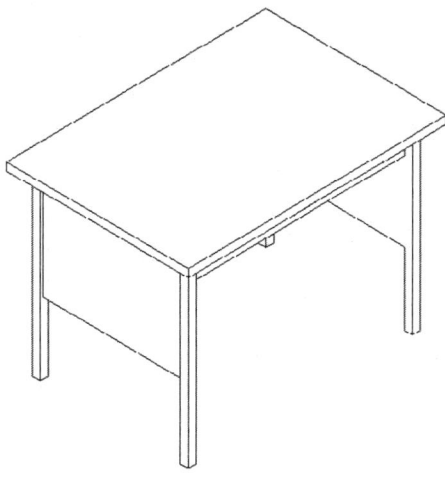

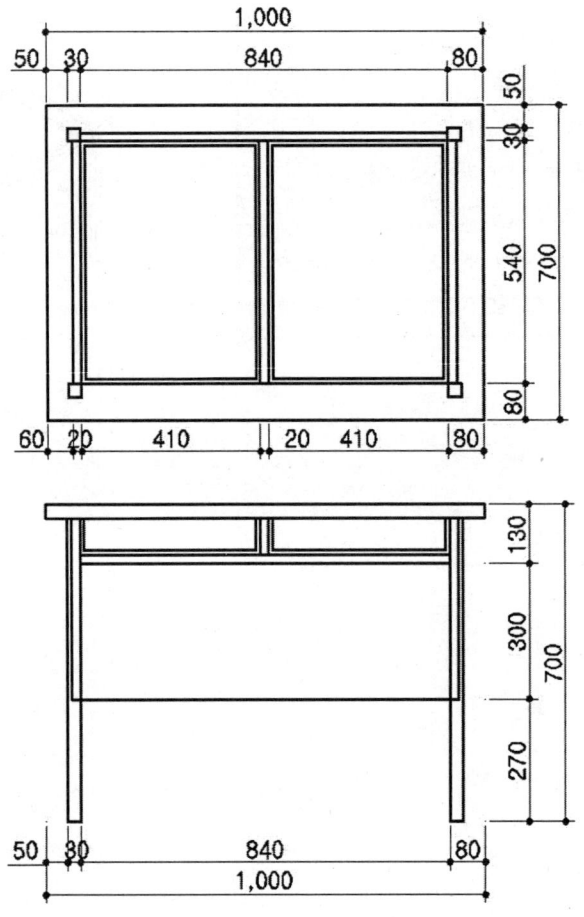

6 주택 모델링

주택 모델링은 "Ⅲ. AutoCAD 2차원 드로잉"에서 그려보았던 주택의 평면도, 입면도, 단면도, 창호도 등을 참고하여 진행하도록 한다.

(1) 새로운 도면을 시작한다.

```
Command : NEW ↵
[Select template] → [Open]
```

(2) 작업 범위를 설정한다.

```
Command : LIMITS ↵
Specify lower left corner or [ON/OFF] ⟨0.0000,0.0000⟩ : ↵
Specify upper right corner ⟨420.0000,297.0000⟩ : 20000, 15000 ↵

Command : ZOOM ↵
All/Center/Dynamic/Extents/Left/Previous/Vmax/Window/(Scale(X/XP) : A ↵
```

(3) 화면을 3등분하고 관측시점을 지정한다.

```
Command : VPORTS ↵
Pull Down Menu : [view] → [Viewports] → [New viewports]
```

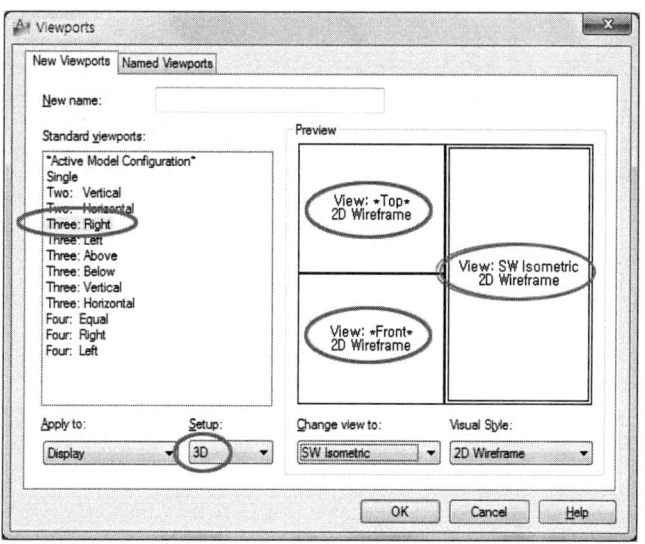

```
Standard viewports : Three : Right
Apply to : Display
Setup : 3D
Change view to : Top(좌측상단 영역)
                 Front(좌측 하단영역)
                 SW Isometric(우측 영역)
```

(4) 평면도를 이용해서 불필요한 부분을 지워 아래 도면과 같이 만든다.

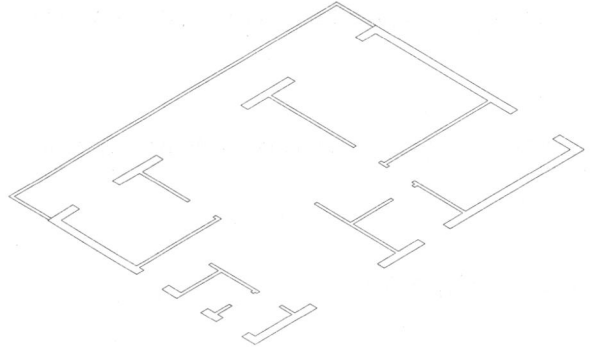

(5) 바닥슬래브를 만든다.

```
Command : RECTANG ↵
Specify first corner point or [Chamfer/Elevation/Fillet/Thickness/Width] : P1점 클릭 ↵
Specify other corner point : P2점 클릭 ↵
```

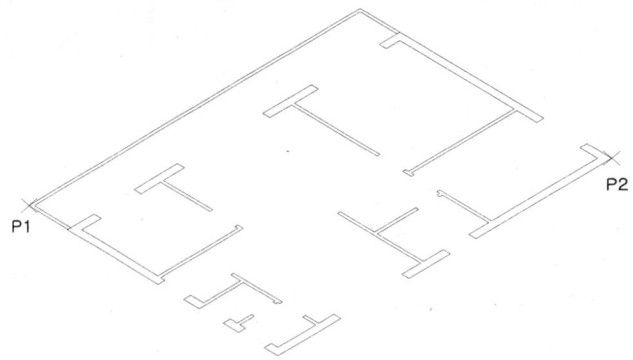

```
Command : EXTRUDE ↵
Current wire frame density : ISOLINES = 4
Select objects : L1 클릭
Select objects : ↵
Specify height of extrusion or [Direction/Path/Taper angle] : -150 ↵
```

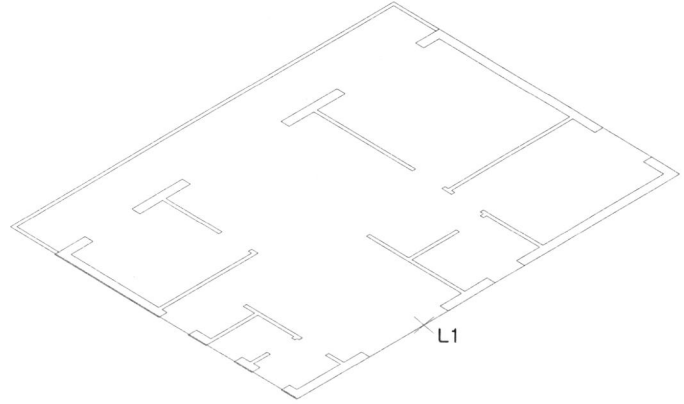

(6) 발코니 부위의 외곽선을 Pline으로 그린 후, 발코니 부분의 난간턱을 만든다.

```
Command : EXTRUDE ↵
Current wire frame density : ISOLINES = 4
Select objects : L1 클릭
Select objects : ↵
Specify height of extrusion or [Direction/Path/Taper angle] : 120 ↵
```

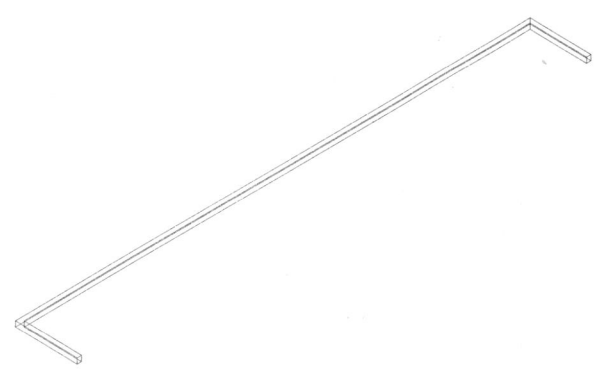

(7) 바닥슬래브와 발코니 부분을 Union으로 합친다.

```
Command : UNION ↵
Select objects : 바닥슬래브 클릭
Select objects : 발코니 난간턱 클릭
Select objects : ↵
```

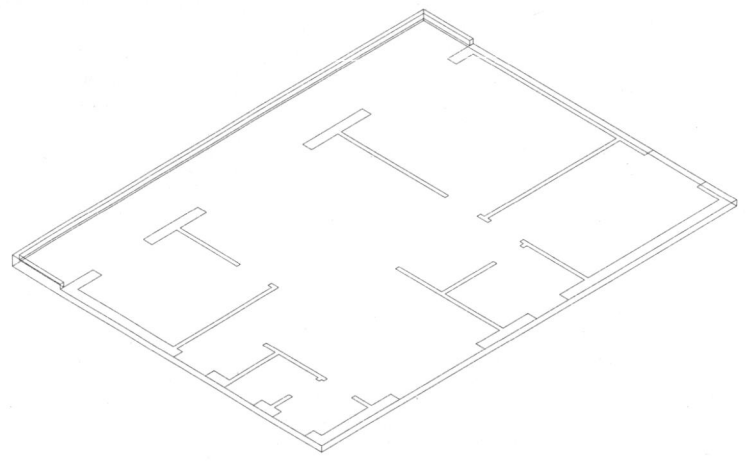

(8) 벽체를 Pline이나 Rectangle로 그린 후, Extrude로 3000mm 돌출시킨다.

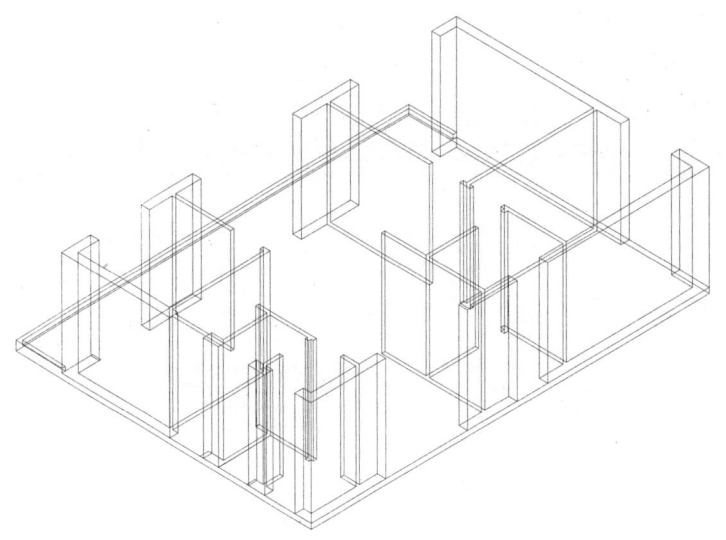

(9) 창문 상부의 테두리보를 만들기 위해 Rectangle을 이용하여 폐곡선을 만든다.

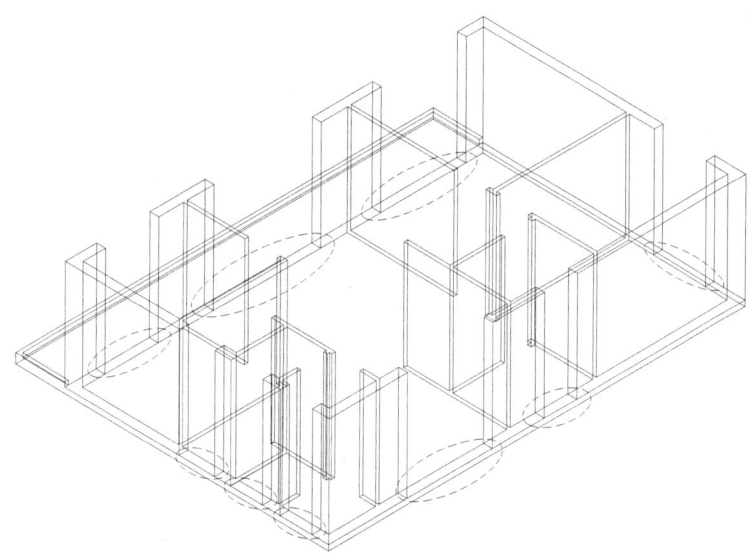

(10) Extrude를 이용하여 창문 상부의 테두리보를 750mm씩 돌출시킨다.

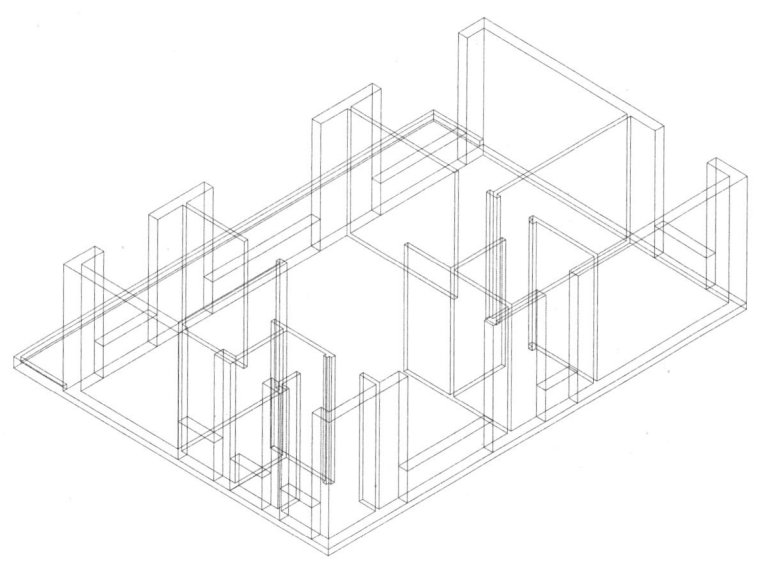

(11) Move를 이용하여 테두리보를 벽체 상부까지 이동시킨다.

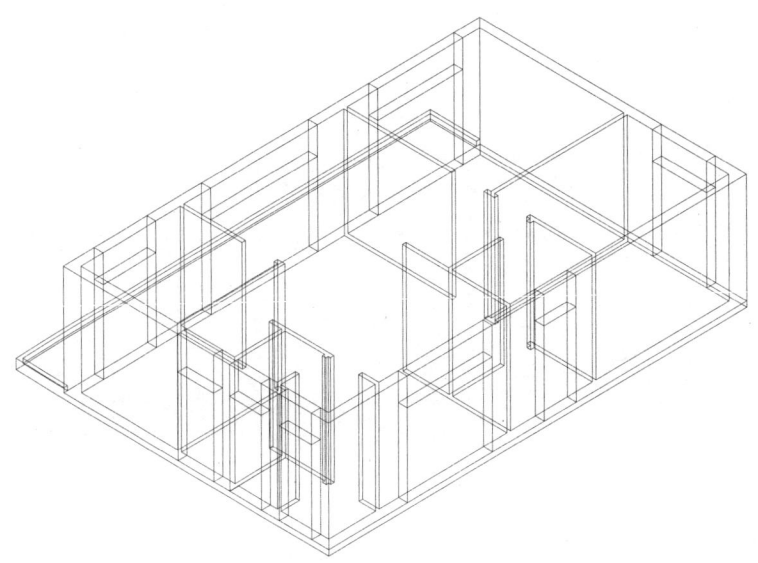

(12) Rectangle과 Extrude를 이용하여 창문 아랫부분의 벽체를 만든다.

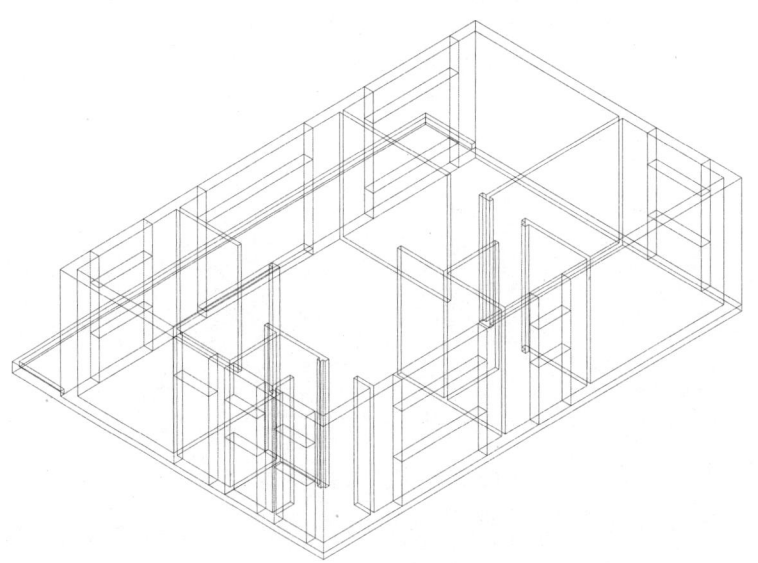

- 창문 하단의 벽체 높이

  침실-1 : 600mm
  침실-2, 침실-3, 주방 : 1050mm
  화장실, 다용도실 : 1350mm
  거실 : 150mm

(13) 문 상부의 테두리보를 만들기 위해 Rectangle을 이용하여 폐곡선을 만든다.

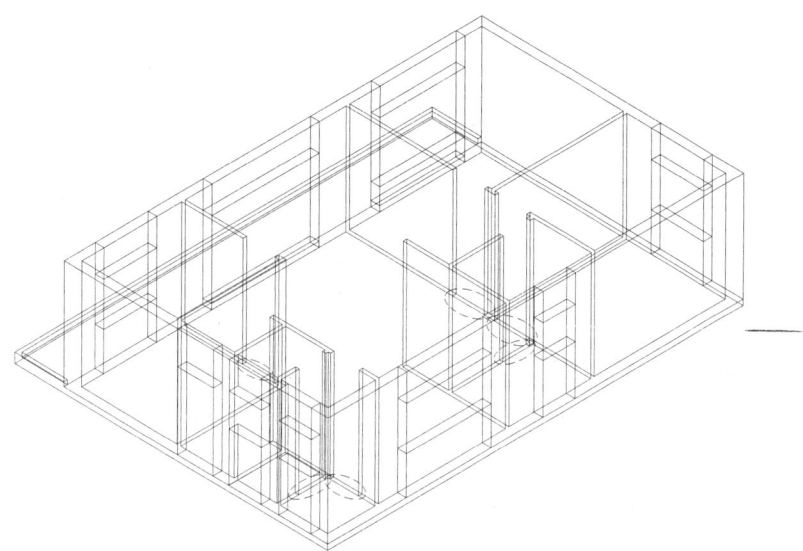

(14) Extrude를 이용하여 문 윗부분의 테두리보를 모두 900mm 돌출시킨다.

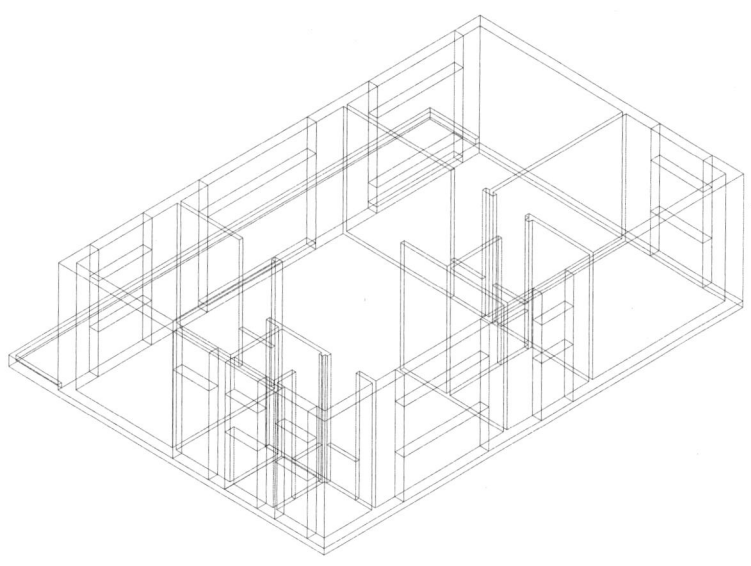

(15) Move를 이용하여 테두리보를 벽체 상부와 나란하게 이동시킨다.

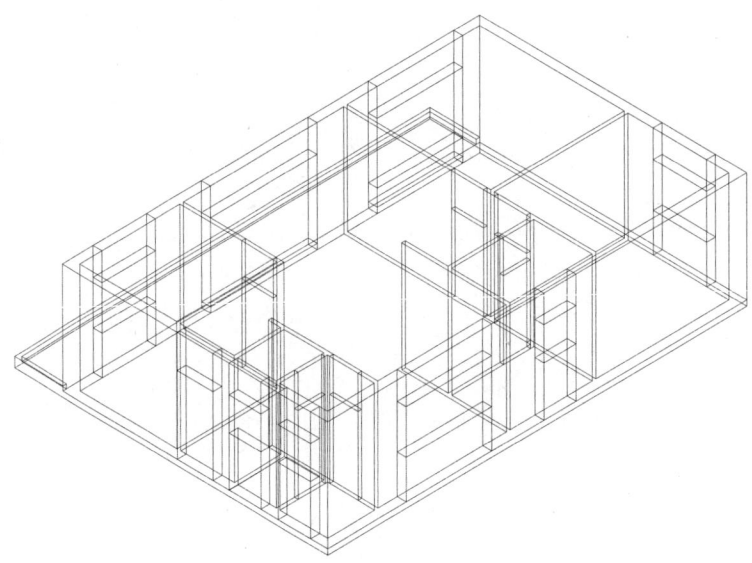

(16) Union으로 모든 벽체를 합친다.

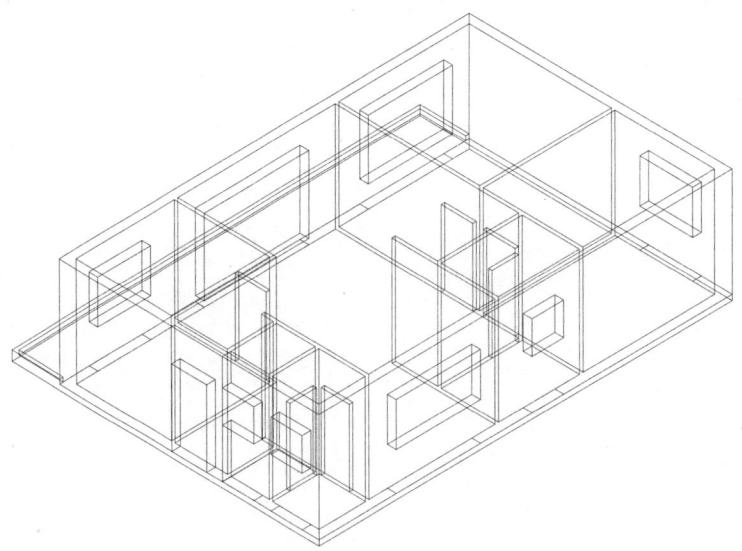

(17) 바닥슬래브 아래의 기초 부위를 만든다.

```
Command : BOX ↵
Specify first corner or [Center] <0,0,0> : P1점 클릭 ↵
Specify other corner or [Cube/Length] : @-200,-7450,-1350 ↵
```

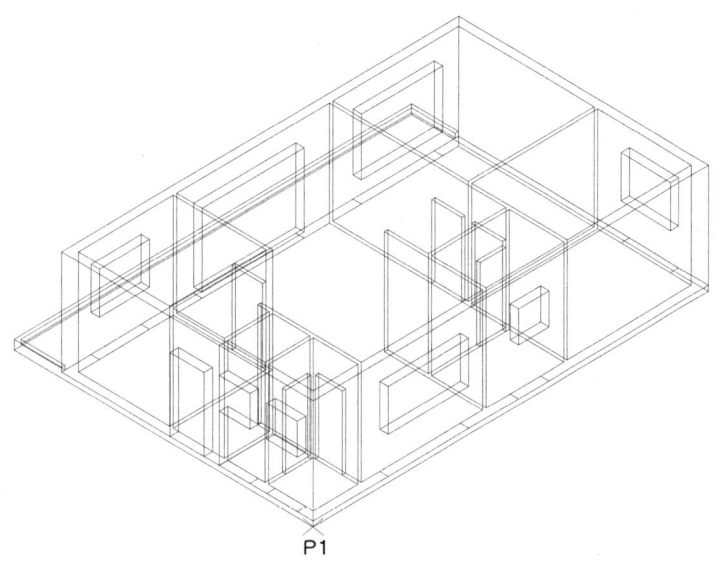

(18) Copy를 이용하여 4200mm, 3000mm 거리만큼 복사한다.

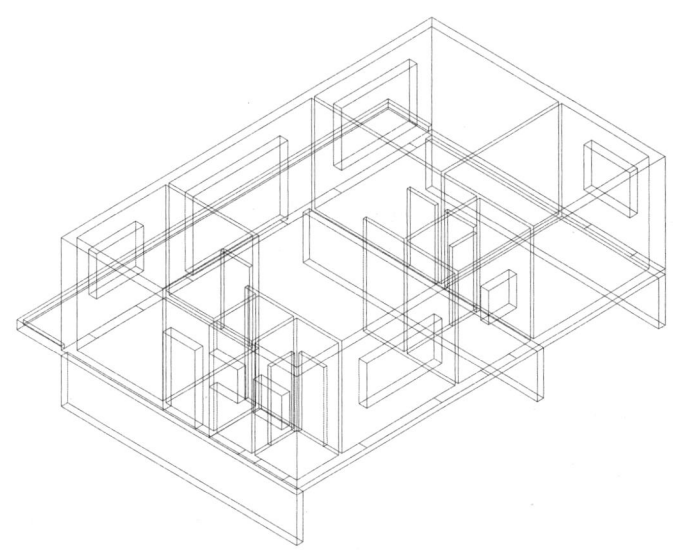

(19) 발코니 아래의 벽을 만든다.

```
Command : BOX ↵
Specify first corner or [Center] <0,0,0> : P1점 클릭 ↵
Specify other corner or [Cube/Length] : @-11750,100,-1350 ↵
```

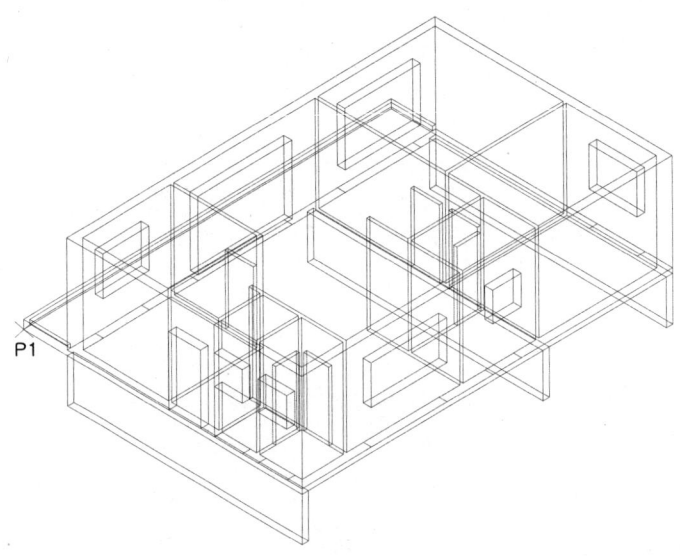

(20) 평면도의 계단 부분을 이용하여 계단을 만든다.

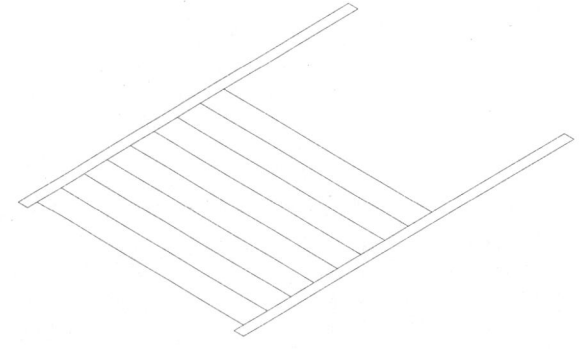

● 계단의 주요 치수

계단의 단높이 : 167mm   계단참 너비 : 1400mm

계단의 단너비 : 250mm   계단참 두께 : 150mm

(21) Rectangle, Extrude, Box, Copy 명령과 UCS를 이용하여 계단을 완성한다.

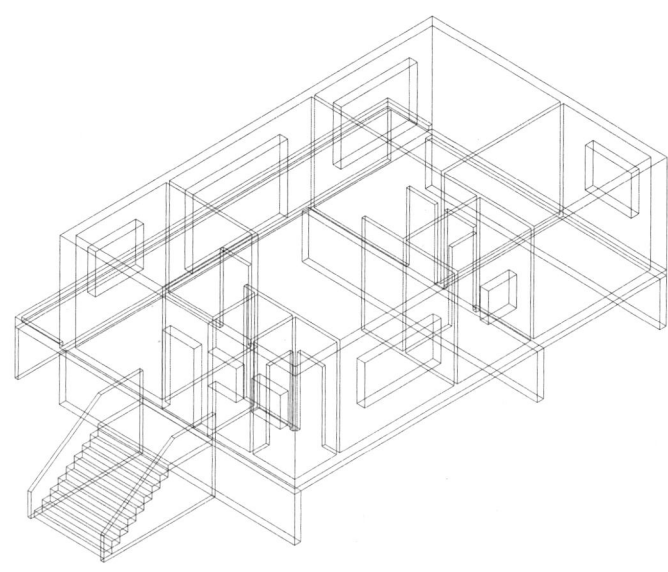

(22) 창호도를 참고로 하여 창호를 만든다.

(23) 지붕을 그리기 위해 입면도에서 지붕입면을 불러와 아래 그림과 같이 정리한다.

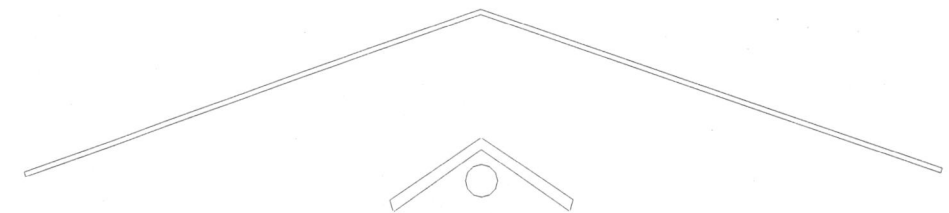

(24) Rectangle, Extrude, Box, Mirror3D, Rotate3D 명령과 UCS를 적절하게 이용하여 지붕을 완성한다.

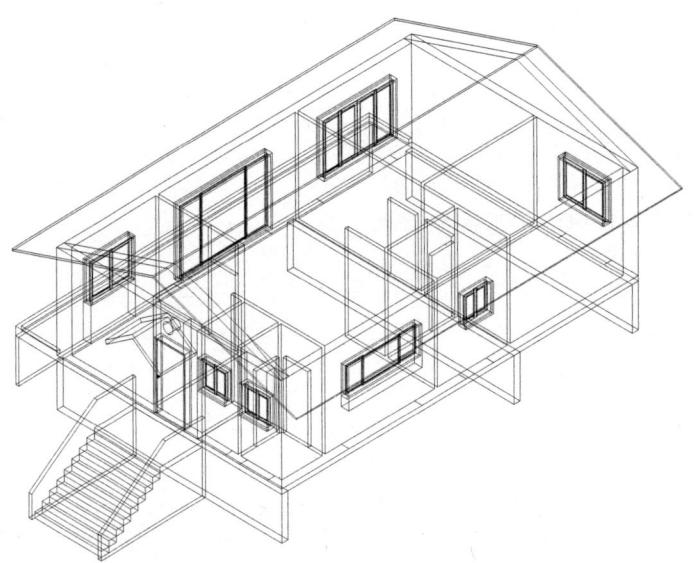

(25) 지붕의 천창을 그리기 위해 정면도에서 천창을 불러와 다음과 같이 정리한다.

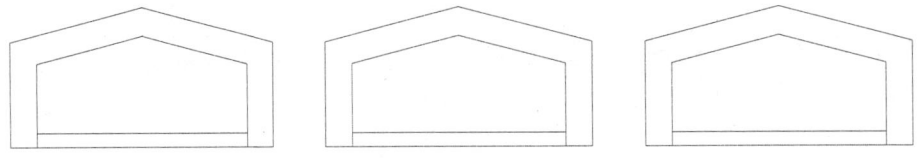

(26) Rectangle, Extrude, Box, Copy, Subtract, Slice 명령과 UCS를 이용하여 다음과 같이 만든다.

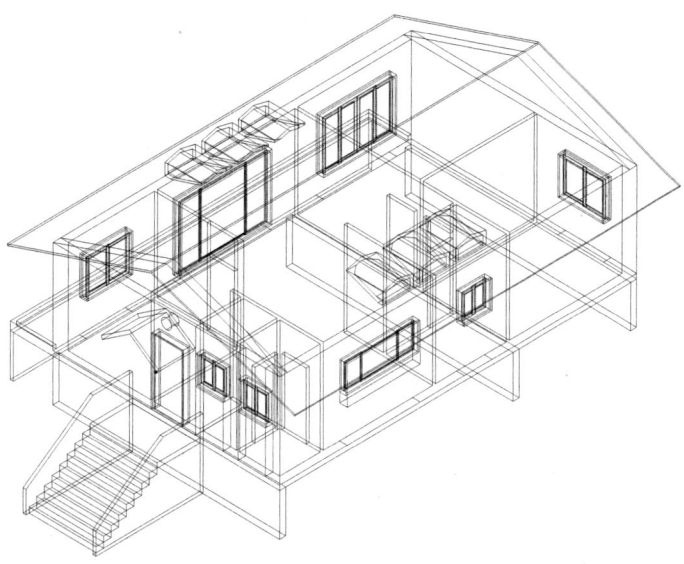

(27) Extrude, Copy, Subtract, 3DArray 명령과 UCS를 이용하여 다음과 같이 테라스의 난간을 만든다.

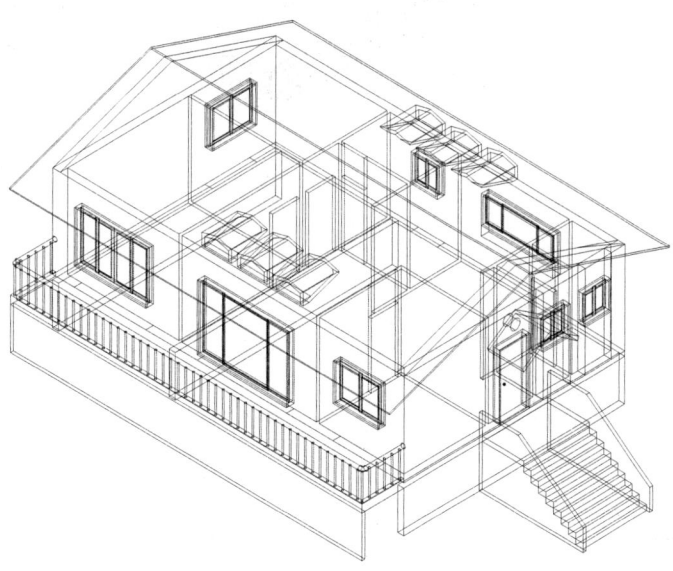

(28) 도면을 확인한 후, 저장한다.

Command : HIDE ↵

Command : SAVE ↵
[파일 이름(N) :] 주택 모델링.dwg
[저장]

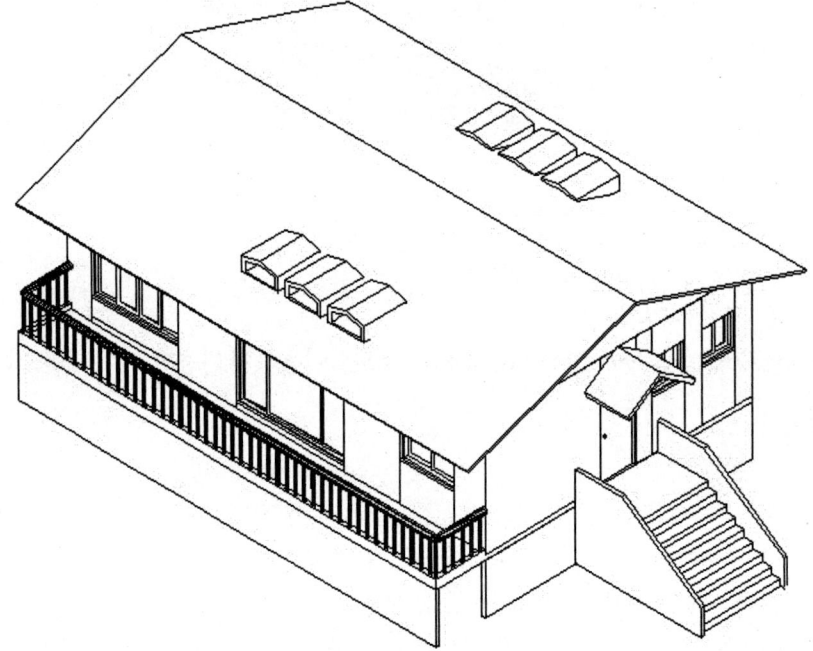

Part 5

환경설정 및 활용

제1장 AutoCAD 환경 설정
제2장 도면의 크기와 선의 축척
제3장 AutoLISP
제4장 AutoCAD 단축키 만들기
제5장 이렇게 해결하세요
제6장 AutoCAD에서 포토샵으로 파일변환

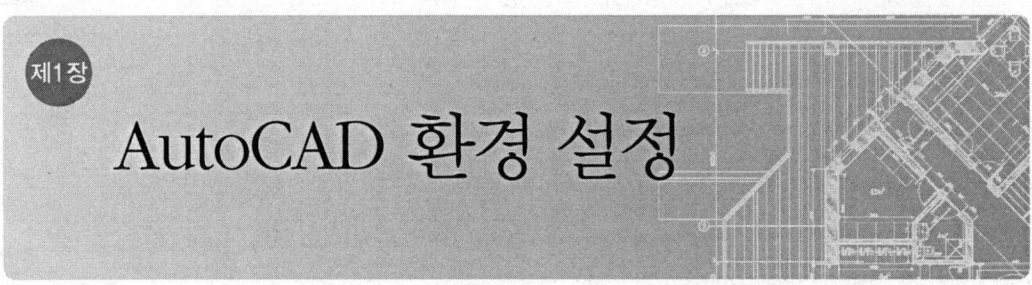

AutoCAD 환경 설정

1 OPTIONS(환경 설정)

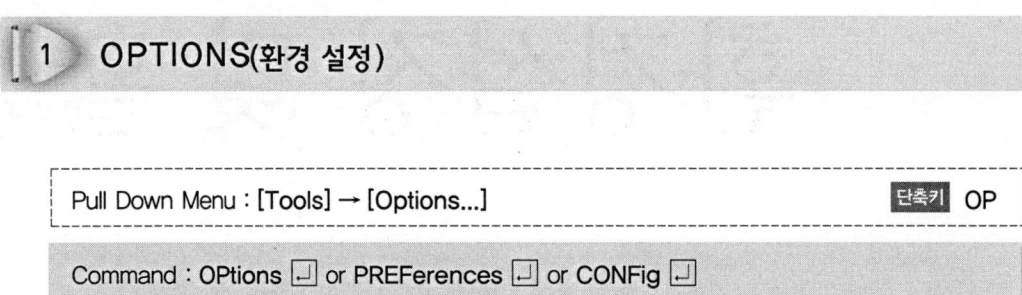

AutoCAD 2012의 초기화면, 바탕화면 색상, 커서 모양, 선택방법 등 다양한 요소들을 사용자의 취향이나, 용도에 맞게 설정, 변경할 수 있다.

1-1 Files(파일)

- AutoCAD 2012의 각종 파일의 경로를 설정한다.

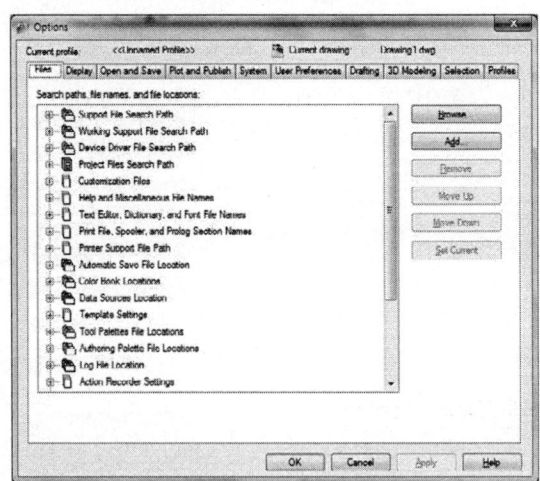

- 현재 파일 Path에 경로를 추가하고 싶으면 원하는 옵션을 클릭하거나, ⊞ 기호를 클릭한 후, [Add...]를 선택한다.
- [Browse...]는 원하는 경로를 찾고 싶을 때 사용한다.
✔ AutoCAD 2012의 초기화면이 표준화면이 아닐 경우는 [Search paths] 의 [Customization Files] 클릭

　→ [Main Customization File]

　→ [➡]를 더블 클릭

　→ acad.CUIX 클릭

　→ [Open] 클릭하면 된다.

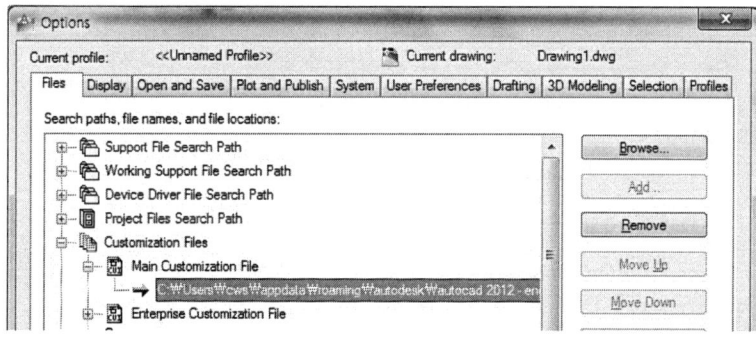

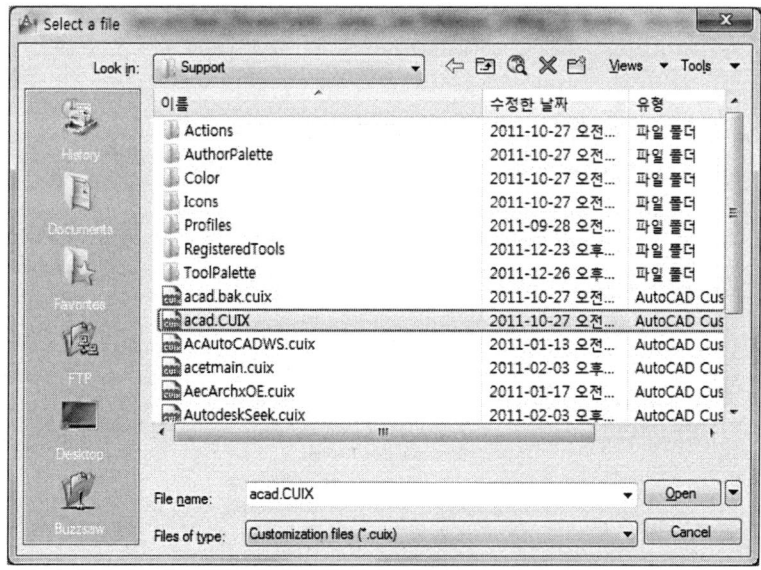

1-2 Display(화면설정)

화면의 색상, Screen 메뉴의 설정, Scroll bar 보기, 해상도, 커서십자 크기, 등을 설정할 수 있다.

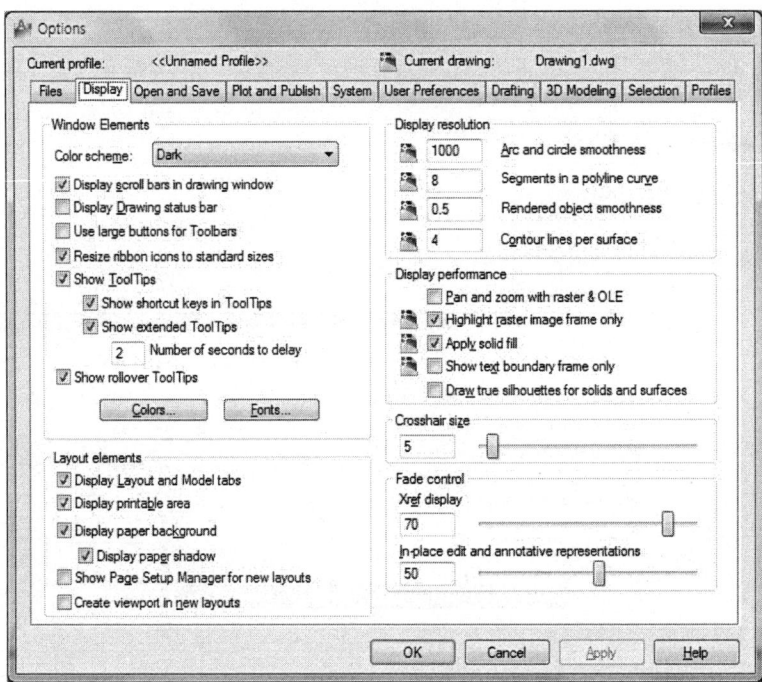

(1) Window Element(화면색상, 폰트, 화면구성요소 설정)

- Display scroll bars in drawing windows : 화면의 스크롤바 표현 여부를 제어한다.
- Display Drawing status bar : 화면 하단에 작업면 상태바를 제어한다.
- Display screen menu : 스크린 메뉴의 표현 여부를 제어한다.
- Use large buttons for Toolbars : 도구막대에 큰버튼을 사용한다.
- Resize ribbon icons to standard sizes : 리본아이콘을 표준크기로 크기조정한다.
- Show ToolTips : 툴팁을 표시한다.
- Show rollover ToolTips : 롤오버툴팁을 표시한다.
- [Colors...] 버튼을 클릭하면 작업영역·text window의 화면색을 설정할 수 있다.
- [Fonts...] 버튼을 클릭하면 글자체 스타일 및 크기를 설정할 수 있다.

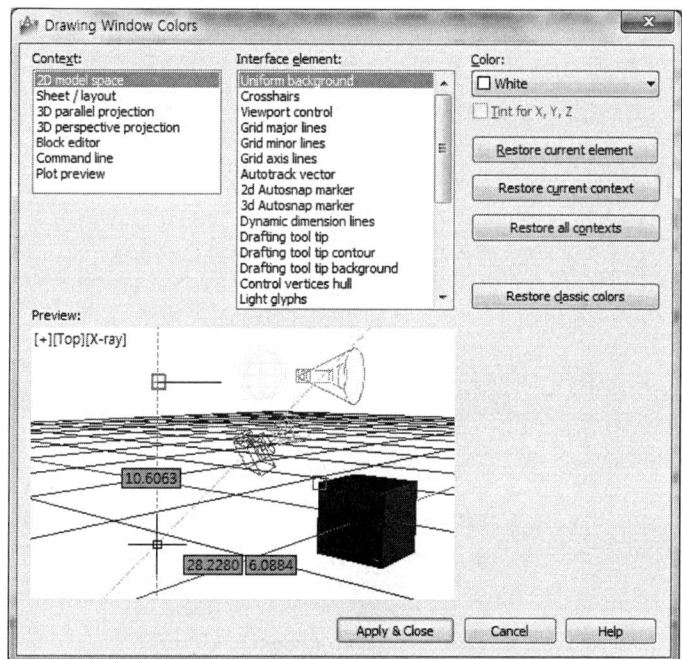

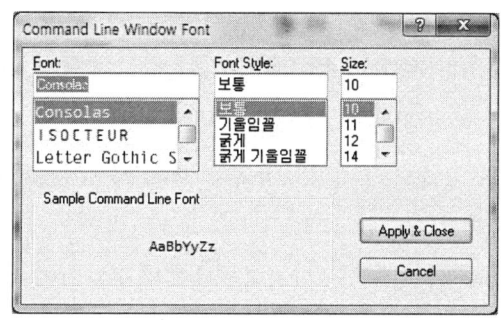

(2) Display resolution(화면 해상도 설정)

```
Display resolution
  1000    Arc and circle smoothness
  8       Segments in a polyline curve
  0.5     Rendered object smoothness
  4       Contour lines per surface
```

- Arc and circle smoothness : 호나 원의 부드러운 정도를 제어한다.

  (0~20,000) 초기값 : 100

- Segments in a polyline curve : 곡선 폴리라인의 구성 개수를 제어한다.

  (-32767~32767) 초기값 : 8

- Rendered Object smoothness : Shade와 Render 명령 사용시 객체의 부드러운 정도를 제어한다.

  (0.1~10) 초기값 : 0.5

- Contour lines per surface : Solid 객체표면의 구성 개수를 제어한다.

  (0~2047) 초기값 : 4

(3) Layout elements(화면배치요소 설정)

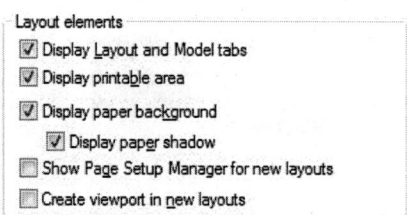

- Display Layout and Model tabs : 화면 좌측 하단의 모델영역(Model space)과 종이영역(Paper space-layout1, layout2)의 표현여부를 설정한다.
- Display printable area : 종이영역에서의 출력가능부분을 점선으로 표시여부를 제어한다.
- Display paper background : 종이영역에서의 배경의 표시여부를 제어한다.

- Display paper shadow : 종이영역에서 종이의 그림자 표시여부를 제어한다.
- Show Page Setup Manager for new layouts : 새 layout을 만들 때 화면설정 대화상자의 표시여부를 제어한다.
- Create viewport in new layouts : 새 layout을 만들 때 viewport의 생성여부를 제어한다.

(4) Display performance(화면 디스플레이 성능 설정)

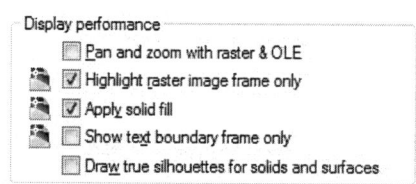

- Pan and zoom with raster & OLE : 그림파일을 raster image... 명령으로 불러와서 Zoom 기능을 실행시킬 때 그림파일의 이미지를 원래대로 보이도록 설정한다.
- Highlight raster image frame only : 그림파일의 외곽선을 점선으로 표현할 것인지, 영역을 해칭으로 표현할 것인지를 제어한다.
- Apply solid fill : 두께를 가진 객체의 내부를 채울것인지를 제어한다.
- Show text boundary frame only : 문자를 외곽프레임만 보여줄 것인지를 제어한다.
- Draw true silhouettes for solids and surface : 3차원의 표면을 wireframe으로 보여줄 것인지 True color로 보여줄 것인지를 제어한다.

(5) Crosshair size(커서 십자 크기)

- 커서의 십자 크기를 조절한다.

(6) Fade control(참조 도면의 명암조절)

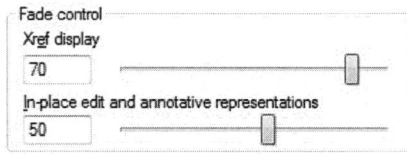

- 참조도면의 명암을 조절한다.

1-3 Open and Save(파일 열기와 저장)

파일의 저장과 외부참조 도면에 관한 사항들을 설정할 수 있다.

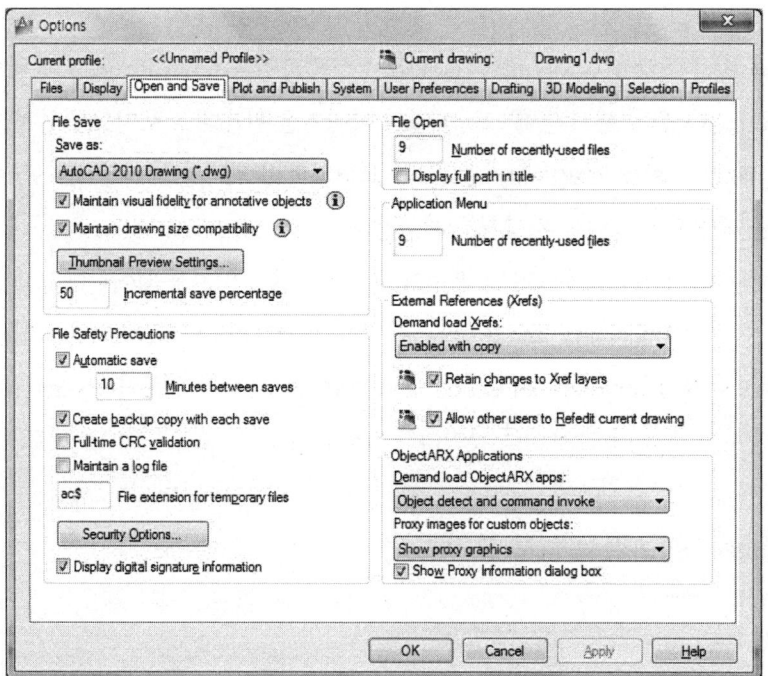

(1) File Save(파일 저장)

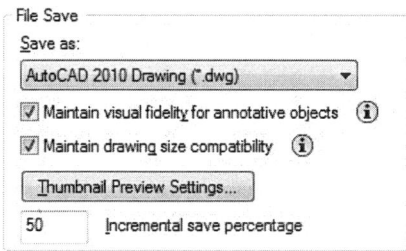

- Save as : 파일을 저장할 포맷을 설정한다.
- Thumbnail preview settings : 파일을 저장할 때 미리보기 이미지를 저장한다.
- Incremental save percentage : 파일에 함유된 불필요한 도면 데이터량을 제어한다.

(2) File Safety Precautions(파일안전 예방수단에 관한 설정)

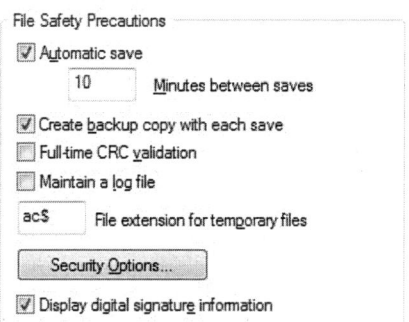

- Automatic save : 자동저장 시간을 설정한다.
- Create backup copy with each save : 파일을 저장할 때 백업파일을 만들 것인지 여부를 제어한다.
- Full-time CRC validation : 불러오는 도면 파일의 문제점을 체크해서 보여줄 것이지를 제어한다.
- Maintain a log file : 저장 파일에 대한 기록파일(확장장 *.log)을 만들 것인지를 체어한다.
- File extension for temporary files : 자동 저장되는 파일의 확장자를 설정한다.

- Security Options : 문서의 암호를 설정한다.

(3) External References(외부참조 파일에 관한 설정)

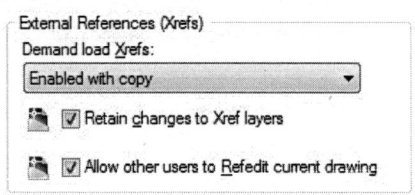

- Demand load Xrefs : 외부참조 도면을 불러오기를 가능(Enable), 불가능(Disable)하게 하거나, 복사본을 불러올 것(Enable with copy)인지를 제어한다.
- Retain changes to Xref layers : 외부참조 도면의 레이어의 특성을 유지할 것인지의 여부를 제어한다.
- Allow other users to Refedit current drawing : 현재 도면이 다른 사용자가 편집할 수 있게 할 것인지를 제어한다.

(4) ObjectARX Application

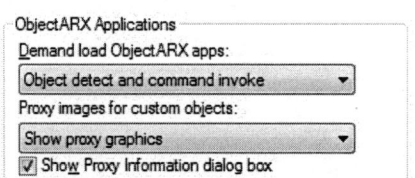

- Demand load ObjectARX apps : 응용프로그램에서 만들어진 객체를 편집할 때 응용프로그램을 실행할 것인지를 제어한다.
- Proxy image for custom objects : Proxy image의 표시여부를 제어한다.
- Show Proxy Information dialog box : Proxy image를 열 때 Proxy image 정보를 표시할 것인지를 제어한다.

1-4 User Preferences(사용자 선택사항)

윈도우 표준 동작, 객체의 단위, 좌표의 우선순위, 객체의 분류방법 등을 설정할 수 있다.

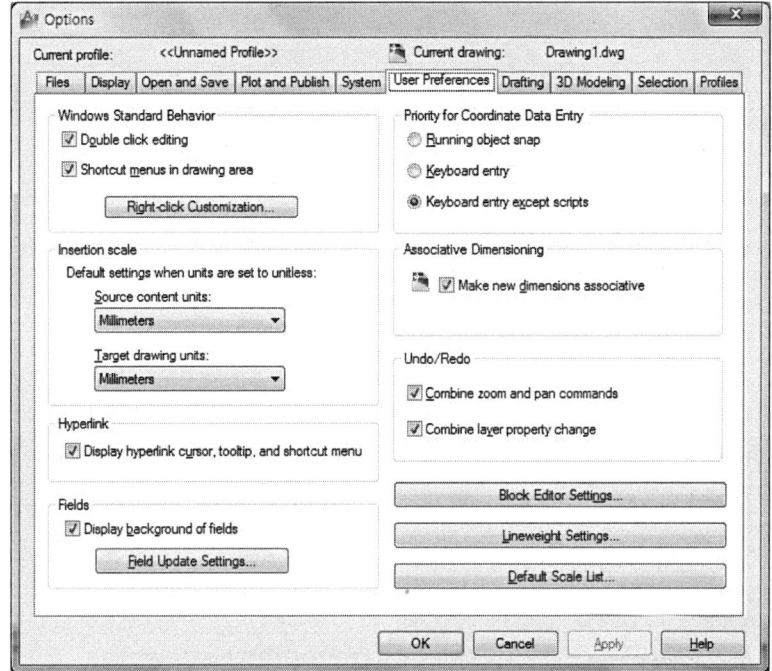

(1) Windows Standard Behavior(윈도우 표준 동작 설정)

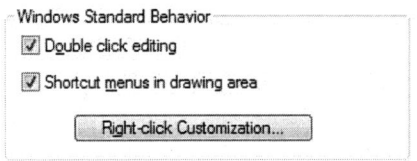

- Double click editing : 더블클릭으로 수정할수 있도록 제어한다.
- Shortcut menus in drawing area : 도면 영역에서 단축메뉴의 사용여부를 제어한다.
- Right-click Customization... : 마우스 오른쪽 버튼의 기능에 대한 사항을 설정한다.

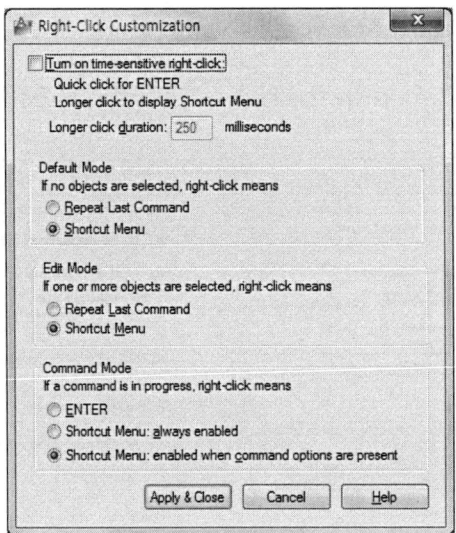

- Default Mode : 선택된 객체가 없을 경우의 마우스 오른쪽 버튼의 기능 설정
- Edit Mode : 선택된 객체가 한 개 이상일 경우의 마우스 오른쪽 버튼의 기능 설정
- Command Mode : 명령어를 실행 중일 때 경우의 마우스 오른쪽 버튼의 기능 설정

(2) Prioty for Coordinate Data Entry(좌표값의 우선순위 설정)

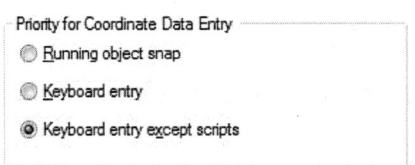

- Running object snap : Osnap 설정값을 우선한다.
- Keyboard entry : Keyboard 입력값을 우선한다.
- Keyboard entry except scripts : 스크립트를 제외한 Keyboard 입력을 우선한다.

(3) Insertion scale(삽입객체 단위 설정)

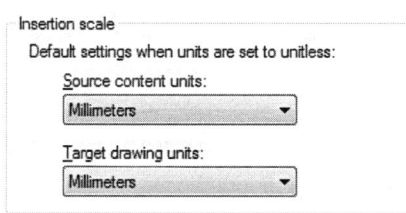

- Source content units : 원본의 단위를 설정한다.
- Target Drawing units : 특정 도면의 단위를 설정한다.

(4) Associative Dimensioning(치수 자동 갱신)

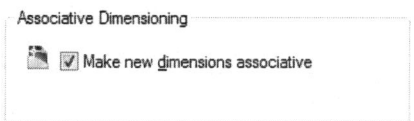

- Make new dimensions associative : dimension을 유기적으로 연결시켜서 객체들의 변화에 해당하는 dimension을 자동으로 갱신시킨다.

(5) Hyperlink(하이퍼링크에 관한 설정)

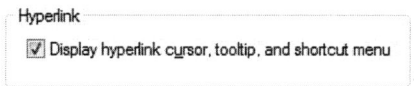

- Display hyperlink cursor, tooltip, and shortcut menu : 하이퍼링크 커서, 위치(tooltip)와 단축메뉴를 보여준다.

(6) Lineweight Settings(선두께 설정)

버튼을 클릭하면 선두께를 설정하는 대화상자가 나타난다.

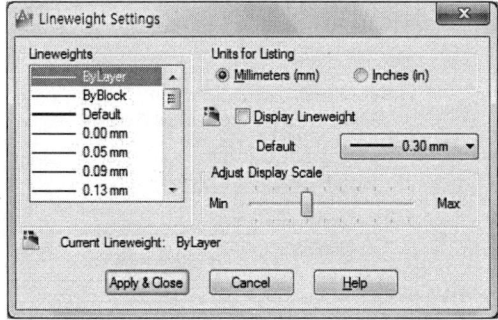

- Lineweights : 도면에서 그릴 때 사용되는 선의 두께를 설정한다.
- Units for Listing : 선두께의 단위를 설정한다.
- Display Lineweight : 화면에 디스플레이 되는 선의 두께를 설정한다.
- Adjust Display Scale : 화면에 디스플레이 되는 선의 축척을 설정한다.

1-5 Drafting(제도에 관한 설정)

자동스냅, 각도 추적선, 좌표설정방법, 자동스냅 마커 크기, 조준창 사각박스의 크기 등을 설정할 수 있다.

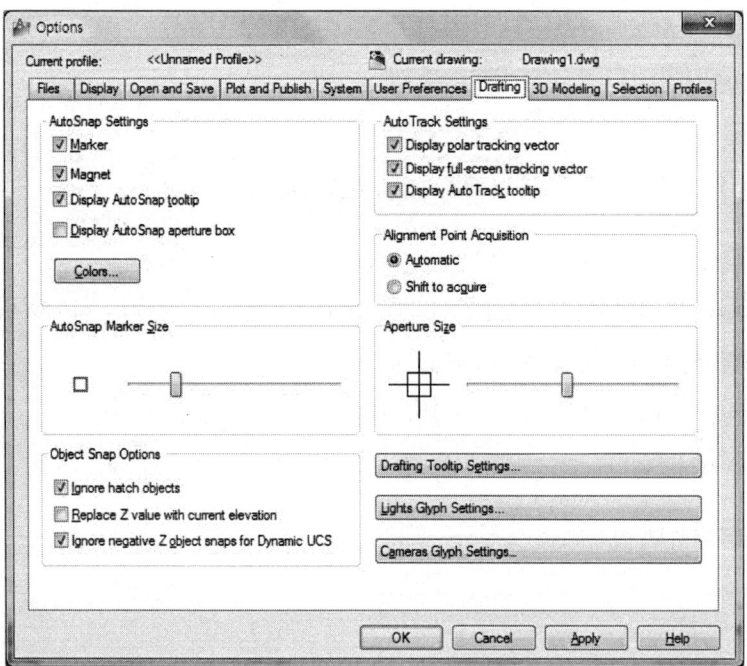

(1) Autosnap Settings(자동스냅 설정)

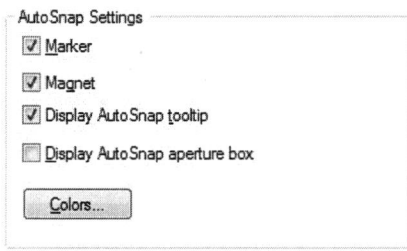

- Marker : Osnap Mode의 마커를 표시할 것인지의 여부를 제어한다.
- Magnet : 가장 가까운 Osnap 포인트에 마커를 고정할 것인지의 여부를 제어한다.
- Display AutoSnap tooltip : Osnap Mode의 이름을 마커 옆에 표시한다.
- Display AutoSnap aperture box : 커서의 가운데 사각박스를 Osnap 박스로 표시한다.
- Colors... : Osnap 마커의 색상을 제어한다.

(2) AutoTracking Settings(자동추적선 설정)

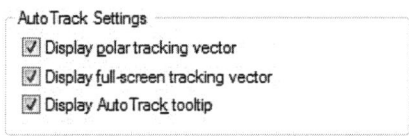

- Display polar tracking vector : 0°45°90° 등의 각도의 추적선을 나타낸다.
- Display full-screen tracking vector : 추적선을 Xline처럼 무한한 길이로 보여준다.
- Display AutoTrack tooltip : 추적선에 대한 길이와 위치 등의 정보를 표시해 준다.

(3) Alignment Point Acquisition(추가 좌표 설정)

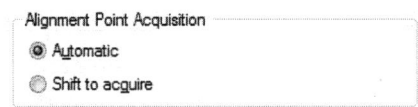

- Automatic : 자동으로 추가좌표가 표시된다.
- Shift to acquire : Shift key를 누르면 추가좌표가 표시된다.

(4) AutoSnap Marker Size(스냅 마커 크기 설정)

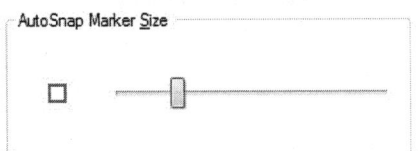

- Osnap 마커의 크기를 설정한다.

(5) Aperture Size(조준창 사각박스 크기 설정)

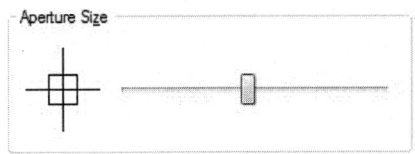

- 조준창 사각박스의 크기를 설정한다.

1-6 Selection(객체 선택에 관한 설정)

객체 선택방법, 객체선택박스의 크기, 그립에 관한 사항 등을 설정할 수 있다.

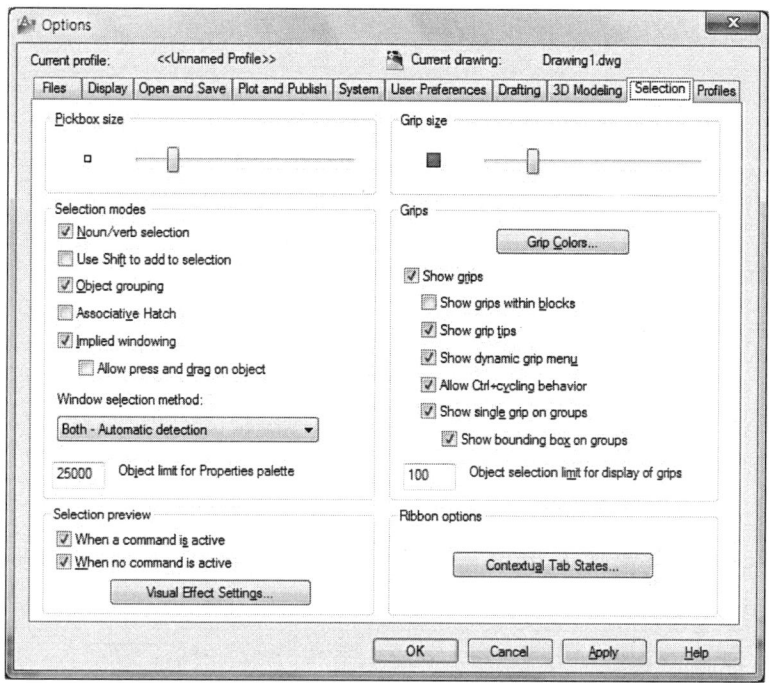

(1) Pickbox Size(객체선택박스 크기 설정)

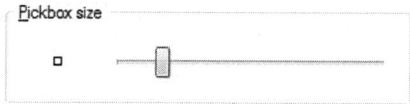

- 객체 선택박스의 크기를 설정한다.

(2) Grip Size(그립 크기 설정)

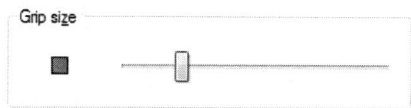

- 그립기능 사용시 나타나는 그립의 크기를 설정한다.

(3) Selection Modes(객체선택방법 설정)

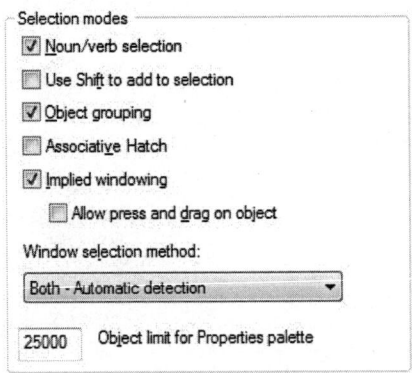

- Noun/verb selection : 명령어 실행과 객체선택을 순서에 상관없이 행하도록 하는 것을 결정한다.
- Use Shift to add to selection : 객체를 추가 선택할 경우 Shift key를 누른 상태에서만 가능하도록 결정한다.
- Press and drag : Window나 Crossing으로 객체 선택시 마우스를 누른 상태로 드레그 해야 객체가 선택된다.
- Implied windowing : Window나 Crossing으로 객체 선택시 'W' 나 'C' 의 입력없이도 객체가 선택되도록 한다.
- Object grouping : 그룹으로 설정된 객체 중 한 개의 객체만 선택해도 객체 전체가 선택 되도록 한다.
- Associative Hatch : 해치를 선택하면 경계선까지 선택된다.

(4) Grips(그립에 관한 설정)

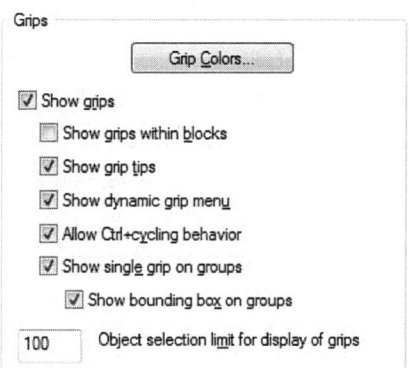

- Unselected grip color : 선택되지 않은 그립의 색상을 제어한다.
- Selected grip color : 선택된 그립의 색상을 제어한다.
- Hover grip color : 탐색중인 그립의 색상을 제어한다.
- Enable grips : 그립을 이용해서 편집이 가능하도록 한다.
- Enable grips within blocks : 블록 안에서도 그립의 편집이 가능하도록 한다.
- Object selection limit for display of grips : 그립으로 선택이 가능한 객채수를 설정한다.

2 AutoCAD상의 Cursor 크기 조절법

2-1 Crosshair Size(십자커서 크기)

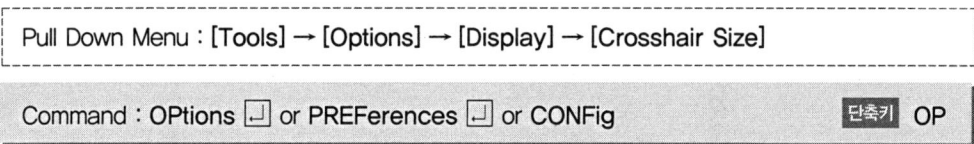

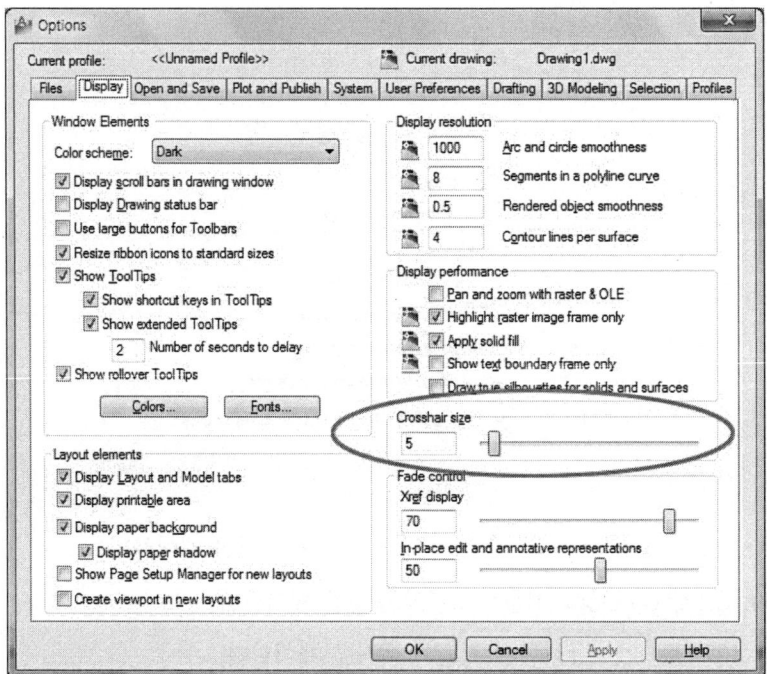

- "0"이면 화면상에 거의 나타나지 않고, "100"이면 화면상에 전체적으로 나타난다.

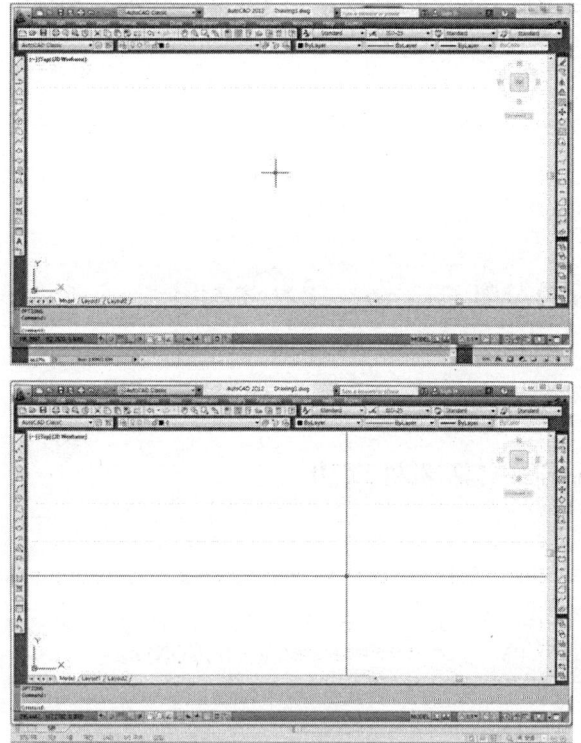

2-2 Pickbox Size(선택박스 크기)

Pull Down Menu : [Tools] → [Options] → [Selection] → [Pickbox Size]

Command : DDSEelect ↵

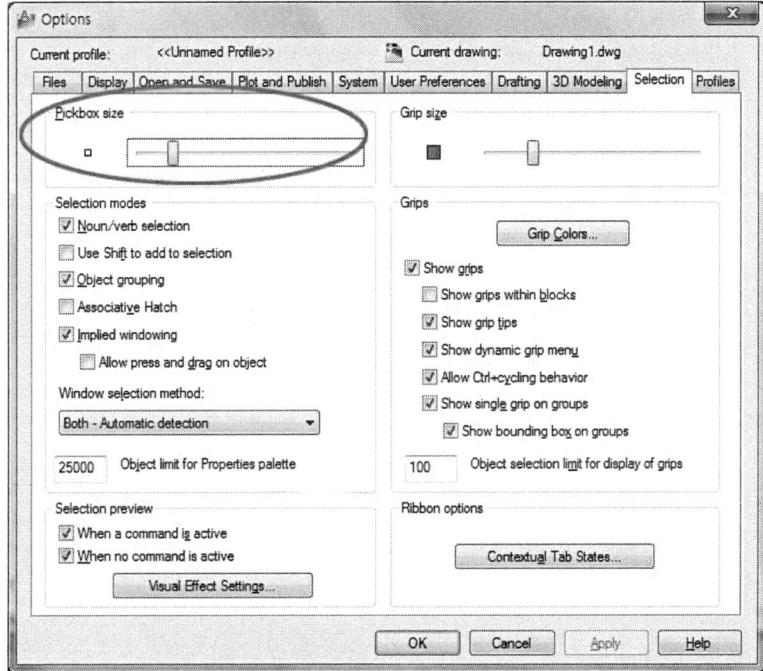

2-3 Aperture Size(조준창 크기)

Pull Down Menu : [Tools] → [Options] → [Drafting] → [Aperture Size]

Command : Osnap ↵ → [Options]

2-4 Osnap Maker(오스냅 마커 크기)

Pull Down Menu : [Tools] → [Options] → [Drafting] → [AutoSnap Marker Size]

Command : Osnap ↵ → [Options]

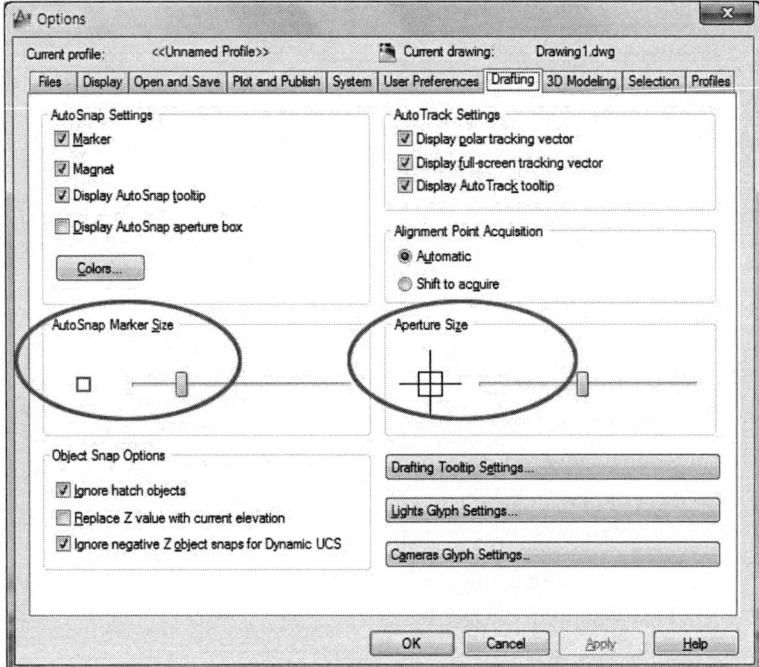

3 Tool Palettes의 사용법

3-1 Tool Palettes

Pull Down Menu : [Tools] → [Palettes] → [Tool Palettes]   단축키 Ctrl+3

블록과 해치를 포함하는 도면작업 컨텐츠를 쉽게 사용할 수 있는 팔레트이다. 사용자는 도구 팔레트에 저장과 동시에 각종 컨텐츠를 디자인 작업에 삽입하여 사용할 수 있다. 도구팔레트는 다른 대화상자와는 다르게 모델리스 대화상자 형태로 제공하여 편리하게 사용할 수 있다. 모델리스 대화상자는 대화상자가 열려있더라도 다른 작업을 할 수 있는 환경을 제공한다. AutoCAD 2006에서부터 새롭게 제공하는 모델리스 대화상자은 자동숨기기, 고정, 스크롤 그리고 탭선택의 기능을 가지고 있다. 또한 도구팔레트를 수정하여 심볼, 해치 등을 추가할 수 있다.

 모델리스 대화상자(modeless dialog boxes)란?

일반적으로 어떤 대화상자가 열렸을 때 이 대화상자를 닫지 않으면 이후 작업을 할 수 없도록 되어 있다. 이러한 형식의 대화상자를 모달 대화상자(예, 도면층 대화상자의 경우 이 대화상자에서 어떤 선택을 한후 확인버튼으로 대화상자를 닫지 않으면 도면작업을 할 수 있다.) 라고 하는데 이에 반해 대화상자가 열려 있는 상태에서도 이후 작업을 할 수 있는 대화상자를 모델리스 대화상자라 한다. 모델리스 대화상자의 예는 2000버전부터 등장한 디자인센터, 특성 대화상자 등이 있다.

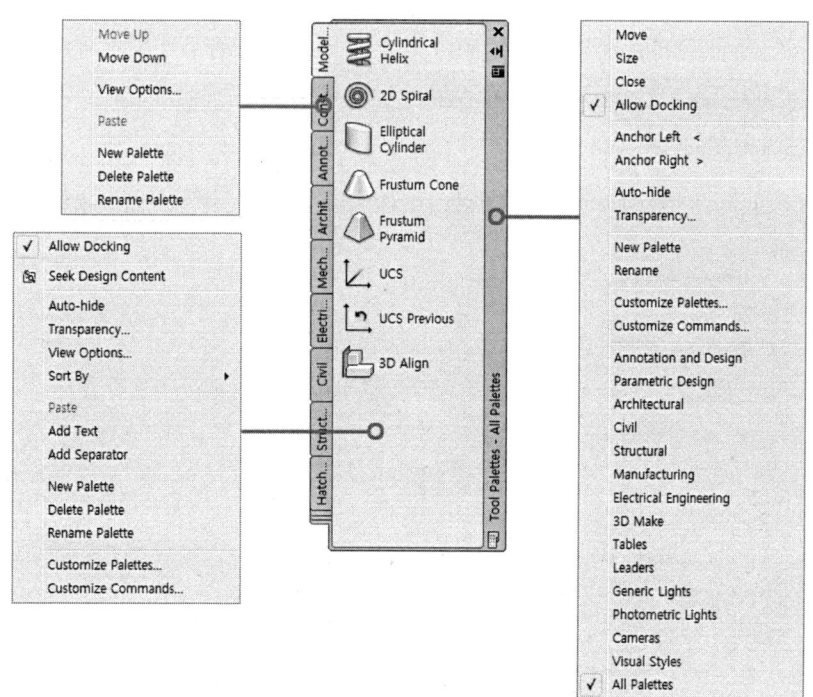

(1) View option

[뷰 옵션] 은 도구의 모양을 수정하여 개인의 사용 환경에 맞출 수 있게 해준다. 자세한 도구 설명은 새 도구를 쉽게 이용 할 수 있게 해준다. 도구에 익숙해지면 단순화된 도구 아이콘 디스플레이로 전환하도록 화면 속성을 저장할 수 있습니다.

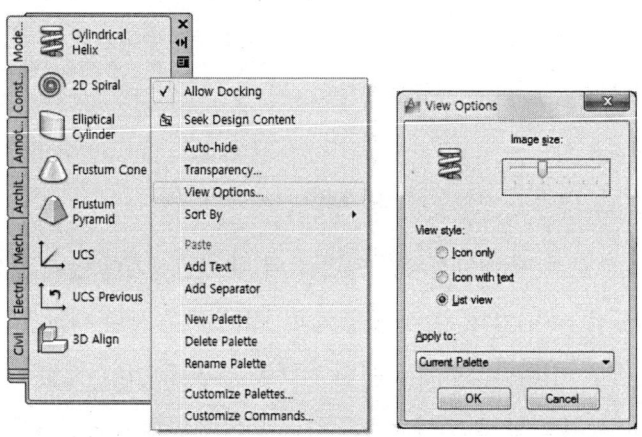

(2) 컨텐츠 추가

독자적인 도구 팔레트 작성이 용이하며 가장 자주 이용되는 블록과 해치 패턴에 넣을 수 있다. 도구 팔레트 탭에서 원하는 만큼의 도구 팔레트를 첨가할 수 있다.

도구 팔레트의 순서를 바꿀 수 있으며 기존 도구 팔레트의 이름 바꾸기 또는 삭제를 할 수 있으며 다른 시스템에 쓰이는 도구 팔레트 구성의 "가져오기"와 "내보내기"도 할 수 있다.

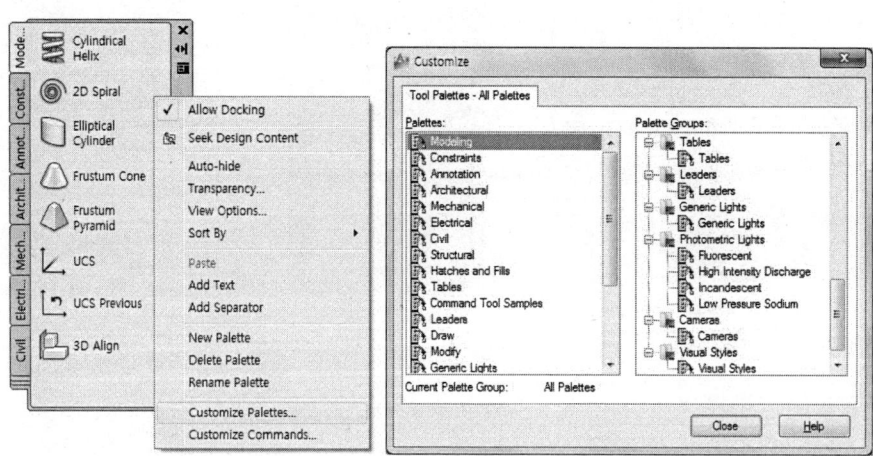

자주 사용하는 블록과 해치 패턴을 디자인 센터에서 끌어놓기 방식으로 손쉽게 첨가할 수 있다.

(3) 자동숨김

자동숨김(Auto-hide) 기능으로 가끔 사용하는 도구들의 손쉬운 접근을 유지하는 한편 디자인과 제도의 화면 영역을 확대 할 수 있다. 커서를 최소화된 타이틀 바 와 전체 대화 상자 디스플레이 위에 단지 올려놓기만 하면 된다. 커서가 대화 상자에서 떨어지자마자 자동적으로 최소화 된다. 고정핀은 모델리스 대화상자의 펼쳐진 상태를 유지하며 가장 많이 사용되는 도구 팔레트를 항상 확장시켜 언제든지 접근할 수 있게 한다.

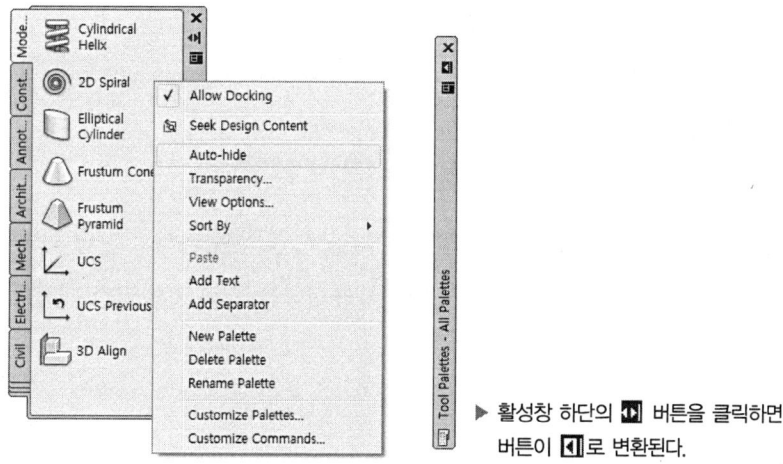

(4) 투명도

투명도는 도구 팔레트 아래에 있는 도면 내용을 볼 수 있게 해준다.
또한 AutoCAD 명령창에 투명도를 적용 할 수 도 있다.
모델리스 대화상자의 각 투명도 단계는 완전 불투명에서 간신히 보이게 하는 정도까지 조절할 수 있고 간단히 한번의 클릭으로 투명도 끄기를 할 수 있어 시스템의 향상된 디스플레이 성능을 제공한다.

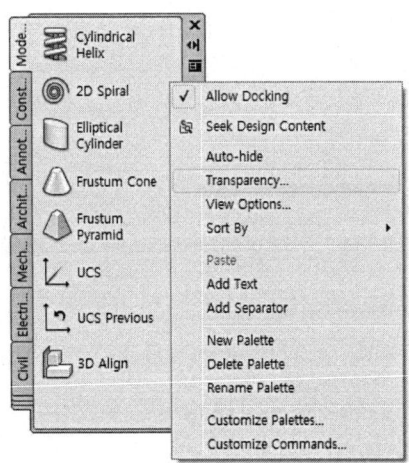 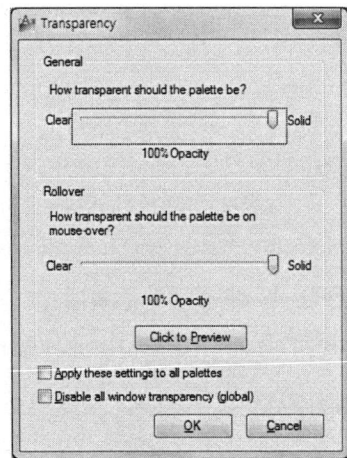

(5) 컨텐츠 스크롤 검색

모델리스 대화 상자에서 한 페이지의 내용이 너무 많아서 한꺼번에 다 보이지 않는다면, 스크롤 막대가 대화상자의 가장자리 가까운 곳에 자동으로 나타난다.

스크롤 막대를 사용하여 위아래로 검색 하거나 손 모양의 커서로 간단히 화면이동을 할 수 있다. 목차 스크롤은 도구의 손쉬운 접근을 유지하는 한편 모델리스 대화상자의 크기조절과 화면 속성 증대를 할 수 있게 한다.

(6) 고정(Docking)

모델리스 대화상자의 Docking 기능을 설정해두면 대화상자가 화면을 이동함에 따라 해당 위치에 맞게 형태가 자동으로 변화하면서 고정된다. Docking 기능을 설정해두지 않으면 모델리스 대화상자는 화면의 어느 위치에 있든지 대화상자의 형태로 존재한다.

AutoCAD 환경 설정

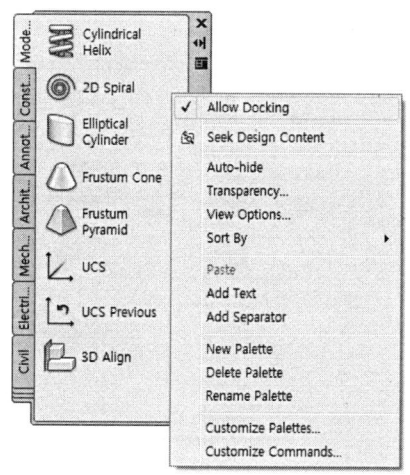

4 DesignCenter 사용법

4-1 DesignCenter

Pull Down Menu : [Tools] → [Palettes] → [DesignCenter]   단축키 Ctrl+2

AutoCAD 2006 버전 이후에서부터 DesignCenter는 자동 숨김 및 고정 기능을 포함하여 모델리스 대화상자에서 사용가능한 일부 새로운 기능을 활용할 수 있도록 재설계되었다. 네 개의 탭에서 폴더에 대한 빠른 접근, 도면열기, 내역 및 새로운 DesignCenter Online을 제공한다.

DesignCenter 기능을 사용하여 컨텐츠에 접근하고 블록 라이브러리를 기반으로 하는 도구 팔레트를 빠르게 작성할 수 있다. 파일 또는 파일의 디렉토리를 기반으로 하여 한번의 클릭으로 도구 팔레트를 작성할 수 있다.

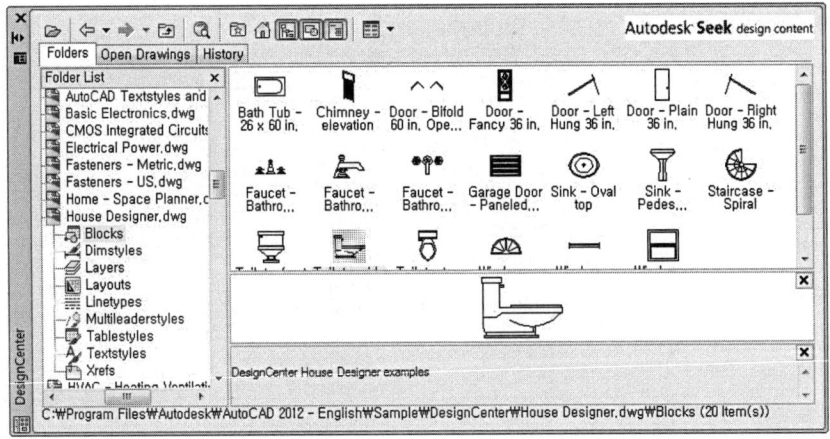

5 Layout 사용법

5-1 Layout 사용법

Layout space는 Model space에서 제작된 도면을 출력하기 위해 여러 가지 모양으로 적절하게 배치하는 공간이다. Layout space를 사용하면 제작된 도면의 내용을 보다 쉽게 전달할 수 있다.

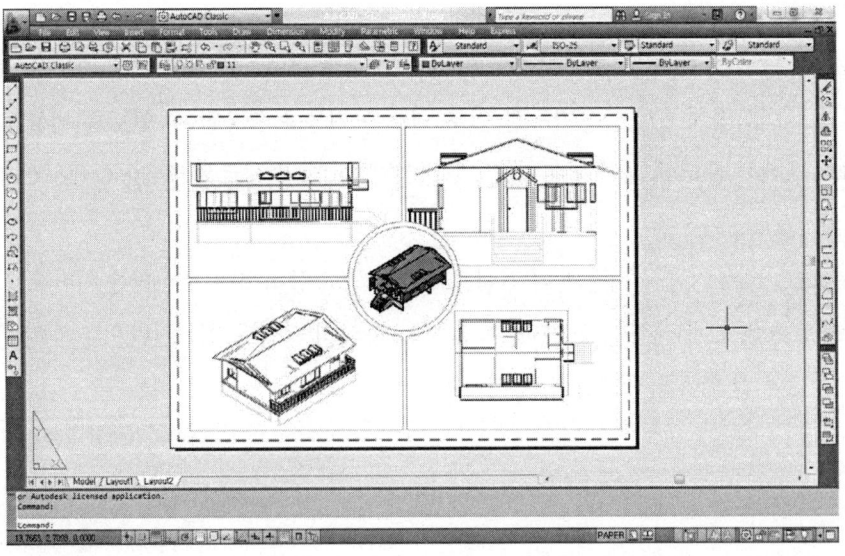

(1) Vports 명령을 이용한 화면 분할

Vports는 한 개의 화면에 여러 가지 뷰를 제공하는 명령으로 Model space와 Layout space에서 모두 사용이 가능하다.

① 먼저 Layout1 탭을 눌러서 기본적으로 보이는 배치선을 삭제한다.

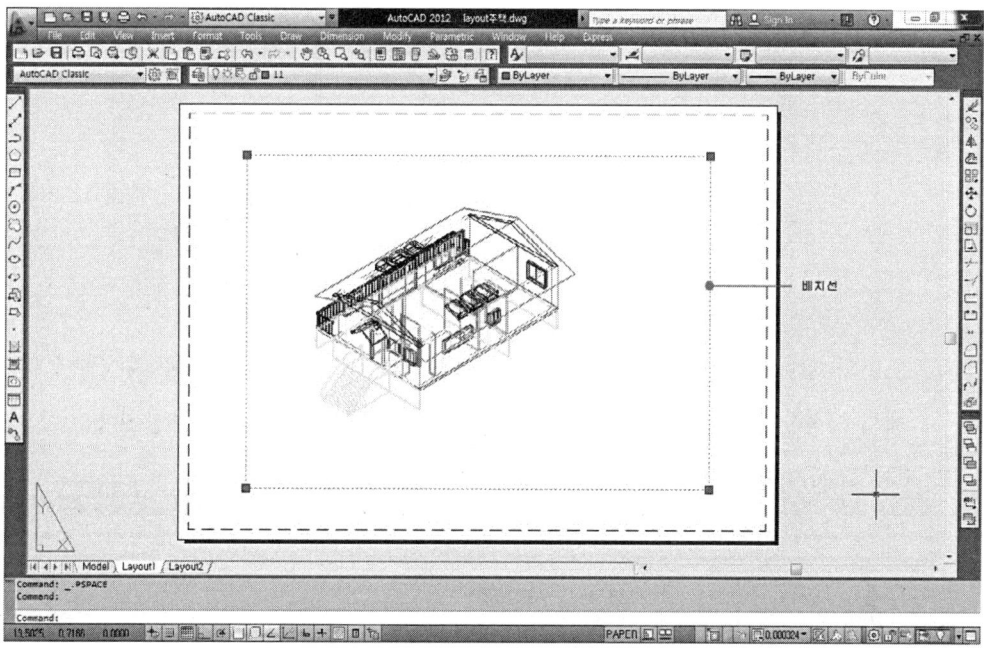

② 화면분할을 위해 Vports 명령으로 분할할 화면배치 모양을 선택한다.

Command : Vports ↵

    Standard viewports : Three : Right 선택

    → Setup : 3D 설정

    → Preview : Top View, Front View, SE Isometric View 를 선택

    → [OK] 버튼을 클릭

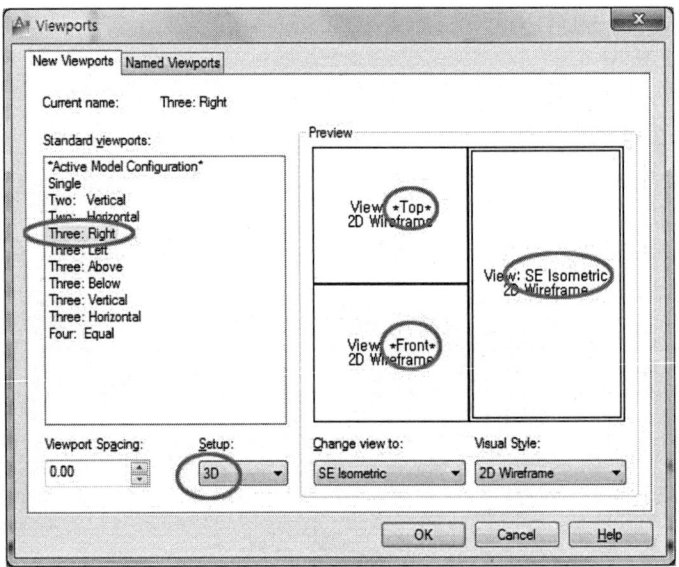

③ 도면의 배치영역을 지정하기 위해 도면출력영역 내부에 배치영역을 지정한다. 전단계에서 지정한 Top View, Front View, SE Isometric View로 Layout이 설정된다.

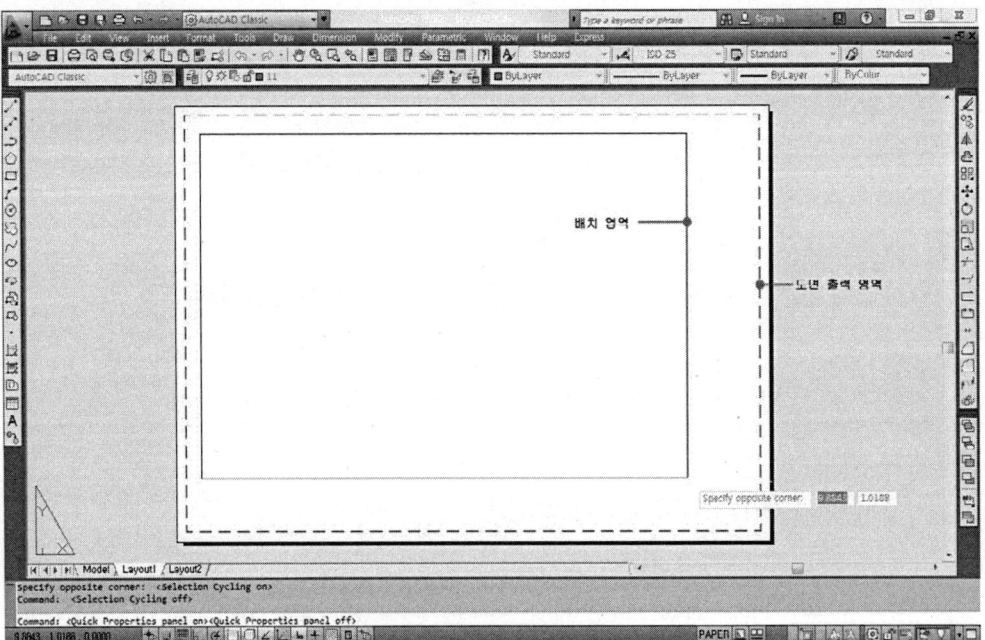

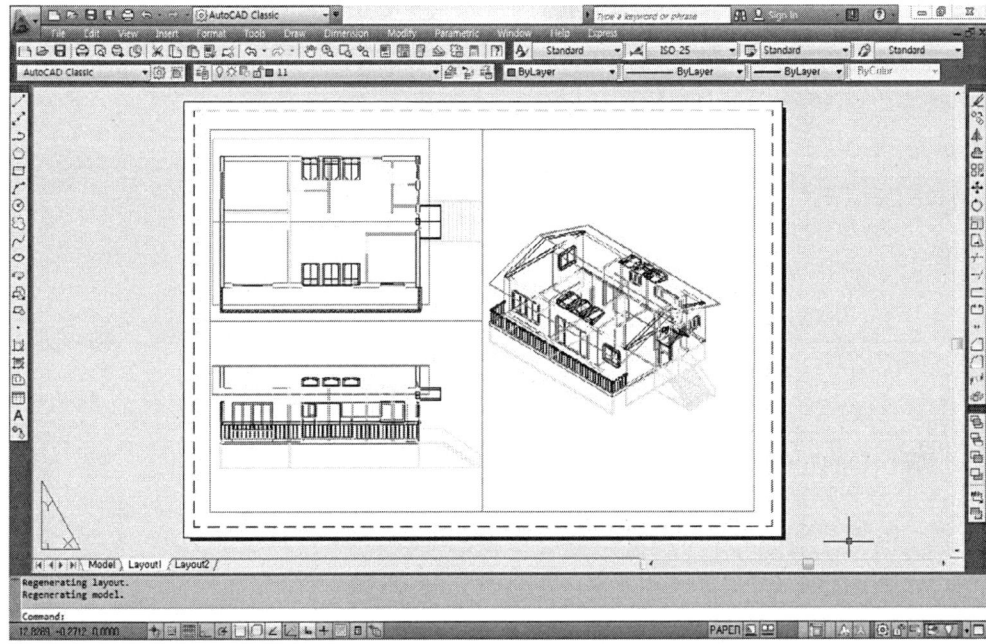

④ 각 화면 뷰에서 명령을 실행하고자 하는 경우에는 해당 View 화면에 마우스를 더블클릭 하면 View테두리가 두꺼운 선으로 변화된다.

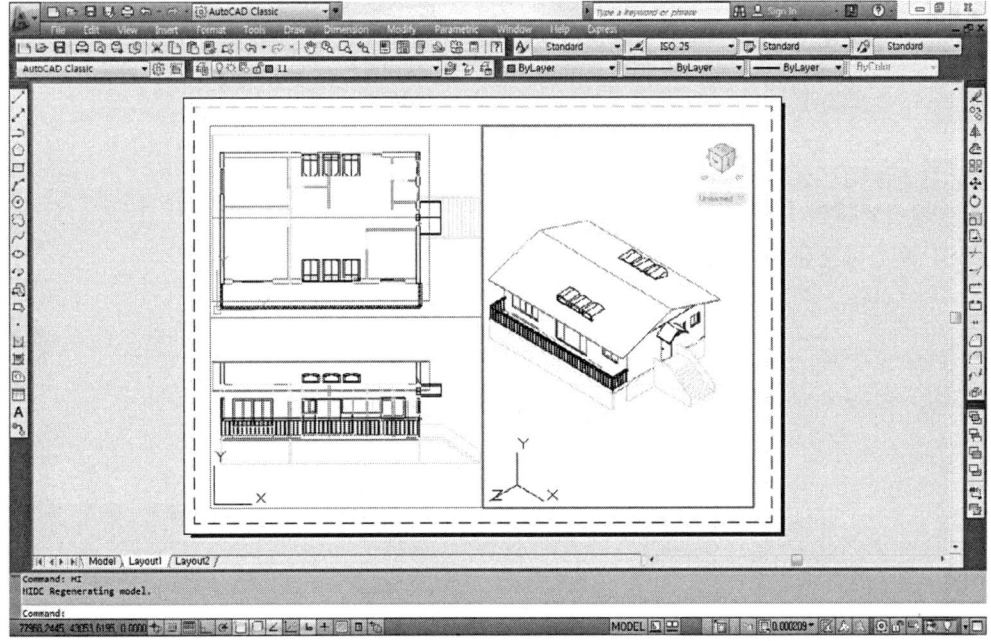

(2) MVIEW 명령을 이용한 뷰포트 생성

Mview 명령은 Layout space에서 새로운 뷰포트를 생성하는 명령이다.

```
Command : MVIEW ↵                                          단축키  MV
Specify corner of viewport or
[ON/OFF/Fit/Shadeplot/Lock/Object/Polygonal/Restore/LAyer/2/3/4] 〈Fit〉：
화면의 좌측상단과 우측하단 클릭
```

OPTION

- ON : 뷰포트 내부의 도면을 보이게 한다.
- OFF : 뷰포트 내부의 도면을 보이지 않게 한다.
- Fit : 인쇄영역과 동일한 크기의 뷰포트가 생성된다.
- Shadowplot : 3D 객체 출력시 음영처리해서 출력하게 한다.
- Lock : 뷰포트 내부의 축척을 고정시킨다.
- Object : 일반 객체(닫혀진 폴리라인 종류만 가능)를 뷰포트로 변환한다.
- Polygonal : 뷰포트를 다각형 형태로 생성한다.
- Restore : 저장된 뷰포트가 있는 경우 지정하여 뷰포트를 만든다.
- 2/3/4 : 2,3,4개의 뷰포트를 한번에 생성한다.

① Layout2를 클릭하면 기본적으로 하나의 뷰포트가 생성된다. 이 기본 뷰포트에 새로운 뷰포트를 추가한다.

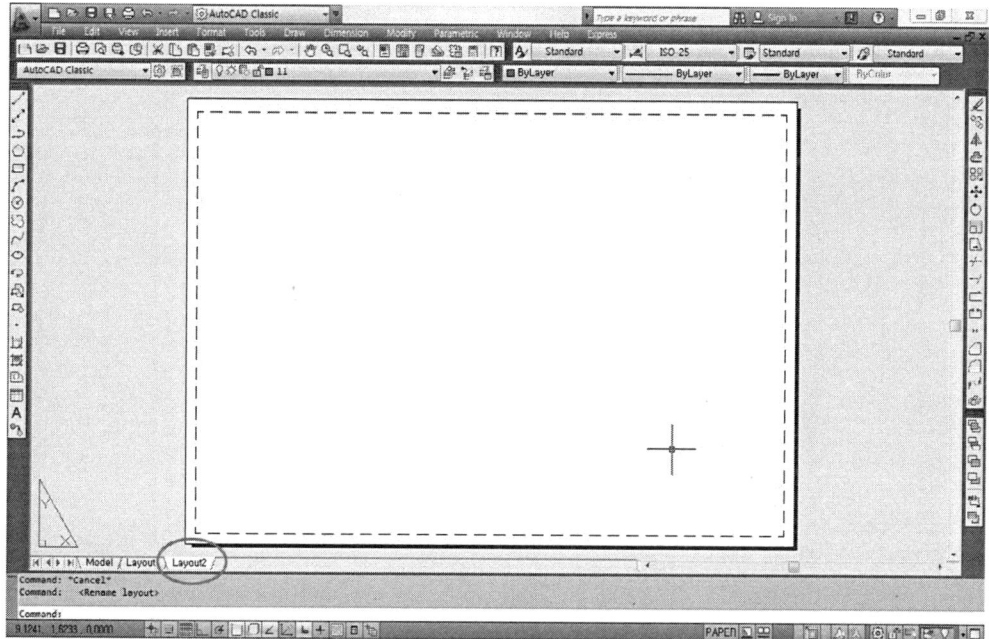

② Mview 명령을 실행하여 새로운 뷰포트를 원하는 모양으로 생성한다. 뷰포트를 추가할 경우에는 Mview 명령을 반복해서 실행한다.

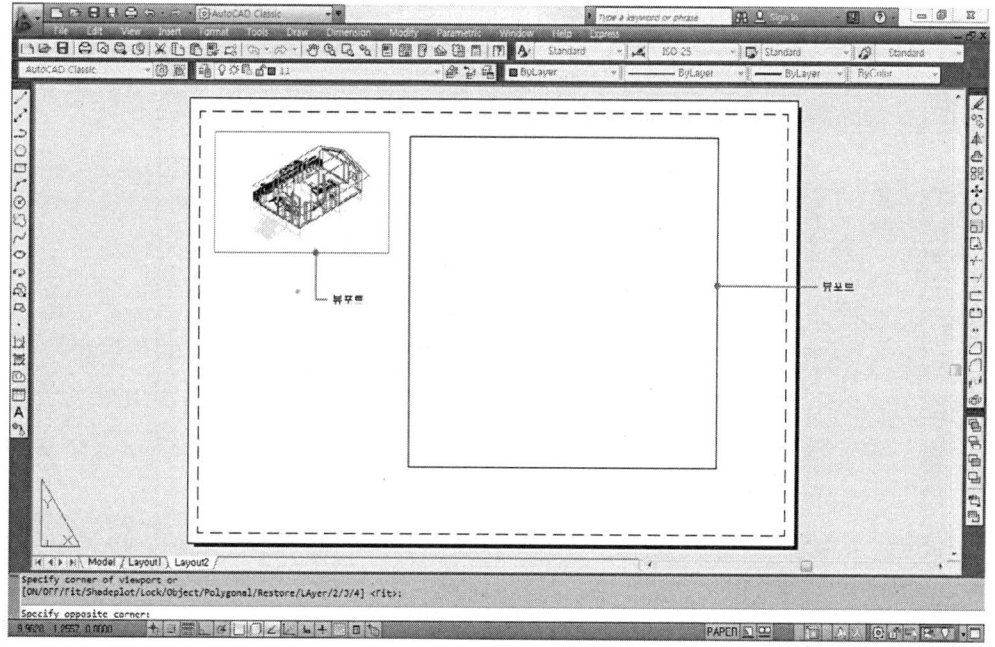

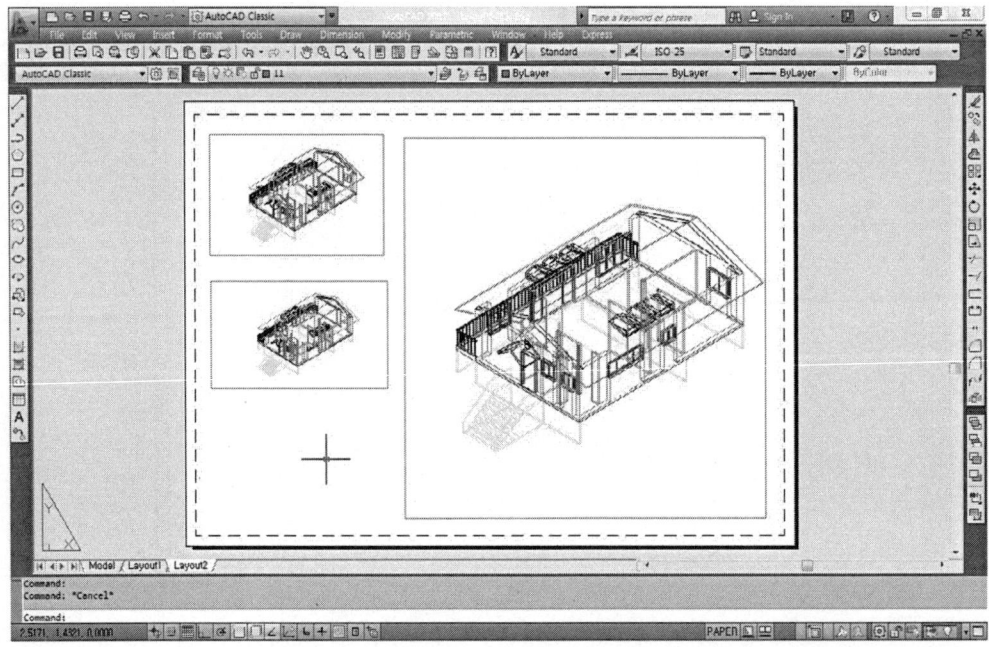

③ 각각의 뷰포트에 명령을 실행하고자 하는 경우에는 해당 View 화면에서 마우스를 더블 클릭을 하면 해당 화면의 View테두리가 두꺼운 선으로 변환된다.

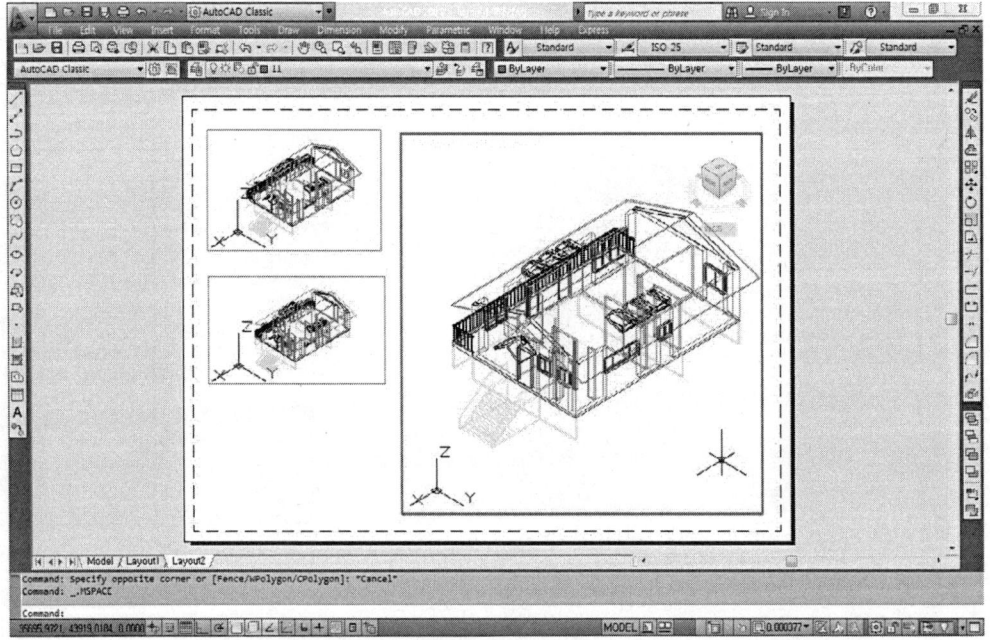

④ 원하는 배치 레이아웃이 있을 경우에는 객체생성/수정 명령어들(그리기명령어, 수정명령어 등)을 이용하여 레이아웃을 그린다.

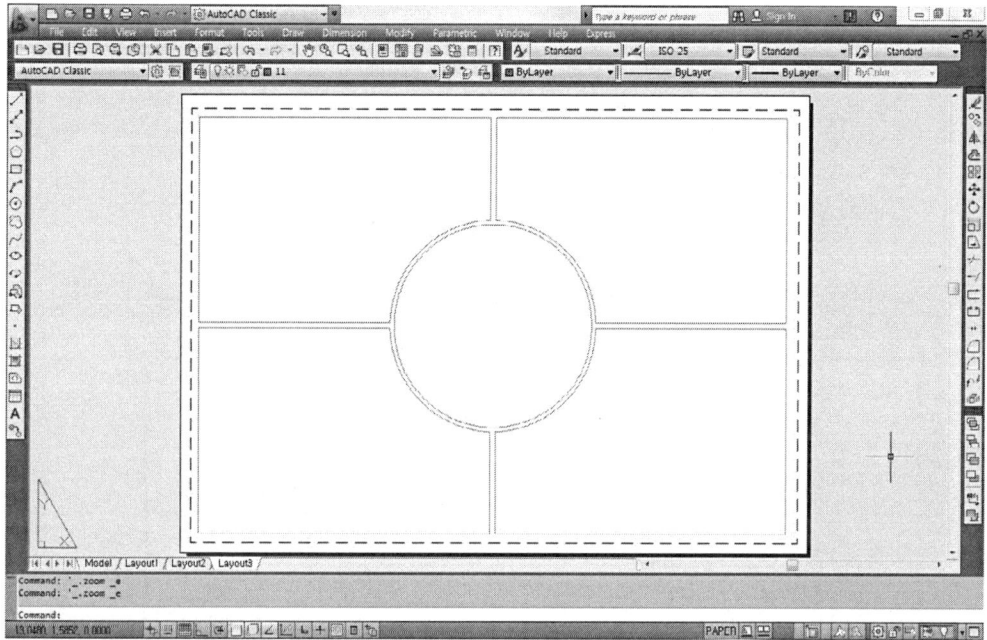

⑤ Boundary 명령을 이용하여 각 영역을 폴리라인으로 변환한다.

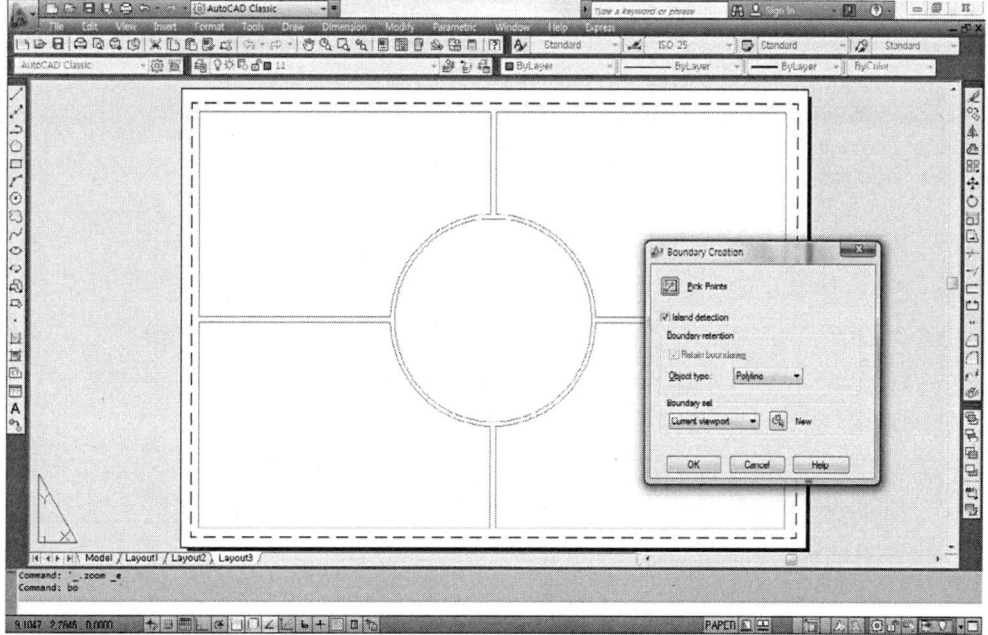

⑥ Boundary 명령으로 생성된 각각의 뷰포트에 MView 명령으로 뷰포트에 객체가 보이도록 한다.

```
Command : MVIEW ↵                                              단축키  MV
Specify corner of viewport or
[ON/OFF/Fit/Shadeplot/Lock/Object/Polygonal/Restore/LAyer/2/3/4] <Fit> : O ↵
Select object to clip viewport : 해당 뷰포트 클릭
Regenerating model.
```

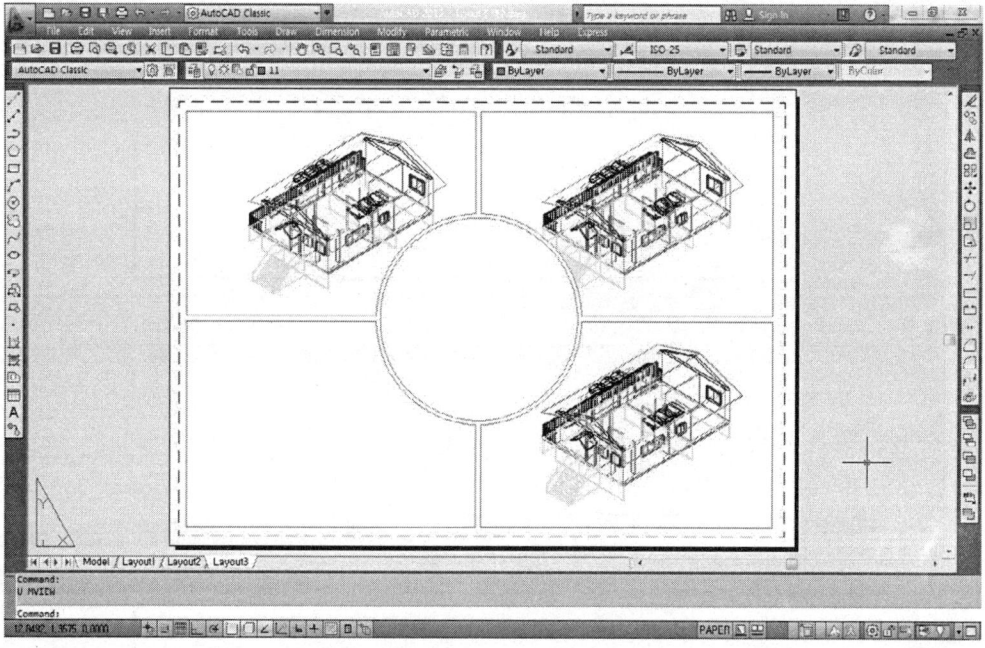

⑦ 반복해서 모든 뷰포트에 객체가 보이도록 한다.

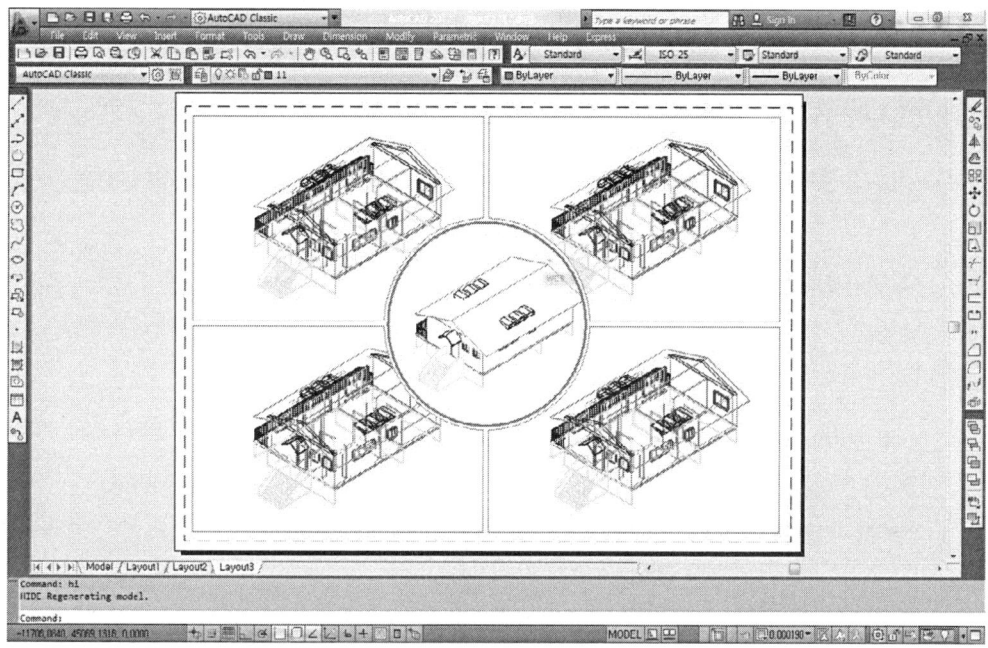

⑧ 각각의 뷰포트에 뷰포인트, 비쥬얼스타일 등을 지정한다.

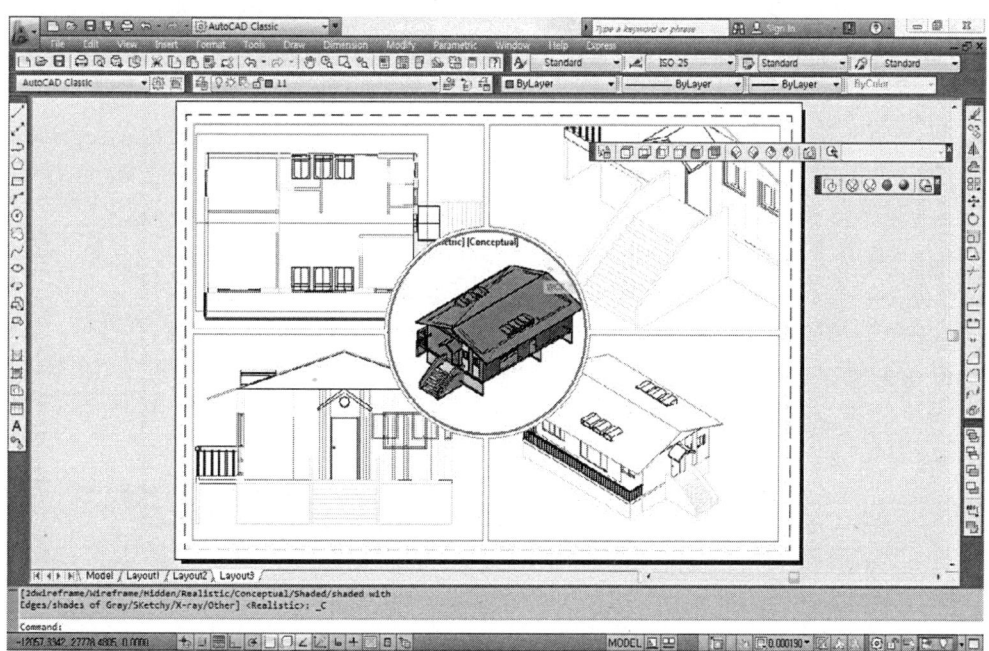

→ Toolbar에서 Viewports를 오픈 한 후, 해당 뷰포트의 축척을 지정해준다.
→ Toolbar에서 Visual style을 오픈 한 후, 비쥬얼 스타일을 지정해준다.

(3) VPCLIP 명령을 이용한 뷰포트 경계 재지정

VPclip 명령은 뷰포트 경계를 재지정하여 다각형 뷰포트를 생성하는 명령어이다.

① 뷰포트의 모양을 변경하고자 할 때, VPclip 명령을 실행 한 후 뷰포트의 경계선을 선택한다.

```
Command : VPCLIP ↵
Select viewport to clip : 해당 뷰포트 클릭
Select clipping object or [Polygonal/Delete] <Polygonal> : ↵
Specify start point : 재지정하는 뷰포트 경계점 클릭
Specify next point or [Arc/Length/Undo] : 재지정하는 뷰포트 경계점 클릭
Specify next point or [Arc/Close/Length/Undo] : 재지정하는 뷰포트 경계점 클릭
Specify next point or [Arc/Close/Length/Undo] : 재지정하는 뷰포트 경계점 클릭 ↵
```

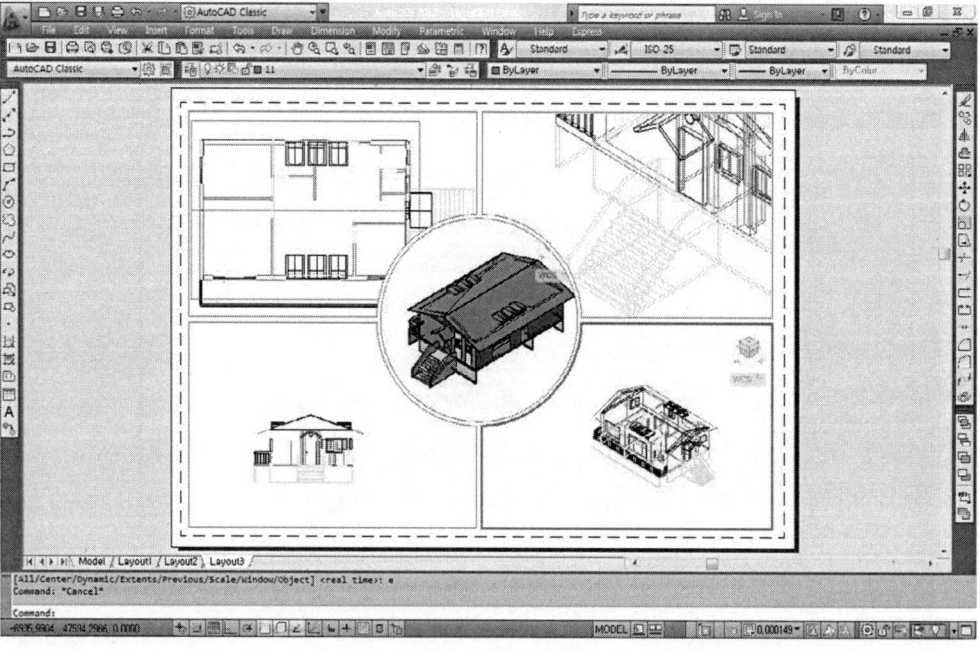

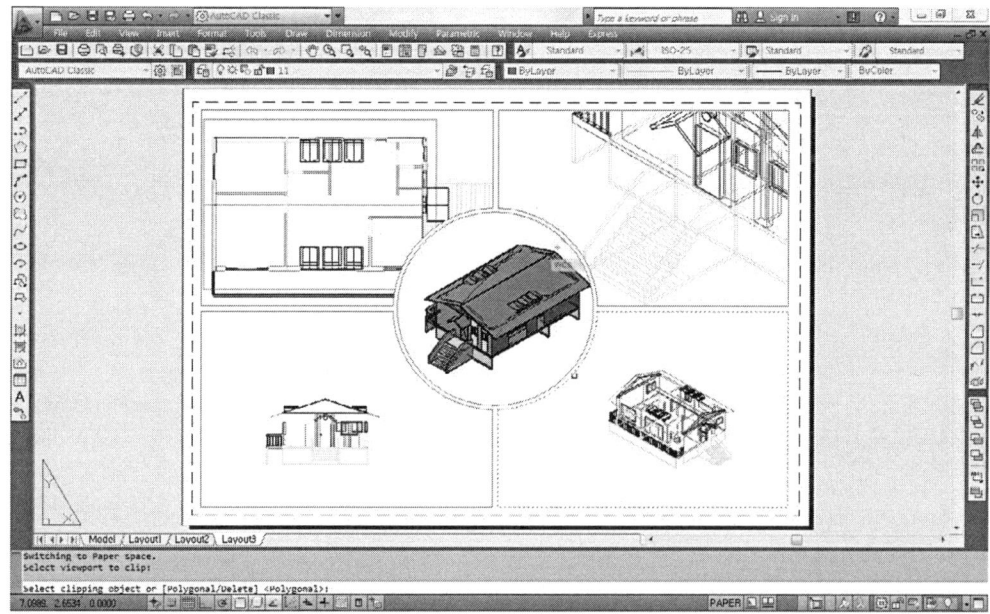

② 재지정하려는 새로운 뷰포트 모양의 경계점을 클릭해서 다각형 뷰포트를 생성한다. (이 때 기존의 뷰포트 모양이 보이는 경우는 뷰포트를 생성할 때 남아있던 객체가 지워지지 않은 경우이다.)

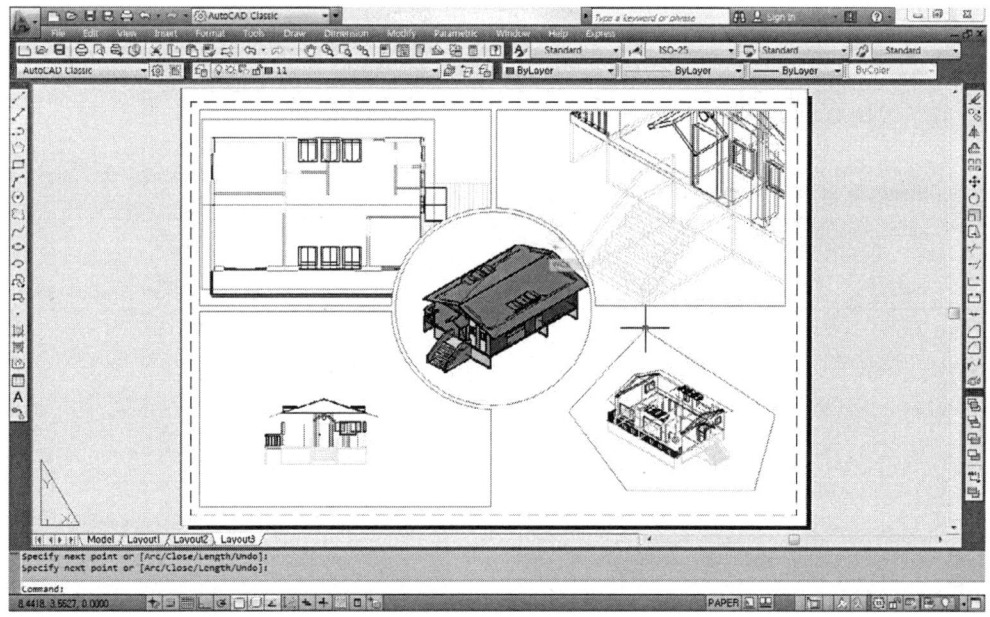

③ Plot 명령을 실행해서 Layout 배치를 출력한다.

제2장 도면의 크기와 선의 축척

도면의 크기

● 종이의 크기

	0	1	2	3	4
A계열	841×1189	594×841	420×594	297×420	210×297
B계열	1090×1456	728×1030	515×728	364×515	257×364

● 도면의 외곽선

종이 호칭			A_0	A_1	A_2	A_3	A_4
종이 크기			841×1189	594×841	420×594	297×420	210×297
외곽선과 테두리의 간격	상·하·우측		20	20	10	5	5
	좌측	철하지 않을 때	20	20	10	5	5
		철할 때	25	25	25	25	25

도면의 크기와 선의 축척 제2장

2 선의 용도

- 실선 : 사물이 실제로 존재하여 보이는 부분의 모양을 표시한다.
  - 굵은실선 : 외형선, 단면선(0.3~0.8mm-가는 실선의 2배)
  - 보통실선 : 사물이 실제로 보이는 부분의 선
  - 가는실선 : 치수선, 해칭선, 지시선(0.2mm 이하) 등의 보조선
- 쇄선 : 사물이 실제로는 없는 선을 나타낸다.
  - 일점쇄선 : 중심선, 절단선, 기준선, 경계선 등에 사용
  - 이점쇄선 : 가상선, 일점쇄선과 구별할 때 사용
  - 절단부쇄선 : 단면도를 그릴 때, 평면도상에 절단위치 표시
- 파선 : 실제로 존재하나 보이지 않는 부분의 외형선이나 가상의 물체를 표현할 때 사용한다. 건물의 지붕처럼 평면도에서는 보이지 않는 라인을 표시한다.
- 파단선 : 실선의 일종으로 계속 이어지는 부재를 잘라서 나머지 부분을 생략할 때 사용한다. 긴 벽체가 계속 이어질 때, 바닥재의 재료표시 패턴을 일부분만 표시할 때 사용한다.
- 점선 : 격자, 배선, 배관 등의 각종 부호에 사용한다.

3 선의 스케일 조정

- Ltscale : 실선 이외의 모든 선들은 Linetype scale의 영향을 받으며, 일반적으로 작업스케일로 설정한다.
  → Ltscale 지정 방법 : 명령어 LTS를 실행한 후 값을 직접 입력한다.

```
Command : LTS ↵
LTSCALE Enter new linetype scale factor ⟨1.0000⟩ : 100 ↵
Regenerating model.
```

- Celtscale : 객체에 따라 각각 다르게 스케일 값을 지정하는 명령어이다.
    → Celtscale 지정 방법 : Properties 대화상자에서 [Linetype Scale] 값을 조정한다.

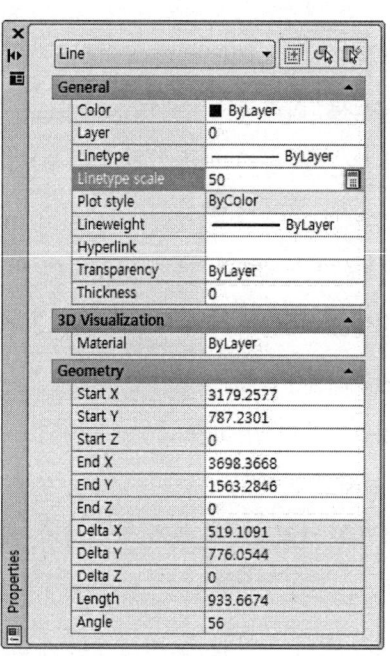

LTSCALE=1

LTSCALE=2

LTSCALE=0.5

제3장 AutoLISP

1 AutoLISP이란?

AutoLISP 언어는 1960년경에 최초로 발표되어 인공 지능의 연구와 기타 여러 분야에서 사용되어 온 비교적 오래된 언어이다. LISP은 LISt Processing의 준말로 프로그램을 개발할 수 있는 고급언어(high level language)의 일종이며 MacLISP, InterLISP, ZetaLISP, Common LISP 등 파생언어들을 가지고 있다. AutoLISP은 LISP라는 언어에 기초를 두고 AutoCAD에 사용할 수 있도록 수정된 특별한 언어라고 할 수 있다. 따라서 AutoLISP은 AutoCAD 사용자들에게 효과적이고 유용한 기능들을 제공하기 위하여 만들어진 AutoCAD에만 실행 가능한 프로그래밍 언어이다. AutoLISP의 규약과 문법은 Common LISP를 주로 따른다.

● LISP의 장점

LISP은 프로그래밍 언어 중에서 가장 배우고 익히기가 쉬우며, 인공지능과 전문가시스템의 개발 및 연구용으로 채택된 언어이다. LISP의 문법은 단순하기 때문에 LISP해석기(LISP interpreter)의 실행이 명료하며 또한 메모리를 매우 적게 차지한다. LISP해석기는 설계과정의 특성인 정형화 되지 않은 작업에 이상적이며, AutoCAD와 같은 CAD시스템들에서 처리되는 정교한 정보들로 구성된 서로 다른 개체(object)들을 다루는 데 매우 우수하다.
1985년 AutoCAD는 AutoLISP라는 쉽게 사용할 수 있는 언어를 도입하였고 R11판에서는 ADS(AutoCAD Development System)가 추가되어 C언어를 사용할 수 있는 신기원이 마련되었다. 최신판 R12에서는 또 하나의 프로그래밍 언어로 DIESEL(Direct Interactive String Expression Language)이 추가 되었으며 AutoLISP도 한층 보강되었다.

2 AutoLISP 사용 규칙

AutoLISP을 사용할 때에는 다음과 같은 몇 가지 규칙을 지켜야 한다.

2-1 수(Numeric)

정수의 범위는 -2147483648 ~ +21474883647의 32Bit 범위를 가지지만 일부의 정수 관련 함수는 -32768 ~ +32767의 16Bit 범위를 가진다.

2-2 각도

AutoLISP에서는 Radian 각도를 사용한다. 각도를 표시하기 위해서는 Degree 단위를 사용한다. 다음 표는 Degree 각도와 Radian 각도의 비교표이다.

Degree 각도	Radian 각도	
0°	0	0
30°	$\pi/6$	0.523599
45°	$\pi/4$	0.785398
90°	$\pi/2$	1.5708
180°	π	3.14159
360°	2π	6.28319

2-3 괄호

AutoLISP의 외형적인 특징으로 괄호의 사용을 들 수 있는데, AutoLISP은 괄호로 시작해서 반드시 괄호로 끝난다. 표현 형식은 다음과 같다.
(함수 인수1 인수2 .....)
　 1. 괄호는 함수의 적용 범위를 지정한다.

2. 왼쪽과 오른쪽이 같아야 한다.(대부분의 에러는 괄호 개수의 차이에서 발생한다.)

3. 하나의 괄호 안에는 하나의 함수만이 존재해야 한다.

   참고 : 괄호의 수가 다르면 "N)"이라는 표시가 나타난다. N은 괄호 개수의 차이를 나타낸다.

2-4 주석(설명문)

세미콜론(;)은 AutoLISP에서 설명문을 정의하는 역할을 한다. 설명 부분은 세미콜론으로 시작해서 그 행의 끝까지를 포함한다.

2-5 변수와 상수

1. 변수 이름은 문자와 숫자 그리고 특수문자로 구성된다.
2. 변수의 길이는 255자 이내로 사용할 수 있지만, 6자 이내의 경우가 메모리 점유가 가장 낮다.
3. 변수로 사용할 수 없는 기호는 [( ) " . ;] 등이 있다.
4. 시작은 반드시 영문자로 시작해야 한다.
5. 공백은 사용할 수 없다.
6. 변수는 대소문자를 구분하지 않는다.

2-6 대문자와 소문자

AutoLISP에서 사용하는 모든 함수와 변수명은 대소문자를 구별하지 않는다. AutoLISP은 영문자는 자동적으로 대문자로 받아들인다. 단, 문자열은 예외이다.

3 AutoLISP 명령어

● 기호 및 숫자

(+ ⟨num1⟩ ⟨num2⟩ …)	+ 표시 이후 숫자를 모두 더한다.
(− ⟨num1⟩ ⟨num2⟩ …)	⟨num1⟩에서 ⟨num1⟩ 이후의 숫자를 모두 뺀다.
(* ⟨num1⟩ ⟨num2⟩ …)	* 이후의 숫자를 모두 곱한다.
(/ ⟨num1⟩ ⟨num2⟩ …)	⟨num1⟩에서 ⟨num1⟩ 이후의 숫자들의 곱으로 나눈다.
(= ⟨num1⟩ ⟨num2⟩ …)	⟨num1⟩과 ⟨num2⟩가 같은지 검사한다.
(/ = ⟨num1⟩ ⟨num2⟩)	⟨num1⟩과 ⟨num2⟩가 다른지 검사한다.
(⟨ ⟨num1⟩ ⟨num2⟩ …)	⟨num1⟩이 ⟨num2⟩보다 작은지 검사한다.
(⟨ = ⟨num1⟩ ⟨num2⟩ …)	⟨num1⟩이 ⟨num2⟩보다 같거나 작은지 검사한다.
(⟩ ⟨num1⟩ ⟨num2⟩ …)	⟨num1⟩이 ⟨num2⟩보다 큰지 검사한다.
(⟩ = ⟨num1⟩ ⟨num2⟩ …)	⟨num1⟩이 ⟨num2⟩보다 같거나 큰지 검사한다.
(~ ⟨integer⟩)	⟨num⟩의 2진 NOT을 응답한다.
(1+ ⟨num⟩)	⟨num⟩ 1을 더한다.
(1− ⟨num⟩)	⟨num⟩ 1을 뺀다.

● A

(abs number)	number의 절대 값을 구한다.
(alert string)	대화상자를 통해 경고 메시지를 출력한다.
(and expression1 expression2 …)	expression1, expression2 모두가 T이면 T를 응답한다.
(angle point1 point2)	point1에서 point2까지 직선의 각을 구한다.
(angtos angle [⟨mode⟩] [⟨precision⟩]])	라디안 단위를 여러 단위로 변환하여 문자열로 응답한다.
(append ⟨list1⟩ ⟨list2⟩ …)	나열된 ⟨list⟩을 하나의 list로 만든다.
(apply ⟨function⟩ ⟨list⟩)	⟨list⟩의 인수를 가진 ⟨function⟩을 실행한다.
(ascii ⟨string⟩)	⟨string⟩의 ASCII 문자 CODE를 응답한다.
(assoc ⟨item⟩ ⟨alist⟩)	⟨alist⟩의 ⟨item⟩에 해당하는 list를 구한다.
(atan num [num2])	아크탄젠트 값을 라디안으로 응답한다.
(atof string)	string을 실수로 변환한다.
(atoi string)	string을 정수로 변환한다.
(atom ⟨item⟩)	⟨item⟩이 list인 경우 nil을 응답한다.

AutoLISP 제3장

● B

(boole ⟨func⟩ ⟨int1⟩ ⟨int2⟩ ...)	일반 논리 boole함수를 응답한다.
(boundp ⟨atom⟩)	일반 논리 boole함수를 응답한다.

● C

(cadr ⟨list⟩)	⟨list⟩의 두 번째 요소를 구한다.
(car ⟨list⟩)	⟨list⟩의 첫 번째 요소를 구한다.
(cdr ⟨list⟩)	⟨list⟩의 첫 번째 요소를 제외한 모든 요소를 구한다.
(char ⟨num⟩)	⟨num⟩를 해당 ASCII문자를 응답한다.
(close ⟨file-desc⟩)	파일을 닫는다.
(cond ⟨testexpr⟩ ⟨result⟩...)	각각의 조건식의 결과가 T이면 다음의 ⟨result⟩를 실행한다.
(cos angle)	angle의 코사인값을 구한다.

● D

(defun ⟨sym⟩ ⟨arg list⟩ ⟨expr⟩ ...)	⟨sym⟩이라는 이름으로 함수를 정의한다.
(distance ⟨pt1⟩ ⟨pt2⟩)	⟨pt1⟩과 ⟨pt2⟩사이의 거리를 구한다.

● E

(entdel ⟨entity-name⟩)	⟨entity name⟩을 삭제하거나 복구한다.
(entget ⟨entity-name⟩)	⟨entity name⟩의 entity list를 구한다.
(entlast)	가장 최근에 그려진 도면요소를 선택한다.
(entmod ⟨elist⟩)	도면요소의 바뀐 내용을 화면에 반영한다.
(entnext [⟨ename⟩])	⟨ename⟩ 다음에 있는 도면요소를 구한다.
(eq ⟨expr1⟩ ⟨expr2⟩)	⟨expr1⟩과 ⟨expr2⟩가 같은지 검사한다.
(eval ⟨expr⟩)	⟨expr⟩의 계산결과를 응답한다.
(exp ⟨num⟩)	e의 ⟨num⟩ 제곱을 구한다.
(expt ⟨base⟩ ⟨power⟩)	⟨base⟩ ⟨power⟩ 제곱을 구한다.

● F

(findfile ⟨filename⟩)	⟨filename⟩의 파일을 찾는다.
(fix ⟨num⟩)	⟨num⟩를 정수로 변환한다.
(float ⟨num⟩)	⟨num⟩를 실수로 변환한다.
(foreach ⟨name⟩ ⟨list⟩ ⟨expr⟩ …)	⟨list⟩내의 모든 요소를 ⟨expr⟩로 실행한다.

● G

(gcd ⟨num1⟩ ⟨num2⟩)	⟨num1⟩과 ⟨num2⟩의 최대 공약수를 구한다.
(getangle [⟨pt⟩] [prompt])	사용자로부터 각도를 요구한다.
(getcorner ⟨pt⟩ [prompt])	사용자로부터 ⟨pt⟩점을 기준으로 점를 요구한다.
(getdist [⟨pt⟩] [prompt])	사용자로부터 거리를 요구한다.
(getenv ⟨var-name⟩)	시스템 환경변수의 값을 응답한다.
(getreal [⟨prompt⟩])	사용자로부터 실수 입력을 요구한다.
(getstring [⟨cr⟩] [⟨prompt⟩])	사용자로부터 문자열 입력을 요구한다.
(getvar ⟨varname⟩)	AutoCAD의 시스템 변수를 구한다.
(graphscr)	화면을 그래픽 화면으로 전환한다.

● I

(if ⟨testexpr⟩ ⟨thenexpr⟩ [⟨esleexpr⟩])	⟨testexpr⟩이 nil이 아니면 ⟨thenexpr⟩을, 그 외의 경우에는 ⟨elseexpr⟩을 실행한다.
(initget [⟨bits⟩] [⟨string⟩] …)	getxxx 함수에 의해서 사용되는 각종 옵션을 설정한다.
(itoa ⟨integer⟩)	정수를 문자로 변환한다.

● L

(lambda 〈arguments〉 〈expr〉 ...)	anonymous(무명) 함수를 정의한다.
(last 〈list〉)	〈list〉의 마지막 요소를 응답한다.
(length 〈list〉)	〈list〉의 요소수를 정수로 응답한다.
(list 〈expr1〉 〈expr2〉...)	〈expr1〉, 〈expr2〉 이후의 요소를 묶어 하나의 list로 응답한다.
(listp 〈item〉)	〈item〉이 리스트이면 T, 그렇지 않으면 nil을 응답한다.
(load 〈filename〉 [〈onfaiure〉])	AutoLISP 파일을 loading한다.
(log 〈num〉)	〈num〉의 자연대수를 구한다.
(logand 〈num〉 〈num〉 ...)	logand 이후의 숫자의 논리곱 AND를 구한다.
(logior 〈num〉 〈num〉 ...)	logand 이후의 숫자의 논리합 OR를 구한다.
(lsh 〈num〉 〈numbits〉 ...)	〈num〉을 〈numbits〉 만큼 논리적으로 시프트한다.

● M

(mapcar 〈function〉 〈list〉 〈list〉...)	list의 개별 요소를 갖는 〈function〉을 실행한다.
(max 〈num1〉 〈num2〉 ...)	나열된 수치 중 가장 큰수를 구한다.
(member 〈expr〉 〈list〉)	〈list〉를 검색하여 〈expr〉 을 찾는다.
(min 〈num1〉 〈num2〉 ...)	나열된 수치 중 가장 작은수를 구한다.

● N

(not 〈item〉)	〈item〉의 결과 T인지 nil인지 검사한다.
(nth 〈n〉 〈list〉)	〈list〉의 〈n〉번째 요소를 응답한다.
(null 〈item〉)	〈item〉이 nil이면 T를 응답한다.
(nump 〈item〉)	〈item〉이 실수 또는 정수이면 T를 응답한다.

● O

(open 〈filename〉 〈mode〉)	파일을 오픈한다.
(or 〈expr1〉 〈expr2〉 ...)	〈expr1〉, 〈expr2〉 중 어느 하나라도 nil이 아니면 T를 응답한다.
(osnap 〈pt〉 〈mode〉)	〈mode〉에 의해서 〈pt〉점에 적용한 점을 구한다.

● P

(pi)	상수로 3.1415926, π
(polar ⟨pt⟩⟨angle⟩⟨distance⟩)	⟨pt⟩점에서 ⟨angle⟩ 각으로 ⟨distance⟩거리만큼 떨어진 점을 구한다.
(prin1 ⟨expr⟩ [⟨file-desc⟩])	⟨expr⟩을 화면 또는 파일에 출력한다.
(princ ⟨expr⟩ [⟨file-desc⟩])	⟨expr⟩을 화면 또는 파일에 출력한다.
(print ⟨expr⟩ [⟨file-desc⟩])	⟨expr⟩을 화면 또는 파일에 출력한다.
(progn ⟨expr1⟩ ⟨expr2⟩ ...)	여러 개의 실행문 및 수식을 하나의 문장으로 묶어 처리한다.
(prompt ⟨msg⟩)	화면에 ⟨msg⟩를 출력한다.

● Q

(quote ⟨expr⟩)	⟨expr⟩을 계산 없이 그대로 응답한다.

● R

(read ⟨string⟩)	⟨string⟩의 첫 번째 list또는 atom을 응답한다.
(read-char [⟨file-desc⟩])	키보드 또는 파일에서 하나의 문자를 읽어 들인다.
(read-line [⟨file-desc⟩])	키보드 또는 파일에서 하나의 문자열을 읽어 들인다.
(redraw [⟨ename⟩ [⟨mode⟩]])	도면 전체 또는 ⟨ename⟩을 REDRAW한다.
(rem ⟨num1⟩ ⟨num2⟩)	⟨num1⟩을 ⟨num2⟩로 나누고 나머지를 구한다.
(repeat ⟨num⟩ ⟨expr⟩ ...)	⟨expr⟩을 ⟨num⟩만큼 반복한다.
(reverse ⟨list⟩)	⟨list⟩를 거꾸로 배치한다.
(rtos ⟨num⟩ [⟨mode⟩ ⟨precision⟩])	⟨num⟩를 여러 형태의 문자열로 응답한다.

제3장 AutoLISP

● S

(setq ⟨sym⟩ ⟨expr⟩ ...)	⟨expr⟩을 ⟨sym⟩에 설정한다.
(setvar ⟨varname⟩ ⟨value⟩)	AutoCAD의 시스템 변수를 ⟨value⟩로 설정한다.
(sin ⟨angle⟩)	⟨angle⟩의 사인값을 구한다.
(ssadd [⟨entity-name⟩ [⟨selection-set⟩]])	⟨selection-set⟩에 ⟨entity-name⟩을 추가시킨다.
(ssget [⟨mode⟩ ⟨pt1⟩ ⟨pt2⟩ ⟨pt-list⟩] [⟨filter-list⟩])	하나 이상의 도면요소를 선택한다.
(sslength ⟨selection-set⟩)	⟨selection-set⟩에 있는 도면요소의 갯수를 구한다.
(ssname ⟨selection-set⟩ ⟨index⟩)	⟨selection-set⟩에서 ⟨index⟩번째의 도면 요소의 이름을 구한다.
(sqrt ⟨num⟩)	⟨num⟩의 제곱근을 구한다.
(strcase ⟨string⟩ [⟨t⟩])	⟨string⟩을 대문자 또는 소문자로 응답한다.
(strcat ⟨string1⟩ ⟨string2⟩ ...)	나열된 ⟨string1⟩, ⟨string2⟩ ...을 연결하여 응답한다.
(strlen ⟨string⟩)	⟨string⟩의 문자수를 구한다.
(substr ⟨string⟩ ⟨start⟩ [⟨length⟩])	⟨string⟩을 ⟨start⟩부터 ⟨length⟩수 만큼 응답한다.

● T

(tblsearch ⟨table name⟩ ⟨symbol⟩ [⟨setnext⟩])	⟨table name⟩의 ⟨symbol⟩에 대한 정보를 응답한다.
(terpri)	화면에 newline을 출력한다.
(textscr)	TEXT 화면으로 전환한다.
(type ⟨item⟩)	⟨type⟩의 형태를 응답한다.

● W

(while ⟨testexpr⟩ ⟨expr⟩ ....)	⟨testexpr⟩이 nil 이 될 때까지 ⟨expr⟩을 계산한다.
(write-char ⟨num⟩ [⟨file-desc⟩])	파일에 ⟨num⟩의 ASCII 코드에 대당하는 문자를 기록한다.
(write-line ⟨string⟩ [⟨file-desc⟩])	파일에 ⟨string⟩을 기록한다.

● Z

(zerop number)	number가 0인지 검사한다.

4 LISP 사용하기

작성된 LISP 프로그램을 실행시키기 위해서는, 우선 AutoCAD가 실행되어진 상태에서 LISP프로그램이 메모리에 Load 되어야 한다. LISP 파일의 파일명은 사용자가 임의로 지정할 수 있지만, 확장명은 반드시 LSP이어야 한다.

4-1 Load 시키기

제작된 AutoLISP File을 AutoCAD에서 호출하는 방법이다.

Pull Down Menu : [Tools] → [AutoLISP] → [Load Application...]

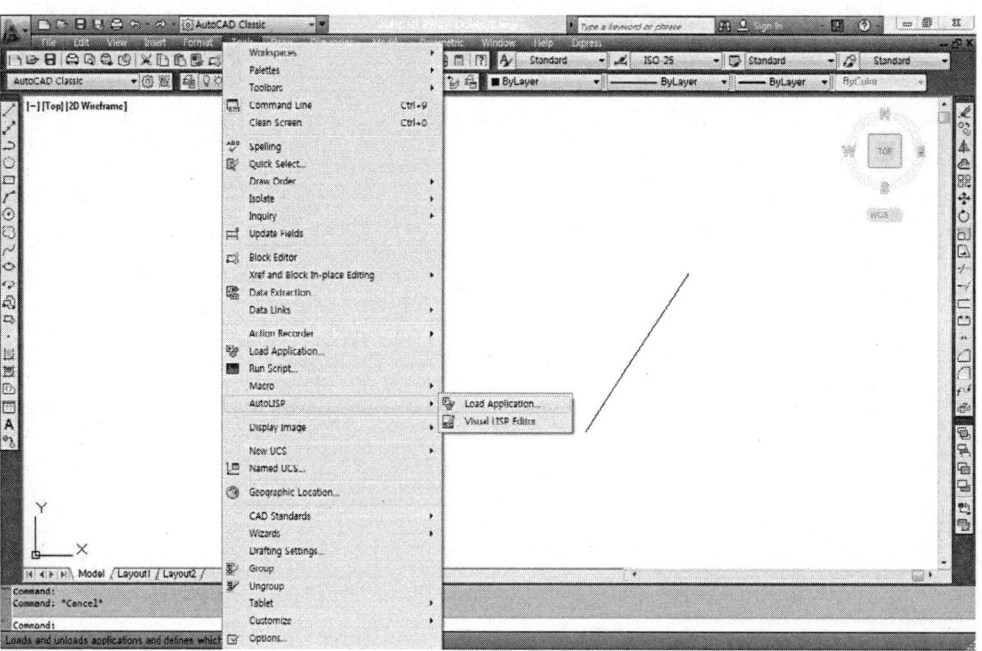

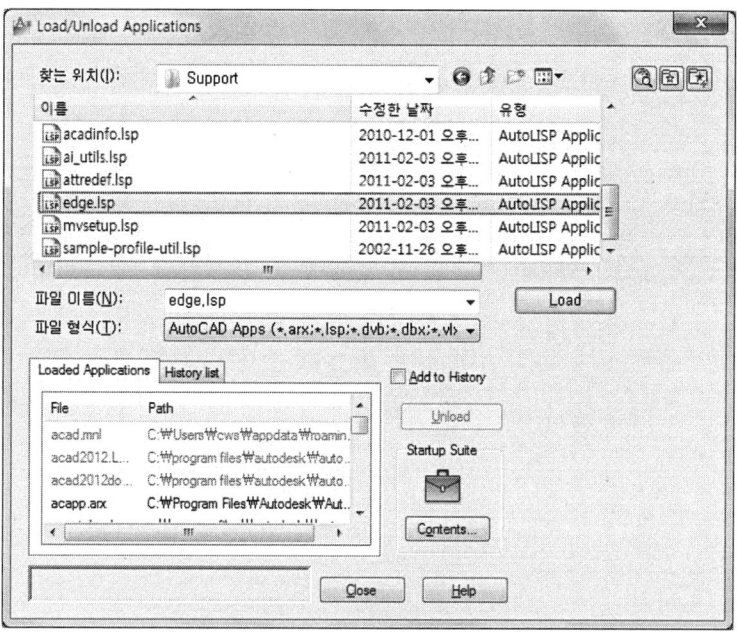

LISP 파일이 저장된 디렉토리(C : /Program Files/Autodesk/AutoCAD 2012-English/support)를 찾아가서 선택을 한 후, Load 버튼을 누르고 선택이 끝나면 Close 버튼을 눌러 작업을 끝낸다.

4-2 LISP 사용하기

Load된 LISP 파일을 실행하려면, LISP 파일의 명령어를 Command 라인에 입력하여 실행한다. 다음은 면적을 구하는데 자주 사용되는 LISP 파일의 실행방법이다.

```
Command : DIMTR ↵
Select dimension Please...
Select objects : 치수선 선택
Select objects : ↵
Select Trim line : 기준선 선택
```

아래 그림은 mvsetup.lsp LISP 파일의 내용이다. Pull Down Menu의 [Tools] → [AutoLISP] → [Visual LISP Editor]를 실행시켜서 mvsetup.lsp 파일을 오픈하면 아래와 같이 프로그램의 내용을 볼 수 있다.

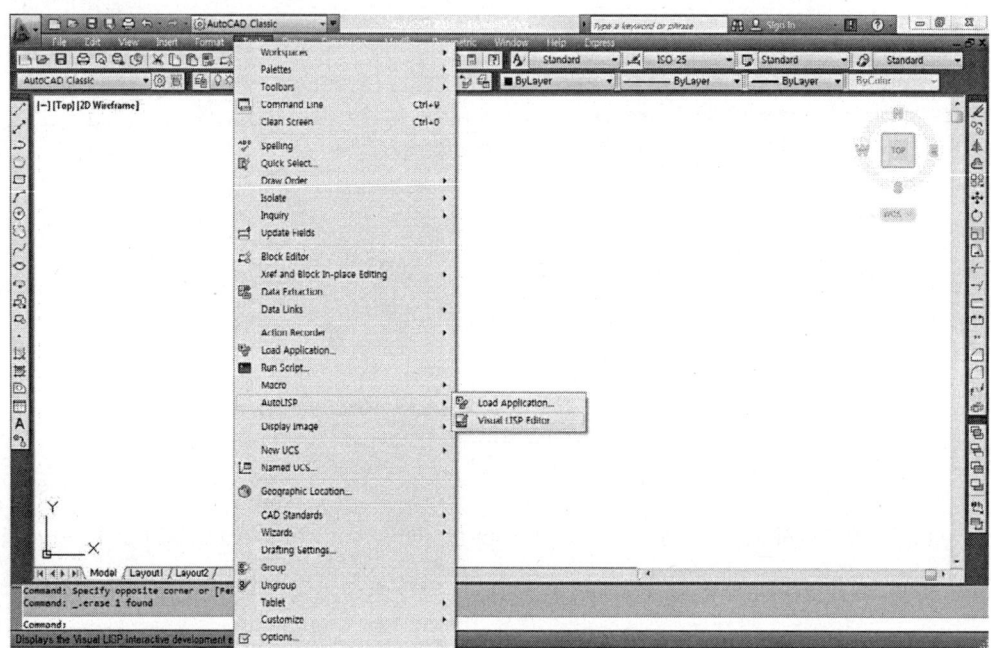

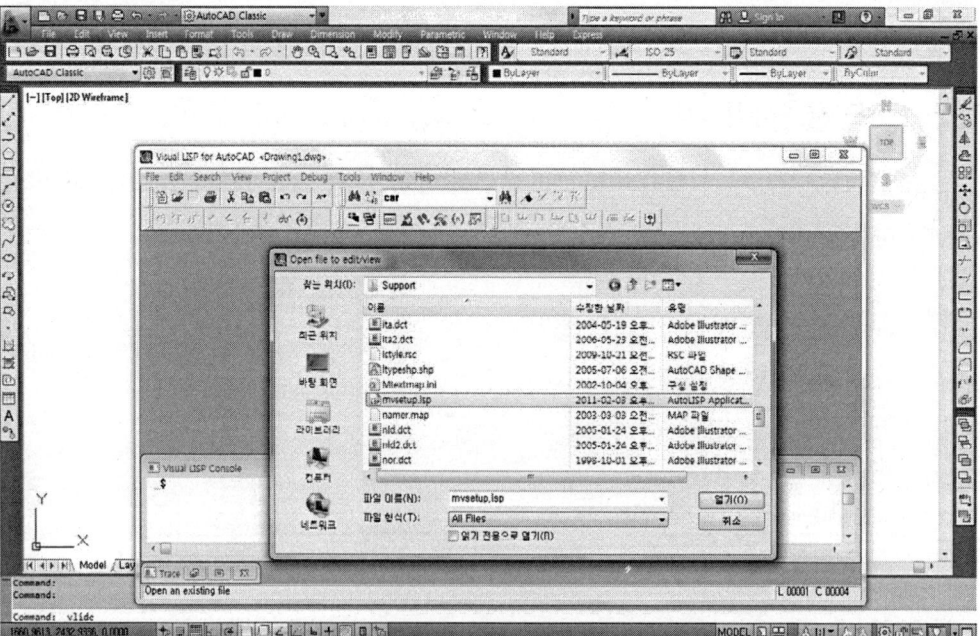

AutoLISP

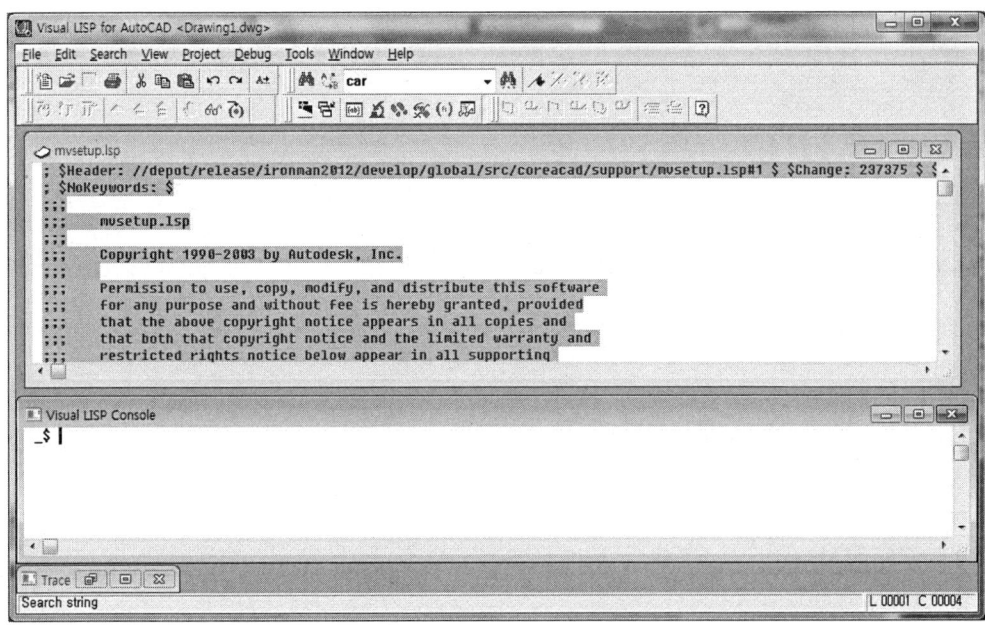

AutoCAD 단축키 만들기

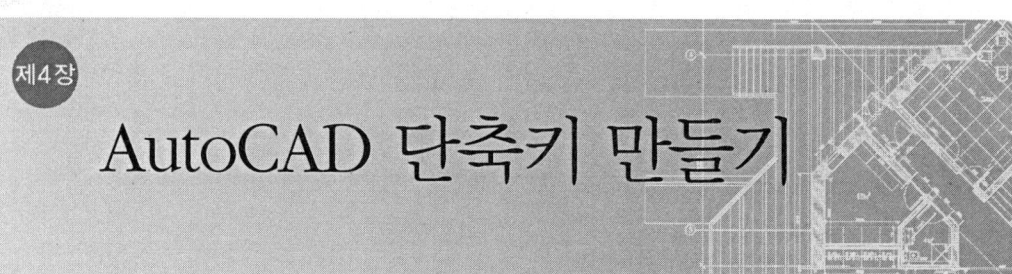

1 단축키 위치 및 생성

(1) 단축키 생성

> Pull Down Menu : [Tools] → [Customize] → [Edit Programs Parameters(acad.pgp)]

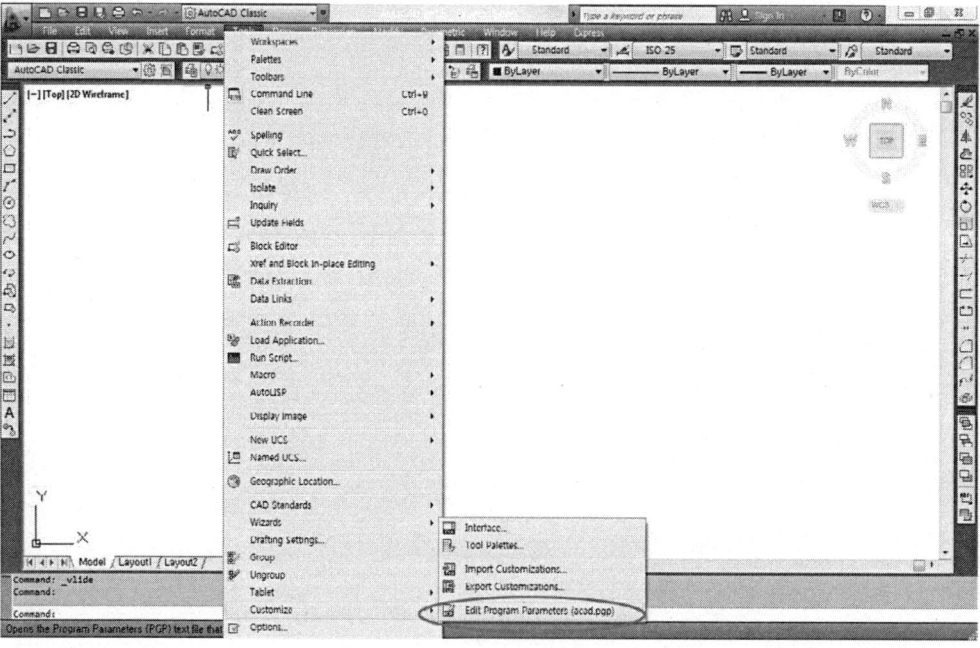

(2) 단축키의 메모장을 실행한다.

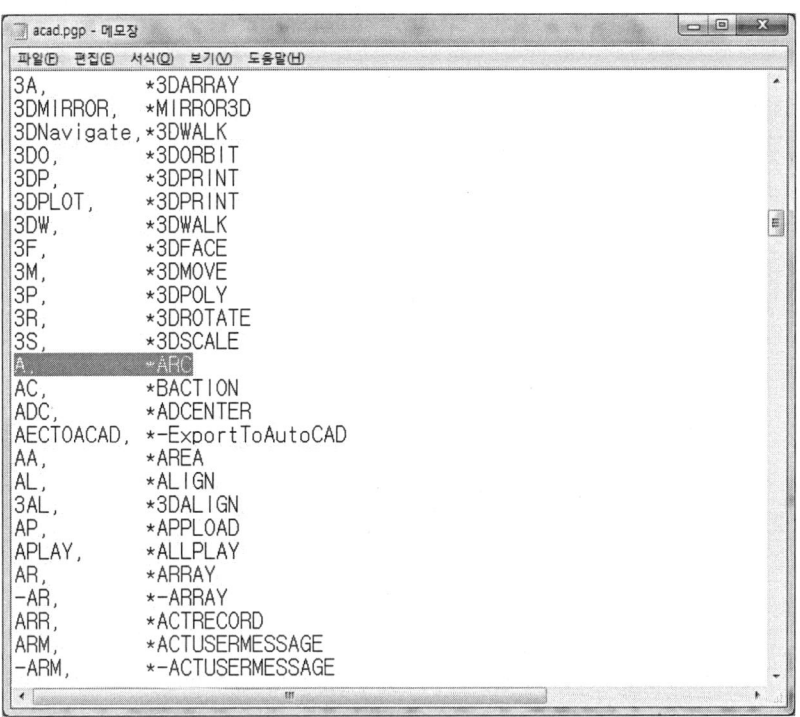

(3) 단축키를 새롭게 정의하거나 수정한 후 저장한다.

단축키 정의시 유의사항

- 앞쪽에는 '단축키', 뒤쪽에는 단축키에 대한 '실행명령어'를 기록한다.
- 이 때 반드시 단축키 다음에는 콤마(,)가 삽입되어야 하고 실행 명령어 앞에는 '*'가 붙어야 한다.

  예) A, *ARC

- 같은 단축키에서 앞의 "-" 기호는 대부분 대화상자의 유무를 나타낸다.

  예) I, *DDINSERT : 파일이나 블럭의 삽입
   -I, *INSERT : 파일이나 블럭의 삽입(대화 상자 없이)

✔ AutoCAD가 실행된 상태에서 acad.pgp를 수정하였을 경우는 AutoCAD를 종료하고 다시 실행하거나, 다음과 같이 PGP파일을 Reloading 시켜준다.

> Command : REINIT(Re-initialization) ↵ → PGP File 클릭 → [OK] 클릭

✔ 유의 : 자신만의 acad.pgp를 만들 경우, AutoCAD의 Support 디렉토리에 원본 acad.pgp의 이름을 바꾸어 보관하는 것이 좋다.

2 단축키(Shortcut Key)

단축키	명령어	설 명
3A,	*3DARRAY	3차원 배열복사
3F,	*3DFACE	면만들기
3P,	*3DPOLY	3차원 폴리라인
A,	*ARC	호 그리기
AA,	*AREA	면적 계산
AL,	*ALIGN	3차원 정렬
AP,	*APPLOAD	애플리케이션 적재
AR,	*ARRAY	배열복사
AT,	*DDATTDEF	속성의 정의
-AT,	*ATTDEF	속성의 정의(대화상자 없이)
ATE,	*DDATTE	속성의 편집
-ATE,	*ATTEDIT	속성의 편집(대화상자 없이)
B,	*BMAKE	블럭 만들기
-B,	*BLOCK	블럭 만들기(대화상자 없이)
BH,	*BHATCH	경계 해칭
BR,	*BREAK	직선이나 곡선 끊기
C,	*CIRCLE	원 그리기
CH,	*DDCHPROP	물체의 특성 바꾸기

–CH,	*CHANGE	물체의 특성 바꾸기
CHA,	*CHAMFER	모따기
COL,	*DDCOLOR	색상 정하기
CO, CP	*COPY	복사
D,	*DDIM	치수 기입 대화상자
DAL,	*DIMALIGNED	경사치수
DAN,	*DIMANGULAR	각도치수
DBA,	*DIMBASELINE	기준선치수
DCE,	*DIMCENTER	중심표시
DCO,	*DIMCONTINUE	연속치수
DDI,	*DIMDIAMETER	지름치수
DED,	*DIMEDIT	치수편집
DI,	*DIST	길이, 각도측정
DIV,	*DIVIDE	일정갯수로 나누기
DLI,	*DIMLINEAR	수직, 수평치수 기입
DO,	*DONUT	도넛(두께 있는 원)
DOR,	*DIMORDINATE	x, y 좌표 치수
DOV,	*DIMOVERRIDE	치수변수 덮어쓰기
DRA,	*DIMRADIUS	반지름 치수
DST,	*DIMSTYLE	치수 스타일 설정
DT,	*DTEXT	문자 쓰기
DV,	*DVIEW	투시도 만들기
E,	*ERASE	물체 지우기
ED,	*DDEDIT	문자 편집(오타 수정)
EL,	*ELLIPSE	타원 그리기
EX,	*EXTEND	물체의 연장
EXIT,	*QUIT	ACAD의 종료
EXP,	*EXPORT	파일 내보내기(다른 포맷으로 저장)
EXT,	*EXTRUDE	물체의 돌출
F,	*FILLET	라운딩
FI,	*FILTER	필터 사용하기
G,	*GROUP	그룹 만들기, 설정하기
GR,	*DDGRIPS	그립 설정하기
H,	*BHATCH	해치하기
–H,	*HATCH	해치하기(대화상자 없이)

HE,	*HATCHEDIT	해치 편집하기
HI,	*HIDE	은선의 제거
I,	*DDINSERT	파일이나 블럭의 삽입
-I,	*INSERT	파일이나 블럭의 삽입(대화상자 없이)
IAD,	*IMAGEADJUST	이미지 재정의
IAT,	*IMAGEATTACH	이미지 도면속에 저장하기
ICL,	*IMAGECLIP	이미지 자르기
IM,	*IMAGE	그림 불러오기
-IM,	*-IMAGE	그림 불러오기(대화상자 없이)
IMP,	*IMPORT	파일 불러오기(다른 포맷에 파일)
IN,	*INTERSECT	교집합 만들기(초기 물체 없어짐)
INF,	*INTERFERE	교집합 만들기(초기 물체 남아있음)
IO,	*INSERTOBJ	꾸러미 개체 삽입
L,	*LINE	선 그리기
LA,	*LAYER	레이어 설정
-LA,	*-LAYER	레이어 설정(대화상자 없이)
LE,	*LEADER	지시선 만들기
LEN,	*LENGTHEN	물체의 길이, 사이각 변경
LI,	*LIST	물체의 데이터 리스트를 보여줌
LT,	*LINETYPE	라인타입의 설정
-LT,	*-LINETYPE	라인타입의 설정(대화상자 없이)
LTS,	*LTSCALE	라인타입스케일
M,	*MOVE	물체의 이동
MA,	*MATCHPROP	물체의 특성 변경
ME,	*MEASURE	일정한 간격으로 나누기
MI,	*MIRROR	물체의 대칭복사
ML,	*MLINE	다중선 그리기
MO,	*DDMODIFY	물체의 편집
MS,	*MSPACE	모델영역으로 변경
MT,	*MTEXT	문장입력하기
MV,	*MVIEW	종이영역에서 화면 나누기
O,	*OFFSET	일정간격으로 물체복사
OS,	*DDOSNAP	특정점 설정하기
-OS,	*-OSNAP	특정점 설정하기(대화상자 없이)
P,	*PAN	화면이동(실시간 이동)

제4장 AutoCAD 단축키 만들기

–P,	*–PAN	화면이동(좌표나 변위입력)
PA,	*PASTESPEC	선택하여 붙여넣기
PE,	*PEDIT	폴리라인의 편집
PL,	*PLINE	폴리라인
PO,	*POINT	점찍기
POL,	*POLYGON	정다각형 그리기
PR,	*PREFERENCES	선호사항 정하기(화면, 패스, 프린트 등)
PRE,	*PREVIEW	미리보기
PRINT,	*PLOT	출력하기
PS,	*PSPACE	종이영역설정
PU,	*PURGE	불필요한 요소제거(스타일, 레이어 등)
R,	*REDRAW	화면정리
RA,	*REDRAWALL	전체 화면정리
RE,	*REGEN	화면재생성
REA,	*REGENALL	전체 화면재생성
REC,	*RECTANGLE	사각형 그리기
REG,	*REGION	면 만들기
REN,	*DDRENAME	기본 설정값 이름바꾸기
–REN,	*RENAME	기본 설정값 이름바꾸기(대화상자 없이)
REV,	*REVOLVE	회전 솔리드 만들기
RM,	*DDRMODES	기본 설정(그리드, 스냅, 직교, 블립 등)
RO,	*ROTATE	회전하기
RPR,	*RPREF	렌더링 설정하기
RR,	*RENDER	렌더링하기
S,	*STRETCH	물체의 연장 혹은 축소
SC,	*SCALE	물체의 스케일 바꾸기
SCR,	*SCRIPT	연속화면 보기
SE,	*DDSELECT	물체 선택하기
SEC,	*SECTION	솔리드 물체의 단면 만들기
SET,	*SETVAR	시스템변수 설정하기
SHA,	*SHADE	쉐이딩하기(색칠하기)
SL,	*SLICE	솔리드 물체의 자르기
SN,	*SNAP	스냅(커서의 이동간격 설정하기)
SO,	*SOLID	속이 찬 다각형 만들기
SP,	*SPELL	스펠링 검사하기

SPL,	*SPLINE	스플라인 그리기
SPE,	*SPLINEDIT	스플라인의 편집
ST,	*STYLE	문자 스타일 정하기
SU,	*SUBTRACT	솔리드 물체의 차집합 만들기
T,	*MTEXT	문장 만들기
-T,	*-MTEXT	문장 만들기(대화상자 없이)
TA,	*TABLET	타블렛 설정하기
TH,	*THICKNESS	두께 정하기
TI,	*TILEMODE	종이, 모델영역의 변환
TO,	*TOOLBAR	툴바 설정하기
TOL,	*TOLERANCE	심볼 정하기
TOR,	*TORUS	토러스 만들기
TR,	*TRIM	물체의 절단, 끊기
UC,	*DDUCS	좌표계의 설정
UCP,	*DDUCSP	좌표계의 설정(기본 좌표계)
UN,	*DDUNITS	방위각, 치수단위 등의 설정
-UN,	*UNITS	방위각, 치수단위 등의 설정(대화상자 없이)
UNI,	*UNION	솔리드 물체의 합집합
V,	*DDVIEW	화면 설정하기
-V,	*VIEW	화면 설정하기(대화상자 없이)
VP,	*DDVPOINT	시점 설정하기
-VP,	*VPOINT	시점 설정하기(대화상자 없이)
W,	*WBLOCK	선택하여 저장하기
WE,	*WEDGE	쐐기 만들기
X,	*EXPLODE	블럭이나 메쉬의 분해
XA,	*XATTACH	외부파일 참조(불러오기)
XB,	*XBIND	외부파일 현도면에 추가하기
-XB,	*-XBIND	외부파일 현도면에 추가하기(대화상자 없이)
XC,	*XCLIP	외부파일 잘라내기
XL,	*XLINE	무한선 그리기
XR,	*XREF	외부파일 참조
-XR,	*-XREF	외부파일 참조(대화상자 없이)
Z,	*ZOOM	화면의 확대 및 축소

; The following are alternative aliases and aliases as supplied in AutoCAD Release 13.

AV,	*DSVIEWER	공중 뷰 설정
CP,	*COPY	물체의 복사
DIMALI,	*DIMALIGNED	경사치수
DIMANG,	*DIMANGULAR	각도치수
DIMBASE,	*DIMBASELINE	기준치수
DIMCONT,	*DIMCONTINUE	연속치수
DIMDIA,	*DIMDIAMETER	지름치수
DIMED,	*DIMEDIT	치수편집
DIMTED,	*DIMTEDIT	치수문자편집
DIMLIN,	*DIMLINEAR	수평, 수직치수
DIMORD,	*DIMORDINATE	x, y 좌표 치수
DIMRAD,	*DIMRADIUS	반지름 치수
DIMSTY,	*DIMSTYLE	치수스타일 설정
DIMOVER,	*DIMOVERRIDE	치수변수 덮어쓰기
LEAD,	*LEADER	지시선 기입
TM,	*TILEMODE	종이, 모델영역의 변환

제5장 이렇게 해결하세요

1. 자동저장 방법

컴퓨터가 갑자기 다운되었을 때 캐드 데이터 복원에 사용하는 기능이 SAVETIME이다.
SAVETIME 시스템 변수의 초기 값은 10(분)이다. 안정적인 저장시간은 1~5정도이다.

◆ **기능** : 정해진 시간마다 도면을 자동으로 저장하게 한다.

설정 값의 단위는 분(minute)이며, 0은 자동저장을 취소한다.(초기값 : 10 분)
저장되는 파일명은 작업을 할 때마다 변하며, 현재 파일명 뒷부분에 숫자가 추가되어 생성된다.(예 : Drawing1_1_1_6334.sv$)
자동저장 파일의 확장자는 *.sv$ 이며, 확장자를 "*.dwg" 의 형태로 바꾸면 Open할 수 있다.
자동저장 파일은 컴퓨터가 작업도중에 다운될 경우만 유지되며, 정상적으로 프로그램을 끝내면 자동삭제된다.

◆ **명령**

```
Command : SAVETIME ↵ 1~5(분) 정도로 지정
```

풀다운 메뉴의 Tools-Options을 선택한 후, 'Open and Save' 의 좌측 중간에 있는 자동저장 시간을 조정해준다.

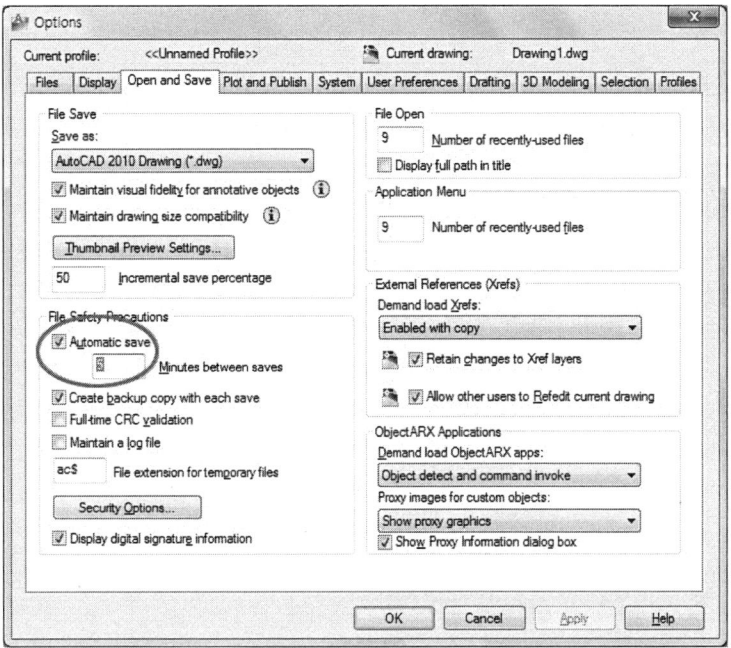

◆ 저장 경로

풀다운 메뉴의 Tools- Options에서 자동저장 파일의 경로를 확인할 수 있으며, 파일의 경로 수정도 가능하다.

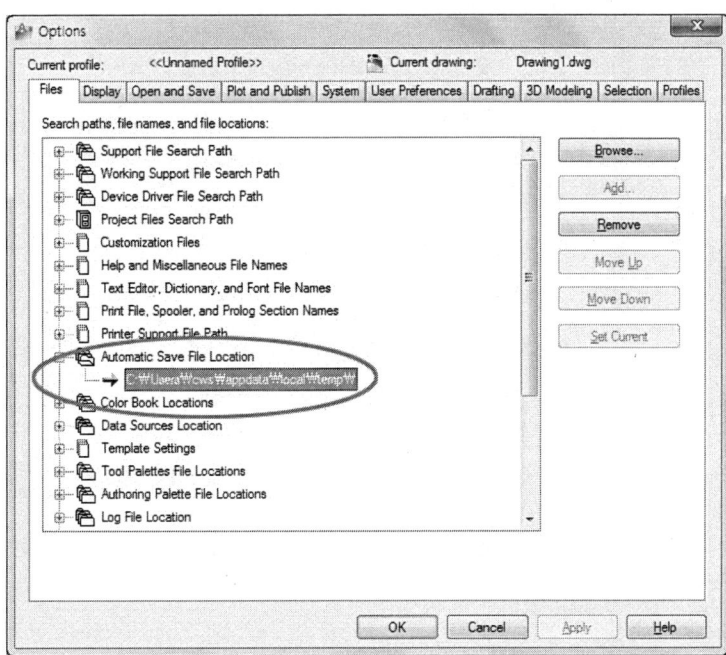

◆ 복구방법

자동저장된 파일을 찾아서 확장자 *.sv$을 *.dwg로 변환한 후 정상적으로 Open한다. 이 때 폴더가 사용자 폴더의 하위에 있는 `Appdata`폴더가 숨김파일로 설정되어 있으므로, 설정을 변경하여야 한다.

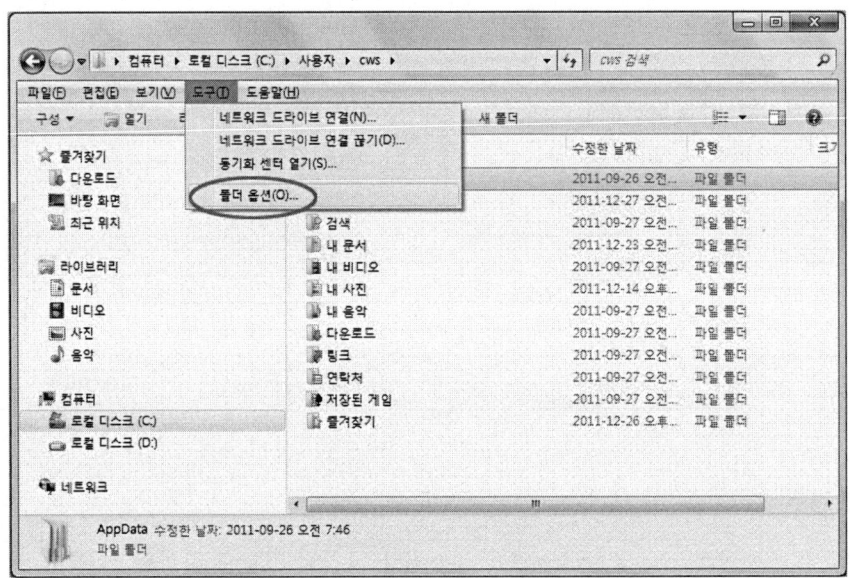

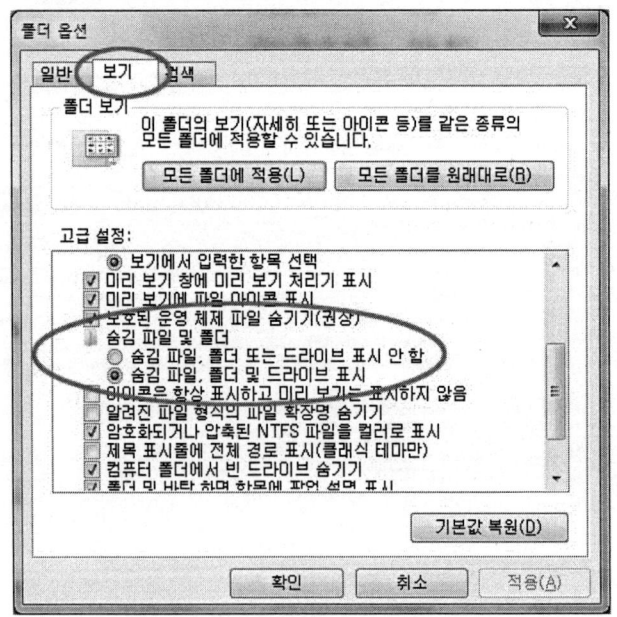

2 Function key 사용

Key	Function	Command
F1	도움말 창을 나타냄	HELP
F2	Text Windows를 On/Off	
F3	OSNAP을 On/Off	OS
F4	3DOsnap On/Off	
F5	Isoplane Top / Isoplane Right / Isoplane Left	
F6	Dynamic UCS를 On/Off	
F7	Grid를 On/Off	GRID
F8	Ortho를 On/Off	ORTHO
F9	Snap을 On/Off	SN
F10	Polar를 On/Off	DS
F11	Object Snap Tracking를 On/Off	DS
F12	Dynamic Input을 On/Off	DS

3 Trim에서 선이 이상하게 잘릴 경우

Trim 명령에서 기준선을 잡지 않고 선을 자를 때, 자르고 싶은 부위가 모두 잘리지 않고, 가장자리가 남는 경우가 생긴다. 이때는 옵션의 확장모드를 'No extend' 로 변경해주면 된다.

◆ 명령

Command : TRIM ↵

Current settings : Projection = UCS, Edge = Extend

Select cutting edges ...

Select objects : ⏎

Select object to trim or shift-select to extend or [Fence/Crossing/Project/Edge/eRase/Undo]
: E ⏎

Enter an implied edge extension mode [Extend/No extend] ⟨Extend⟩ : N ⏎

4 해치에서 에러가 발생하는 경우와 대처방법

해치(Hatch) 명령을 실행할 때 발생하는 에러의 사례별 대처 방법이다.

▶ 해치영역 설정시 다음과 같은 메시지가 나타나는 경우

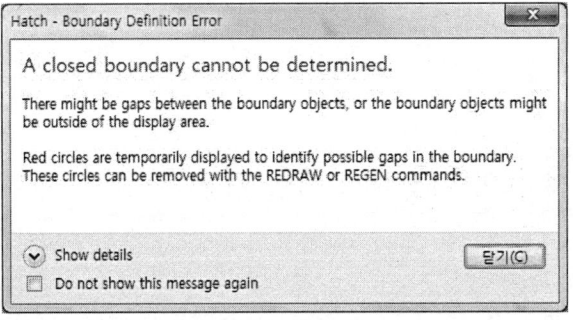

→ 해치 영역이 닫혀있지 않았을 경우에는 열려진 부위를 찾아서 막아주거나 폴리라인을 이용해 다시 그려준다.

→ 해치 영역 설정시 화면에 다 보이게 한 다음에 Zoom 명령을 이용해 해당부위를 확대하여 선택한다. 일반적으로 도면 데이터가 작을 경우에는 선택이 가능하지만 메모리가 클 때는 해치 명령을 실행하기 전에 영역을 화면에 전부 보이게 하여야 한다.

▶ 해치를 실행했는데 화면에 해치가 나타나지 않고, 다음과 같은 메시지가 나타난다.

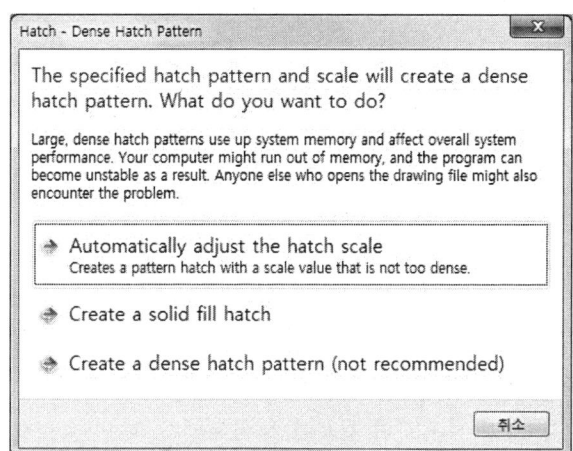

→ 해치 패턴의 스케일 값이 너무 크거나 작을 경우 해치가 나타나지 않는다. 이때는 Scale 값을 조절하거나, 자동으로 해치값을 조정해서 적용시키도록 선택하면 된다.

▶ 굴림체 같은 투루타입 폰트가 해치 영역에 걸친 경우
  → 트루타입 폰트의 레이어를 Off한 상태에서 작업한다.

5 글꼴과 특수문자 입력

◆ 글꼴(Font)의 종류

캐드에서의 글자 폰트는 확장자에 따라서 매우 다른 특성을 가지고 있다.

▶ TTF : Windows의 시스템에서 사용하는 '트루타입(Truetype) 글꼴'
마이크로소프트의 윈도 운영체제 속에 포함된 글꼴(C : \WINDOWS\FONT)로 아웃라인 글꼴이라 아름다운 형태를 가지고 있다. 그러나 캐드에서 사용하면 메모리 소모와 계산의 부담을 많이 주므로, 주로 설계작품이나 자격시험에서 사용한다.

▶ SHX : 캐드에서만 사용되는 'AutoCAD 글꼴'
계사무소에서 가장 많이 사용하는 글꼴로 캐드를 설치하면 깔리는 Font이다. 벡터방식의 글꼴(C : \Programs Files\AutoCAD 2012-English\fonts)로 선으로 구성되어 예쁘지는 않지만 메모리의 소모가 적어 도면을 그릴 때 원활하다. 특히 복사해서 다른 프로그램으로 그림을 옮기면 깔끔하게 이동된다. 또한 출력할 때 위치변동 등의 문제가 발생하지 않는다.

AutoCAD 글꼴은 영문 Font와 한글 Font로 나눠지며, 한글 Font를 큰 글꼴(Big Font)이라 한다. AutoCAD 글꼴 중 한글 글꼴은 〈큰 글꼴 사용(Use big font)〉을 선택해야 사용할 수 있다.

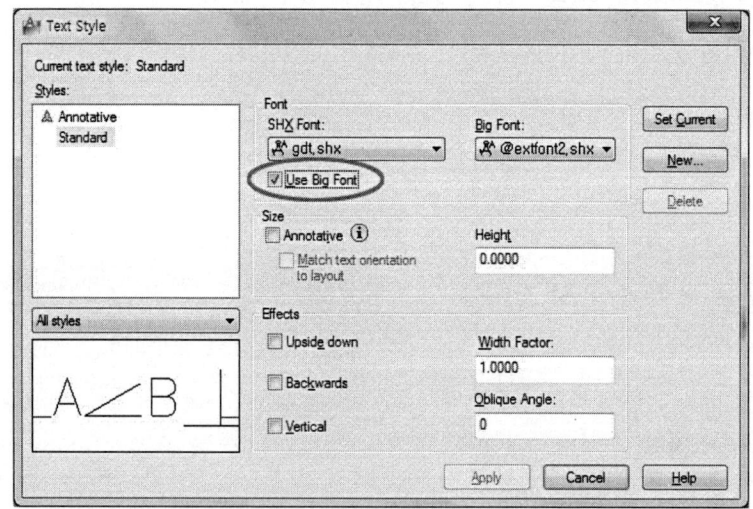

◆ 특수문자 입력

도면을 그리다보면 키보드에 없는 특수 문자를 입력해야 하는 경우가 많다.

① Text 입력 대화상자를 이용한 특수문자 입력

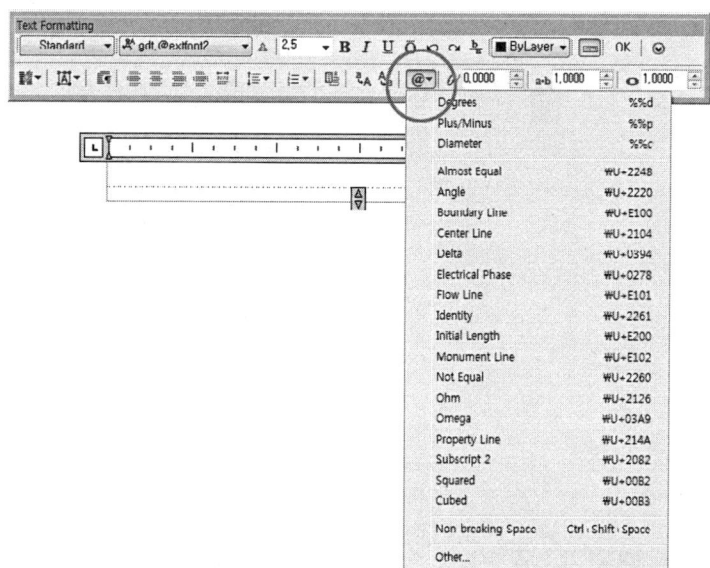

② AutoCAD 글꼴(*.SHX)에서 특수 문자의 입력

기 호	입력방법	입력 예	표 시
°	%%D	45%%D	45°
±	%%P	%%P10	±10
Ø	%%C	%%C30	Ø30
%	%%%	100%%%	100%
밑줄 긋기	%%U	%%U평면도	평면도

예 %%C100 PVC 선홈통"을 입력하면 "ø100 PVC 선홈통"이 된다.

③ 투루타입 글꼴에서 특수 문자 입력

투루타입의 글꼴을 사용할 경우에는 위의 방법으로 입력되지 않는다. ㉮를 입력하려면 "ㄱ"을 입력하고 "한자"키를 누른 후 "7"번을 입력하면 된다.

화면에 다음과 같은 그림판이 나오면 글자를 선택한다.(ㄱ,ㄴ,ㄷ,ㄹ,ㅁ등에 특수문자를 넣어 놓음)

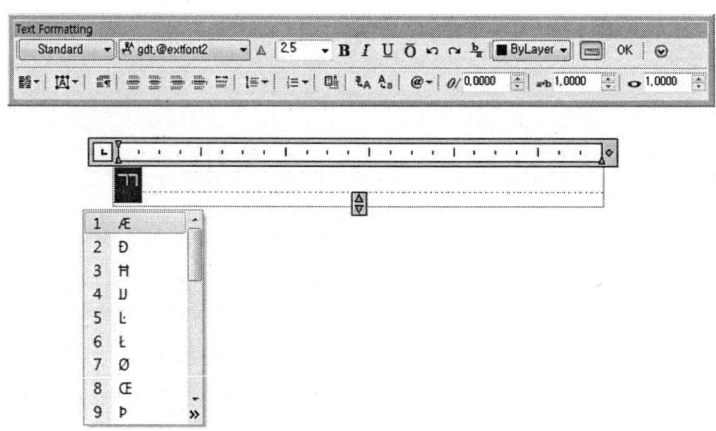

6 글꼴이 깨져 나올 경우

다른 곳에서 보내온 도면을 열어보면 글자가 ????로 깨져 보이는 경우가 있다. 한글만 그런 경우도 있고 영문, 한글 모두 그런 경우가 있다. 건축도면은 거의 대부분 [캐드폰트]를 사용하며, 사용자의 컴퓨터에 동일한 캐드폰트가 없어서 해당 폰트가 지원되지 않을 때 발생한다.
따라서 현재 사용하고 있는 컴퓨터 속에 폰트가 없는 경우, 해당 파일을 오픈할 때, 폰트지정을 묻는 창이 뜬다. 이때 적절한 폰트로 지정하지 않으면 ???로 나타난다.

◆ 해결 방법

1) 가장 좋은 해결방법은 컴퓨터에 필요한 폰트를 설치하는 것이다.
   - [캐드폰트]를 사용했다면 캐드 프로그램의 폰트 폴더에 설치하면 된다.
   - [트루타입 폰트]를 사용했다면 Windows 내의 Fonts 폴더 속에 설치하면 된다.
2) 다른 방법은 Style〈ST〉 명령에서 해당 글꼴을 다른 것으로 바꾸어 사용할 수 있다. 하지만 도면의 장수가 많을 경우에는 폰트를 구해 설치하는 방법이 좋다.

아래의 경우처럼 외부에서 유입된 도면의 [캐드폰트] 를 보유하고 있지 않을 경우 한글 폰트가 깨져 보이는 경우가 많다. 이 때 기존의 [캐드폰트] 를 보유하고 있는 폰트 또는 [트루타입 폰트] 로 교체할 경우에 새로 지정하는 Font Name 하단의 ☐Use Big Font 를 선택 취소 하여야 한글폰트의 종류를 선택할 수 있다.

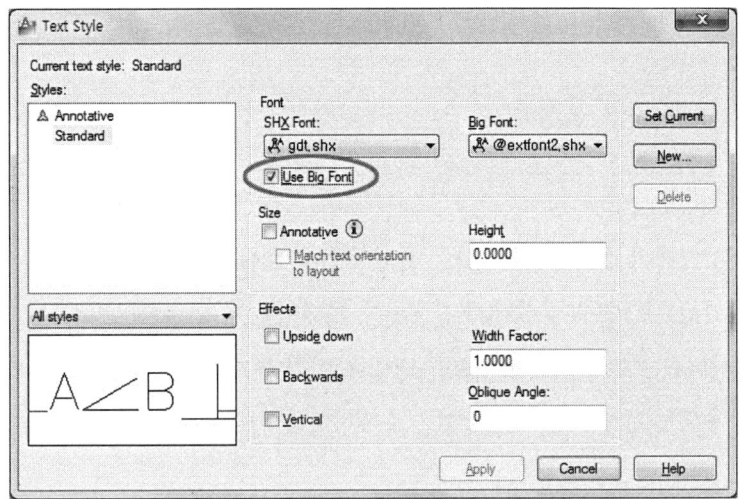

AutoCAD에서 포토샵으로 파일변환

AutoCAD 프로그램이 벡터형식인 반면, 포토샵 프로그램은 대표적인 비트맵형식의 프로그램이다. 따라서 CAD도면을 포토샵에서 활용하기 위해서는 파일 변환과정이 요구된다. AutoCAD 프로그램 데이터를 포토샵으로 불러오는 방법은 여러 가지가 있으나, 출력을 위한 판넬을 제작하기 위해 사용되는 가장 기본적인 방법을 소개하도록 한다.

 AutoCAD 파일을 EPS 파일로 저장하기

1-1 간단한 변환법

File 메뉴의 Export 명령을 이용하면 쉽게 EPS 포맷으로 저장할 수 있다. 하지만 Export를 사용해 작성된 EPS 파일은 해상도가 낮고, 선의 두께, 축척 등을 부여할 수 없기 때문에 특별한 경우가 아니면 사용을 권하지 않는다.

➜ File → Export 를 선택한다.

AutoCAD에서 포토샵으로 파일변환

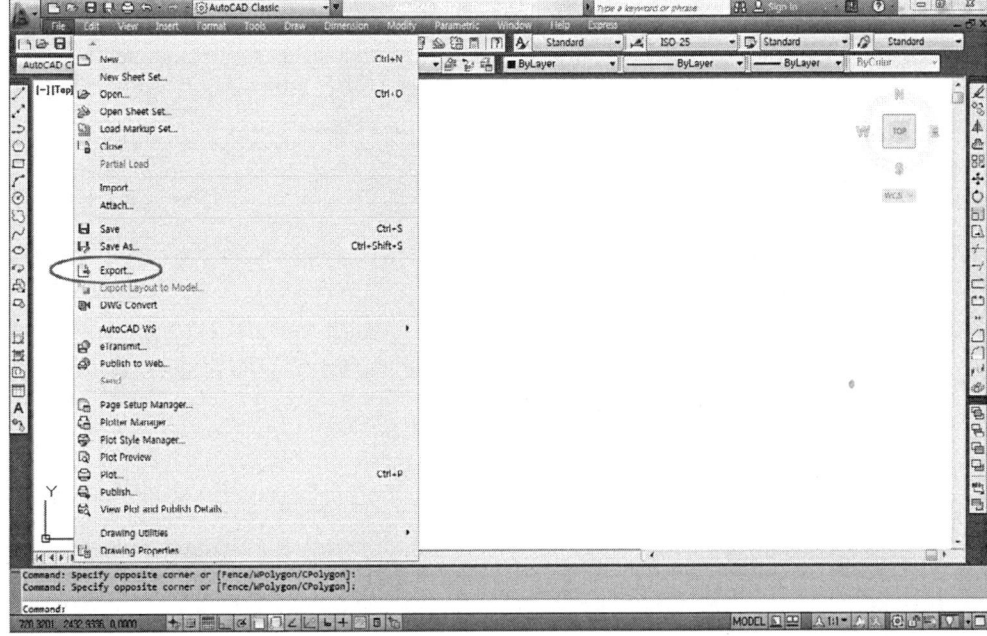

→ 확장자를 'Encapsulated PS(*.eps)'로 선택한 후, 파일명을 입력하고 Save 를 클릭한다.

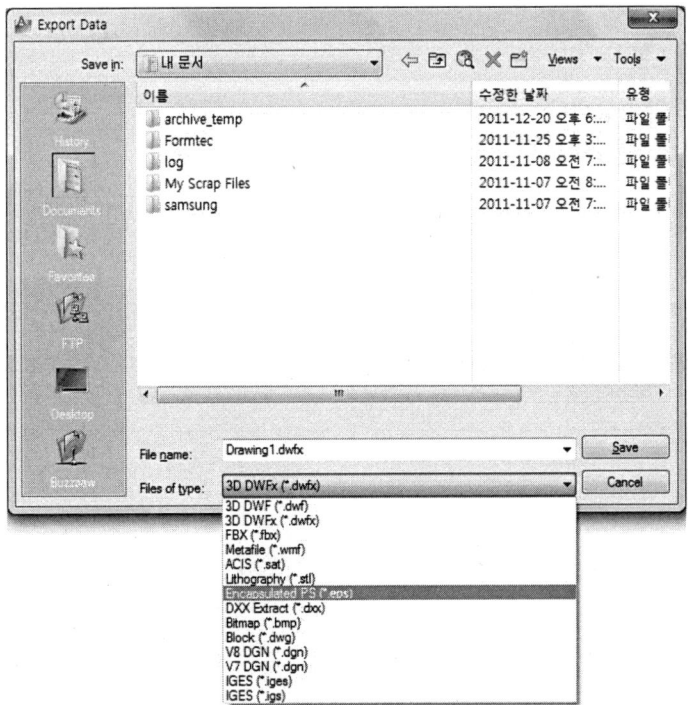

Part 5 환경설정 및 활용 ◆ 549

1-2 정교한 변환법

AutoCAD 파일을 정교하게 EPS 파일로 변환시키는 방법은 AutoCAD의 일반적인 인쇄방법과 유사하다. 다만 종이에 인쇄하는 다른 플로터 대신에 'PostScript Level1.pc3'라는 새로운 드라이버를 만들어서 '파일로 인쇄'를 하게 된다.

(1) 출력 드라이버 설치

플로터 관리자를 이용해 플로터추가 마법사를 실행시킨 후, 다음과 같이 설정하면 PostScript Level1.pc3 드라이버가 생성된다.

➜ File → Plotter Manager를 선택한다.

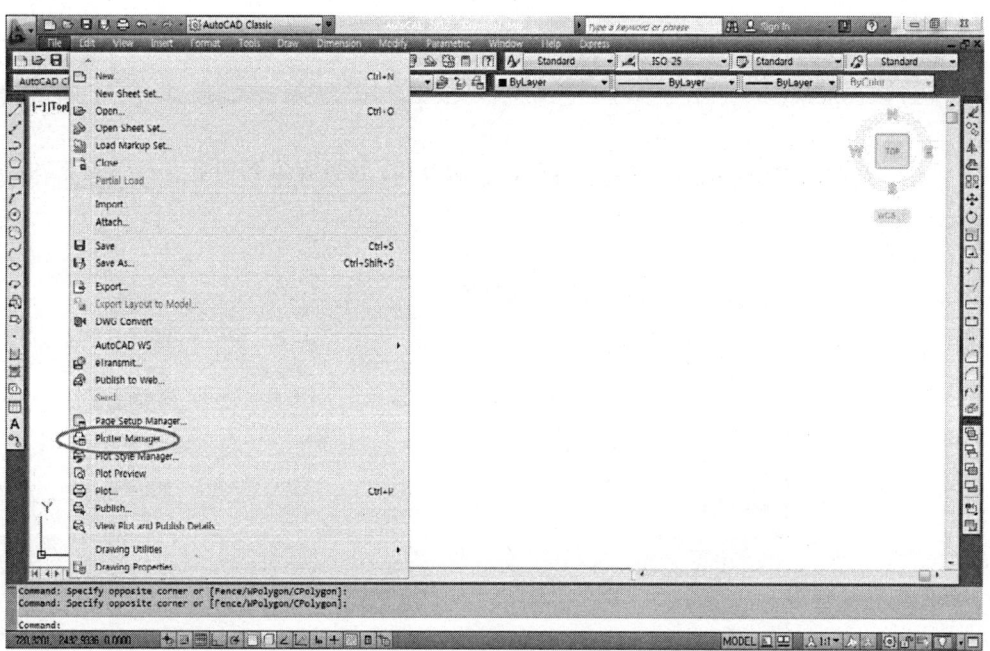

→ Add-A-Plotter Wizard를 실행한다.

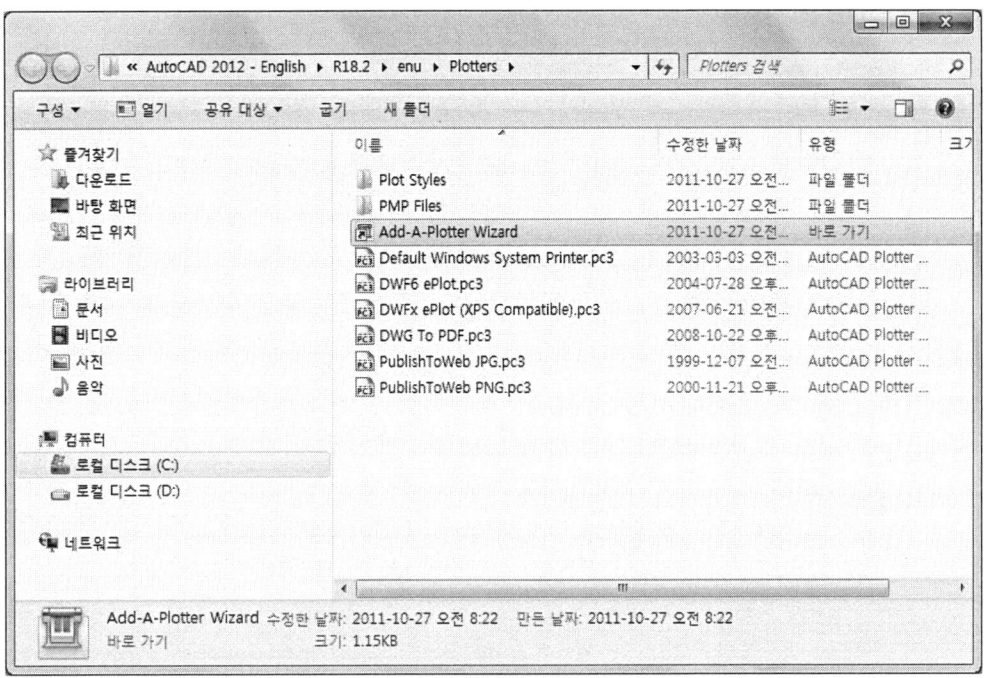

→ 플로터 추가마법사를 이용해서 나타난 대화상자를 다음과 같이 설정한 후 드라이버를 추가 설치한다.

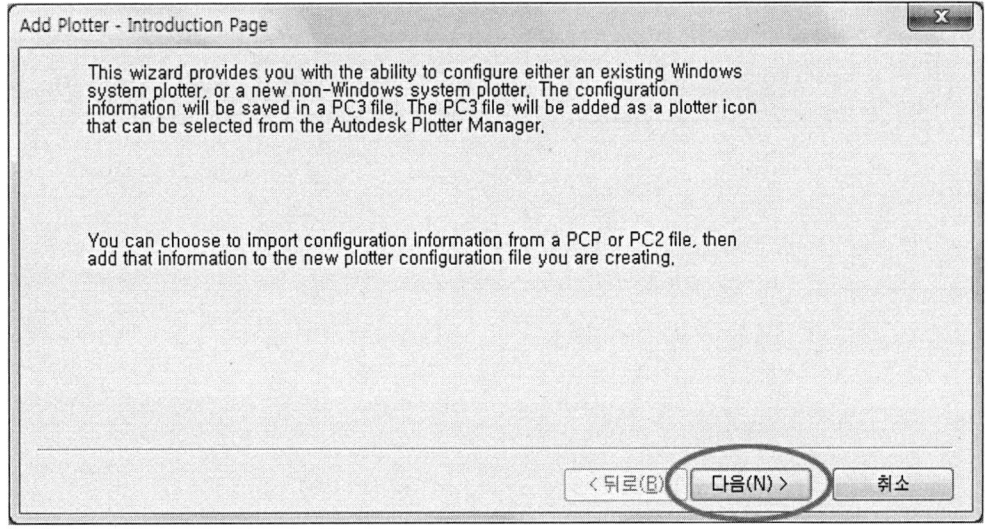

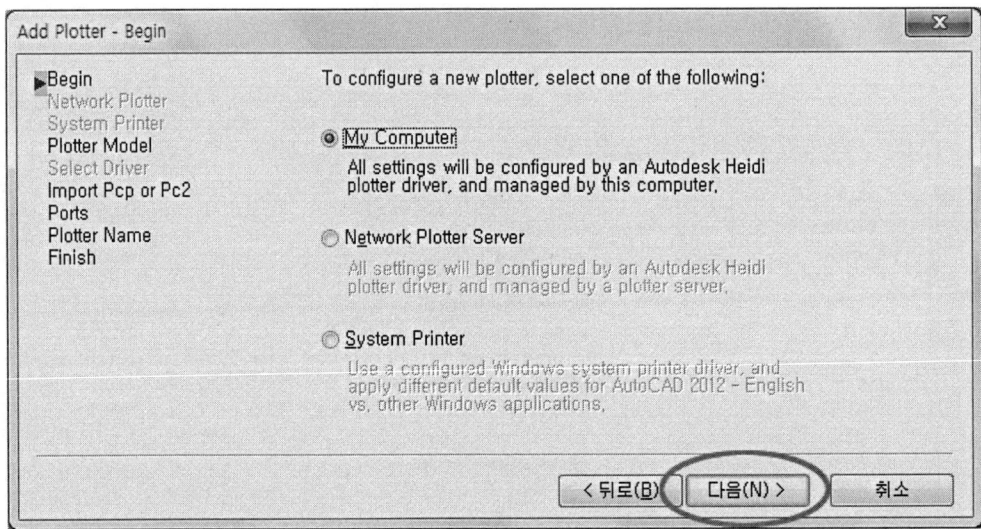

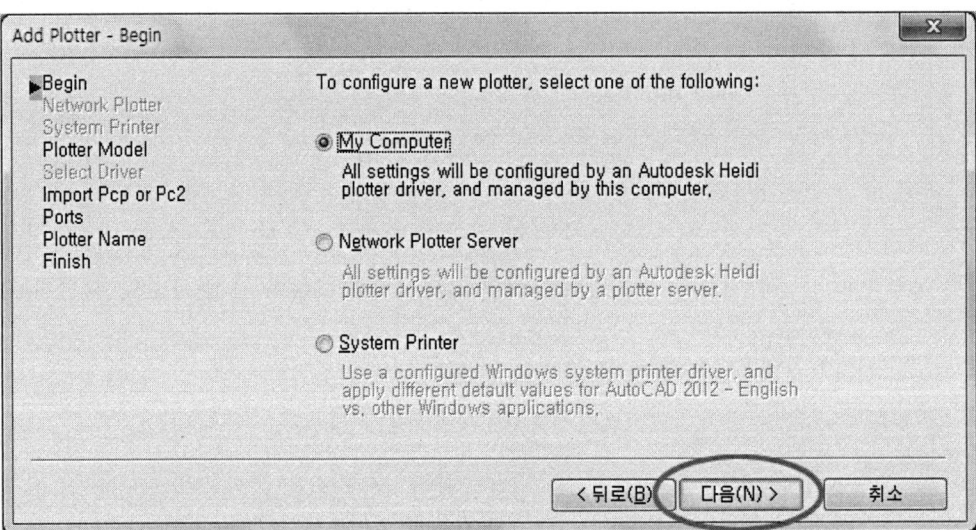

AutoCAD에서 포토샵으로 파일변환

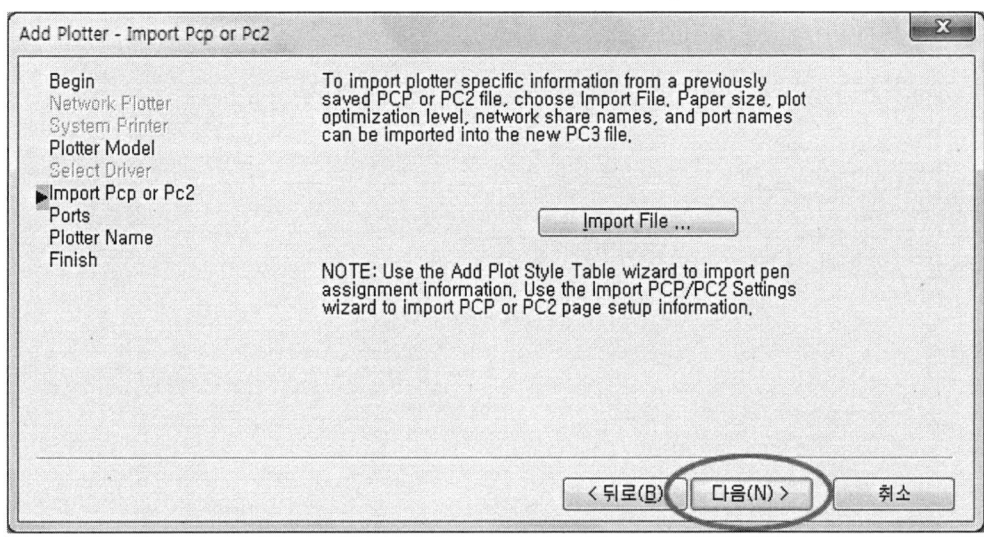
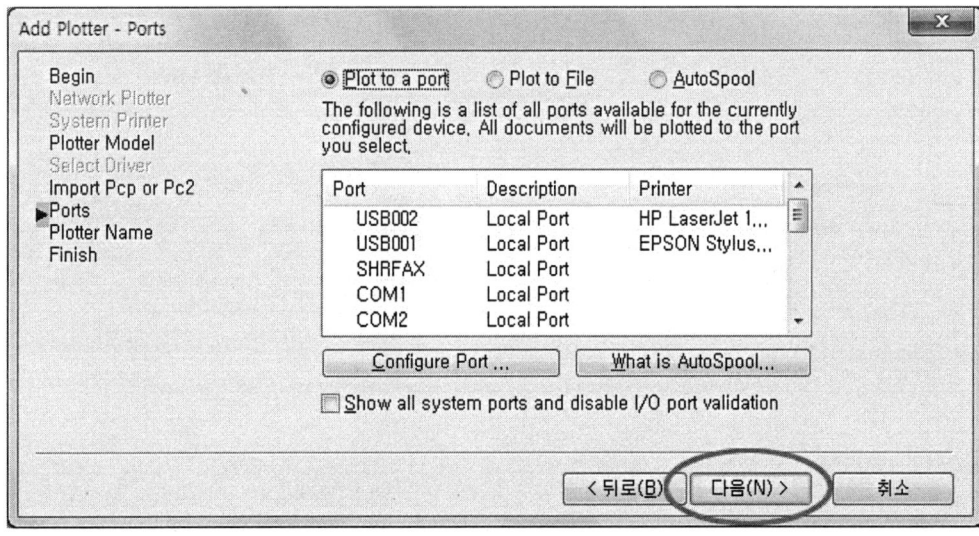

Part 5 환경설정 및 활용 ◆ 553

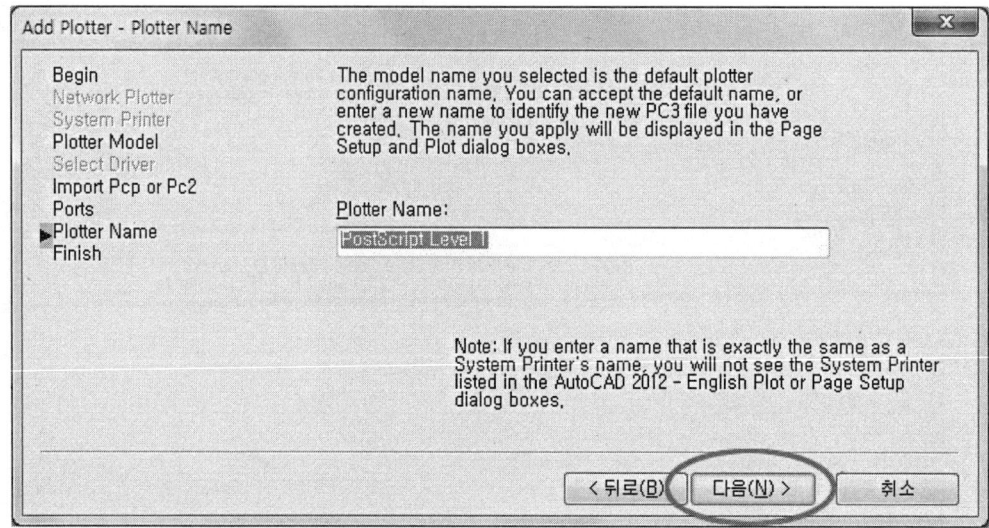

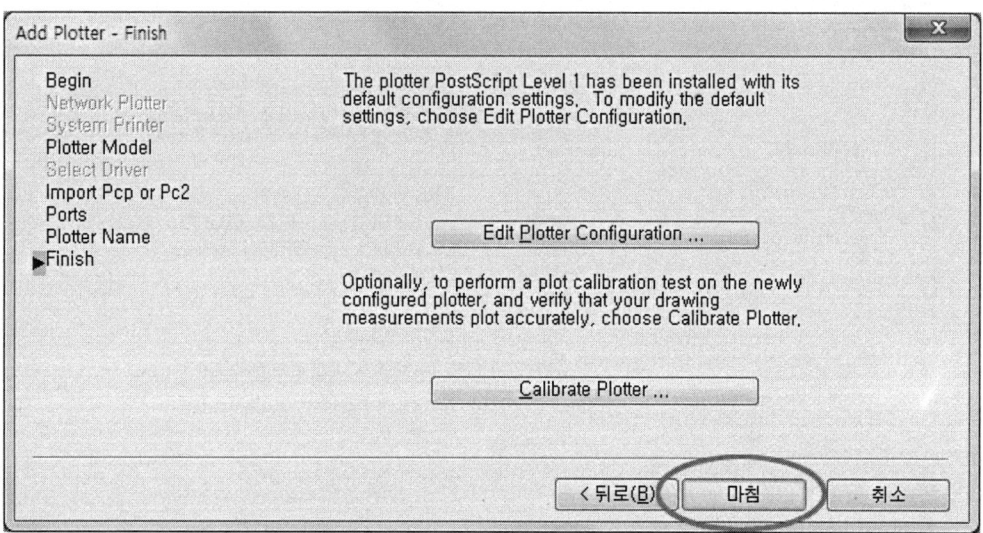

(2) EPS 파일로 저장하기

새로 설치된 PostScript Level1.pc3 드라이버를 이용해 파일로 인쇄를 하는 방법은 일반적인 인쇄 방법과 유사하나 2가지 차이가 있다.

→ File → Plot를 선택해서 Plot 대화상자가 나타나면, Printer/Plotter Name을 PostScript Level1.pc3로 선택하고, ☑ Plot to file 을 체크한다.

AutoCAD에서 포토샵으로 파일변환

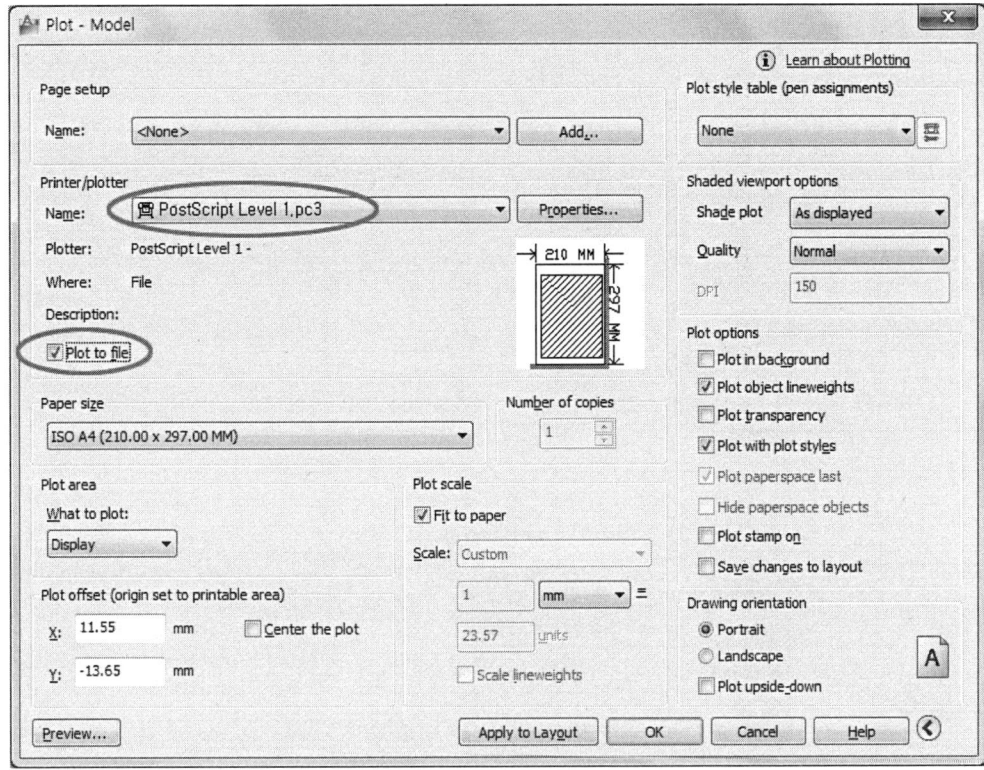

→ 축척, 종이사이즈, 펜두께 인쇄영역, 도면 정렬위치 등의 항목은 상황에 맞게 설정한다. 특히 AutoCAD 도면의 색깔에 따라 펜두께를 조절해서 선의 종류마다 다른 두께로 변환시키는 것이 좋다.

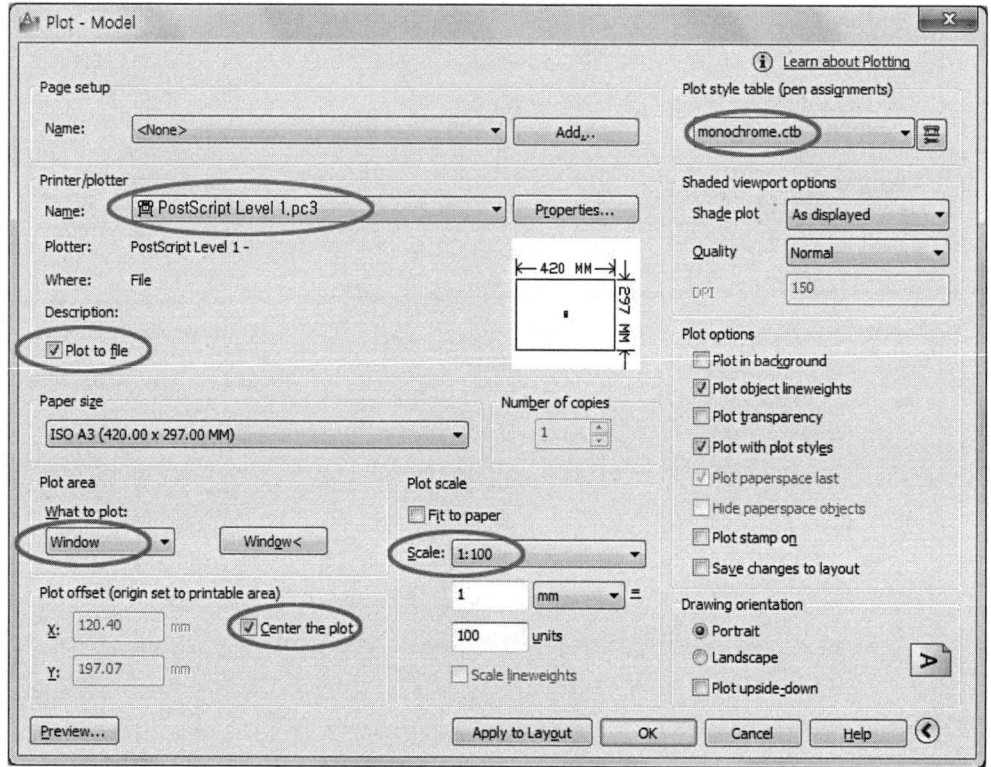

→ 종이사이즈는 판넬에서 사용되는 AutoCAD 도면의 크기를 미리 추정해서 적절한 크기를 선택하면 된다. 일반적으로 AutoCAD 도면이 판넬에서 A3 크기보다 작기 때문에 A3 또는 A4 크기로 설정한다.

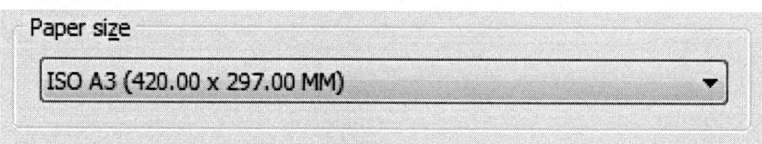

→ 인쇄 영역은 도면 전체 또는 치수선을 제외한 필요한 도면영역만을 선택한다.

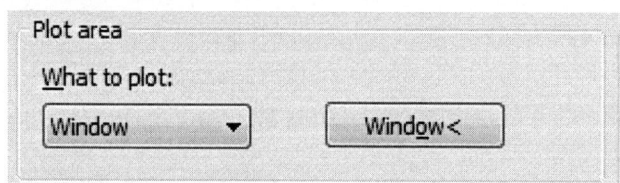

➡ 도면 정렬위치는 종이가 아닌 파일로 인쇄하기 때문에 항상 'Center the plot'을 선택해야 한다.

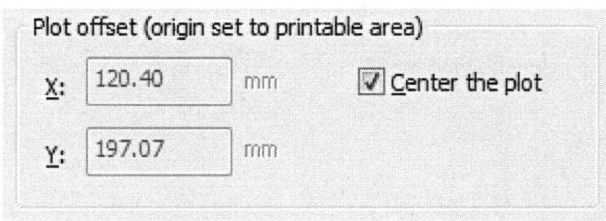

➡ 출력 스케일은 종이크기에 맞게 하거나, 원하는 축척으로 종이사이즈에 적절하게 설정한다.

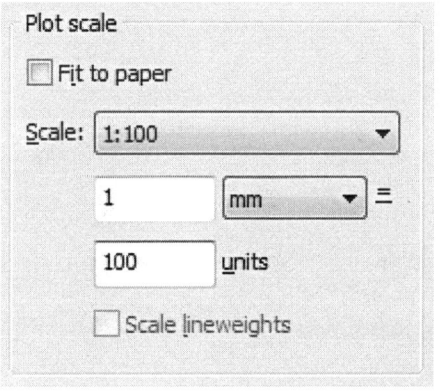

➡ 선색깔이나 선두께는 일반적인 AutoCAD 인쇄방법과 유사하게 해야 하나, 경우에 따라서는 판넬에서 사용되는 크기가 작기 때문에 선두께를 일일이 조절할 필요가 없을 때도 있다. 'monochrome'을 이용해 도면을 검정색으로 출력되게 한다.

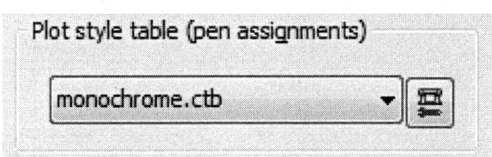

→ 📄 버튼을 이용해 선의 색깔마다 선두께를 설정한다.

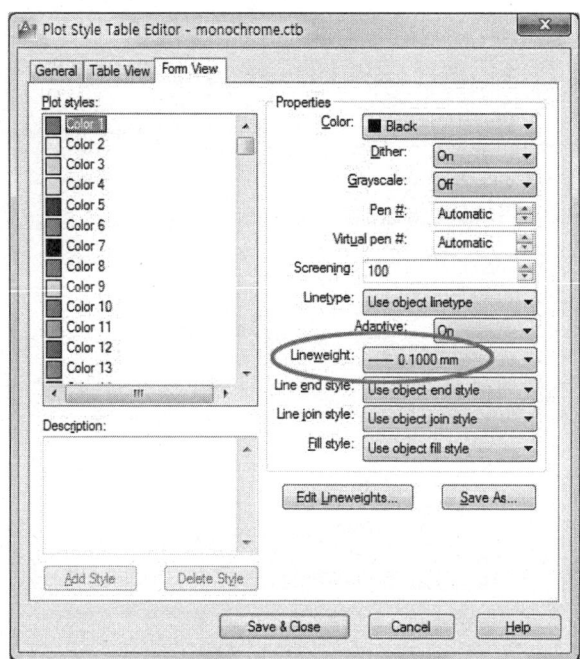

→ 선 종류에 따른 펜두께는 축척, 종이사이즈와 관계가 있으나 일반적으로 다음과 같이 설정하면 적절하다.

Layer 요소	Layer name	Color		펜두께(mm)	
				1/30~1/60	1/100
도면 Box	0	흰 색	White	0.3	0.2
중심선	CEN	빨 강	Red	0.2	0.1
벽	WAL	노 랑	Yellow	0.5	0.4
창 호	WID	하늘색	Cyan	0.2	0.1
마감선	FIN	파 랑	Blue	0.2	0.1
가 구	FUR	하늘색	Cyan	0.2	0.1
해 치	HAT	진분홍	Magenta	0.2	0.1
치 수	DIM	녹 색	Green	0.3	0.2
문 자	TXT	녹 색	Green	0.3	0.2
기 호	SYM	흰 색	White	0.3	0.2

→ Preview... 버튼을 이용해 인쇄될 도면을 미리보기 한다.

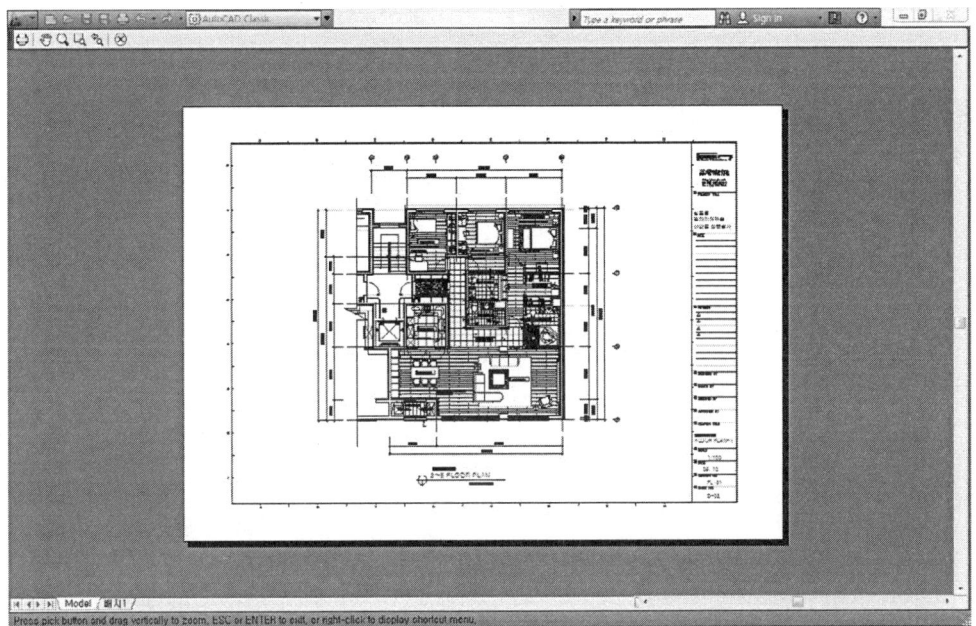

→ OK 버튼을 누르면 저장위치를 나타내는 대화상자가 나타난다.

→ Save 버튼을 눌러서 저장하면 정해진 위치에 EPS 파일이 생성된다.

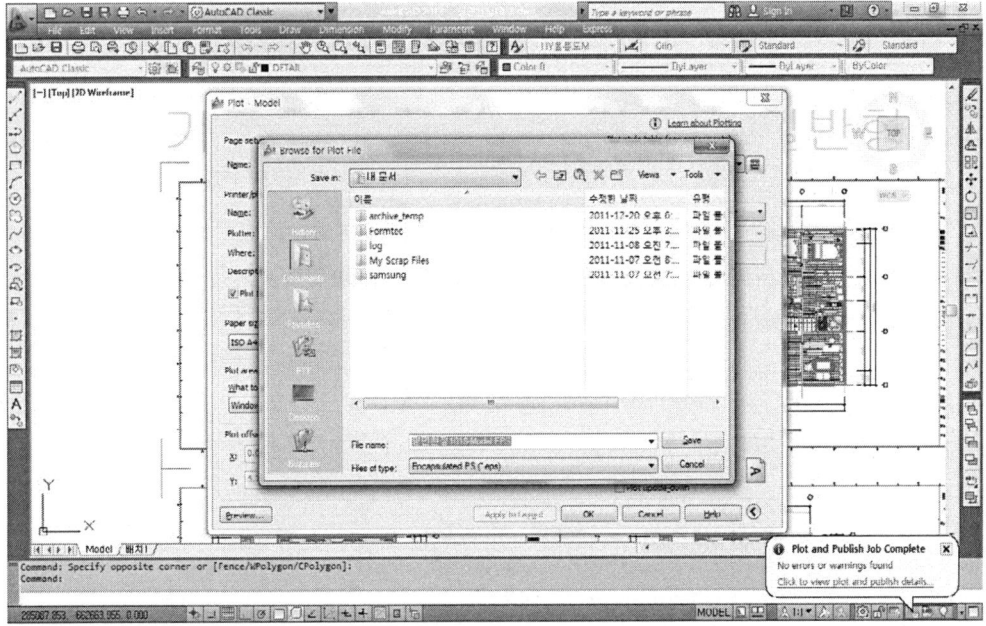

2 Photoshop에서 EPS 파일 불러오기

2-1 Open 명령으로 불러오기

→ 포토샵을 실행시킨 후 File → Open 명령을 클릭하여 확장자를 EPS(Generic EPS)로 설정한다.

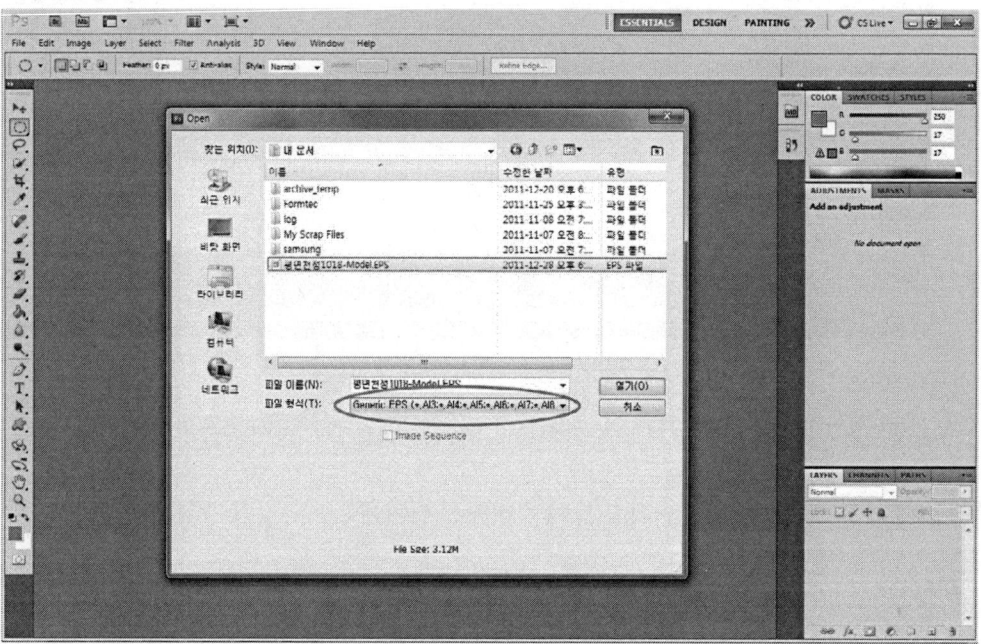

→ Image Size는 AutoCAD에서 저장한 종이크기대로 A3 크기가 설정되어 있다.
해상도는 최소 150 PPI(Pixels Per Inch) 이상으로 설정한다.
AutoCAD의 선두께가 가늘기 때문에 Anti-aliased 의 체크박스는 해제하여야 AutoCAD의 가느다란 선을 명확하게 볼 수 있다.

AutoCAD에서 포토샵으로 파일변환

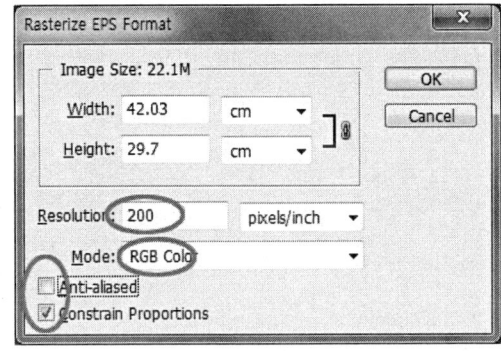

→ 투명한 도면이 나타나면 배경 레이어를 만들어 도면을 확인한 후 작업을 한다.

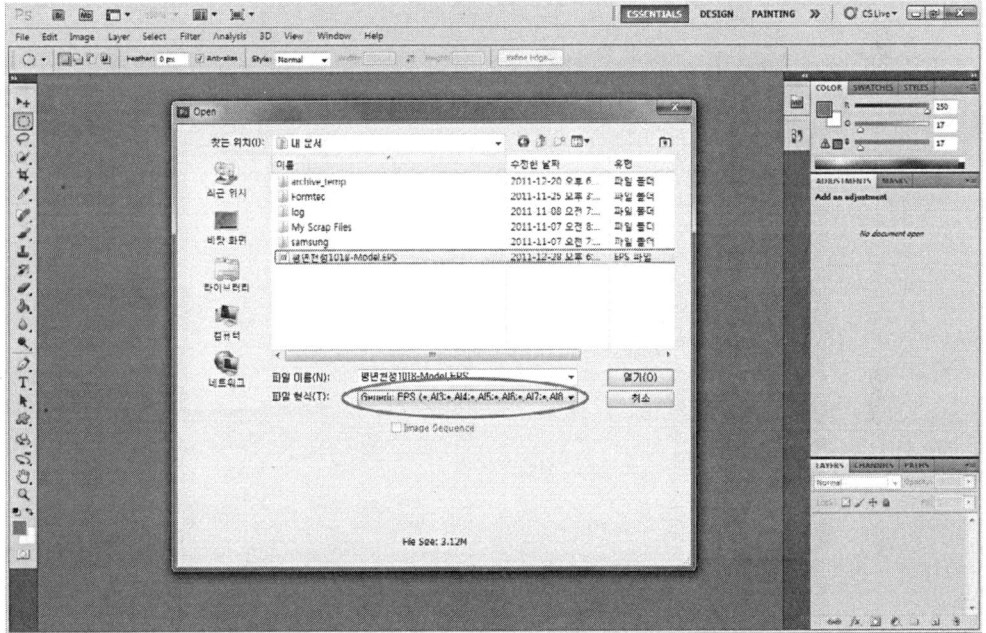

Part 6

부록(예제도면)

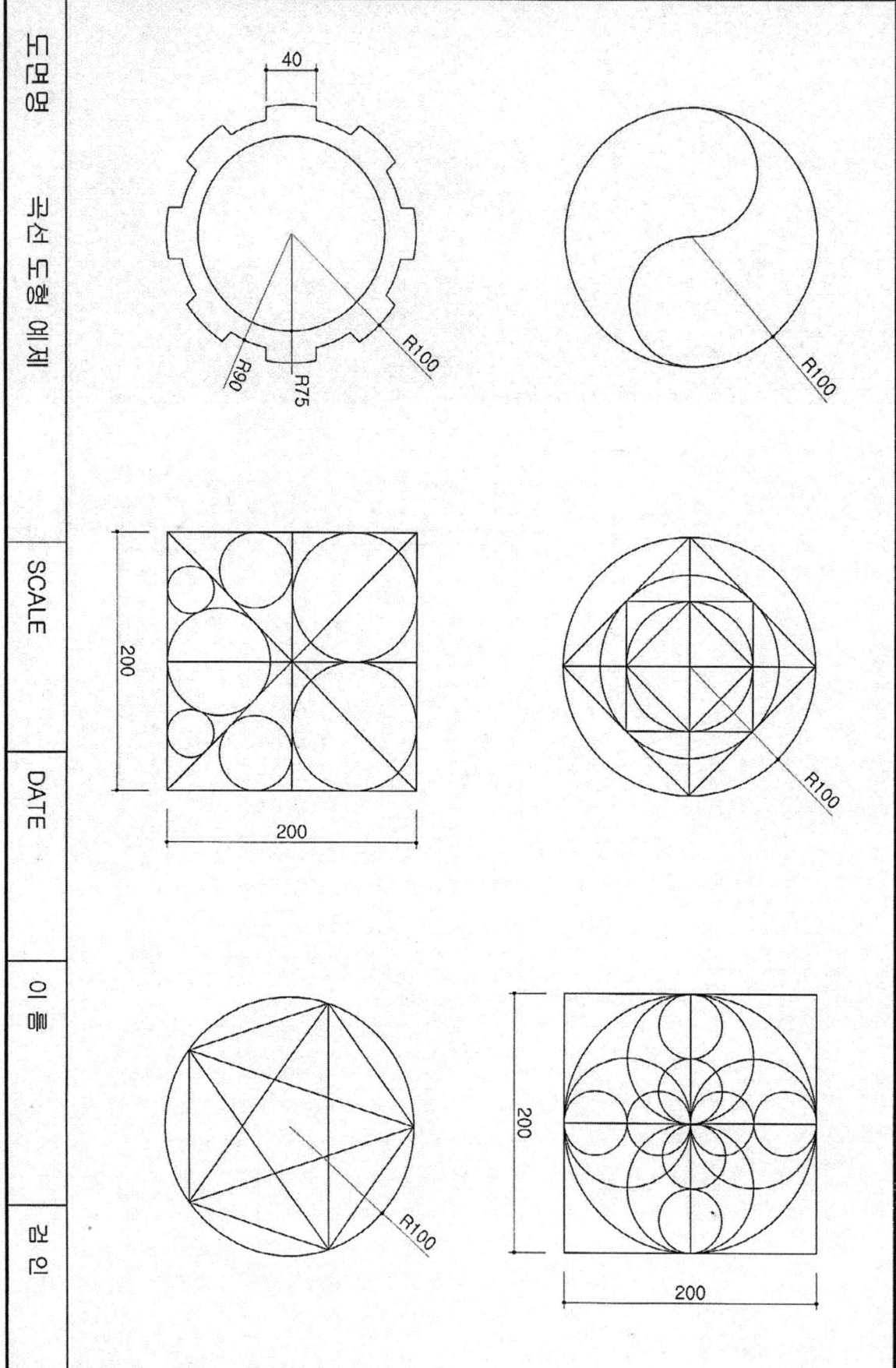

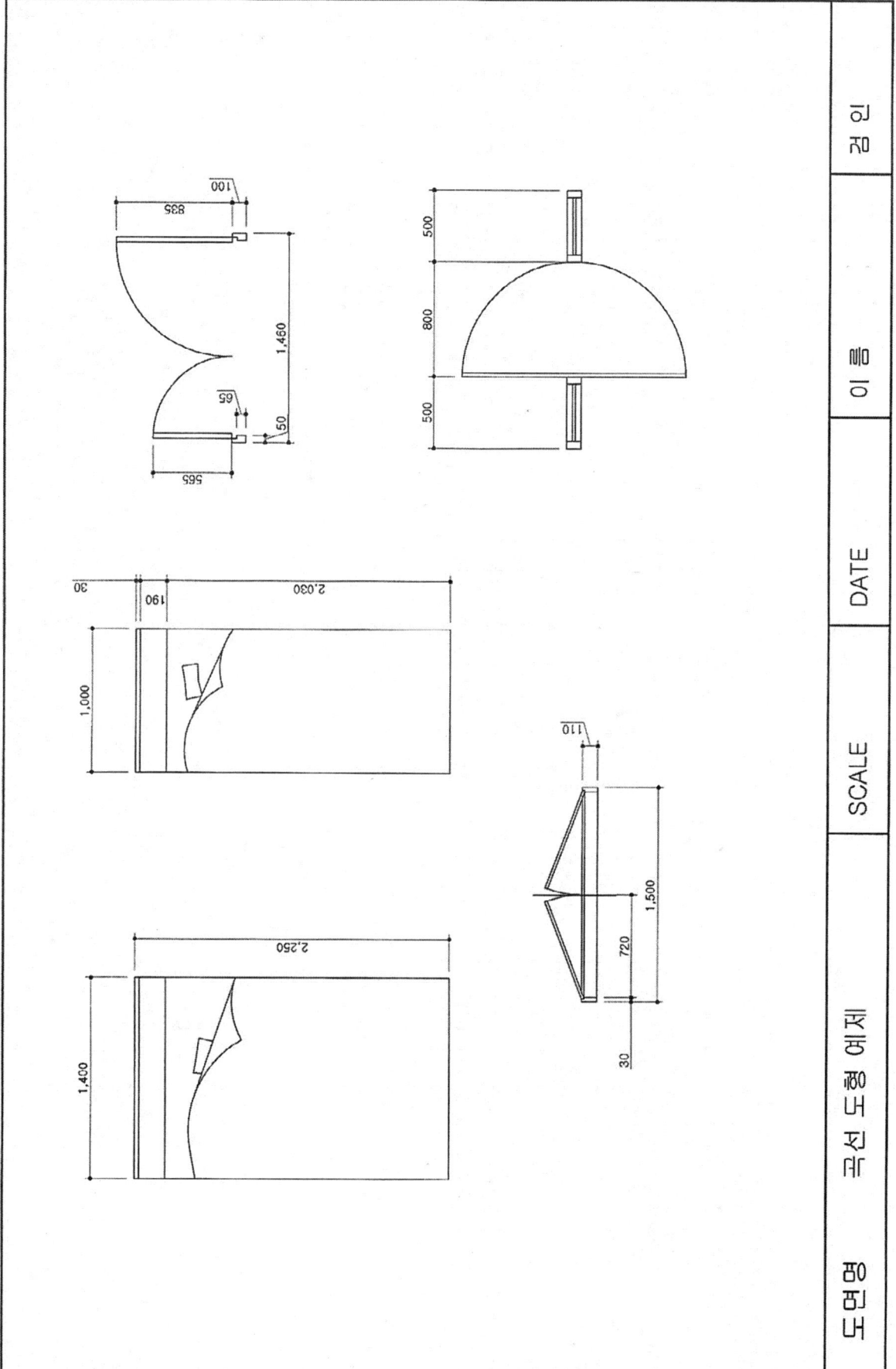

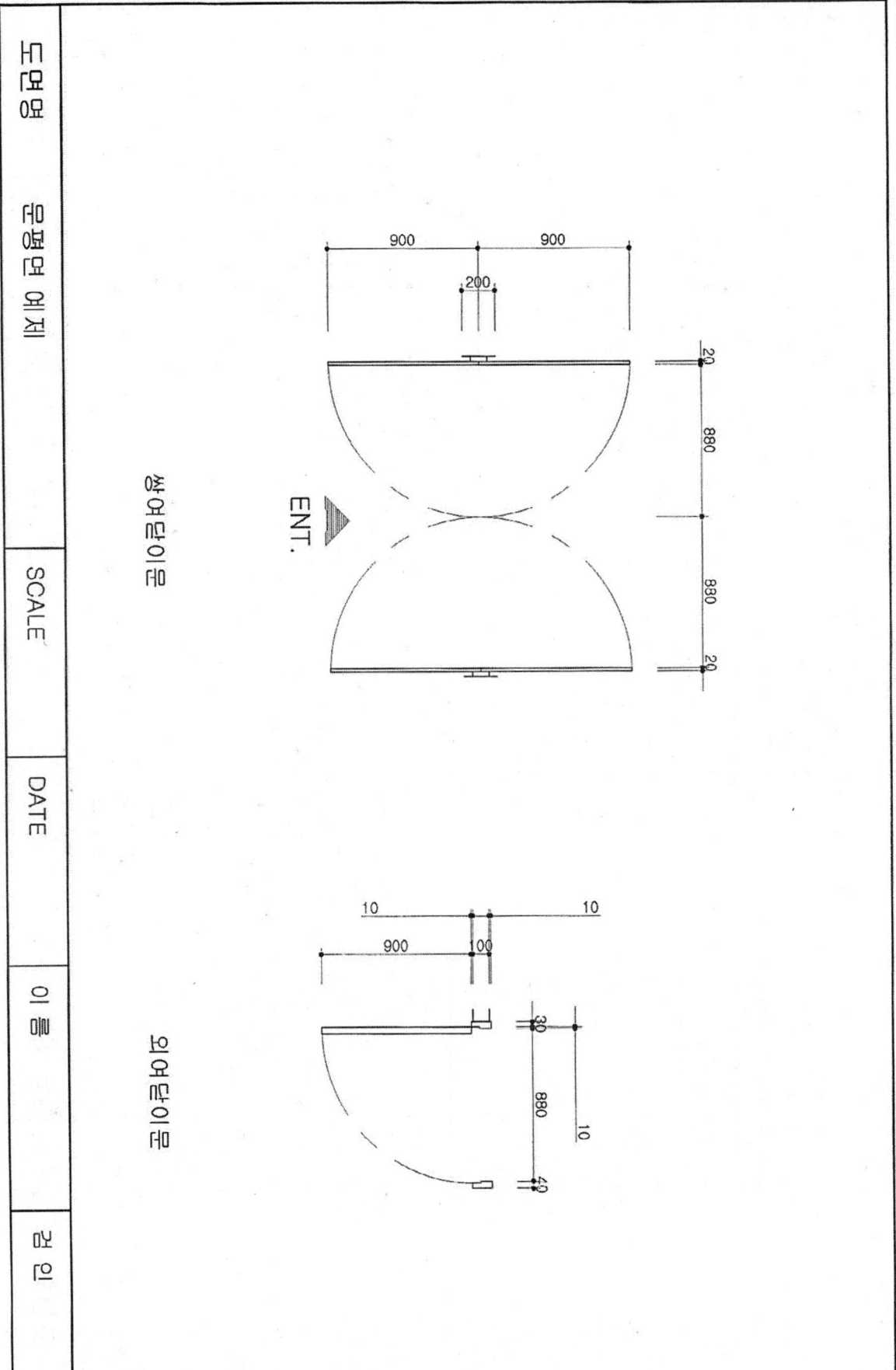

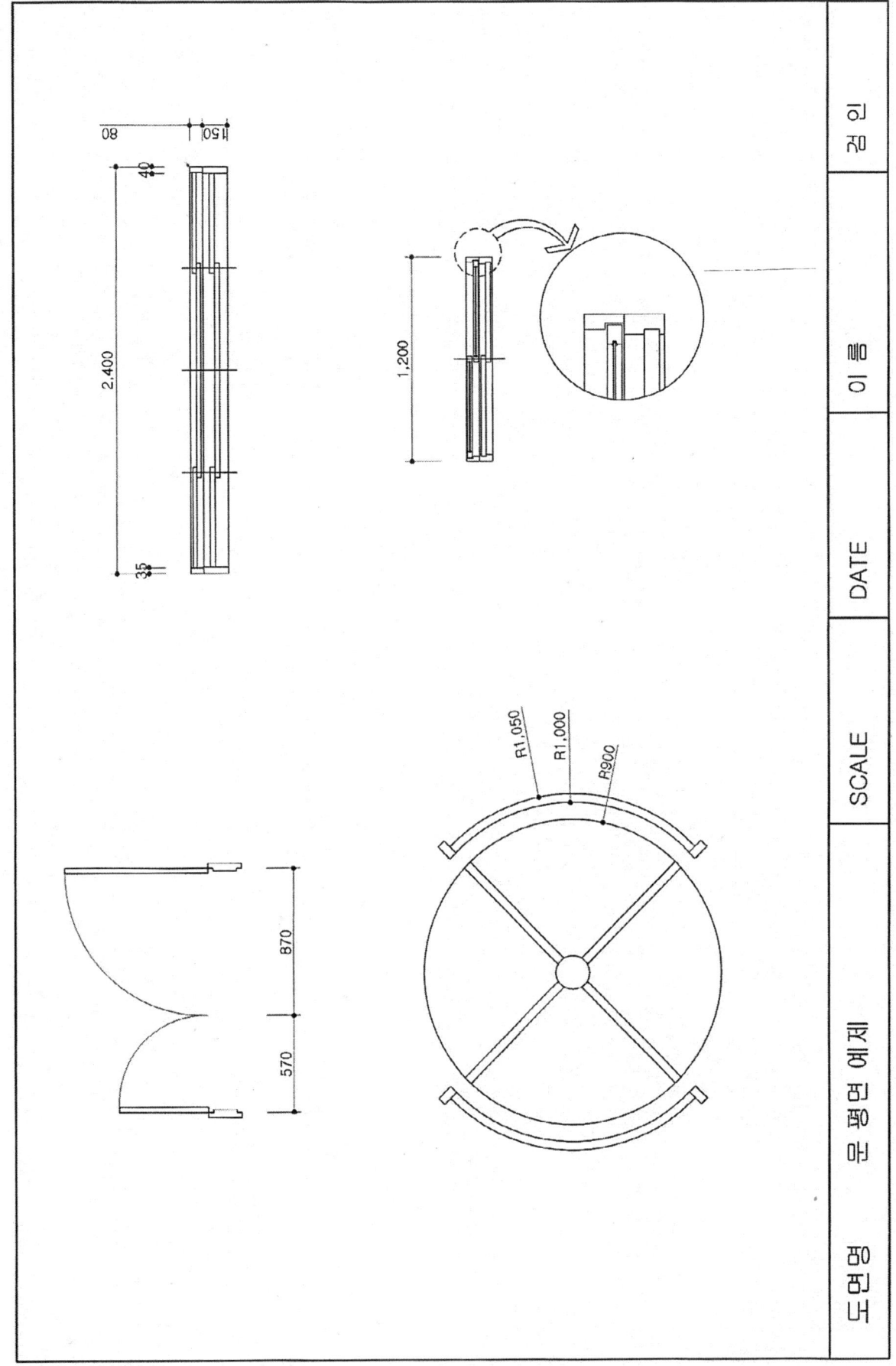

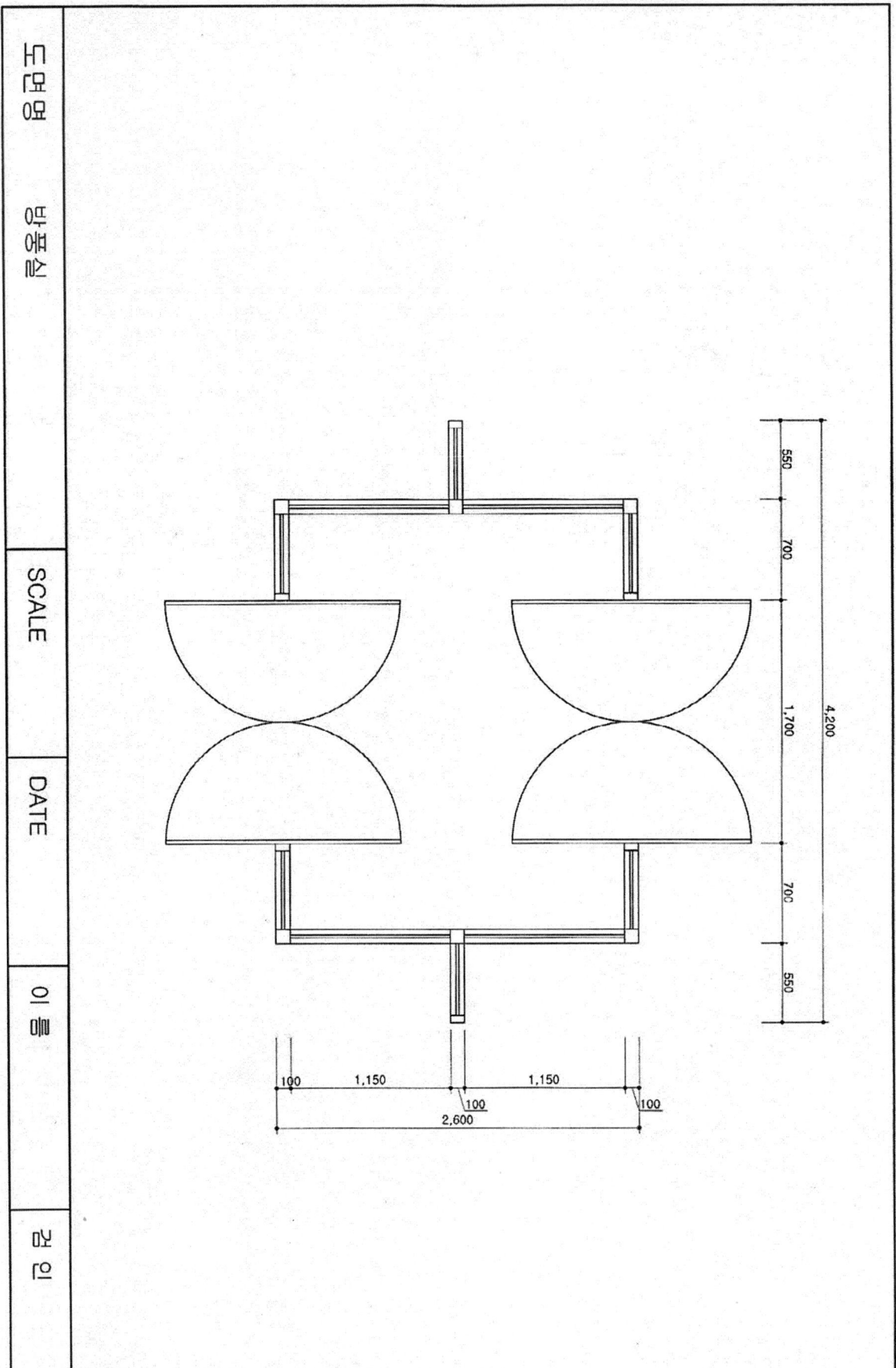

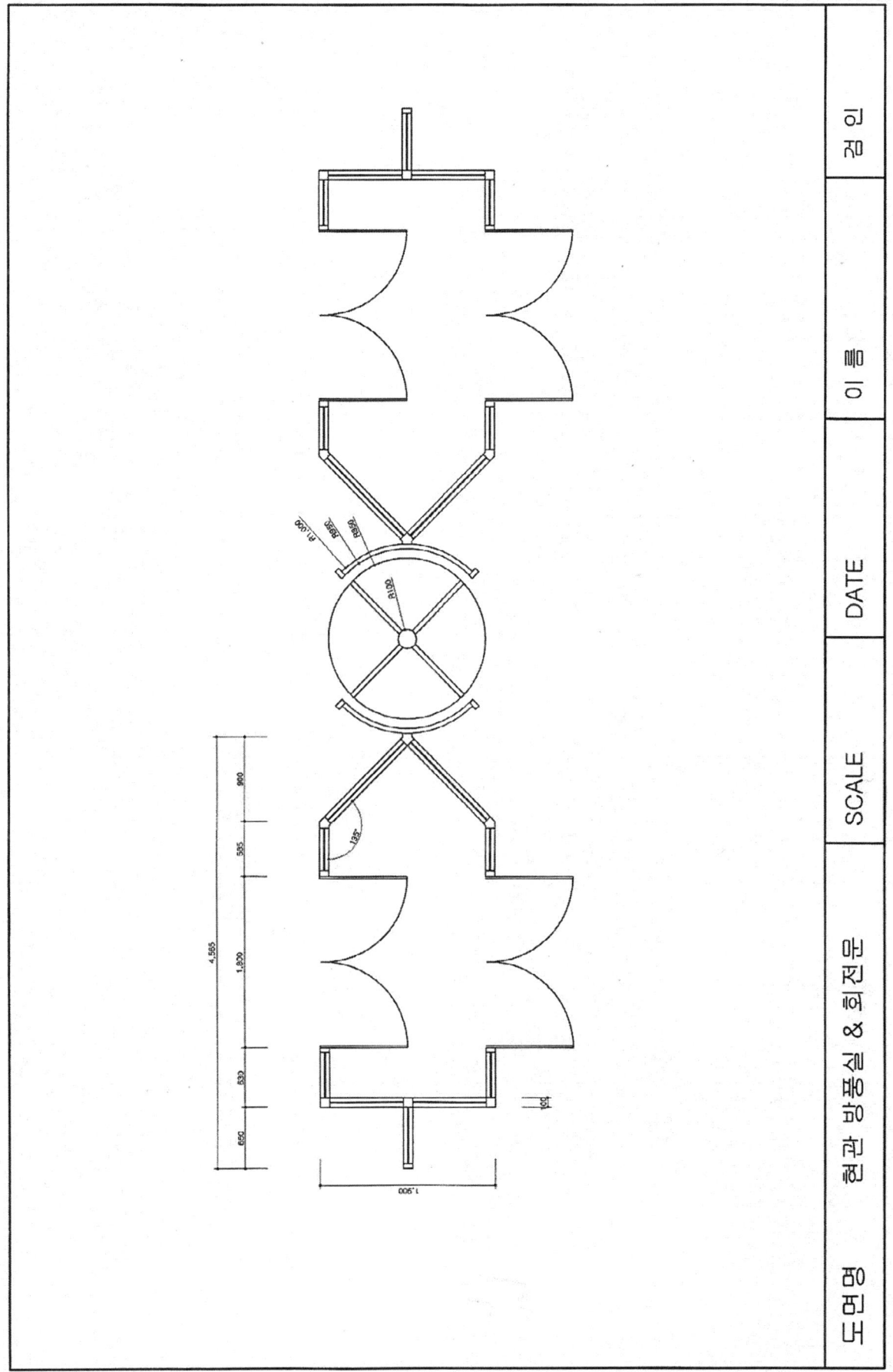

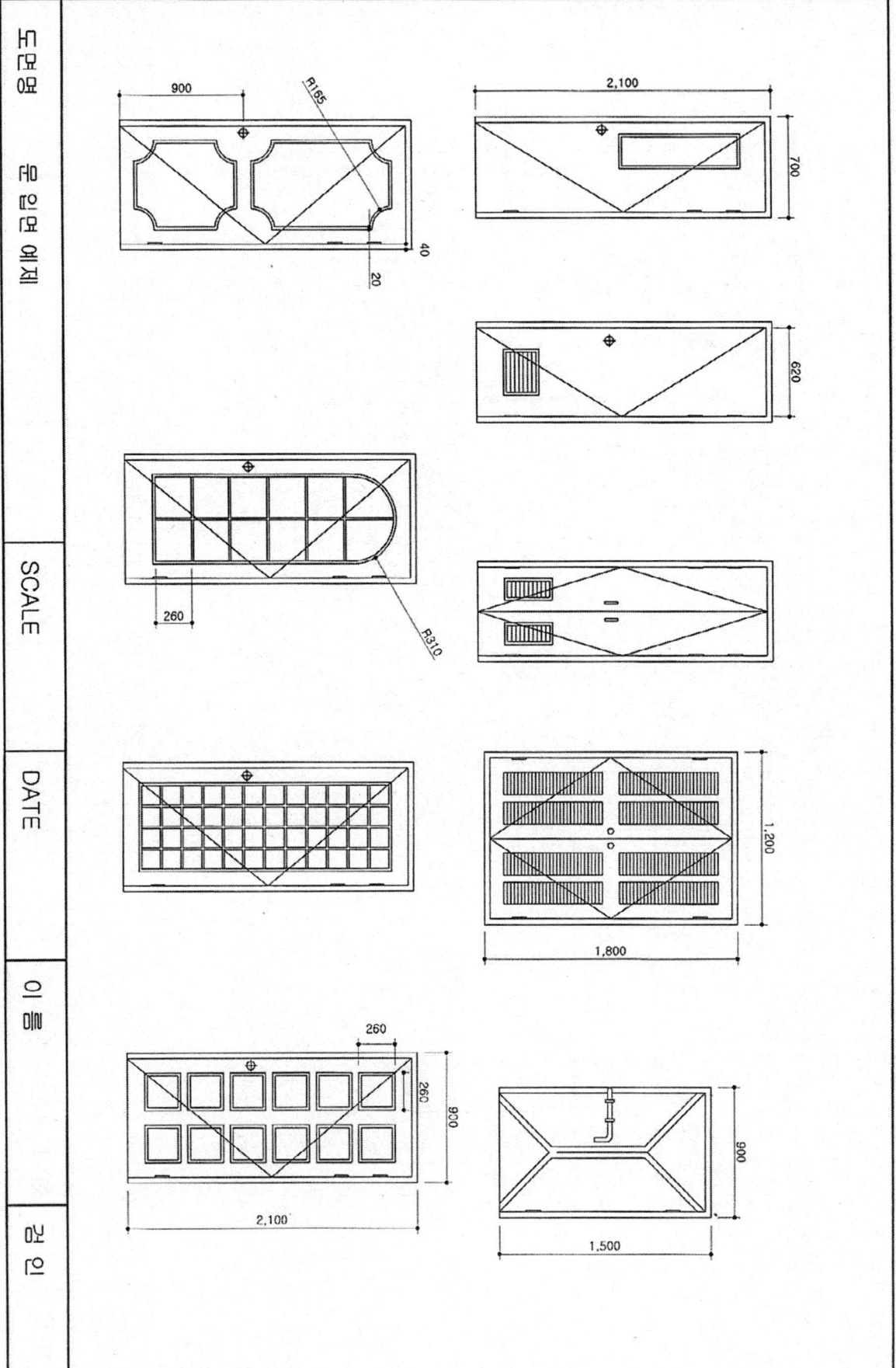

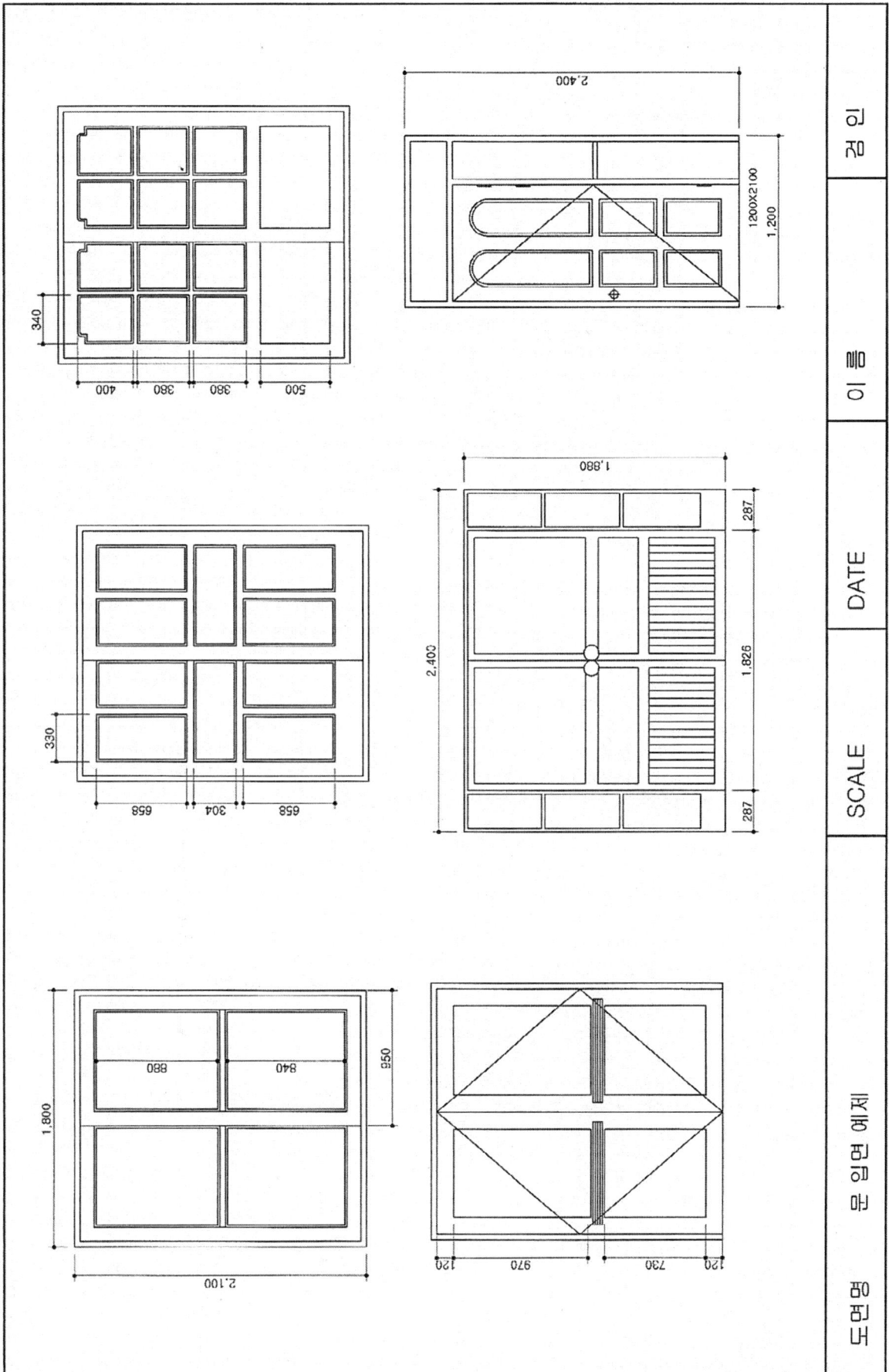

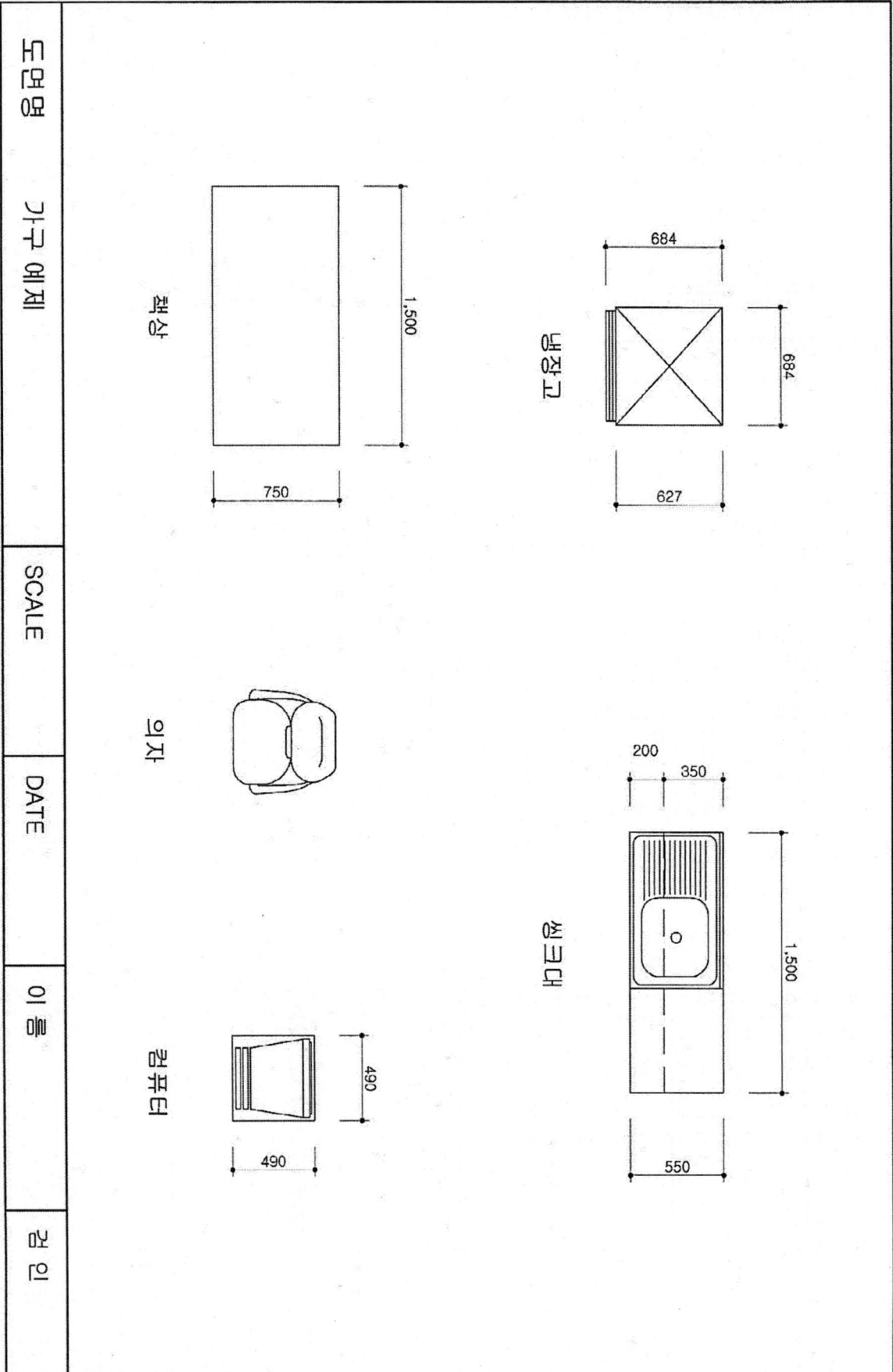

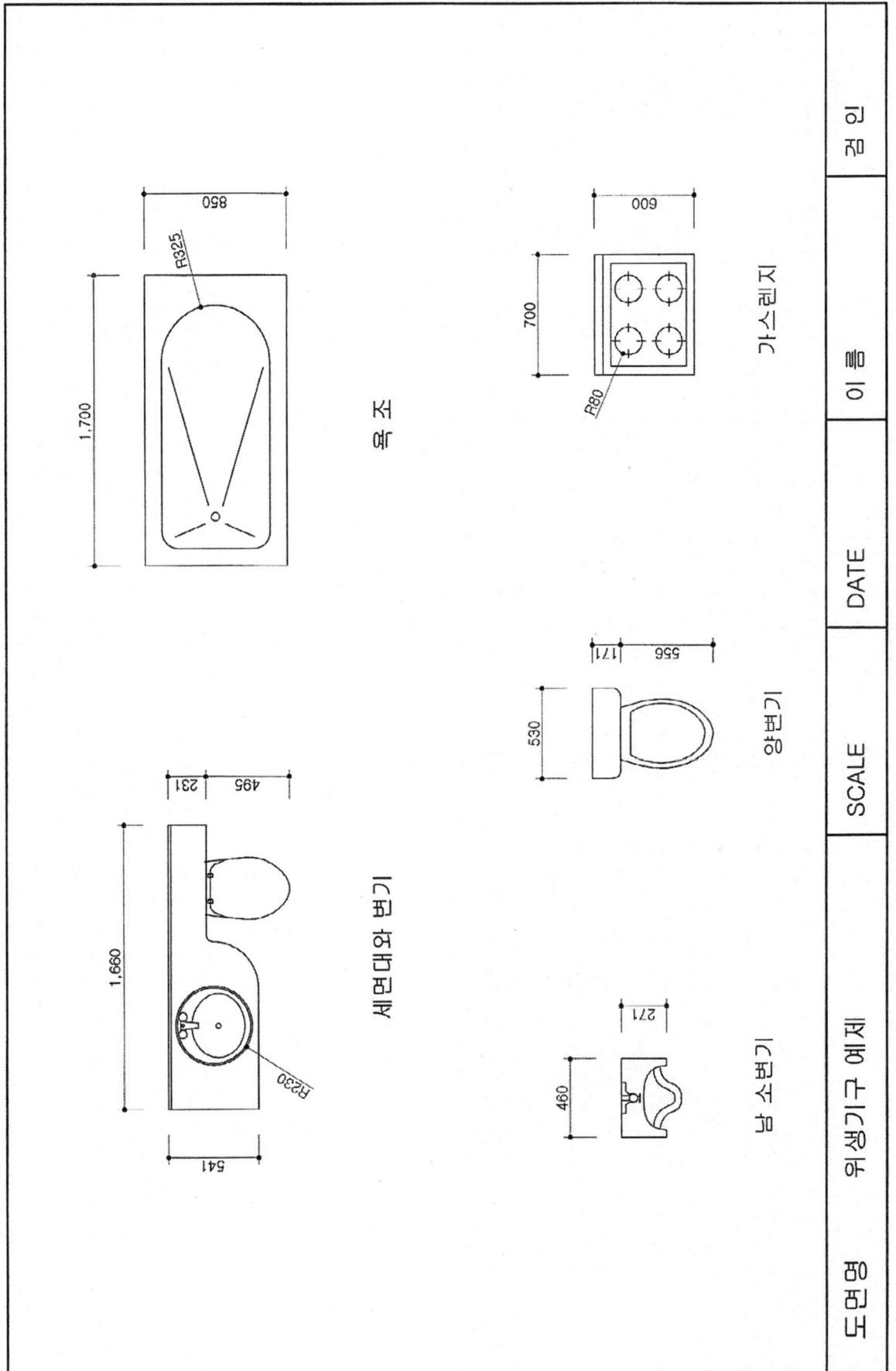

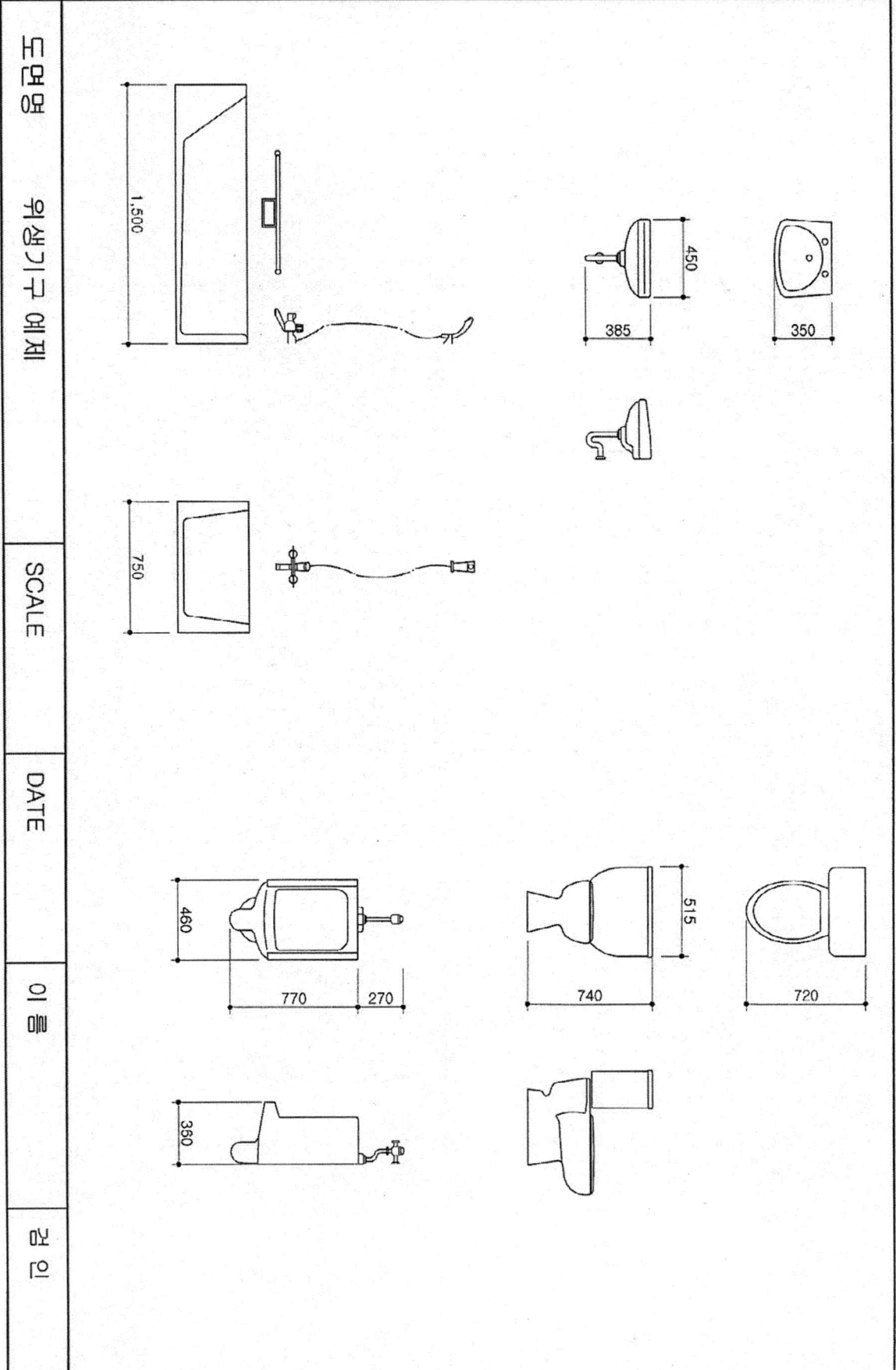

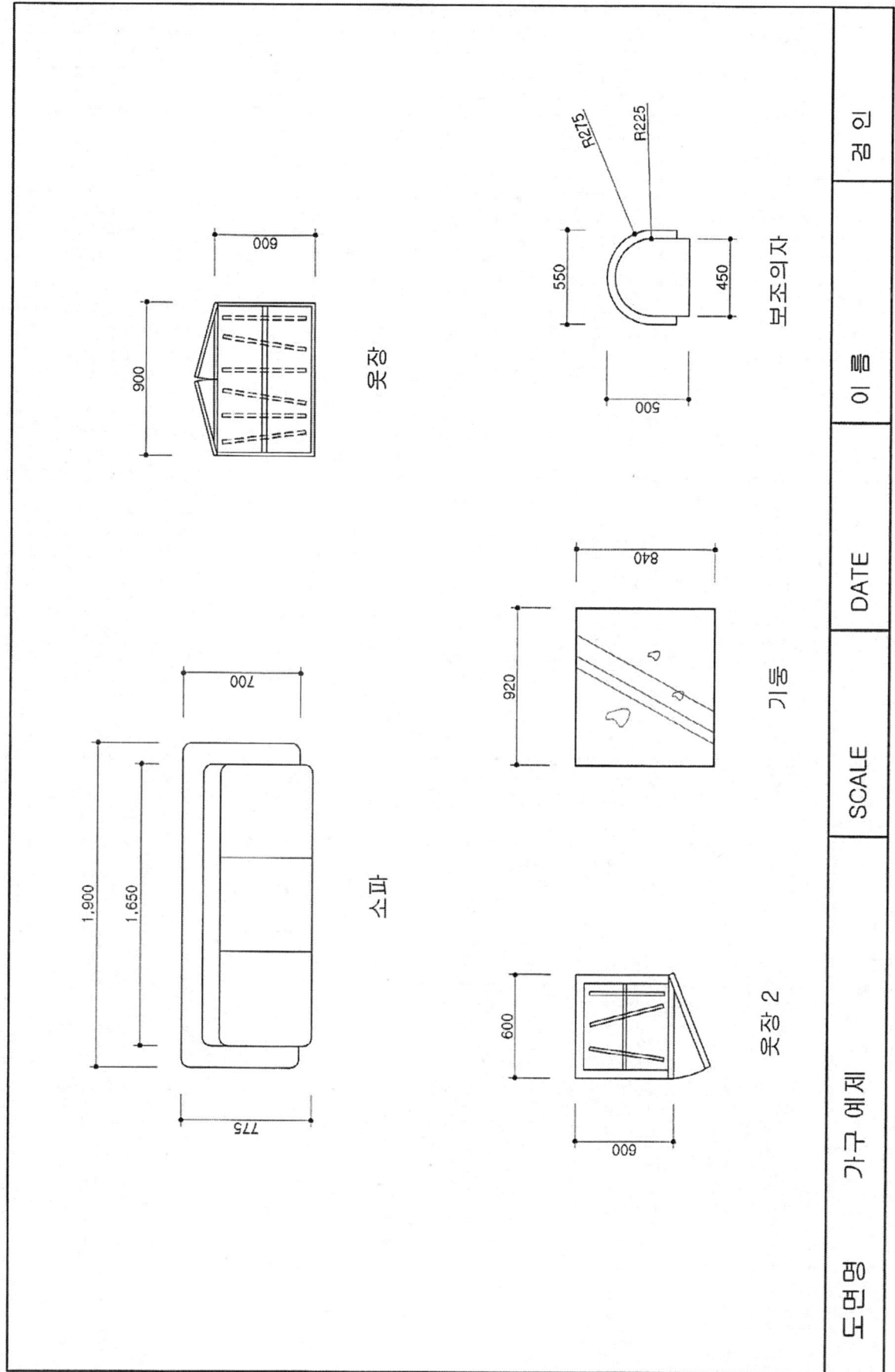

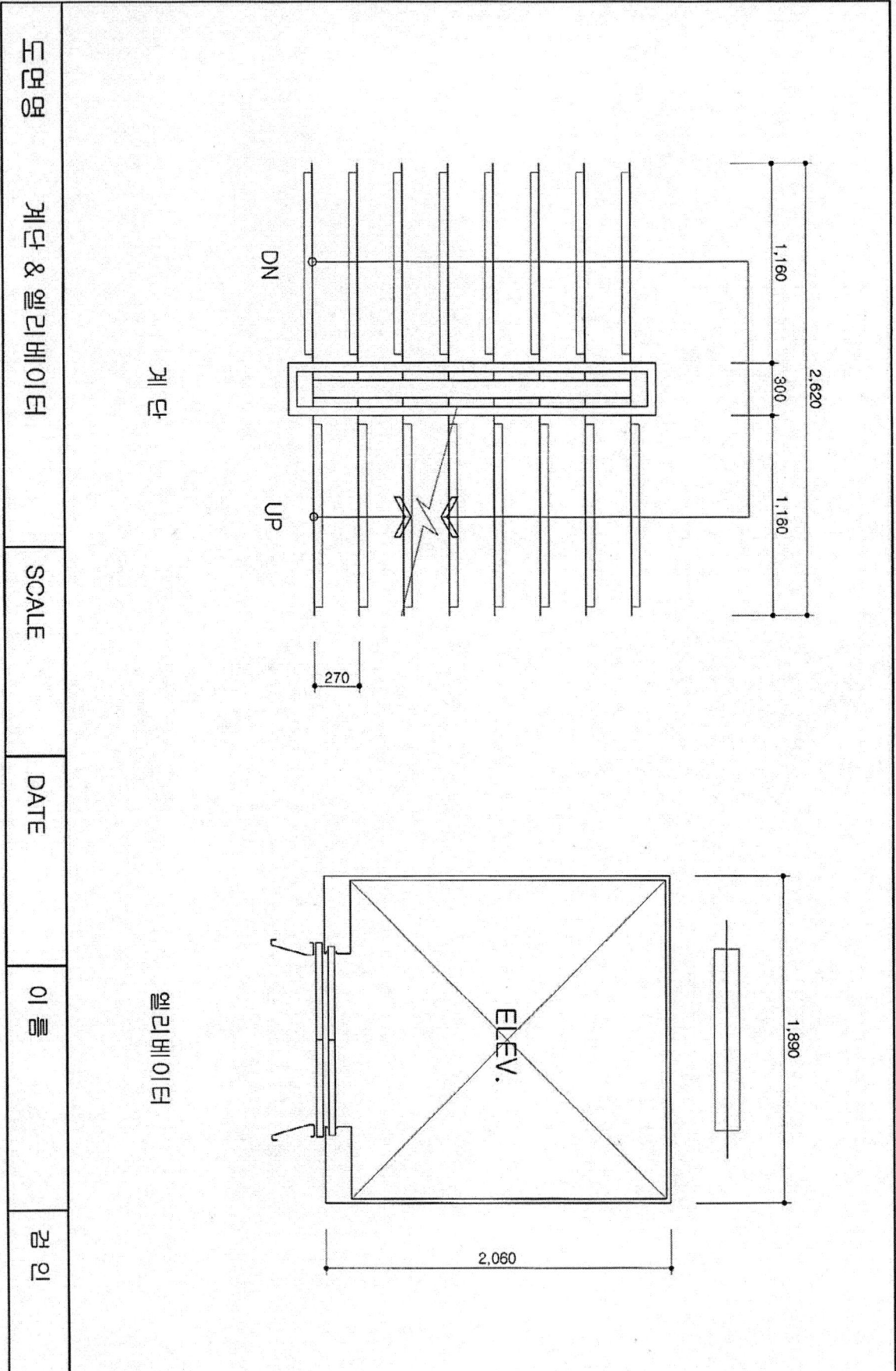

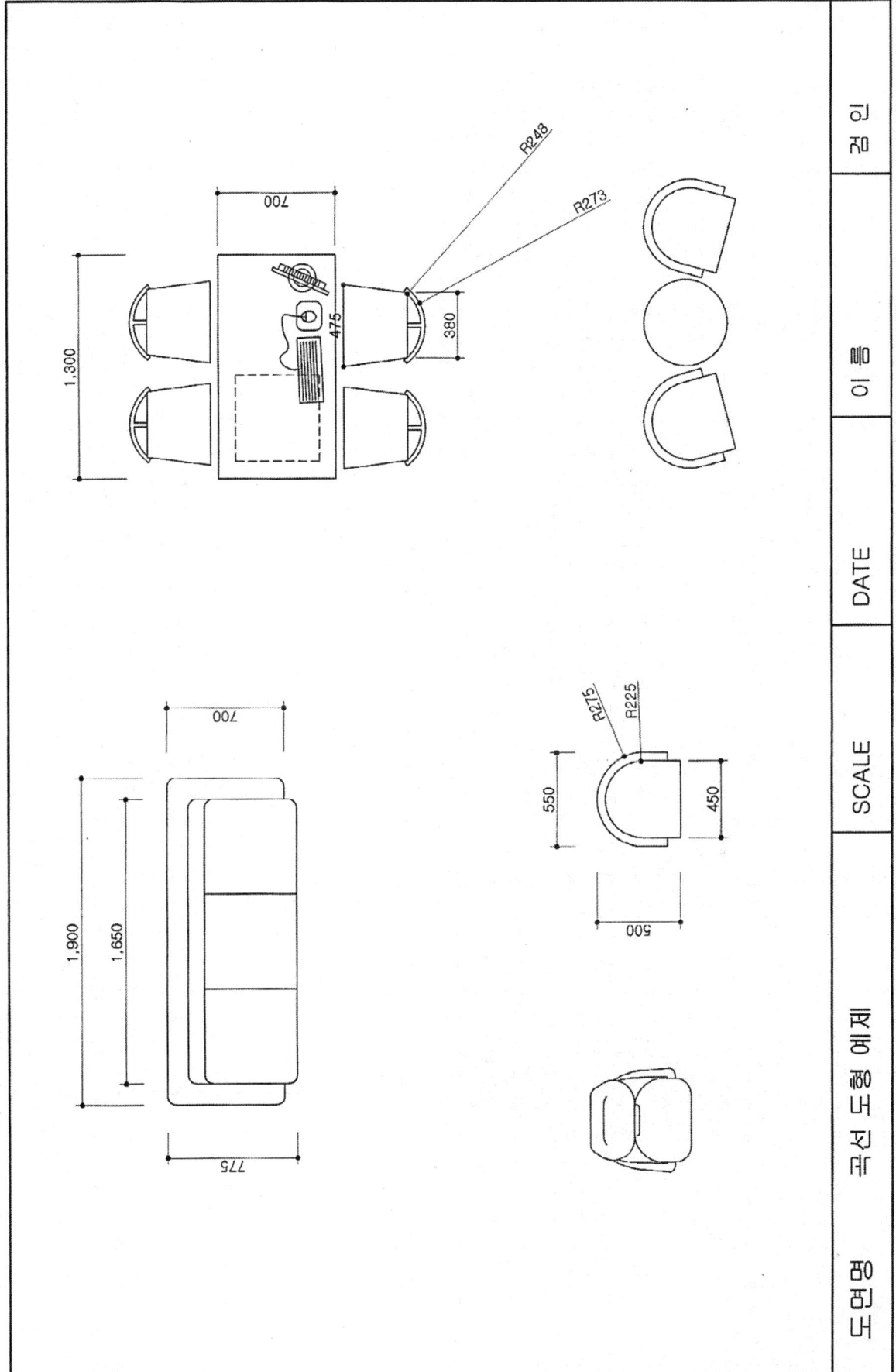

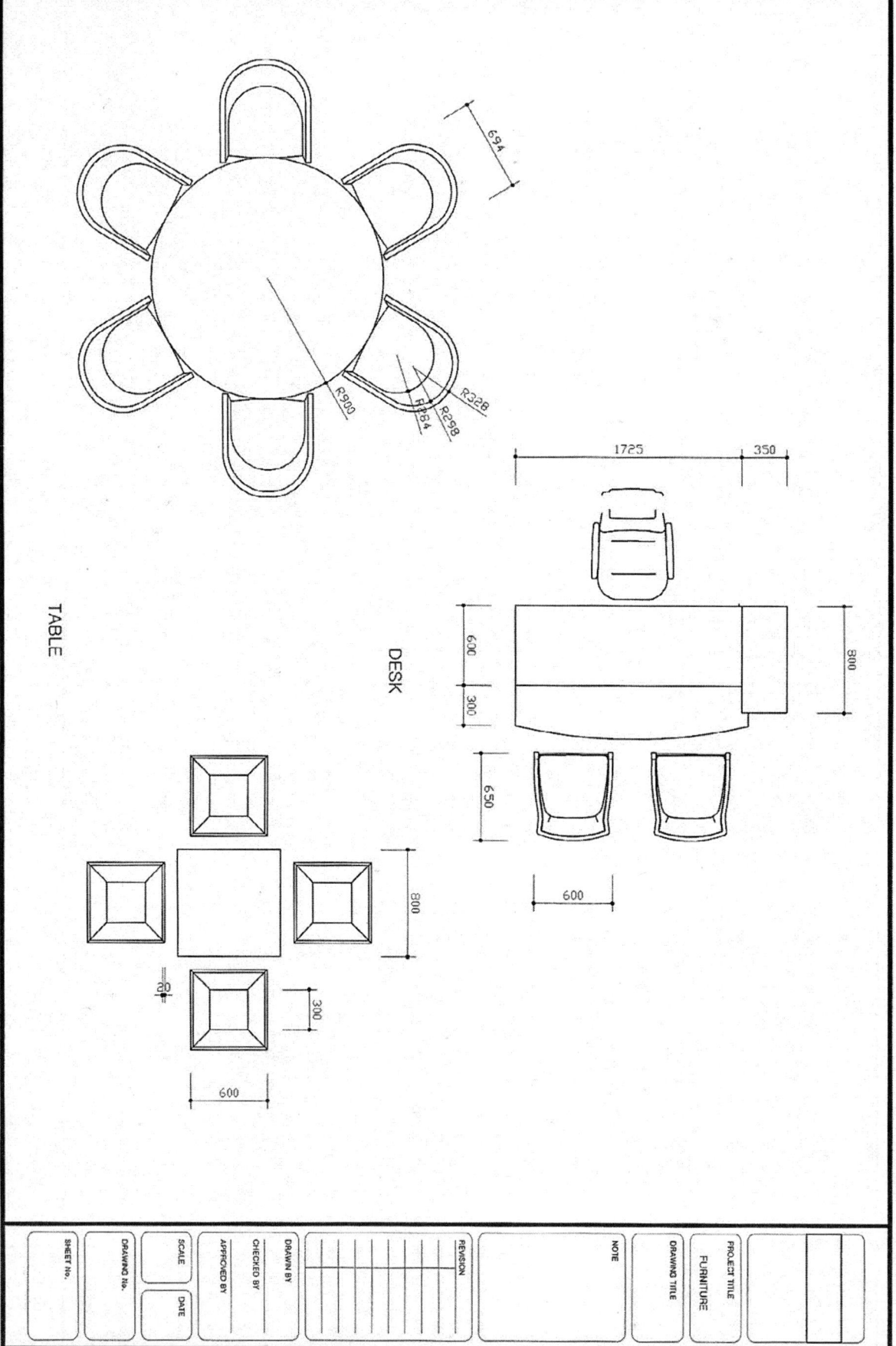

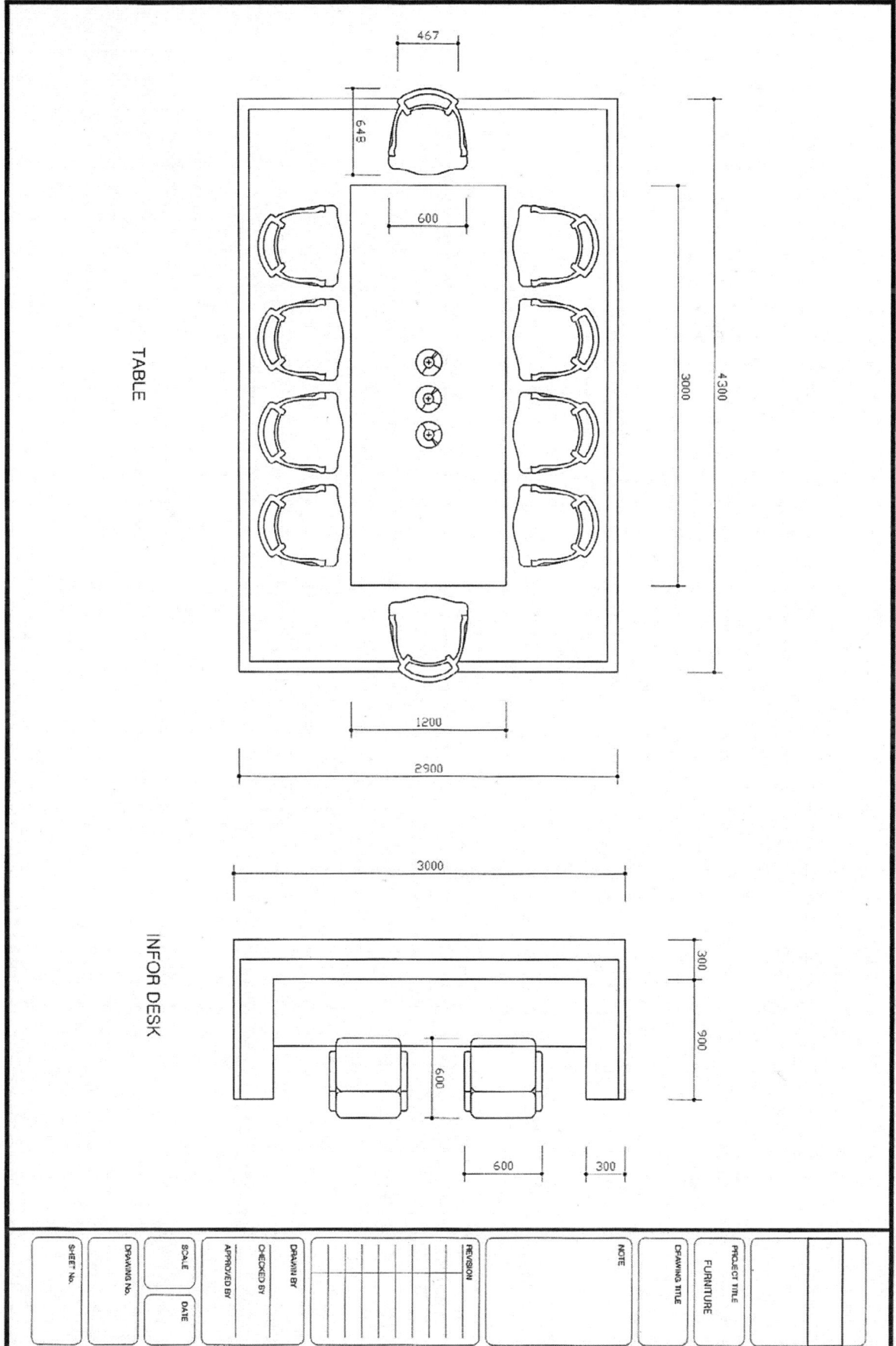

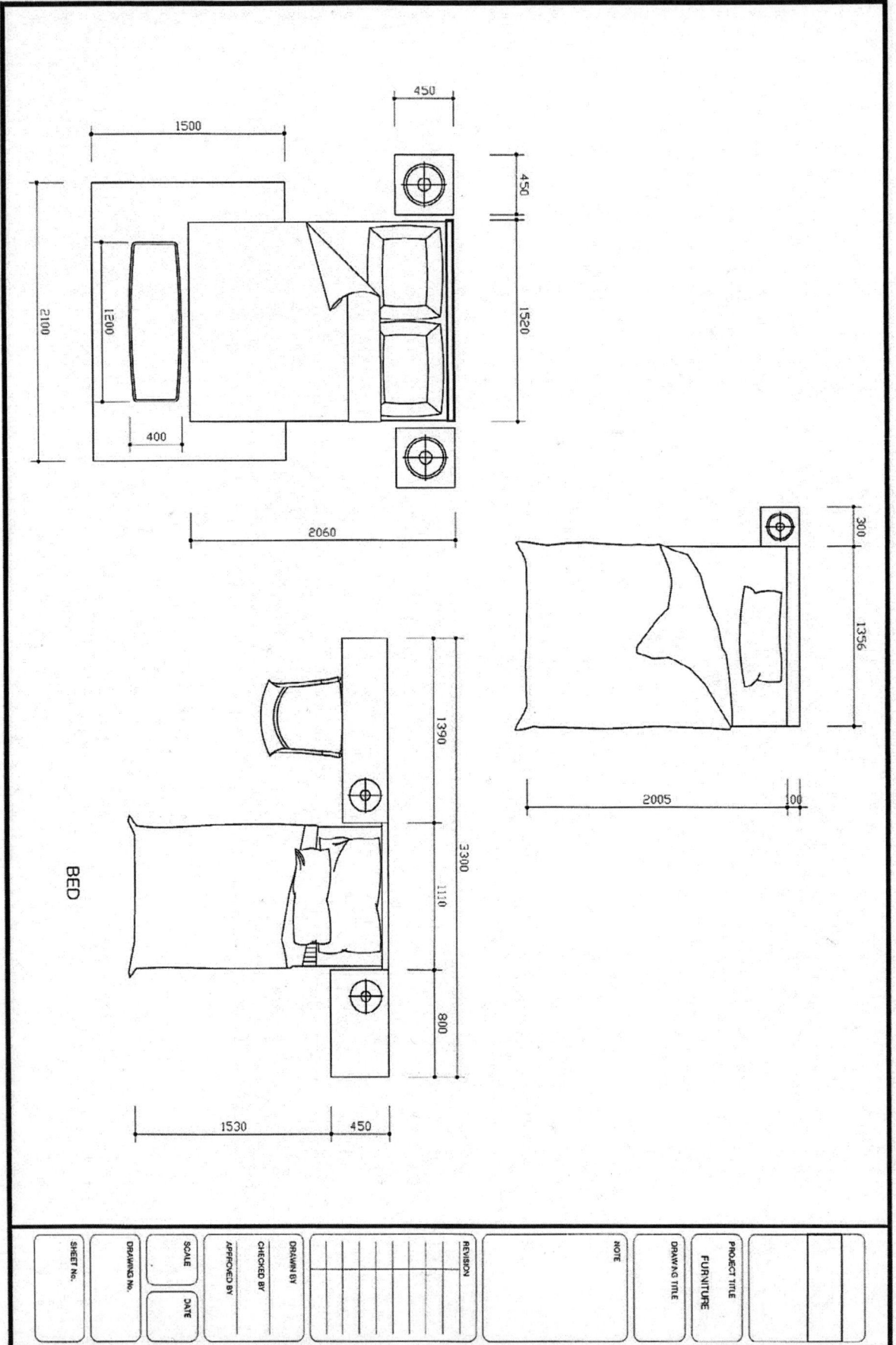

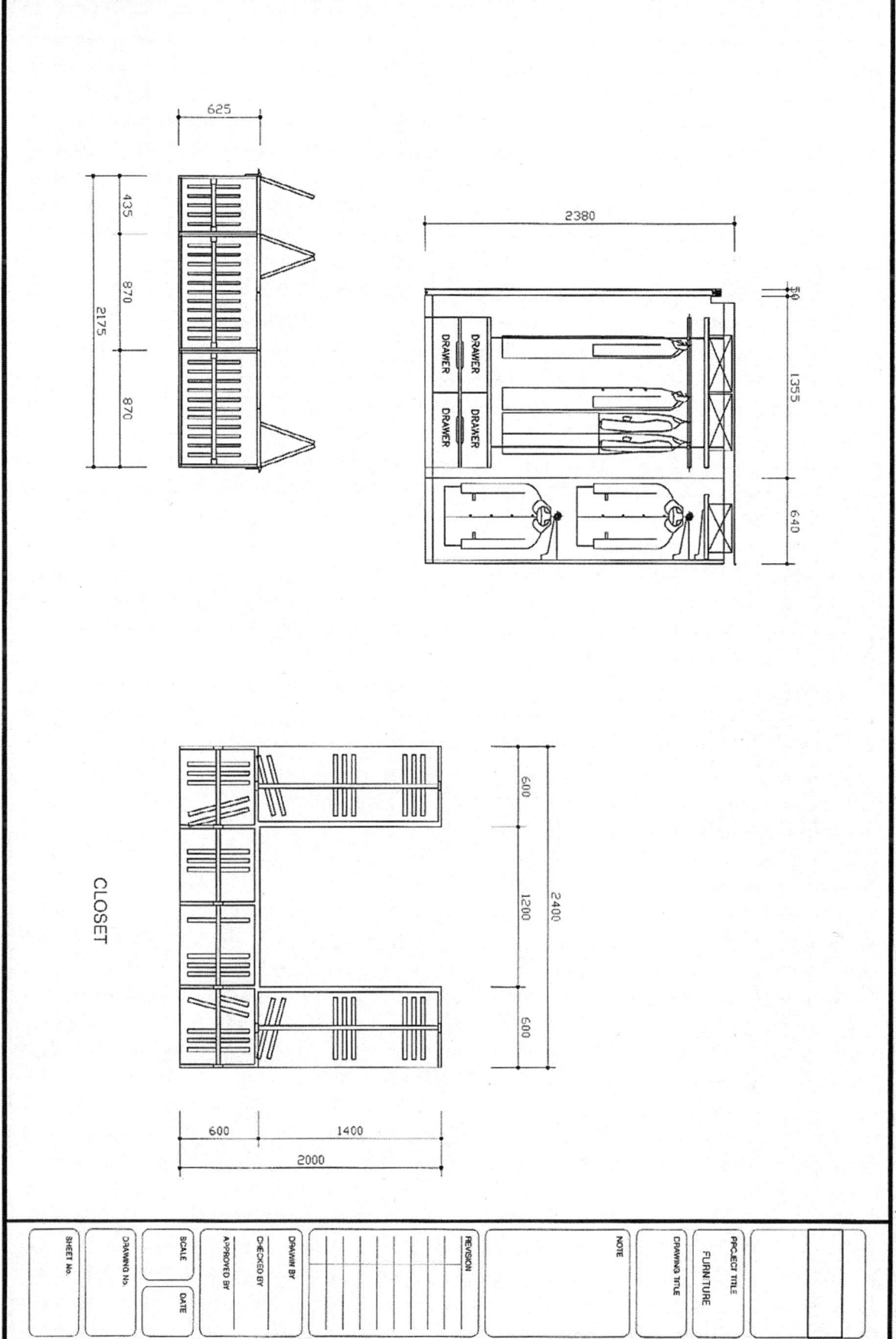

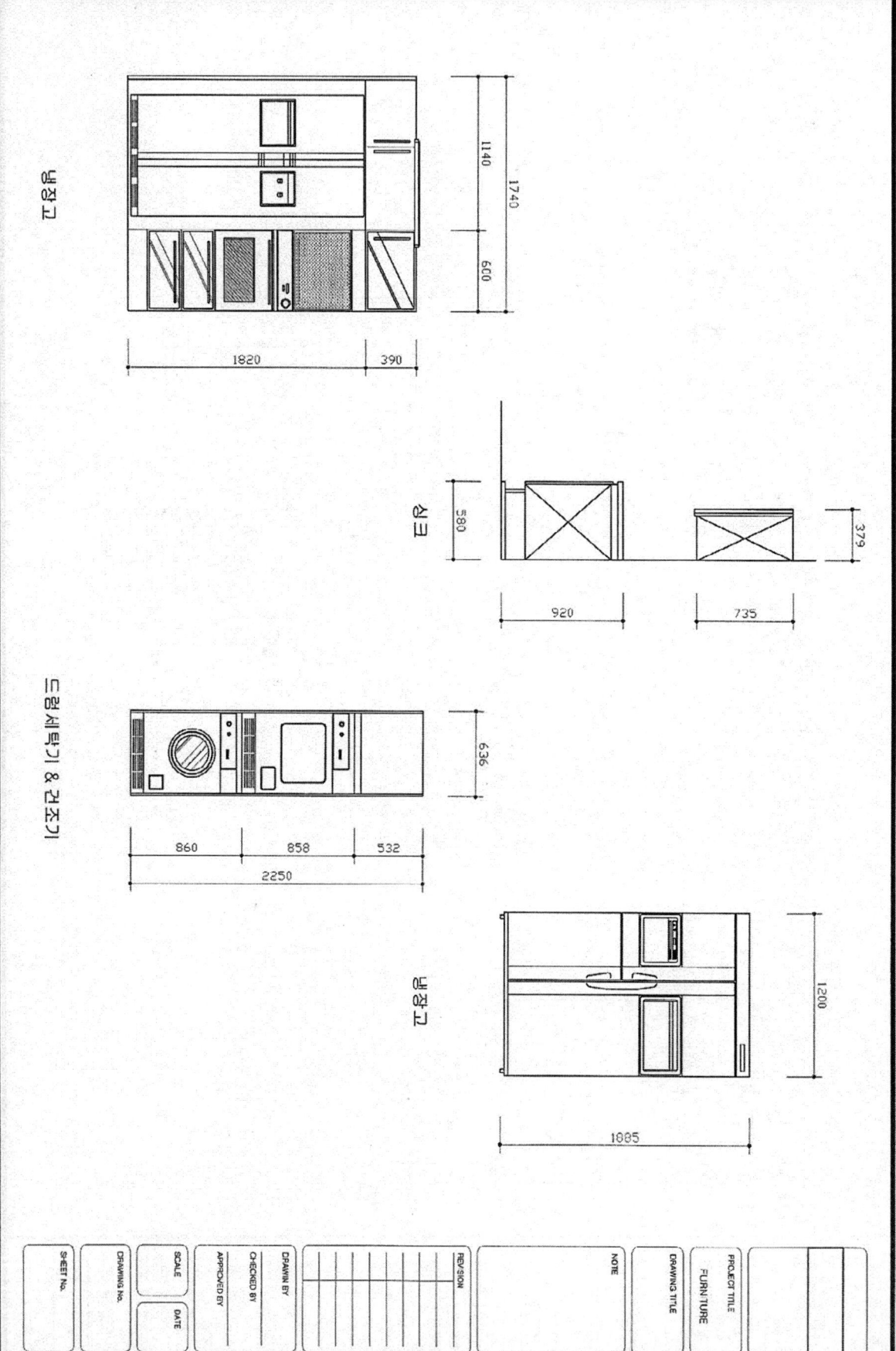

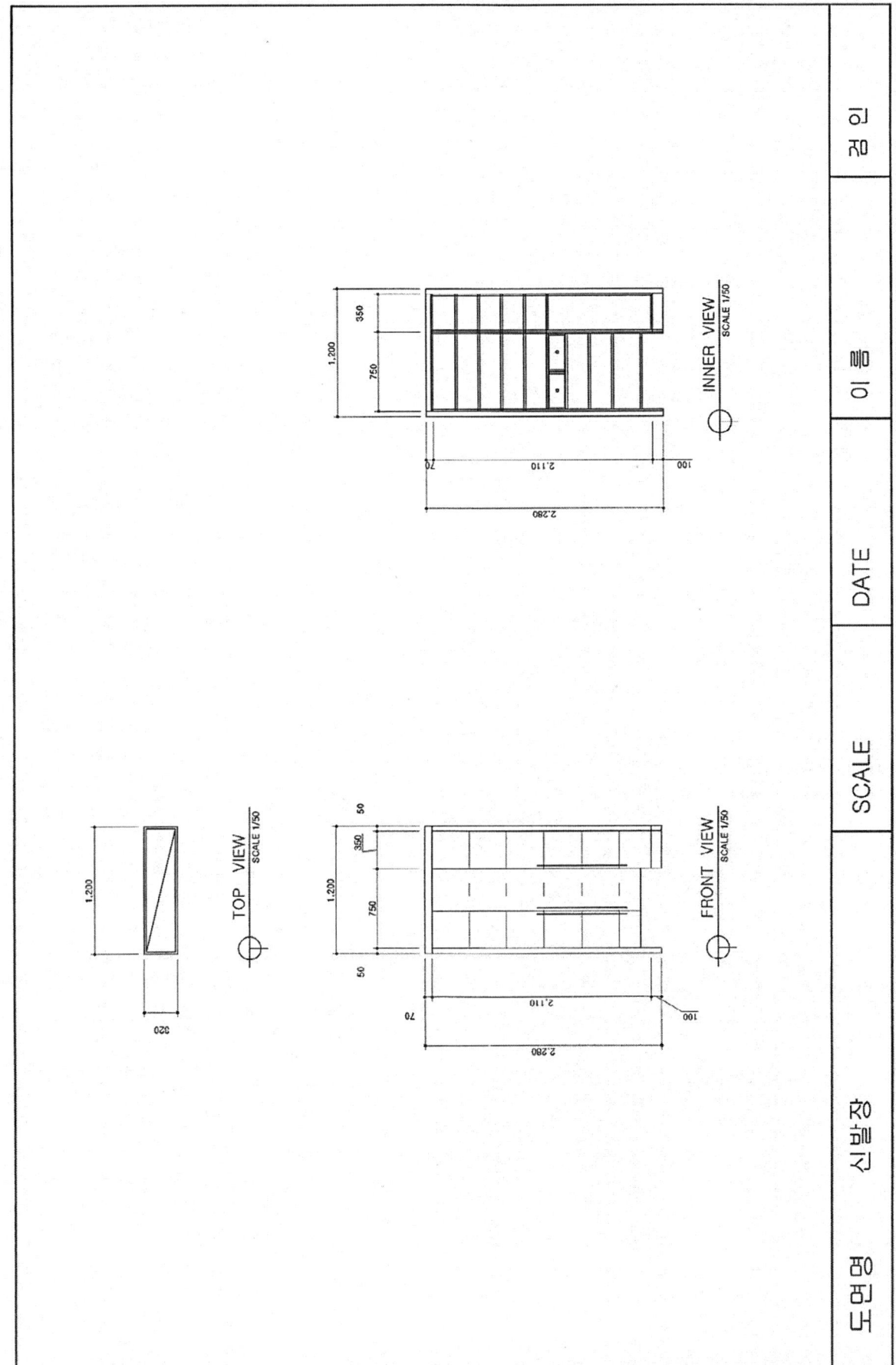

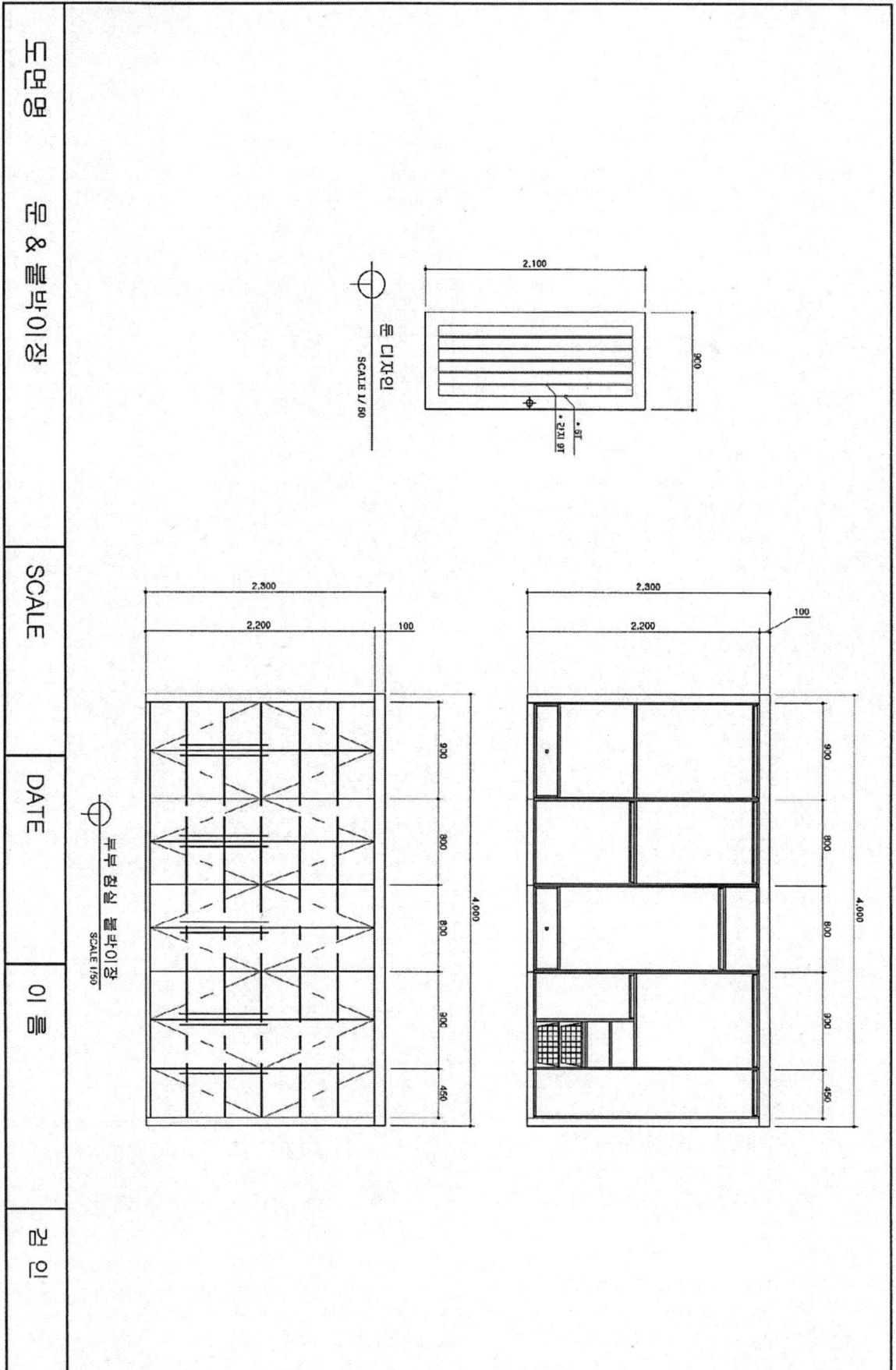

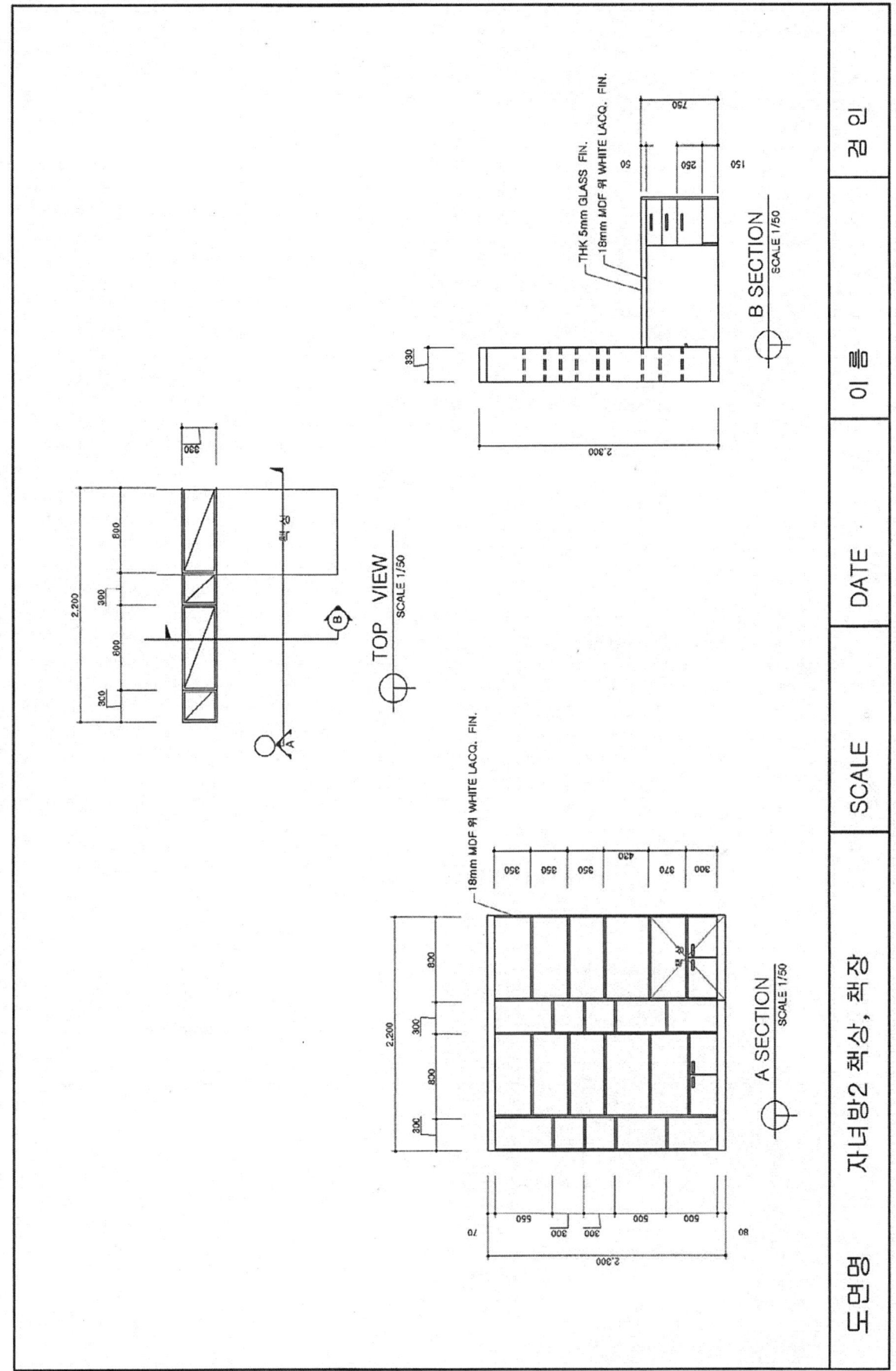

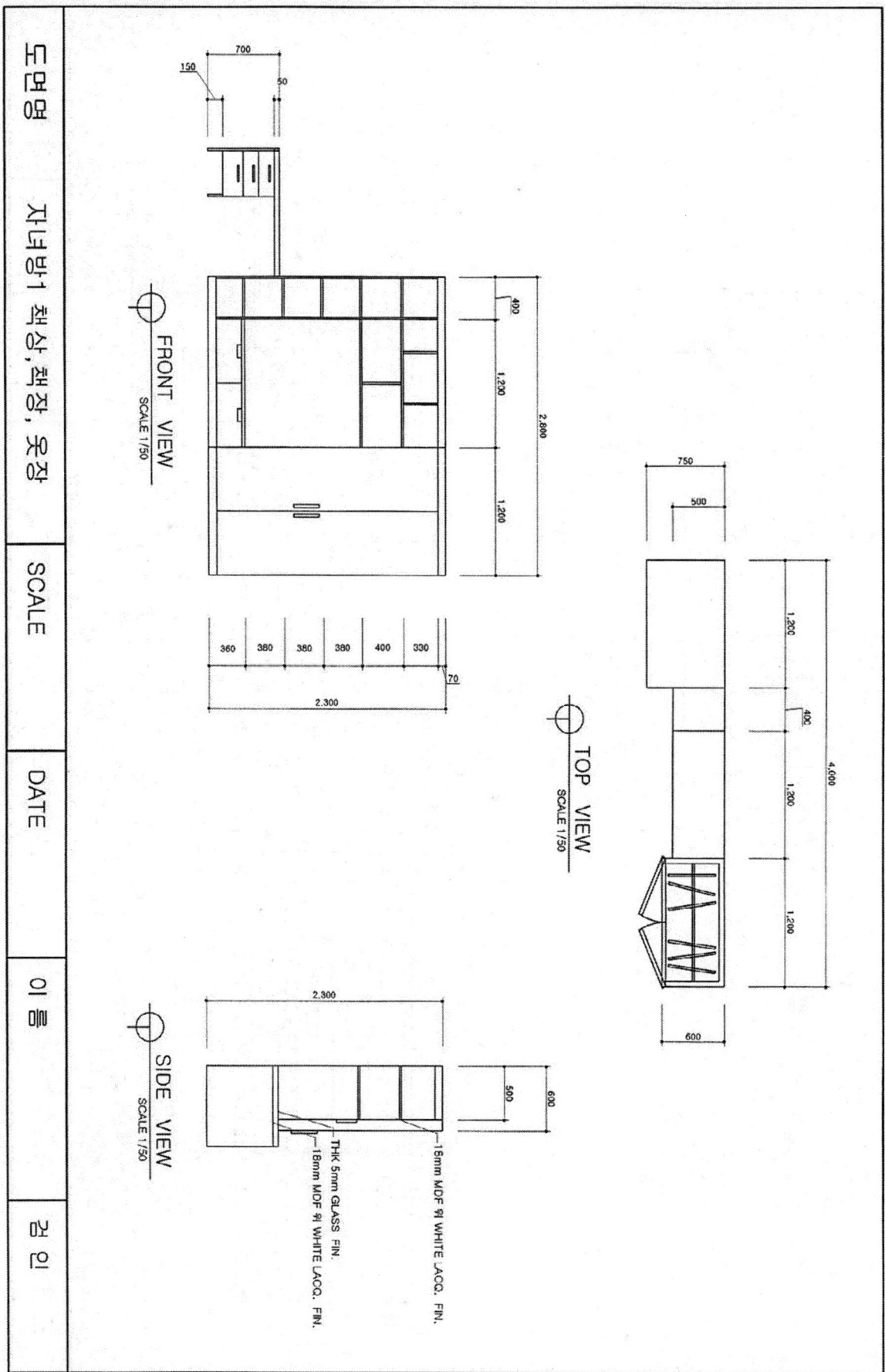

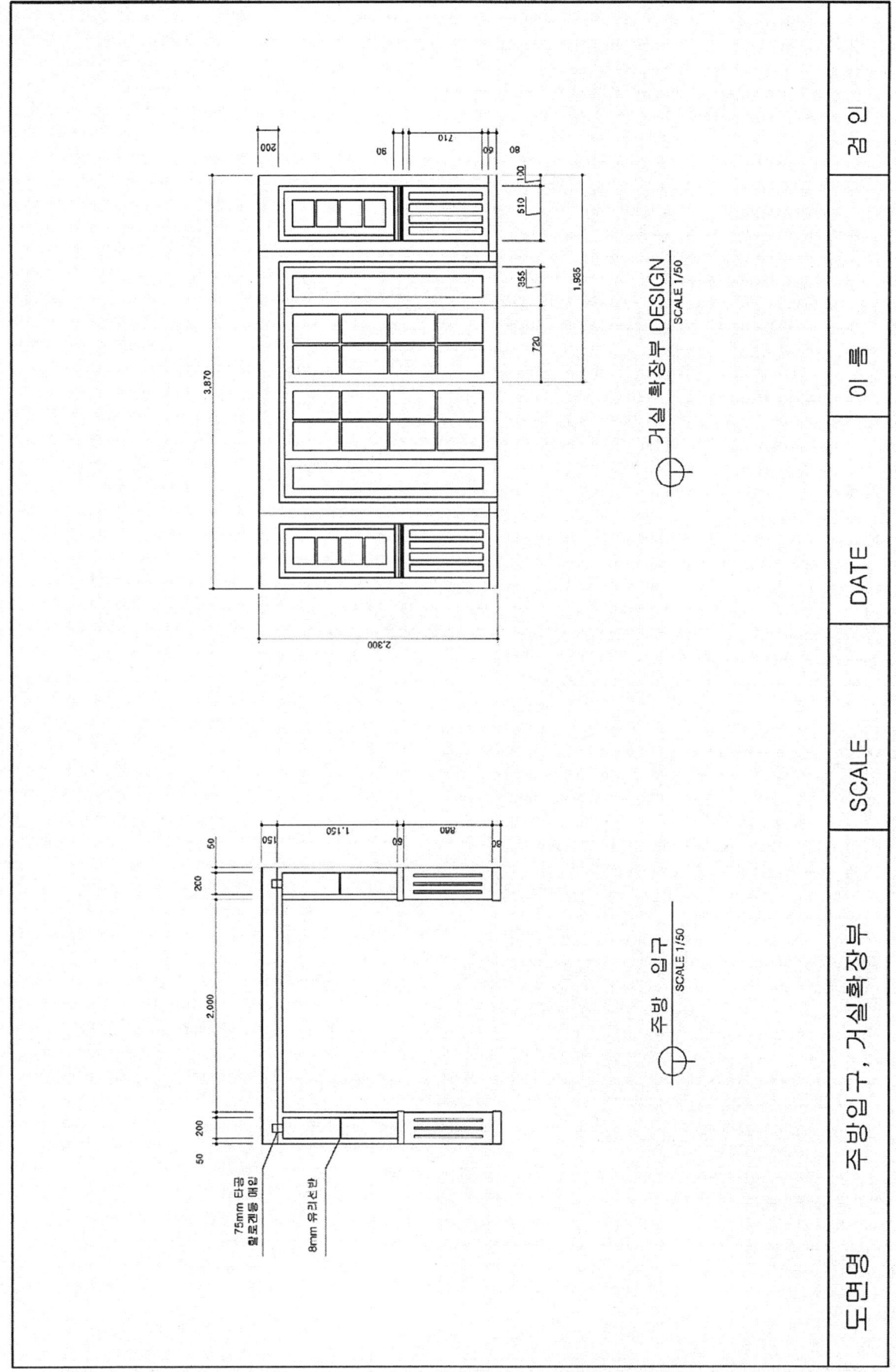

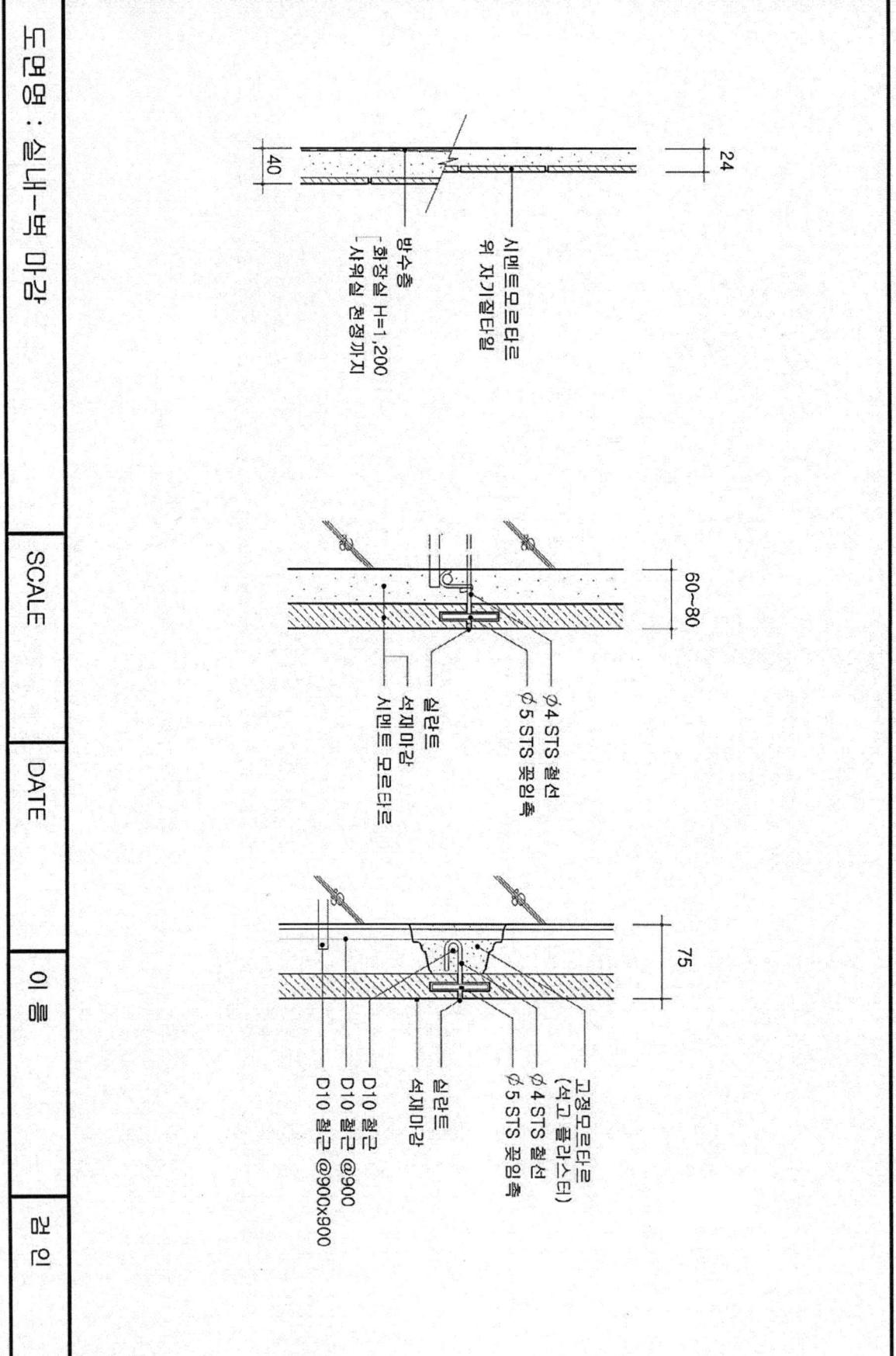

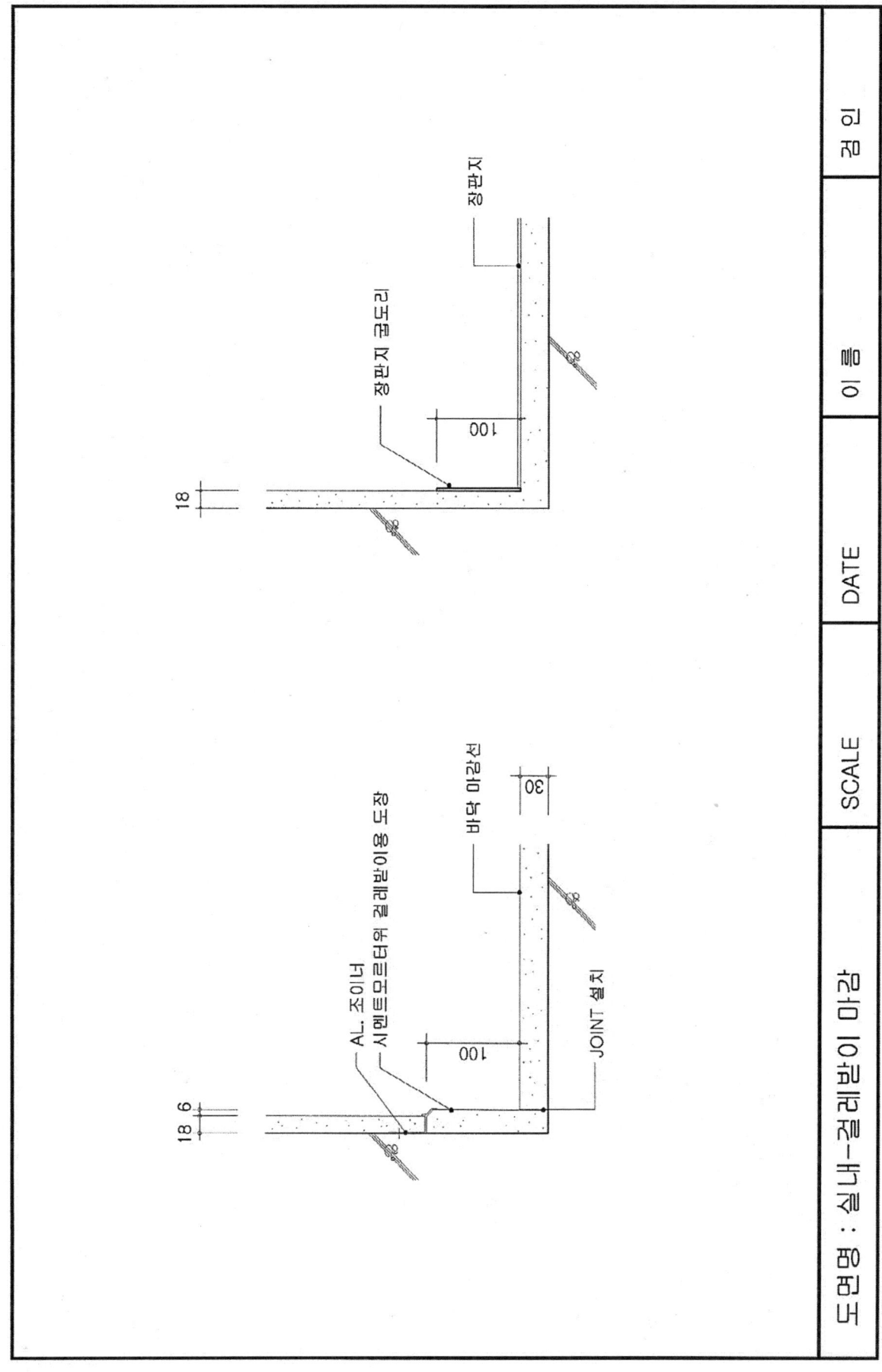

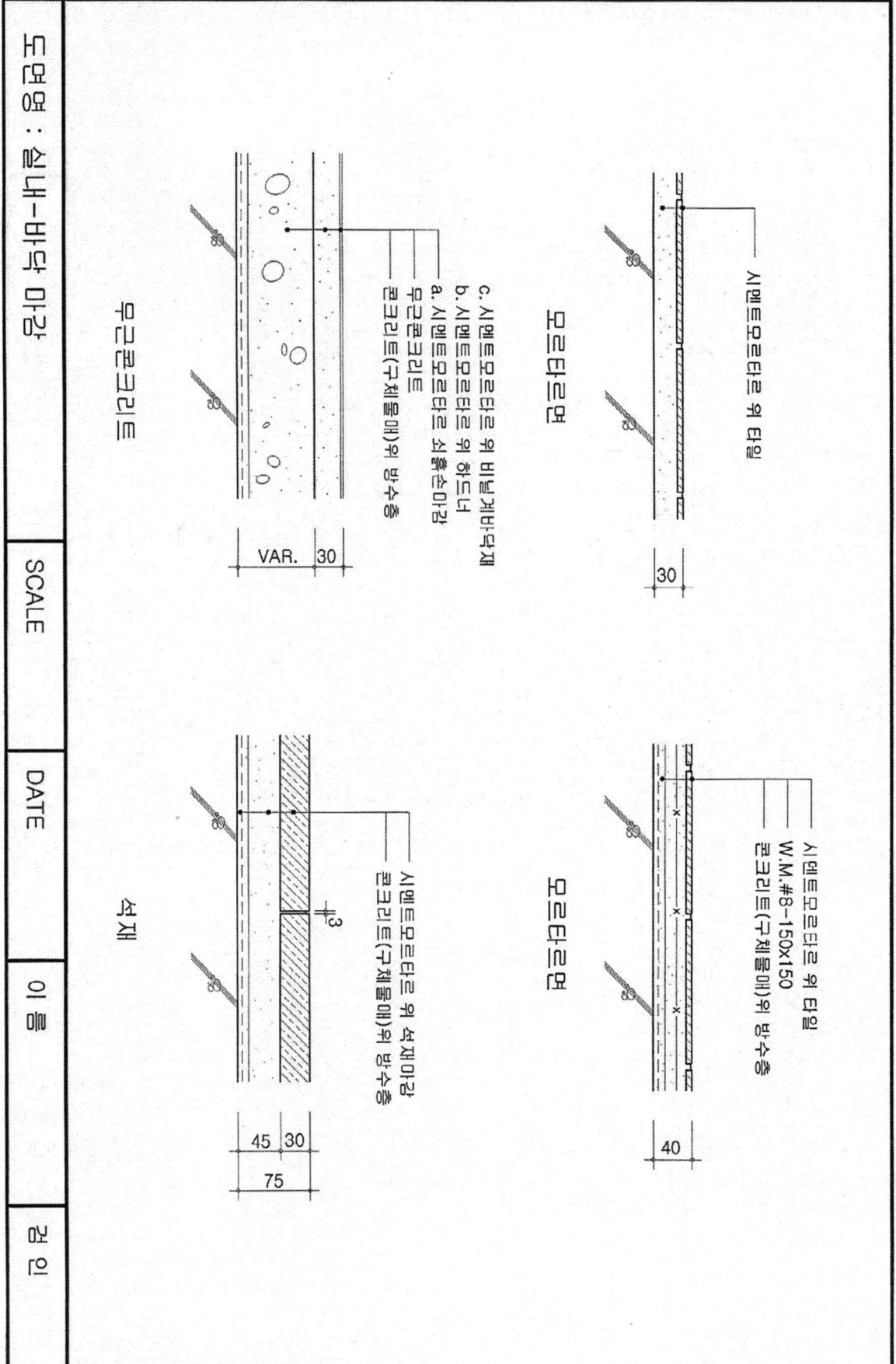

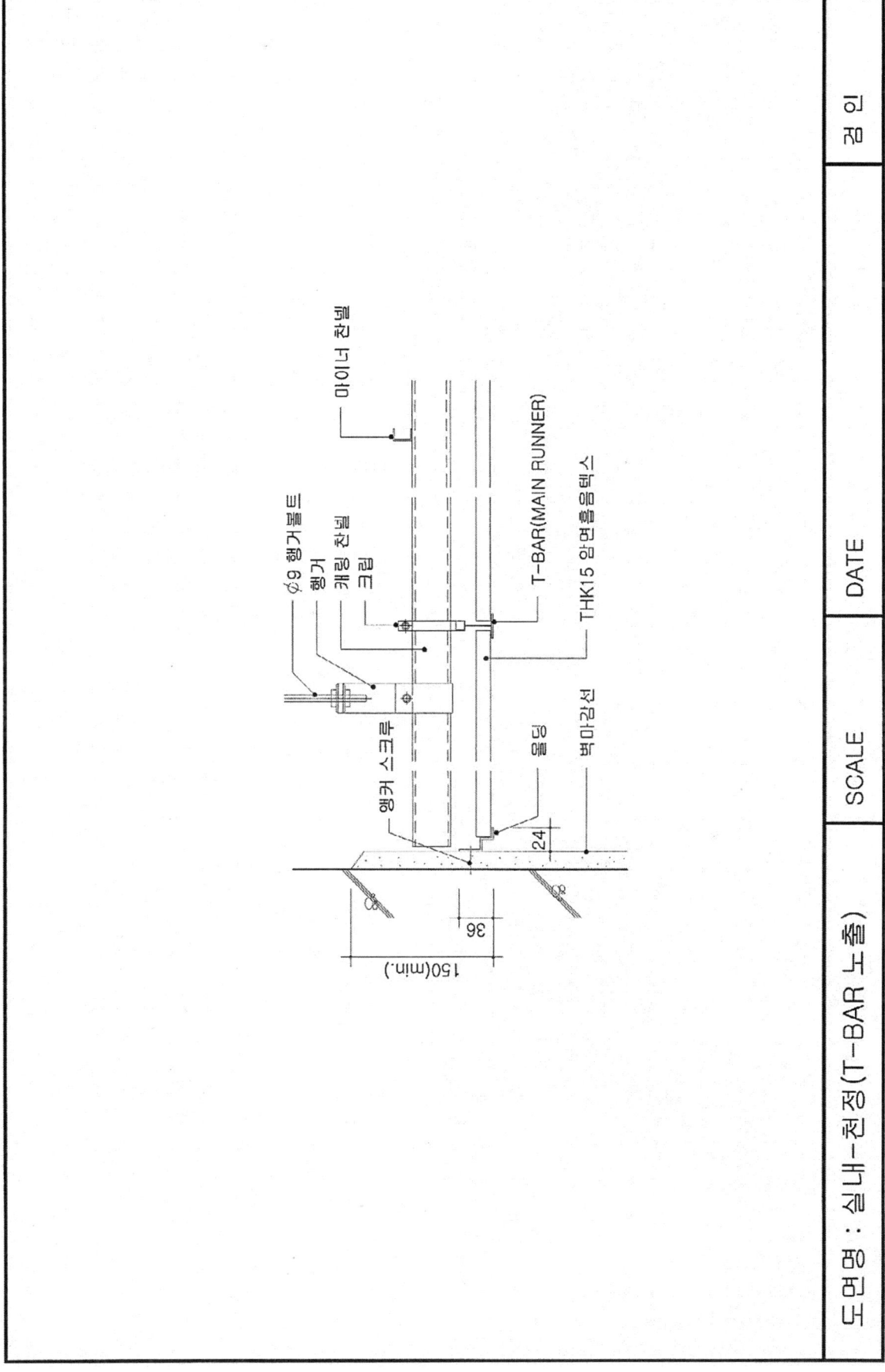

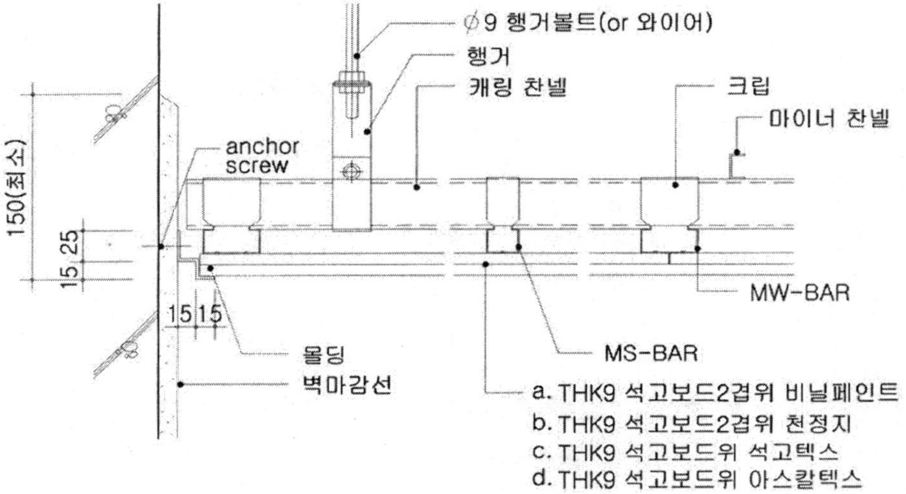

도면명 : 실내-천정(석고보드:M-BAR)　　SCALE　　DATE　　검인

150(최소)
15　25
15　15

anchor screw

벽마감선
몰딩

∅9 행거볼트(or 와이어)
행거
캐링찬넬

MS-BAR
MW-BAR
크립
마이너 찬넬

a. THK9 석고보드1경위 비닐페인트
b. THK9 석고보드2경위 천정지
c. THK9 석고보드위 석고텍스
d. THK9 석고보드위 아스칼텍스

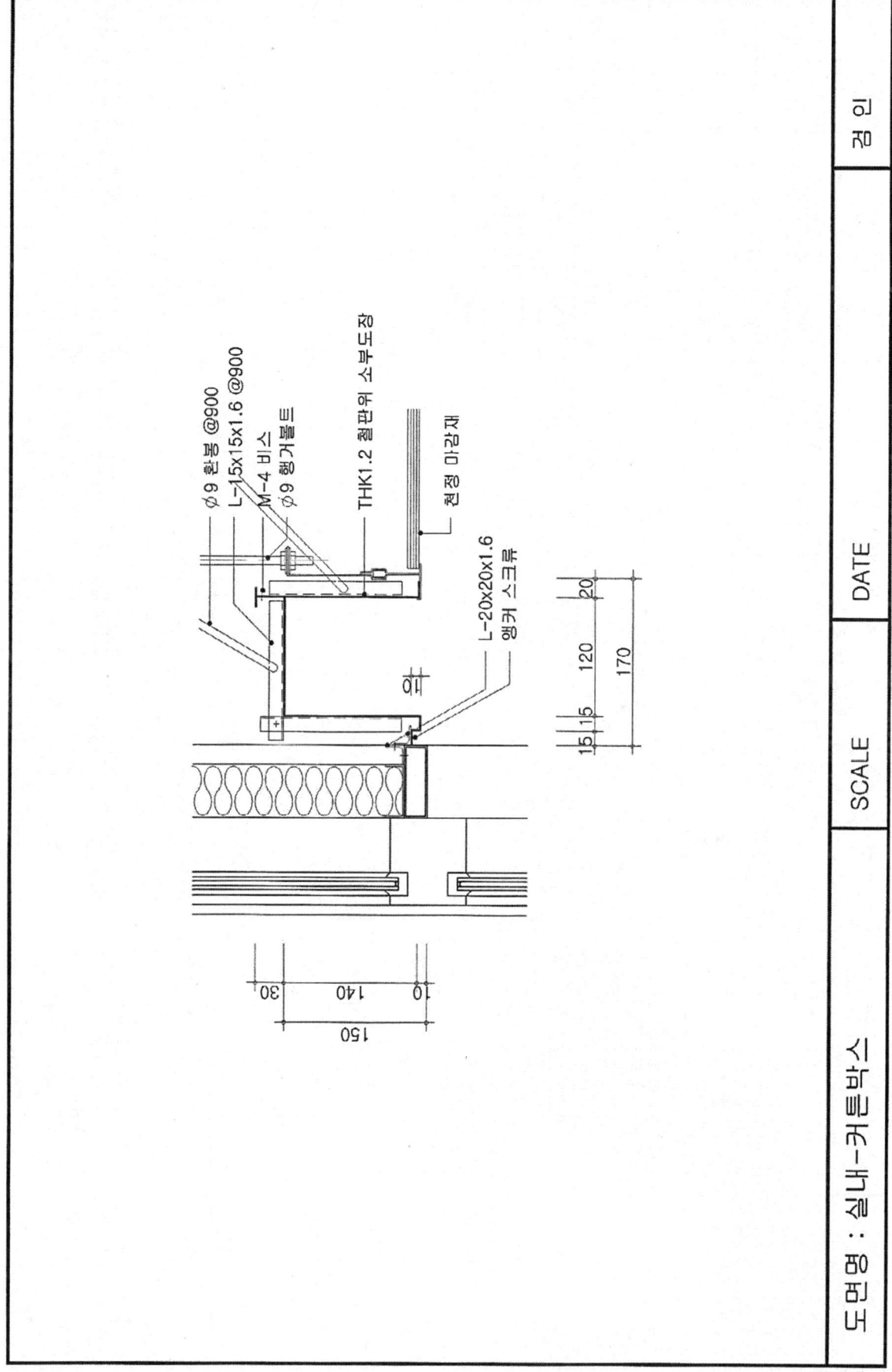

도면명 : 실내-커튼박스

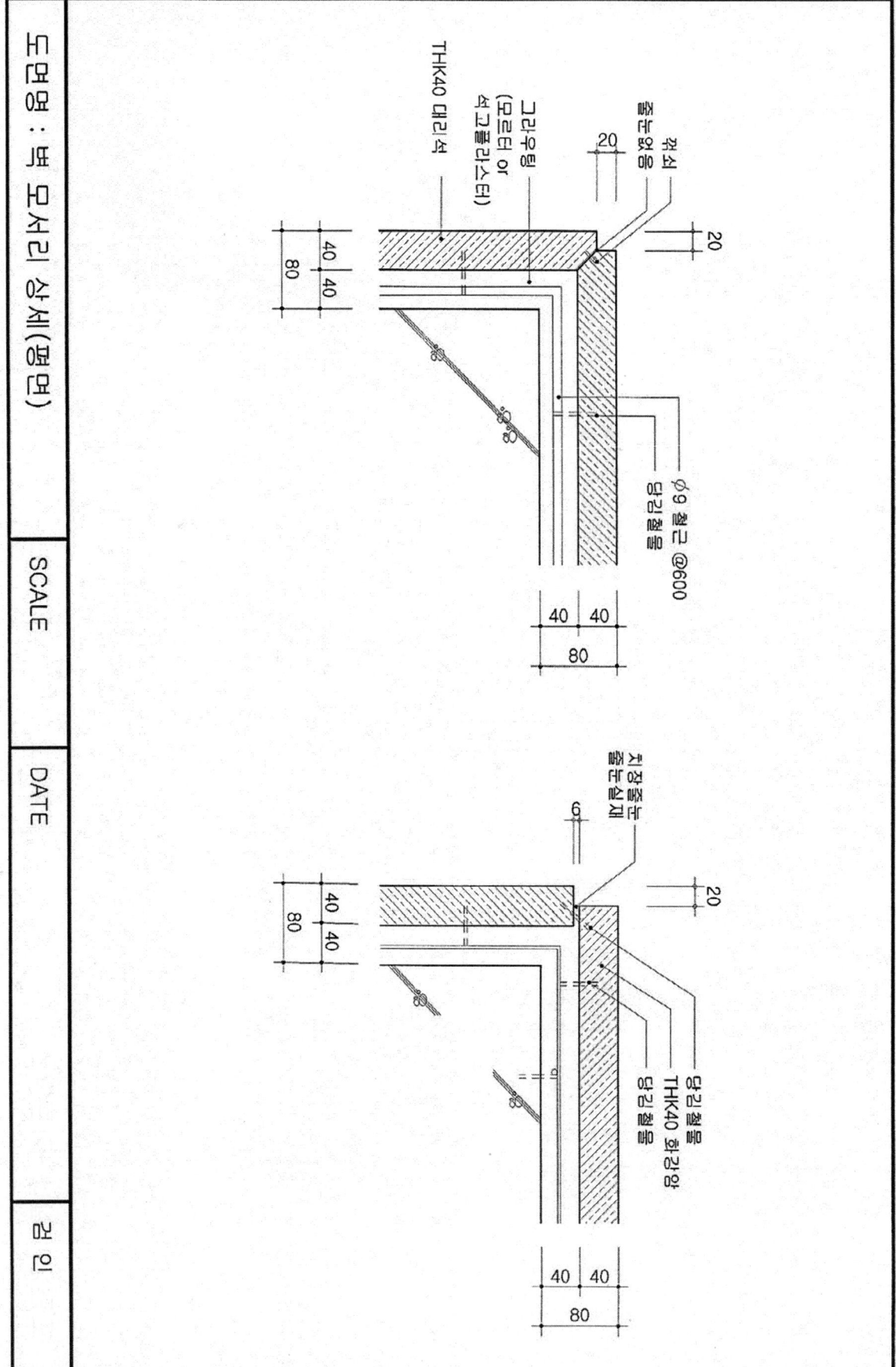

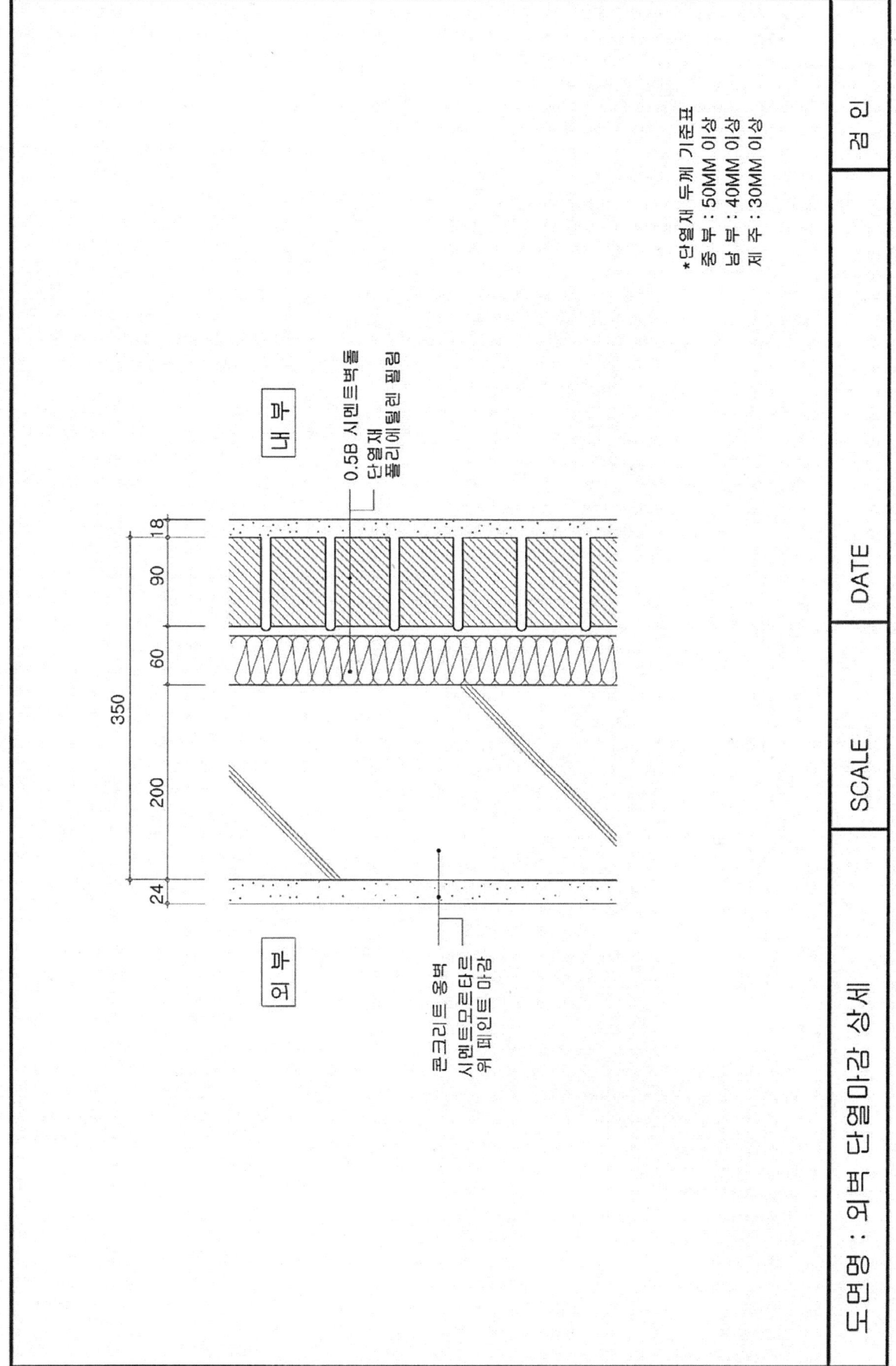

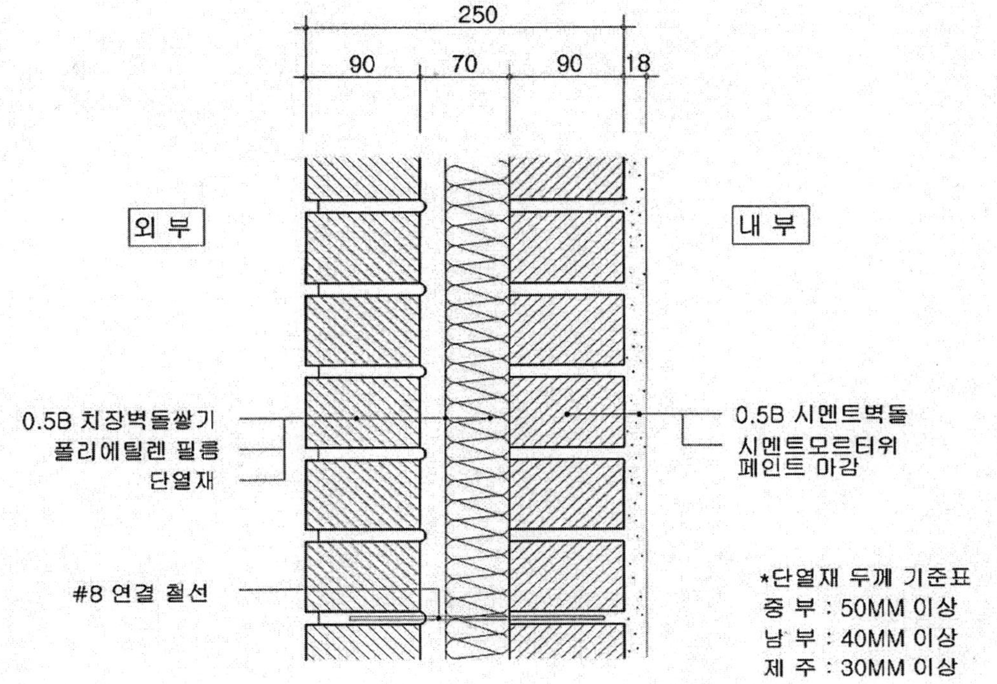

도면명 : 외벽 단열마감 상세

SCALE

DATE

검인

외부

0.5B 치장벽돌쌓기
폴리에틸렌필름
단열재

#8 연결철선

90
70 250
90
18

내부

0.5B 시멘트벽돌
시멘트모르타르위
페인트 마감

*단열재 두께 기준표
중부 : 50MM 이상
남부 : 40MM 이상
제주 : 30MM 이상

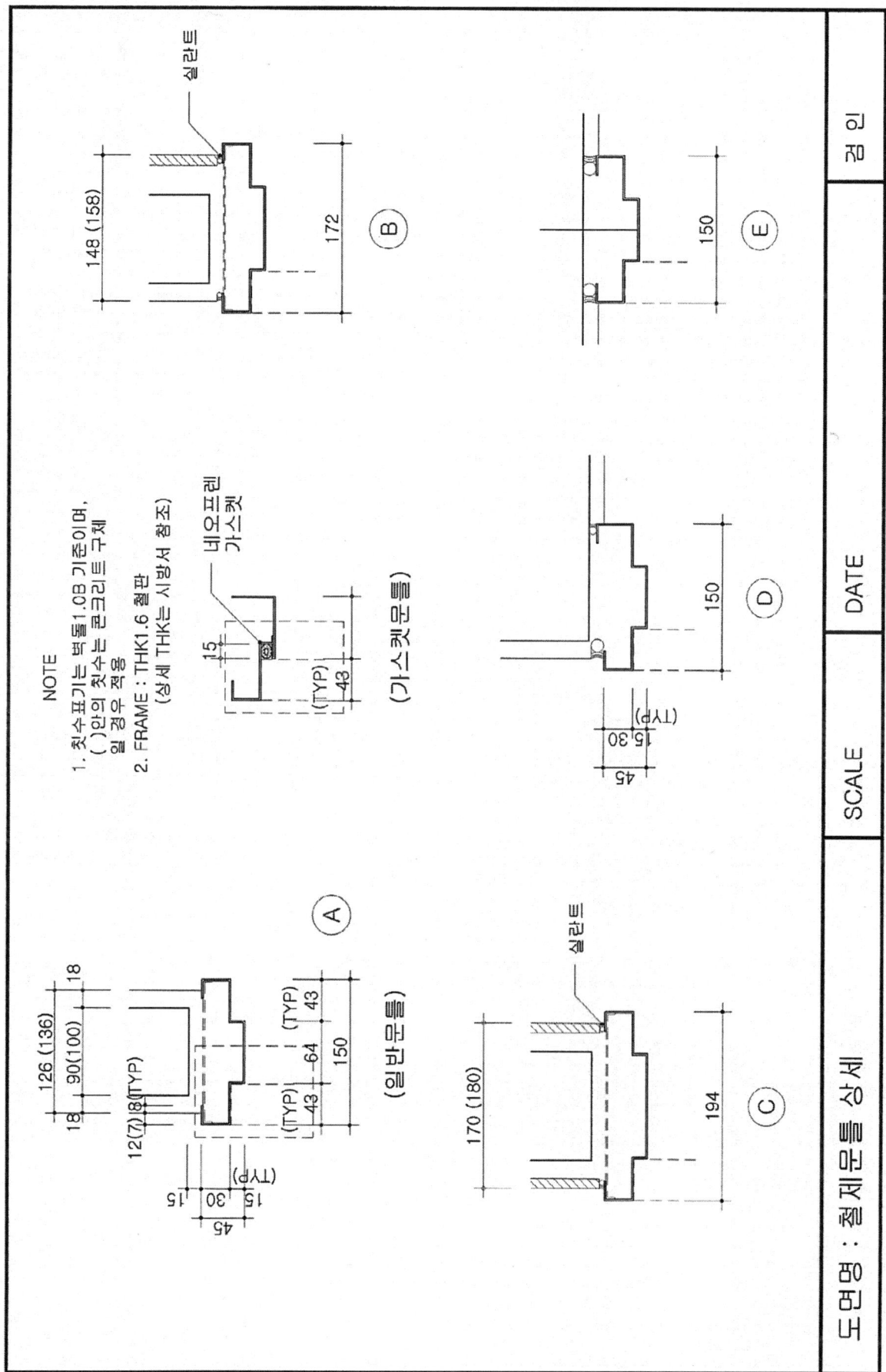

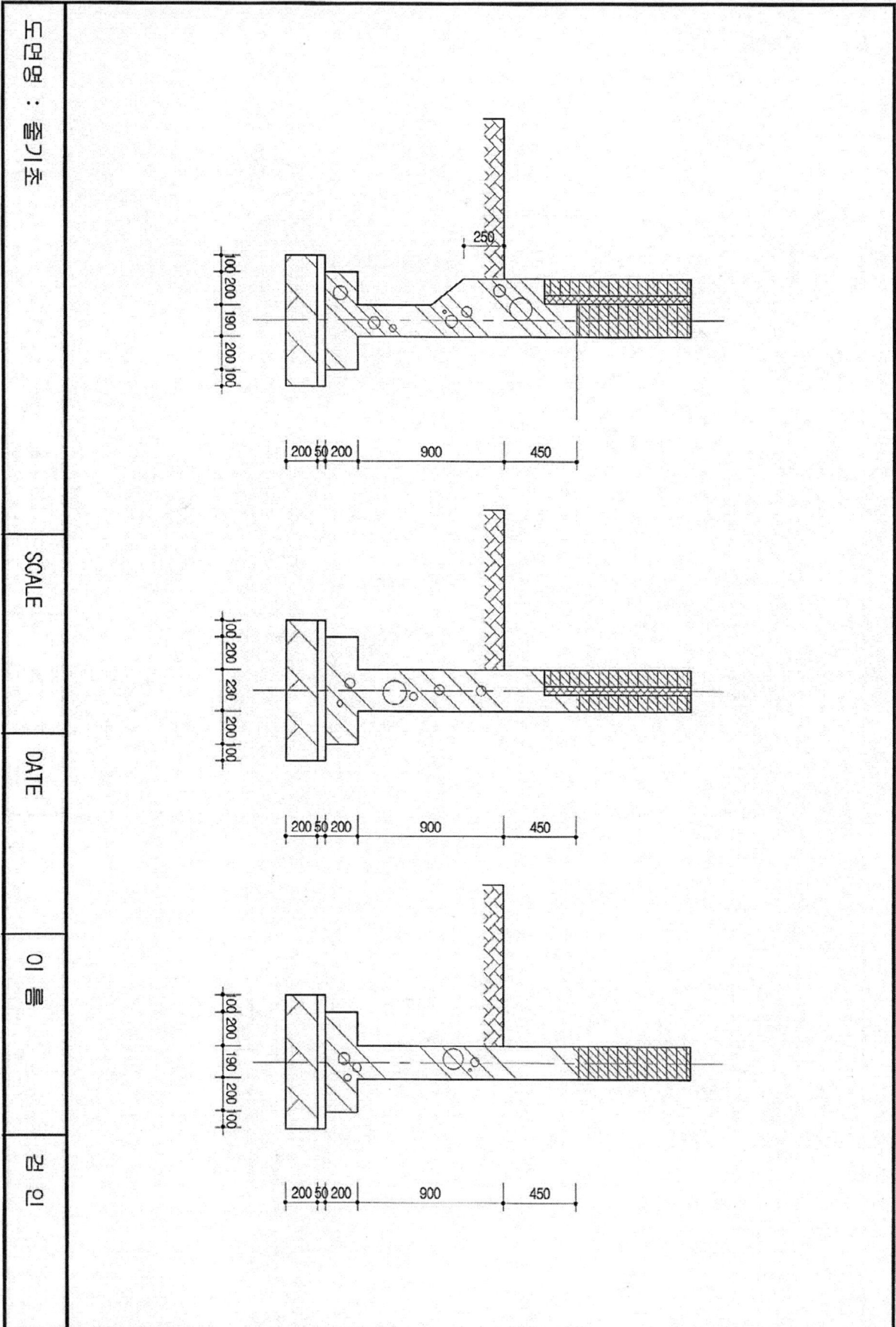

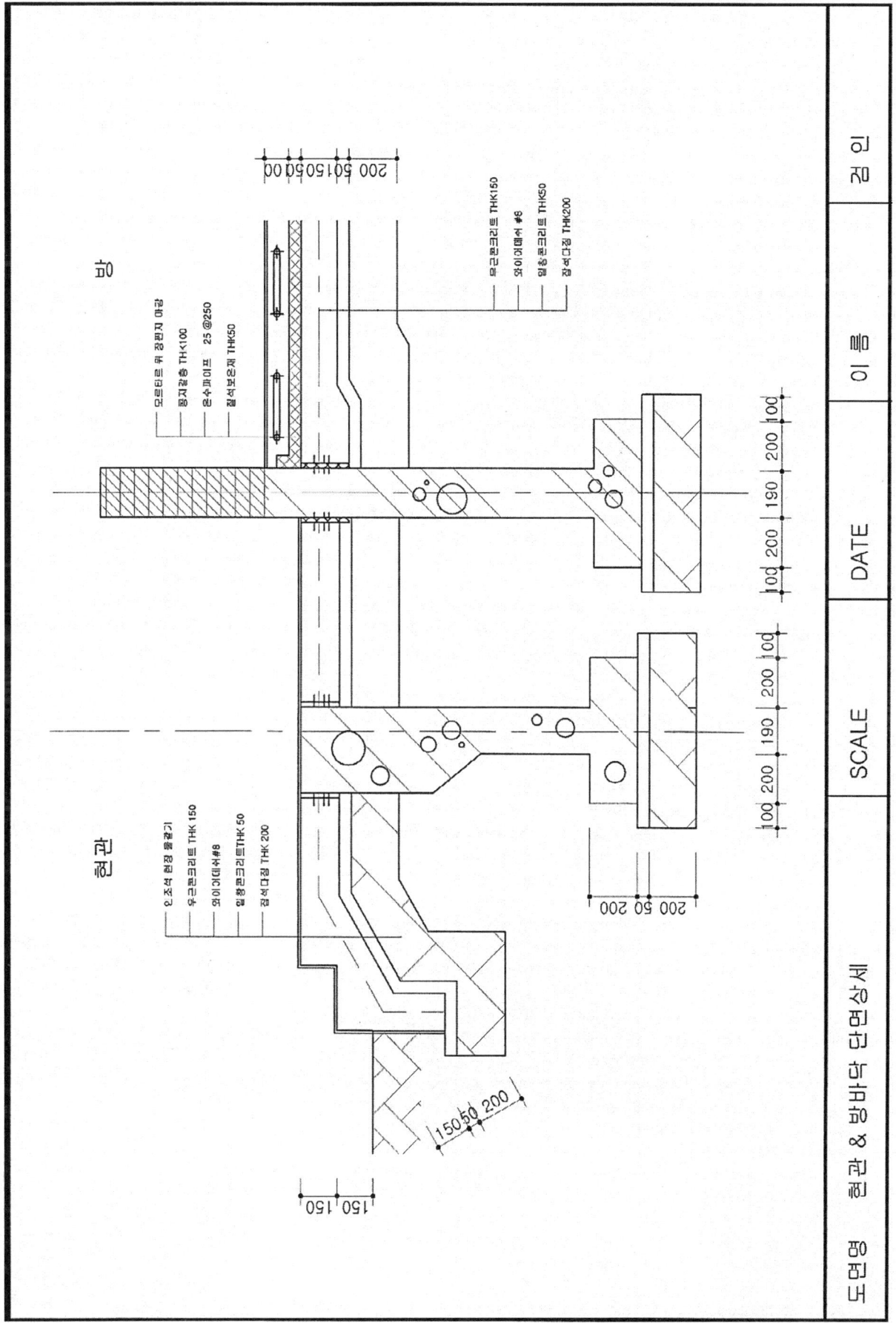

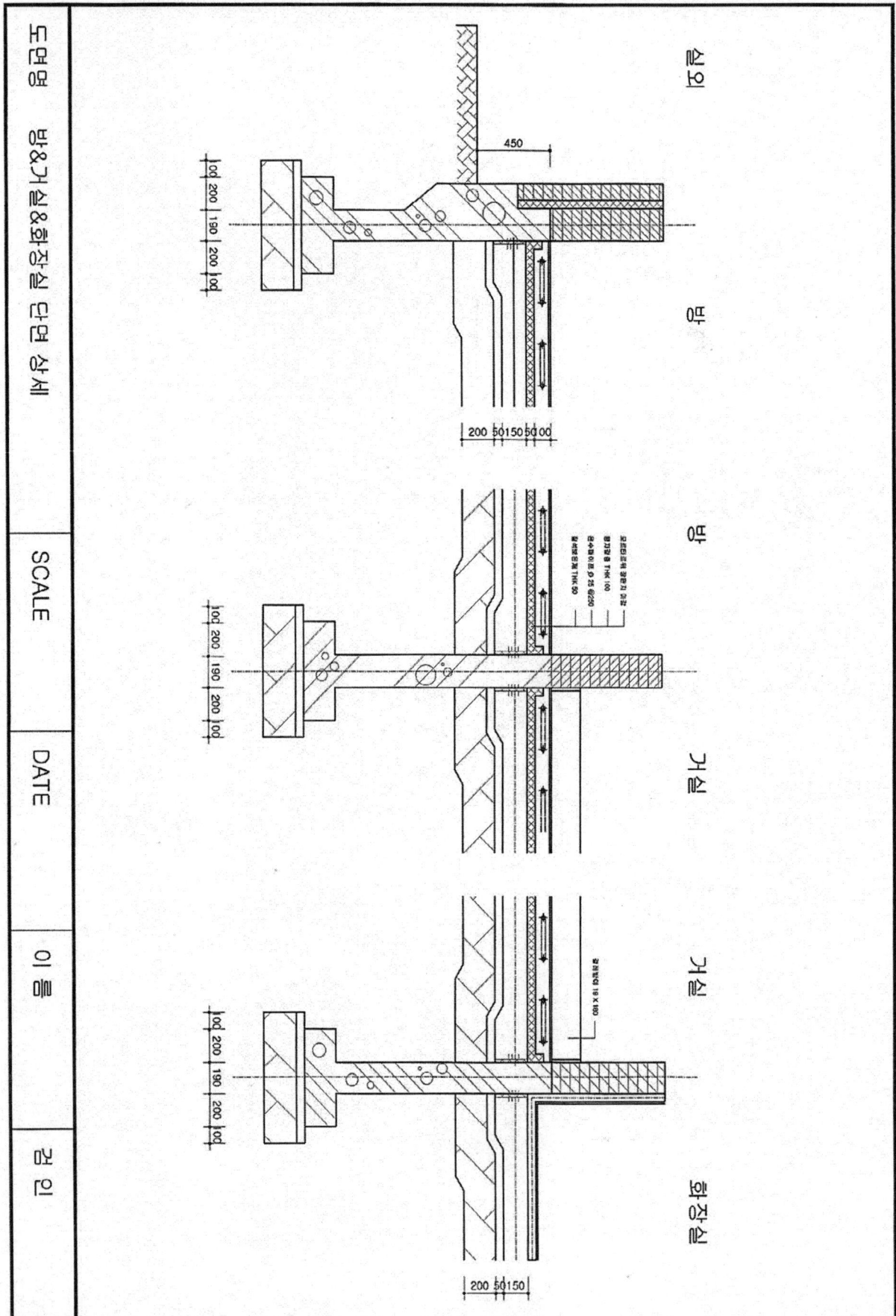

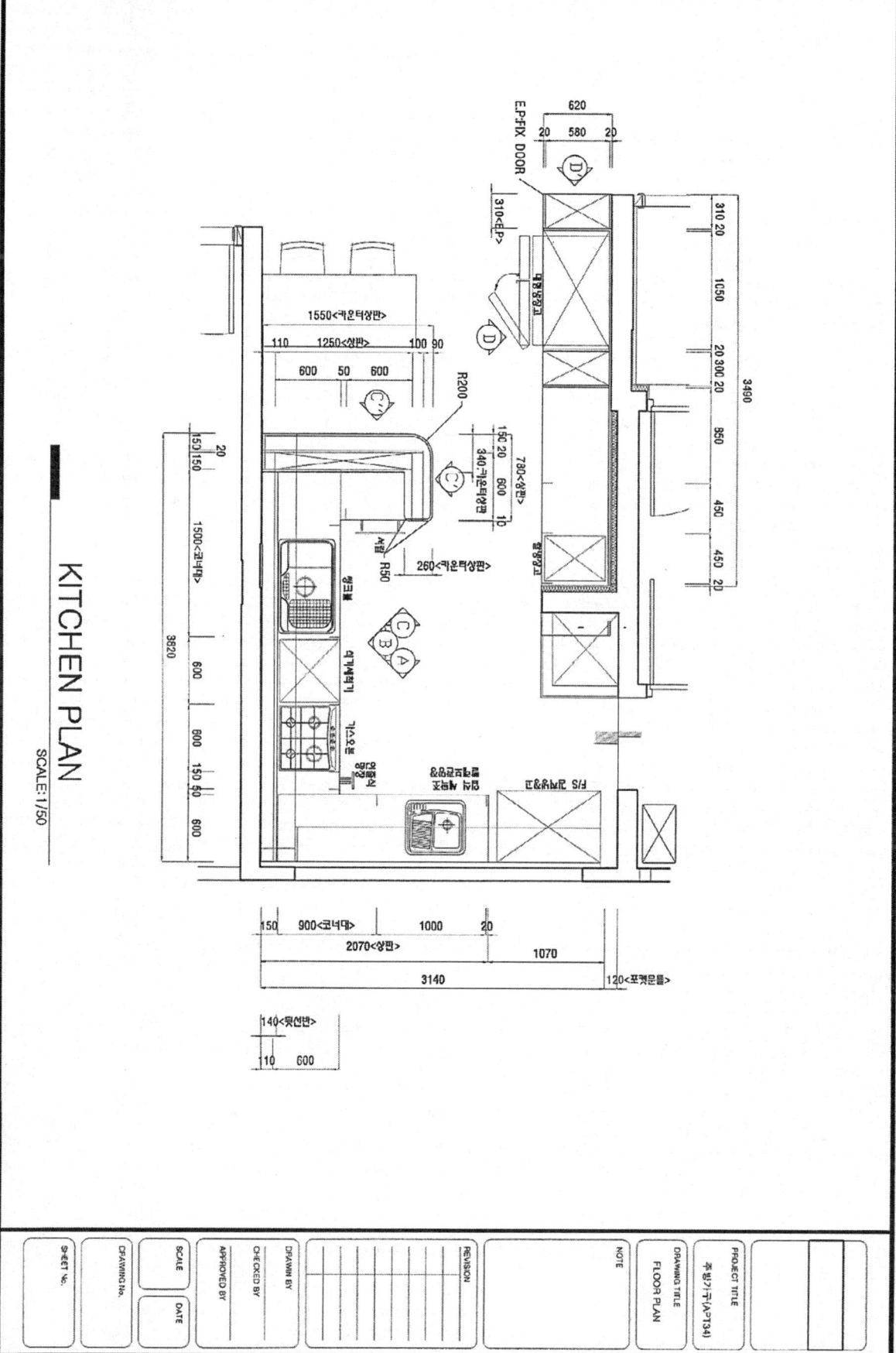

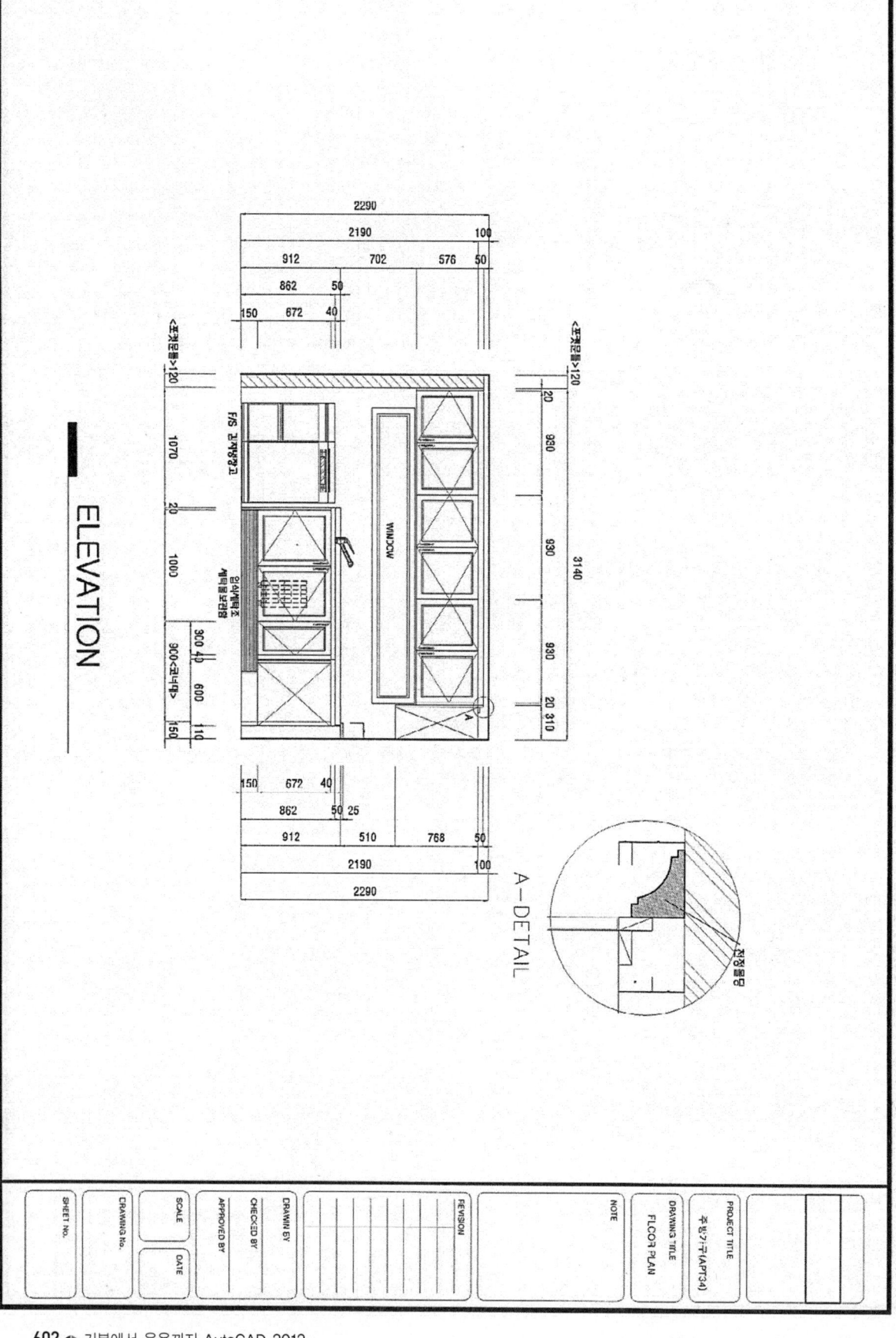

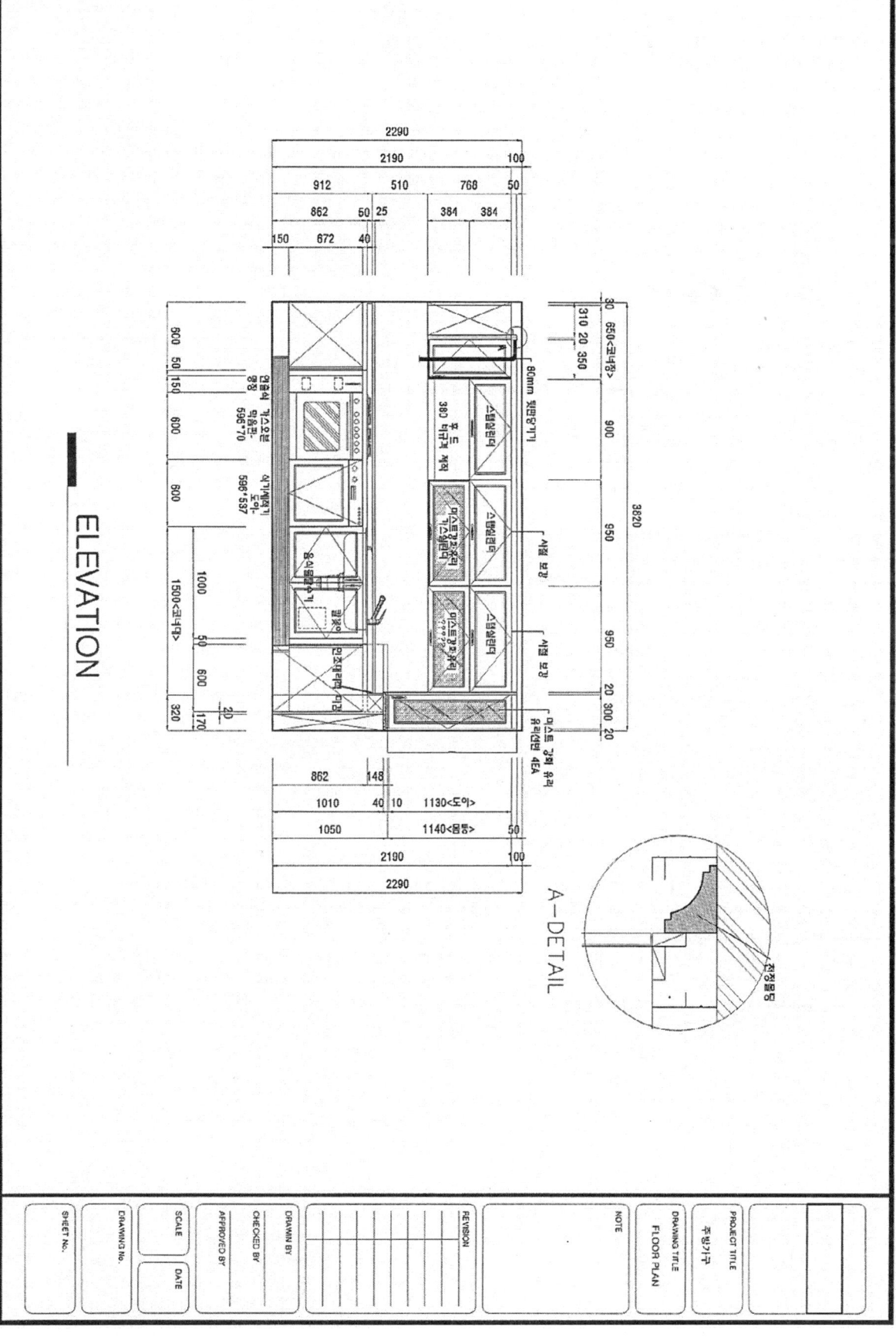

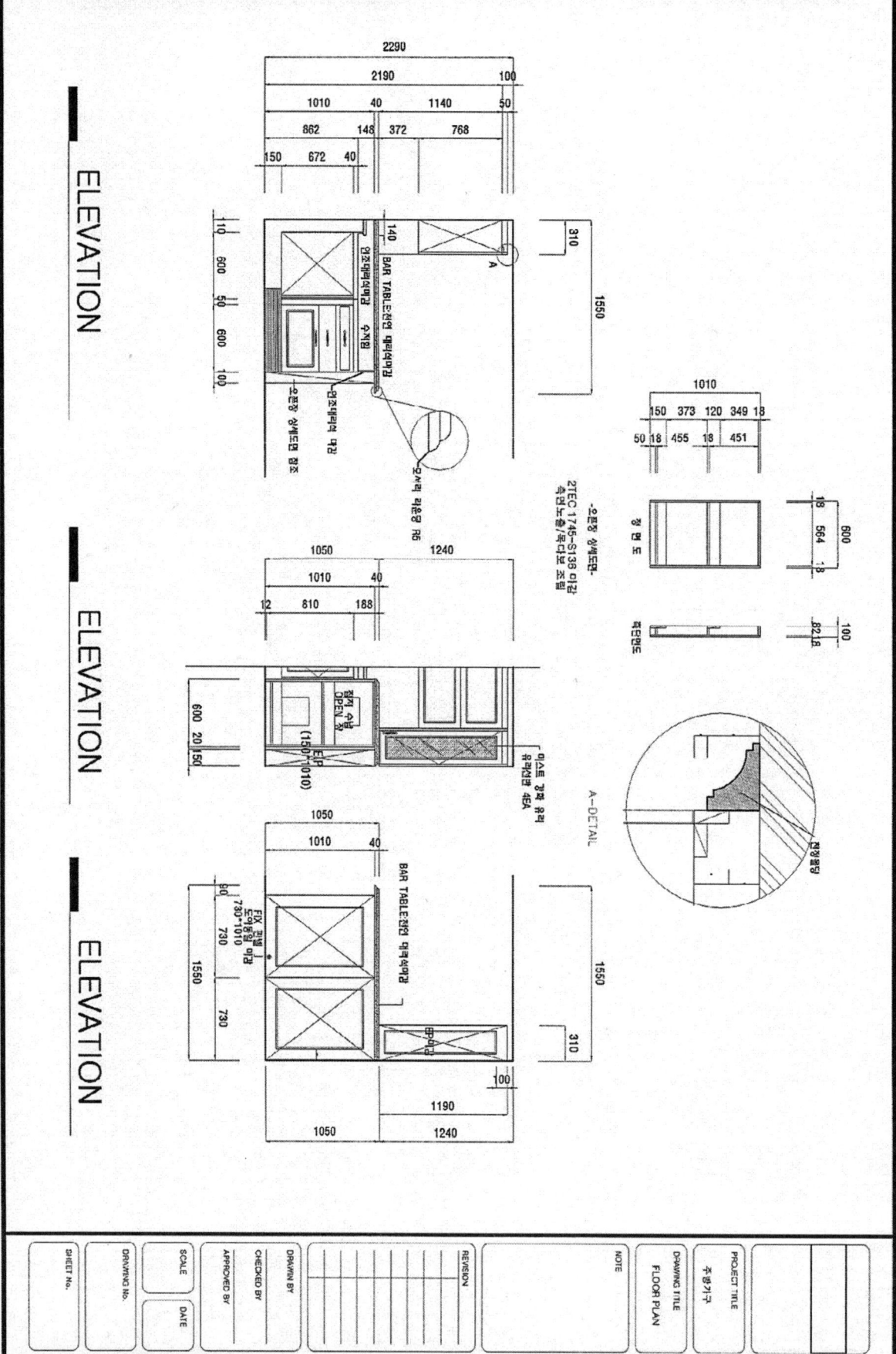

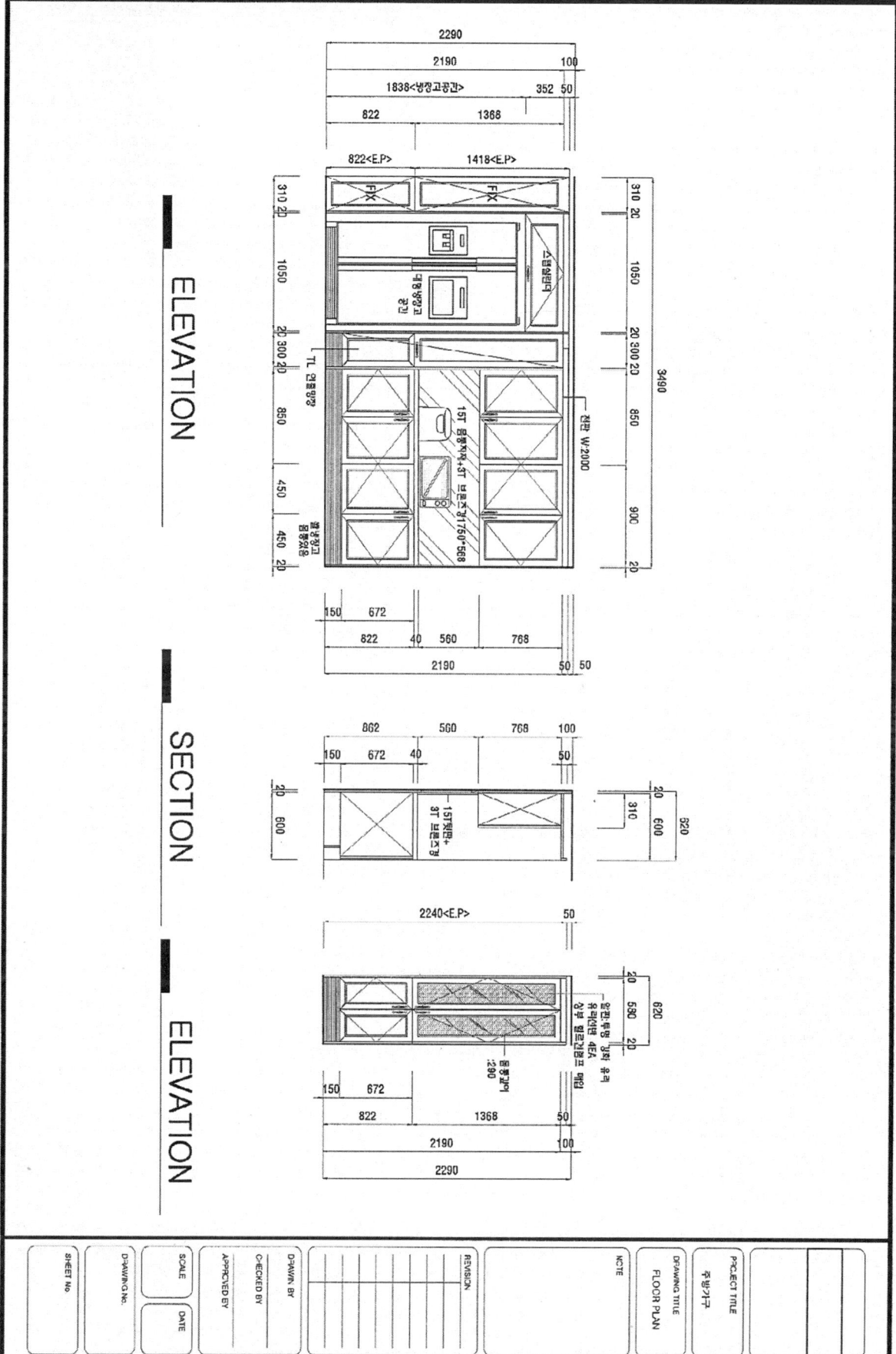

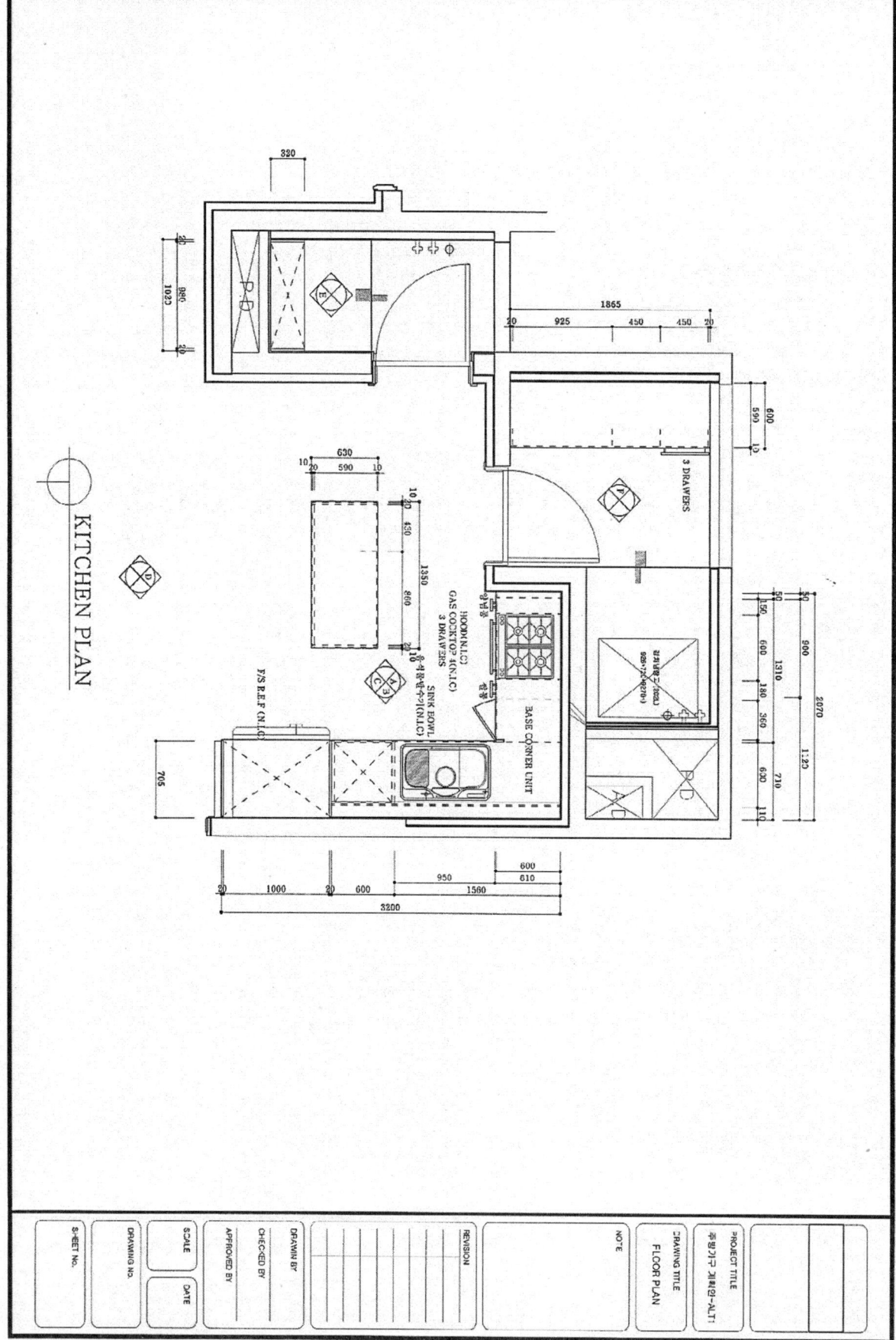

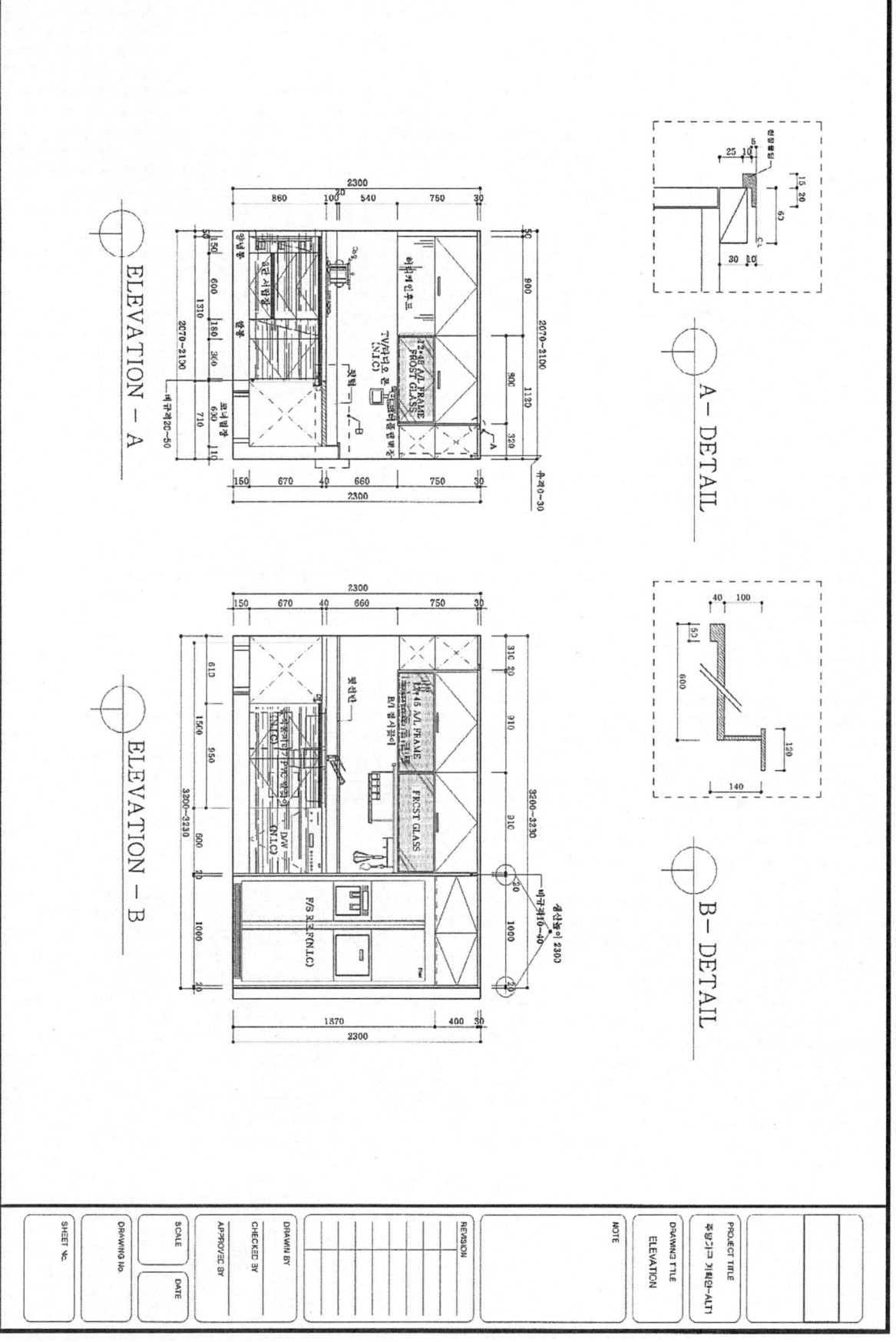

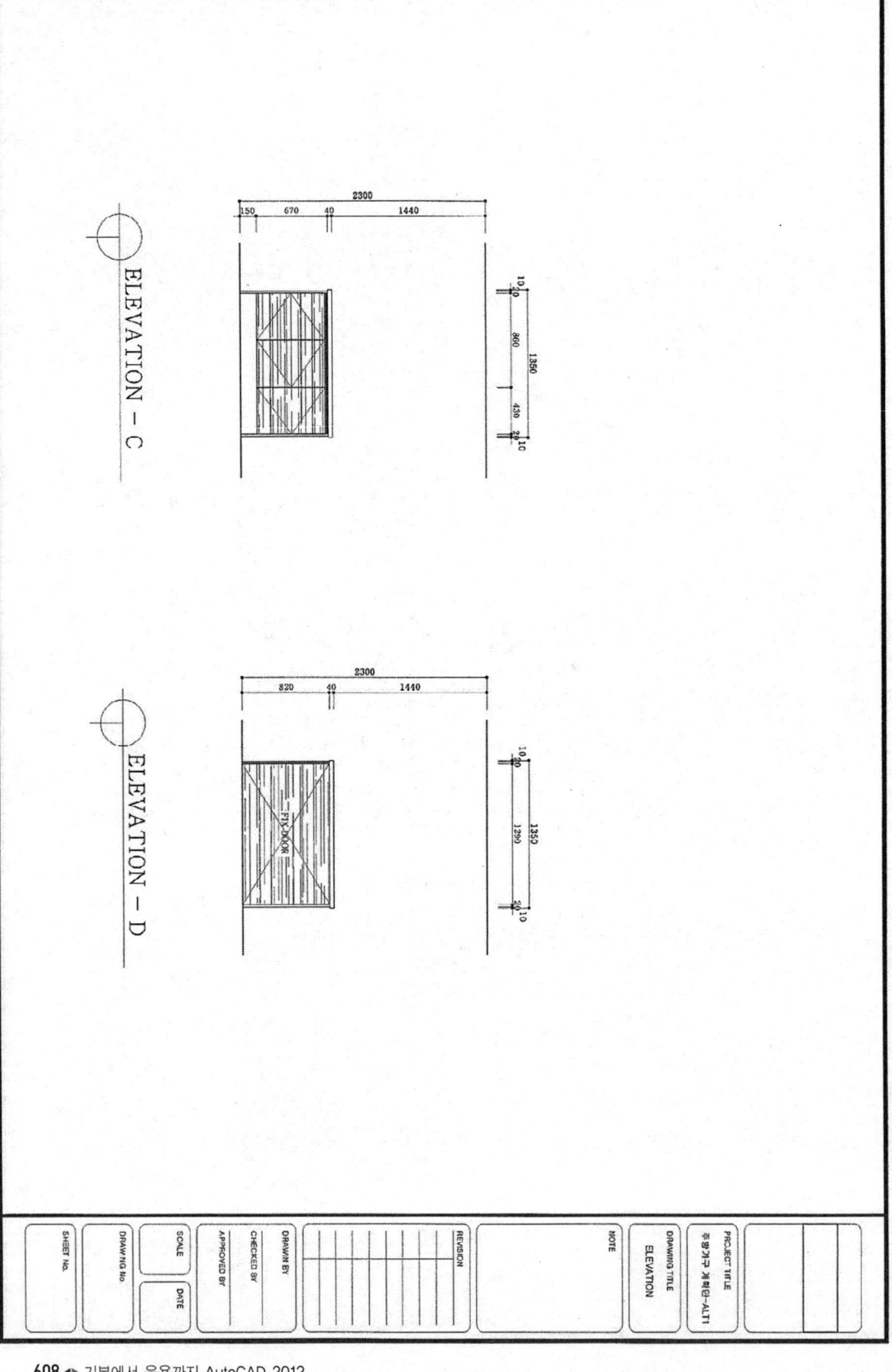

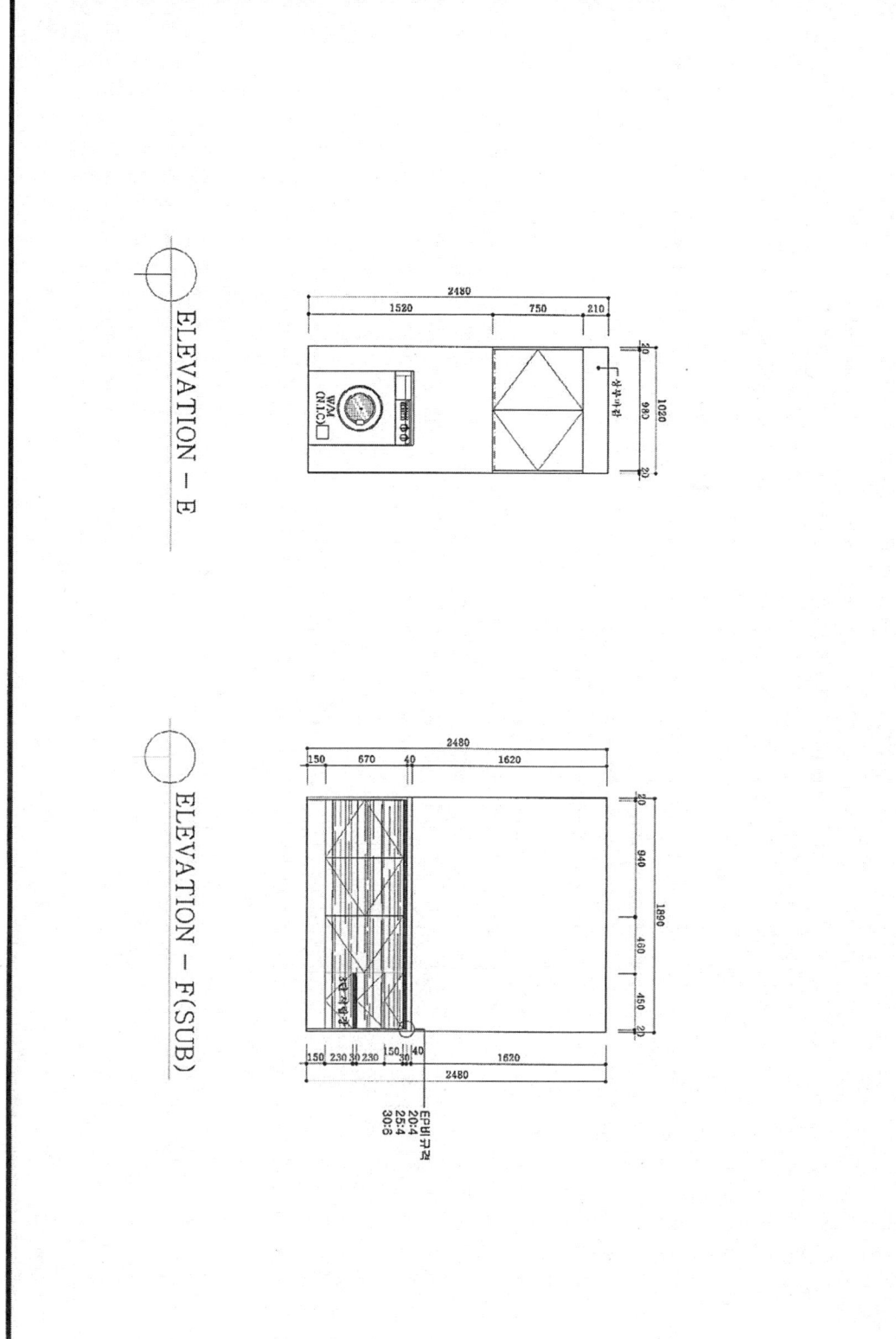

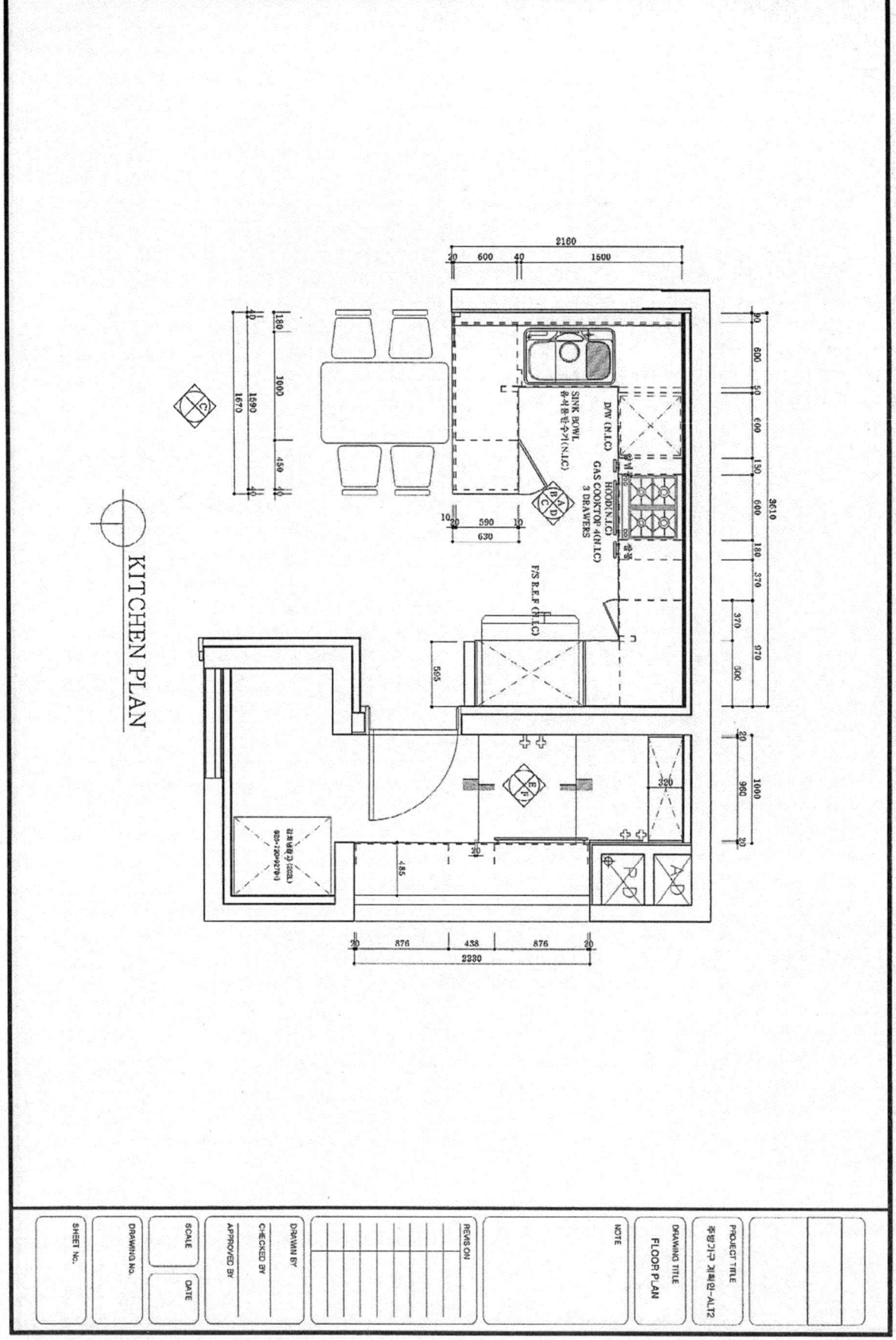

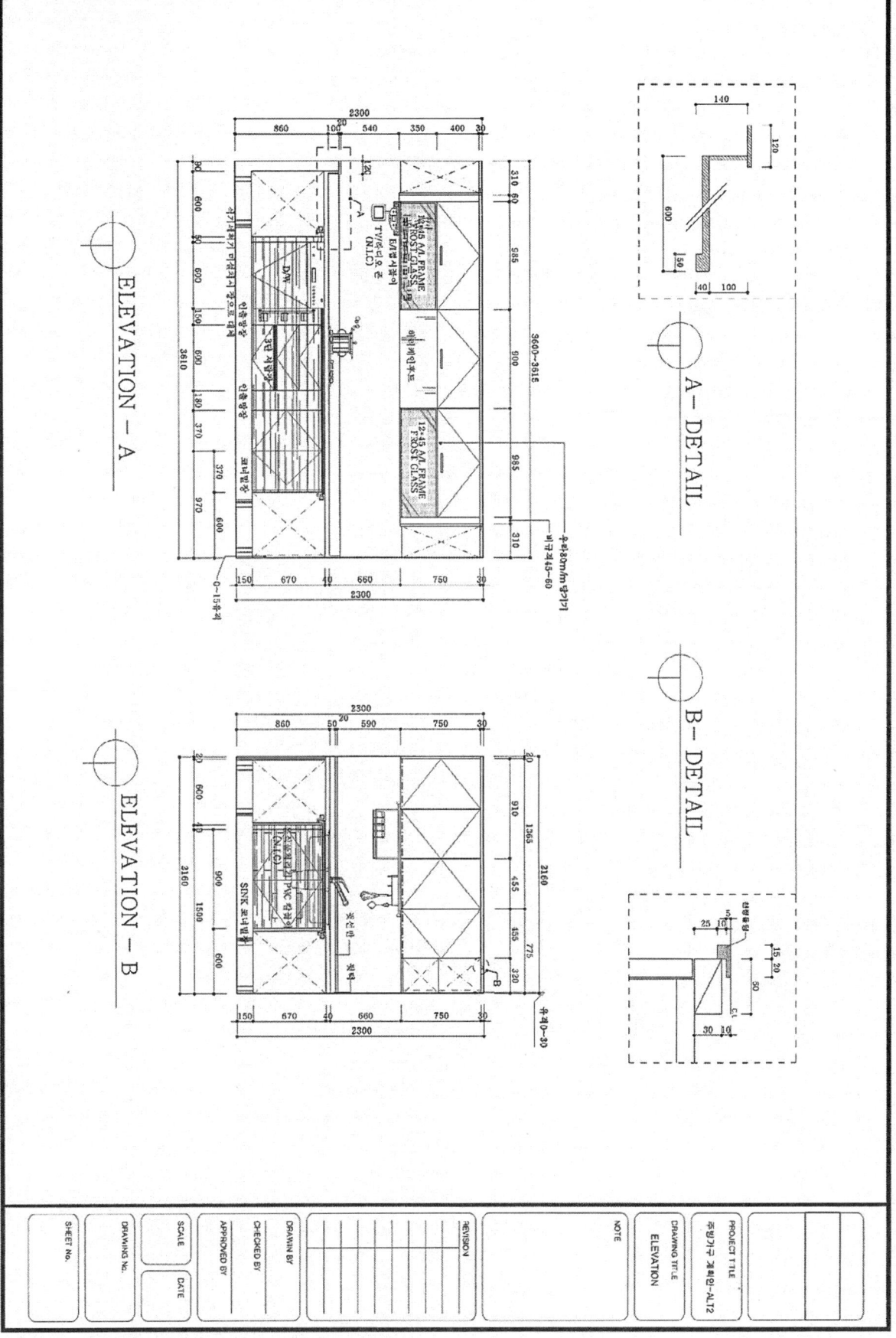

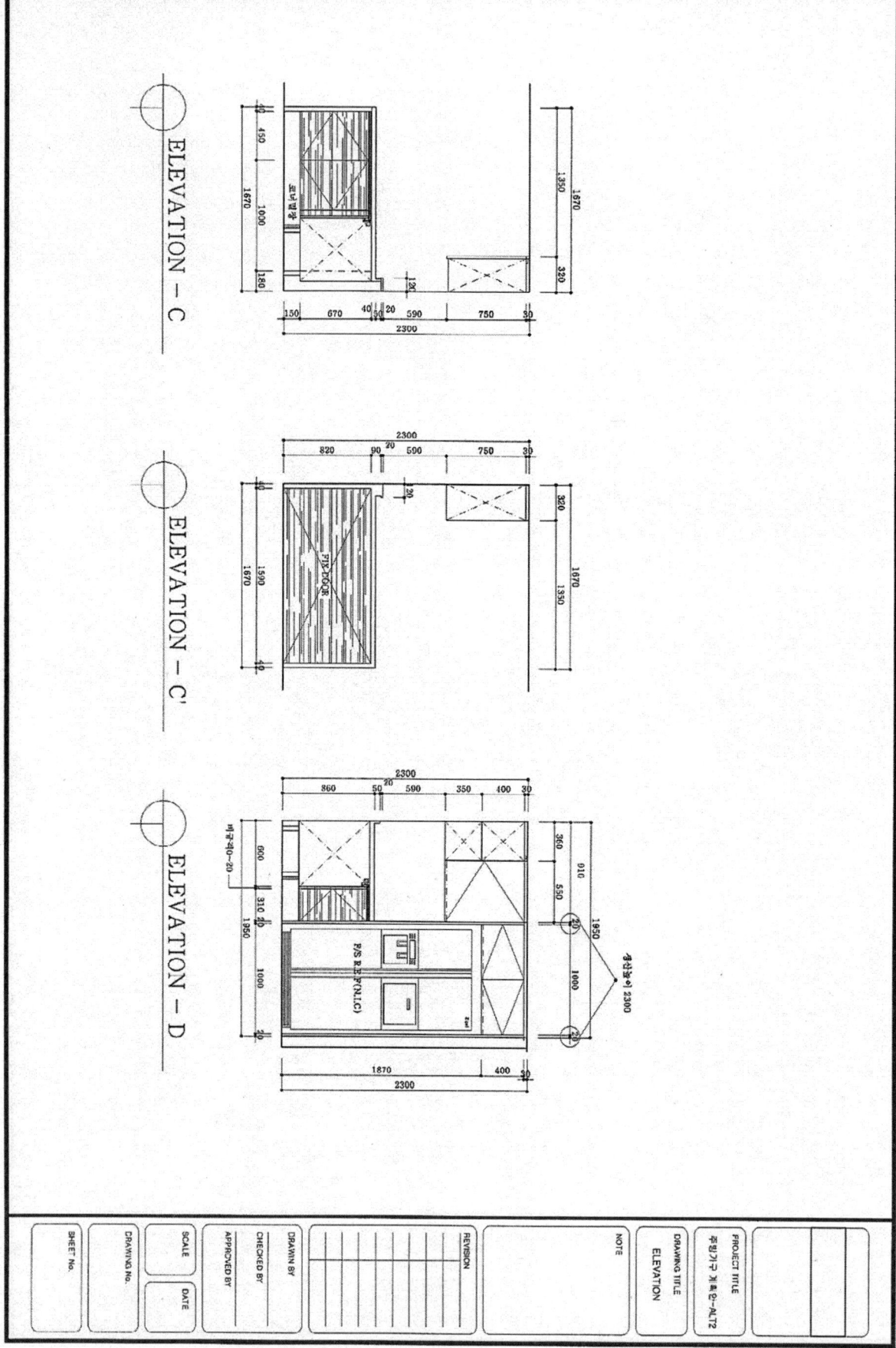

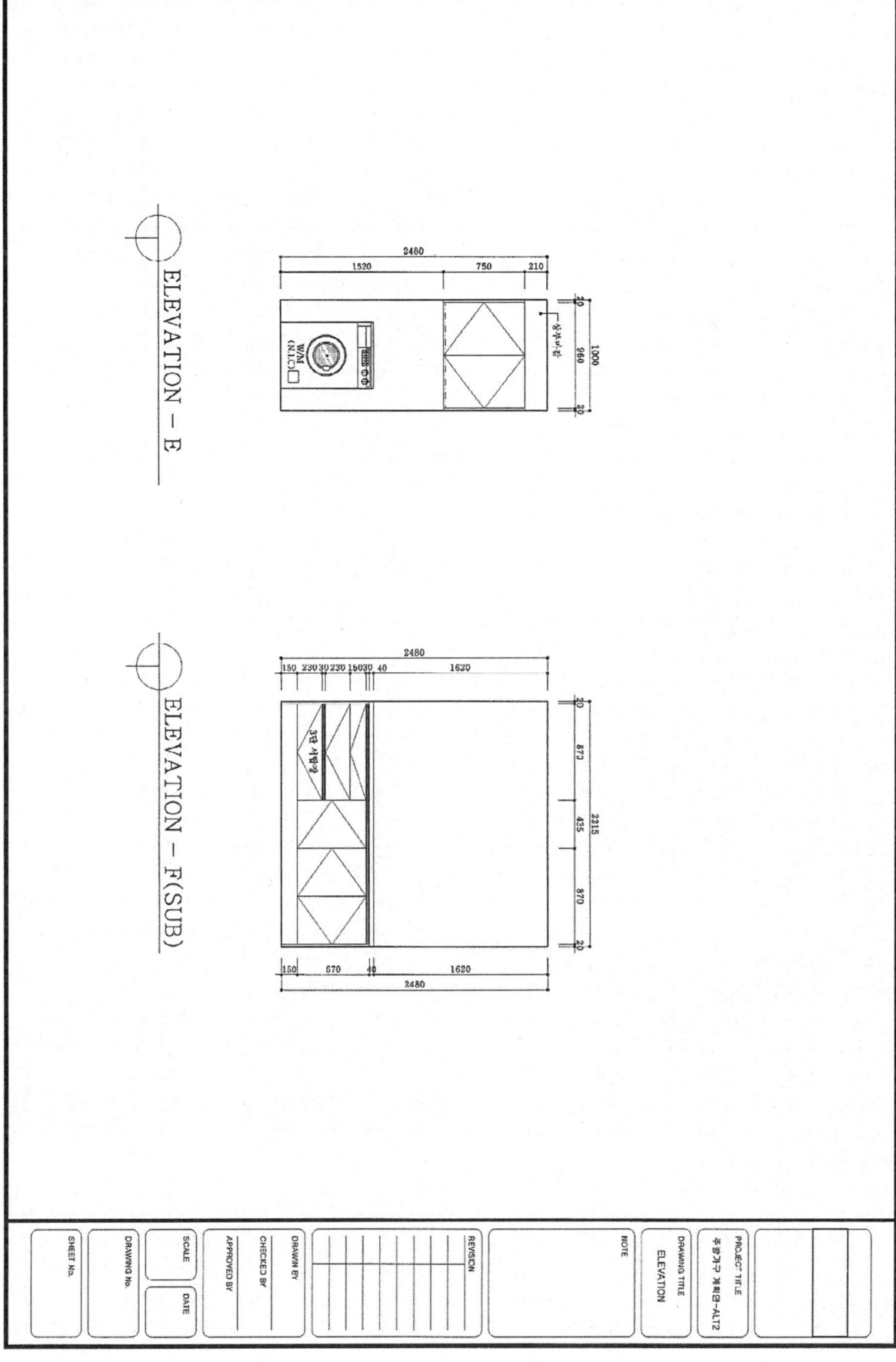

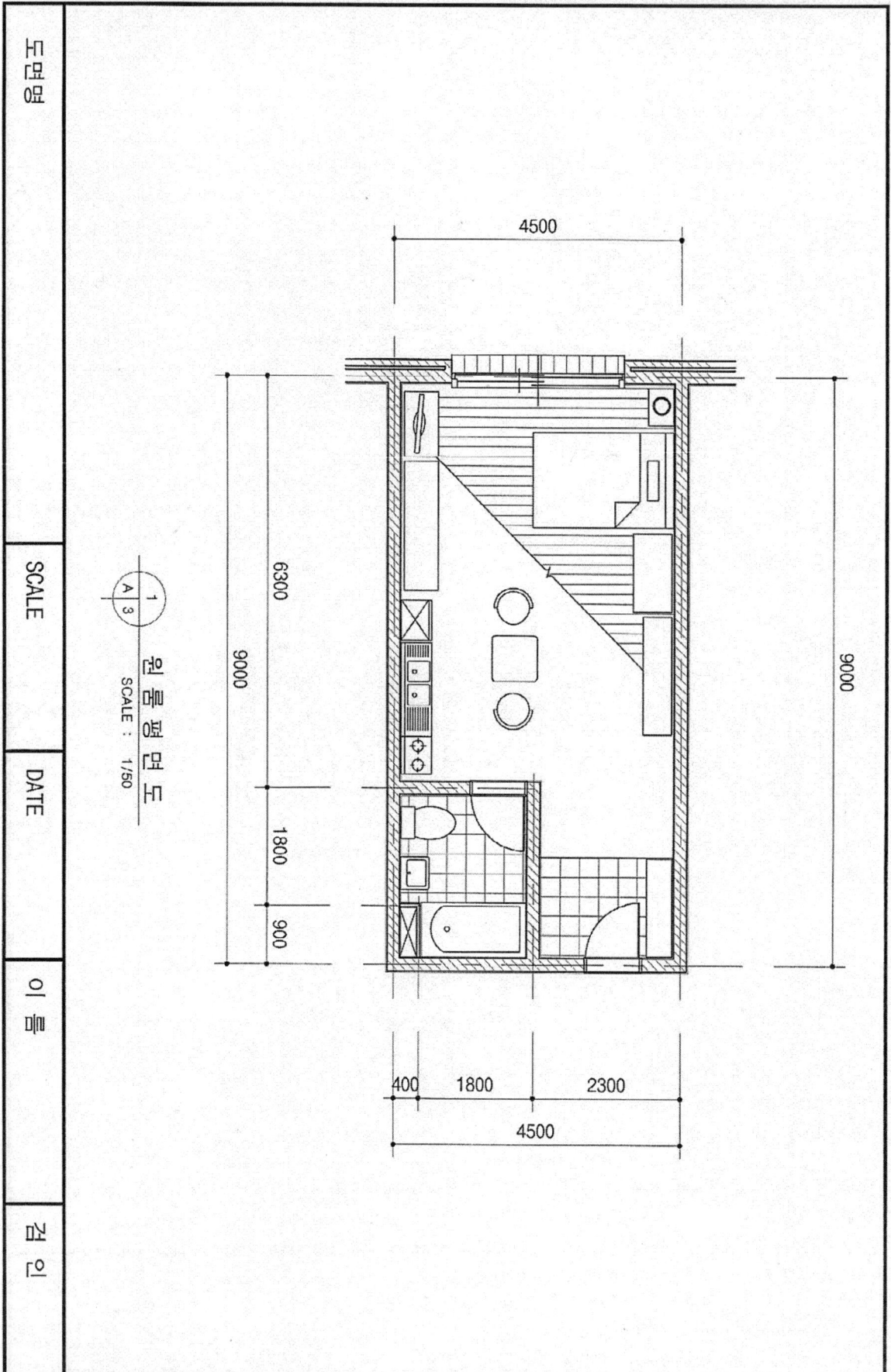

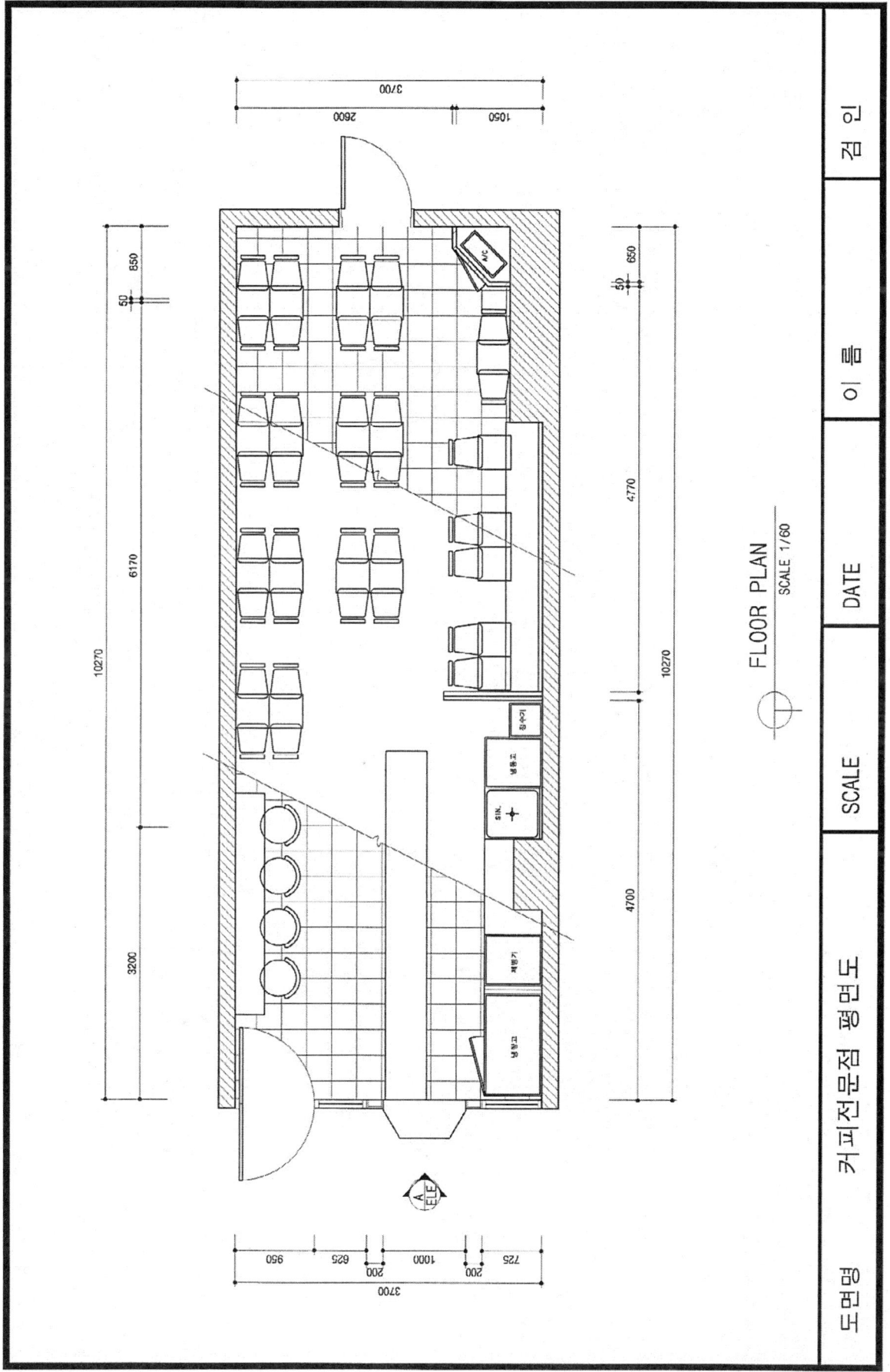

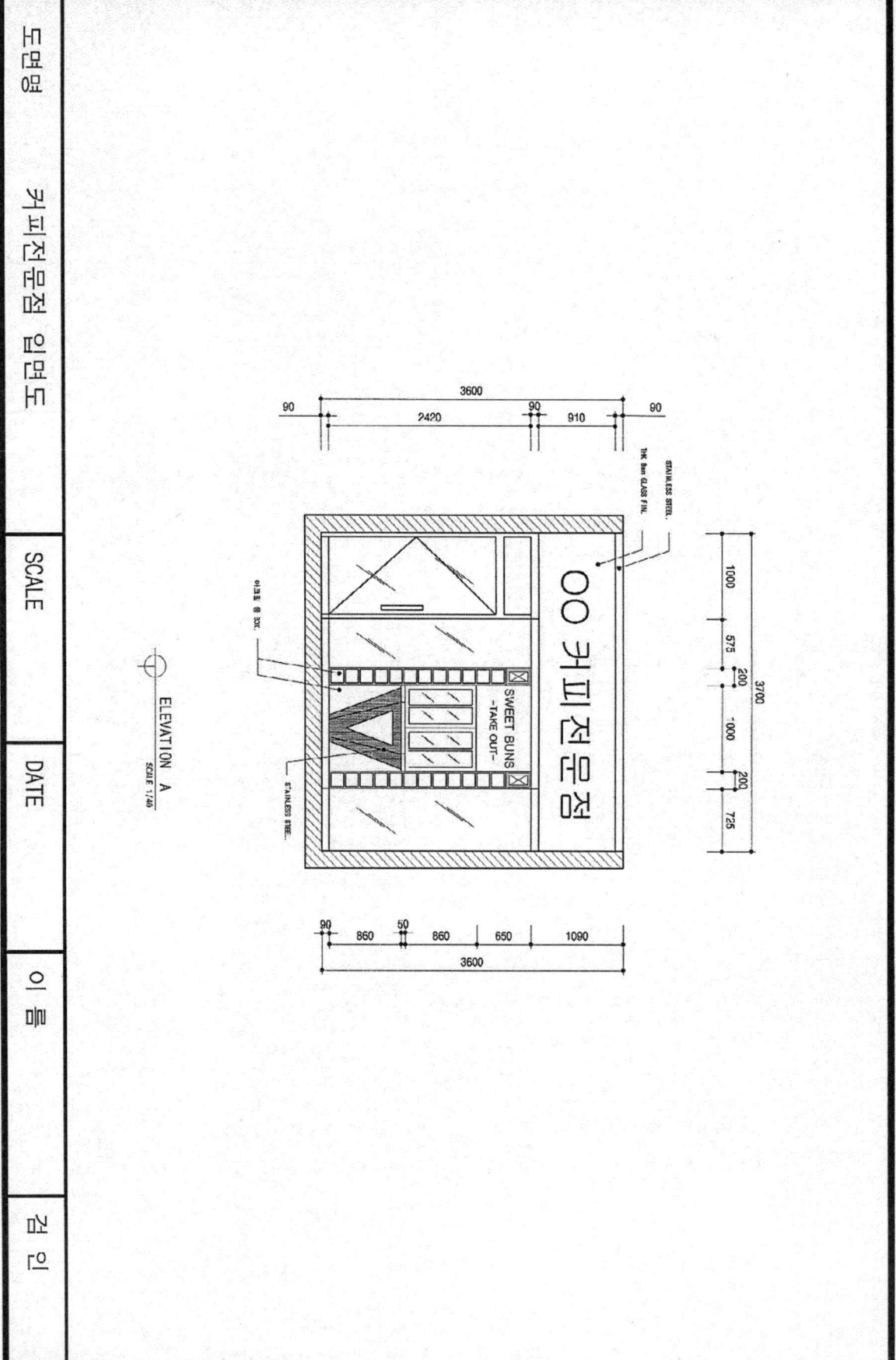

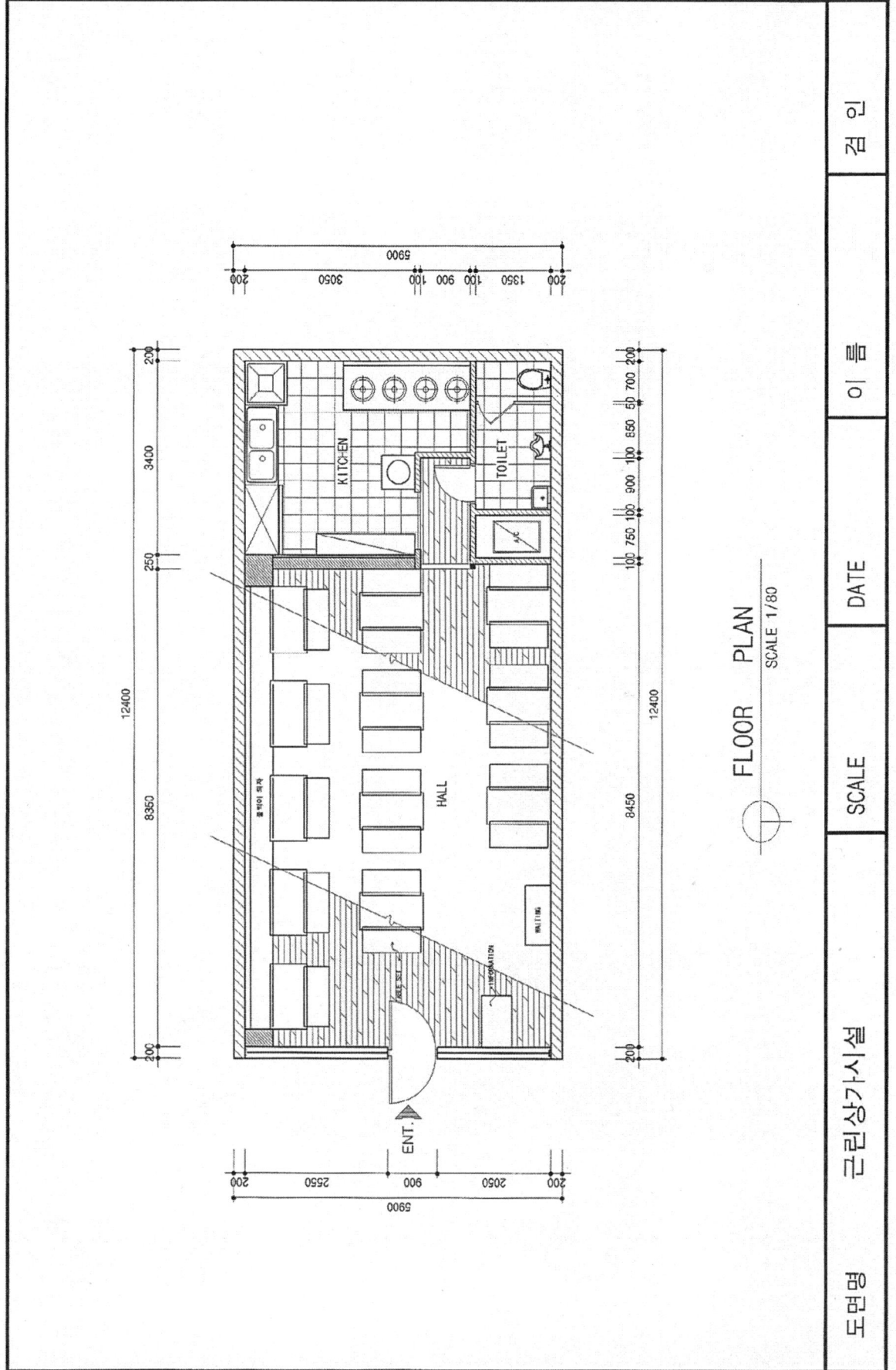

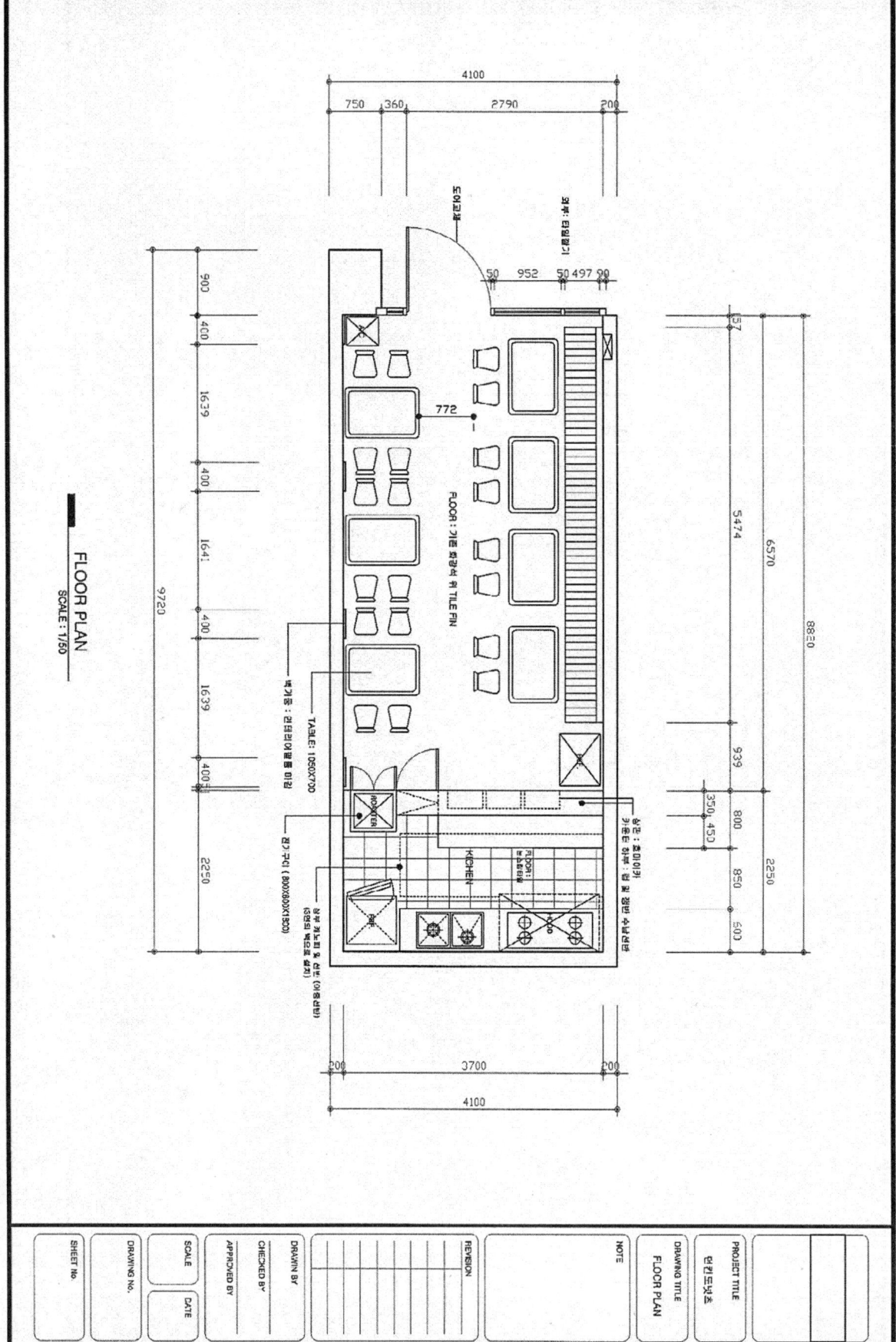

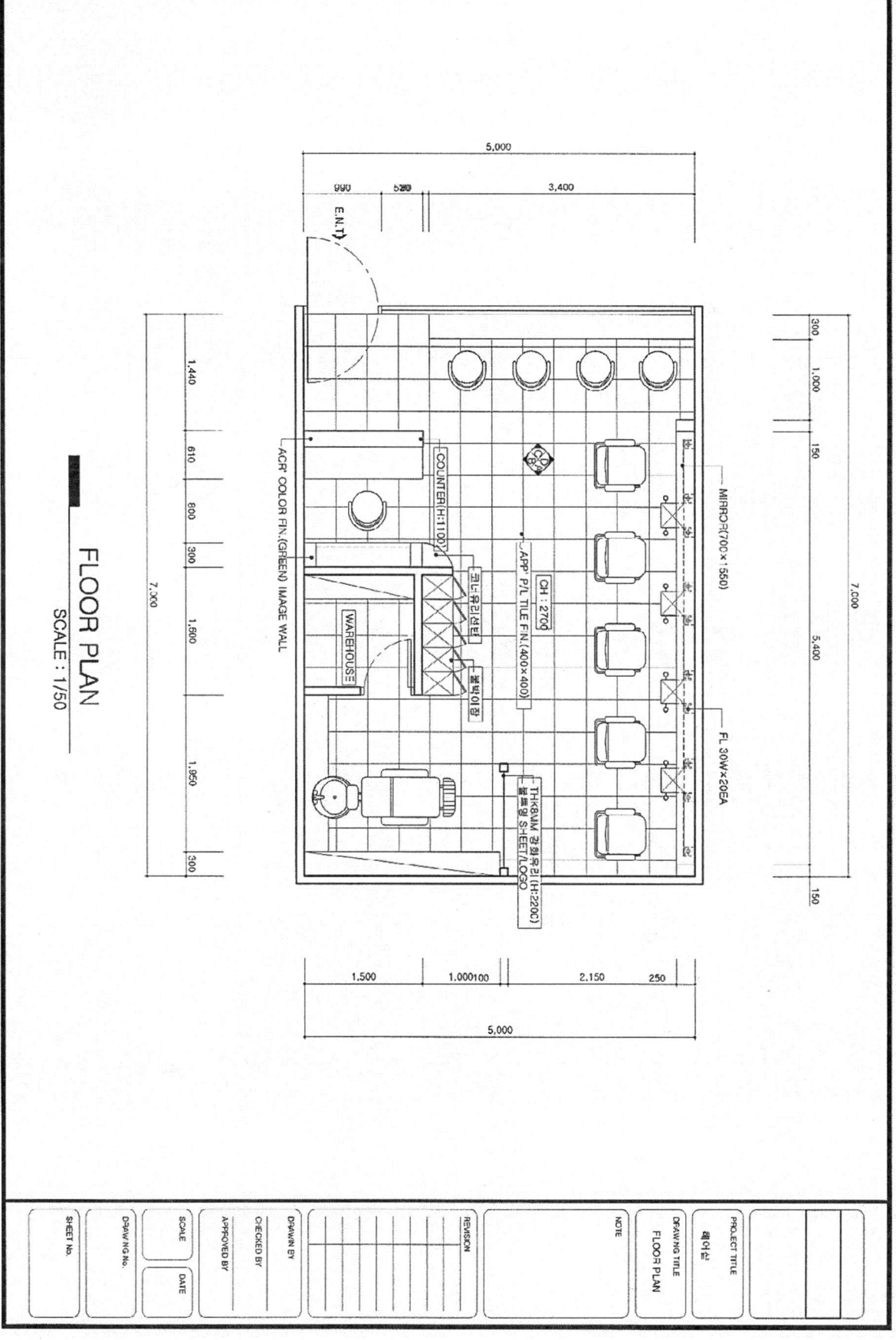

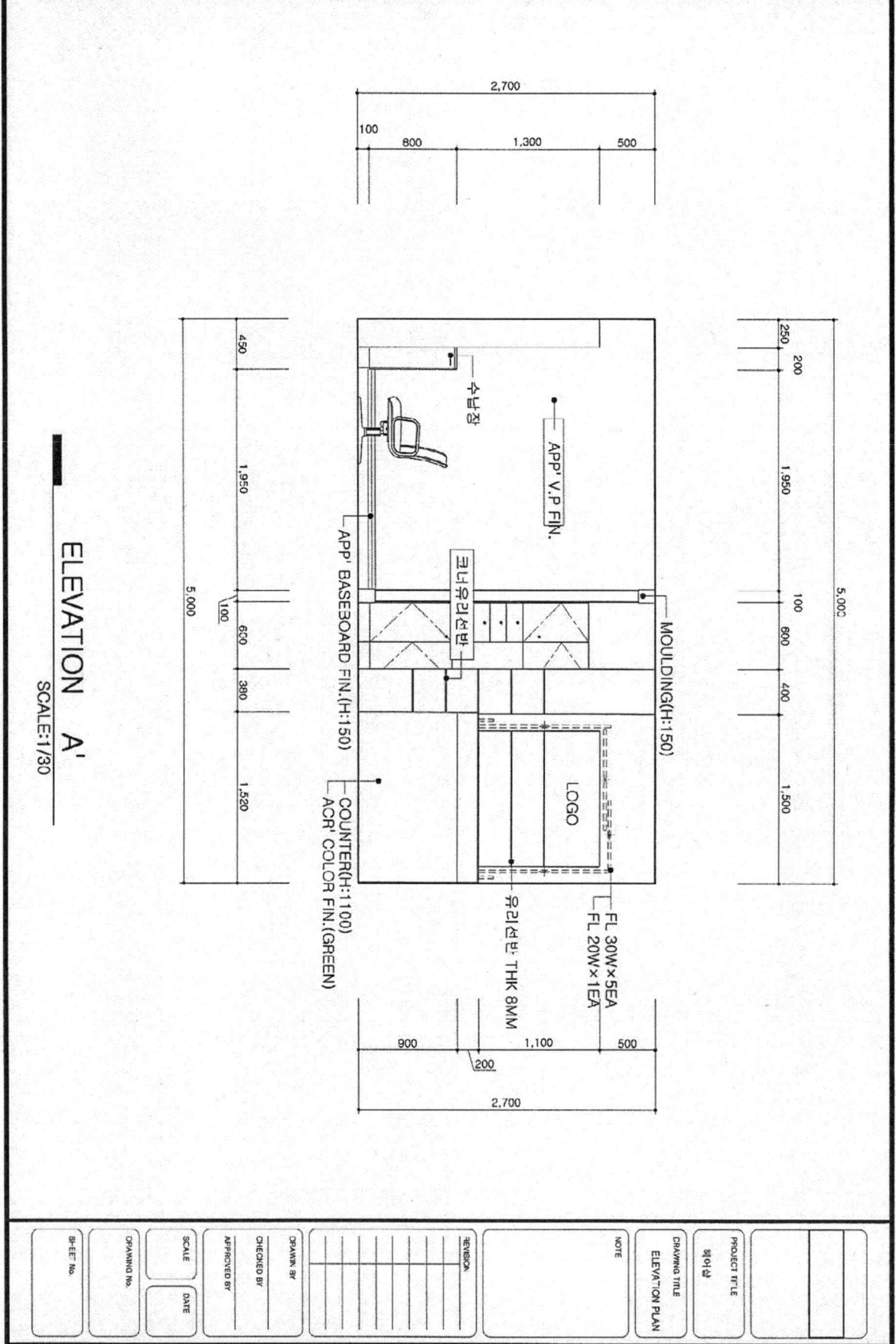

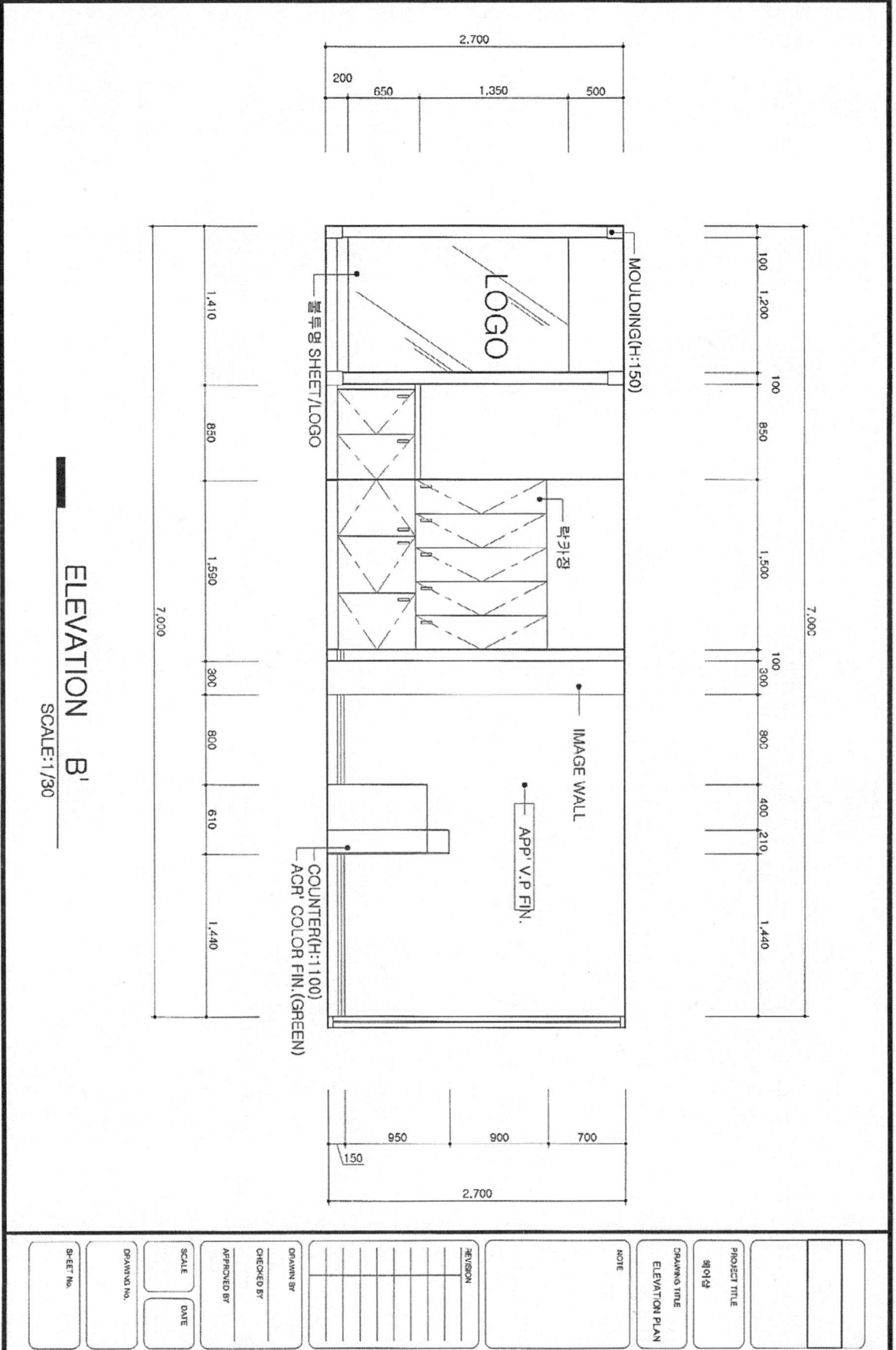

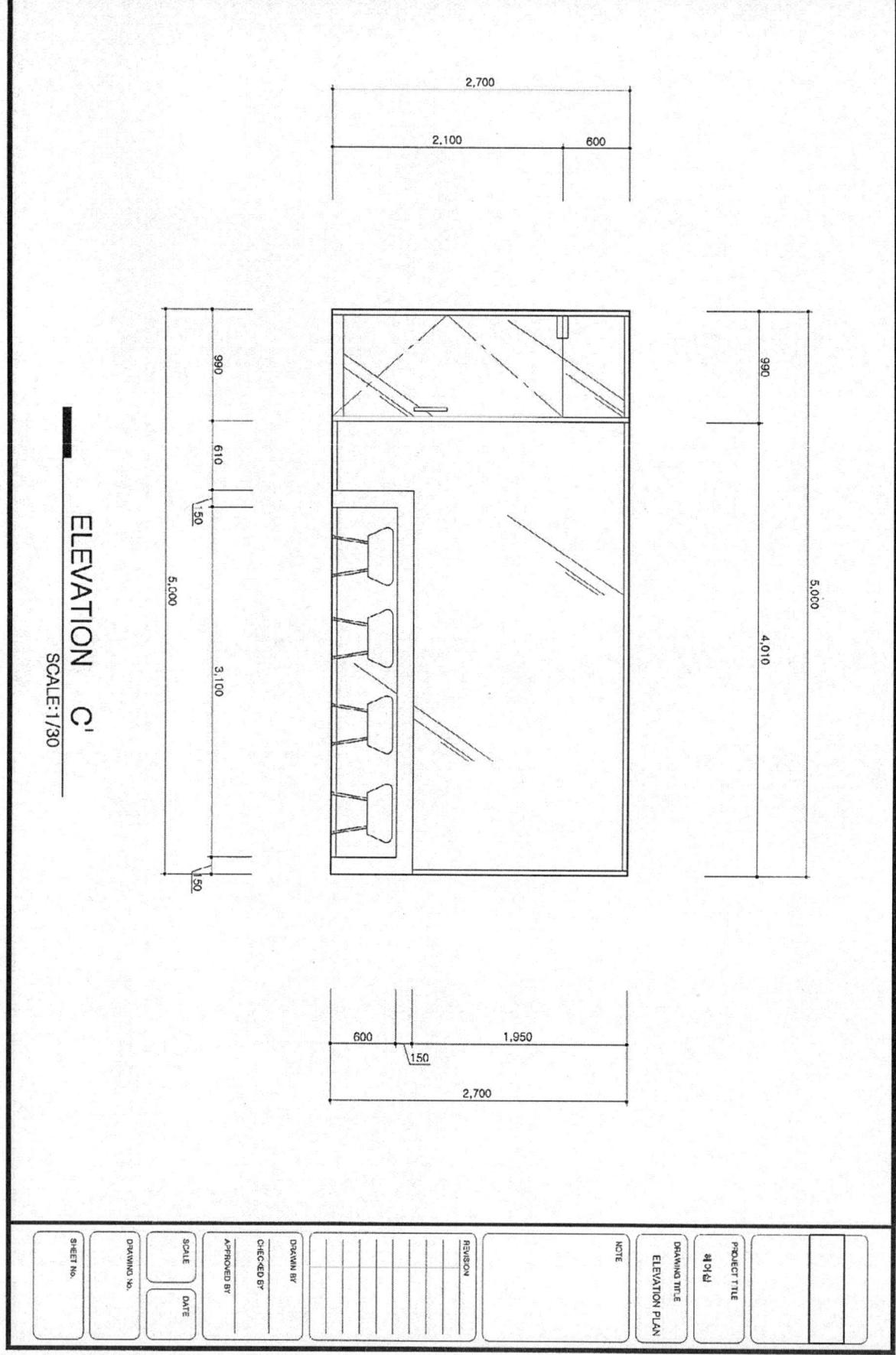

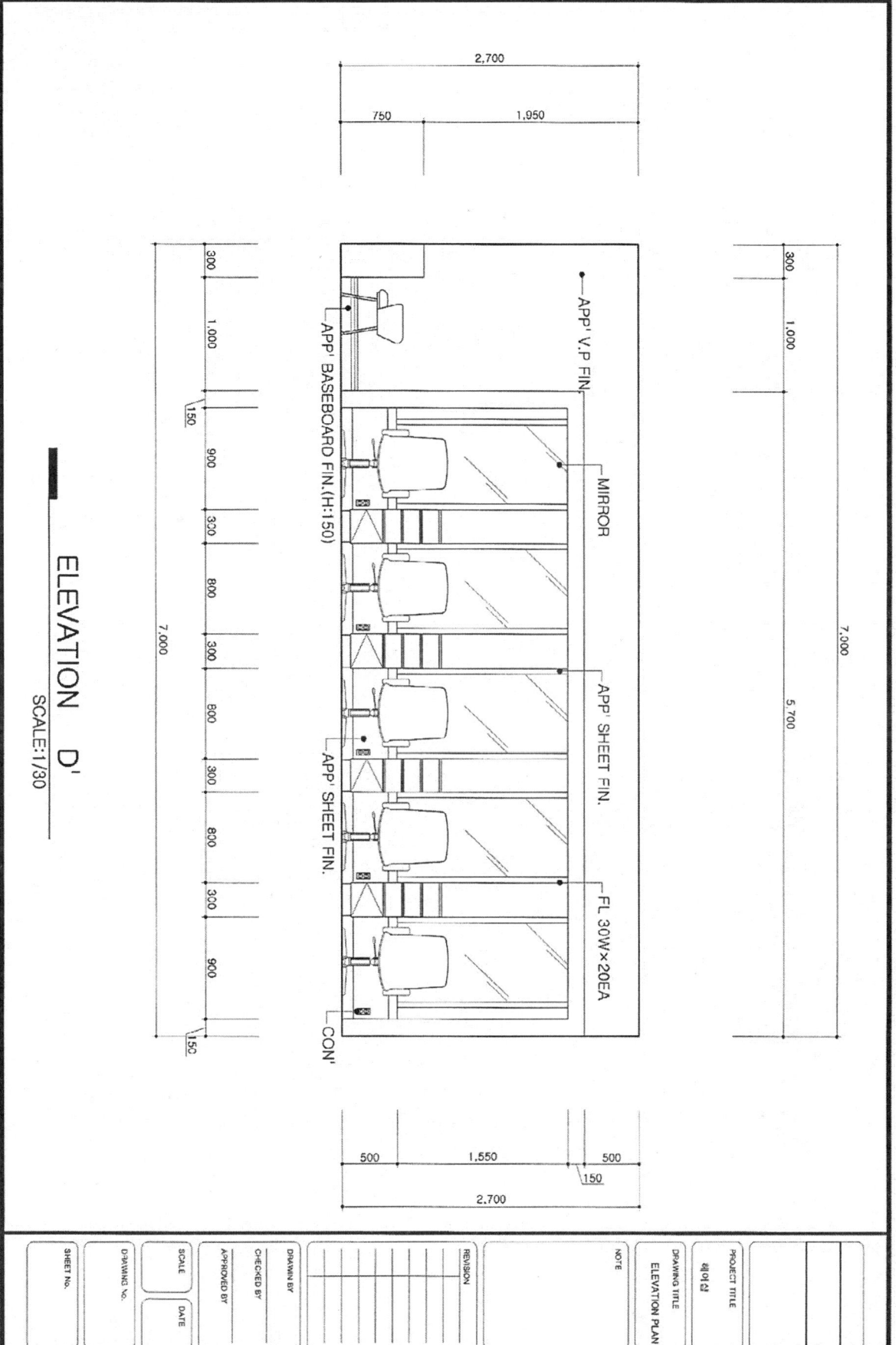

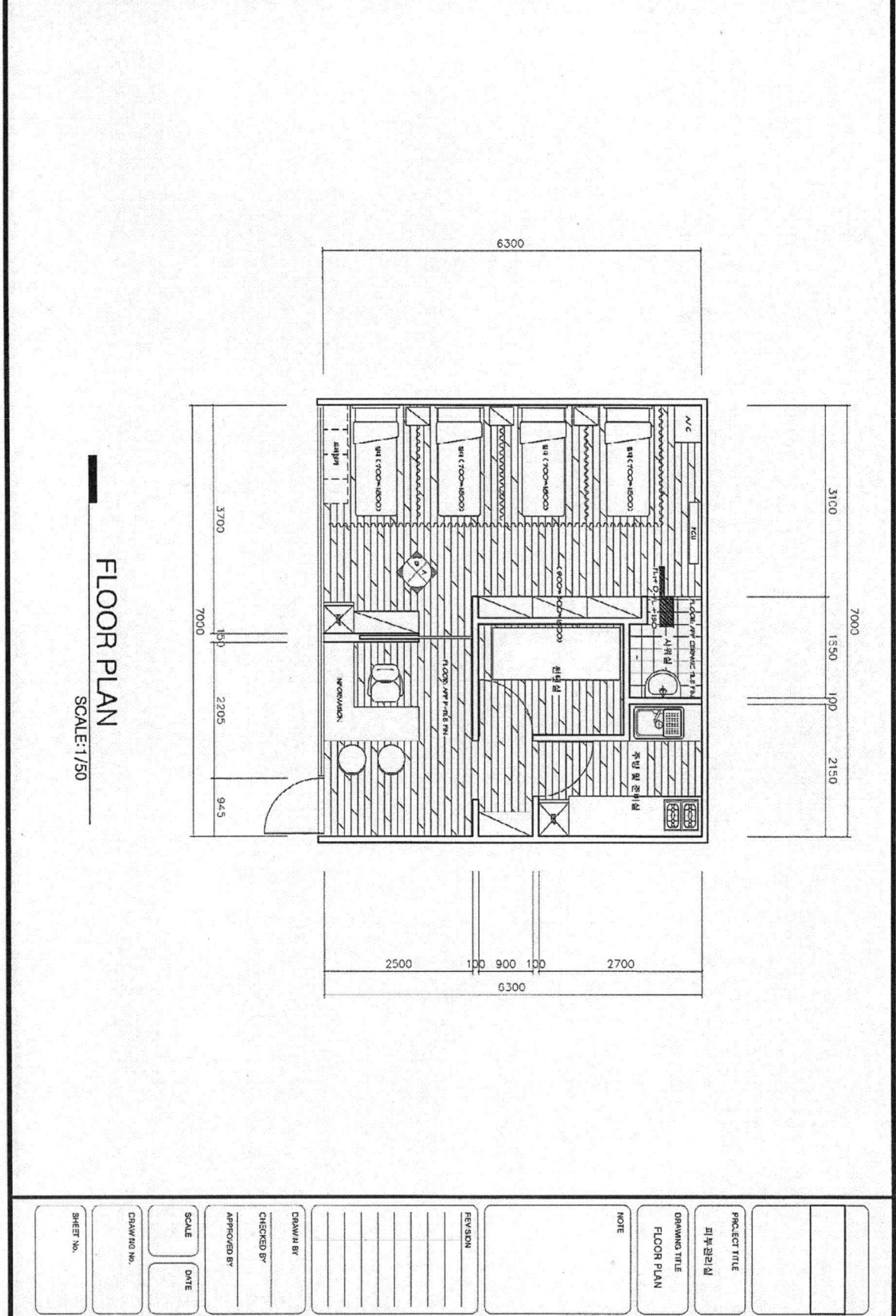

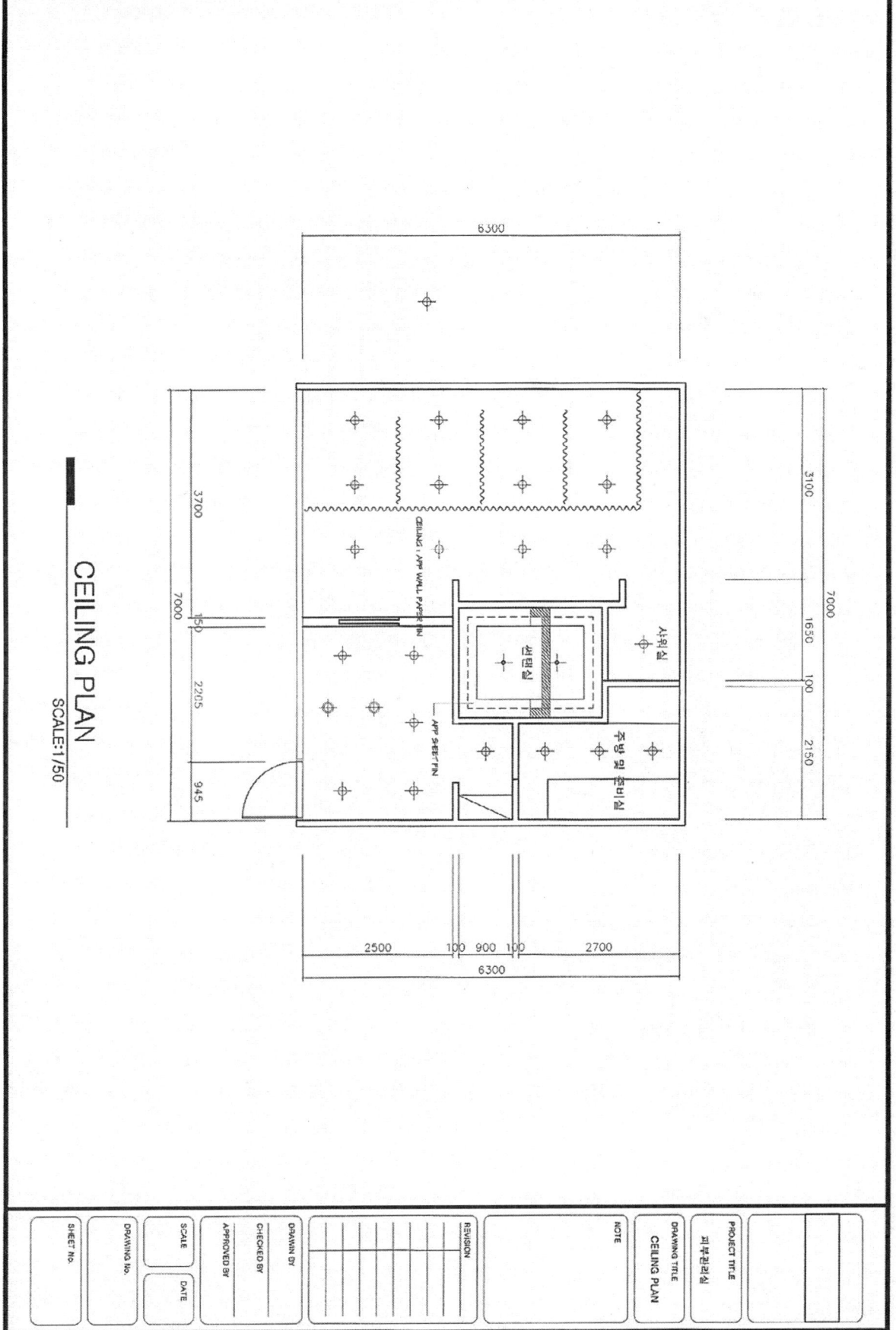

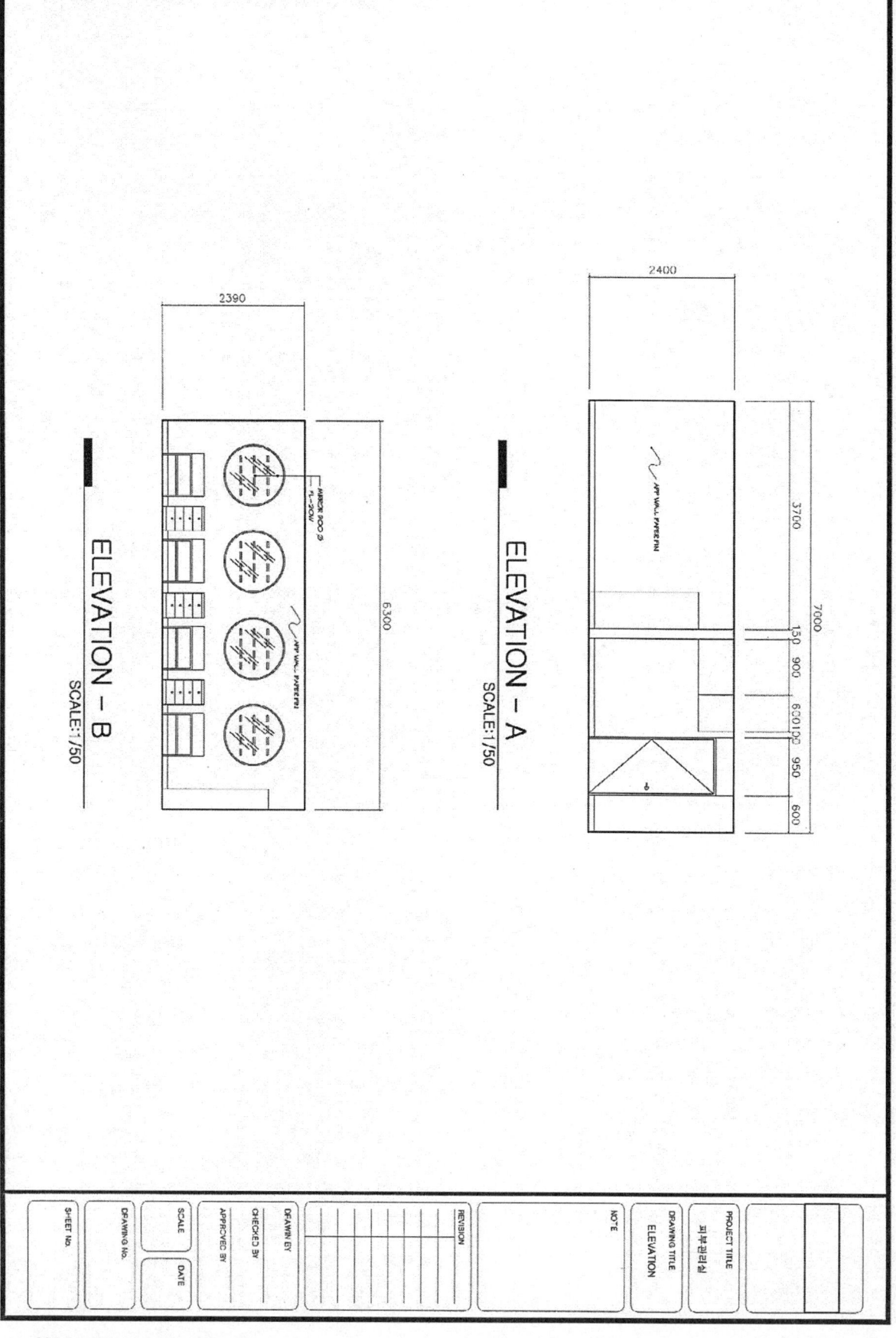

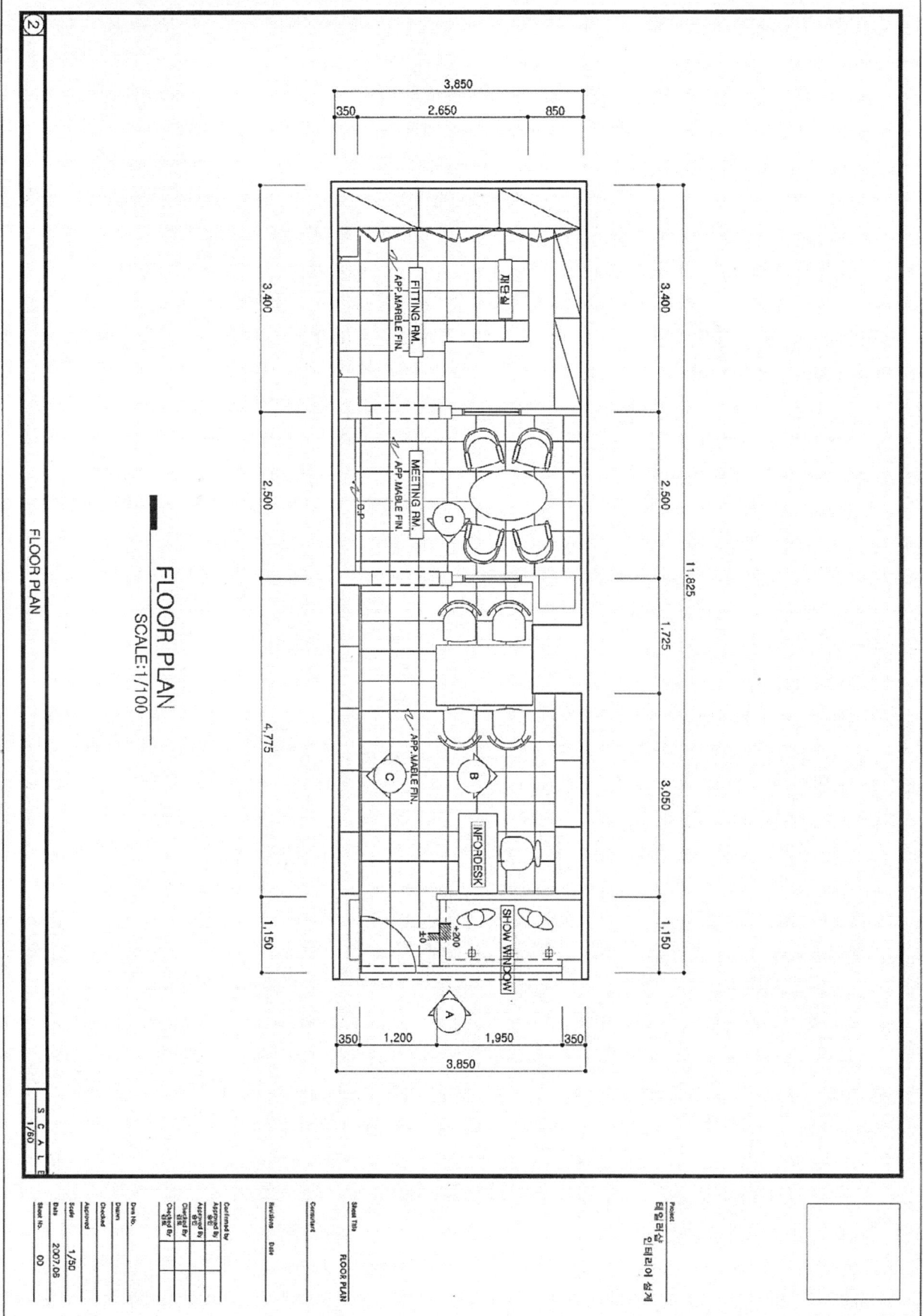

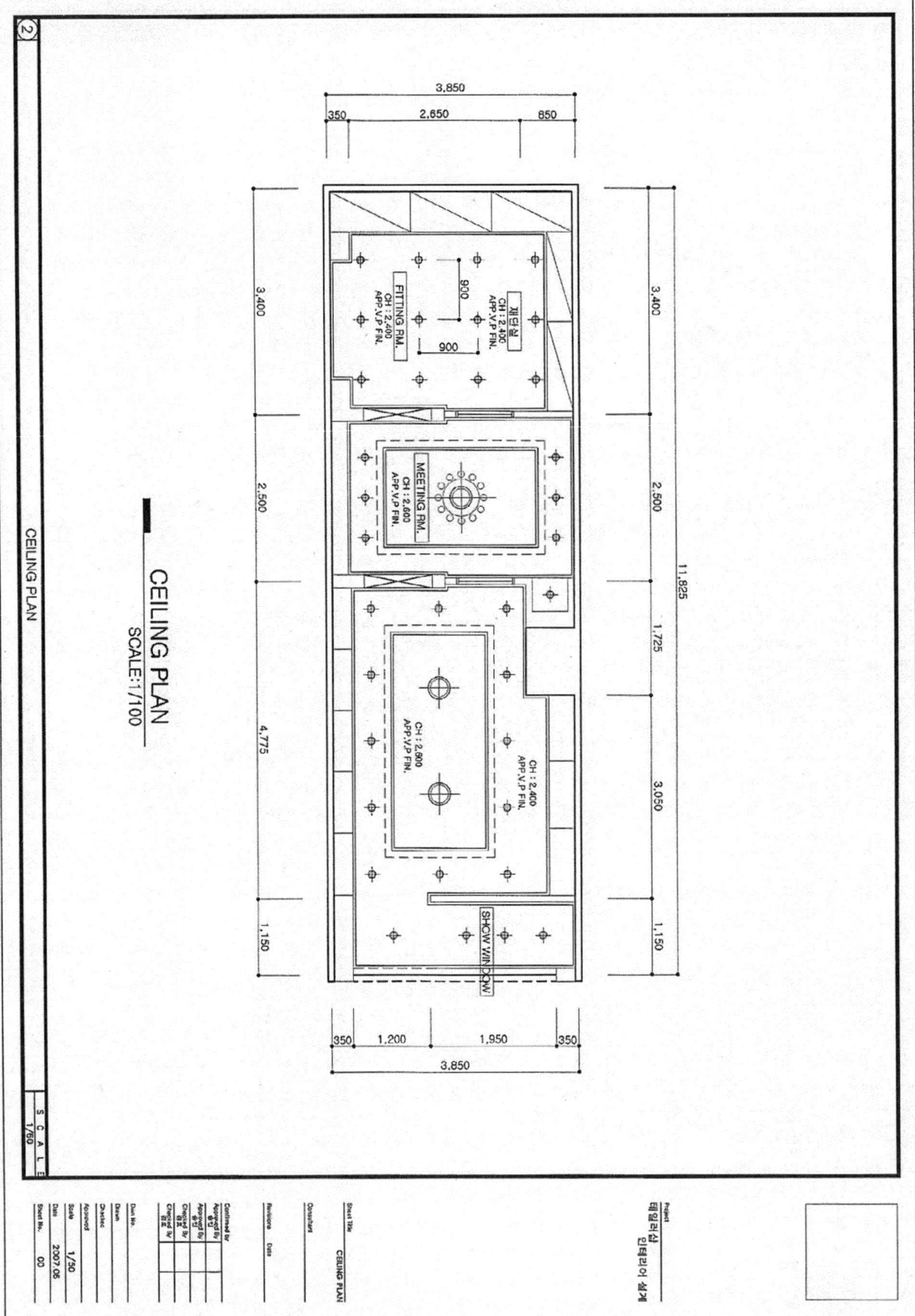

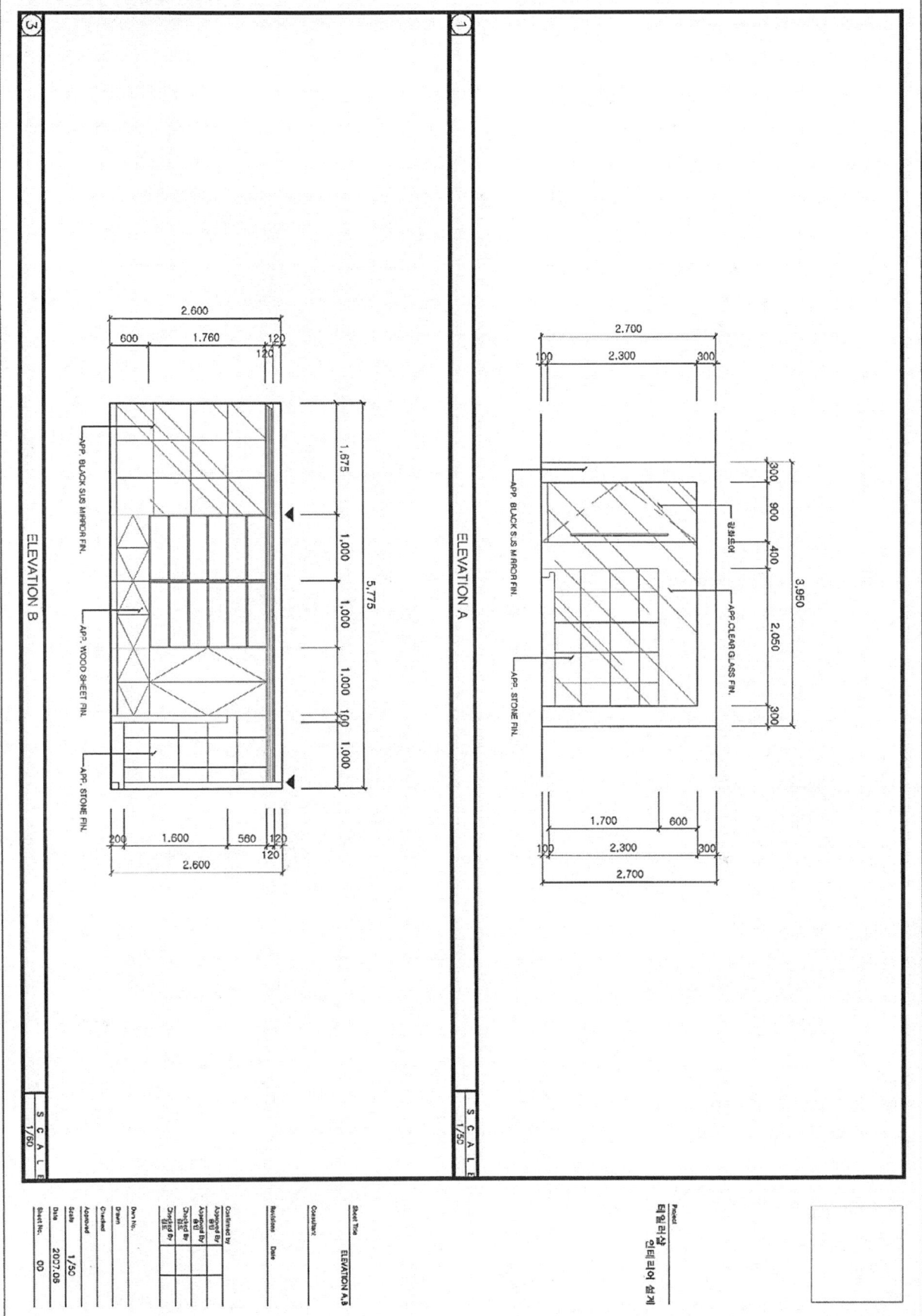

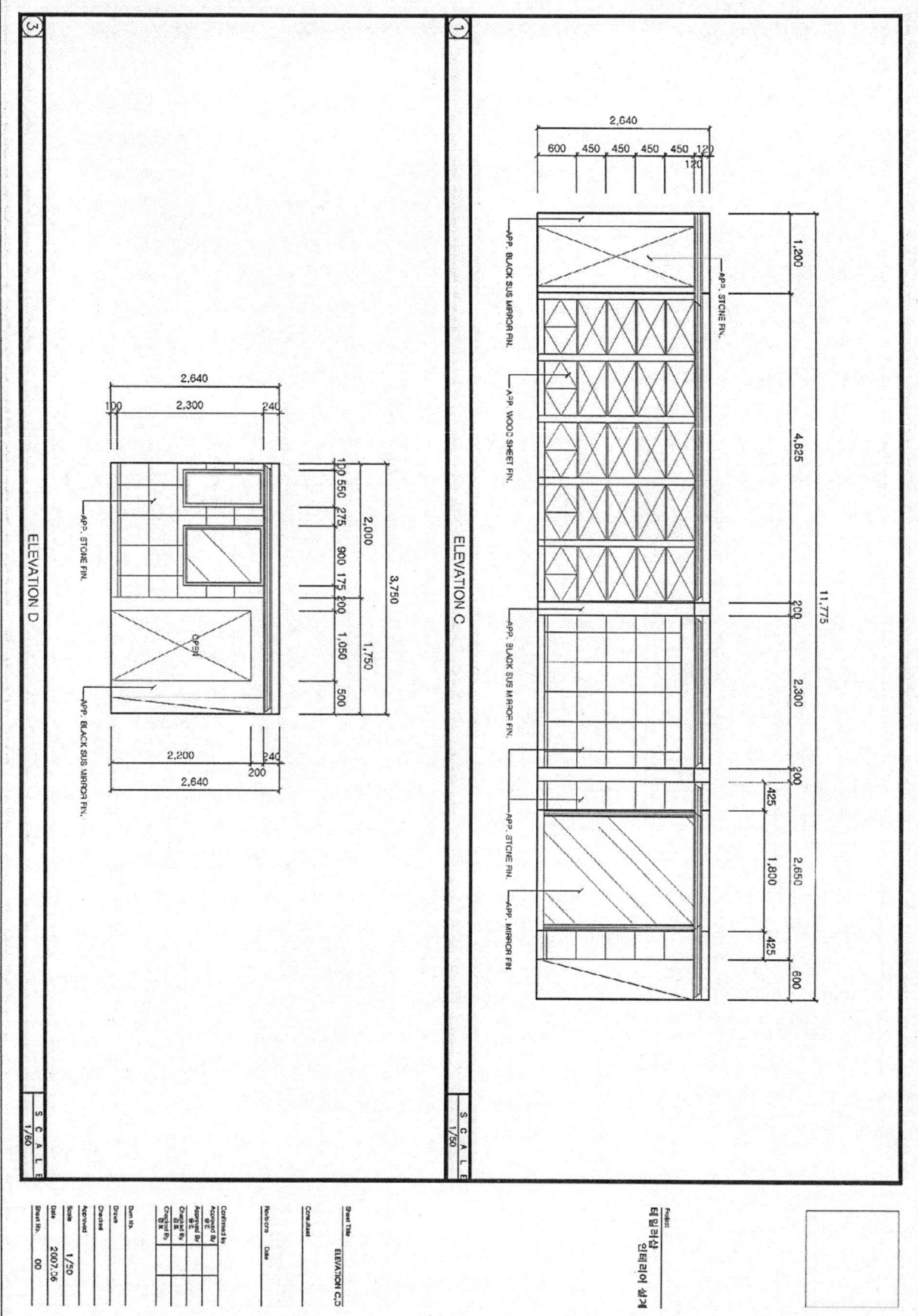

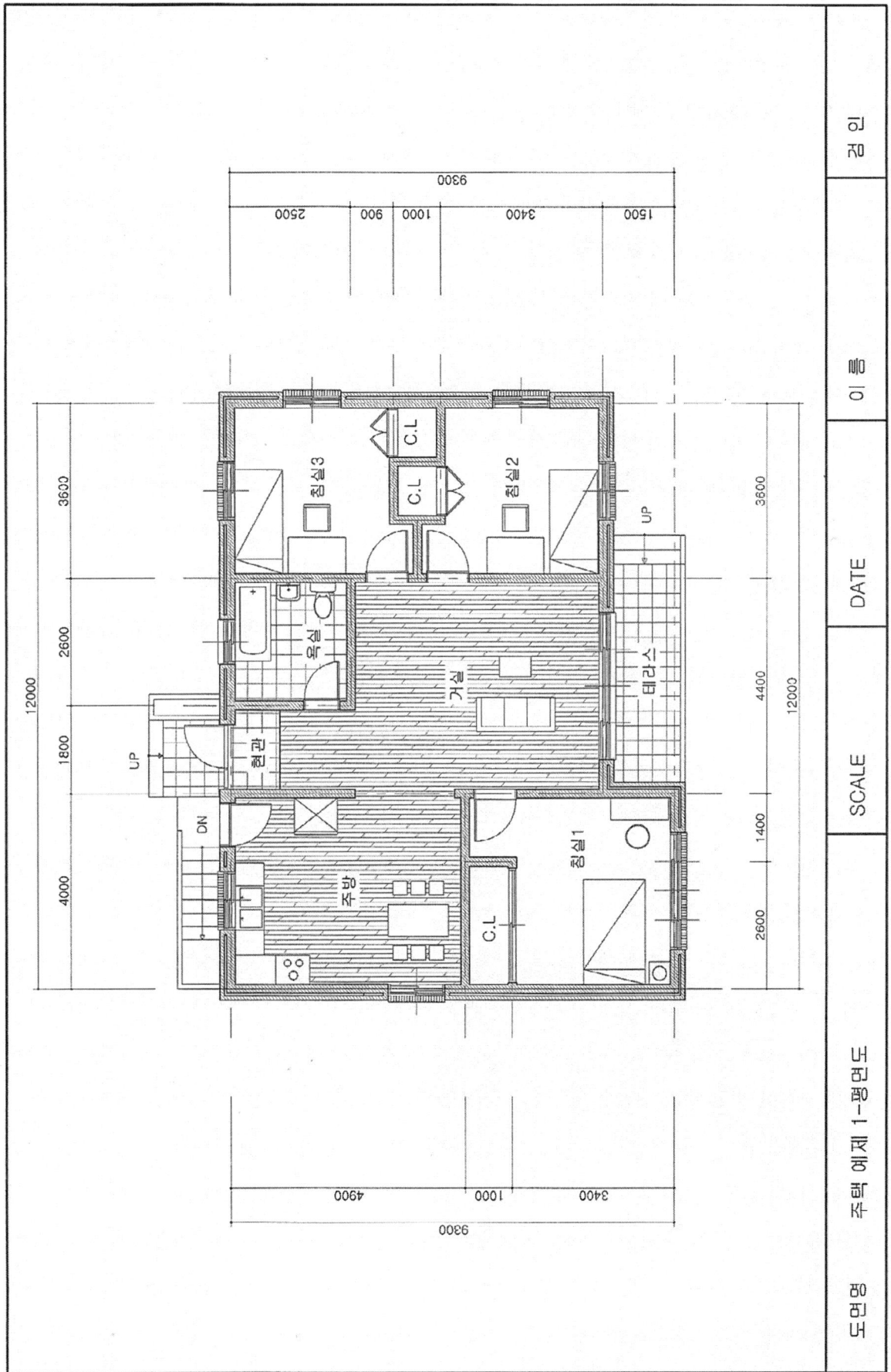

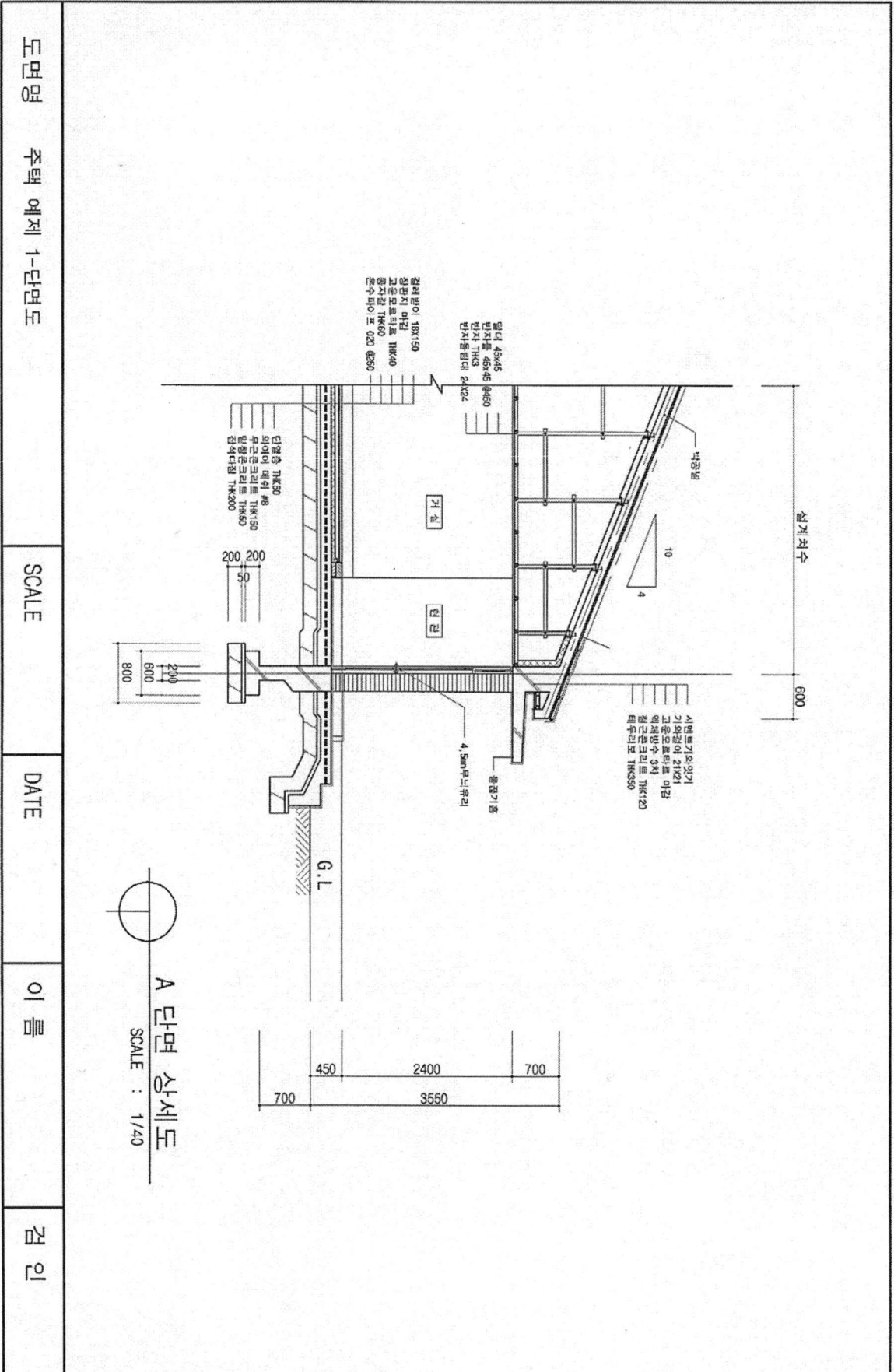

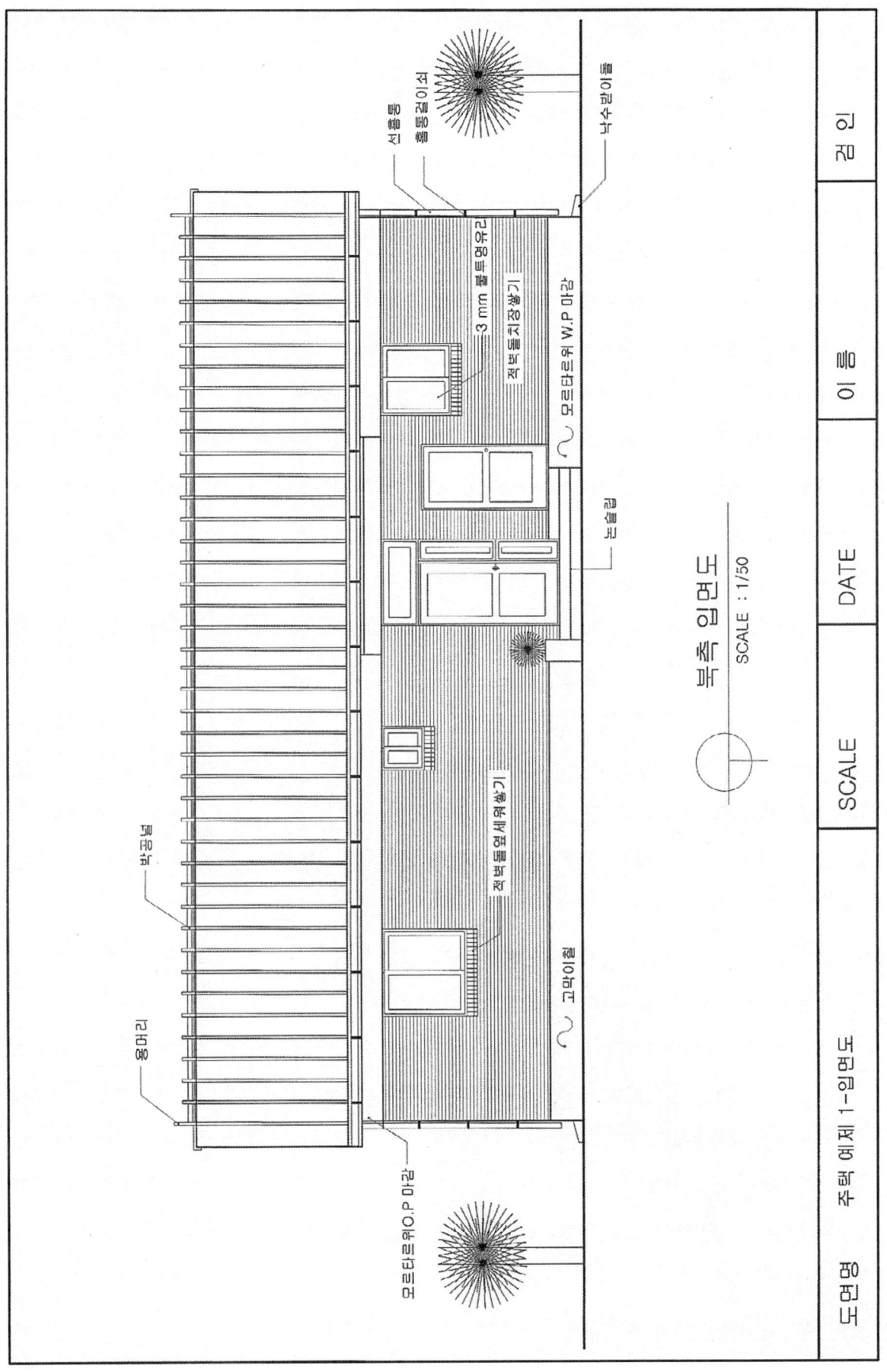

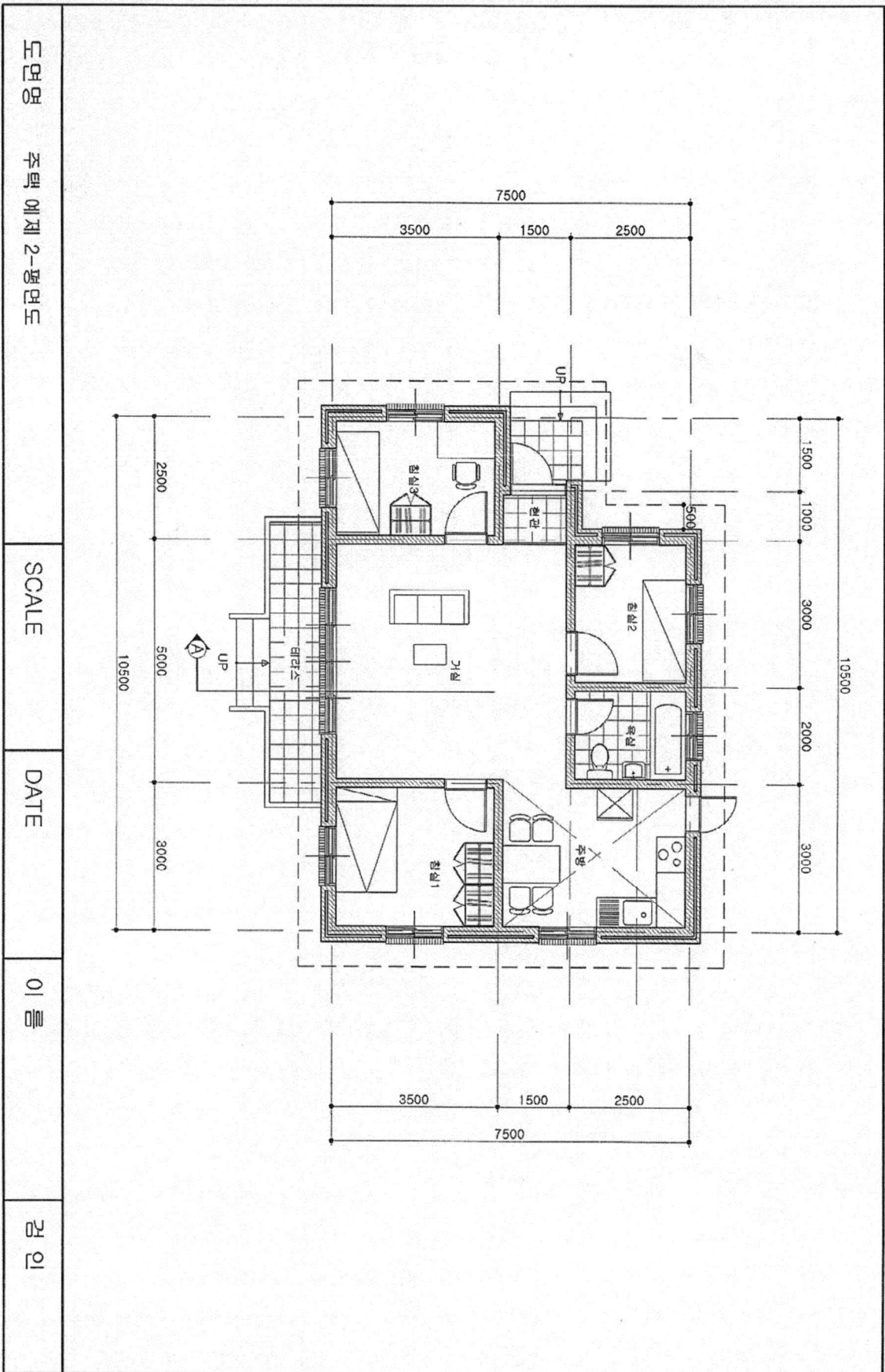

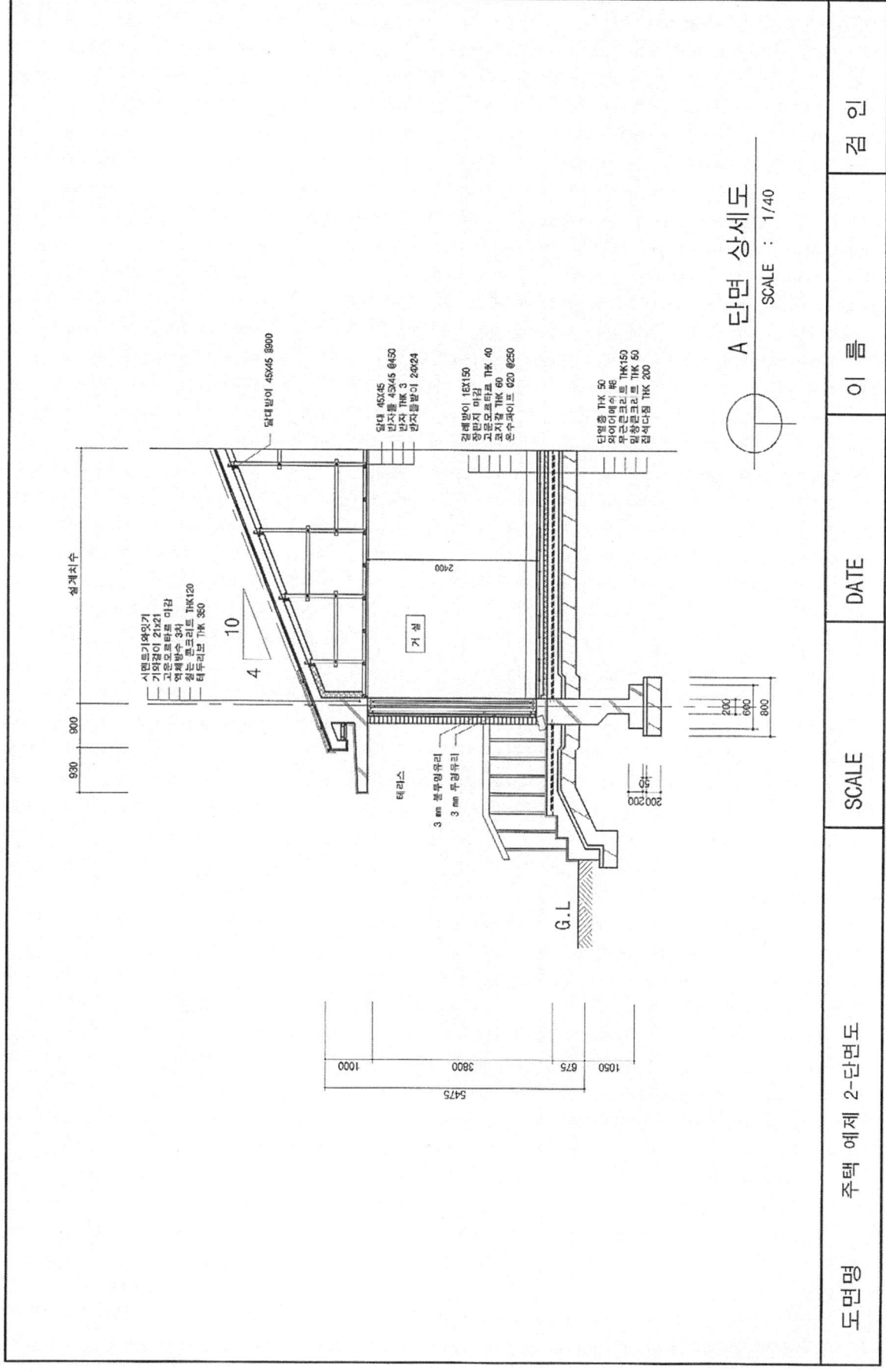

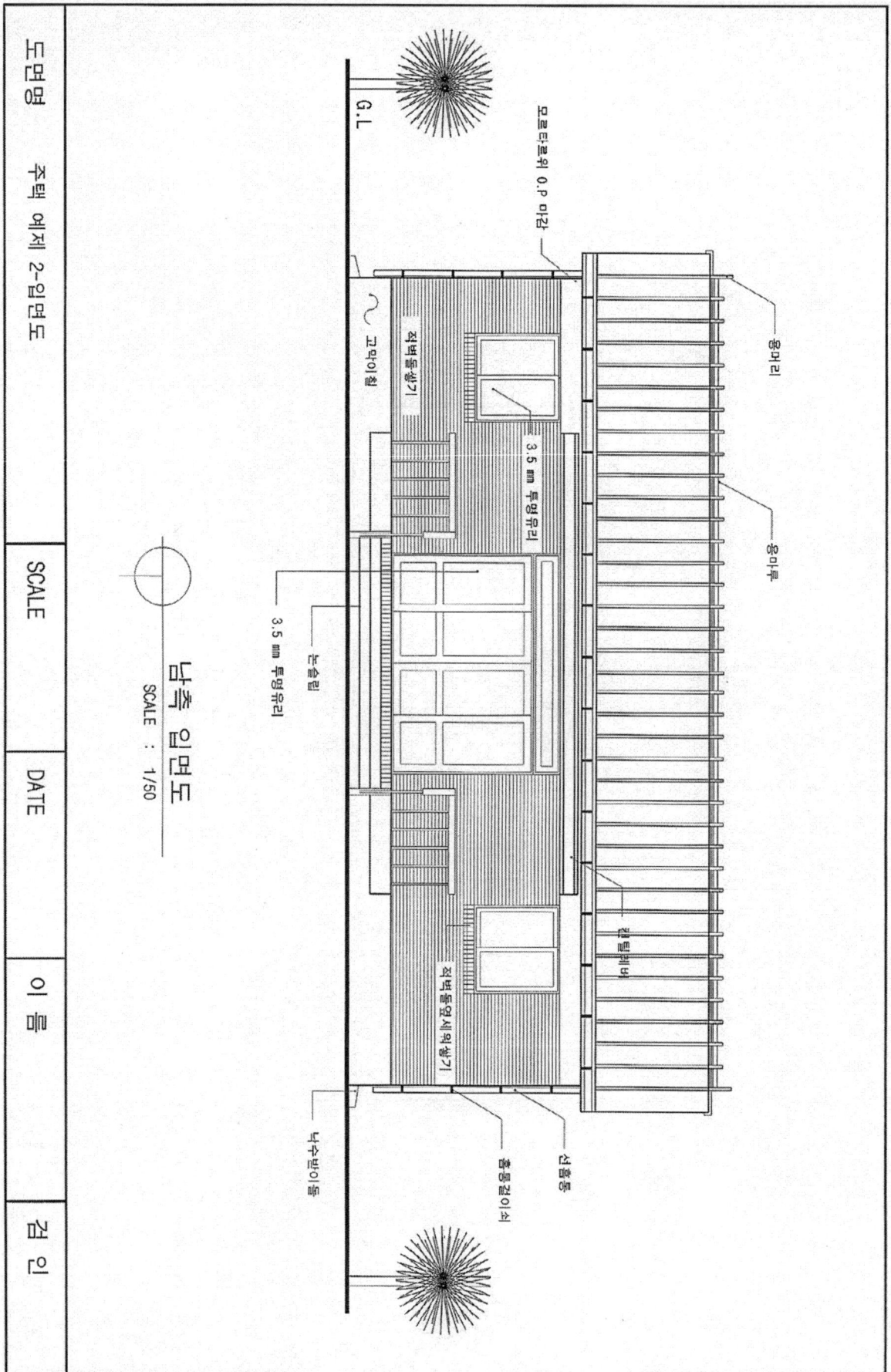

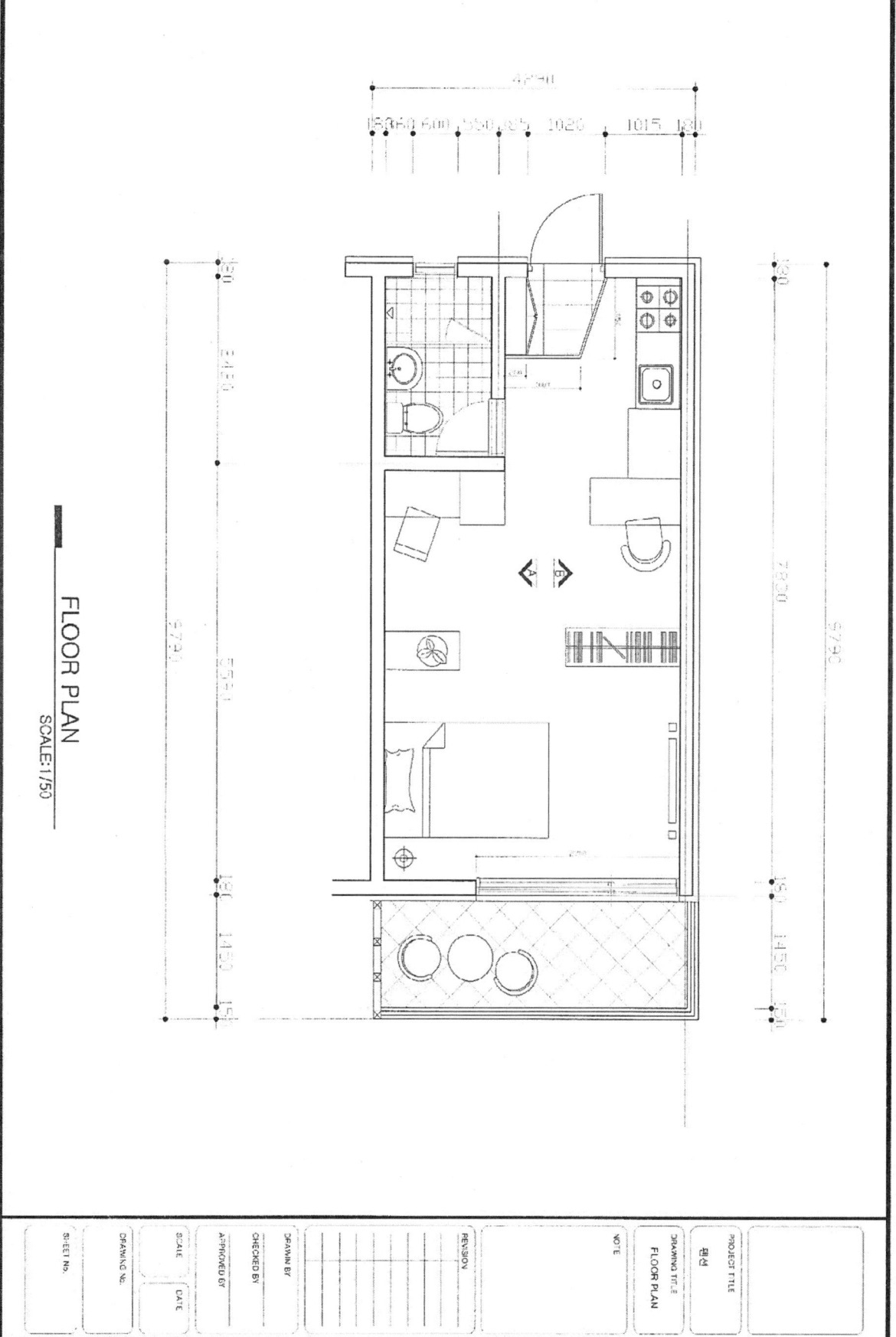

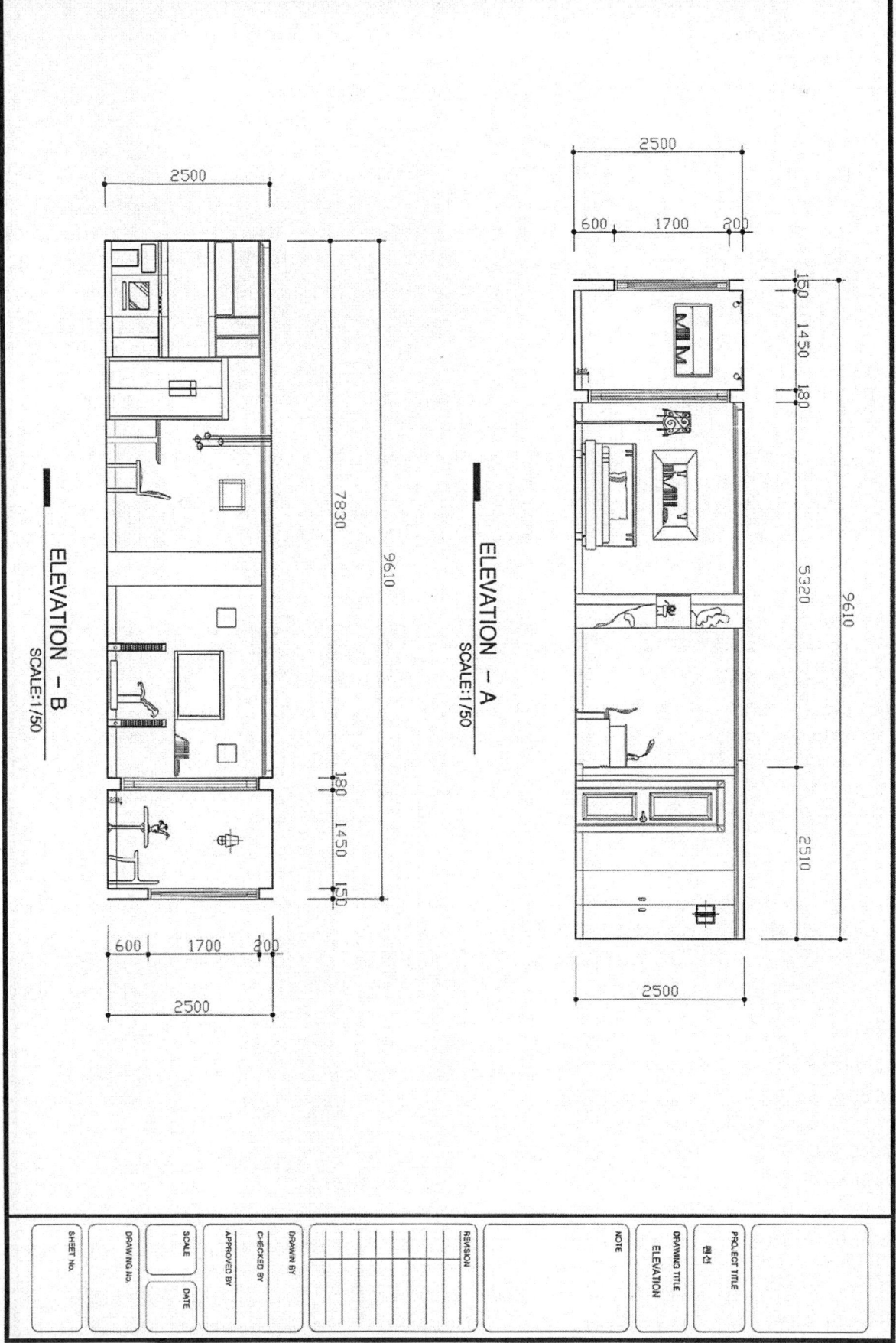

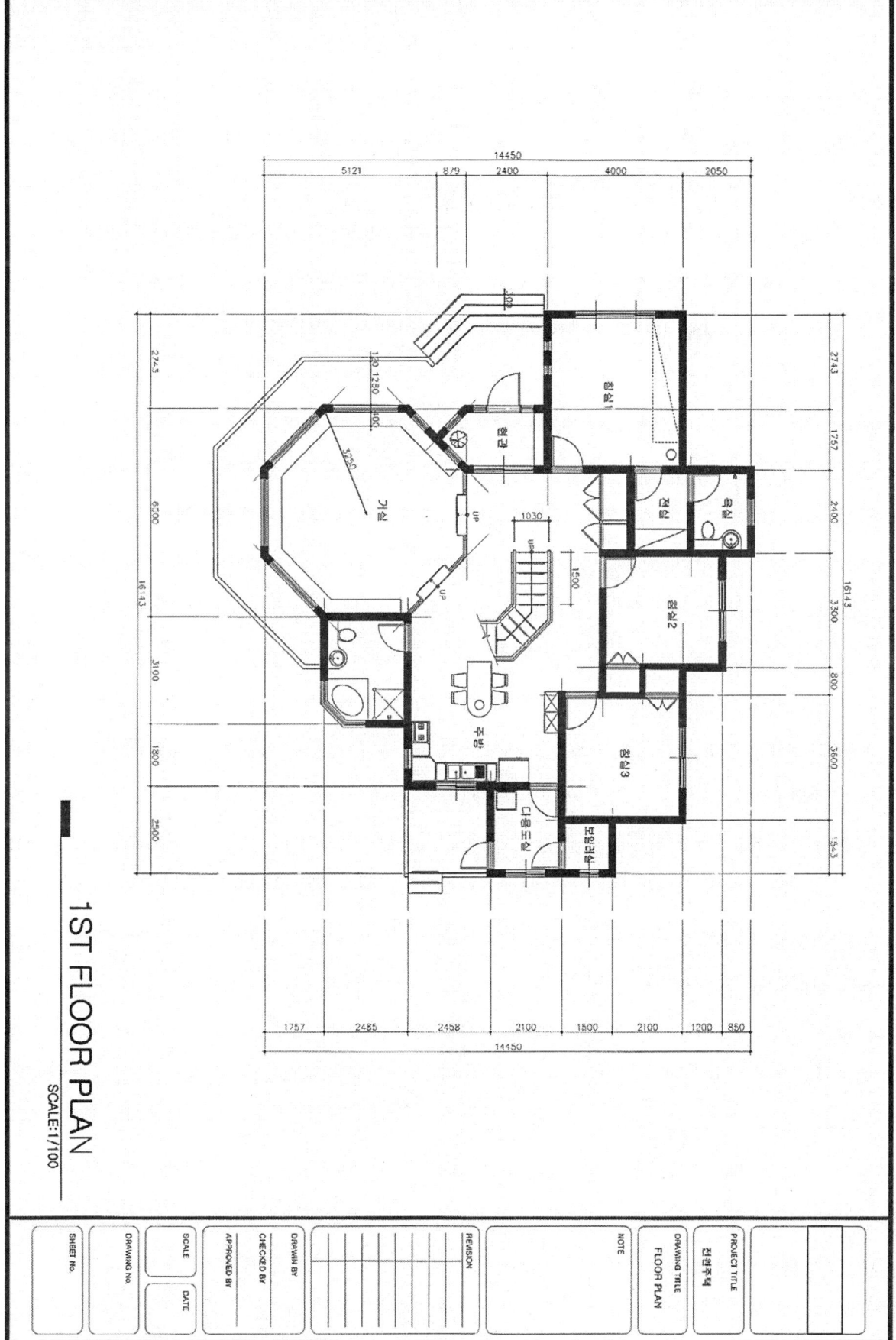

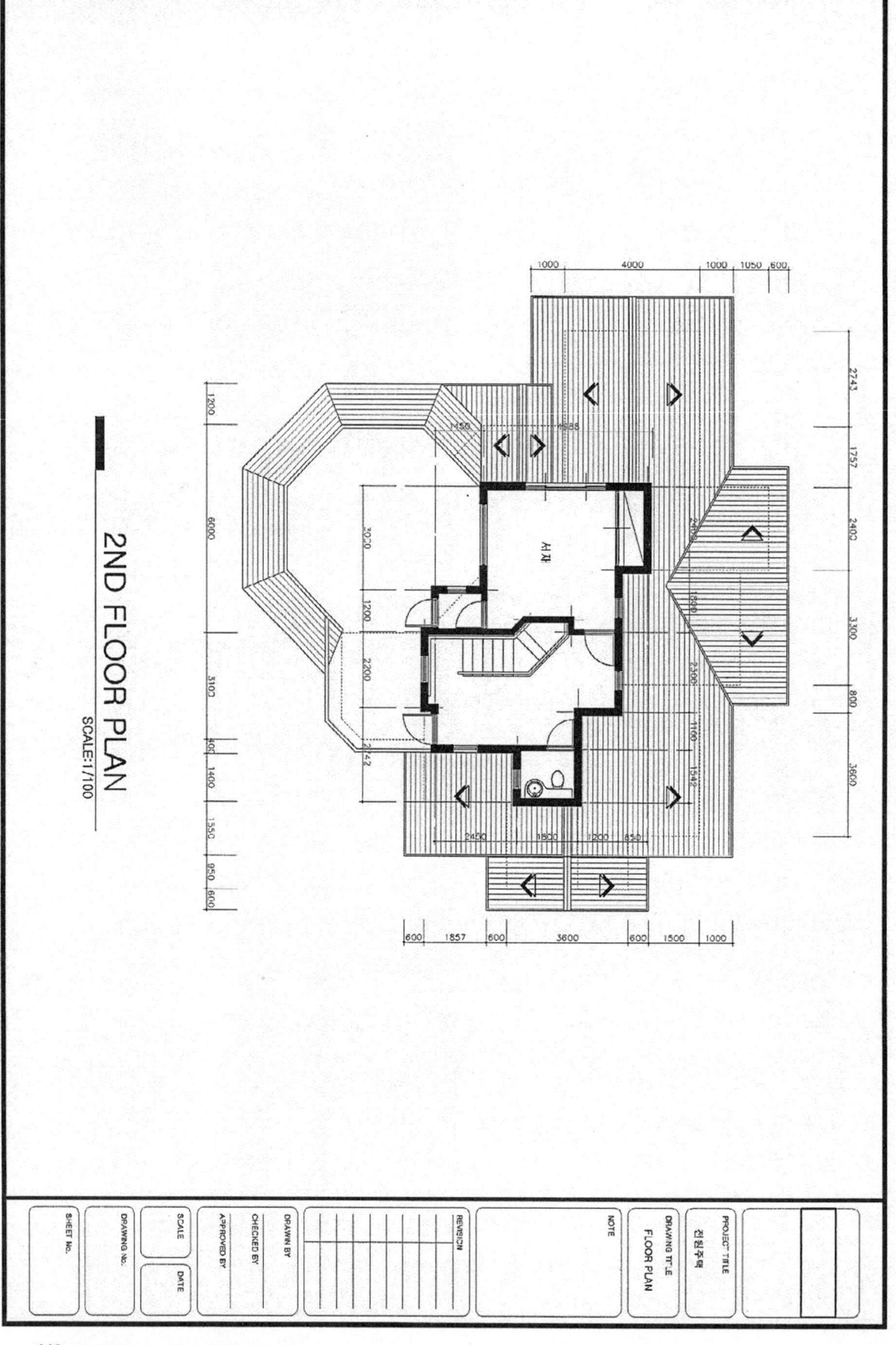

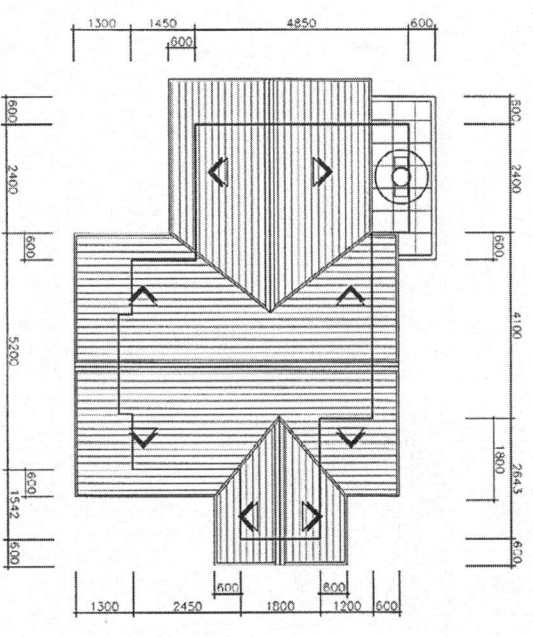

ROOF FLOOR PLAN
SCALE:1/100

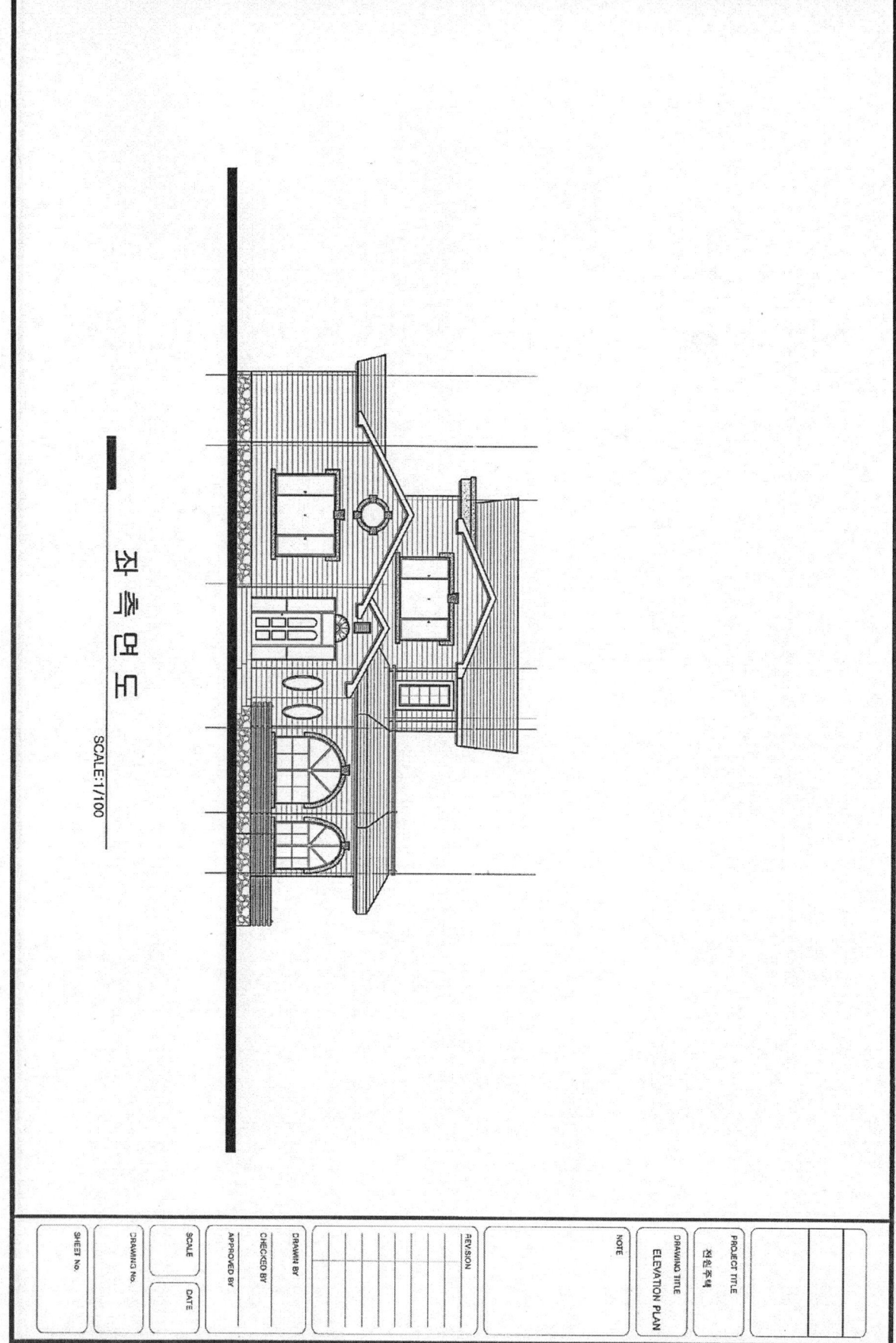

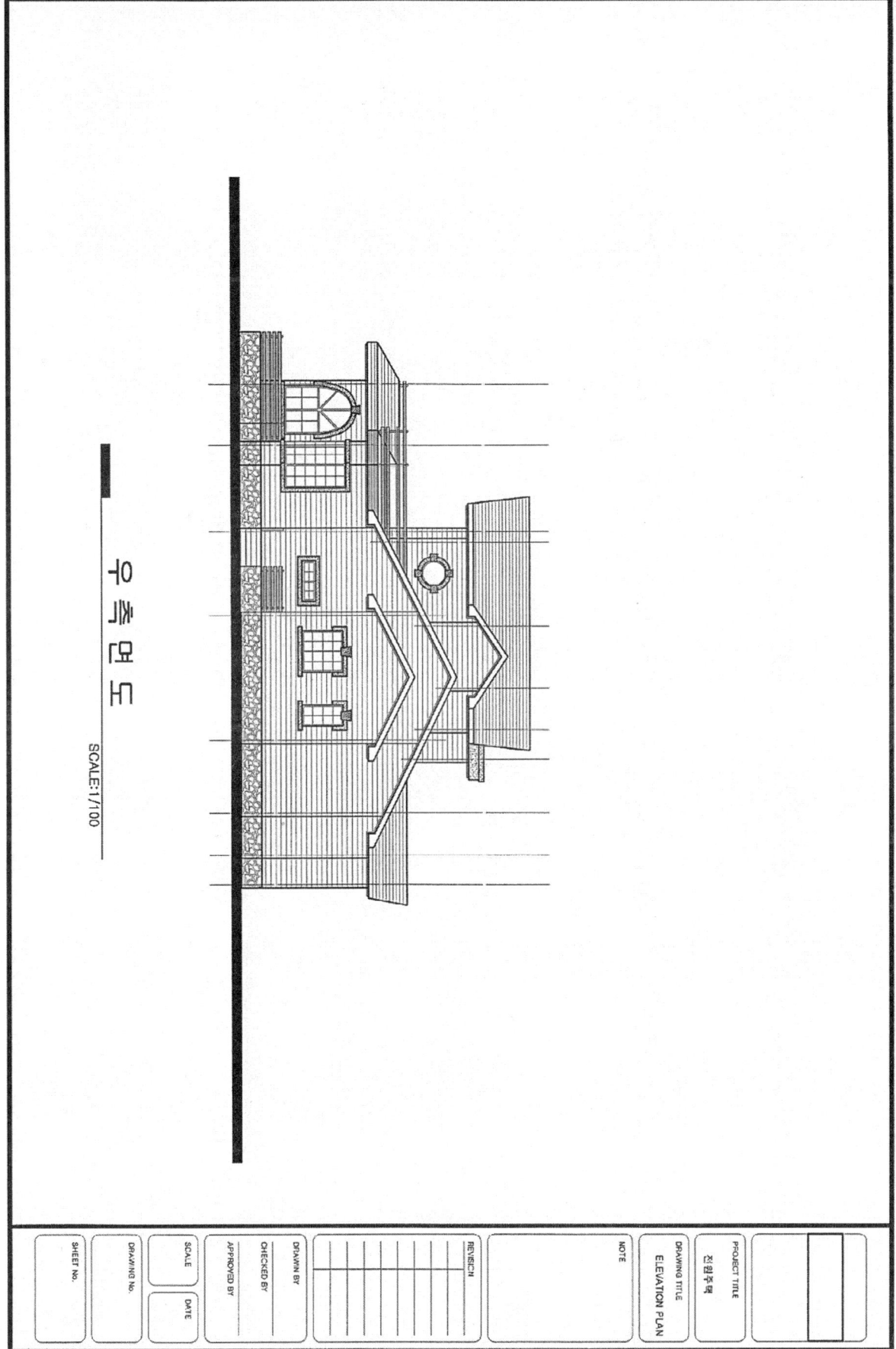

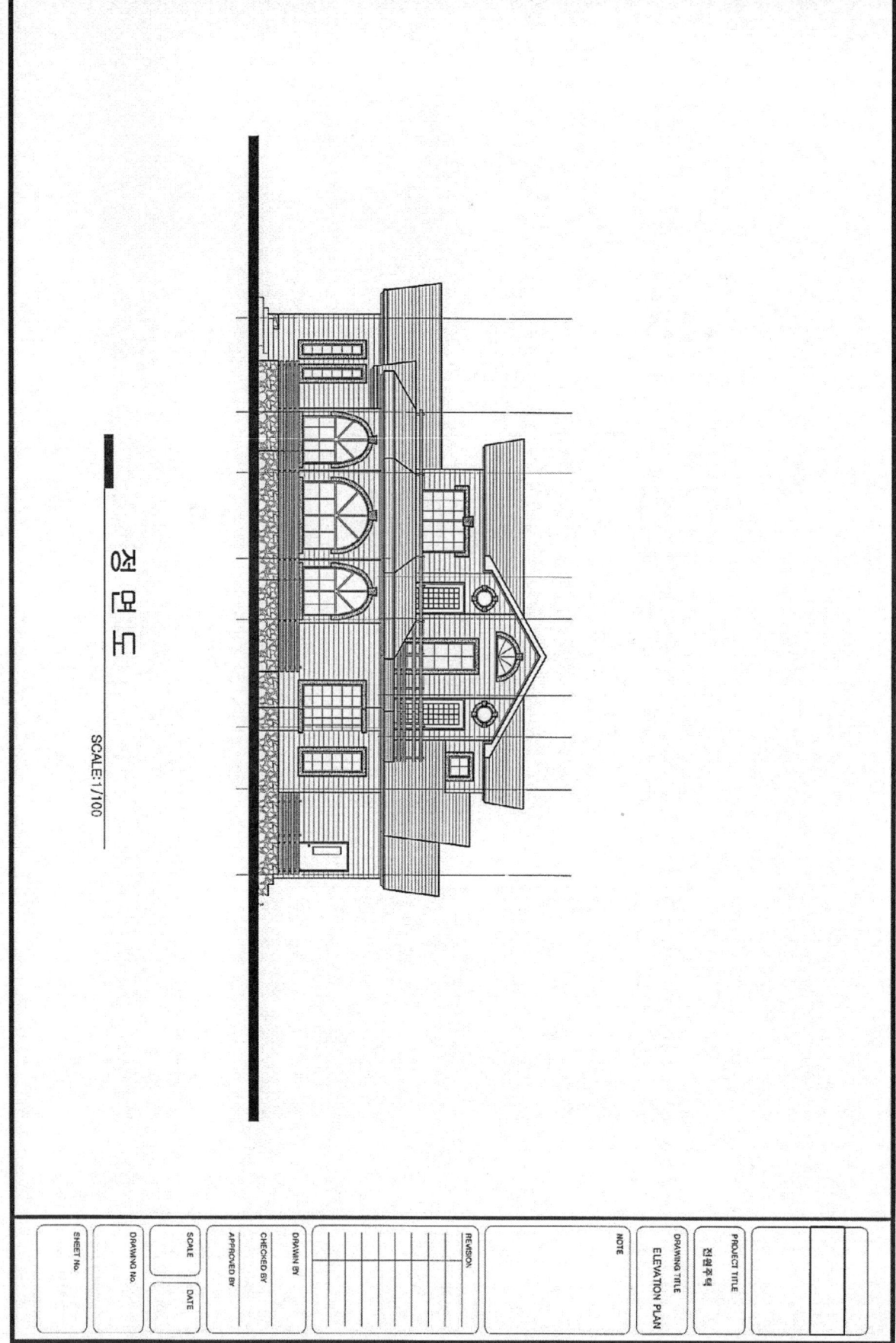

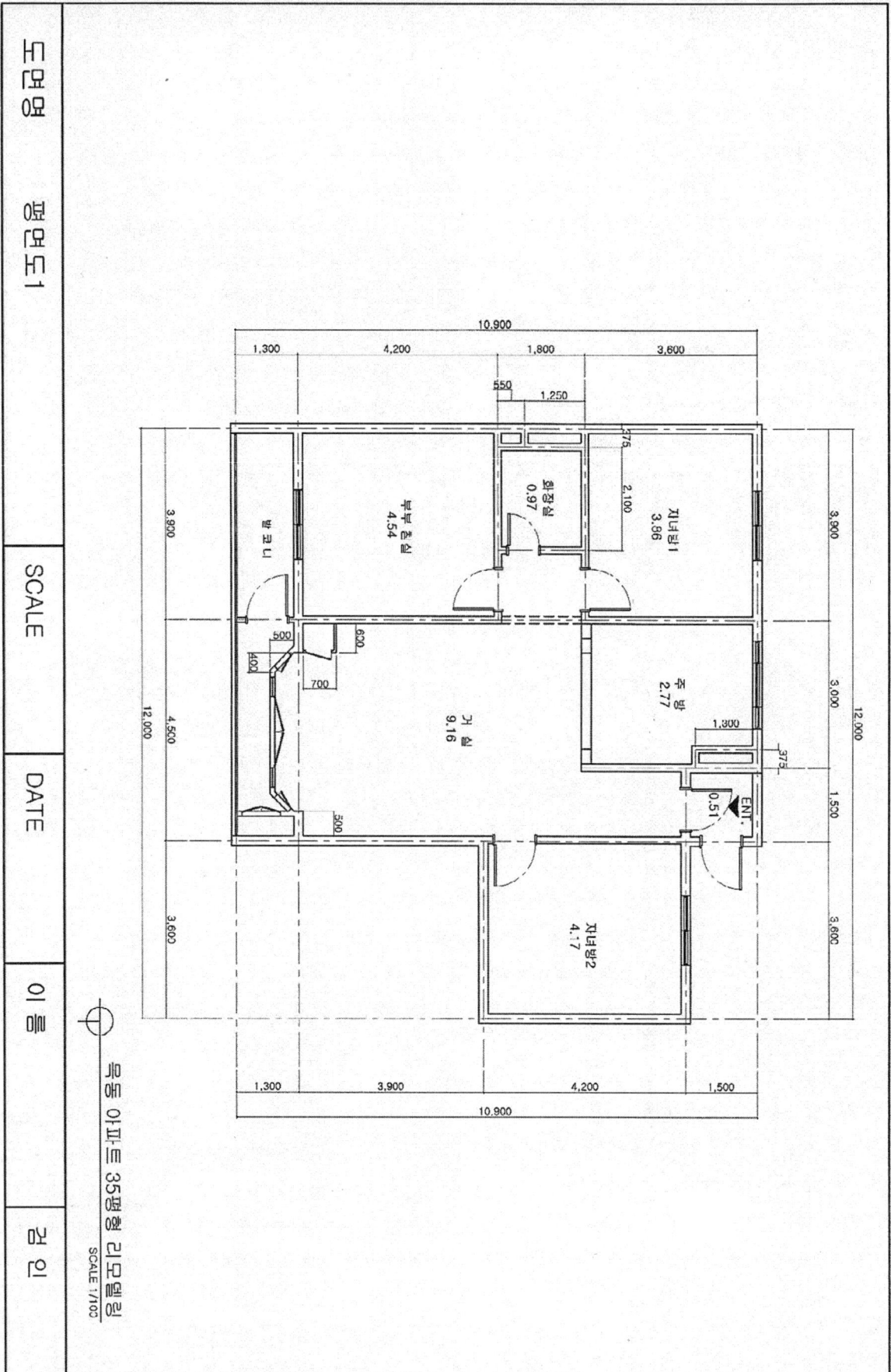

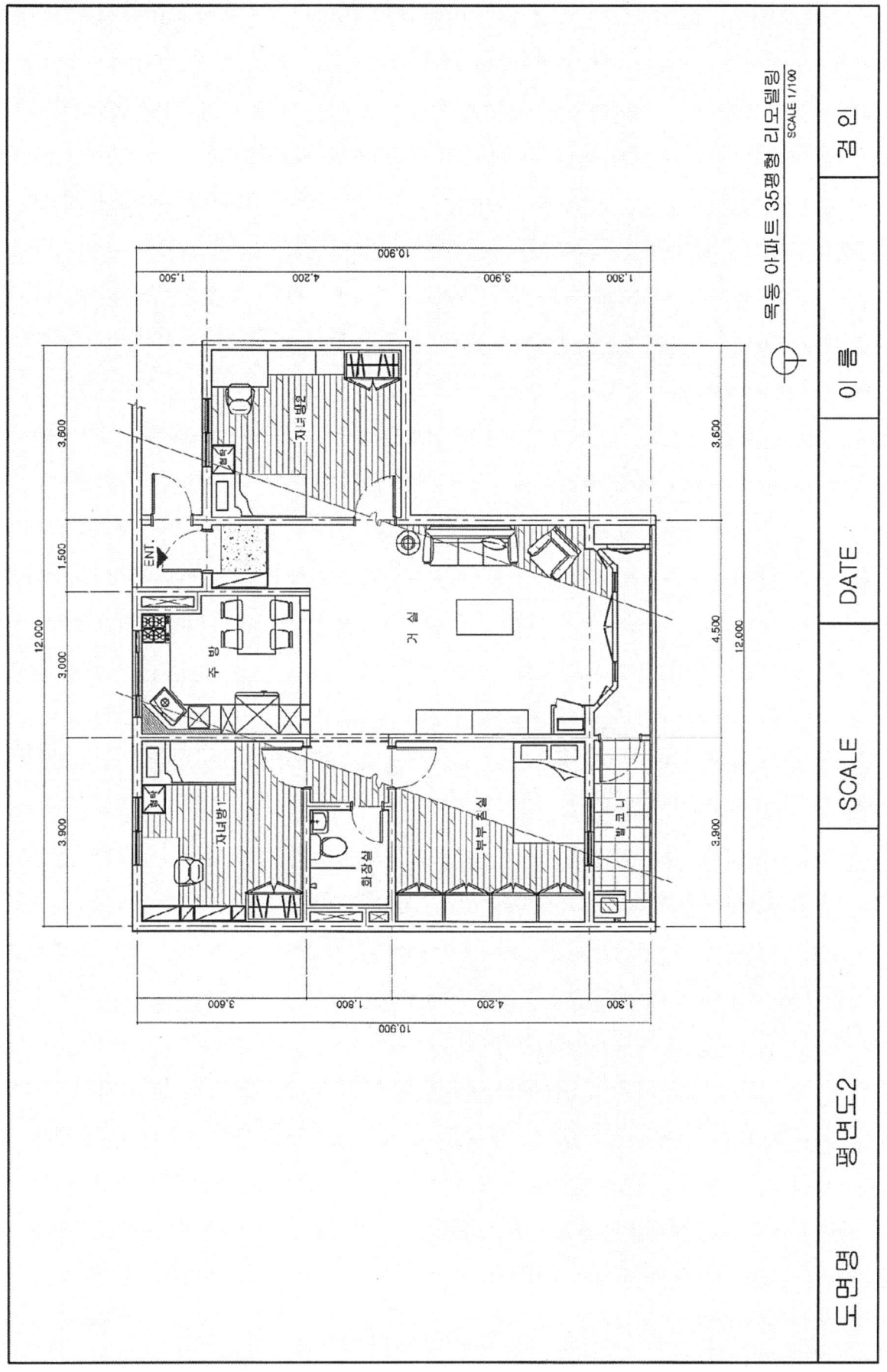

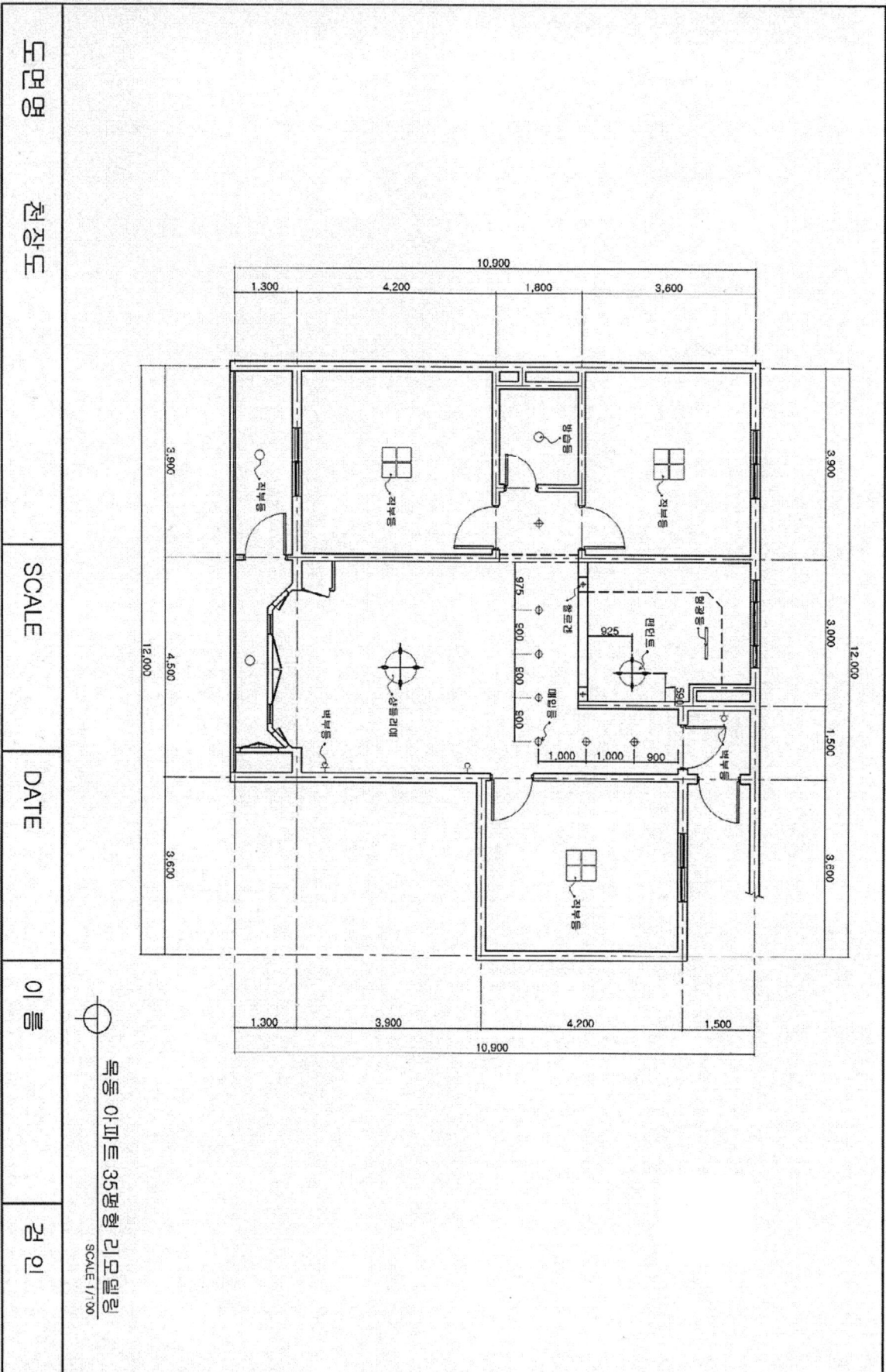

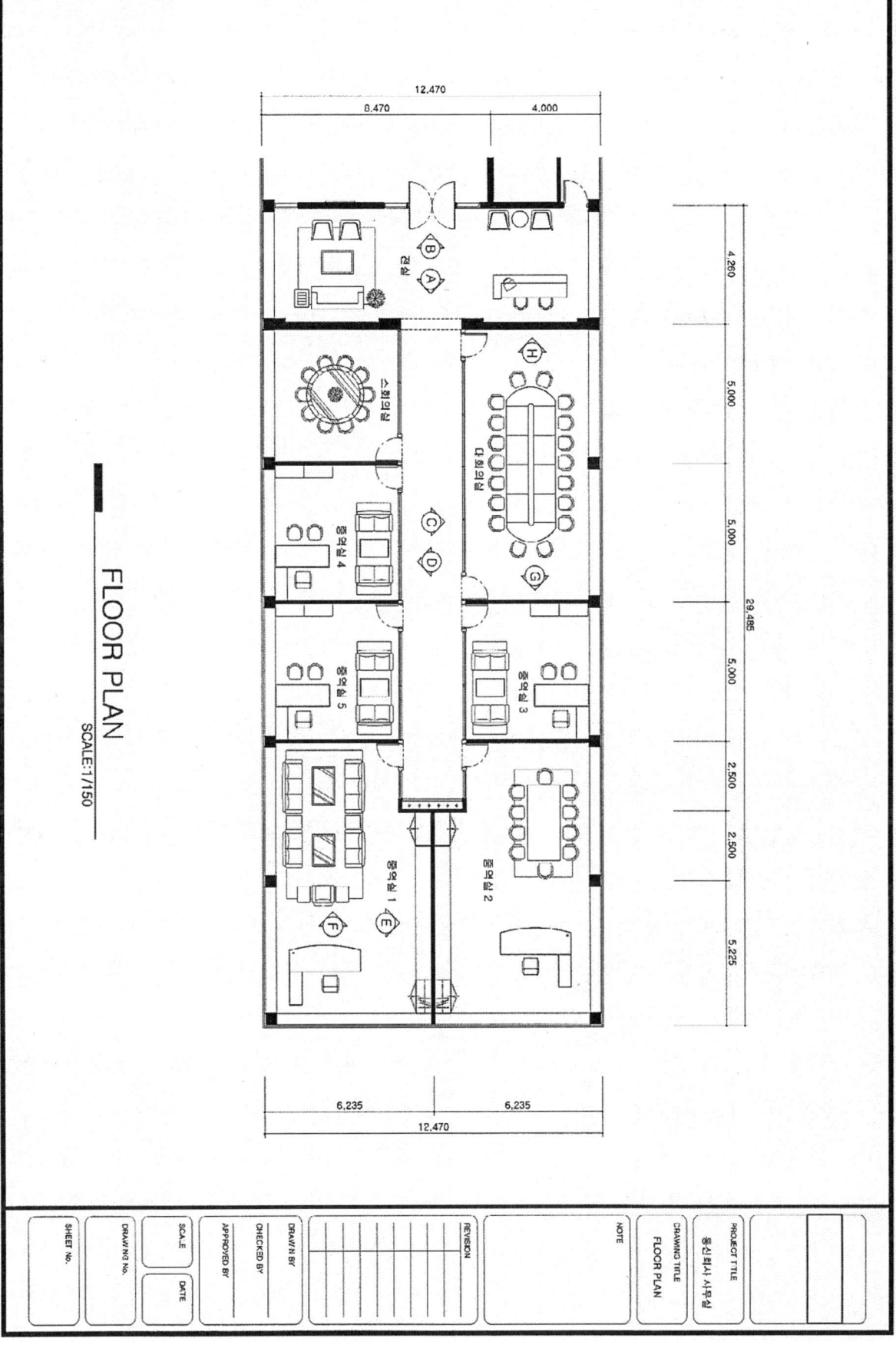

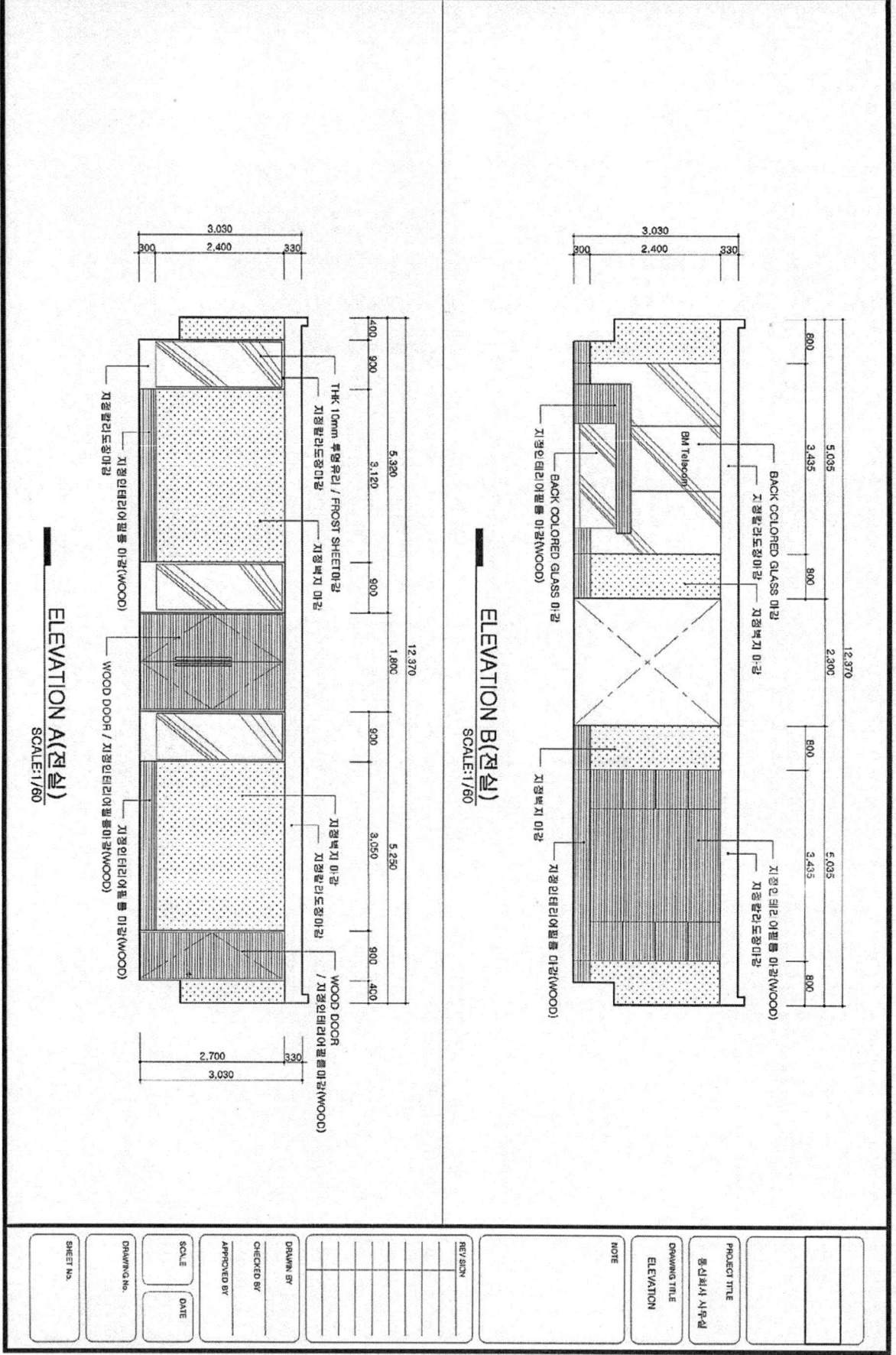

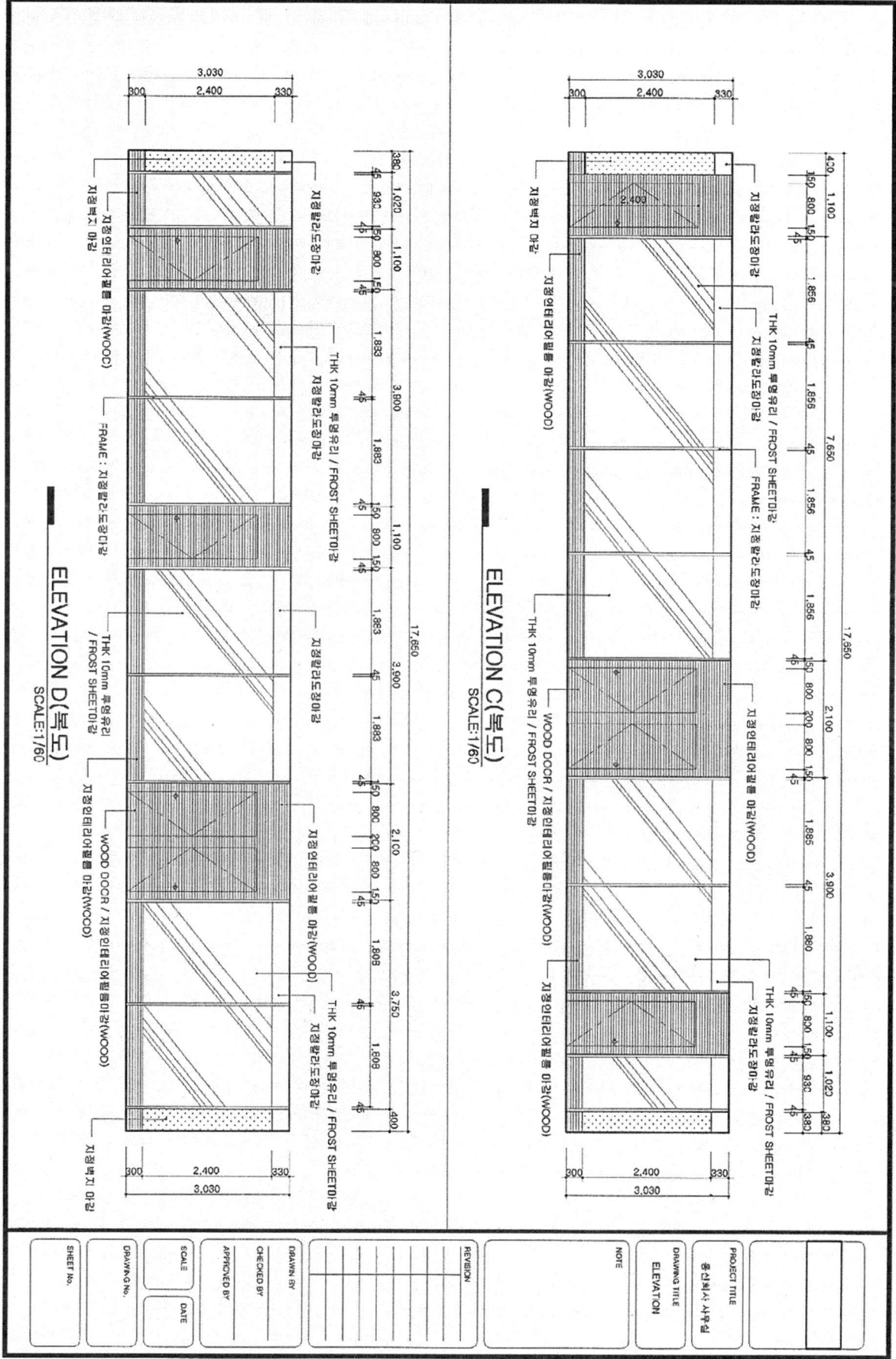

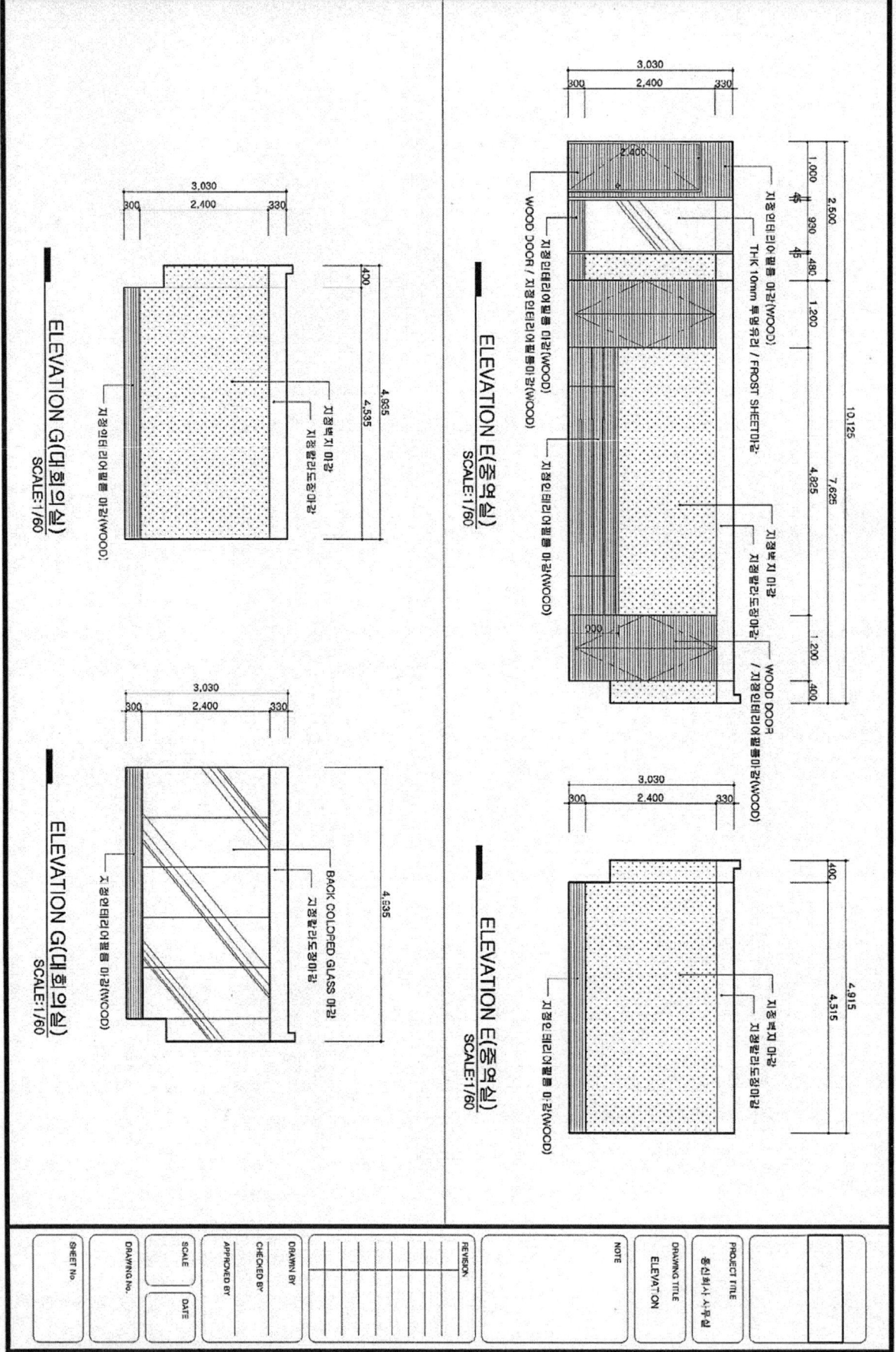

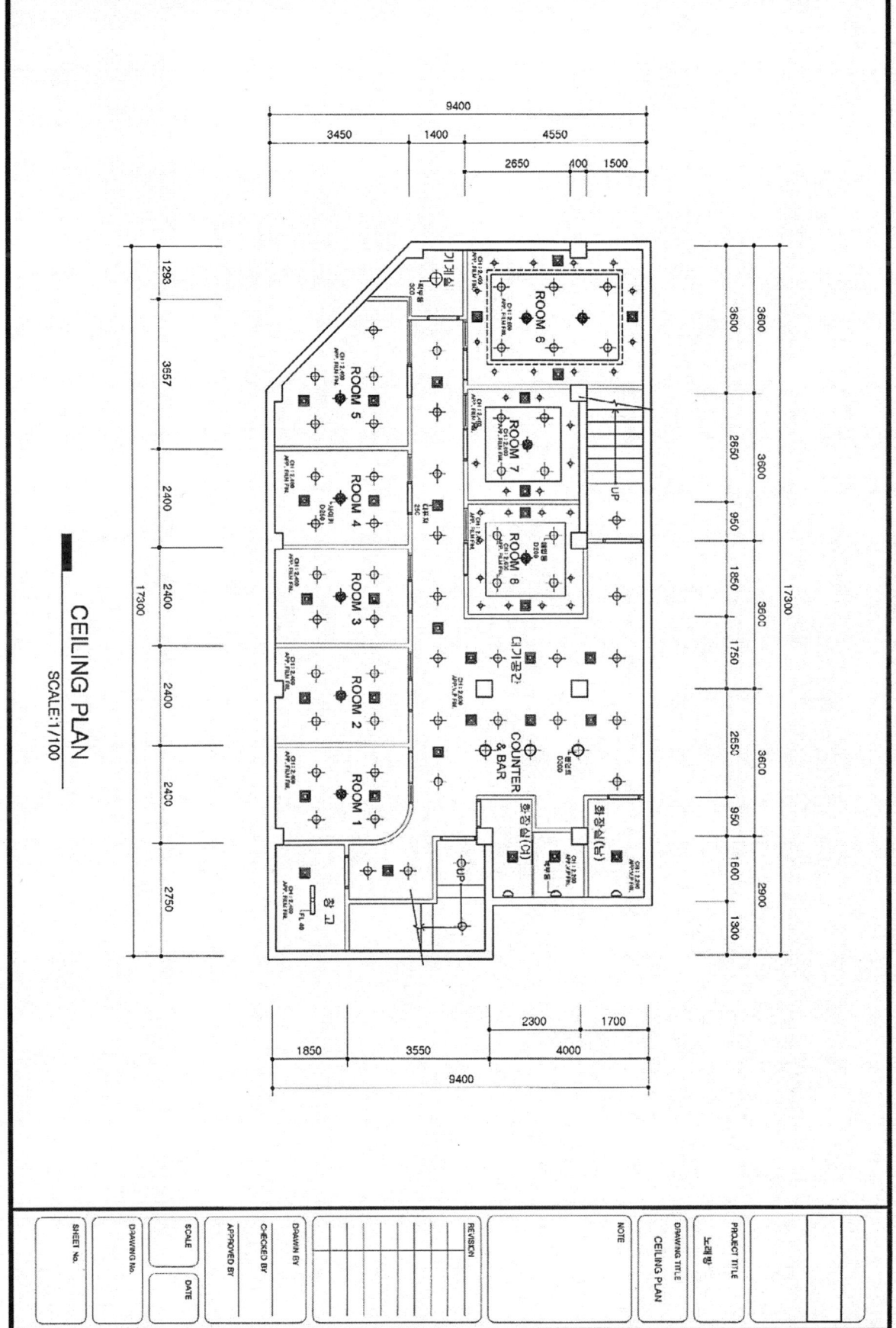

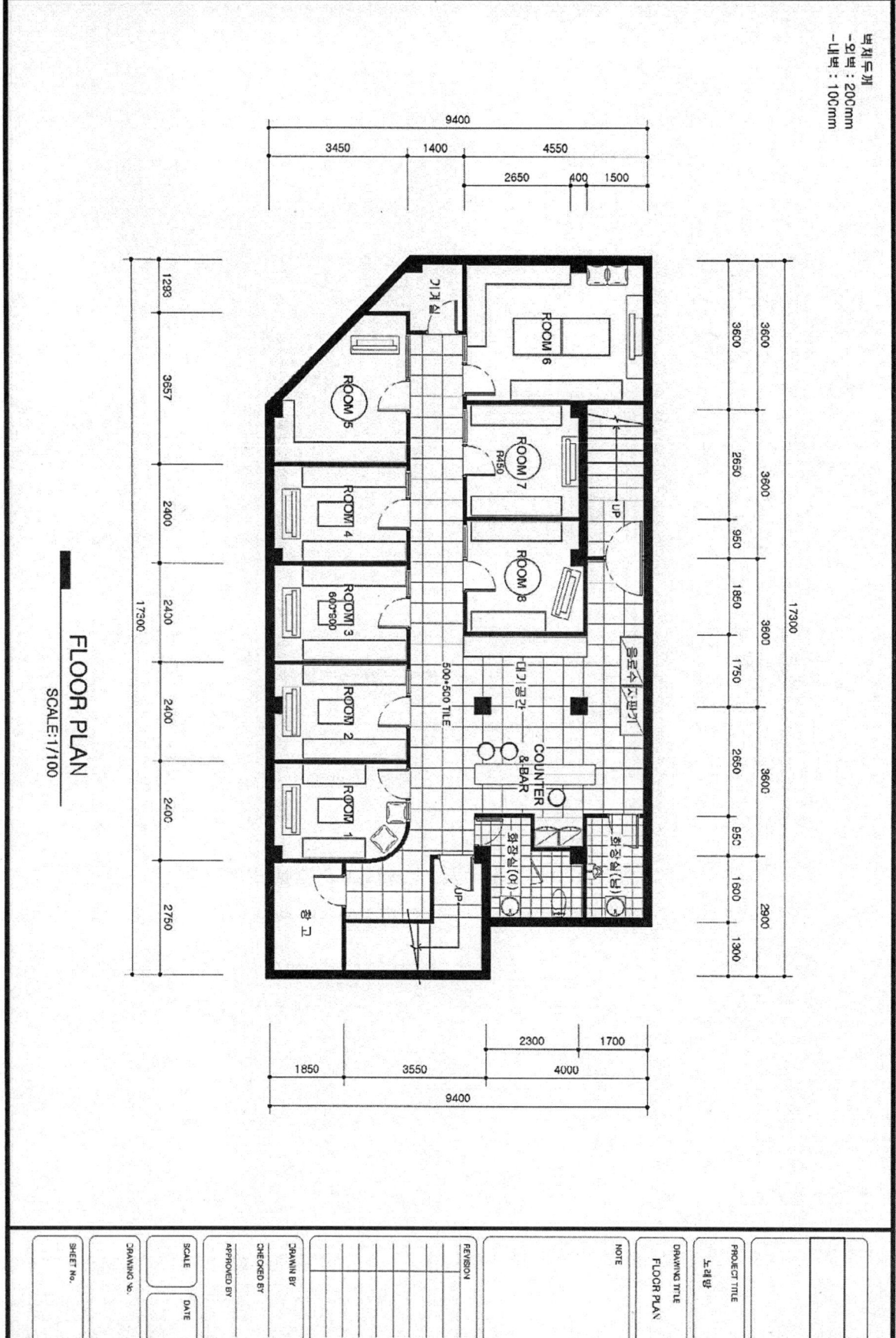

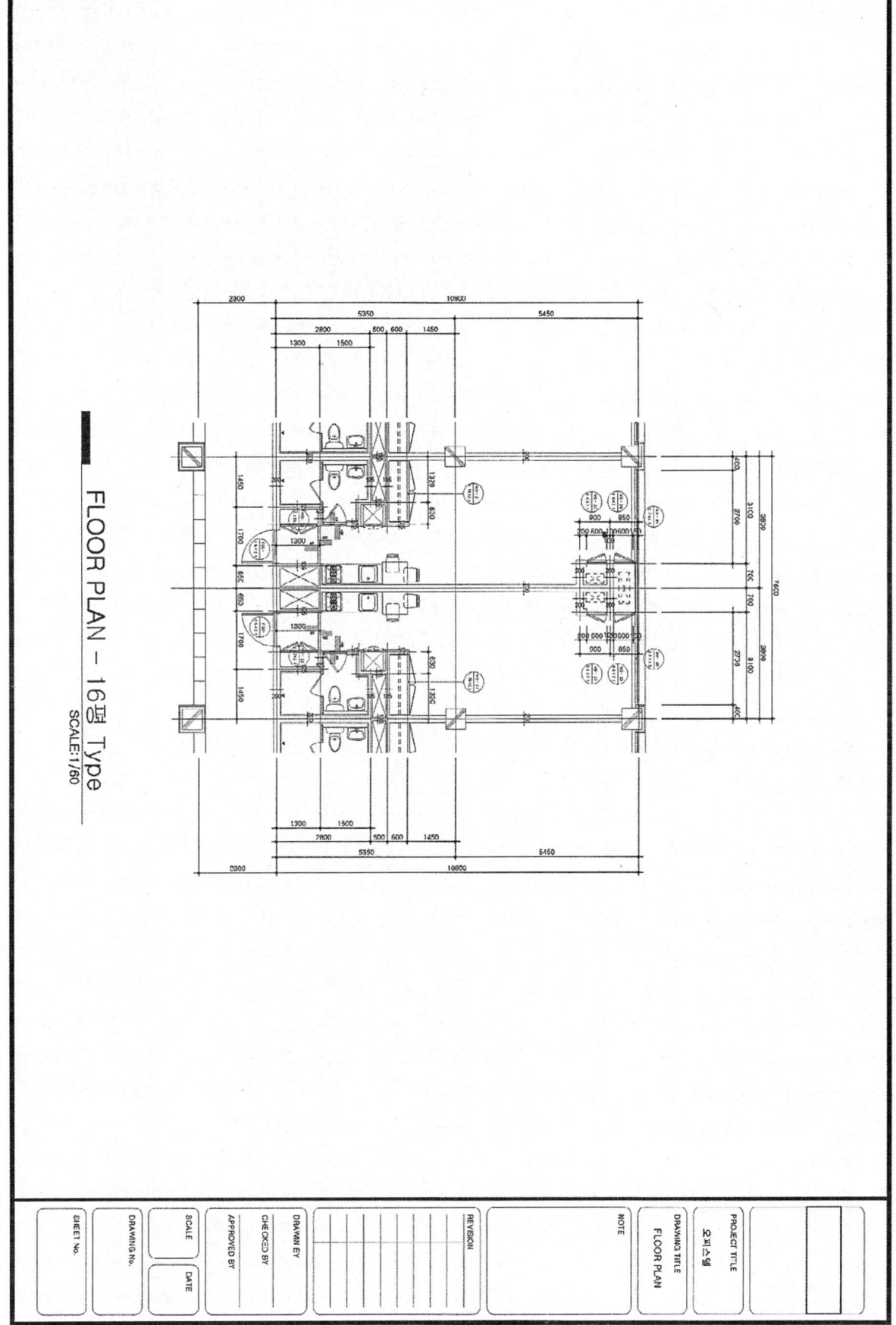

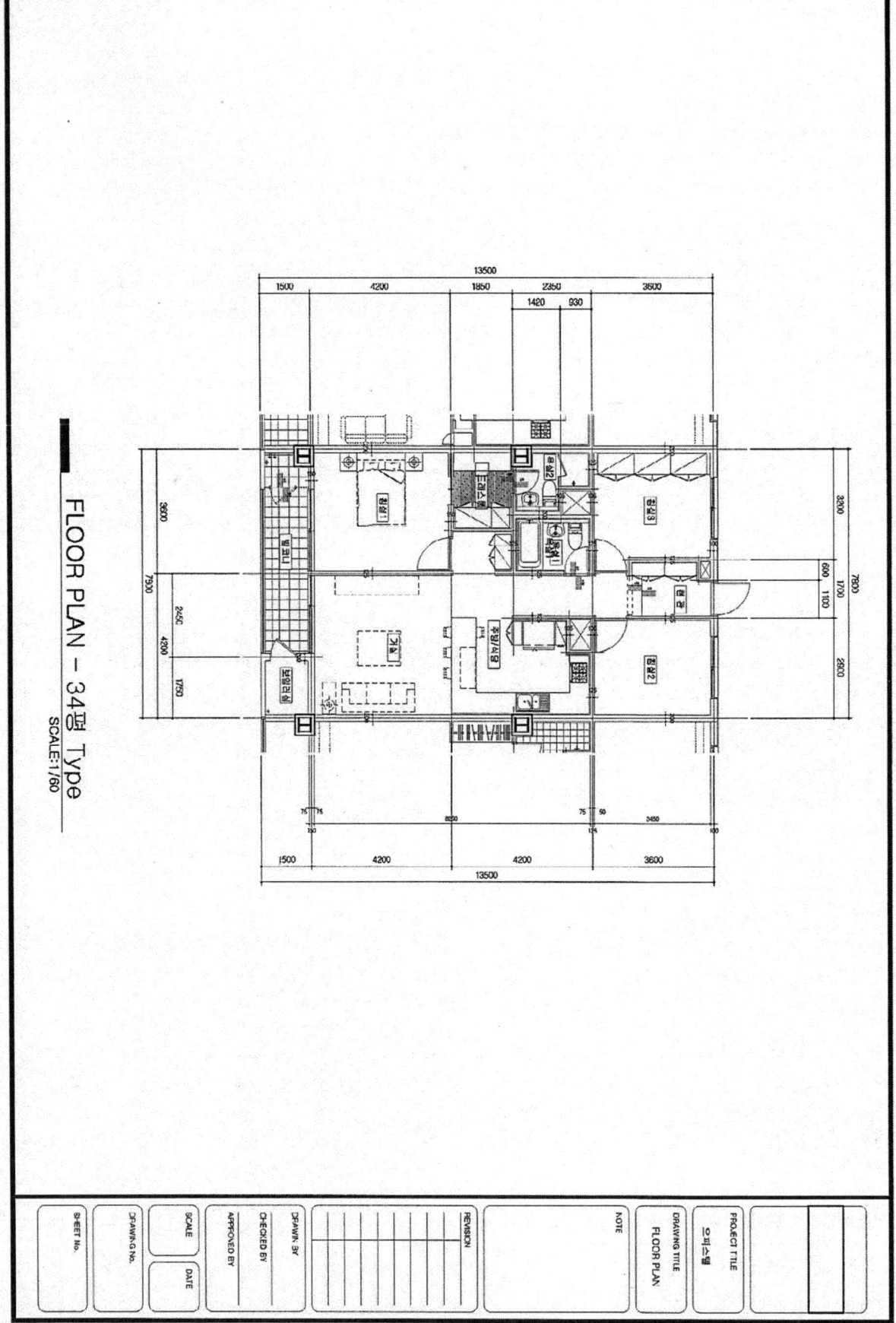

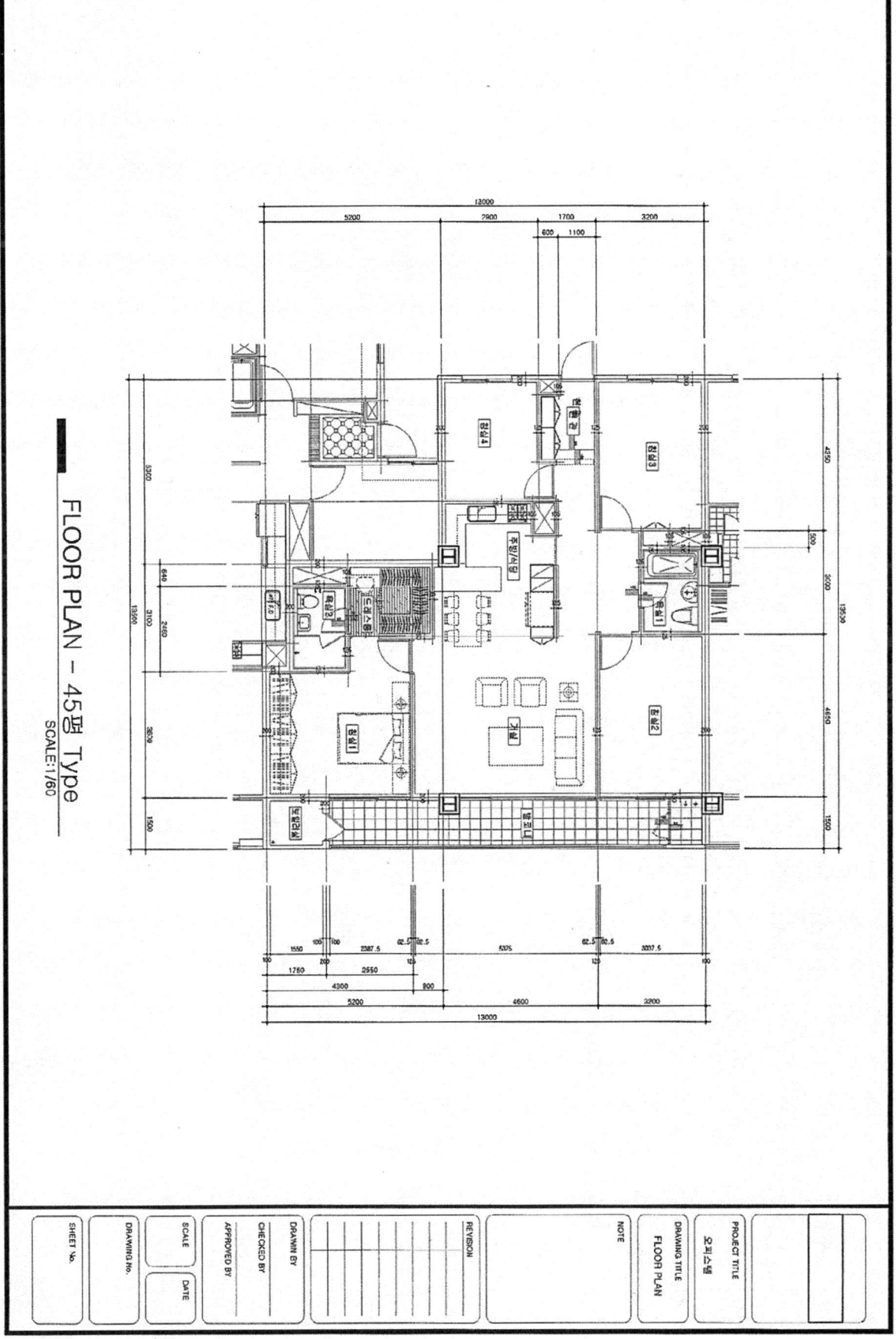

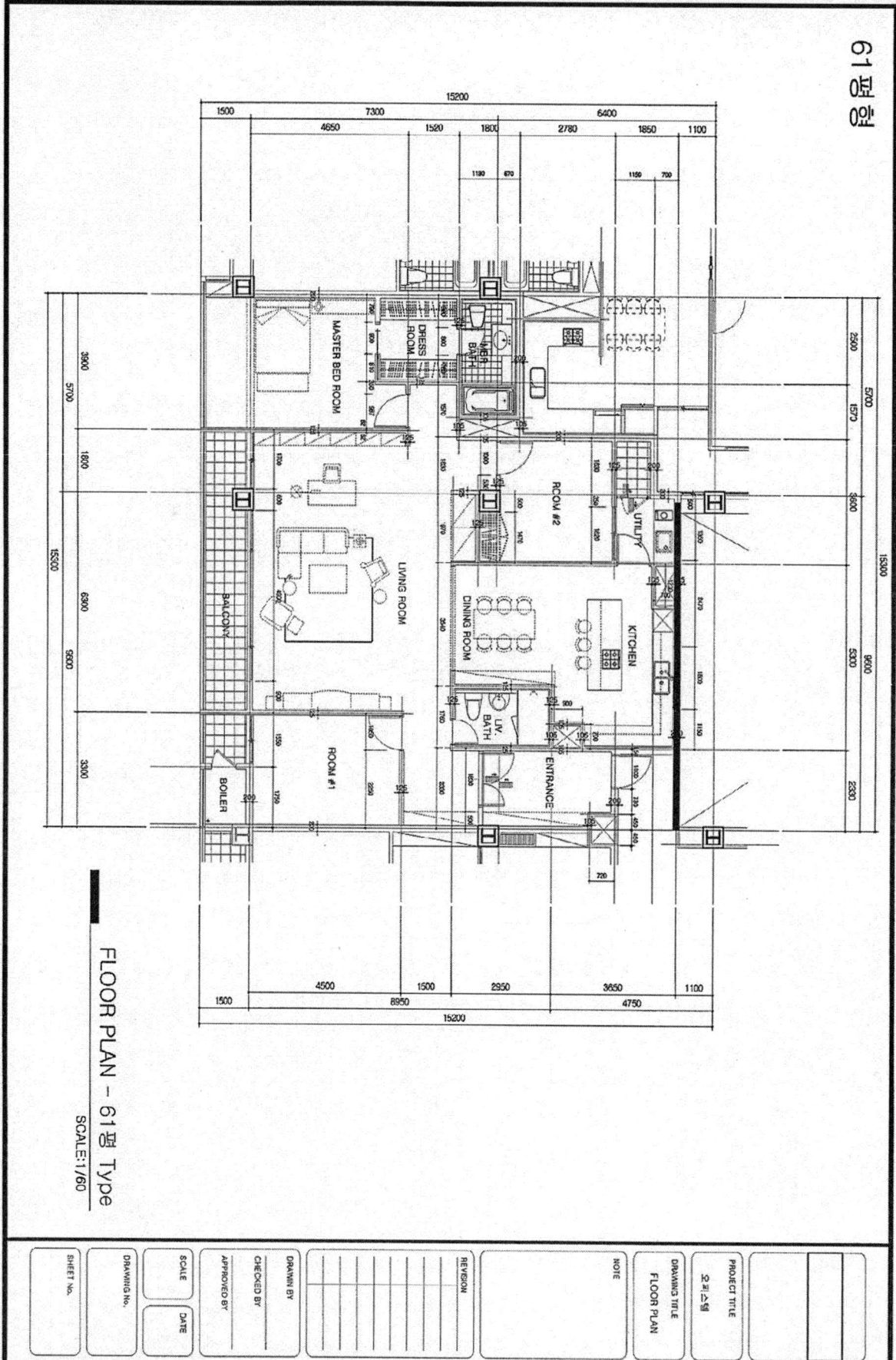

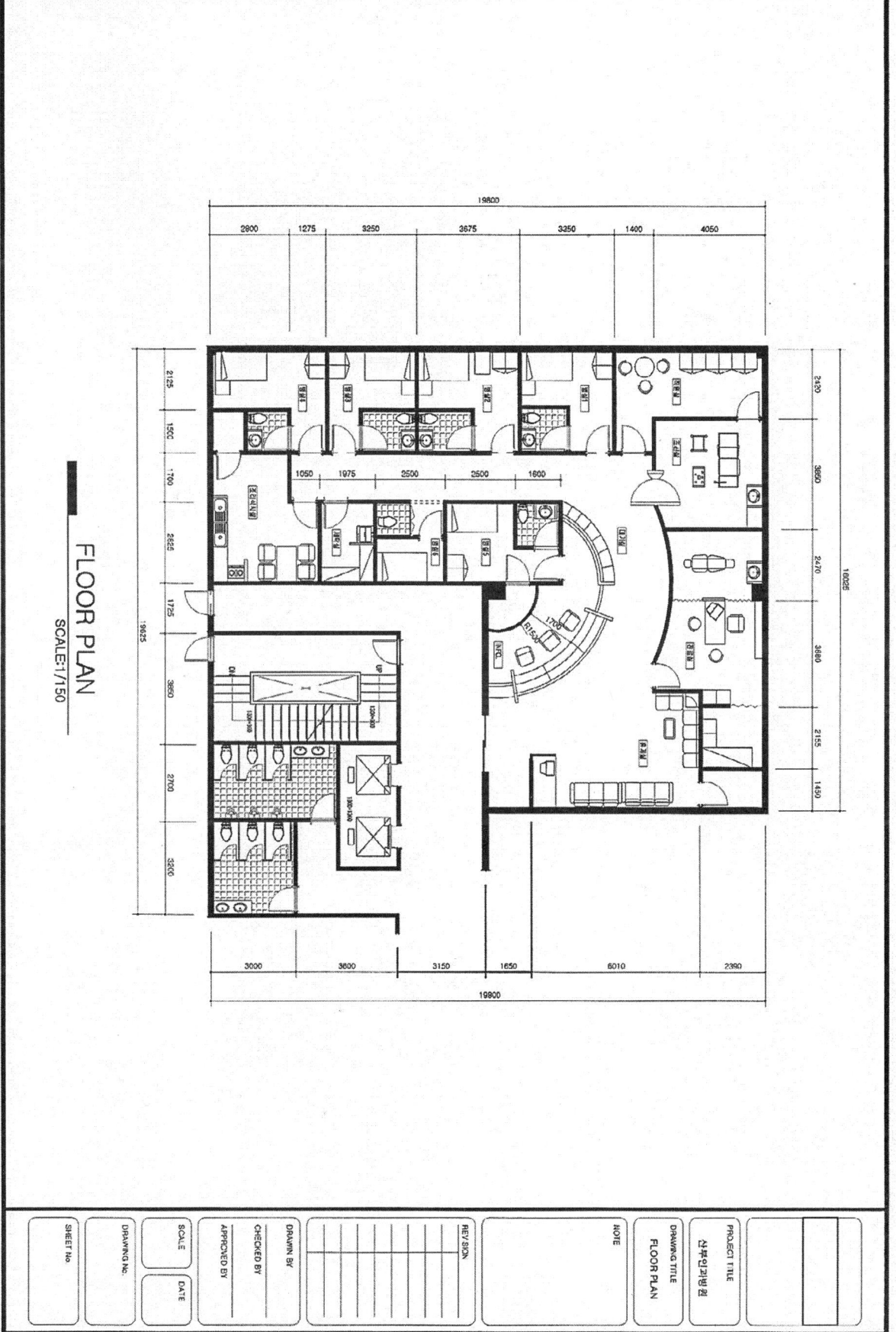

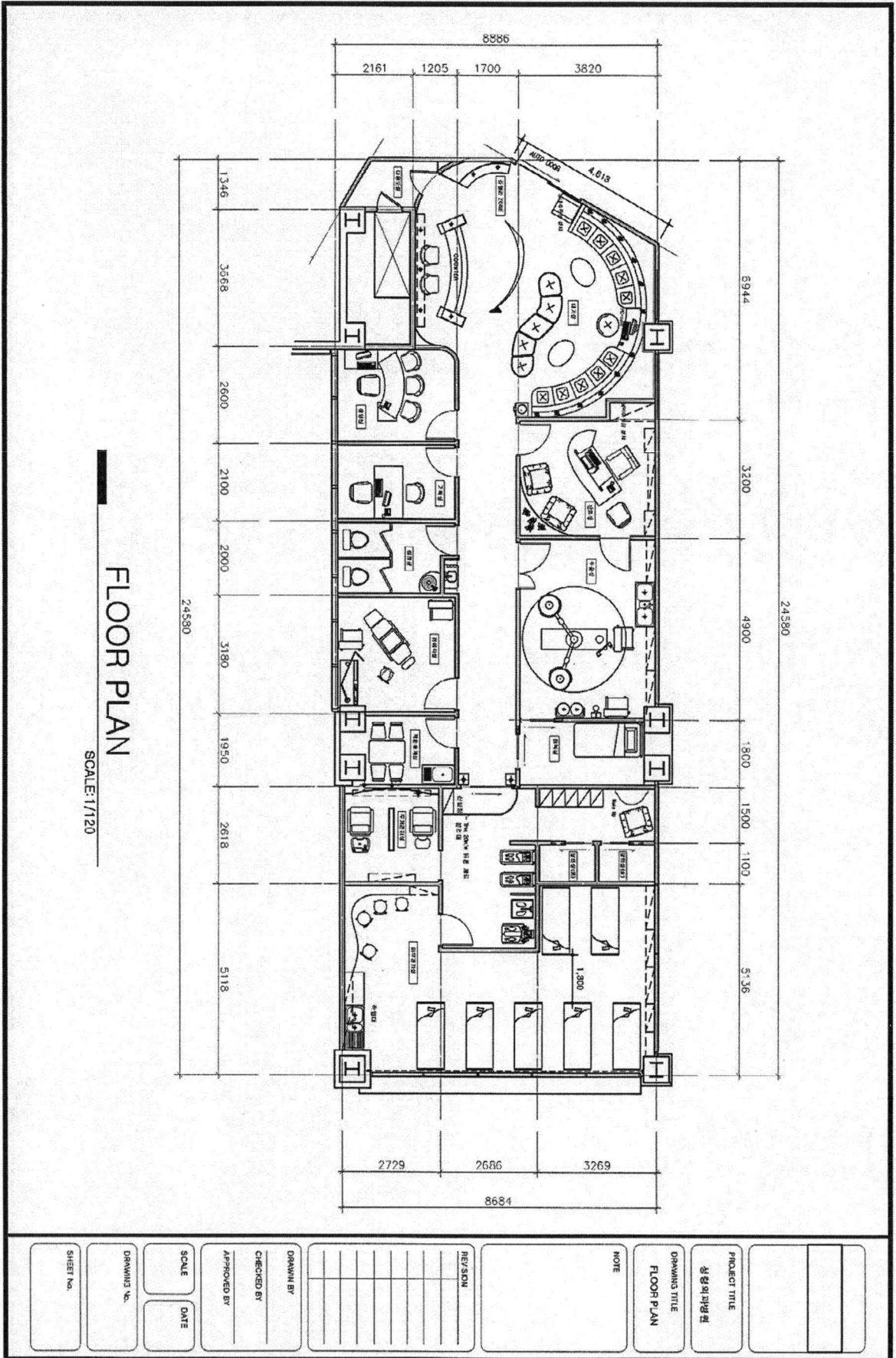

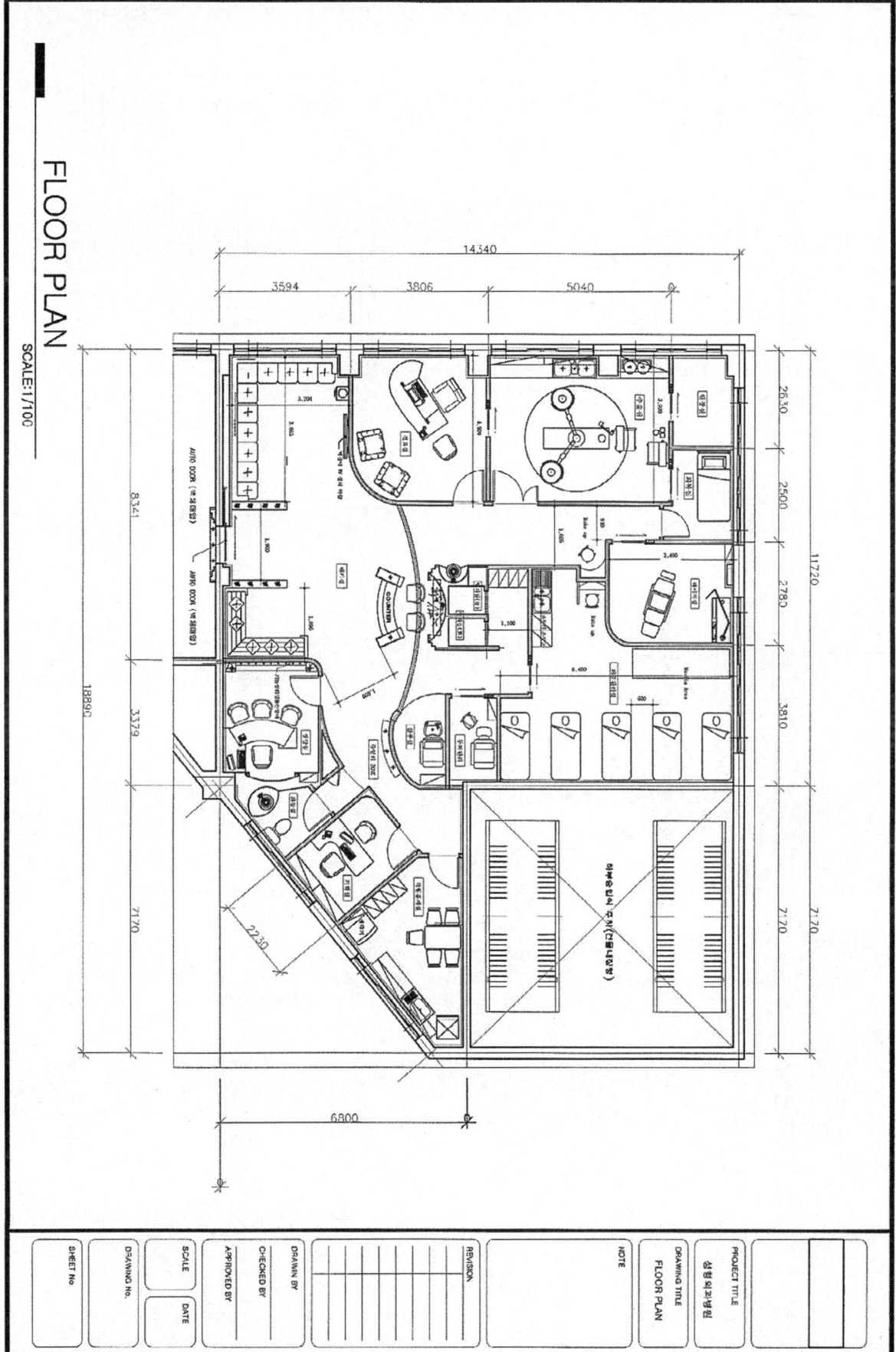

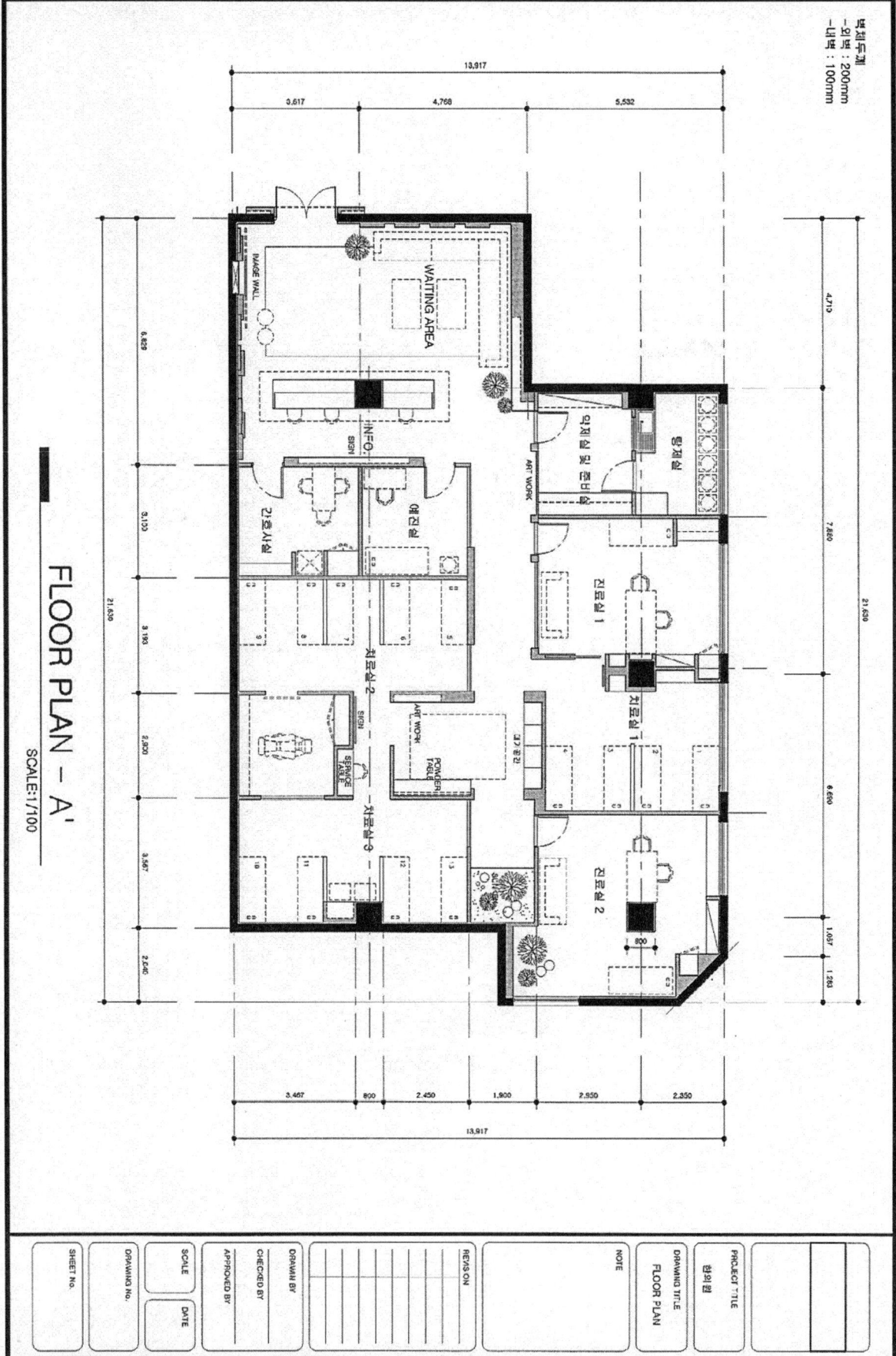

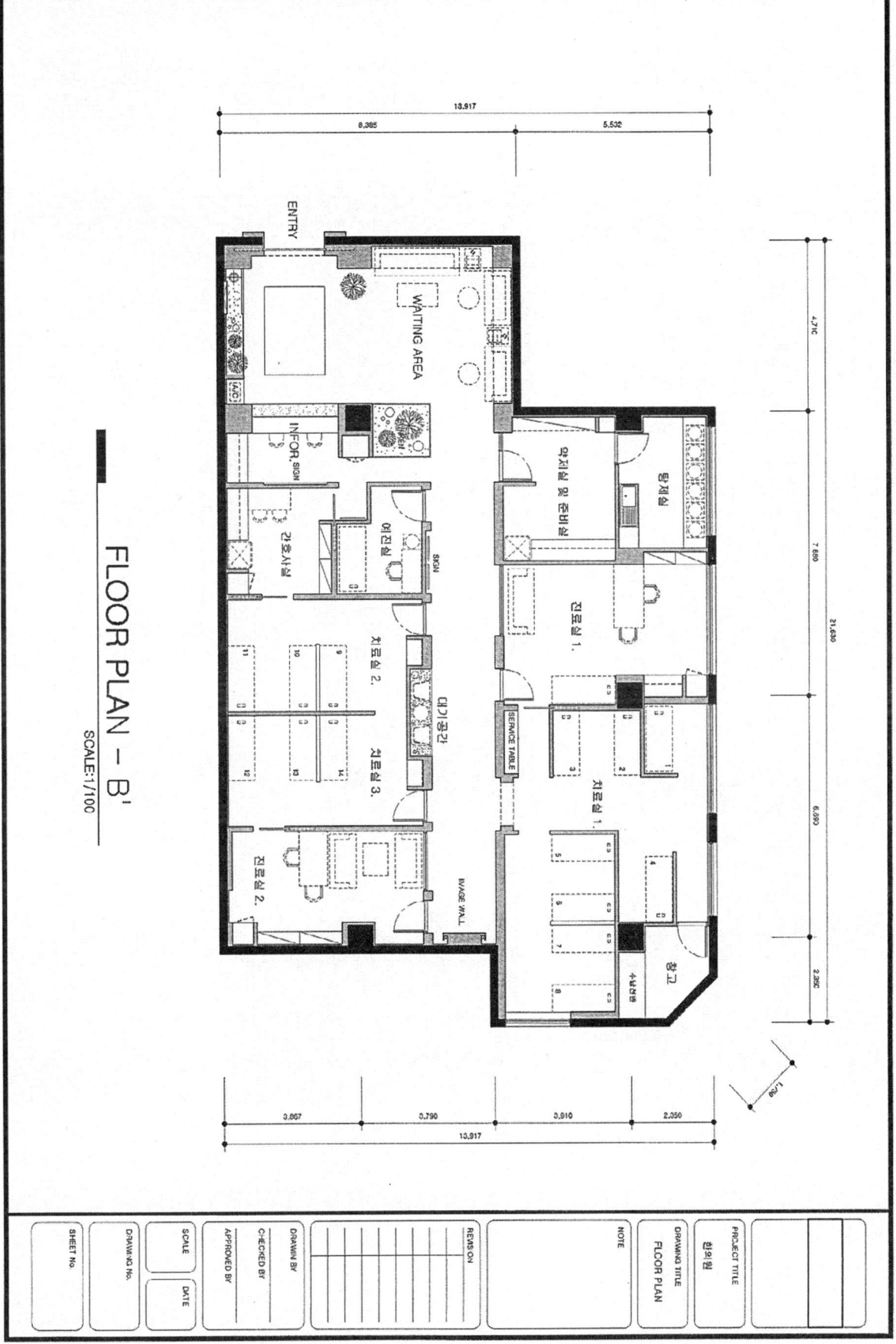

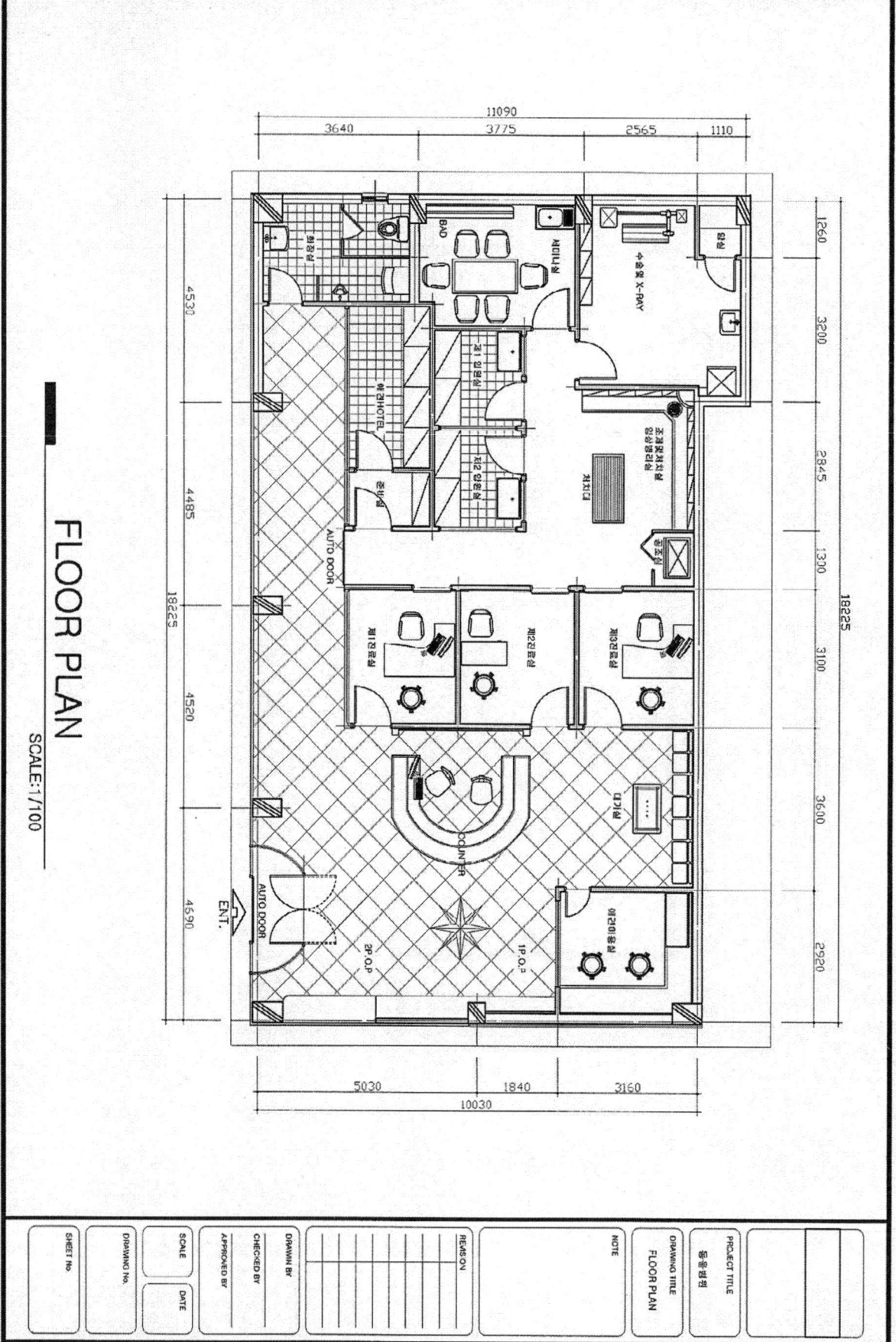

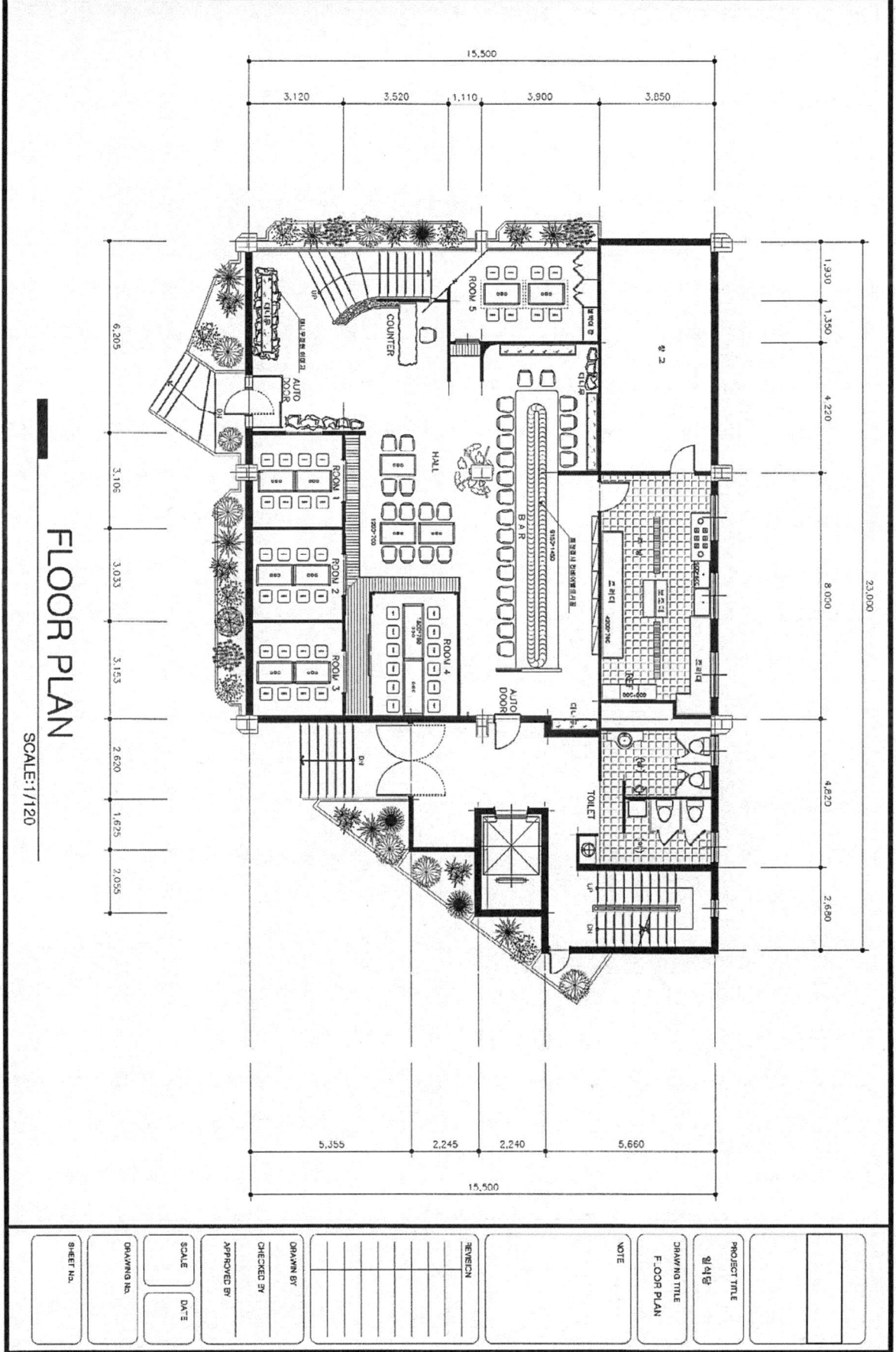

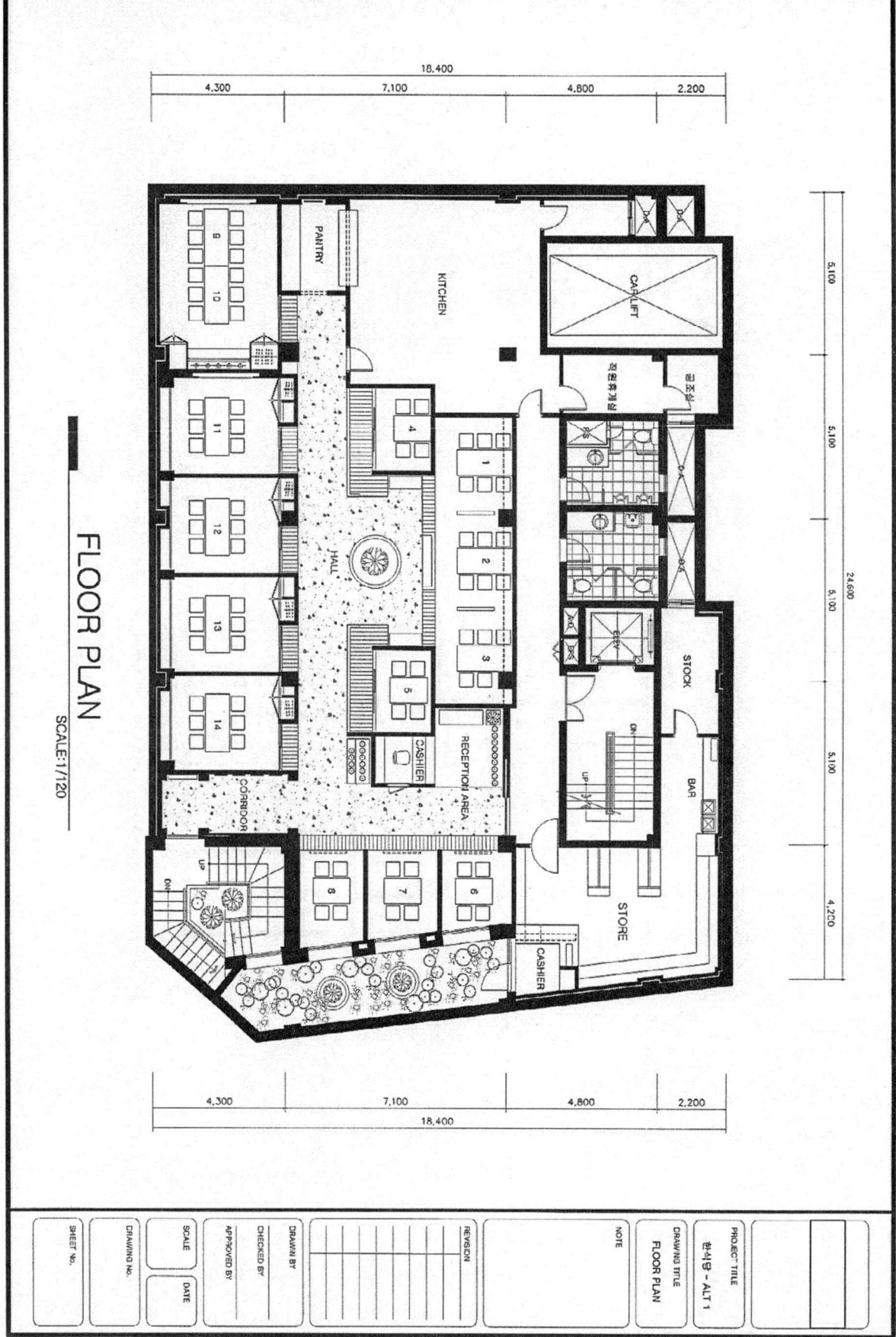

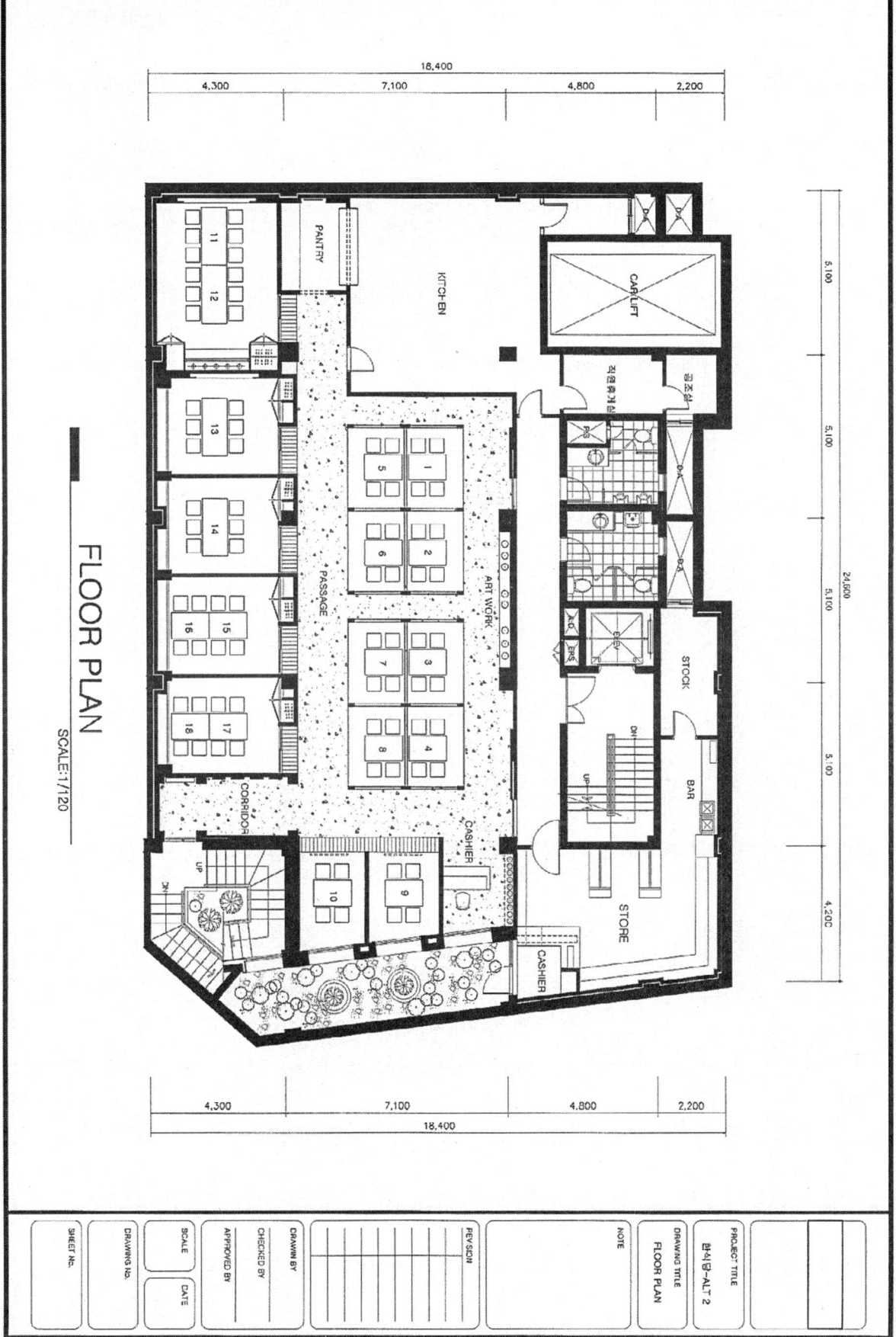

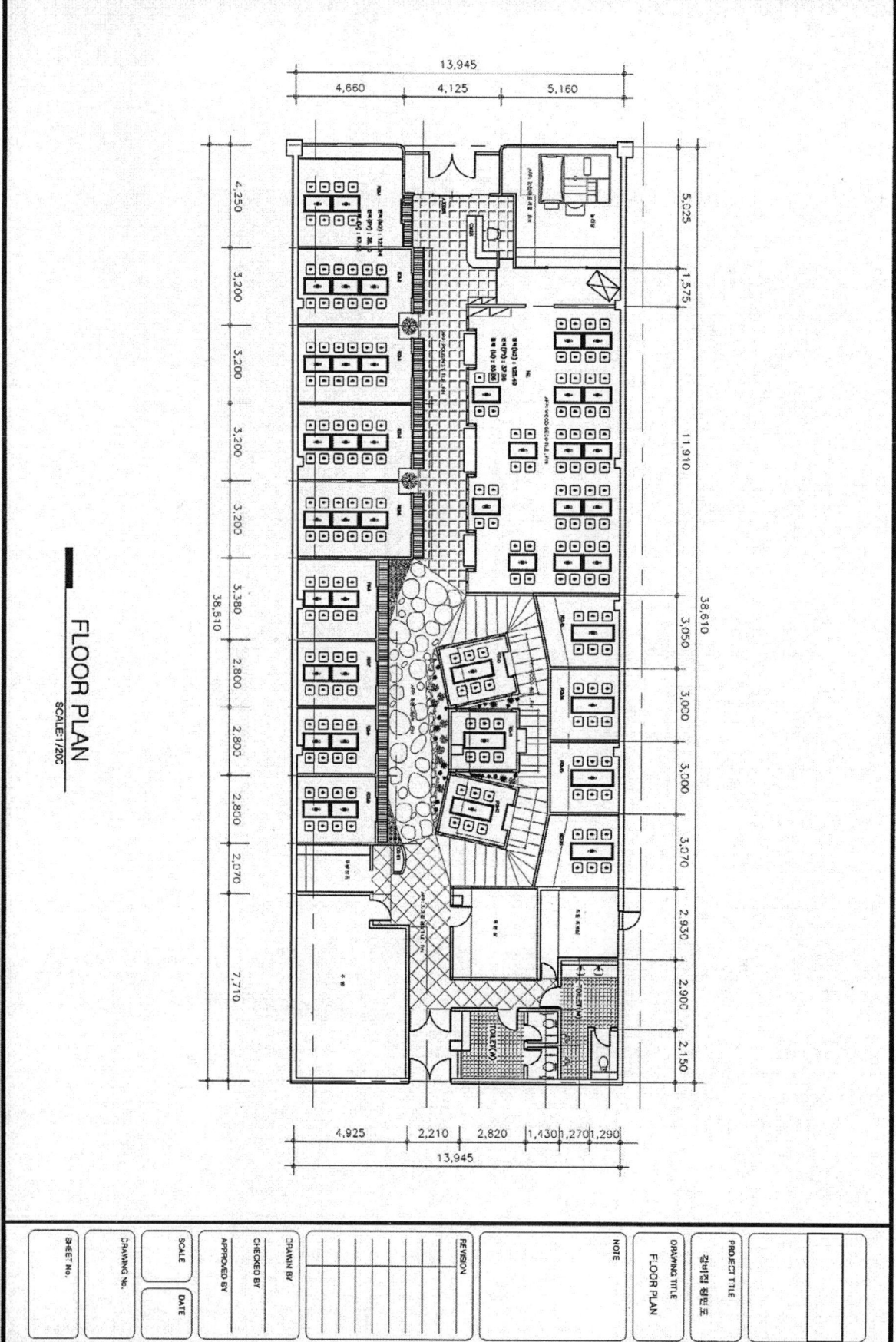

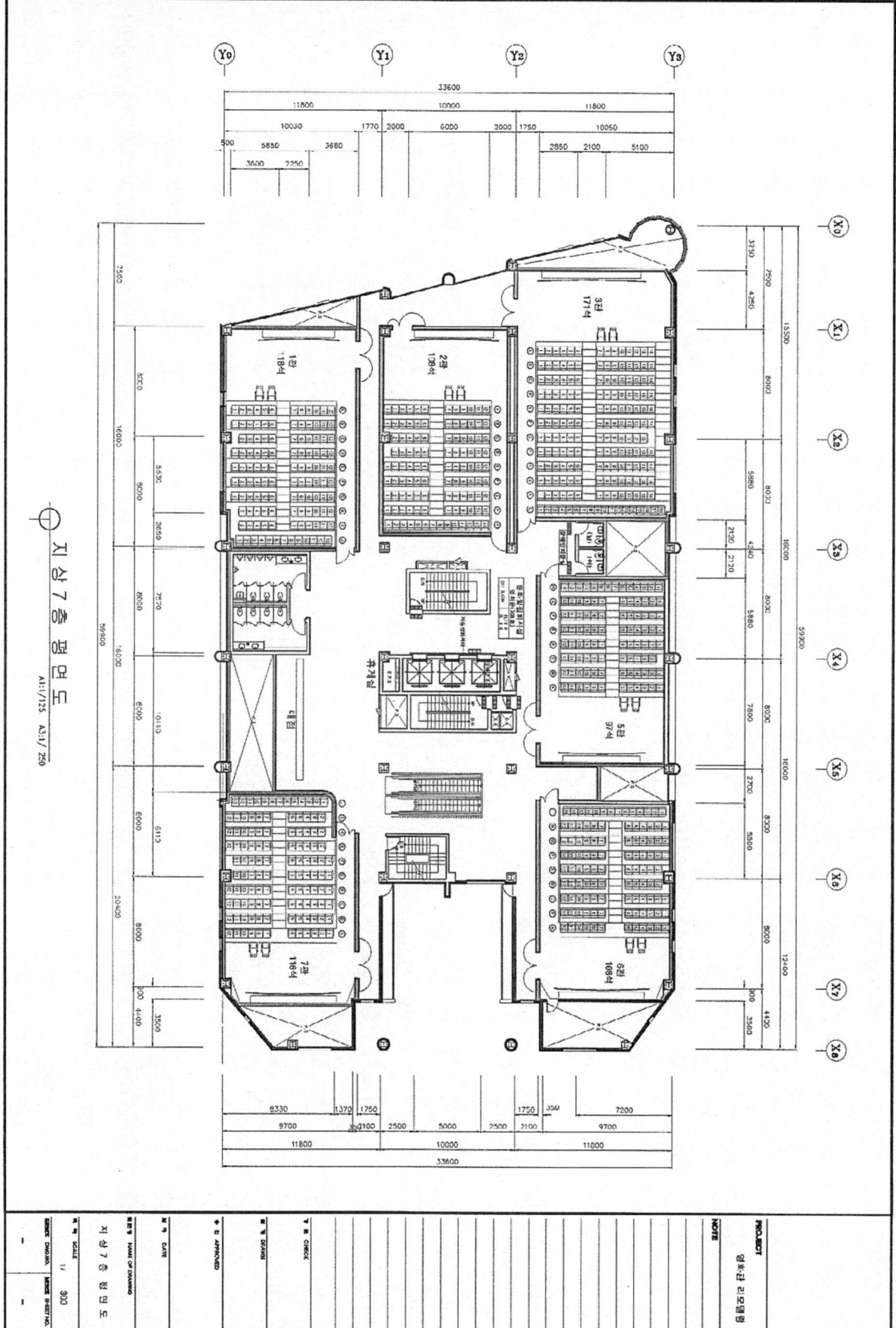

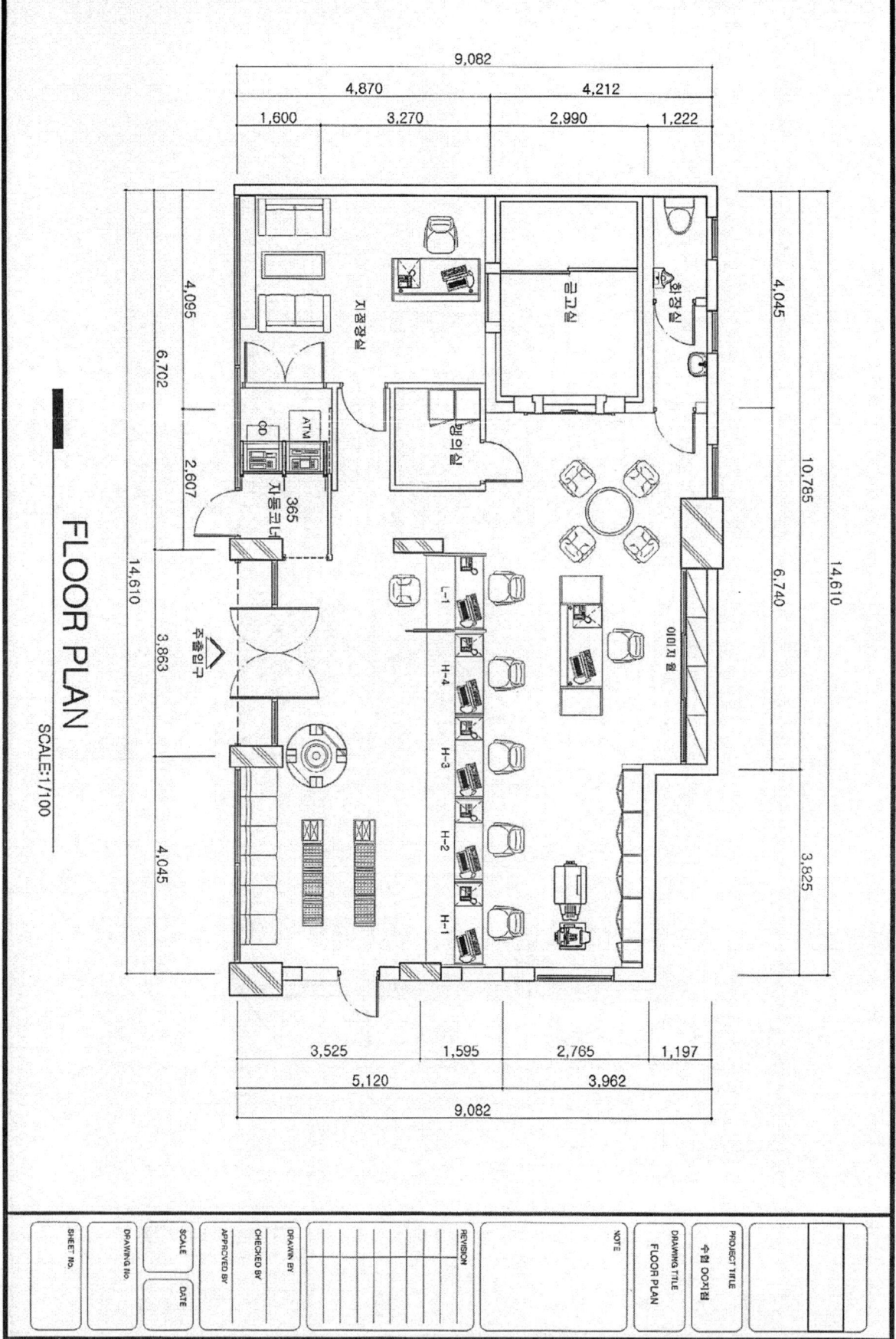

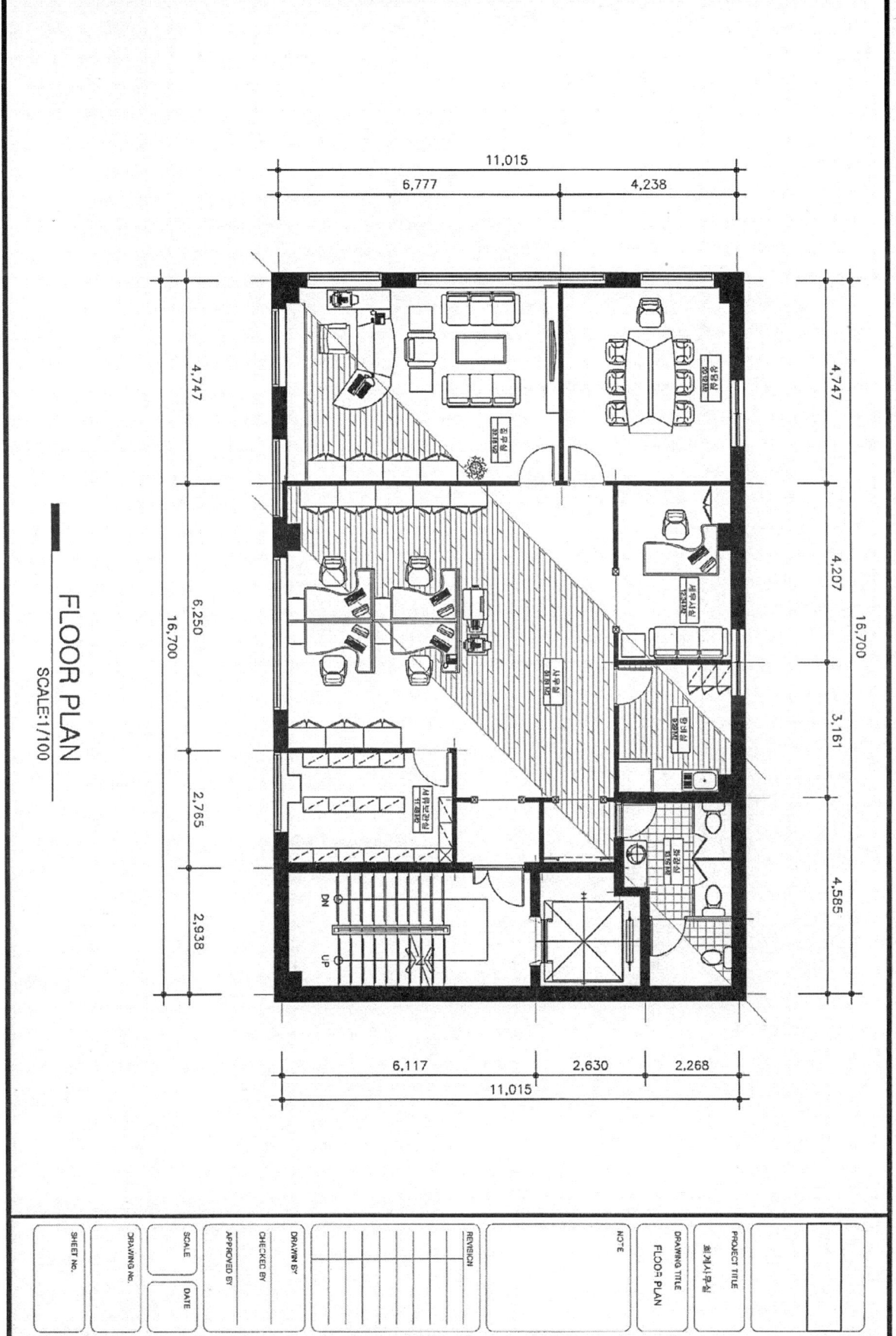

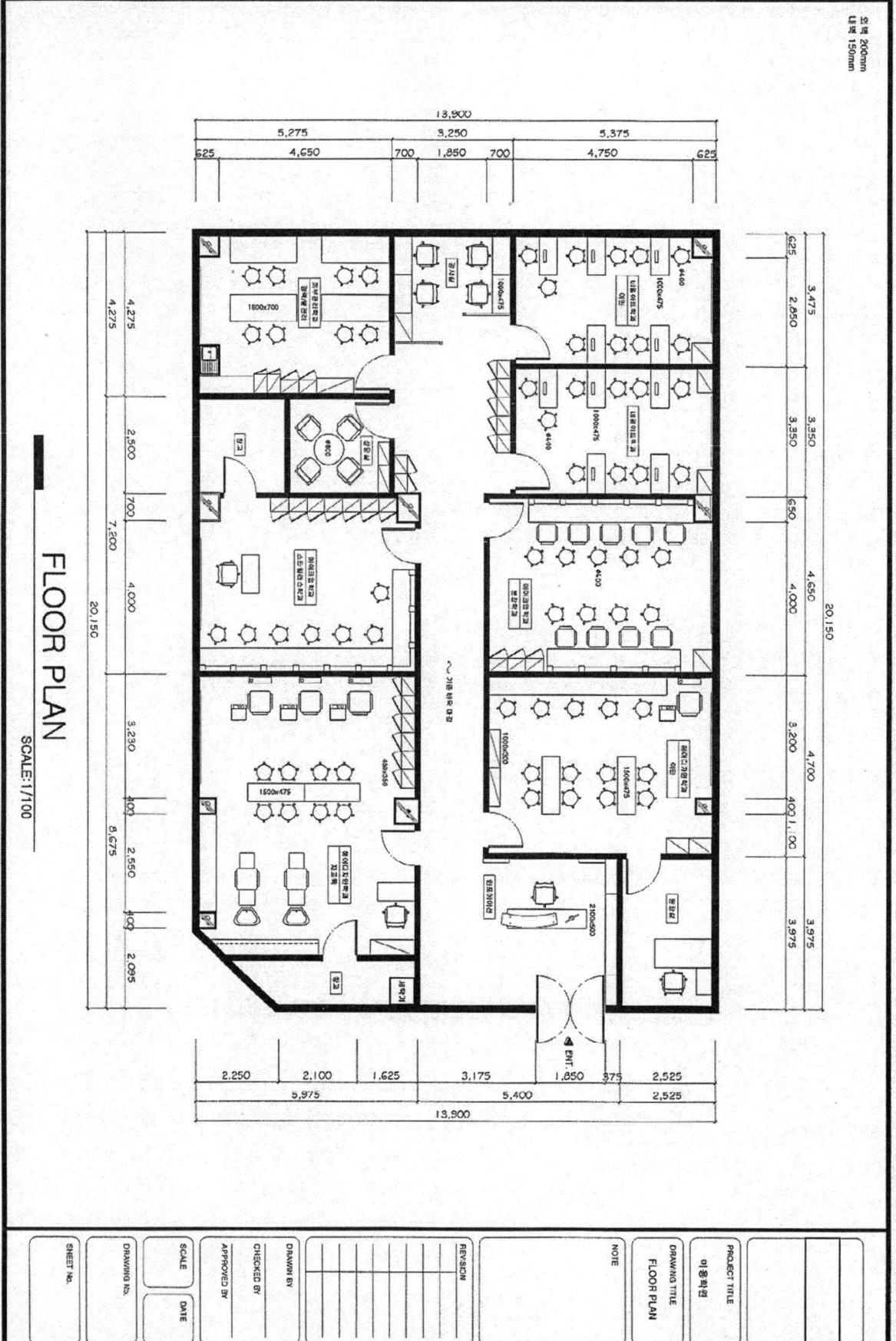

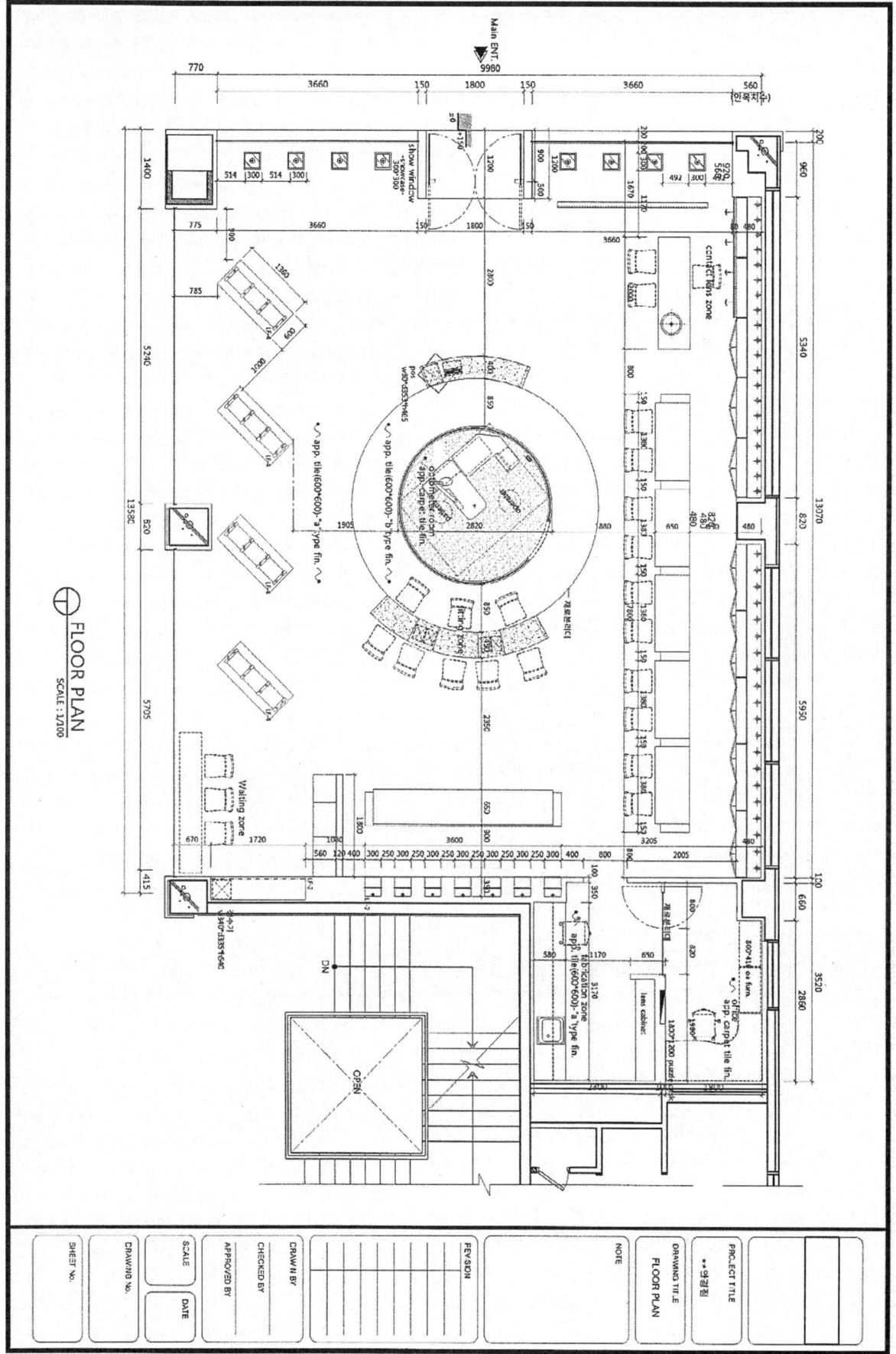

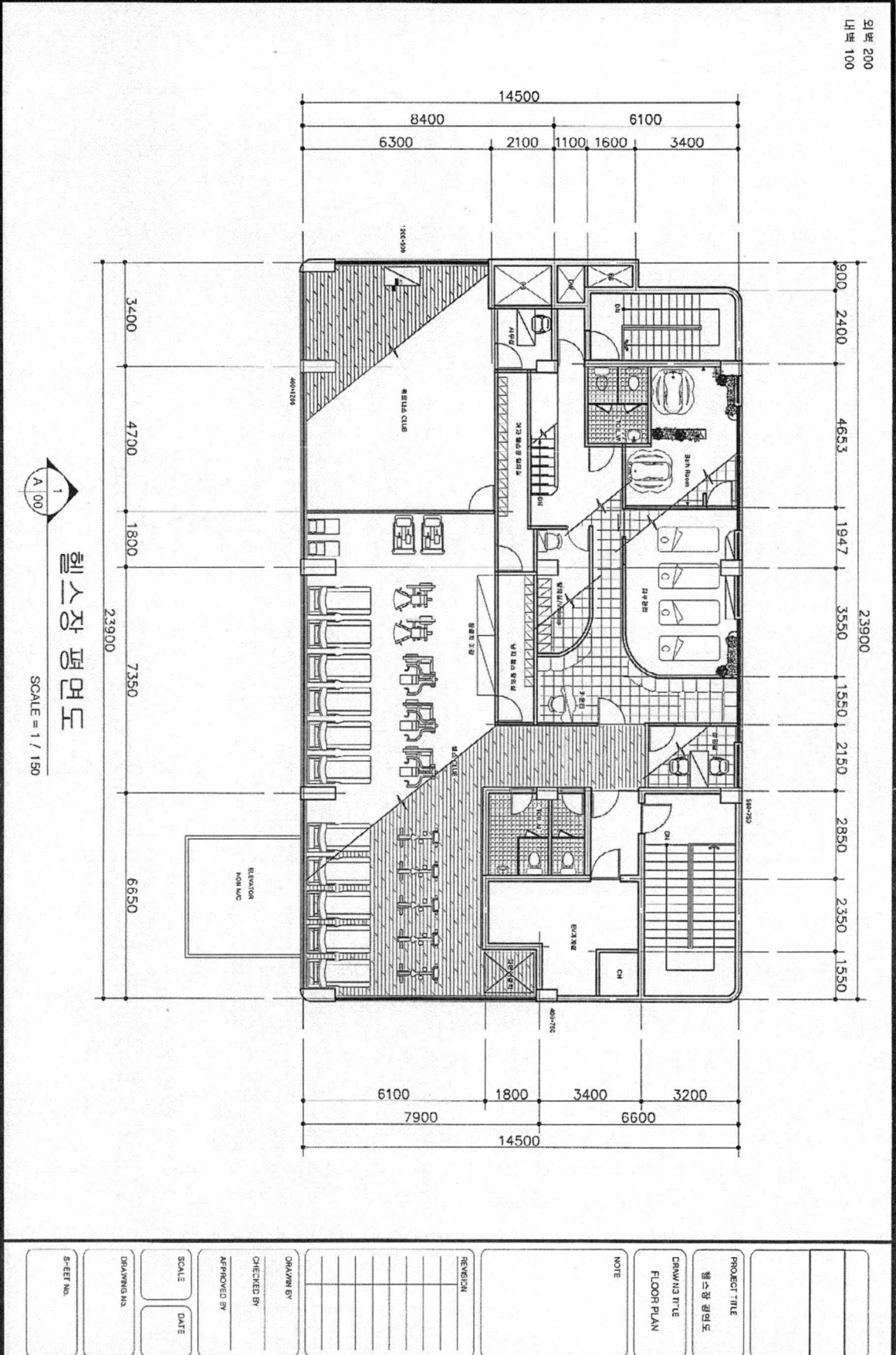

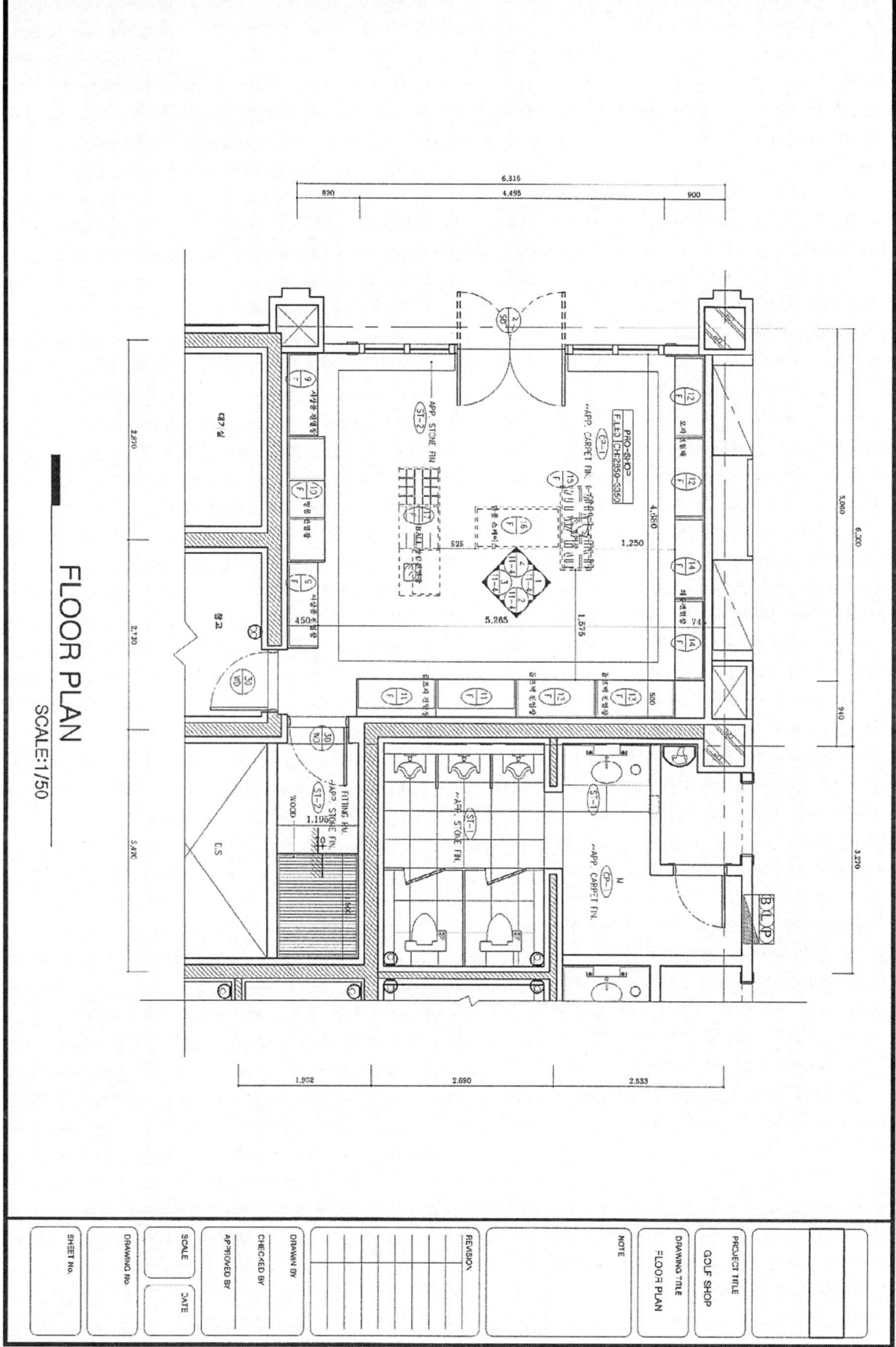